Biblioteca de Derecho Privado en América Latina

Leonardo Pérez Gallardo
(Director)

Carlos Antonio Agurto Gonzáles
Sonia Lidia Quequejana Mamani
Benigno Choque Cuenca
(Coordinadores Generales)

Martín Miguel Culaciati
Doctorando en Derecho Civil
Magister en Derecho de Familia, Infancia y Adolescencia
Abogado especialista en Derecho de Familia

EL DIVORCIO CONTEMPORÁNEO
PASADO, PRESENTE Y PERSPECTIVAS DE FUTURO

ENFOQUE CONSTITUCIONAL, CIVIL Y PROCESAL APORTES PARA LA DESJUDICIALIZACIÓN DEL DIVORCIO CONSENSUAL

Edición al cuidado de
Carlos Antonio Agurto Gonzáles
Sonia Lidia Quequejana Mamani
Benigno Choque Cuenca

Ediciones Olejnik

Título: El divorcio contemporáneo
pasado, presente y perspectivas de futuro

Ediciones Olejnik
Huérfanos 611, Santiago-Chile
E-mail: contacto@edicionesolejnik.com
Web site: http://www.edicionesolejnik.com

ISBN: 978-956-392-003-1

Diseño de carátula: Ena Zuñiga

Diagramación: Hayden Méndez

Impreso en Argentina 2018 Printed in Argentina

ÍNDICE GENERAL

CAPÍTULO PRIMERO
EL MATRIMONIO COMO CONSTRUCCIÓN SOCIAL

SECCIÓN PRIMERA
PROYECCIÓN HISTÓRICA Y MUTABILIDAD DEL MATRIMONIO

SECCIÓN SEGUNDA
EL CAMINO HACIA LA SACRALIZACIÓN E INDISOLUBILIDAD DEL MATRIMONIO

SECCIÓN TERCERA
LA RECUPERACIÓN ESTATAL DEL MATRIMONIO:
¿UNA VUELTA A LOS ORÍGENES?

CAPÍTULO SEGUNDO
LA DECONSTRUCCIÓN DEL MATRIMONIO CIVIL

SECCIÓN PRIMERA
EL MATRIMONIO CONTEMPORÁNEO A LA LUZ
DEL PRINCIPIO DE IGUALDAD

SECCIÓN SEGUNDA
LA INCIDENCIA DE LAS UNIONES CONVIVENCIALES

CAPÍTULO TERCERO
LA HISTORIA DEL DIVORCIO

SECCIÓN PRIMERA
LA INDISOLUBILIDAD MARITAL Y LA INVOLUCIÓN DEL DIVORCIO

SECCIÓN SEGUNDA
EL DIVORCIO EN EL DERECHO ARGENTINO Y SU PROYECCIÓN HISTÓRICA

APARTADO PRIMERO
CONTINUIDAD DEL RÉGIMEN VIGENTE

APARTADO SEGUNDO
ALBORES Y CONSOLIDACIÓN DEL DIVORCIO COMO INSTITUCIÓN CIVIL

CAPÍTULO CUARTO
LIBERTAD Y AUTONOMÍA DE LA VOLUNTAD: EL DERECHO A NO CONTINUAR CASADO

CAPÍTULO QUINTO
RELACIONES AFECTIVAS: ENTRE LAS FICCIONES JURÍDICAS Y LA REALIDAD

CAPÍTULO SEXTO
EL DIVORCIO Y LA INTERDISCIPLINA: LAS PERSONAS DETRÁS DE LOS EXPEDIENTES

SECCIÓN SEGUNDA
EL DIVORCIO Y EL DERECHO TRANSITORIO

SECCIÓN TERCERA
EL DIVORCIO Y EL DERECHO DE DAÑOS

SECCIÓN CUARTA
VICISITUDES DEL PROCESO DE DIVORCIO

CAPÍTULO OCTAVO
EL MATRIMONIO Y EL DIVORCIO CONSENSUAL COMO LAS DOS CARAS DE UNA MISMA MONEDA

SECCIÓN PRIMERA: LA SEDE NOTARIAL

SECCIÓN SEGUNDA: LA SEDE ADMINISTRATIVA

CAPÍTULO NOVENO
VICISITUDES DEL DIVORCIO EN SEDE EXTRAJUDICIAL

Índice de siglas y abreviaturas

CABA	Ciudad Autónoma de Buenos Aires
CADH	Convención Americana de Derechos Humanos
CApel.	Cámara de Apelaciones
CCiv.	Código Civil
CCyC	Proyecto de Código Civil y Comercial de la Nación
CEDAW	Convención Internacional sobre la Eliminación de todas las formas de Discriminación contra la mujer (siglas en inglés)
CEDH	Convención Europea de Derechos Humanos
CELF	Comisión Permanente de Derecho de Familia Europeo (por sus siglas en inglés)
CEPAL	Comisión Económica para América Latina y el Caribe
Cfr.	Confronte, confrontar
CIDH	Comisión Interamericana de Derechos Humanos
CIETFDR	Convención Internacional sobre Eliminación de todas las formas de Discriminación Racial
CN	Constitución Nacional de la República Argentina
CNCiv.	Cámara Nacional de Apelaciones en lo Civil de la Capital Federal
comp.	Compilador, compilado por
Conf.	Conforme, de conformidad con
coord.	Coordinador, coordinado por
Corte IDH	Corte Interamericana de Derechos Humanos
SC / STJ	Suprema Corte de Justicia / Superior Tribunal de Justicia
CSJN	Corte Suprema de Justicia de la Nación
DFyP	Revista de Derecho de Familia y de las Personas, editorial La Ley
DJ	Revista Jurídica Doctrina Judicial
dir.	Director, dirigido por
DRAE	Diccionario de la Real Academia Española
DUDH	Declaración Universal de Derechos Humanos
ED	Revista jurídica El Derecho
ed.	Edición de la obra
Ed. / Edits.	Editorial / Editores
FCE	Editorial Fondo de Cultura Económica
INDEC	Instituto Nacional de Estadística y Censos
JA	Revista jurídica Jurisprudencia Argentina

LL	Revista jurídica La Ley
LLBA	Revista jurídica La Ley Buenos Aires
ONG	Organización no gubernamental
PIDCyP	Pacto Internacional de Derechos Civiles y Políticos
PIDESC	Pacto Internacional de Derechos Económicos, Sociales y Culturales
RCyS	Revista Responsabilidad Civil y Seguros
RDF	Derecho de Familia. Revista Interdisciplinaria de Doctrina y Jurisprudencia, editorial Abeledo Perrot
RDPyC	Revista de Derecho Privado y Comunitario, Rubinzal Culzoni
SCBA	Suprema Corte de Justicia de la provincia de Buenos Aires
Supl.	Suplemento
TC	Tribunal Constitucional
TEDH	Tribunal Europeo de Derechos Humanos
TJCE	Tribunal de Justicia de las Comunidades Europeas
Trad.	Traducción, traducido por
TRHA	Técnicas de reproducción humana asistida
UE	Unión Europea
V. / Vid	Véase

Introducción

SUMARIO: 1. A MODO DE PRÓLOGO. 2. LA MIRADA CONSTITUCIONAL-CONVENCIONAL.

"De los miedos nacen los corajes; y de las dudas, las certezas. Los sueños anuncian otra realidad posible y los delirios, otra razón."
Eduardo Galeano[1]

1. A modo de prólogo

Aquí emprendemos un análisis exhaustivo del divorcio desde todas las ópticas necesarias para una cabal comprensión de este instituto del derecho de familia, demostrando hasta qué punto la legislación derogada iba a contramano de nuestra realidad y, utilizando el Código Civil y Comercial de la Nación (en adelante CCyC) -que representó un salto cualitativo de suma importancia- como punto de partida, para adunar nuevos aportes en la regulación del divorcio consensual.

Es importante advertir que el presente trabajo no pretende abarcar una temática que, por su vastedad y por su constante cambio, resulta inabarcable en esta investigación. De hecho, excluimos *ex professo* el análisis de las cuestiones derivadas de la ruptura del vínculo marital. Si bien, como es lógico, consideraremos tangencial-mente las cuestiones conexas decidimos no ahondar en ellas. Ello, no implica soslayar el estudio de cuestiones de suma trascendencia; por el contrario, las hemos analizado y emitido juicios de valor en anteriores oportunidades. Aquí ceñimos el objeto de estudio al divorcio consensual y nos interesamos en indagar cómo optimizando su procedimiento podemos contribuir al mejoramiento paulatino de aquellas cuestiones que aquí omitimos.

Antes de comenzar, creemos conveniente realizar una aclaración adicional en torno al método de exposición; pues la materia que abordamos se caracteriza por poseer una carga metajurídica que termina condicionando el debate. Justamente, las concepciones previas y los prejuicios sobre lo que es o debería ser un matrimonio determinan un posicionamiento que obscurece el debate jurídico. De esta manera, consideramos necesario antes de analizar la institución del divorcio, deconstruir el matrimonio civil, extrayendo los vestigios confesionales que impiden el análisis que aquí pretendemos.

El hilo conductor de este trabajo comienza con la deconstrucción del matrimonio civil, de modo de extraer los vestigios confesionales que aún persisten arraigados en esta institución. Sucede que aquellas reminiscencias de su regulación canónica no se condicen con la noción de un Estado laico

1 GALEANO, Eduardo, *El Libro de los abrazos,* Siglo XXI editores, Madrid, 1993.

y aconfesional. La expresa finalidad de este aporte es asistir a un trabajo *deconstructivo-constructivo* del matrimonio civil y su correlato: el divorcio, en términos de ampliación de derechos.

Esta obra resulta novedosa por el prisma desde el cual consideramos el objeto de estudio y, la otra es la amplitud que le damos a la investigación que incluye el análisis de otras instituciones que afectan o se ven afectadas por la nueva fisonomía del divorcio.

Así, iniciamos esta obra desde una mirada desde los derechos humanos y hacia los derechos humanos. Un punto de partida básico desde donde analizar el instituto del divorcio y el procedimiento para obtenerlo. En efecto, aunque se ha escrito mucho sobre el divorcio desde varias perspectivas, en nuestro país nadie ha investigado seriamente y en esta instancia la cuestión de la desjudicialización parcial de su trámite. Amén de algún proyecto de ley que pretendía insertarse en un contexto normativo desfavorable, la doctrina nacional no se ha ocupado aún de la cuestión. El desarrollo de las distintas aristas del tema proviene exclusivamente del derecho comparado y prestigiosos autores foráneos. Así, es la primera vez que se intenta abordar el divorcio proponiendo diversos cauces para la desjudicialización de su trámite.

2. LA MIRADA CONSTITUCIONAL-CONVENCIONAL

La mirada desde la que analizamos el objeto de estudio no es ingenua ni casual; sino que por el contrario forma parte de una perspectiva más amplia que nos conmina a separar el Estado de la religión. Acusando recibo del impacto que tuvo la doctrina internacional de los derechos humanos, la mirada constitucional-convencional constituye el punto de partida de nuestro trabajo[2]. En particular, la noción de pluralismo que debe regir nuestra sociedad, y las ideas de libertad, autonomía y desarrollo de la personalidad, son conceptos acuñados por aquella doctrina.

La Corte Suprema de Justicia de la Nación aseveró "que desde 1853 nos rige el mandato de hacer de la República Argentina un Estado Constitucional de Derecho".[3]

En varias oportunidades, la doctrina se ha preguntado acerca de qué significa un modelo estatal de estas características, respondiendo que es un Estado edificado sobre los nociones de pluralismo, tolerancia y participación a modo de pilares.

En este sentido, se ha sostenido[4] que "los legisladores y los jueces, como

2 Hace ya algunos años, el recordado constitucionalista Germán Bidart Campos tituló un trabajo en el que comentaba un fallo de derecho de familia "La ley no es el techo del ordenamiento jurídico", aludiendo a que el derecho de familia no ha escapado de la mentada perspectiva. Se remite a BIDART CAMPOS, Germán, "La 'ley' no es el techo del ordenamiento jurídico (Una muy buena sentencia de adopción)", *LL*, 1997-F, 145.

3 CSJN, 20/09/2005, "Casal, Matías E. y otro", *LL*, 2005-F, 110, del considerando 14 del voto de los jueces Petracchi, Maqueda, Zaffaroni y Lorenzetti.

4 GIL DOMÍNGUEZ, Andrés, FAMÁ, María Victoria y HERRERA, Marisa, *Derecho Constitucional de Familia*, t. II, Ediar, Buenos Aires, 2006, ps. 21 y 22.

representantes de los poderes instituidos, deben ajustarse a las normas supremas al sancionar y aplicar las leyes y, por ende, no pueden decidir siguiendo discrecionalmente su criterio, aunque éste represente al pensamiento o deseo absoluto de las mayorías. Ante cualquier creencia o convicción- insistimos, aún predominante- existe un límite insoslayable: los contenidos esenciales de los derechos fundamentales, universales e inalienables, que propenden al desarrollo de construcciones que reflejen la pluralidad de una sociedad abierta".

Este precedente nos permite colegir que nuestro país es un Estado aconfesional, laico, secular o desacralizado, libre de toda influencia eclesiástica, diferenciándose bien los conceptos de Estado, Derecho y Religión. De este modo, no sería posible edificar un sistema normativo sobre la base de reglas morales-cristianas, sino sólo sobre reglas jurídicas donde la Constitución -y los tratados internacionales que la complementan- constituyen las herramientas legales claves que jueguen un papel fundamental para todo el ordenamiento jurídico de rango inferior. Ahora bien, además del test de constitucionalidad que deben superar las normas de cualquier jerarquía, debemos añadir el *control de convencionalidad.*

Cabe recordar que en autos *"Almonacid Arellano y otros"*[5], la Corte IDH instituyó el control de convencionalidad y sostuvo que éste debía ser ejercido de oficio por los jueces nacionales conjuntamente con el control de constitucionalidad. En razón de ello las normas internas deben ser constitucionales y convencionales. Esto es, no contradecir ni a la Constitución ni a las Convenciones ratificadas por el Estado argentino.[6]

Con posterioridad a la reforma constitucional de 1994, en el caso *"Giroldi"*[7], la Corte Suprema de Justicia de la Nación profundizó[8] el control de convencionalidad[9] al reconocer no sólo la prevalencia de las disposiciones

5 Corte IDH, 26/09/2006, caso "Almonacid Arellano", Serie C n° 154, paragr. 124.

6 SABSAY, Daniel A., "El bloque de constitucionalidad federal y el control de convencionalidad", *LL*, 2013-B, 944.

7 CSJN, Fallos 318:514; *LL*, 1995-D, 462.

8 El máximo tribunal federal afirmó que "las condiciones de vigencia" significa "tal como la convención citada efectivamente rige en el ámbito internacional y considerando particularmente su efectiva aplicación jurisprudencial por los tribunales internacionales competentes para su interpretación y aplicación. Esta interpretación nos permite invocar ante nuestros tribunales y hacer ingresar a nuestro sistema, la jurisprudencia de la Corte IDH ya que (...) el único tribunal internacional en la materia con competencia respecto de nuestro país, es ése". Puede verse MANILI, Pablo L., *El bloque de constitucionalidad. La recepción del Derecho Internacional de los Derechos Humanos en el Derecho Constitucional Argentino*, La Ley, Buenos Aires, 2003, p. 185.

9 Sobre el alcance del control, se afirmó que "la recopilación de interpretaciones convencionales llevada a cabo tanto por diferentes Comités como por la Corte Interamericana a través de Observaciones Generales u Opiniones Consultivas respectivamente, configura una guía válida para que los jueces nacionales puedan dilucidar el alcance del control de convencionalidad establecido en algunas sentencias de la Corte". ALBANESE, Susana, *Opiniones Consultivas y Observaciones Generales. Control de Convencionalidad*, Ediar, Buenos Aires, 2011, p. 26.

de la CADH sobre el derecho interno, sino también la de la interpretación brindada por la Corte IDH, que es su autoridad jurisdiccional.

En el caso *"Mazzeo"*[10], el máximo tribunal afirmó que la interpretación de la CADH debe guiarse por la jurisprudencia del tribunal interamericano; pues se trata de una insoslayable pauta de interpretación para los poderes constituidos en el ámbito de su competencia y, también para la Corte Suprema de Justicia de la Nación, a los efectos de resguardar las obligaciones asumidas por el Estado argentino en el sistema interamericano de protección de los derechos humanos.

En el fallo *"García Méndez, Emilio y Musa, Laura s/ causa nº 7537"*[11], el juez Petracchi apuntó que "garantizar" los derechos humanos implica para el Estado el deber "de tomar todas las medidas necesarias para remover los obstáculos que puedan existir para que los individuos puedan disfrutarlos" y ello comprende el ejercicio del control de convencionalidad entre las normas jurídicas internas aplicables en concreto y los tratados internacionales enunciados en el art. 75, inc. 22, CN.

En síntesis, la Corte Suprema reafirmó la procedencia simétrica del control de constitucionalidad y de convencionalidad de oficio por parte de todos los jueces que forman parte del Poder Judicial del Estado constitucional de derecho argentino.[12]

El tribunal no sólo puso de relieve la importancia que poseen las sentencias emanadas de organismos internacionales, sino que fue más allá en la senda trazada y sostuvo en el caso *"Carranza Latubresse"*[13], que "la aplicación del principio de buena fe, que rige la actuación del Estado argentino en el cumplimiento de sus obligaciones internacionales, y la calidad de los argumentos y la autoridad de quien emanan, llevan a considerar que los informes y las opiniones de la CIDH constituyen criterios jurídicos valiosos de implementación, interpretación y de ordenación valorativa de las cláusulas

---

10 CSJN, 13/07/2007, "Mazzeo, Julio Lilo y otros s. recurso de casación e inconstitucionalidad", Fallos: 330:3248; cita SAIJ: FA07000045. Allí también se dijo que "la reforma constitucional de 1994 reconoció la importancia del sistema internacional de protección de los derechos humanos y no se atuvo al principio de soberanía ilimitada de las naciones".

11 CSJN, Fallos 331:2691. Considerando 7 del voto del doctor Petracchi.

12 Gil Domínguez, Andrés, "El control de constitucionalidad y de convencionalidad de oficio: ¿una tensión difícil de superar?", *LL*, 2010-B, 1302.

13 CSJN, 06/08/2013, "Carranza Latrubesse, Gustavo c. Estado Nacional. Ministerio de Relaciones Exteriores, provincia del Chubut", SJA 11/09/2013, p. 27 con nota de Susana Albanese, "El valor de las recomendaciones de la Comisión Interamericana", en Abeledo Perrot nº: AR/JUR/38982/2013 (del voto del doctor Maqueda). Allí se afirmó que "las recomendaciones de la CIDH -en el caso, Informe 30/97-, aun cuando en el marco del procedimiento de peticiones individuales no tienen un valor obligatorio equivalente al de las sentencias de la Corte IDH, tienen valor para motivar acciones del Estado Argentino; otra conclusión no solo prescindiría del contexto del tratado sino que iría contra su objeto y fin, al optar por la interpretación que tiende a debilitar y quitar "efecto útil" al sistema de peticiones individuales consagrado en los arts. 44 a 51 del Pacto, sin tener en cuenta que "el sistema mismo de la CADH está dirigido a reconocer derechos y libertades a las personas y no a facultar a los Estados para hacerlo" (del voto del Doctor Petracchi).

de la CADH, que deben ser tomados en cuenta para adoptar decisiones en el derecho interno, aun cuando sólo las decisiones de la Corte Interamericana son ejecutables en los términos del art. 68 de la CADH".

Particularmente en torno al derecho fundamental de contraer matrimonio y su contracara, esto es, el derecho a concluir el vínculo marital cuando ha desaparecido la relación afectiva subyacente que unía a las partes cabe traer a colación lo resuelto por la Corte Suprema en el caso *"Vizzoti, Carlos Alberto c/ AMSA SA"* donde se dijo que "al reglamentar un derecho constitucional, el llamado a hacerlo no pueda obrar con otra finalidad que no sea la de dar a aquél toda la plenitud que le reconozca la Constitución Nacional. Luego, es tan cierto que los derechos constitucionales son susceptibles de reglamentación, como lo es que ésta última está destinada a no alterarlos (Constitución Nacional, art. 28), lo cual significa conferirles la extensión y comprensión previstas en el texto cimero que los enunció y que manda asegurarlos".[14]

En ese sentido, se conceptualiza al matrimonio como "natural y universal" como *elemento limitador de un derecho humano fundamental como es el ius divortium.*

Este concepto de naturaleza responde a una cosmovisión de la existencia humana que, basada en una idea de trascendencia autorreferencial, se erige como absoluta y verdadera.[15]

Con este panorama, cabe advertir cómo se ha *aggiornado* el derecho de familia a las transformaciones sociales como la mayor visibilidad de los diversos tipos de configuraciones familiares; pues a la par de la tradicional familia heterosexual, aparecen otras alianzas sociales como las familias "ensambladas"; las parejas de igual o distinto sexo que no formalizan su relación afectiva; las parejas que sí contraen matrimonio pero deciden vivir en distintos domicilios estando en su génesis el supuesto incumplimiento del deber de cohabitación.

La obligada óptica constitucional-convencional nos permite entrever los diferentes derechos humanos involucrados en la relación afectiva que subyace al matrimonio y, su posible disolución. A todo evento, nos encontramos con el derecho al desarrollo de la personalidad y el proyecto biográfico de cada uno de los cónyuges, su autonomía personal y el derecho a la libertad, entre tantos otros. Estas circunstancias conminan a un replanteo lógico de la mayoría de las instituciones tradicionales del derecho de familia y, en lo que aquí interesa, el derecho a contraer matrimonio y a salir de él cuando el título ya no se condice con el afecto de los esposos.

Al iniciar el análisis, nos cuestionamos si silenciar estas modificaciones, elaborando un análisis clásico de la problemática, o afrontarlas. Como podrá observarse al recorrer este libro, hemos dejado atrás la óptica clásica que han adoptado otros autores y, mediante una actitud activa optamos por hacerle frente a estas transformaciones y considerar no sólo el divorcio sino también aquellas otras circunstancias que, directa o indirectamente, han incidido en su nueva fisionomía.

---

14 CSJN, Fallos 327:3677. Allí se debatió la inconstitucionalidad del art. 245 de la ley de contrato de trabajo en cuanto establecía un tope indemnizatorio al despido sin justa causa.

15 Gil Domínguez, Andrés, Famá, María Victoria y Herrera, Marisa, *Matrimonio igualitario y derecho constitucional de familia*, Ediar, Buenos Aires, 2010, p. 52.

La perspectiva constitucional-convencional aplicada al divorcio constituye la piedra basal de nuestro aporte al estudio de un instituto respecto del cual se ha dicho mucho. Inclusive, aquella mirada es complementada con la perspectiva multidisciplinaria, en el entendimiento de que el derecho de familia no puede observarse exclusivamente desde una óptica jurídica.

Sucede que una mirada rígida sobre las relaciones familiares, bajo la excusa de considerar todo de orden público, contraría la noción de pluralismo que pregona la doctrina internacional de los derechos humanos. En particular, el matrimonio civil está basado en la autonomía de la voluntad, y ella posee como fuente primordial lo dispuesto en el artículo 19 de la Constitución Nacional, que establece el denominado principio de libertad de intimidad, que presupone la tutela jurídica de la vida privada.

En síntesis, dos ideas subyacentes operan a modo de hilo conductor: la democratización de la familia y, en particular de las relaciones afectivas; y la tensión autonómica de la voluntad (esfera privada) versus el orden público. Con esa plataforma de base, abordaremos el matrimonio civil, coadyuvando al propósito de su deconstrucción en un estado laico como el nuestro; para luego, a la luz de los cambios que han impactado de lleno en él, indagar sobre la nueva fisonomía del divorcio.

En efecto, no es posible negar que los derechos humanos tienen un papel expansivo, y que al ser uno de los ejes del sistema constitucional, las instituciones jurídicas se ven incididas y eventualmente modificadas por su presencia. Esto ha sucedido en el ámbito de las relaciones familiares, donde los derechos humanos no sólo han tenido un fuerte impacto y se han tornado directamente aplicables, sino que además se han constituido en el principal motor de la evolución del derecho de familia.[16]

Sucede que estamos plenamente convencidos de que no hay nada por fuera de los Derechos Humanos. Y en ese orden de ideas, ningún estudio serio y profundo puede ser llevado adelante dejando de lado la mentada perspectiva internacional-constitucional.

Justamente, la sanción de las leyes 23.515, 26.618 y del CCyC modificó y reconceptualizó las ideas que se tenían en torno al matrimonio civil y que, en su gran mayoría, eran tributarias de la anterior regulación canónica. Este nuevo prisma genera nuevos interrogantes que el derecho debe responder. ¿Qué respuesta debe dar frente a la ruptura conyugal? ¿Acaso los cambios sociales no tienen incidencia en el Derecho? ¿En qué sentido y con qué extensión el Derecho puede aceptar y regular las diferentes situaciones fácticas que se presentan? ¿Cuál es el concepto de familia que un Estado Constitucional de derecho debería proteger?

Todo ello forma parte del lento, pero sostenido, proceso de escisión entre el derecho y la religión. A ello debemos adunar los grandes cambios socioculturales acaecidos en el último siglo en el derecho de familia que permitieron el cambio de paradigma, donde el punto de partida solía ser la "institución familiar", para pasar a analizar el derecho de la persona "a vivir en familia".

16 Kemelmajer de Carlucci, Aída, "Derechos Humanos y Familia", Arnaud, André-Jean y otros, *Aspectos Constitucionales y Derechos Fundamentales de la Familia*, Univ. Externado de Colombia, Bogotá, 2001, p. 60.

Entonces ¿qué ocurre con el divorcio en este contexto de cambios? Ciertamente, no puede tener la misma fisionomía de antaño, y a ello apunta este trabajo, a reinterpretar el divorcio a la luz de aquellos cambios, e incluso, los acaecidos en otras instituciones que lo afectan o inciden en él de manera directa.

En fin, se ha dicho que la doctrina internacional de los derechos humanos es un punto de partida y, al mismo tiempo, de llegada, porque se la considera una forma de leer la realidad jurídica que ha obligado a interpelar todos los campos del derecho.

En ese marco, partimos de la hipótesis de que la regulación más acorde con la perspectiva interdisciplinaria y la obligada mirada constitucional-convencional que profundiza sobre las nociones de libertad, autonomía personal e injerencia estatal mínima, es aquella que promueve la desjudicialización parcial del divorcio y permite obtenerlo, en caso de mutuo acuerdo, en sede administrativa.

Pero ¿cómo llegamos a este punto de inflexión?

Justamente, porque consideramos que la desjudicialización del divorcio consensual constituye el paso siguiente en la evolución de esta institución, donde ya no debemos verlo como un proceso, sino más bien como la denuncia o exteriorización ante el órgano estatal de la finalización de la relación afectiva que sustentaba el matrimonio.

Esta denuncia alitigiosa, que sólo exige la constatación de la voluntad y ciertos requisitos, debe ser externada de la sede judicial y escindida de las cuestiones relativas a la ruptura marital pues, además, ello supondría la reducción del conflicto familiar al que los hijos se ven expuestos; reduciendo los costos económicos, psicológicos y emocionales a los estrictamente ocasionados por el quiebre afectivo, sin añadir los propios del proceso judicial lo que, por propiedad transitiva, contribuye a cimentar la relación coparental en la etapa post-divorcio. Ello finalmente, nos permite un beneficio adicional que está dado por la descongestión del sistema judicial, la racionalización y redistribución de recursos humanos y, impidiendo a la vez la intromisión del Estado -a través del Poder Judicial- en la privacidad familiar.

CAPÍTULO PRIMERO
EL MATRIMONIO COMO CONSTRUCCIÓN SOCIAL

SECCIÓN PRIMERA
PROYECCIÓN HISTÓRICA Y MUTABILIDAD DEL MATRIMONIO

SUMARIO: 1. PRELIMINARES. 1.1. EL MATRIMONIO COMO CONSTRUCCIÓN SOCIAL. 2. EL MATRIMONIO A TRAVÉS DE LA HISTORIA. 2.1. EL MATRIMONIO EN EL DERECHO GRIEGO CLÁSICO. 2.2. EL MATRIMONIO EN EL DERECHO ROMANO. 3. A MODO DE CIERRE.

"Todo parece tan natural,
como siempre que no se sabe la verdad".
Julio Cortázar[1]

1. PRELIMINARES

Este primer capítulo que aquí se presenta, posee tres secciones bien diferenciadas pero con un objeto común, esto es, comprender cabalmente la institución matrimonial como uno de los tantos rostros que pueden asumir las familias contemporáneas. En particular, en esta sección desarrollaremos el matrimonio coherentemente con la mirada constitucional-convencional desde la cual emprendemos esta obra. Analizaremos los pilares greco-romanos del connubio, pues constituyen las raíces culturales de occidente.

A modo ilustrativo, suele afirmarse de forma simbólica que la civilización occidental está edificada sobre tres colinas: *1) la Acrópolis de Atenas, 2) el Capitolio de Roma y 3) el Gólgota de Jerusalén*[2]. Con esto se quiere decir que se piensa con categorías mentales griegas, los esquemas técnico-jurídicos romanos nos son consustanciales, y la ética que informa el derecho, el pensamiento y la moral es de base judeo-cristiana[3], lo cual va a condicionar toda la regulación en materia de derecho matrimonial. Cuadra poner de relieve la importancia

---

1 CORTÁZAR, Julio, "Carta a una señorita en París", en *Bestiario*, Ed. Sudamericana, Buenos Aires, 1993, p. 19.

2 La autoría de esta figura de las tres colinas se atribuye a Teodoro Heuss, primer presidente de la República Federal Alemana (1949-1959), que la utilizó en un discurso que pronunció en Heilbronn el 16 de septiembre de 1950 (cfr. LEDESMA URIBE, José de Jesús, "Universalismo y cristianismo en la concepción justiniana del Imperio", en *Jurídica*. Anuario del Departamento de Derecho de la Universidad Iberoamericana, nº 18, 1986, p. 76.

3 Esta explicación la encontramos en NAVARRO-VALLS, Rafael, *Entre la Casa Blanca y el Vaticano*, Ediciones Internacionales Universitarias, Madrid, 2009, p. 315.

de conocer las fuentes para conseguir una cabal comprensión del "hoy", como así también de todo el camino y el que aún falta por recorrer.

Sucede que el análisis exhaustivo sobre el divorcio que aquí iniciamos no podría llegar a buen puerto, si no consideramos previamente el matrimonio. En otras palabras, es necesario precisar qué es el matrimonio para comprender qué queremos designar cuando hablamos del quiebre de la vida marital y, ulteriormente precisar cómo la ley debe valorar esas rupturas.

Cabe adelantar que una mirada del matrimonio como algo "natural y sagrado" trae consigo la resistencia al divorcio o su consideración como algo negativo; en cambio, observar al matrimonio como construcción social nos lleva a entender que el divorcio también lo es. Así, ni el matrimonio ni el divorcio serán algo valorativamente positivo ni negativo, sino como decisiones personales con derechos, deberes y efectos.

En suma, la perspectiva histórica nos brinda un panorama más amplio para comprender el proceso que ha tenido la interacción matrimonio-divorcio. Ocurre que lo que concibamos por matrimonio civil estará íntimamente relacionado con su correlato: el divorcio.

De ahí que las diferentes concepciones sobre el divorcio constituyen un emergente de la naturaleza y los fines que se han atribuido al matrimonio. No resulta indiferente para la regulación del divorcio, que se ponga el acento en el carácter institucional del matrimonio o, por el contrario, que se afirme su naturaleza contractual, en el sentido de atribuir poder a la voluntad de los cónyuges sobre el vínculo nacido de la unión[4].

Ello nos permitirá desenredar la institución eclesiástica que ha servido como modelo del matrimonio civil contemporáneo que, al amparo de las leyes 2393 y 23.515 ha tenido un fuerte impacto del derecho canónico (a nuestro juicio, un matrimonio civil *canonizado*), para ordenar nuestras ideas, de modo de quedarnos con un *matrimonio civil deconstruido y laico* como objeto de estudio.

Justamente, aislar el matrimonio de la impronta que le ha dado la Iglesia, nos permitirá plantear cursos de acción posibles para proteger el vínculo afectivo que subyace al título conyugal, dejando atrás esta carcaza cuando ella ya no se condice con el proyecto biográfico de los cónyuges.

1.1. EL MATRIMONIO COMO CONSTRUCCIÓN SOCIAL

El matrimonio, desde el punto de vista sociológico, constituye la institucionalización de las relaciones afectivas que tenían por base la unión intersexual.

El matrimonio trasciende así como una institución social, y el derecho constituye una recepción del connubio al establecer las condiciones mediante las cuales ha de ser legítimo el enlace, en el sentido de que ha de ser reconocido y protegido como tal.

En definitiva, el matrimonio es, desde este punto de vista, tributario de la noción sociológica, que a su vez incorpora también los componentes éticos y culturales que denotan el modo en que cada sociedad, en un tiempo

4 MIZRAHI, Mauricio Luis, *Familia, matrimonio y divorcio*, 2ª ed., Astrea, Buenos Aires, 2006, p. 255.

o época dada, considera legítima la unión intersexual[5]. En el breve debate parlamentario de la ley 14.394[6] se trajeron a colación las ideas de Savigny[7] sobre este tópico.

El matrimonio es una construcción social que no tiene una definición práctica aparte de lo que la sociedad ha decidido que sea, y así se ha redefinido varias veces. No existe el *matrimonio natural*, por lo que bien puede evolucionar -como veremos más adelante- permitiendo a las parejas del mismo sexo casarse.

Mientras que la religión nos tienta a mirar el matrimonio como un acto que ha existido sin cambios durante miles de años, ello dista de la realidad histórica. En los tiempos bíblicos, el matrimonio era algo drásticamente diferente a lo que es hoy. Una mujer no tenía prácticamente ningún poder en la relación y era considerada como una pertenencia de su marido.

En los tiempos de la esclavitud, había varias definiciones de matrimonio. El celebrado entre los blancos era similar a lo que ahora consideramos por tal; en cambio, el enlace entre otras razas era muy diferente. Los matrimonios entre esclavos existían mientras no vendieran a la pareja y no tenían ningún valor legal. Las nupcias entre blancos y negros no eran legales bajo la ley[8]. Con el tiempo, la esclavitud fue abolida, y el connubio interracial fue legalizado, pero es importante tener en cuenta que el matrimonio ha cambiado radicalmente en la vida de nuestra civilización.

Como es evidente por los cambios en el concepto del matrimonio, todo lo que se describe como "matrimonio tradicional" simplemente no existe. *El matrimonio sigue cambiando.* Su expansión para incluir a las parejas del mismo sexo cambia la definición del matrimonio de una manera muy similar a cuando el matrimonio interracial fue legalizado en Estados Unidos en 1967. En ambas situaciones, la intolerancia social impedía y/o retrasaba los cambios.[9]

Algunas opiniones de orden religioso rechazan la circunstancia que el matrimonio sea una construcción social, pues entienden que aquel existía antes que la sociedad.[10]

---

5 Bossert, Gustavo y Zannoni, Eduardo, *Manual de derecho de familia,* 5ª ed. actualizada y ampliada, 2ª reimpresión, Astrea, Buenos Aires, 2000, p. 73.

6 Diario de Sesiones de la Cámara de Diputados de la Nación, 46ª Reunión, 13 y 14/12/1954, ps. 2823.

7 Allí se dijo: "(...) al echar las bases de la escuela histórica del derecho en su ensayo De la vocación de nuestro siglo para la legislación y el derecho, demostró que lejos de ser una creación del Estado, la ley es un producto de la sociedad, de sus costumbres, de sus juicios y prejuicios, de su tradición: y por eso Puchta- su discípulo predilecto- pudo decir, acentuando ese concepto, que la sociedad es al derecho como la semilla a la planta; su evolución, su forma, están regidas por ritmos, por procesos inexorables".

8 Resultan ejemplos paradigmáticos las restricciones que padecieron los negros, asiáticos e indios en Estados Unidos desde la época colonial hasta el dictado en 1967 del fallo "Loving v. Virginia" (338 US 1).

9 En la sentencia "Dred Scott", el entonces Presidente de la Corte Suprema de Estados Unidos, Roger B. Taney, citó la existencia de *estatutos antimestizaje* para demostrar que los matrimonios interraciales "se consideran antinaturales e inmorales" y en consecuencia, "este estigma, de la más profunda degradación, está fijo sobre toda la raza (negra)".

10 Estos autores estiman que sin la unión de un hombre y una mujer no hay sociedad. Cuando los seres humanos se reproducen, comienzan familias. Las familias comienzan con un

Si bien este razonamiento no merece mayor análisis y resulta fácilmente refutable, es de notar que en los orígenes, los seres humanos comenzaron a procrear sin vincularse mediante el matrimonio, y aquella reproducción generó clanes y sociedades tribales. Así, algunas sociedades iniciaron las uniones conyugales a la luz de las prácticas poligámicas[11] o poliándricas. Otros pueblos acostumbraban a contraer matrimonios endogámicos. Posteriormente, comenzamos a distinguir los matrimonios por rapto, por compra y finalmente por el consentimiento de los contrayentes. Esta evolución histórica está íntimamente relacionada con el lugar que ocupaba la mujer en una sociedad.[12]

Sin extendernos más en las particularidades de esta evolución, lo que queda claro es que el matrimonio es un hecho cultural que va siendo delineado por cada sociedad en cada momento histórico determinado.

Si bien esta remisión constante al derecho natural posee distintos orígenes ideológicos[13], cabe poner de resalto la incertidumbre existente sobre las normas que integran el mentado derecho, pues como es sabido, no existe ningún conjunto de reglas universalmente aceptadas. Este prisma desde el cual se mira al matrimonio es parte de algo mucho más amplio, pues esta modificación en la mirada también tiene su razón de ser y debemos contextualizarla en el viraje filosófico producido en el último siglo desde el iusnaturalismo hacia el positivismo.

Puede observarse que la Iglesia Católica[14] ha caracterizado invariablemente

---

matrimonio. Los matrimonios producen sociedades. Los ladrillos hacen un edificio, el edificio no hace ladrillos; la sociedad no construye matrimonios, los matrimonios construyen sociedades.

11 Puede ahondarse en MEDINA, Graciela, "Límites a la autonomía en el Derecho de Familia. La poligamia", *DFyP*, nº 11-diciembre-, 2013, p. 5 y ss.

12 Es importante mencionar cómo distintas convenciones internacionales -v.gr. *CEDAW*- hacen hincapié en la libertad para consentir el matrimonio, poniendo de relieve que ello no siempre fue así. En igual sentido, observamos la mirada restrictiva de aquella convención sobre los esponsales de futuro (cfr. art. 16.2). En fin, la mirada integral que pretendemos nos permite entrever cómo fue ingresando la libertad y autonomía en el derecho matrimonial.

13 En este trabajo nos ceñiremos a profundizar en torno a la utilización que hizo el cristianismo y la Iglesia Católica del derecho natural.

14 El cristianismo prosiguió las concepciones estoicas. En la Edad Media, Santo Tomás de Aquino partirá de la idea de Cicerón reformulando la noción de ley divina: "Dios ha establecido una legislación eterna para el mundo natural y el mundo humano, y eso es lo que conocemos como ley natural". De hecho, considera a la moral como algo universal, ya que en la Biblia, específicamente en el Nuevo Testamento, se describe que todos los hombres (incluso los gentiles) tienen una "ley escrita en sus corazones", lo que es interpretado como una ley natural que fue dada por Dios, que es manifestada como una moralidad innata, y que constituye la raíz espiritual de la consciencia humana.

En la actualidad se asocia el derecho natural a la doctrina moral de la Iglesia católica. El motivo es que ésta suele apelar a la ley natural cuando realiza pronunciamientos morales. Los críticos señalan que la Iglesia católica trata el derecho natural como un código de conducta fijo y ya conocido, cuyo depositario, precisamente, sería la propia Iglesia. La respuesta a esta crítica suele ser que, de lo contrario, se caería en el relativismo, a lo

al matrimonio como un fenómeno de la naturaleza; y al identificarlo como la forma básica, elemental y excluyente de la familia, ha afirmado su universalidad.[15]

Si bien no se nos escapa que esta representación se ve reforzada por el hecho de tratarse de una institución relacionada con la regulación social de actividades de orden biológico (v.gr. el sexo y la reproducción)[16], juzgamos que ella resulta errónea.

Sucede que es propio del sentido común concebir a las instituciones relativamente estables de la sociedad como formas "naturales" de organización de la vida colectiva en lugar de productos modificables de la realidad social y cultural.

Incluso, como la familia forma parte de nuestra primera e inédita experiencia y está asociada a lo más íntimo y privado, fácilmente se escapa su carácter histórico, político, social y cultural, quedando anclada en el campo de la naturalidad.

Desde hace tiempo, en las sociedades occidentales modernas, la familia es sinónimo de familia nuclear en la que sexualidad, procreación y convivencia "legitimas" coinciden en el espacio de lo "privado" del ámbito doméstico. Pero, no cualquier sexualidad ni convivencia cotidiana o domesticidad compartida, sino solo aquella que es protagonizada por la pareja heterosexual unida en matrimonio y sus hijos. En el modelo tradicional, la organización familiar está constituida por "un matrimonio legal, permanente, sexualmente exclusivo, entre un hombre y una mujer, con hijos, donde el hombre es principal proveedor y autoridad fundamental".

Este modelo se construyó en occidente como propio de la naturaleza humana y este proceso de "naturalización" del que fue y es objeto la familia nuclear[17], permitió ocultar -básicamente- dos fenómenos: la estructuración jerárquica y patriarcal de ese esquema, por un lado, y la existencia de otros tipos de organización familiar y/o su "patologizacion", por otro.

A diferencia del natural, el derecho positivo es una creación de la sociedad a través de sus órganos de expresión en los sistemas democráticos: los parlamentos. Ello significa que la puesta en vigor de las normas concretas que conforman el cuerpo del derecho de familia es el resultado de las políticas

---

que los críticos responden señalando que no hay que confundir el relativismo con la diversidad.

15 Como todas las grandes religiones universales, también las doctrinas metafísicas y las tradiciones humanistas ofrecen contextos donde insertar la «estructura entera de nuestra experiencia moral», articulan de una u otra manera una auto-comprensión antropológica adecuada a una moral autónoma. HABERMAS, Jurgen, *El futuro de la naturaleza humana: ¿Hacia una eugenesia liberal?*, Biblioteca del Presente, nº 20, Paidós, Barcelona, 2002, p. 12.

16 Véase DURHAM, Eunice R., "Familia y reproducción humana", en JELIN, Elizabeth (coord.), *Family, Household and gender relations in Latin America*, Kegan Paul International, Londres, 1991.

17 SPAVENTA, Verónica, "La "Familia" como proceso: El cruce de lo jurídico con lo social, político y cultural", en *Revista Jurídica de la Universidad Interamericana de Puerto Rico*, vol. 38, nº 1, Puerto Rico, 2004.

que los poderes públicos pretenden desarrollar con el objeto de proteger a la familia[18]. Prestigiosa doctrina[19] apuntó que estas políticas no dependen de pretendidas normas "naturales" que regirán la familia de forma permanente y atemporal, sino que implican una toma de posición -cargada de ideología- en la concepción de la familia y en las vías para otorgarle protección.

De esta manera, podemos entender el matrimonio como un fruto de la cultura y de la acción humana[20] que, si bien se encuentra muy extendida, dista mucho de la universalidad pretendida por la Iglesia Católica, pues como en otros aspectos de la vida social, las ideas sobre la familia conyugal difieren ampliamente.[21]

Ocurre que en el año 1563 el Concilio de Trento estableció la forma matrimonial como condición de validez del enlace, previó su carácter sacramental y su indisolubilidad; y desde entonces todo ello se ha instalado en nuestra cultura con una solidez de más de cuatro siglos. De ahí, que *"no sabemos pensar de otra manera"*. Sin embargo, esto no significa que se trate de una ley universal o que no haya habido culturas en las que las cosas se han desarrollado de otra forma.

---

18 ROCA TRÍAS, Encarna, *Familia y cambio social,* Civitas, Madrid, 1999, p. 61.

19 GIL DOMÍNGUEZ, Andrés, FAMÁ, María Victoria y HERRERA, Marisa, *Derecho Constitucional de Familia,* t. I, Ediar, Buenos Aires, 2006, ps 256 y 257.

No se nos escapa que otras voces sostienen que la ley es la "positivación" o "poner en normas" lo que ya está en la naturaleza. En ese entendimiento, no habría contraposición sino complementariedad.

20 Una catedrática española de derecho eclesiástico sostuvo: "No es el matrimonio un «producto» cultural, sociológico o legal, sino una realidad natural. No depende de la voluntad arbitraria, más o menos cambiante de los hombres y mujeres de cada período histórico. En efecto, no es resultado de condicionamientos sociológicos y, en última instancia, subjetivos, pues al pertenecer a la naturaleza humana, no cabe hablar de libre disposición, porque la persona no tiene esa libre disposición respecto a lo que es natural, porque ni es dueña ni puede disponer a título de dueño. Más aún, si el vínculo que se origina es de Derecho Natural, sólo la propia naturaleza lo puede disolver".

La autora señaló, citando a Hervada, que "se puede decir con toda firmeza que el matrimonio, aunque exista una noción legal, es preexistente a toda legalidad y anterior a cualquier legalización". BLANCO, María, "La ecología del matrimonio", GARCÍA CANTERO, Gabriel *et al*, *El matrimonio: ¿contrato basura o bien social?,* 1ª ed., Ed. Thomson Aranzadi, Pamplona, 2008, ps. 76/78.

Aunque paradójico, la catedrática de derecho eclesiástico viene a reforzar nuestras ideas; en tanto el matrimonio es anterior a toda regulación, incluida la aportada por el derecho canónico. En otras palabras, aunque la Iglesia Católica se apropió del matrimonio, al auto-adjudicarse la competencia legislativa y jurisdiccional sobre él, las personas se casaban aun antes del nacimiento del cristianismo. A ello, debemos adunar el dato que la mentada afirmación refuerza el carácter de construcción sociocultural del connubio.

21 El liberalismo político de John Rawls extrae la consecuencia del fracaso del intento filosófico de definir como modélicas determinadas formas de vida. La «sociedad justa» deja al arbitrio de todas las personas qué quieren «hacer con el tiempo que dure su vida», garantiza a todos y cada uno la misma libertad para desarrollar una autocomprensión ética y para hacer realidad una concepción personal de la «vida buena» según la propia capacidad y el buen parecer. HABERMAS, Jurgen, *ob. cit., loc. cit.*

En fin, el matrimonio nació como una construcción social y se va redefiniendo constantemente en cada cultura determinada. Es decir, como todo proceso cultural es dinámico y se encuentra en constante movimiento. Con acierto advertía Pierre Chaunu[22], que el matrimonio es el más cultural de los fenómenos demográficos.

2. EL MATRIMONIO A TRAVÉS DE LA HISTORIA[23]

La historia da cuenta de las diferentes concepciones, fisonomía y composición del matrimonio y su papel en la familia. De ahí, puede fácilmente observarse que no existe una única noción o conceptualización del matrimonio. Esta breve aproximación histórica a distintas formas conyugales nos permitirá abonar nuestra idea en torno a que no existe un patrón fijo que defina al matrimonio, sino que éste va siendo moldeado según cada cultura y momento determinado. Tiempo y espacio son dos variables que inciden en todo fenómeno cultural y la organización familiar no escapa a ellas.

De hecho, la familia nunca es una institución aislada, sino que es parte orgánica de procesos sociales más amplios[24], que incluyen las dimensiones productivas y reproductivas de las sociedades, los patrones culturales y los sistemas políticos.[25]

2.1. EL MATRIMONIO EN EL DERECHO GRIEGO CLÁSICO

El derecho griego antiguo es un objeto de estudio fragmentado, pues la organización política en ciudades-estados conllevaba que cada unidad

22 Fue un historiador e hispanista francés, especialista en la América española e historia social y religiosa de Francia de los siglos XVI, XVII y XVIII. Entre sus obras, podemos mencionar: *Histoire de l'Amérique latine*, París, 1949; *Conquête et exploitation des nouveaux mondes*, París, 1969; *Démographie historique et système de civilisation*, Roma, 1974; *Le temps des Réformes*, París, Fayard, 1975.

23 Sobre el matrimonio en la civilización egipcia puede consultarse PESTMAN, Pieter Willem, *Marriage and Matrimonial property in Ancient Egypt*, E. J. Brill, Leiden, 1961; BETRÒ, María C., "Matrimonio e società nell'antico Egitto: lo scambio de doni", en *Geo-archeologia* n° 2, Ed. Japandre, Roma, 1984; MACCOULL, Leslie S. B., *Coptic marriage-contract,* Fondation Égyptologique Reine Elisabeth, Bruxelles, 1979 y, HUSSON, Geneviéve y VALBELLE, Dominique, Instituciones de Egipto. De los primeros faraones a los emperadores romanos, Ed. Cátedra, Madrid, 1998, ps. 142 y 143, entre otros.

24 Es importante poner de resalto hasta qué punto la historia del matrimonio y el divorcio están relacionadas con la historia en torno al rol de la mujer pues a su vez, ello ha tenido gran influencia en la regulación del divorcio. Cómo veremos más adelante, algunos países regulan las causales en forma diferenciada, reservando algunas sólo para el hombre o la mujer. Inclusive, analizaremos cómo el trato discriminatorio en la causal de adulterio como delito penal en nuestro país marcó la mirada con la que fue regulada en el ámbito civil.

25 JELÍN, Elisabeth, "La familia en Argentina: Trayectorias históricas y realidades contemporáneas", en KEMELMAJER DE CARLUCCI, Aída (dir.) y HERRERA, Marisa (coord.), *La Familia en el Nuevo Derecho*, Rubinzal Culzoni, Santa Fe, 2009, p. 135 y ss. Sobre la familia en el proceso productivo, profundizaremos en el capítulo 5.

autónoma se manejara con su propia normativa interna. Atenas es la *polis* de donde se ha conservado mayor información del derecho vigente en el período clásico (siglos V y IV a.C.).

Inicialmente, el matrimonio entre dos atenienses era considerado el único legitimado a partir de la ley de Pericles del 450 a.C. Esta norma planteaba que la unión entre un ateniense y un extranjero no era reconocida como matrimonio, y en consecuencia, sus hijos eran considerados bastardos. Ocurre que el matrimonio era una institución tradicional que suponía un entramado de redes de parentesco capaces de afirmar los vínculos y las alianzas entre diversas familias. Es importante entender que la finalidad del matrimonio, concebido como la unión legal entre dos personas de distinto sexo conforme el sentido que se le daba en el derecho ático, era la procreación de ciudadanos.

Desde este punto de vista, el *status* jurídico de una mujer ateniense estaba signado por la incapacidad para actuar por sí misma. Ella se hallaba permanentemente bajo la protección de un tutor que la representaba ante la justicia, en el caso de las mujeres solteras solía corresponder a algún hombre de su familia de origen; en el supuesto de las mujeres casadas era su marido.

El matrimonio tenía su base en un acuerdo formal celebrado entre el padre de la novia y el novio, el primero de los cuales entregaba una dote y a su vez consentía el traspaso de la novia a quien se convertiría en su marido. La transferencia o *"entrega"*, que consumaba el matrimonio, consolidaba la unión de la pareja. Así, la subordinación de la esposa a la autoridad marital constituye una característica central del matrimonio en el derecho griego.

2.2. El matrimonio en el derecho romano[26]

Hemos dejado en claro entonces, que para la cultura occidental el matrimonio constituye una institución social, receptada luego por la norma jurídica. De esta manera, podemos comenzar a analizar el matrimonio en el derecho romano.

El matrimonio civil romano, que en un comienzo pudo ser poligámico como en la mayoría de las culturas, rápidamente se convirtió en monogámico[27], pero no tenía la vocación de permanencia y exclusividad que hoy pretendemos para los matrimonios; por ello, hasta bien adentrado el Imperio, el sistema de concubinas y esclavas, se mantuvo sin que esta práctica se considerara contraria a la institución matrimonial, y las figuras del repudio y el divorcio eran plenamente aceptadas.[28]

Ahora bien, es importante aclarar que para los romanos, el connubio no era una relación jurídica sino un hecho social que producía efectos jurídicos reflejos,

---

26 Véase Treggiari, Susan, *Roman Marriage*, Clarendon Paperbacks, Oxford University Press, Nueva York, 1991.

27 De ahí la tradicional regla de la monogamia -que impera en la cultura occidental- y que rechaza la multiplicidad de cónyuges propia del sistema poligámico y poliándrico. Asimismo, armoniza con el principio que condiciona la existencia del matrimonio a la unión exclusiva entre "dos" personas.

28 Medina Pabón, Juan Enrique, *Derecho Civil. Derecho de Familia*, 2ª ed., Ed. Universidad del Rosario, Bogotá D.C., 2010, ps. 40 y 41.

con lo que se asemeja a la institución de la posesión[29]. Aquél suponía una comunidad de vida entre el marido y la mujer, sostenida por la *affectio maritalis*, es decir, por la conciencia típica de ambos cónyuges de que la comunidad que integran es exactamente un matrimonio[30]. En suma, la diferencia sustancial entre el matrimonio romano y el actual, radica en que el primero constituyó una relación de hecho con consecuencias jurídicas, mientras que el segundo, es una relación jurídica con consecuencias sociales[31]. Así las cosas, el matrimonio era una *res facti*, que subsistía mientras pervivía la citada *affectio;* un acto absolutamente informal, que no estaba sujeto a ninguna fórmula oral, acto o ceremonia religiosa o civil formales. La costumbre sólo incluía algunos ritos sociales que si bien no conferían validez al matrimonio, daban testimonio de él.

Ocurre que el matrimonio era concebido para la perpetuación de un culto gentilicio, de un linaje con graves consecuencias jurídicas[32]. Su efecto primordial era unir a dos seres en un mismo culto doméstico para hacer nacer a un tercero que fuese apto para continuar ese culto. Ello queda patente en la fórmula sacramental que se pronunciaba en el acto del matrimonio: *"Ducere uxorem liberorum quaerendorum causa"*.[33]

El matrimonio romano no era un acto público ni tampoco un acto jurídico: era un *estado de hecho* manifestado por una ceremonia que producía efectos de derecho, ya sean directos (los hijos serán legítimos) o indirectos (los tribunales decidirán sobre la atribución de la dote en caso de divorcio y litigio).[34]

Ello estaba tan arraigado, que hasta en el reinado de los emperadores cristianos, a pesar de los cambios en la ideología, persistió. Fue abolido por Justiniano.

Con las leyes de regulación de las relaciones familiares[35] (18 a.C. y 9 a.C.), Augusto sienta un precedente al hacer objeto de derecho público lo que hasta ese momento pertenecía a un ámbito estrictamente privado y familiar.

---

29 Recordemos que el matrimonio del más antiguo derecho romano era un acto en virtud del cual una mujer, *sui o alieni iuris,* salía del sometimiento de su *Paterfamilias* para someterse a su futuro cónyuge y con particular función de procrear una descendencia legítima. ARANGIO RUIZ, Vicenzo, *Instituciones del Derecho Romano,* Depalma, Buenos Aires, 1952. p. 487. Con el tiempo y como consecuencia del matrimonio, la mujer alcanza el rango social del marido. CHELODI, Juan, *El derecho matrimonial,* Ed. Bosch, Barcelona, 1959, ps. 289 y 290.

30 KASER, Max, *Derecho Romano Privado,* trad. de José Santa Cruz Teijeiro, 5ª ed., Ed. Reus, Madrid, 1968, p. 256.

31 ARGÜELLO, Luis Rodolfo, *Manual de Derecho Romano,* Astrea, Buenos Aires, 1985, p. 385.

32 GRIMAL, Pierre, *El amor en la antigua Roma,* Paidós Ibérica, Barcelona, 2000, p. 92.

33 FUSTEL DE CUOLANGES, Numa Denys, *La ciudad antigua,* Iberia, Madrid, 1979, p. 33. Puede verse también la versión traducida por M. Ciges Aparicio, Librería El Foro, 2009.

34 VEYNÉ, Paul, "La familia y el amor en el alto Imperio", en *La sociedad romana,* Biblioteca Mondadori, Madrid, 1991, ps. 176 y 177.

35 La *lex iulia de Maritandis Ordinibus* y la *lex Iulia de adulteriis coercendis,* promulgadas ambas en el año 18 a.C., junto con la *lex Papia Poppaea* (9. d.C.) formarán el *corpus* legislativo de las reformas augusteas familiares. A partir del Cristianismo (siglo IV d.C.), estas leyes fueron progresivamente suprimidas, pues los principios cristianos favorecían el celibato religioso y desaconsejaban las segundas nupcias.

Hace de las relaciones interpersonales un asunto de Estado, regulado y legislado por él y, a la vez, sancionado o premiado, igualmente, por él. Augusto crea un nuevo concepto legislativo de matrimonio, núcleo de la familia, al tratar que las relaciones familiares, de carácter estrictamente íntimo, fuesen objeto del derecho público.

La sociedad acomodada ve cercenado su poder absoluto dentro de sus *familiae*, en el entendimiento de que se obliga a los individuos a casarse o divorciarse -ya no de acuerdo a sus necesidades políticas, económicas y sociales- sino según la conveniencia del Estado, plasmada en estas leyes que, como se adelantó, hacen del matrimonio sujeto de una definición legal y control del Estado.[36]

Esta resistencia de los patricios llevó a que Augusto tardara casi 27 años en poner en práctica su programa de reforma legislativa de la moral de la familia. Sin embargo, esta nueva normativa terminará por imponerse.

La *lex Iulia de Maritandis Ordinibus* ofrecía incentivos para contraer matrimonio. Augusto estimaba que rehacer la pureza del matrimonio implicaba su fertilidad[37]. Con esta regulación[38], Augusto intentó evitar los matrimonios sin descendencia, favorecer a los casados con hijos y restringir los derechos hereditarios de los solteros *(caelibes)* o casados sin descendencia *(orbi).*

En fin, el matrimonio romano presentaba características que lo diferenciaban del que existe en el derecho moderno, inspirado en motivos cristianos. Para los romanos era una situación de hecho capaz de producir consecuencias jurídicas. Pero hasta las leyes de Octavio Augusto, el matrimonio no tenía una regulación legislativa propia[39], en atención a que todo lo relativo a su celebración y disolución pertenecía a los *mores* (costumbres).

En los textos romanos podemos encontrar dos definiciones del matrimonio. La primera de ellas es la *Modestino*, quien sostuvo que el matrimonio es "la unión entre un hombre y una mujer en un consorcio de toda la vida, comunicación del derecho divino y humano" (D.23.2.1) *(nuptiae sunt coniunctio maris et feminae et consortium omnis vitae, divini et humani iuris communicatio).*

36 Brundage, *Law, Sex and Christian Society in medieval Europe,* Chicago University Press, Londres, 1987, p. 33.

37 Csillag, Pal, *The Augustan laws on family relations,* Akadémiai Kiadó, Budapest, 1976, p. 77.

38 Por propósitos demográficos, estas normas establecen, entre otras cosas, la obligación de contraer matrimonio para los hombres mayores de 25 años y menores de 60, y para las mujeres comprendidas entre los 20 años y los 50. Por otro lado, se sancionaba a los solteros *(caelibes)* y a los casados que no tenían hijos *(orbi).* Los primeros no podían adquirir nada a título hereditario, mientras que los segundos, sólo la mitad. Lo que les hubiera correspondido se denominaba *caducum,* y se adjudicaba a los herederos testamentarios o legatarios, que tengan por lo menos un hijo.

39 Lo que actualmente denominamos derecho matrimonial es obra de la Iglesia, específicamente del derecho canónico de la Edad Media que desarrolla una regulación jurídica en torno a los requisitos, la celebración, los impedimentos y, la disolución -vía nulidad- del matrimonio, basada en los textos evangélicos y neo-testamentarios.

La feliz frase final es sospechada por algunos de interpolación cristiana[40]. La otra conceptualización consta en las *Institutas* de Justiniano[41] (1.9.1), según la cual las nupcias o matrimonio son la unión del varón y de la mujer que lleva consigo la obligación de vivir en una sociedad indivisible[42] (*vir et mulieris coniunctio, individuae vitae consuetudinem continens).* De allí se desprende la monogamia ínsita en el matrimonio romano. *Una mujer no puede tener dos maridos a la vez, ni un hombre puede tener dos mujeres a la vez (Gayo, 1.63; Inst., 1.10.6).*

Párrafo aparte merece la discusión acerca de la existencia de un matrimonio religioso, pues existen opiniones disímiles al respecto y, ello permite a algunos autores confundir la verdadera entidad del matrimonio en el derecho romano.

A modo ilustrativo, cabe traer a colación las palabras del senador Pizarro, en el debate parlamentario previo a la sanción de la ley 2393[43]. Allí sostuvo: "El señor ministro nos habla de que el matrimonio religioso no había existido en la antigüedad; entre los romanos era una simple venta y que se dudaba si era un contrato real. Señor presidente: entre los romanos, como entre nosotros mismos hoy, había diversas clases de matrimonio. Entre los romanos había el matrimonio de la *coemptio* que no era religioso, indudablemente; pero había el matrimonio por *confarreatio* que era el verdadero, el legítimo matrimonio, el que daba a la mujer todos los derechos de mujer legítima, y ése era religioso".

Esta afirmación no es exacta. En Roma, el matrimonio civil, es decir, aquel que daba origen a una relación nupcial amparada por el derecho *-iusta nuptia-* era de dos clases: la *confarreatio* y la *coemptio*. Dicho de otro modo, el matrimonio era uno sólo, lo que variaba eran los ritos y ceremonias necesarios para su celebración. De hecho, la *confarreatio* estaba rodeada de ceremonias paganas.[44]

En rigor, era una ceremonia ritual y solemne reservada a los patricios que unía en matrimonio a un hombre y una mujer, y consistía en ofrecer al dios Júpiter la ofrenda de un pan especial *-farreus panis-* en la que se hallaban presentes los futuros esposos, el gran pontífice, diez testigos y el *Dialis flamen* o *flamen* de Júpiter. El matrimonio contraído de esta forma llevaba implícita la entrada de la mujer en la familia civil del esposo, con abandono jurídico de la suya.

40 DI PIETRO, Alfredo, *Derecho Privado Romano,* 2ª ed., Depalma, 2001, p. 311.

41 JUSTINIANO, *Digesto,* versión castellana de Álvaro d´Ors *et al.,* Ed. Aranzadi, Pamplona, 1986.

42 Resulta muy ilustrativo el término "consorte", el que proviene de *consors* que es "quien comparte la misma suerte". De ahí la frase de Tácito (Ann., 3.34) que nos habla de los matrimonios como *"consortia rerum secundarum adversarumque"* (consorcios de las cosas favorables y desfavorables).

43 Diario de Sesiones del Senado de la Nación, 15/09/1888, 47ª Reunión, 45ª Sesión ordinaria, p. 441 y ss.

44 La *confarreatio* era más usada por los patricios de la antigüedad más remota pero sin embargo, no era una prescripción sino para las nupcias de los pontífices y de los flaminios, mientras que las formas *coemptis et usus* (compra y uso) y más tarde, la *conventio in manum* -el sometimiento a la potestad marital ante el pretor- eran frecuentes en las clases populares. En las épocas menos lejanas la *confarreatis* había caído en desuso, por la multiplicidad de sus ritos y los gastos que ocasionaba.

Reiteramos: la *confarreatio* era una ceremonia rodeada de ritos que no eran cristianos, sino paganos. Incluso, si de religión habláramos, deberíamos referirnos a la religión doméstica de cada *pater familias* y la veneración de sus antecesores.

Por otro lado, la *coemptio* también era una ceremonia en la que se simulaba la compra ficticia de la mujer que se realizaba ante el *libripens* y al menos, cinco testigos púberes y ciudadanos romanos.

3. A modo de cierre

El somero estudio que hemos emprendido en torno a la idiosincrasia del matrimonio y la familia en distintas culturas resulta hábil para reforzar el hilo conductor de nuestro trabajo: *El matrimonio es una construcción sociocultural y por lo tanto, dinámica y mutable.* Ese carácter es una consecuencia de que el matrimonio es uno de los frutos del ser humano. Las personas son de por sí sociales e interactúan, juntándose en diversos grupos; y si las personas son cambiantes social y culturalmente con el tiempo, cómo no lo van a ser las instituciones que ellas han creado.

Ello se concatena con otra idea, cual es que el matrimonio civil es una noción que está al servicio del hombre y no el hombre al servicio del concepto. Su mutabilidad deviene en evolución.

Pero ¿por qué nos interesa poner de manifiesto su carácter sociocultural? Justamente, porque una mirada del matrimonio como una institución "natural" y "sagrada", tal como propone la Iglesia Católica, lleva ínsita la resistencia al divorcio que es visto como algo negativo que debe ser combatido. En cambio, si el matrimonio es una construcción social, fácil es advertir que su correlato: el divorcio también lo es. De este modo, ni el matrimonio ni el divorcio son valorativamente positivos o negativos, sino simplemente decisiones personales que acarrean derechos, deberes y efectos.

SECCIÓN SEGUNDA
EL CAMINO HACIA LA SACRALIZACIÓN E INDISOLUBILIDAD DEL MATRIMONIO

SUMARIO: 1. La auto atribución legislativa y jurisdiccional de la Iglesia Católica. 2. El matrimonio para la Iglesia Católica. 2.1. El Concilio de Trento. 2.2. El matrimonio en el Código de Derecho Canónico. 3. El impacto de la doctrina canónica en el matrimonio civil. El matrimonio civil "dependiente" o "canonizado". 3.1. La subordinación de la mujer a la autoridad marital. 3.2. El falaz pretexto de la procreación. 4. Comentarios adicionales.

"Entonces, vinieron los equívocos.
Ellos entendieron caída donde yo hablé de vuelo.
Creyeron que un pecado merece castigo si es original.
Dije que peca quien desama: entendieron que peca quien ama.
Donde anuncié pradera de fiesta, entendieron valle de lágrimas".
Eduardo Galeano, Teología/3

1. La auto-atribución legislativa y jurisdiccional de la Iglesia Católica

Debemos comenzar este parágrafo recordando que, en un principio, la Iglesia no intervenía propiamente en la celebración del matrimonio de los cristianos, pero si se irá interesando con el tiempo en la decisión que tomen sus fieles. Y de esta manera prestará cada vez más atención a la celebración misma de aquel, para mucho tiempo después dedicarse a los caracteres de la sacramentalidad y la consecuente indisolubilidad.

El incremento de la injerencia de la Iglesia conllevará que, tanto en el campo de la liturgia como del derecho, su presencia se extienda y abarque diversos aspectos celebrativos, jurídicos y sociales inherentes al vínculo matrimonial.

Si tomamos en cuenta, la debilidad del poder civil en aquellas sociedades y adunamos que sus gobiernos se encontraban pendientes de otras cuestiones políticas y sociales, podrá fácilmente advertirse cómo la Iglesia irá absorbiendo aquellas facultades en las que los estados no se verán primigeniamente interesados.

Durante el Imperio Romano era el poder civil quien ejercía los poderes de legislación y jurisdicción en materia matrimonial. Pero ya desde sus orígenes la Iglesia estableció para sus fieles una serie de reglas matrimoniales, cuya observancia acarreaba sólo penas religiosas. Existían, por lo tanto, dos reglamentaciones paralelas: una legal y obligatoria para todos los ciudadanos; y otra puramente religiosa que sólo se imponía a la conciencia de quienes profesaban el cristianismo.[1]

Después de la caída del Imperio de Occidente (año 476 d.C.), la legislación civil romana recibió la influencia cada vez mayor de las reglas canónicas; de hecho, no tardaría la Iglesia en imponer en toda Europa la regulación matrimonial canónica[2], desapareciendo el derecho civil que normaba la materia.

Al considerarla como un sacramento e institución divina, la Iglesia resaltará obviamente la naturaleza religiosa del matrimonio y reivindicará para sí, con carácter exclusivo y excluyente, la legislación y jurisdicción sobre el matrimonio salvo en lo relativo a los efectos patrimoniales.

Una de las características más salientes de la historia del matrimonio ha sido precisamente la lucha mantenida a lo largo de siglos entre la Iglesia y el Estado para imponer su derecho exclusivo a regularla[3]. Así, durante la Edad Media, el connubio fue competencia exclusiva de la Iglesia y ningún poder seglar le discutió su autoridad ni su doble monopolio[4].

Recién las corrientes secularizadoras del siglo XIX considerarán aquel monopolio religioso como *una usurpación al poder civil.*

Sin embargo, a partir del siglo XVI varios factores contribuyeron a socavar paulatinamente la potestad de la Iglesia sobre el matrimonio.

En primer lugar, la reforma protestante, que sostenía que el connubio era una institución mundana, sujeta a la autoridad civil. Luego, la monarquía francesa pretendió afirmar su poder soberano frente a la Iglesia y comenzó a recuperar la competencia estatal en torno al matrimonio.

Si a ello adunamos el malestar social que provocaba la imposición de una forma conyugal exclusiva, comprendemos los motivos que determinaron la secularización del matrimonio. Ocurre que los protestantes no podían contraer un enlace válido en países católicos, sin abjurar de su religión; mientras que sucedía lo propio con los católicos que intentaban casarse en países que habían acogido la religión reformada.

No obstante el mentado proceso secularizador, la Iglesia ha insistido

---

1 FERRER, Francisco A. M., "El problema de la potestad legislativa y jurisdiccional sobre el matrimonio. Evolución histórica", *ED*, 49-907.

2 El monopolio eclesiástico sobre el matrimonio dio a la institución y a sus ministros un inmenso poder social. El Concilio de Trento pretendió un gran programa de clericalización de la sociedad. El párroco se convertía en la persona clave; no sólo porque él fuera el modelo a imitar sino porque él era quien otorgaba la identidad social. Esto en la América colonial tenía consecuencias innegables: la clase y la raza podían ser modificadas por su voluntad o por su negligencia. GHIRARDI, Mónica, IRIGOYEN LÓPEZ, Antonio, "El matrimonio, el Concilio de Trento e Hispanoamérica", en *Revista de Indias*, vol. LXIX, nº 246, 2009, ps. 266 y 267.

3 DE RUGGIERO, Roberto, *Instituciones de derecho civil,* traducción de R. Serrano Sufler y J. Santa Cruz Teijeiro, t. I, vol. 29, Ed. Reus, Madrid, 1945.

4 v. BRUNDAGE, James A., *La ley, el sexo y la sociedad cristiana en la Europa medieval*, FCE, México D.F., 2000 y; GAUDEMET, Jean, *El matrimonio...*, cit., ps. 165-171.

siempre en su derecho a legislar y disponer en torno al sacramento. Es tal la omnipresencia que la intentó y logró conseguir en la regulación del matrimonio, que el canon § 1059 del Código de Derecho Canónico vigente prevé que "el matrimonio de los católicos, aunque sea católico uno solo de los contrayentes, se rige no sólo por el derecho divino sino también por el canónico, sin perjuicio de la competencia de la potestad civil sobre los efectos meramente civiles del mismo matrimonio".

2. EL MATRIMONIO PARA LA IGLESIA CATÓLICA

En estas líneas haremos una breve exposición de la conceptualización y fines del matrimonio desde una visión cristiana[5], que no han variado sustancialmente desde el medioevo hasta los textos vigentes.

Sin embargo, nos interesa poner de resalto el camino que ha recorrido el matrimonio hacia su sacralización[6]. De hecho, el cristianismo admitía el divorcio en un principio, aunque la Iglesia poco a poco, lo fue prohibiendo. A partir del siglo X, los tribunales eclesiásticos declaraban los divorcios, no sin fuertes polémicas.

Pero recién tras la celebración del Concilio de Trento, que concluirá en el año 1563, se le añadirá al matrimonio el carácter indisoluble que le otorga el derecho canónico hasta el día de hoy, sólo permitiendo la separación de cuerpos. Veamos.

2.1. EL CONCILIO DE TRENTO

En el Concilio de Trento[7] se trazaron los lineamientos de las reformas católicas, conocidas comúnmente como *Contrarreforma*[8]. Su convocatoria obedecía al afán de reunificar a la cristiandad -propósito que no pudo lograr- y fundamentalmente, para organizar y aclarar, frente a la amenaza de la Reforma protestante, diversas cuestiones doctrinales, como así también aspectos morales y religiosos.

Cabe aquí poner de resalto que en este Concilio se reafirman el carácter sacramental del rito y el perfil monogámico e indisoluble del vínculo conyugal. Resulta palmario cómo la Iglesia estableció un estricto control religioso sobre las relaciones privadas; y si bien el matrimonio no era considerado una institución perfecta; lo aceptaban y santificaban a causa de la función reproductiva.

---

5 HERVADA XIBERTA, Francisco Javier, *Los fines del matrimonio. Su relevancia en la estructura jurídica matrimonial*, Pamplona, Est. Gª Navarra, 1960.

6 Empleamos para esta noción la acepción de la Real Academia Española, en el sentido de "atribuir carácter sagrado a lo que no lo tenía" (del *fr. sacraliser)*.

7 Son numerosas las ediciones de las actas del Concilio de Trento. A modo ejemplificativo, véase MACHUCA DIEZ, Anastasio, *Los Sacrosantos concilios de Trento y Vaticano, en latín y castellano,* Madrid, 1903.

8 Justamente, se llamó Contrarreforma a la serie de medidas y prácticas tomadas por la Iglesia Católica como respuesta a la Reforma iniciada por Martín Lutero en el siglo XVI, que cuestionó las prácticas y una serie de dogmas de la jerarquía y el papado.

En cuanto a las costumbres que hacen al poder temporal, las leyes determinan la celebración previa de un contrato de carácter secular entre las partes, con la intervención en él de los padres o tutores. Por intermedio de ese acto, el padre de la novia, o quien desempeñaba su papel, se comprometía a la entrega de la dote al consumarse la unión.[9]

2.2. El matrimonio en el Código de Derecho Canónico[10]

El texto vigente del Código de Derecho Canónico enuncia explícitamente los fines objetivos del matrimonio, en otras palabras, se refiere a los de la institución en sí misma *(fines operis)*, y no a los de los cónyuges en particular *(fines operantis)*.

En ese orden de ideas, el canon 1055, § 1 prevé que "la alianza matrimonial, por la que el varón y la mujer constituyen entre sí un consorcio de toda la vida, ordenado por su misma índole natural al bien de los cónyuges y a la generación y educación de la prole, fue elevada por Cristo Señor a la dignidad de sacramento entre bautizados. § 2. Por tanto, entre bautizados, no puede haber contrato matrimonial válido que no sea por eso mismo sacramento".

La definición actual resulta ajustada a la doctrina emanada del Concilio Vaticano II. El derecho canónico distingue también dos acepciones de matrimonio. El connubio *in fieri* es el pacto o contrato conyugal celebrado conforme a la ley y es causa generadora del matrimonio *in facto esse*. Este último es la relación jurídica conyugal derivada del pacto o contrato matrimonial.

3. El impacto de la doctrina canónica en el matrimonio civil. El matrimonio civil "dependiente" o "canonizado"

Hasta el siglo XV el derecho canónico dominó la vida sexual en el mundo cristiano y confirió una nueva fisonomía al matrimonio. Entre la legislación canónica y las civiles posteriores existen importantes diferencias[11]; sin embargo, Esmein sostuvo que la legislación civil sobre el matrimonio no hizo más que reproducir, secularizadas y ligeramente modificadas, las reglas que había formulado el derecho eclesiástico.

A modo ejemplificativo, la doctrina nos recuerda que el carácter solemne del connubio, que consagran las leyes civiles, está inspirado en las reglas tridentinas, sólo que la parroquia fue reemplazada por el Registro Civil; el sacerdote por el Oficial Público y; las palabras que pronuncia el sacerdote *"ego*

9 Rodríguez Molas, Ricardo, *Divorcio y familia tradicional*, Biblioteca Política Argentina, nº 46, Centro Editor de América Latina, Buenos Aires, 1984, p. 18.

10 Puede ahondarse en Fornés, Juan, *Derecho matrimonial canónico*, 5ª ed., Tecnos, Madrid, 2008; Vitali, Enrico, Berlingó, Salvatore, *Il matrimonio canonico*, Giuffrè Editore, Milán, 2007 y, Hervada Xiberta, Francisco Javier, *El ordenamiento canónico*, Universidad de Navarra, Pamplona, 2008, entre otros.

11 Por mencionar algunas: La norma civil ha restringido los impedimentos y las causas de nulidad que de ellos se derivan; como así también en general reconoce el divorcio vincular que la Iglesia obviamente rechaza.

conjungo vos in matrimonium in nominis Patris et Filii e Spiritus Sanctis" han sido traducidas al lenguaje laico, en tanto el Oficial Público declara: "En nombre de la ley, ustedes quedan unidos en matrimonio" (v. art. 39, ley 2393).

A ello debemos adunar que la moral cristiana occidental perduró e impregnó las normas civiles y las prácticas socioculturales. De ahí que algunas voces señalen que el proceso de secularización decimonónico ha quedado inconcluso.

Este matrimonio que en nuestro medio fue aprobado por la ley 2393 y modificado por varias normas hasta la sanción de la ley 23.515, es lo que nosotros denominamos, a los fines de este trabajo, matrimonio civil "dependiente" o "canonizado", para diferenciarlo del matrimonio civil deconstruido -laico y aconfesional- que nació en forma pretoriana y al amparo de la ley 26.618 y el CCyC.

3.1. La subordinación de la mujer a la autoridad marital[12]

La historia del matrimonio y el divorcio está íntimamente relacionada con el rol de la mujer y cómo éste fue cambiando a través de la historia. Un análisis del derecho matrimonial que no indague sobre el papel de la mujer, estaría condenado a ser estudio parcial e incompleto; pues esta circunstancia ha incidido directamente en el divorcio. La moral cristiana occidental conlleva desde antaño la inferioridad de la mujer y, esta concepción -ínsita en la noción de matrimonio- se trasladó desde el derecho canónico al derecho positivo nacional.

Desde los albores de la civilización, uno de los principales efectos derivados del matrimonio era la sumisión de la mujer al poder o autoridad absoluto del marido.

"Estarás bajo la potestad de tu marido y él te dominará", le había dicho Dios a Eva en el Paraíso[13], y a partir de allí comenzó a desarrollarse una legislación y doctrina que incluyeron el deber de obediencia, como una de las obligaciones a las que estaba sujeta la mujer como consecuencia del enlace conyugal.

En referencia al segundo lugar de la mujer en la creación, si bien San Pablo reconocía cierta igualdad y complementariedad entre hombre y mujer en tanto creados por Dios, la imagen que nos muestra es la de la subordinación del sexo femenino al masculino. "El varón no procede de la mujer, sino la mujer del varón; tampoco fue creado el varón con miras a la mujer, sino la mujer con miras al varón. La mujer, pues, debe llevar sobre la cabeza el signo de su dependencia...".[14]

12 Sobre cómo el deber de obediencia de la mujer ínsito en el matrimonio fue trasladado mediante el derecho español y de Indias al Virreinato del Río de la Plata, ver KLUGER, Viviana, "Casarse, mandar y obedecer en el Virreinato del Río de la Plata: Un estudio del deber-derecho de obediencia a través de los pleitos entre cónyuges", en Revista *Fronteras de la Historia*, nº 8, ICANH -Instituto Colombiano de Antropología e Historia-, 2003, ps. 131/151.

13 Génesis, capítulo 3, versículo 16.

14 Corintios 11, 8-10.

A lo largo del Nuevo Testamento, aquella sumisión se ve ratificada en pasajes[15] como: "que las mujeres sean sometidas a sus maridos, así como al Señor porque el marido es la cabeza de la mujer, así como Cristo es la cabeza de la Iglesia".

La cultura cristiana juzgaba al sexo femenino como débil, seductor, propenso a cometer pecados sexuales y a tentar al hombre en dicha dirección. La *iconografía de la Lujuria* expresó esta concepción de la mujer y de la sexualidad vigente en la Edad Media, mostrando a la mujer como un monstruo, *"el otro"* que debía mantenerse controlado. De esta manera, en el matrimonio canónico estaba a cargo del marido la subsistencia del hogar y era obligación de la mujer la obediencia y el respeto. Eran derechos del hombre la representación exterior del hogar, y de la mujer, la dirección interior de la casa. Todo bajo autoridad del marido.[16]

Los ribetes patriarcales y autoritarios del matrimonio canónico fueron heredados por el derecho español del romano, del germánico y del árabe; e incluidos en la primitiva legislación foral y en las *Partidas*, atenuándose levemente con posterioridad a las *Leyes de Toro*. Luego, estas ideas fueron trasladadas al derecho patrio.

En la crítica al proyecto de Vélez Sarsfield, Alberdi insistía en que el codificador nunca había mencionado entre sus fuentes a la Constitución Nacional. Un aspecto de esta polémica, se veía palmario en la situación de las mujeres en esa época.

Alberdi -recordó Kemelmajer de Carlucci[17]- remarcó que "todos iguales quiere decir todos libres, el padre, la mujer, los hijos. La mujer no será la esclava, la doméstica, la pupila de su marido. La hija no será la mercancía de sus padres. El gobierno del hogar tendrá dos cabezas".

A su turno, Vélez Sarsfield sostuvo: "Nosotros partimos de una observación en la historia de la humanidad: cada paso que el hombre da hacia la civilización, la mujer adelanta hacia la igualdad con el hombre". Sin embargo, como símbolo de una regulación heteronormativa, el art. 187 del Código de Vélez disponía que "la mujer está obligada a habitar con el marido, donde quiera que éste fije su residencia. Si faltase a esta obligación, el marido puede pedir las medidas policiales necesarias, y tendrá derecho a negarle los alimentos".

Más allá de que la mentada disposición ponía de manifiesto el papel secundario que poseía la mujer en el matrimonio, aquella contenía una medida coercitiva que permitía al hombre forzar una convivencia no deseada porque tenía los medios económicos para imponer su voluntad[18]. No resulta ocioso recordar

15 Véase por todos, Nuevo Testamento, *Efesios* 5-22.

16 MOLINA, Raúl A., *La familia porteña en los siglos XVII y XVIII: historia de los divorcios en el período hispánico*, Fuentes Históricas y Genealógicas Argentinas, 1991, p. 295.

17 SANTORO, Sonia, "Código entendible para todos", la reforma al Código Civil, explicada por una de sus autoras, *Página 12*, sección Sociedad, 12 de junio de 2012. "Aída Kemelmajer de Carlucci, docente y ex ministra de la Corte mendocina, explicó que el proyecto presentado en el Congreso implica un cambio de paradigma y ampliación de derechos. *"Hemos tenido alma de proa"*, dijo, parafraseando a Güiraldes".

18 GROSMAN, Cecilia P. y MARTÍNEZ ALCORTA, Irene, "Alimentos entre cónyuges. La ley 23.515", LL 1989-A, 906.

también que el marido era el único administrador de todos los bienes de la sociedad conyugal. Este rol secundario era avalado por la doctrina mayoritaria de la época y, en definitiva, constituía el fiel reflejo de la mirada de un sector social, que añoraba el modelo tradicional y monárquico de la familia.

José Manuel Estrada planteaba en el año 1881 en la Revista *Argentina* una visión conservadora de la familia en estos términos: "En el orden moral la unidad doméstica reposa, desde luego, en el principio de autoridad, que tiene dos fases: la patria potestad y la autoridad marital".

Luego, si bien la ley 2393 reemplazó el matrimonio religioso por el civil mantuvo -con carácter enteramente civil-, dos de los rasgos fundamentales de la legislación canónica: la indisolubilidad del vínculo matrimonial y la subordinación de la mujer al hombre en el ámbito doméstico. Ello ha llevado a muchos autores[19] a afirmar que, a pesar de la sanción de la mentada ley, el proceso de secularización de la década de 1880 quedó inconcluso.

En nuestro país, sólo a partir de la sanción de las leyes 23.264 (1985), 23.515 (1987) y 25.781 (2003), puede hablarse de la consagración, al menos en el plano formal, del ejercicio conjunto de la responsabilidad parental y de la igualdad de ambos cónyuges en las relaciones personales y patrimoniales derivadas del matrimonio.

A modo ejemplificativo del rol inferior que el discurso jurídico le otorgaba a la mujer, cabe recordar que antes de la sanción de la ley 23.515, que introdujo en nuestro régimen matrimonial la posibilidad de solicitar el divorcio vincular, el uso del apellido del marido era obligatorio para la mujer; por lo cual, toda mujer automáticamente al momento de casarse debía adicionar el apellido del marido al suyo, y si no lo hacía era causal de divorcio -hasta ese momento no vincular- por injurias graves. Tras la sanción de aquella ley, esta obligación se convirtió en una opción para la mujer, modificándose los arts. 8 y 9 de la ley 18.248 sobre el nombre de las personas.

Inclusive, la ley 26.618 en lugar de modificar esta regla para todos los supuestos, mantuvo esta pauta para los matrimonios heterosexuales e introdujo una regla diferencial para los del mismo sexo. Así, el art. 38 de la ley 26.618 dispuso que para el caso de parejas del mismo sexo sea optativo para cada cónyuge agregarse el apellido del otro anteponiendo la preposición "de". Esta circunstancia constituye, a nuestro juicio, uno de los supuestos de discriminación inversa respecto de los enlaces heterosexuales, que recién fue zanjado con la sanción del CCyC.

En fin, los cambios socioeconómicos fueron disminuyendo la potestad marital e igualando -por lo menos, en el plano formal-, la situación de los esposos.

3.2. EL FALAZ PRETEXTO DE LA PROCREACIÓN

No exploraremos aquí la doctrina de la iglesia en torno a la procreación como un fin conyugal, pues excede el objeto de este aporte; pero sí nos interesa poner de resalto los intentos de actualizar y fundamentar el argumento de la procreación como uno de los fines, o en palabras de San Agustín, *los bienes del matrimonio*.

19 TORRADO, Susana, *Historia de la Familia en la Argentina moderna (1870-2000)*, Ed. La Flor, Buenos Aires, 2003, p. 133 y ss.

Así se ha dicho que se "justifica, entre otras cosas, que al hablar de la esterilidad y de los supuestos de matrimonios que no pueden tener hijos -porque la naturaleza no se lo permite- no se esté hablando de matrimonios «incompletos»; no es que les falte uno de los bienes del matrimonio; porque el matrimonio, al ser unión, afecta a los derechos y deberes relacionados con la fecundidad, no al logro efectivo de esa fecundidad. Estos derechos y deberes pueden resumirse en que varón y mujer vivan su intimidad conyugal según el orden natural -cumpliendo la ley natural- abriéndose, en lo que dependa de su voluntad a los hijos".[20]

El Código de derecho canónico sigue manteniendo la falta de capacidad para contraer matrimonio si existe impotencia. Según esta tesitura, la necesidad del matrimonio heterosexual se basa en que la diferenciación sexual resulta necesaria para que la reproducción y la continuidad de la especie sean posibles.

Ahora bien, el problema se nos presenta cuando se pretende incluir por propiedad transitiva al mentado "fin" del matrimonio canónico en su homónimo civil. Ello porque la institución civil que se fundamenta en otros principios y valores, no tiene porqué observar idénticos caracteres y fines que el connubio confesional.

De hecho, la pretendida incorporación de la procreación nos permite vislumbrar claramente la inconsistencia de aquella idea.

Un autor español[21] objetó "la apertura de la forma matrimonial civil a parejas del mismo sexo introduce, como queda dicho, una alteración mucho más radical, ya que la estructura de un matrimonio entre dos personas del mismo sexo es en sí misma no procreativa: la distancia entre matrimonio civil y procreación se ha acrecentado notabilísimamente, afectando ahora a la propia estructura de la unión, que al prescindir de la heterosexualidad, prescinde también de la procreación".

Esta idea de que, por imperativo de la naturaleza, la finalidad del matrimonio es la procreación, no es una mirada ingenua e inocua. Por el contrario, se nos presenta una visión heteronormativa del matrimonio que, por ser "natural" es invariable y ahistórica.

Esta ideología construye al amparo de la "naturalidad los "afuera" y los "adentro" del discurso jurídico y, en lo que aquí interesa, del derecho de familia. Este discurso, al subsumir los conceptos de matrimonio y sexualidad bajo la noción de procreación, genera colectivos de personas excluidas.

Con mayor precisión, podemos colegir que la fertilidad no es un requisito intrínseco para la existencia y validez del matrimonio. De ahí que las personas infértiles están habilitadas perfectamente a contraer matrimonio y si con el tiempo, uno o ambos miembros de la pareja padece de algún problema de salud que le impida tener hijos de manera natural o biológica, el matrimonio

---

20 HERVADA XIBERTA, Francisco J., *Diálogos sobre el amor y el matrimonio*, 2ª ed., Eunsa, Ediciones Universidad de Navarra, Navarra, 1975, p. 230.

21 MARTÍNEZ DE AGUIRRE, Carlos, "El matrimonio deconstruido", GARCÍA CANTERO, Gabriel *et al*, *El matrimonio: ¿Contrato basura o bien social?*, Ed. Thomson Aranzadi, Pamplona, 2008, p. 110.

no sufriría ningún embate. En caso contrario, la legislación vigente debería solicitar como medida previa la prueba de la capacidad reproductiva como condición para contraer matrimonio. Como ello no es exigible, resulta notorio que la procreación no es un requisito para el matrimonio. *A fortiori*, nos resta preguntarnos ¿y si ambos contrayentes, de común acuerdo, no desearan tener hijos? El matrimonio también sería igualmente válido. Por ello, la procreación tampoco sería, en abstracto y de manera general, una finalidad del matrimonio.

Más aún, si se aceptara hipotéticamente esta falaz vinculación entre matrimonio y procreación, debería excluirse de la posibilidad de contraerlo a aquellas parejas de distinto sexo que no quieren o no pueden procrear.[22]

A todo ello, debe adunarse cómo la sanción de la ley 26.618 nos obliga a repensar el matrimonio. Esta circunstancia nos permite vislumbrar que aquella hipótesis carece de fundamento fáctico. Sucede que la extensión del matrimonio a las parejas del mismo sexo ya nos exigía replantear, entre otras cuestiones, el vetusto impedimento de impotencia como causal de nulidad relativa (cfr. art. 220, inc. 3°, código derogado).

Inclusive, no resulta ocioso advertir que tanto las parejas del mismo sexo como las heterosexuales pueden procrear a través de algunos métodos de fecundación asistida y por la donación de gametos según el caso. Cabe señalar que los pilares sobre los que se asientan tanto la ley 26.862 de cobertura prestacional de las TRHA[23] como su decreto reglamentario[24] giran en torno a la noción de pluralismo, y de este modo, las TRHA son entendidas como un medio para alcanzar la maternidad/paternidad, alejándose del objetivo de paliar una enfermedad como lo sería la infertilidad.

Este último objetivo se asienta sobre la heterosexualidad como eje de acceso a las TRHA, y ello resulta contrario al principio de igualdad y no discriminación que debe regir nuestro derecho positivo por imperativo constitucional-convencional.

4. COMENTARIOS ADICIONALES

La Iglesia no sólo se autoatribuyó la regulación y jurisdicción sobre el matrimonio, al que impregnó de ideas y principios confesionales, sino que reguló tan estrictamente la moral y la sexualidad de las personas, que aún hoy encontramos vestigios de aquel control social. Judith Butler[25] apuntó que:

22 CLÉRICO, Laura, "El Matrimonio igualitario: Igualdad y/o autonomía", en SOLARI, Néstor y VON OPIELA, Carolina (dirs.), *Matrimonio entre personas del mismo sexo. Ley 26.618. Antecedentes. Implicancias. Efectos*, La Ley, Buenos Aires, 2011, ps. 57/58.

23 Para profundizar sobre el desarrollo jurisprudencial en torno a la cuestión de la cobertura médica de las TRHA puede verse HERRERA, Marisa, DE LA TORRE, Natalia y BLADILLO, Agustina, "Cubrir y descubrir la lógica de la doctrina jurisprudencial en materia de técnicas de reproducción asistida", Supl. *JA*, 01/05/2013, p. 13 y ss.; *JA*, 2013-II; cita Abeledo Perrot n°: AP/DOC/521/2013.

24 HERRERA, Marisa y LAMM, Eleonora, "Cobertura médica de las técnicas de reproducción asistida. Reglamentación que amplía el derecho humano a formar una familia", *LL*, 2013-D, 1037.

25 BUTLER, Judith, *Deshacer el género*, Paidós, Barcelona, 2006, p. 159.

"El campo sexual está circunscripto de tal manera que la sexualidad todavía se piensa en términos del matrimonio y que el matrimonio todavía se piensa como la compra de legitimidad".

Sin embargo, el matrimonio canónico o eclesiástico -al igual que su homónimo civil- no ha logrado escapar de los cambios socioculturales y en particular, de la democratización de las relaciones afectivas.

SECCIÓN TERCERA
LA RECUPERACIÓN ESTATAL DEL MATRIMONIO: ¿UNA VUELTA A LOS ORÍGENES?

SUMARIO: 1. APROXIMACIÓN AL MATRIMONIO CIVIL CONTEMPORÁNEO. 1.1. INTROITO. 1.2. ETIMOLOGÍA Y DISTINTAS ACEPCIONES. 1.3. INTENTOS DE CONCEPTUALIZACIÓN. 1.4. FINES Y NOTAS ESENCIALES. 1.5. LA NATURALEZA JURÍDICA DEL MATRIMONIO. 2. LA *AFFECTIO MARITALIS* Y EL CONSENTIMIENTO MATRIMONIAL. 3. LA DEMOCRATIZACIÓN DE LAS RELACIONES AFECTIVAS. 3.1. DE LA IMPOSICIÓN A LA ELECCIÓN DE LA PAREJA. 3.2. LAS ALIANZAS MATRIMONIALES AL AMPARO DEL INTERÉS ECONÓMICO. 3.3. EL AMOR COMO *"VALOR AGREGADO"* AL MATRIMONIO. 4. BREVES PALABRAS FINALES.

"Niños de una edad futura, al leer esta página indignada,
sabed que en un tiempo pasado, ¡al amor, al dulce amor,
se le creyó un crimen!".
William Blake[1]

1. APROXIMACIÓN AL MATRIMONIO CIVIL CONTEMPORÁNEO

1.1. INTROITO

En adelante, nos avocaremos a analizar un instituto contemporáneo que ha sido fruto de la profunda laicización provocada por la revolución francesa. Es importante advertir entonces, que al hablar de matrimonio civil dejamos atrás la institución canónica y las características que le son propias, incluso a pesar de la opinión de no pocos autores que han intentado incorporarlas al matrimonio civil.

Al producirse la secularización del matrimonio pasamos a referirnos a otra cosa: el matrimonio civil y las consecuencias que de ello se derivan (v.gr. la competencia de las autoridades civiles y ya no las eclesiásticas). Así las cosas, mientras algunos autores le han negado a la Iglesia la potestad de legislar sobre el matrimonio, otros separaron en éste el contrato del sacramento.

Esta escisión resulta fundamental, pues permite distinguir el fiel cumplimiento del contrato conyugal, del sacramento que, en definitiva, expresaba la raíz última de la indisolubilidad. Justamente, el desmembramiento del sacramento trae como lógica consecuencia la admisión del divorcio.

Ahora bien, la secularización del matrimonio materializa el triunfo del Estado, pues el ciudadano queda sometido exclusivamente a él, y

1 BLAKE, William, "Una pequeña niña perdida", en *Canciones de experiencia*, 1793.

frente al ordenamiento estatal sólo importa la condición de ciudadano. Una vez recuperada la institución civil por el Estado, su evolución resulta incuestionable.

Conforme al hilo conductor que trasunta este capítulo, para el Estado el matrimonio es sólo una institución humana que, por su trascendencia para la organización social debe ser reglada por el derecho civil y controlada por las autoridades estatales.

Para la Iglesia, la laicización del matrimonio fue un acto hostil, pues lo despojó de su carácter religioso y sacramental. Sin embargo, no pudo impedir que bajo la influencia del Código Napoleón la institución del matrimonio civil se extendiera a las legislaciones europeas y luego a las americanas. Se volvió así a la doble reglamentación paralela de los tiempos romanos: por un lado, el matrimonio civil, único legalmente válido y obligatorio para todos los ciudadanos; y por otro, el matrimonio religioso, cuya observancia queda reservada a la conciencia de los fieles. El matrimonio religioso subsiste como un simple acto de fe improductivo de efectos jurídicos: para la ley tal matrimonio es inexistente.[2]

1.2. Etimología y distintas acepciones

Suele indicarse que la palabra matrimonio es de origen latino y deriva de la unión de *matris* y *monium*. La doctrina es unánime en cuanto a la significación de la voz latina *matris*: madre; pero las controversias se presentan por la inteligibilidad de la palabra *monium*. A fin de dilucidar este último vocablo, podemos recurrir a las Decretales[3] de Gregorio IX, de las que se desprende que aquel puede ser entendido como "gravamen", en alusión a la carga que representa el deber propio de la madre en el matrimonio.

Su significación etimológica da entonces la idea de que las cargas más pesadas derivadas de la unión recaen sobre las madres; y esta consideración se trasladaría posteriormente a las Partidas[4] *(Partida IV, título II, ley 2ª)*.[5]

---

2 De Ruggiero, Roberto, *Instituciones..., cit.* por Ferrer, Francisco, "Derecho matrimonial", en Méndez Costa y otros, *ob. cit.*

3 En este documento se decía: "Para la madre, el niño es antes del parto oneroso; doloroso en el parto, y después del parto, gravoso, por cuya razón el legítimo enlace del hombre y de la mujer se ha denominado matrimonio más bien que patrimonio".

4 Las siete Partidas son un cuerpo normativo redactado en Castilla, durante el reinado de Alfonso X, el Sabio (1252-1284), con el objetivo de conseguir una cierta uniformidad jurídica del Reino. Su nombre original era *Libro de las Leyes*, y hacia el siglo XIV recibió su actual denominación, por las secciones en que se encuentra dividida. Fueron glosadas por el Licenciado Gregorio López de Tovar (Salamanca, 1555) y esta edición y comentario constituyó una obra superadora de la versión que la antecedió -debida a Alonso Díaz de Montalvo (Sevilla, 1491)-. Fue reconocido como texto oficial por Real Cédula de 7 de septiembre de 1555, y desde ese momento, el texto con la glosa fue reeditado unas 14 veces hasta el año 1885.

5 A todo evento, la Ley II del Título II de la cuarta partida de Alfonso X, El Sabio, refiere específicamente al vocablo en los siguientes términos: "*Matris & munium, fon palabras de latín, de que tomo nome matrimonio, que quier dezir tanto en romance, como officio de madre. E la razo por que llaman matrimonio al cafamiento, e no patrimonio, es efta. Por que la madre fufre*

No obstante es menester recordar la impugnación de Castán Tobeñas, quien rechaza que el matrimonio sea asimilado a una carga para la mujer[6]. Otros autores[7] en cambio, entienden que el vocablo deriva de la expresión latina *matrimonium,* que viene a ser algo así como el derecho que adquiere la mujer que lo contrae para poder ser madre dentro de la legalidad establecida. En el derecho romano, también se utilizaba el término *justas nupcias*[8] (de donde proviene el sustantivo nupcias) como sinónimo de matrimonio.

Una vez analizada su raíz etimológica, creemos importante poner de resalto que la palabra matrimonio puede tener tres significados diferentes.

En un primer sentido, matrimonio es el acto de celebración; en un segundo es el estado que para los contrayentes deriva de ese acto y; en el tercero, es la pareja formada por los esposos. Las primeras dos definiciones han recibido en la doctrina francesa la denominación de *matrimonio-fuente* (o matrimonio-acto) y *matrimonio-estado,* respectivamente. Este doble significado tiene importancia para la determinación de la naturaleza jurídica del matrimonio, que analizaremos más adelante.

1.3. INTENTOS DE CONCEPTUALIZACIÓN

Existe un sinnúmero de definiciones vertidas acerca del matrimonio. Algunos autores pretendieron conceptualizarlo mediante descripciones extrajurídicas, ya sea aplicando criterios biológicos[9] o bien sociológicos[10]. Otras

---

mayores trabajos con los fijos, que el padre. Ca como quier que el padre los engendra, la madre fufre muy grand embargo, con ellos, demientra que los trae, e fufre muy grandes dolores quado ha de nafcer, e defpues q fon nafcidos, ha muy grad trabajo en criar a ellos mifmos por fi. E de mas defto, por q los fijos mietra fon pequeños, mayor menefter ha de la ayuda de la madre que del padre. E por todas eftas razoes fobre dichas, q caben a la madre de fazer, e no al padre: porende es llamado matrimonio, e non patrimonio".

6 Este autor afirmaba que este origen es poco seguro, porque en casi todas las lenguas románicas existen sustantivos para designar la unión conyugal derivados del maritare, forma verbal de *maritus,* marido. Así, en castellano antiguo, *maridaje;* en catalán *maridatje;* en italiano, *maritagio;* en francés, *mariage* y; en inglés, *marriage.* CASTÁN TOBEÑAS, José, *Derecho Civil español, Común y Foral,* t. V, Derecho de Familia, vol. 1°, relaciones conyugales, 10ª ed. revisada y puesta al día por Gabriel García Cantero y José María Castán Vázquez; Ed. Reus, Madrid, 1983, p. 110.

7 ACEDO PENCO, Ángel, "Matrimonio y divorcio en las constituciones de Iberoamérica", en PRADO MAILLARD, José Luis (comp.), *Derecho, reforma del estado y gobernabilidad frente a los procesos de integración latinoamericana,* Memorias de la VIII Convención Latinoamericana de Derecho, Centro de Investigación de Tecnología Jurídica y Criminológica de la Universidad Autónoma de Nuevo León, México, 2009, p. 15.

8 El término nupcias se deriva de *nubere,* significa "velar o cubrir", y alude al velo que cubría a la novia durante la ceremonia de la *confarreatio.*

9 GANGI, Calogero, *Derecho Matrimonial,* traducción de Miguel Moreno Hernández; Aguilar; Madrid; 1960; p. 5. Este autor definió al matrimonio como la *"unión del hombre y la mujer para formar una familia legítima. Es una unión estable, duradera por toda la vida de los cónyuges (...) para la satisfacción de sus necesidades sexuales...".*

10 VILADRICH, Pedro J., *El Pacto conyugal.* Documentos del Instituto de Ciencias para la Familia, Ed. Rialp, 1990, p. 48: *"es el acto de la voluntad por el que el varón y la mujer se dan y*

voces, en cambio, intentaron brindar una definición puramente jurídica.[11]

Con un criterio sociológico, encontramos la clásica definición de Joseph Marie Portalis, quien señaló que el matrimonio es la *"sociedad del hombre y la mujer que se unen para perpetuar la especie, para ayudarse mediante socorros mutuos a soportar el peso de la vida y para compartir su común destino"*.[12]

El matrimonio es una construcción social, y en cada sociedad y época determinada existe una idea subyacente acerca de lo que aquél representa, pues mientras para los romanos la noción hacía referencia a una *res facti*, en cambio, para el derecho contemporáneo posterior a la revolución francesa, el matrimonio es una "sociedad", que bien podríamos entender como un contrato.

Si entendemos entonces al matrimonio como un hecho cultural, y a ello adunamos que la ley no establece una definición "legal", advertimos que los esfuerzos por intentar una definición con un mínimo carácter de universalidad serían vanos.

Además, para elaborar un concepto técnico deberíamos hacer abstracción de todos los aspectos religiosos y morales que se le han ido "adosando" al matrimonio y que, por cierto, no poseen consecuencias jurídicas. En tal sentido, algunos autores ciñen sus propuestas a una conceptualización jurídica que reúna los elementos mínimos del matrimonio. Las definiciones "clásicas" se referían a aquel como el acto por el cual un hombre y una mujer se unen para constituir una familia legítima (Manenti, Barassi, Gangi, De Page, Marty y Raynaud). En la doctrina nacional, la definición de Busso se ajusta a esta tesitura: "Es la unión solemne de un hombre y una mujer tendiente a constituir una plena comunidad de vida reglada por el derecho".[13]

1.4. Fines y notas esenciales

Una postura mayoritaria evita todo tipo de definiciones acerca del

aceptan plena, perpetua y exclusivamente como tales, en todo cuanto concierne a esa unión de vida orientada al bien de los esposos (...)"; Lacruz Berdejo, José Luis y otros, *Elementos de Derecho Civil*, t. IV, Derecho de Familia, 4ª ed., Bosch, Barcelona, 1997, p. 63: *"Unión estable de un hombre y una mujer ordenada a una plena comunidad de vida"*; Chelodi, *El derecho matrimonial*, 1959, p. 14: *"Contrato legítimo entre un varón y una mujer, que produce una comunidad indisoluble de vida"*; y Roca Trías, Encama, Lección 3ª "Familia y matrimonio", en AA.VV., *Derecho de Familia*, Tirant Lo Blanch, Valencia, 1991, p. 40: *"la unidad de vida de un hombre y una mujer con tendencia a la permanencia"*.

11 Puig Brutau, José, *Fundamentos de Derecho Civil*, t. IV, *Familia, Matrimonio, Divorcio, filiación, patria potestad, tutela*, Ed. Bosch, Barcelona, 1985, p. 13. Aquí afirma: "El matrimonio es el acto solemne, fundado en el consentimiento de los contratantes, pero ajustado a la forma prescrita por la ley, por el que un hombre y una mujer se unen, con igualdad de derechos y deberes, para vivir juntos, guardarse fidelidad, (...)".

12 Belluscio, Augusto C., *Manual de Derecho de Familia*, 6ª ed., t. 1, Depalma, Buenos Aires, 1998, p. 141.

13 Ferrer, Francisco A. M., "Derecho matrimonial", en Méndez Costa, María Josefa, Lorenzo de Ferrando, María Rosa, Cadoche de Azvalinsky, Sara, D´Antonio, Daniel H., Ferrer, Francisco A. M. y, Rolando, Carlos H., *Derecho de familia*, t. I, Rubinzal Culzoni, Santa Fe, p. 82.

matrimonio y simplemente se concentra en delinear los fines que aquel posee actualmente en la sociedad occidental. Existen distintas teorías que responden a una concepción biológica o social del matrimonio y que encumbran como fin primordial y específico la procreación; mientras que las concepciones individualistas la desestiman como fin esencial del matrimonio.

Estas últimas tendencias -que compartimos- mencionan como fines del matrimonio actual el amor, el mutuo auxilio y la comunidad de vida entre los esposos, la realización del proyecto biográfico personal de cada uno de ellos.

Ahora bien, es importante remarcar que los ordenamientos jurídicos civiles no hacen mención alguna acerca de los fines del matrimonio, pues ellos son jurídicamente irrelevantes. A pesar de ello, prestigiosos civilistas fueron extrapolando los fines que aquel tiene para el derecho canónico como si fuesen aplicables al matrimonio civil[14]. Borda esbozó los fines *"normales"* del matrimonio y enumeró entre ellos la satisfacción del amor, la mutua compañía y asistencia, la procreación y la educación de los hijos.

A nuestro juicio, el catálogo propuesto por el jurisconsulto es un tanto vano, pues dejaría afuera del vínculo civil a aquellas parejas que -por ejemplo- no quisieran o no pudieran tener hijos. Justamente, hablar de procreación como objeto del connubio choca frontalmente con la realidad, pues desconoce que hay matrimonios que se constituyen entre personas que no quisieran o no fueran capaces físicamente de llegar a procrear hijos.

Resulta ilustrativa la situación acaecida en el estado mexicano de Oaxaca. Allí, el artículo 143 del CCiv. estadual[15] disponía que: "El matrimonio es un contrato civil celebrado entre un sólo hombre y una sola mujer, que se unen para perpetuar la especie y proporcionarse ayuda mutua en la vida".

A fines del año 2012, la sala 1ª de la Suprema Corte de Justicia de México declaró la inconstitucionalidad del fragmento de la norma que refería, como finalidad primordial del matrimonio, "perpetuar la especie"; pues ello atenta contra la autodeterminación de las personas y el derecho al libre desarrollo de su personalidad.

En este precedente también se reparó en la diversidad de sexos exigida, en el entendimiento de que ella violaba el principio de igualdad, porque la norma brindaba un trato diferente a las parejas constituidas por personas del mismo sexo respecto de las uniones heterosexuales. Pero ello será objeto de análisis en el capítulo siguiente.

Resta finalmente hacer una breve referencia a las notas esenciales que el matrimonio posee, y pueden ser resumidas en la unidad, la monogamia, la permanencia y la legalidad. Por el contrario, el canon § 1056 del Código de Derecho Canónico dispone que "las propiedades esenciales del matrimonio son la unidad y la indisolubilidad, que en el matrimonio cristiano alcanzan

---

14 Véase por todos, SAMBRIZZI, Eduardo A., "El matrimonio. Concepto, caracteres y fines", *ED Cuaderno Jurídico de Familia*, nº 11, octubre de 2010 y; BORDA, Guillermo J., "Un nuevo intento de desvirtuar lo que es el matrimonio en nuestro derecho y sociedad", *LL*, 2010-C (diario del 6/05/2010).

15 Conviene advertir que, por su organización política, en México existen 33 códigos civiles, el federal, uno para el Distrito Federal, y uno por cada entidad federativa.

una particular firmeza por razón del sacramento". Siendo ello así, mientras el ordenamiento eclesiástico habla de "indisolubilidad", en el matrimonio civil hablamos de "permanencia"; pues una cosa es que el matrimonio pueda ser una unión "perdurable" o "estable" en el entendimiento de que se contrae con la intención de que perdure, y que su estabilidad esté asegurada por la ley; pero de ningún modo "permanencia" puede identificarse con indisolubilidad.

1.5. NATURALEZA JURÍDICA DEL MATRIMONIO

Desde antaño el derecho canónico, antecedente inmediato del derecho matrimonial actual, distinguió en el matrimonio dos realidades. La primera describe el momento en que se celebra el acto jurídico que da nacimiento al vínculo matrimonial; mientras que la segunda hace alusión al matrimonio en su aspecto de relación constituida a partir del anterior, esto es, la vida matrimonial en sí misma, la relación conyugal. En tal sentido, se denominó a la primera matrimonio *in fieri,* por referirse a la constitución e *in facto esse* al matrimonio ya constituido.

Belluscio afirmó -a nuestro juicio, con acierto- que el problema de la naturaleza jurídica del matrimonio se complica porque muchas veces se ha perdido de vista el doble significado jurídico del vocablo. Es por ello, que resulta útil distinguir el acto jurídico conyugal de la relación jurídica matrimonial.

La polémica surgida en torno a la naturaleza jurídica del acto constitutivo del vínculo matrimonial procede ya del derecho romano, donde se debatía sí el connubio era susceptible de encuadrarse en la categoría de los contratos consensuales.[16]

La doctrina francesa mayoritaria fue modificando sus opiniones sobre el carácter del matrimonio, al que calificaban en un primer momento como una *"unión legítima, una sociedad"* para pasar a definirlo directamente como un *"contrato"*.[17]

Entre aquellos que lo definían como una sociedad, encontramos a Aubry y Rau[18], Toullier[19] y Demante[20].

Algunos autores remitían a la conceptualización prevista en la Constitución francesa de 1791, pero interpretando por tal, un acuerdo de voluntades, un consentimiento prestado recíprocamente entre las partes. En esta corriente,

---

16 Véase NÚÑEZ PAZ, María Isabel, *Consentimiento matrimonial y divorcio en Roma,* 1ª ed., Ed. Universidad de Salamanca, 1988.

17 Con el artículo 146 del *Code* francés de 1804 se inicia la concepción moderna del matrimonio civil como un contrato.

18 AUBRY y RAU, *Cours de Droit Civil Francais,* 5a ed., t. VII, Paris, 1913, p. 5. Allí se sostuvo *"le mariage est la société perpétuelle que contractent deux personnes de sexe differènt (...)".*

19 TOULLIER, *Le Droit Civil Francais suivant l´ordre du Code,* t. I, Bruxelles, 1845, p. 118. El autor apuntó: *"le mariage est l´union ou la société légitimé del homme et de la femme".*

20 DEMANTE, A. M., *Cours Analytique de Code Civil,* t. I, Paris, 1849, ps. 301/303. *"Le mariage est un contrat et une société (...)".*

se enrolaron Laurent[21], Demolombe[22], Marty y Raynaud[23], Mazeud-Mazeud, Cornu, Colin y Capitant y Carbonier[24].

En suma, a fin de evitar confusiones, corresponde dilucidar la naturaleza jurídica del matrimonio acto por un lado; y del matrimonio estado por el otro. Con relación a este último, Belluscio[25] señaló que es un régimen legal, un complejo de derechos y deberes que las partes no pueden modificar y a los cuales quedan sometidos como consecuencia del matrimonio-acto.

Con relación al primero, actualmente, la mayoría de los autores entienden que estamos frente a un acto jurídico bilateral. En aplicación de esta última tendencia, el CCyC entiende que el matrimonio es un acto jurídico familiar bilateral solemne mediante el cual los contrayentes manifiestan formalmente su voluntad de tomarse, recíprocamente, como cónyuges comprometiéndose a desarrollar un proyecto de vida en común.

2. LA *AFFECTIO MARITALIS*[26] Y EL CONSENTIMIENTO MATRIMONIAL

En este apartado nos proponemos entender el papel que el consentimiento desempeñó en su concepción. De hecho, estamos plenamente convencidos de que los efectos del divorcio sólo pueden ser aprehendidos analizando los del instituto jurídico conceptualmente anterior. Creemos que es importante remarcar la diferente configuración en la prestación del consentimiento -y su substrato, *la affectio maritalis*- como otro argumento que permite reforzar la falta de identidad entre el matrimonio canónico y el civil.

Más allá de las diferencias notables entre el matrimonio romano y el que ha llegado hasta nosotros, analicemos brevemente la importancia que la *affectio maritalis* poseía no sólo en su celebración sino en su perdurabilidad. El matrimonio romano tuvo una estructura totalmente distinta a la que conocemos hoy en día, pues consistía en una situación de hecho fundada en la convivencia efectiva, cuyo comienzo no estaba marcado por ninguna formalidad[27] y cuya esencia radicaba en la intención permanente de tratarse como marido y mujer cada día[28]. Esta *res facti* creaba un *status* interpersonal entre un hombre y una mujer, de carácter estrictamente monogámico, disoluble e incondicional.

---

21 LAURENT, F., *Principies de Droit Civil Francais*, t. Deuxiéme, Bruxelles-Paris, 1870, p. 368.

22 DEMOLOMBE, C., *Traité du Mariage et de la Séparation de Corps*, 4ª ed., t. I, Paris, 1869, p. 24.

23 MARTY y RAYNAUD, *Droit Civil*, 2ª ed., t. I, vol. *"Les Personnes"*, Paris, 1967, ps. 67 y 84.

24 CARBONNIER, J., *Derecho Civil*, t. I, vol. VI, *"Situaciones familiares y cuasi-familiares"*, trad. de Manuel María Zorrilla Ruíz, Bosch, Barcelona, 1961, p. 43.

25 BELLUSCIO, Augusto C., *Manual...*, cit., p. 148.

26 La *affectio maritalis* es una locución latina que alude a la voluntad de afecto, socorro y auxilio mutuo entre los cónyuges durante el matrimonio.

27 Según *Papiniano* es la intención y no las fórmulas la que constituye el matrimonio, de esta manera sustenta la informalidad del mismo: *"Personis comparatis vitae, convunctionae considerata perpendedvm esse respondi. Necve enim tabvlas facere matrimonivm"*.

28 ARGÜELLO, Luis Rodolfo, *Manual de Derecho Romano*, Astrea, Buenos Aires, 1985, p. 385.

Queda claro entonces que el matrimonio romano suponía una comunidad de vida entre el marido y la mujer[29], sostenida por la *affectio maritalis*, es decir, por la conciencia típica de ambos cónyuges de que la comunidad que integran es exactamente un matrimonio[30]. Se puede hablar de un consentimiento *"inicial" (consensus)* para que se produzca el matrimonio. Pero como éste estaba referido a una comunidad de vida, era también necesaria la voluntad recíproca de mantenerla *(maritalis affectio)*. De ahí que cuando éste no perdura puede ocasionar el divorcio. Ahora bien, *hasta que esa voluntad de disolver el vínculo "se manifieste", el matrimonio subsistía.*[31]

En fin, no bastaba el consentimiento inicial al momento de la celebración del connubio. Éste *debía ser continuo, debía existir la intención de permanecer unidos como marido y mujer.*[32] La pérdida de este elemento subjetivo se expresaba mediante la separación material o física, además de la *denuncia* de uno o ambos cónyuges, acompañada de la de parientes y amigos.

Incluso, existía una prohibición legal de estipular no divorciarse[33]. El principio de que el matrimonio romano era funda-mentalmente disoluble rigió desde antiguo: *"Libera matrimonivm esse antiquitvs placvit"*. "Por voluntad propia de los cónyuges no podían limitar la libertad del divorcio contractualmente".[34]

En suma, nos interesa poner de manifiesto la elevación a categoría jurídica de la noción de *affectio maritalis,* que se introduce como requisito esencial del

29 Paralelamente, el matrimonio romano subsistía mientras se mantenga el *honor matrimonii,* noción que según ellos se encontraba por encima de la unión carnal y revestía un carácter espiritual. Conservándose el *honor matrimonii,* el matrimonio perduraba aunque se suspendiera la cohabitación, siempre que se sostuviera de manera continua la *affectio maritalis.* La misma que prevalecía sobre la cohabitación, como dice el aforismo: *"Non cobitas, sed consensus facti, non cortus. Matrimonum facit, sed maritalis affectio".*

30 Kaser, Max, *Derecho Romano Privado...*, cit., p. 256.

31 El consentimiento es un elemento que se proyecta sobre todo el desarrollo del matrimonio, no sólo tiene su incidencia en la constitución del acto, sino que se renueva de tiempo en tiempo con el cumplimiento de unos comportamientos que resultan adecuados a las obligaciones y los derechos que le son anejos a dicho estado civil, convirtiéndose así en una especie de vivificador del matrimonio, así el consentimiento se ve presente en todo el desarrollo del matrimonio constituyendo una actividad volitiva permanente. Scalisi, *RDiciv* nº 2, marzo-abril 1990, ps. 164 y 165.

32 Gangi, Calogero, *Derecho matrimonial,* Aguilar, Madrid, 1960, p. 9. Este autor enseñaba que: "El consentimiento debía ser no sólo inicial, sino continuo, de forma que, cuando llegaba a cesar en cualquier momento, cesaba con él también el matrimonio. El matrimonio se formaba con la convivencia del hombre con la mujer con la intención de ser marido y mujer *(maritalis affectio),* y la convivencia tenía principio normalmente con la entrada de la mujer en la casa del marido *(deductio in domum mariti).* Para que existiese la convivencia, sin embargo bastaba que la mujer estuviese a disposición del marido, y no era ni siquiera necesaria la cohabitación efectiva, dado que lo que caracterizaba particularmente el matrimonio, y lo distinguía de cualquier otra unión, y especialmente del concubinato, era la *maritalis affectio".*

33 Bonfante, Pietro, *Instituciones del Derecho Romano,* Depalma, Buenos Aires, 1952. p. 190.

34 Jörs, Paul, *Derecho Privado Romano,* Labor, Barcelona, 1937, ps. 398/399.

matrimonio-estado. De ahí que para los romanos el divorcio resultase tan natural, pues como el connubio se sostenía exclusivamente por el estado de voluntad cotidiano, el repudio y el divorcio no fueron institutos separados, sino emergentes del concepto de matrimonio.

Sin embargo, los primeros emperadores cristianos modificaron la estructura del matrimonio romano y así, el consentimiento renovable le dio paso al *"inicial e indefinido", que pasó a ser el único relevante.* El derecho canónico propició esta concepción en que el consentimiento agota sus efectos jurídicos al momento de la celebración del acto jurídico matrimonial.[35]

Es importante contrastar lo expuesto con la opinión de los canonistas, para quienes no se trataba de un *consensus* continuado, sino de un *consensus pacticio*, idea que la Iglesia incorporó al derecho matrimonial que llega hasta nosotros.[36]

Esta tesitura plantea que del intercambio de voluntades entre el varón y la mujer, en un lugar y tiempo determinados, *surge un vínculo jurídico perpetuo y exclusivo, que no necesita renovarse cada día.* Ese acto de entrega y aceptación mutua de los contrayentes en cuanto cónyuges será la causa eficiente del matrimonio.[37]

Párrafo aparte merece la opinión de algunos autores que han planteado, en opinión con la que discrepamos, que la *affectio maritalis* es específica del matrimonio heterosexual porque se basa en la diferencia corporal y psíquica entre hombre y mujer. En tal sentido, se sostuvo que en la amistad propia de personas del mismo sexo se da también afecto e incluso puede llegar a ser mayor, además de distinto, al afecto que se da entre hombre y mujer casados, o unidos por el vínculo matrimonial, si empleamos términos civilistas. Pero son planos antropológicos que no se confunden.

Este argumento no merece mayor análisis, pues si bien es obvio que el afecto conyugal no es idéntico a la amistad, la exclusividad en la heterosexualidad le otorga un tinte vetusto a la idea, que no se condice con el argumento que venimos pregonando y constituye la columna vertebral de este capítulo, esto es, que el matrimonio es una construcción social, y como tal es mutable y dinámica, y así el connubio heterosexual es sólo una forma posible de constituir lo que todos quieren: *una familia.*

Por otro lado, algunas voces han afirmado que el derecho civil utiliza la *affectio maritalis* de forma incoherente, pues mientras no la consideran un requisito para el contrato matrimonial, si se la utiliza *a posteriori* como criterio negativo para disolver unilateralmente el vínculo civil ante la carencia de ella.

35 La secularización producida en el siglo XIX no logró desvirtuar esta idea tan arraigada y, en adelante, el divorcio y la separación personal ya no se canalizarán a través de una carencia de consentimiento sobrevenida.

36 Ferrer, Francisco A. M., "El consentimiento matrimonial, los principios del Derecho Canónico y los vicios de simulación y dolo", *JA*, 1981-II, p. 7.

37 Ferrer Ortiz, Javier, "Del matrimonio canónico como modelo al matrimonio civil deconstruido: La evolución de la legislación española", en Revista *Ius et Praxis*, n° 2, Universidad de Talca, 2011, p. 395.

En afán de seguir desterrando argumentos falaces, la afirmación de esta supuesta incongruencia en el enfoque de la afectividad en el matrimonio merece una disquisición mayor. Consideramos que no le asiste razón a esta tesitura, pues la existencia de la *affectio* resulta imprescindible tanto al momento de la celebración del matrimonio, como durante su transcurso y como *conditio sine qua non* para su subsistencia. Vaya si es un requisito para la existencia del matrimonio la *affectio* que se encuentra implícita en el consentimiento de los contrayentes. De ahí que aquella opinión deviene falaz, por asentarse en pilares erróneos.

3. La democratización de las relaciones afectivas

3.1. De la imposición a la elección de la pareja[38]

Mientras la Iglesia sostenía la libertad de elección de los esposos, las leyes civiles, aun cuando no podían impedir la validez de los matrimonios, imponían desde 1548 pesadas cargas, como la posibilidad de desheredarlos si se casaban sin el consentimiento de los padres. La cuestión fue zanjada por la Real pragmática de 1778 que obligaba a que todos los menores de 25 años, de todos los niveles sociales, debían obtener el consentimiento de su padre, o en su defecto el de su madre, tutores o curadores, y si fuesen mayores de esa edad, debían requerir el consejo de las mismas personas, todo so pena de autorizar a los padres a desheredarlos.

La pragmática recogía los criterios imperantes en los sectores sociales más influyentes, pero con el tiempo se inició una tendencia minoritaria donde comenzaba a tomar fuerza la voluntad de los jóvenes de ser los jueces de su propia elección, como lo registran los juicios de disenso contra las posiciones de los padres.[39]

La oposición de los padres a la elección de los novios era una cuestión en la que la Corona, por razones de política social, ponía sus propias reglas en una materia que correspondía a la legislación eclesiástica[40]. Al igual que ocurría en Europa, en América, los matrimonios de la clase alta se planificaban en sus menores detalles

---

38 Puede verse SOCOLOW, Susan, "Parejas bien constituidas: La elección matrimonial en la Argentina colonial, 1778-1810", en *Anuario del Instituto de Estudios Históricos y Sociales de Tandil*, t. V, Tandil, 1990; RÍPODAS ARDANAZ, Daisy, *El matrimonio en Indias: Realidad social y regulación jurídica*, Fundación para la Educación, la Ciencia y la Cultura, 1977 y; CELTON, Dora, "Selección matrimonial y mestizaje en Córdoba", en III Jornadas de Historia de Córdoba, Junta Provincial de Historia de Córdoba, Córdoba, 1997, entre otros.

39 GARCÍA BELSUNCE, César A., "La familia", en Academia Nacional de la Historia, *Nueva historia de la Nación Argentina -período español (1600-1810)*, Ed. Planeta, Buenos Aires, 1999, t. II, ps. 131 y 132.

40 En los últimos años del período virreinal, la legislación aumentó su fuerza discriminatoria, pues la pragmática de 1803 estableció que los padres no tenían la necesidad de exponer las razones de su disenso y arrebató a los tribunales eclesiásticos el conocimiento de las demandas de esponsales sin licencia paterna. Finalmente, la real cédula del 27 de mayo de 1805 prohibió el casamiento entre blancos y castas aunque se tratara de mayores de edad, lo que puso a los sacerdotes en el dilema de desobedecer la ley civil, perdiendo su congrua -como se establecía por penalidad- o faltar a la ley canónica que no prohibía este tipo de casamientos.

contractuales. En tal sentido, el padre de la futura esposa, entregaba al novio una dote consistente en dinero, joyas, estancias o encomiendas indígenas. Y será el hombre el que administrará todos los bienes aportados por la mujer, sin que ella tenga el menor derecho de disponer de ellos mientras él viva.

Según la tradición, la clase alta y los integrantes del poder político impiden que se concreten casamientos definitivos como *"él sin capa y ella sin manto"*. Esta imposición vertical tiene su fundamento en que la carencia de medios económicos dificulta la crianza de los hijos en el acatamiento al orden establecido e impide perpetuar una estirpe sometida al dominio ideológico. Así, la familia constituía una de las columnas básicas donde se asienta todo el sistema autoritario.

El proceso de individuación generado a partir de los cambios políticos y económicos de la época comenzó por quebrar el modelo patriarcal. El surgimiento de sujetos individuales autónomos, tímidamente esbozado en el Renacimiento, cobró con las ideas iluministas y racionalistas un ímpetu inimaginable. La idea de la autonomía de la voluntad, la libertad y la responsabilidad personal en cada uno de los actos de la vida cotidiana dio lugar a transformaciones fundamentales en la estructura familiar.

La aceptación del amor como una ilusión necesaria o como un valor agregado al matrimonio, la aceptación por parte de la mujer de quien ha de constituir su futura pareja, va siempre acompañada de nuevas pautas en la vida cotidiana.

Si bien la elección de la pareja imponía un nuevo estilo en las relaciones entre los sexos, la elección seguía determinada por la propiedad, ejercida en el ámbito donde los padres y familiares controlaban a los jóvenes. Era una ilusión de libertad. [41]

La familia moderna, fundada en el amor romántico, sanciona a través del matrimonio la reciprocidad de sentimientos. Justamente, el cambio más importante en relación al noviazgo durante los siglos XIX y XX ha sido el surgimiento del sentimiento. Se dieron dos cosas. La gente empezó a considerar el afecto y la compatibilidad personal como los criterios más importantes al elegir parejas matrimoniales. Estos dos estándares se articularon en el amor romántico.

En segundo lugar, aun quienes continuaron utilizando los criterios tradicionales de prudencia y riqueza al elegir sus parejas, comenzaron a comportarse románticamente dentro de los límites de su elección[42]. A ello debemos adunar la aparición del psicoanálisis que contribuyó en gran medida a las transformaciones sociales, al desarrollar el paradigma del advenimiento de la *familia afectiva contemporánea*. Al hacer de ésta una estructura psíquica universal, proporcionó una explicación de la relación conyugal que ya no se basaba en una coacción ligada a la voluntad de los padres, sino en la elección libremente consentida entre los esposos. Este nuevo modelo familiar presupone, en efecto, que el amor, el deseo y el sexo, se inscriben en el núcleo de la institución matrimonial.[43]

41 RODRÍGUEZ MOLAS, Ricardo, *Divorcio cit.*, ps. 24, 43 y 74.

42 SHORTER, Edward, *The making of the modern family*, Basic Books, New York, 1975, p. 152.

43 ROUDINESCO, Elizabeth, *La familia en desorden...*, cit., p. 94.

3.2. Las alianzas matrimoniales al amparo del interés económico[44]

En la Edad Media, la finalidad principal de la familia *"tradicional"* era asegurar la transmisión del patrimonio. Los casamientos eran arreglados por los padres sin tomar en cuenta la vida sexual y afectiva de los futuros esposos, unidos generalmente a una edad precoz. En esta etapa la necesidad de controlar el cuerpo de las mujeres proviene de la *protección de la institución de la propiedad privada y de la transmisión hereditaria de la propiedad.* Si en un linaje la continuidad del patrimonio está vinculada a esta transmisión hereditaria, es necesario poder estar seguro de la paternidad. La única manera de obtener esta seguridad es limitando la libertad sexual de las mujeres, garantizando así la monogamia, al menos de las mujeres.[45]

En el Antiguo Régimen, el dirigismo familiar aplicado mediante la práctica de la patria potestad, se orientó hacia una serie de objetivos, entre los que destacaban el control del matrimonio de los hijos, buscando la conveniencia económica sobre el aspecto afectivo, lo que convirtió el matrimonio en una cuestión patrimonial[46].

De este modo, la preocupación de los padres por asegurar el patrimonio de las hijas, y a veces también de los hijos, no derivaba de puro materialismo. El régimen hereditario, que imponía la igualdad entre todos los hijos, hacía necesario que cada hijo o hija se viera en la necesidad de rehacer la fortuna que le dejaban sus padres[47], de modo que éstos, pensando en que sus negocios o sus campos serían divididos entre varios hijos, buscaban para yernos y nueras aquellos que por sus trabajos y aquellas que por sus dotes o herencias, permitieran a sus vástagos recomponer sus patrimonios, de los que dependía su prestigio social.[48]

Para los poseedores de bienes, las alianzas matrimoniales determinan los intereses y las apetencias. El padre, por lo general, de la novia, es quien busca en las familias de mayor poder una alianza conveniente y práctica. En efecto, el casamiento entre los miembros de un mismo grupo social, uno de los tipos de endogamia, representaba una práctica indispensable para mantener y también para concretar asociaciones solidarias de toda índole. En estas sociedades, los consortes acrecientan sus fortunas personales. El único impedimento a tener en cuenta era el de la consanguinidad, un problema que se había asociado al pecado del incesto.[49]

---

44 Véase Rowland, Robert, "Sistemas matrimoniales en la Península Ibérica (siglos XVI-XIX). Una perspectiva regional", en Pérez Moreda, Vicente y Reher, David (eds.), *Demografía Histórica en España,* Madrid, 1988.

45 Jelin, Elizabeth, *Pan y afectos. La transformación de las familias,* Fondo de Cultura Económica, Buenos Aires, 1998, p. 112.

46 Cfr. Rodríguez Sánchez, Ángel, "El poder familiar: La Patria Potestad en el Antiguo Régimen", en *Chronica Nova,* n° 18, Granada, España, 1990, ps. 365/380.

47 Sobre el régimen sucesorio, puede ampliarse en Tau Anzoátegui, Víctor, *Esquema histórico del derecho sucesorio,* La Ley, Buenos Aires, 1971 y; Seoane, María Isabel, *Historia de la dote en el derecho argentino,* IIHD, Buenos Aires, 1982, entre otros.

48 García Belsunce, César A., "La familia", en Academia Nacional de la Historia, *ob. cit.,* p. 134.

49 En los primeros momentos de cristianismo, se consideraban ilícitas las uniones hasta el

A ello, debemos añadir que la ideología cristiana occidental nunca vio "con buenos ojos" a los hijos nacidos fuera del matrimonio. Eduardo Wilde[50] señalaba que sólo el matrimonio era el *"santificador de los instintos genésicos y de las atracciones naturales de los sexos"*, el único factor "legal" del aumento de la población. En suma, eran ideas utilitaristas. El sistema de herencia imperante en una comunidad, entendido como la "combinación de leyes, costumbres, derechos de tenencia de la tierra y restricciones de asentamiento que regulan la divisibilidad de la tierra en la sucesión"[51], era otra de las variables que actuaban sobre la nupcialidad. De hecho, algunos autores han planteado en torno al modelo matrimonial, la hipótesis de que la equidistribución de la herencia entre todos los hijos e hijas, tal y como generalmente sucedía en Castilla, debió favorecer la pervivencia de una elevada nupcialidad y una temprana edad al matrimonio.[52]

En el caso de las familias rurales sin suficientes ingresos como para disponer de trabajadores serviles, el modo más adecuado de obtener mano de obra, era engendrándolos. "Para estar seguros de que ellos trabajarían para su padre -sostuvo Bertrand Russell refiriéndose a otros ámbitos-, era necesario santificar la institución de la familia con todo el peso de la religión y la moral".[53]

En fin, la filiación era y es una convención social que además de otorgar un lugar simbólico, permite tener certeza en torno a la descendencia, lo que trae aparejado la posibilidad de inscribirla y, con ello, transmitir la herencia.

3.3. El amor como *"valor agregado"* al matrimonio

El amor es un "valor agregado" que recién aparece en el siglo XIX en ciertas áreas, pues con anterioridad no era bien visto.[54]

Desde el medioevo, encontramos opiniones de religiosos que repudiaban y, en el mejor de los casos ignoraban al amor como sostén o sustento del matrimonio. A modo ilustrativo, el humanista español Luis Vives señalaba en el siglo XVI que *"no cumple hacerse los casamientos por vía de amores"*.

Si bien la Iglesia santificaba la sexualidad procreativa sin escrúpulos, toda

---

cuarto grado de parentesco. Luego, con el Concilio de Letrán IV (1215), se redujo el tabú al segundo grado.

50 Wilde, Eduardo, *Curso de higiene pública,* Buenos Aires, 1878.

51 Berkner, Lutz K. y Mendels, Franklin F., "Inheritance System, Family Structure, and Demographic Patterns in Western Europe, 1700-1900", Tilly, Charles (dir.), *Historical Studies of Changing Fertility,* Princeton University Press, Princeton, New Jersey, 1978, p. 212.

52 Ver Hajnal, J., quien sugirió una relación entre el sistema de heredero único (el predominio de la *Stem family*) y el modelo europeo de matrimonio (*op. cit.,* ps. 133-134).

53 Rodríguez Molas, Ricardo, *Divorcio...,* cit., ps. 43 y 53.

54 Entre las distintas acepciones propuestas por el DRAE, creemos que la que más se ajusta a la idea que aquí exponemos es la segunda: *"Sentimiento hacia otra persona que naturalmente nos atrae y que, procurando reciprocidad en el deseo de unión, nos completa, alegra y da energía para convivir, comunicarnos y crear".*

otra forma era execrada. Estas ideas fueron trasladadas al nuevo mundo y difundidas en Buenos Aires, Córdoba del Tucumán, Santiago del Estero y otras jurisdicciones de lo que más adelante sería el territorio argentino.

Como podemos observar, la sexualidad para la moral cristiana occidental constituye en sí mismo un hecho útil, pero ajeno al hedonismo, al placer por el placer, toda otra forma que se aparte de la intención procreativa es una perversión[55], un pecado que las normas seculares y religiosas condenan y reprimen.

De este modo, para la concepción procreativa del antiguo régimen, el esposo debe en todos los casos, su "débito conyugal" a la esposa. Los teólogos establecían el hecho de que los esposos "queden unidos como marido y mujer, y obligados a pagarse el débito mutuamente, a guardarse fidelidad". De ahí pues, que si la procreación era el fin exclusivo de las relaciones sexuales, el débito conyugal sólo podía exigirse con ese fin determinado.

Nótese entonces que la Iglesia nunca tuvo al amor conyugal o la relación afectiva subyacente al matrimonio como un propósito o fin de este. ¿O acaso el amor y los sentimientos de la pareja figuran en el derecho canónico?

La respuesta negativa se impone. Reiteramos así que el fin del matrimonio era la procreación y educación de los hijos; y la sexualidad no asociada a tal fin -e incluso más aquella desarrollada por fuera del matrimonio- era absolutamente condenada.[56]

Ahora bien, estas ideas fueron trasladadas al pensamiento rioplatense del siglo XIX, y pasaron desapercibidas incluso para varios pensadores liberales. Algunas décadas más tarde, el mensaje enviado en 1887 por el Poder Ejecutivo, por el cual se acompañaba el proyecto de ley de matrimonio civil, dejaba expresa constancia de los motivos por los que se requería su sanción. Y si bien eran loables las finalidades no dejaban de ser explícitamente utilitarias. De hecho, en ningún momento, se tendrá presente el amor de la pareja.

En oportunidad de debatirse sendos proyectos de ley de divorcio en 1902, el legislador -católico y conservador- por Tucumán Ernesto Padilla negó que el amor, el afecto y la ternura constituyan hechos apropiados para vincular a los seres humanos. Más aún, sostuvo "el amor es sólo un atractivo".

En suma, mientras la Iglesia dominó la regulación matrimonial, el amor y la sexualidad conyugal fueron estrictamente reglamentados, condenando aquellos sentimientos que se apartasen de la norma. Luego, recuperada la potestad estatal, el amor fue negado e invisiblizado con el rigor de la ley. En fin, como sostuvo Carl Gustav Jung, "cuando el amor es la norma no hay voluntad de poder, y donde el poder se impone, el amor falta".

4. Breves palabras finales

En este capítulo dedicado al matrimonio nos concentramos en refutar

55 La Iglesia condena toda relación sexual que se aparte de la procreativa. En tal sentido, ver la encíclica *Casti conubbi,* del 31 de diciembre de 1939 del Papa Pío XII.

56 Recién encontramos algunas referencias a aquellos sentimientos en las palabras pronunciadas por S.S. Juan Pablo II, en su *Alocución sobre el amor conyugal,* el día 26 de noviembre de 1993.

aquellas ideas que propugnaban su ascendencia natural[57] y su universalidad; de modo de poder presentarlo y en adelante, estudiarlo como lo que realmente es: una institución social, cultural y económica que, como toda institución humana, no posee un contenido concreto y fijo de una vez y para siempre, sino que va siendo moldeada por la imagen que del matrimonio posee la conciencia social en cada tiempo y lugar específicos.

La doctrina de los derechos humanos y, particularmente, el principio de igualdad y no discriminación, nos permite comprender que el error consiste en considerar ciertos hechos sociales como algo "natural", olvidando que todo cuanto acontece entre los seres humanos tiene una historia, un contexto de aparición y, por lo tanto, una determinada interpretación.[58]

A nuestro juicio, puede advertirse que, lejos de ser un pacto natural e indisoluble, garantizado por la presencia divina, *el matrimonio se ha convertido* en *una unión libremente consentida, basada en el afecto, que sólo subsiste mientras dure éste.*[59]

Más allá de que la motivación principal que contribuyera al nacimiento de la institución matrimonial fue la conservación -mediante la procreación- del poder; actualmente podemos colegir que el matrimonio se apoya en la relación afectiva de dos personas, cuya intención *"inicial"* es asegurar ese vínculo.

No obstante, el proceso de deconstrucción del matrimonio o, dicho de otro modo, el traspaso del matrimonio civil "canonizado" a uno laico y aconfesional, como en nuestro medio instauró el CCyC, genera muchas resistencias.

Algunos autores rehúsan de la citada evolución en las nociones de familia y matrimonio, sin reparar en su carácter de creaciones socioculturales. Incluso, otros[60] reniegan de la invocación de la realidad social como motor de los cambios.

---

57 Puede verse DERRIDA, Jacques, *Dar (el) tiempo,* trad. de Cristina de Peretti, Paidós Ibérica, Madrid, 1995. Este autor sostuvo: *"No hay ninguna naturaleza, sólo existen los efectos de la naturaleza: la desnaturalización o la naturalización".*

58 Durante siglos, el calificativo "natural" fue usado para "justificar" o circunscribir el derecho al voto a los hombres e impedírselo a las mujeres, diferencia que ya desde hace mucho tiempo sería imposible de sostener. Conf. KEMELMAJER DE CARLUCCI, Aída y HERRERA, Marisa, "El principio de no discriminación en una reciente sentencia del Tribunal Europeo de Derechos Humanos. Una cuestión en movimiento desde el ámbito regional y una responsabilidad desde el ámbito estatal", *La Ley,* 06/07/2010, p. 3 y ss.

59 En oportunidad de analizar el divorcio sin expresión de causa en el capítulo séptimo, profundizaremos sobre la *"juridización"* del afecto y, la relevancia de su desaparición como fundamento último del divorcio.

60 Estas voces apuntan que la norma no puede ser una mera traducción a términos jurídicos de lo que ha sucedido o está sucediendo en la vida real. Sobrarían, en tal caso, los órganos legislativos y todo sería costumbre o uso social, o, mejor aún, un mero hecho jurídico, convertido automáticamente en una regla de derecho". GARCÍA CANTERO, Gabriel, "Artículos 42 a 107", en ALBALADEJO, Manuel (dir.), *Comentarios al Código Civil y Compilaciones Forales,* 2ª ed., t. II, Ed. Revista de Derecho Privado-Editoriales de Derecho Reunidas, Madrid, 1982, p. 8..

Ferrer Ortiz[61] afirmó que la sanción de la ley española 15/2005, incidió "profundamente en la estabilidad del matrimonio y lo acerca al matrimonio romano, como situación de hecho sostenida por la *affectio maritalis*". Más aún, se pregunta ¿qué es el matrimonio civil?, ¿qué queda de su modelo inicial, inspirado en el modelo canónico? Y en afán de responderlas, comulgó con otros autores "que sostienen que se ha producido un fenómeno de vaciamiento gradual de la institución (...). Frente a esta imagen del matrimonio civil, desinstitucionalizada y privada de sus caracteres básicos originarios, se alza el matrimonio canónico como modelo clásico".

Muchos de los cambios que causan pesar en el autor; son para nosotros motivo de beneplácito, en tanto y en cuanto se trate como hasta ahora, de modificaciones *inclusivas* en las nociones de familia y matrimonio. Nos explicamos mejor.

El matrimonio civil emergió como la recuperación de una potestad que otrora fuera estatal, con anterioridad a la autoatribución regulatoria de la Iglesia. En este nuevo contexto, cabe destacar la apertura al *afecto* como concepto jurídico y, su desaparición como causal de divorcio. Y ello, mal que les pese a algunos, bien puede ser entendido como una vuelta a los orígenes, en tanto y en cuanto, desaparecida la *affectio maritalis,* en el imperio romano, el matrimonio dejaba de existir.

Ello no significa que el régimen de divorcio "incausado" y la desjudicialización de su trámite pueda calificarse de "divorcio-repudio unilateral", pues ni el repudio es asimilable al divorcio que hoy conocemos, ni la familia romana es equiparable a las que actualmente constituimos.

Estas afirmaciones forman parte de una mirada más amplia, de una perspectiva que nos obliga a separar el Estado de la religión. Opiniones como las mencionadas intentan llevarnos a realizar análisis metajurídicos que, en definitiva, avalarían la continuidad de la regulación de la familia a la luz del derecho canónico.

Como adelantamos, el *amor o afecto* se convirtió en un "valor agregado" al matrimonio en los siglos XIX y XX, y desde aquel momento, podemos entrever que es su más importante pilar.

Las consideraciones efectuadas en este capítulo son una suerte de plataforma de base que nos resulta hábil para observar el impacto que ha significado la perspectiva de los derechos humanos y cómo aquella mirada ha contribuido a modificar la morfología actual y compleja que plantean los regímenes jurídicos contemporáneos.

La mirada constitucional-convencional del derecho de familia trajo consigo las nociones de libertad, autonomía y desarrollo de la personalidad, entre otras. Estos conceptos, nociones e ideas fueron acuñados en el marco de la doctrina internacional de los derechos humanos. En ese sentido, debieron pasar muchos años para que el vínculo afectivo y el libre desarrollo de la personalidad sean más importantes que la institución matrimonial.

Si partimos de la base de que lo principal es el ser humano y sus necesidades, y que el derecho es un medio para el logro de fines más elevados

61 Ferrer Ortiz, Javier, "Del matrimonio canónico como modelo...", *cit.*, ps. 416/7.

que la vigencia de la ley misma, es fácil advertir que, desde el momento en que ***la institución matrimonial pasó a ser más importante que el afecto de las personas que la componen,*** la óptica debe ser modificada. En caso contrario, los esposos terminan siendo rehenes de una institución que contraría sus proyectos biográficos.

Con meridiana claridad, Eduardo Galeano nos recuerda: "Estamos en plena cultura del envase. El contrato de matrimonio importa más que el amor, el funeral más que el muerto, la ropa más que el cuerpo y la misa más que Dios".

CAPÍTULO SEGUNDO
LA DECONSTRUCCIÓN DEL MATRIMONIO CIVIL

SECCIÓN PRIMERA
EL MATRIMONIO CONTEMPORÁNEO A LA LUZ DEL PRINCIPIO DE IGUALDAD

SUMARIO: 1. INTROITO. 2. EL DERECHO A CONTRAER MATRIMONIO. 3. ¿QUÉ ENTENDEMOS HOY POR MATRIMONIO? EL LARGO CAMINO HACIA LA RECONCEPTUALIZACIÓN DEL MATRIMONIO CIVIL. 4. CONSTRUCCIÓN CONSTITUCIONAL DEL DERECHO A LA IGUALDAD. 4.1. LA IGUALDAD Y LA NO DISCRIMINACIÓN POR LA ORIENTACIÓN SEXUAL. LA PERSPECTIVA AMERICANA. 4.2. LA PERSPECTIVA COMUNITARIA EUROPEA. 5. RECONOCIMIENTOS NACIONALES Y ESTADUALES. 6. EL MATRIMONIO IGUALITARIO EN ARGENTINA. 6.1. PRELIMINAR. 6.2. LOS DETRACTORES DE LA IGUALDAD. 6.3. EL FALAZ "PRETEXTO" DE LA SOCIALIZACIÓN DE LOS NIÑOS. 7. COMENTARIOS FINALES.

"Todos hablan de libertad, pero ven a alguien libre y se espantan"
Hugo Finkelstein

1. INTROITO

Como hemos podido observar, el matrimonio ya existía mucho tiempo antes de que la Iglesia Católica lo adoptara como propio y lo elevara a la categoría de sacramento. Sin embargo, a pesar de que aquella institución afirme que el connubio es patrimonio exclusivo de los cristianos, pues en forma dogmática se sostiene que no existe otro enlace verdadero y lícito que el contraído conforme a las reglas canónicas, el cristianismo no se ocupó de él durante sus primeros mil años, en los que seguía celebrándose mediante ritos paganos.

Que la palabra que denomina al matrimonio religioso y al civil sea la misma, no implica que ambos deban ser iguales, y de hecho no lo son. Mientras que el primero es indisoluble y se encuentra sujeto a los tribunales eclesiásticos, el segundo es disoluble y está sometido a la jurisdicción civil.

Y así, la sanción de las leyes 23.515 y 26.618 modificaron y reconceptualizaron las ideas que se tenían en torno al matrimonio civil, de cuya evolución -como una institución distinta- hemos dado cuenta en el capítulo anterior[1]. Aunque

1 Si bien la ley 2393 ya distinguía el matrimonio religioso de su homónimo civil, éste último fue regulado con muchos elementos del primero. Es lo que nosotros hemos denominado

las modificaciones legislativas nunca afectaron el matrimonio religioso, los detractores de la igualdad apelaron a todo tipo de argumentos, entre ellos los semánticos, para evitar los cambios culturales que ya se habían producido en la sociedad y así, retrasar lo que denominamos la *fuerza de la realidad;* pues como advirtió Umberto Eco: *"No todas las verdades son para todos los oídos"*.

Nos proponemos en este capítulo coadyuvar al proceso deconstructivo del matrimonio civil que el discurso jurídico, afianzado en la ascendencia "natural" de aquél, nos ha mostrado desde una mirada unívocamente heteronormativa. Este aporte es, a nuestro juicio, hábil para poner en crisis el relato sacralizado, heredero de las premisas propias de la regulación canónica, e impropio de un Estado laico y plural.

En definitiva, el hilo conductor será la contribución a la crisis de los axiomas "heterosexual" e "indisoluble"[2] que giran en torno al matrimonio y pretenden ser universales, pues los cambios socioculturales acaecidos, implican de por sí la lenta pero sostenida escisión entre el derecho y la religión.

Consideramos que la única forma de terminar con la desigualdad es, justamente, el acceso al matrimonio de las parejas de igual sexo, lo que conlleva el goce de una multiplicidad de derechos que emergen del status conyugal.

Entonces, por los argumentos que se verterán a continuación, juzgamos que el matrimonio igualitario es la opción que mejor satisface las necesidades actuales de nuestra sociedad o; para ser más ilustrativos: el mismo amor, los mismos derechos. *En fin, soplan nuevos vientos alejando la mirada heteronormativa que envolvía al matrimonio y, aquí emprendemos su análisis.*

2. El derecho a contraer matrimonio

Los derechos fundamentales no son sólo un instrumento de protección del individuo frente al Estado sino un sistema de valores objetivo que aspira regir en todos los ámbitos; se produce lo que se denomina "efecto irradiación" de los derechos fundamentales; éstos no sólo rigen las relaciones individuo-Estado sino que también tienen vigencia en las relaciones entre particulares, y en tanto decisión básica jurídico-constitucional, proporcionan directrices para la legislación, la administración y la justicia.[3]

Desde este prisma, el *ius connubii* puede identificarse con el derecho que tienen las personas a contraer un matrimonio con plenos efectos jurídicos en el ordenamiento respectivo; y su reconocimiento como derecho humano universal es incuestionable.

Ahora bien, el *ius connubi* tiene su faz negativa, esto es, el derecho a no casarse. De ahí que, una vez receptados en la Argentina el divorcio vincular y el

---

matrimonio civil *"dependiente"* o *"canonizado"*.

2 En este capítulo y en el que sigue, respectivamente.

3 Alexy, Robert, *Teoría de los derechos fundamentales*, trad. por Ernesto Garzón Valdés, 3ª reimp., Ed. Centro de Estudios Políticos y constitucionales, Madrid, 2002, p. 507 y; De Domingo, Tomás, "El problema de la *drittwirkung* de los derechos fundamentales: Una aproximación desde la filosofía del Derecho", en Revista *Derechos y Libertades*, año VII, enero-diciembre, Madrid, 2002, p. 253.

matrimonio igualitario, las parejas que optan por una familia no matrimonial lo hacen por su libre elección, pues actualmente no se dan supuestos de restricciones legales que impidan el acceso al matrimonio.

Sin perjuicio de la diversidad en las "causas fuente" de las uniones convivenciales y que, en determinados estratos sociales aquellas no siempre constituyen una "real decisión"[4]; generalmente, las personas que optan por un sistema de organización familiar de tipo no matrimonial se autoexcluyen de la regulación legal derivada del connubio, ejerciendo así su derecho a no contraer matrimonio, amparando la unión conformada en la libertad y la autonomía.

Resulta lógico entonces que la regulación que afecte a las uniones convivenciales no sea idéntica a la del matrimonio, pues una equiparación de ambas podría ser inconstitucional por infringir la vertiente negativa del *ius connubi*, esto es, el derecho a no casarse, al no existir una libre y manifiesta declaración de voluntad en ese sentido.[5]

Y también porque quebrantaría la noción de pluralismo que se encuentra ínsita en la doctrina internacional de los derechos humanos y que nos conmina a ampliar el reconocimiento de configuraciones familiares. Justamente, la equiparación implicaría "reducir e invisibilizar" las distintas formas de constituir una familia, conservando al matrimonio como "protagonista" de la escena familiar, y no como lo que realmente es: una organización familiar posible entre tantas otras.

3. ¿QUÉ ENTENDEMOS HOY POR MATRIMONIO? EL LARGO CAMINO HACIA LA RECONCEPTUALIZACIÓN DEL MATRIMONIO CIVIL

La versión vigente del diccionario de la Real Academia Española define al matrimonio como la *"unión de hombre y mujer concertada mediante determinados ritos o formalidades legales"*. Sin embargo, esta definición dista bastante de la realidad, pues como toda construcción social fue evolucionando y debe ser reconceptualizada.

No emprenderemos aquí su definición, pero podemos apuntar que el matrimonio civil tiene lugar entre dos personas que comparten un proyecto de vida en común, y lo explicitan públicamente ante el funcionario competente, bajo ciertos requisitos, y con independencia del sexo de cada una de ellas. No obstante, cabe recordar que, en oportunidad de debatirse en nuestro país el proyecto que luego sería sancionado como ley 26.618, una de las cuestiones que más controversias suscitó fue la *utilización* del término *matrimonio* para incluir a los enlaces entre personas del mismo sexo, en evidente contradicción con la vetusta raíz semántica de la palabra.[6]

---

4 Para las parejas de estratos sociales bajos, el matrimonio no siempre es una noción; en general, muchas personas no se autoexcluyen del régimen conyugal, sino que comienzan directamente la convivencia, sin que exista una decisión "consciente en términos de libertad".

5 Puede verse DE SALTER CID, Nuno, "Sobre o direito de nao contrair casamento", en *Familia, consciencia, secularismo e religiao*, 1a. ed., Coímbra Editora, Coímbra, 2010, p. 280 y ss.

6 Algunos autores no sólo negaban la aplicación de la palabra "matrimonio", sino que

Las objeciones de los detractores se fueron concentrando en el argumento de impedir la calificación de matrimonio a las parejas de personas del mismo sexo[7]. Así, quienes se oponían a que las uniones homosexuales se llamaran igual que las heterosexuales, apoyaban su oposición en argumentos lingüísticos e históricos.[8]

En esa línea de pensamiento, decían: *"es imposible que la unión de dos hombres se llame matrimonio, porque esa palabra viene de mater, que significa "madre", ya que su finalidad es la procreación"*. Incluso, ello era reafirmado apelando a la citada definición de la Real Academia Española.

Sobre la etimología de la palabra, nos remitimos *brevitatis causae* a lo analizado en el capítulo primero, pues la noción no sólo deriva de *mater*, sino también de *monium* -léase gravamen-. Y ello tenía que ver con la concepción que del matrimonio se poseía en la antigüedad, distinta a la que hoy construimos y aceptamos.

No obstante, cabe cuestionarnos: ¿la etimología de una palabra puede delimitar de una vez y para siempre los usos que ella pueda tener? Una carta de lectores[9] publicada en el año 2010 y titulada *"Los dueños de la palabra"* resulta por demás ilustrativa para explicitar la cuestión. Allí la autora se dirigía al director de la Real Academia Española, para encontrar respuesta a algunos de sus interrogantes. ¿Quién es el dueño de las palabras?, preguntó y añadió luego: "Estimo que usted no es ese dueño que busco, porque de lo que se ocupa el organismo que usted dirige es de tomar las palabras que todos usamos y definirlas, decir qué significan, qué nombran, y tomar los cambios que los usos y costumbres van imprimiendo en ellas. Como usted sabe, las palabras nombran la realidad, nombran todo lo que existe (...). Pero el camino

---

apelaban a la creación de términos que incluían una fuerte carga peyorativa. Véase por todos, SCALA, Jorge, "La justicia de Francia rechaza el homomonio", ED diario 11.764, 23/05/2007; íd., "Costa Rica: la Corte declara inconstitucional el ´homomonio´", *ED* diario 11.829, 29/08/2007; PASTORE, Analía G., "homomonio y homoparentalidad. Posibles causas de una discusión quimérica", *ED*, diario 12.035, 26/05/2008; SANZ, Carlos R., "Algunas reflexiones sobre el ´gaymonio´", *ED*, diario 12.529, 23/06/2010 y; ACARNOSSI, Carlos G. - HERNÁNDEZ, Héctor H., "´Homomonio´, Constitución y amparo", *ED*, diario constitucional, 10/11/2010.

7 Es interesante compulsar el trabajo de BAKER, Katharine K., "Las historias del matrimonio", en *Journal of Law and Family Studies*, vol. 12, nº 1, 2010. Esta autora señala que parte del problema que se genera en torno al matrimonio homosexual es la dificultad de los tribunales norteamericanos para definir ´matrimonio´. De este modo, plantea que resulta muy dificultoso hablar del derecho al matrimonio sin un concepto universal del instituto. En suma, propone una definición que sugiere que el matrimonio puede ser beneficioso para el Estado y las parejas, e integrar la rica historia social del matrimonio *sin definirlo por género.*

8 Nótese que, desde el punto de vista histórico, la igualdad de sexo entre los contrayentes nunca se ha configurado como un impedimento. Al contrario, es sabido cómo ante la falta de un precepto que lo excluyera explícitamente, la doctrina francesa tuvo que crear la categoría de la inexistencia como diferenciada de la nulidad para resolver sobre la inviabilidad del matrimonio entre personas del mismo sexo.

9 PIÑEIRO, Claudia, "Los dueños de la palabra", publicado en la versión impresa del diario *La Nación*, 8/07/2010, sección Opinión.

es de ida y vuelta, porque al nombrar, las palabras también construyen la realidad. O la niegan.

Bueno, señor director, en mi país ha habido una apropiación de palabra. Alguien cree que es dueño de la palabra "matrimonio", que puede decir qué es un matrimonio y qué no. Y no es una cuestión legal, como nos quieren hacer creer. Porque las leyes, señor director, son una construcción teórica, un acuerdo entre los hombres (y a quien lo dude le sugiero como lectura no el derecho romano ni la historia del derecho, sino El malestar en la cultura, de Sigmund Freud). Las leyes, como construcción teórica del hombre en su tiempo, se modifican. Si no fuera así, en mi país seguiríamos sin votar las mujeres, no habría divorcios y los hijos extramatrimoniales no tendrían los mismos derechos que los que nacieron dentro de un matrimonio, por ejemplo.

Las leyes pueden modificarse, y eso lo saben, más que ningún otro, quienes lo niegan. Por eso, la verdadera batalla no está allí, sino en la propiedad de la palabra. La palabra `matrimonio´ hoy está en tránsito. Durante mucho tiempo alcanzaba con que nombrara sólo a un hombre y una mujer que deciden unirse legalmente. Hoy ya no. Las palabras son materia viva. Si sólo nombrara ese vínculo, hombre-mujer, estaríamos negando la existencia de algo que existe. Si la palabra matrimonio sólo nombrara el vínculo heterosexual, ¿cómo llamaría yo al vínculo de años entre mis amigos Mauro y Andrés o entre mis amigas María y Vanessa? Yo quiero esa palabra para nombrarlos porque eso son. Mucho más que otros matrimonios que conozco. Los que se arrogan la propiedad de la palabra matrimonio dicen: "Bueno, que sean, que vivan juntos si quieren, pero que usen otro nombre". Y no es ingenuo ni legal lo que plantean, es ontológico. Saben que negar la palabra, negarles ser nombrados, es negar la existencia misma (...)".

En fin, las lenguas van cambiando y los diccionarios registran esos cambios después de que se producen. Así, son los diccionarios los que tienen que adaptarse a la realidad, y no la realidad a los diccionarios. En este sentido, el periodista Bruno Bimbi trajo a colación las palabras del Secretario de la Real Academia Española, Darío Villanueva, quien apuntó: "La academia no legisla. No crea realidades. Simplemente introduce en el diccionario acepciones y términos que están en el lenguaje. No emite en relación a ellos ningún juicio de valor (...)".

"El hombre es la medida de todas las cosas", decía Protágoras. El lenguaje, entonces, no representa más que nuestras opiniones o impresiones, en torno de las cuales se forman consensos que garantizan la estabilidad del lenguaje[10]. En definitiva, la noción de *"iguales derechos, igual denominación"*, no sólo conlleva una importancia jurídica superlativa, sino que a ella, debemos añadir el impacto simbólico y pedagógico, para nada menores, por cierto.

10 Si las palabras fueran presas de su etimología, el "patrimonio" y la "patria potestad" que vienen de *pater*, deberían ser exclusivos de los varones, como de hecho lo eran antiguamente; el "salario" debería pagarse en sal y a eso que cobramos en dinero tampoco podríamos llamarle "sueldo", que era la retribución que recibían los soldados. También el término "familia", proviene de *famulus*, que significa sirviente o esclavo, y era antiguamente el conjunto de las propiedades del *pater familias*, incluyendo a esclavos y parientes. Al *pater familias* se le reconocía en la época arcaica del derecho romano, el poder de decidir sobre el matrimonio de sus hijos y también el de venderlos como esclavos u

4. Construcción constitucional del derecho a la igualdad

El principio de igualdad constitucional, según Ronald Dworkin[11], se integra con el concepto de igual tratamiento y con el de ser tratado como igual. El primero es el derecho a una distribución igual de oportunidad, recursos o cargas. El segundo es el derecho a ser tratado con la misma consideración y respeto que cualquiera.

La igualdad se instala en el ordenamiento jurídico supremo como principio y regla y, a partir de tal recepción, configura un derecho y una garantía. En ese sentido, señala Cayuso[12] que en su condición de principio irradia al resto del ordenamiento, constituye una guía de apreciación y, al mismo tiempo, se define como un mandato de optimización. Mandato que no es disponible para los poderes constituidos y que debería conformar una directriz fuerte en la toma de decisión de políticas públicas y controles.

La contracara o negación del principio de igualdad es la discriminación, que se configura mediante el trato diferencial de los individuos a quienes, se considera pertenecientes a un grupo social determinado[13]. Esta consiste en toda conducta u omisión de autoridad pública o de particulares que distinga, excluya, restrinja, menoscabe o prefiera de manera arbitraria, por razones o con el pretexto, en lo que aquí interesa, de la orientación sexual o, cualquier otra circunstancia que implique distinción, exclusión, restricción, preferencia o menoscabo, y que tenga por objeto o por resultado anular o menoscabar el reconocimiento, goce o ejercicio, en condiciones de igualdad, de los derechos humanos en la esfera política, económica, social, cultural o en cualquier otra esfera de la vida pública.[14]

En fin, en el marco de este obligado contexto constitucional-convencional, cuyo incumplimiento podría generar responsabilidad internacional, el principio de igualdad adquiere una relevancia central. En los fundamentos del anteproyecto de CCyC se afirmó que "la igualdad es un principio constitucional que campea el régimen jurídico matrimonial y su ruptura". Constituye entonces un eje rector de las normas y de su interpretación. Así, se veda toda discriminación en razón de la orientación sexual y del género.

4.1. La igualdad y la no discriminación por la orientación sexual. La perspectiva americana

A esta altura del análisis, ha quedado claro que los jueces y órganos vinculados a la administración de justicia en todos los niveles se encuentran

ordenar su muerte, ya que eran parte de su propiedad. Un concepto de "familia" un tanto diferente del que conocemos hoy. Bimbi, Bruno, *Matrimonio igualitario. Intrigas, tensiones y secretos en el camino hacia la ley*, 1ª ed., Planeta, Buenos Aires, 2010, ps. 261/264.

11 Dworkin, Ronald, *Los derechos en serio*, 1ª reimp., Ariel, Barcelona, 2002, p. 332.

12 Cayuso, Susana, "El principio de igualdad en el sistema constitucional argentino", *LL*, 2003-F, 1380.

13 Williams, Robin, "The reduction of intergroup tensions", *Social Science Research Council*, 1947, p. 39, cit. por Kiper, Claudio M., "La discriminación", LL 1995-B, 1025.

14 Gil Domínguez, Andrés, "La discriminación: una cuestión constitucional", *LL*, 2001-B, 897.

obligados a ejercer *ex officio* un control de convencionalidad entre las normas internas y la CADH, en el marco de sus respectivas competencias y de las regulaciones procesales correspondientes. En esta tarea, los jueces y órganos vinculados a la administración de justicia deben tener en cuenta no solamente el tratado, sino también la interpretación que del mismo ha hecho la Corte IDH, intérprete última de la CADH.

De esta manera, el impacto que la doctrina internacional de los derechos humanos tuvo y tiene en el derecho de familia y, la obligada mirada constitucional-convencional desde la cual debemos observar las relaciones afectivas, atraviesa de punta a punta esta investigación, donde constituye nuestro punto de partida -y de llegada-. Entonces, desde este prisma, mencionaremos algunas observaciones que la Corte IDH ha realizado en *"Atala Riffo v. Chile"*.[15]

Este caso le permitió al tribunal interamericano pronunciarse por primera vez sobre la discriminación basada en la orientación sexual bajo la CADH y sobre el uso de prejuicios discriminatorios en el ejercicio del poder público, en particular, en la resolución judicial de asuntos familiares[16]. De este modo, la Corte IDH se pronunció sobre la orientación sexual como un aspecto esencial de la vida privada de las personas que, como tal, debe permanecer

---

15 Corte IDH, caso "Atala Riffo y niñas v. Chile. Fondo, Reparaciones y Costas", sentencia del 24 de febrero de 2012. Serie C nro. 239; *RCyS*, 2012-VI, 272. Véase también KEMELMAJER DE CARLUCCI, Aída y HERRERA, Marisa, "Una voz autorizada del ámbito regional manda no discriminar en razón de la orientación sexual", *LL*, 2012-B, 1254 y; DE LORENZI, Mariana, "Un dolor que no tiene precio. Prejuicios y derechos a la igualdad, a la identidad y a la vida privada y familiar", cita *online*: AP/DOC/2248/2012.

16 El Tribunal Superior de Justicia del Brasil ya se había expedido en ocasión de otorgar la adopción integrativa de dos niñas a la pareja mujer de la madre, con quien convivía desde 1998. La Corte señaló que "la solicitante ya vive con las niñas brindándole afecto, asistencia, educación, incluso apoyo económico". Reconocer la existencia de un vínculo jurídico a la relación de facto les "darían más garantías y beneficios a los niños, en el plano de la salud y pensión en caso de separación o fallecimiento". Los "estudios no indican cualquier tipo de inconveniencia en que las niñas sean adoptadas por una persona homosexual, importando más las cualidades del vínculo de afecto y el medio familiar en las que serán insertas". Brasil, STJ, 27/04/2010.

También la Corte Suprema de México resolvió que la adopción por homosexuales no es inconstitucional. Este tribunal "no puede admitir que la orientación sexual de una persona o una pareja que ´es simplemente una de las opciones que se presentan en la naturaleza humana y, como tal, forma parte de la autodeterminación y libre desarrollo de la personalidad", "le reste valor como ser humano o familia y, por tanto, lo degrade a considerarlo, por ese hecho, como nocivo para el desarrollo de un menor y, por ende, que el legislador deba prohibir la adopción de un menor por parte de un matrimonio conformado por personas del mismo sexo". (...) Sostuvo asimismo que no puede aceptarse "la presunción del accionante, acerca de que este tipo de adopción colocará al menor en una situación de ´desigualdad´ frente a otros menores que sí estén en una familia heterosexual y, además, que serán objeto de discriminación social", al existir en la actualidad una gran diversidad de familias "sobretodo, monoparentales", y por lo tanto, sostener la postura de la Procuraduría implicaría decir que "todos los niños y niñas que crecen en familias distintas, están en desventaja frente a los otros". CS México, 16/08/2010.

exento de interferencias arbitrarias[17] y, enfáticamente sostuvo que aquella es una "categoría sospechosa". La sentencia de la máxima instancia chilena sirvió como disparador para el planteo de la cuestión de la orientación sexual diferente, pues allí resulta palmario cómo se escondió detrás de un supuesto interés superior de las niñas, un prejuicio a la homosexualidad de la madre, y se vulneraron así los derechos de aquellas al desmembrar una familia, cuando es el Estado quien debe velar por su protección.

Lamentablemente, este no es el primer precedente donde un Estado -a través del Poder Judicial- en vez de cumplir con los instrumentos internacionales que se ha obligado a respetar, participa en pleitos conyugales, utilizando la homosexualidad de un progenitor como pauta (negativa) para el otorgamiento de la tuición al considerarlo *per se* inepto para ser madre o padre.

A nuestro juicio, el presente es un caso donde la aplicación de las normas jurídicas ha generado situaciones de discriminación por la orientación sexual de las personas. Ello fue así, toda vez que los operadores jurídicos se erigen en representantes de los ideales aprobados por la comunidad y, desde esa posición, juzgan las distintas formas de vivir en familia que confrontan con las aceptadas por la mayoría.

Es importante remarcar la importancia que la Corte IDH le otorga a la *igualdad, la no discriminación y la orientación sexual como categorías protegidas.*[18] De este modo, el tribunal entendió que la orientación sexual y la identidad de género son categorías protegidas por la CADH bajo el término *"otra condición social"* establecido en el art. 1.1[19]. De allí colige la proscripción de cualquier norma discriminatoria basada en la orientación sexual de la persona.

En suma, ninguna norma, decisión o práctica de derecho interno, sea por parte de autoridades estatales o por particulares, pueden disminuir o restringir, de modo alguno, los derechos de una persona a partir de su orientación sexual. El disfrute de los derechos humanos debe ser entendido sobre la base de la igualdad. Y el principio de no discriminación es el corolario de aquel principio.

---

17 En el caso se dirimía si Chile había incurrido en responsabilidad en la órbita internacional al impedirle la justicia chilena a una madre conservar la tuición (así se denomina en el Código Civil chileno a la figura que el CCyC denomina *"cuidado personal"*) de sus tres hijas, en razón de su orientación sexual.

La Corte IDH indagó sobre los siguientes tópicos: 1) los alcances del derecho a la igualdad y a la no discriminación; 2) la orientación sexual como categoría protegida por el art. 1.1 de la CADH; 3) si existió una diferencia de trato basada en la orientación sexual, y 4) si dicha diferencia de trato constituyó discriminación.

18 Sobre la aplicación de este principio por razón de la orientación sexual, se remite al excelente trabajo de Ricoy Casas, Rosa María, *¿Qué igualdad?, El principio de igualdad forma y no discriminación por razón de sexo en el ordenamiento jurídico español,* Dykinson, Madrid, 2010.

19 En sentido coincidente, el Comité del PIDESC, en la Observación General n° 20 (2009), en ocasión de analizar los motivos prohibidos de discriminación y el alcance de la fórmula "otra condición social", expresó que esto "exige un planteamiento flexible que incluya otras formas de trato diferencial que no puedan justificarse de forma razonable y objetiva y tengan un carácter comparable a los motivos expresos reconocidos en el artículo 2.2. Estos motivos adicionales se reconocen generalmente cuando reflejan la experiencia de grupos sociales vulnerables que han sido marginados en el pasado o que lo son en la actualidad" (v. acap. 27). En esa línea argumental, consideró incluidos en aquella fórmula a la orientación sexual y la identidad de género.

En el caso concreto, la Sra. Atala fue sometida a una diferencia de trato basada en su orientación sexual, por lo que la actuación de las autoridades judiciales estatales no supera el test estricto en casos de distinciones con base en categorías sospechosas.

Ulteriormente, la Corte IDH sostuvo que "la presunta falta de un consenso al interior de algunos países sobre el respeto pleno por los derechos de las minorías sexuales no puede ser considerado como un argumento válido para negarles o restringirles sus derechos humanos o para perpetuar y reproducir la discriminación histórica y estructural que estas minorías han sufrido" (párr. 92). Además, el tribunal puso de resalto que, en tanto la justicia chilena fundó su decisión en la orientación sexual de la madre, discriminó paralelamente a las hijas, pues tomó en cuenta consideraciones que no habría utilizado si el proceso de tuición hubiera sido entre dos progenitores heterosexuales.[20]

Para cerrar este apartado, se impone reiterar que, según el máximo tribunal interamericano de derechos humanos, *la orientación sexual constituye una categoría sospechosa, y por ende, les cabe un "escrutinio estricto" a las normas o decisiones que pretendan negar derechos en su nombre.* A todo lo expuesto, debe adunarse lo que prevea el sistema interamericano de derechos humanos en torno al matrimonio igualitario en el caso[21] *"Movilh v. Chile"*.[22]

---

20 La Corte respondió a un argumento que suele esgrimirse para "limitar, restringir, excluir o suprimir el ejercicio o goce de los mismos derechos y obligaciones" a las parejas o personas homosexuales, que es que el interés superior del niño se vería conculcado si los niños nacen, son criados o se desarrollan en el marco de una familia homoparental.

Al respecto, la CIDH afirmó que "al argumento de que el principio del interés superior del niño puede verse afectado por el riesgo de un rechazo por la sociedad, la Corte considera que un posible estigma social debido a la orientación sexual de la madre o el padre no puede considerarse un daño valido a los efectos de la determinación del interés superior del niño. Si los jueces que analizan casos como el presente constatan la existencia de discriminación social es totalmente inadmisible legitimar esa discriminación con el argumento de proteger el interés superior del menor de edad"(párr. 121).

21 El 25 de septiembre del 2010, el Registro Civil se negó a celebrar el matrimonio de dos personas del mismo sexo de nacionalidad chilena y, al mismo tiempo, rechazó inscribir dos vínculos contraídos en Argentina y en Canadá. El 20 de octubre del 2010 las parejas y el Movilh presentaron un recurso de protección ante la Corte de Apelaciones de Santiago, donde alegaban que los artículos 102 del CCiv. y 80 de la ley 19.947 de Matrimonio vulneraban el principio de igualdad ante la ley garantizado en el art. 19 de la Constitución al prohibir la unión entre personas del mismo sexo. La Corte de Apelaciones declaró admisible el recurso y para mejor resolver presentó el 27 de diciembre del 2010 un escrito ante el Tribunal Constitucional donde solicitó un inédito pronunciamiento sobre la aplicabilidad o inaplicabilidad del artículo 102 del Código Civil. En un hecho sin precedentes, el 4 de enero de 2011, el TC acogió a tramitación la petición de la Corte, y el 27 del mismo mes el TC declaró admisible el requerimiento. Finalmente, el 3 de noviembre el TC dictó sentencia, donde instó al Congreso Nacional a pronunciarse sobre la materia, y aunque el 9 de diciembre la Corte de Apelaciones de Santiago rechazó el recurso de protección, su presidente llamó en el mismo fallo a hacer un relectura de los alcances del matrimonio y la familia. El 14 de diciembre del 2011 las parejas y el Movilh apelaron ante la Corte Suprema, la que dictó sentencia el 4 de abril del 2012. La sala 3ª de la Corte Suprema falló contra el recurso de protección a favor del matrimonio igualitario presentado por 3 parejas homosexuales y el Movilh, el cual anunció una demanda internacional contra el Estado de Chile a raíz de esta sentencia.

22 Puede verse Aguilera Cornejo, Pablo, "El debate sobre el matrimonio igualitario en Chile. Comentarios a propósito de la sentencia del tribunal constitucional", rol 1881-2010,

4.2. La perspectiva comunitaria europea

El TEDH abordó expresamente la cuestión del matrimonio entre personas del mismo sexo en el caso *"Schalk and Kopf"*[23], donde desestimó la demanda contra Austria por no permitir el matrimonio igualitario[24]. Allí sostuvo que "la Corte ya no puede afirmar que el derecho a casarse contenido en el art. 12 en todas las circunstancias debe limitarse al matrimonio entre dos personas de distinto sexo". Incluso agregó que "los conflictos que involucran a los homosexuales comprometen el derecho a la ´vida familiar´".

Sin embargo, dijo que "el matrimonio tiene profundas raíces culturales y sociales que pueden diferir de una sociedad a otra. La Corte no puede sustituir en este aspecto la decisión de cada Estado, quienes están en mejor posición para asegurar y responder a las necesidades de su sociedad. En consecuencia, el art. 12 no impone una obligación al Estado de garantizar a las parejas del mismo sexo el acceso al matrimonio".

Como puede observarse, si bien ha adelantado opinión, dejó la decisión de la inclusión legislativa del matrimonio igualitario en manos de cada estado europeo.[25] Si bien disentimos con esta decisión que se ampara en el "margen

---

cita: AP/DOC/2263/2012 y; Villar Borbones, Gonzalo, "El matrimonio de personas del mismo sexo en el ordenamiento jurídico de Chile", en *Revista Gaceta Jurídica de Chile*, nº 293, noviembre de 2004.

23 TEDH, 24/06/2010, *"Schalk and Kopf v. Austria"*. Los accionantes alegaban la violación de los arts. 8 (vida privada y familiar), 12 (matrimonio) y 14 (no discriminación) de la CEDH; pues Austria poseía en su derecho positivo una norma sobre convivencias registradas (donde las parejas no pueden adoptar ni acceder a las TRHA).

24 La plataforma fáctica era la siguiente: En fecha 10/09/2002, una pareja del mismo sexo domiciliada en Viena, integrada por los Sres. Schalk y Kopf, presentó a la Oficina para Asuntos de estado de 1as personas una solicitud para iniciar los trámites para contraer matrimonio.

El 20/12/2002, la Oficina Municipal de Viena denegó la petición alegando que el art. 44 del CCiv. austríaco *(Blirgerliches Gesetzbuch)* habilita el matrimonio sólo entre personas de diferente sexo. Los solicitantes recurrieron la decisión ante el gobernador regional de Viena (Landes-hauptmann), quien el 11/4/2003 confirmó la decisión legal de la Oficina Municipal, recordando que el art. 12 de la CEDH reserva el derecho a contraer matrimonio a las personas de sexo diferente. En fecha 12/12/2003, el TC austríaco (Verfassungs gerichtshoj) desestimó la denuncia de las partes demandantes, sosteniendo, entre otros argumentos, que el citado art. 12 reconoce que *"hombres y mujeres de la edad mínima exigida tienen derecho a contraer matrimonio y a fundar una familia, de acuerdo a las leyes nacionales que regulan el ejercicio de este derecho"* y que, por lo tanto, ni el principio de igualdad establecido en la Constitución Federal austríaca ni la Convención (evidenciada por "hombres y mujeres" en el artículo 12) requieren que el concepto de matrimonio, que está orientado a la posibilidad fundamental de la paternidad, deba extenderse a las relaciones de naturaleza distinta.

25 Este fallo ha sido comentado por Kemelmajer de Carlucci, Aída y Herrera, Marisa, "El principio de no discriminación en una reciente sentencia del Tribunal Europeo de Derechos Humanos. Una cuestión en movimiento desde el ámbito regional y una responsabilidad desde el ámbito estatal", *LL*, 2010-D, 282; Lafferriere, Jorge Nicolás y Basset, Úrsula C., "Europa redefine familia, pero conserva el matrimonio de varón y mujer. Últimas novedades del Tribunal Europeo de Derechos Humanos", *LL*, 2010-D, 296; y Medina,

de apreciación de los estados", es válida para reforzar el hilo conductor que concatena los primeros capítulos de esta obra, y que refiere al carácter sociocultural del matrimonio, dinámico y mutable.

Como vemos, se encuentra en plena evolución.

Distinta es la situación del matrimonio entre personas transexuales, que por ello merece un análisis aparte. En el caso *"Goodwin"* del 11/07/2002, el TEDH cambió la línea jurisprudencial[26], y reconoció que la prohibición del derecho a contraer matrimonio a los transexuales violaba los arts. 8, 12 y 14 de la CEDH, postura que fue continuada en varios precedentes posteriores como *"B. & L. v. Reino Unido"* del 13/09/2005 y *"R. and F. v. Reino Unido"* del 28/11/2006.

El Tribunal, al referirse a la definición de los parámetros aplicables a la determinación del sexo de las personas, sostuvo que la referencia a *"hombre y mujer"* no debía ser determinada exclusivamente con criterios puramente biológicos. En suma, estimó incoherente que el Estado, no obstante admitir la realización de operaciones de cambio de sexo, no adecuara su legislación interna y negara autorizar la rectificación de los registros que hacen al estado civil, o la celebración del matrimonio con una persona del sexo de origen, o la posibilidad de ejercer los respectivos roles parentales.

Como puede observarse, la cuestión aquí es radicalmente diferente, pues se les reconocían a las personas transexuales todos los derechos según su nueva identidad, a excepción del derecho a contraer matrimonio, y esta exclusión contraría la CEDH. En fin, las discrepancias apuntaban a si debía tenerse en cuenta la identidad de género de origen o la asumida según su proyecto de vida autorreferencial. El TEDH zanjó esta controversia haciendo prevalecer la nueva identidad que, en definitiva, es la que realmente importa desde el prisma de la doctrina internacional de los derechos humanos; y a partir de este precedente, reconoció el derecho de los transexuales a contraer matrimonio.

Por otro lado, la legislación y los tribunales comunitarios europeos siguen una línea invariable tendiente a eliminar discriminaciones por razón de la orientación sexual, como observaremos a continuación. En tal sentido, la resolución del Parlamento Europeo[27] del 8 de febrero de 1994, que solicitó

Graciela, "El Tribunal Europeo de Derechos Humanos resuelve que no es contrario a los Derechos Humanos impedir la celebración del matrimonio homosexual", *LL*, 2010-D, 349.

Véase también KEMELMAJER DE CARLUCCI, Aída y HERRERA, Marisa, "Matrimonio, orientación sexual y familias. Un aporte colaborativo desde la dogmática jurídica", *LL*, 2010-C, 1382.

26 En el precedente *"X. Y and Z v.the United Kingdom"* del 22/04/1997, donde una persona transexual pretendía tener un vínculo filial con el hijo de su pareja, el TEDH observó que la ley inglesa definía al sexo de la persona con referencia a un criterio biológico en el momento del nacimiento, y que no aceptaba su variación desde una cirugía de reasignación; con lo cual, el individuo transexual, mujer a hombre, no tenía permitido casarse con una mujer. Y apreció que la actitud de cautela del Estado resultaba justificada, desde que era posible que la reforma que se perseguía pudiese tener ramificaciones indeseables para los niños en la situación de Z.

27 Esta Cámara viene bregando, desde 1981, por "normas que aseguren que el derecho de guarda y de visitas de los hijos no sufrirá limitaciones por el solo hecho de que uno de los padres es un homosexual (recomendación 924 del 1-X-1981)".

a la Comisión la elaboración de una propuesta de recomendación dirigida a conceder al matrimonio entre personas del mismo sexo los derechos y beneficios del matrimonio.

Luego, la resolución del 29 de diciembre de 2000 reclamó la eliminación de discriminaciones a los homosexuales, e instó a los Estados miembros a que garanticen a las parejas del mismo sexo la igualdad de derechos respecto de las familias tradicionales y a que reconozcan la convivencia registrada de personas del mismo sexo, a la vez que considera necesaria una reflexión para lograr el reconocimiento mutuo de las distintas formas de convivencia, matrimoniales y no matrimoniales, independientemente del sexo de los convivientes.[28]

Asimismo, la resolución del 15 de enero de 2003 insistió en recomendar a los estados miembros que reconozcan las relaciones no matrimoniales, tanto entre personas de distinto como del mismo sexo, "y que concedan a las personas que mantienen esas relaciones los mismos derechos que a las que celebren el matrimonio" y terminó reclamando a la Unión Europea que "incluya en la agenda política el reconocimiento mutuo de las relaciones no matrimoniales, así como de los matrimonios entre personas del mismo sexo, y que desarrolle propuestas concretas al respecto".

Esta tendencia ya había quedado plasmada en el artículo 9 de la Carta de Derechos Fundamentales de la Unión Europea (redactada en Niza el 7 de diciembre de 2000), texto que se incorpora al artículo II-69 de la proyectada Constitución para Europa: bajo el epígrafe «Derecho a contraer matrimonio y derecho a fundar una familia», y dispone: "se garantiza el derecho a contraer matrimonio y el derecho a fundar una familia según las leyes nacionales que regulan su ejercicio"[29]. Evidentemente, la redacción del texto, al partir de una situación de indiferencia sexual, persigue la finalidad de permitir a los estados miembros la posibilidad de reconocer en sus legislaciones el matrimonio entre personas del mismo sexo.

El TJCE se ha ocupado del principio de igualdad y no discriminación por razón de la orientación sexual.[30] En aquella ocasión, consideró si una ley alemana que concedía el derecho a pensión a las parejas casadas (institución habilitada sólo para personas heterosexuales) y no así a las parejas estables inscriptas (figura que en el derecho alemán está reservada a las parejas del mismo sexo) incurría o no en un tratamiento discriminatorio.

Cabe asimismo recordar el paradigmático caso en el cual el TEDH[31] condenó a Portugal por la violación del art. 8 en relación con el art. 14 del CEDH. El

28 Sobre la oposición a estos pequeños avances, puede verse Pérez Cánovas, Nicolás, "La crisis del estado heterosexual: del derecho a la vida privada al derecho a la vida familiar de las parejas homosexuales", en *Revista de la Facultad de Derecho de la Universidad de Granada,* sección "El derecho y la familia", nº 4, 2001.

29 García Cantero, Gabriel y otros, *El matrimonio: ¿contrato basura o bien social?,* 1ª ed., Thomson Aranzadi, Pamplona, 2008, ps. 24/26.

30 Caso C-267/06, *„Tadao Maruko Versorgungsanstalt der deutschen Buhnen"*, sentencia del 1 de abril de 2008.

31 TEDH, 21/12/1999, *in re "Salgueiro Da Silva Mouta v. Portugal".*

Tribunal de Apelaciones lusitano había resuelto que, a pesar de la idoneidad del varón para ejercer las funciones parentales, "la menor debe vivir en el seno de una familia tradicional portuguesa, y ésta no es, ciertamente, aquella que su padre decidió constituir, toda vez que vive con otro hombre, como si de marido y mujer se tratase. No es este el lugar propio para averiguar si la homosexualidad es o no una enfermedad o si es una orientación sexual que prefiere a las personas del mismo sexo. En cualquier caso estamos por ante una anormalidad y una niña no debe crecer a la sombra de situaciones anormales".

En definitiva, los tribunales comunitarios muestran una jurisprudencia homogénea en torno al principio de no discriminación por la orientación sexual de las personas, aunque sin llegar a reconocer (a excepción del caso de los transexuales) el derecho a contraer matrimonio a las parejas del mismo sexo.

Esta decisión legislativa ha quedado dentro del margen de apreciación de cada estado y, como observaremos a continuación, cada vez son más las regulaciones europeas que han reconocido el matrimonio igualitario.

5. Reconocimientos nacionales y estaduales[32]

Existe una gran cantidad de países que actualmente reconocen el derecho a contraer matrimonio a las personas del mismo sexo, ya sea por una decisión legislativa, por un precedente jurisprudencial o por la decisión de algún organismo judicial.

Como podrá advertirse, en los últimos años se sumó un número importante de países o entidades sub-nacionales, lo que nos permite fácilmente colegir que -a pesar de las resistencias- es una tendencia que ya se ha instalado y está en aumento.

Puede citarse el caso de los Países Bajos (2001); Bélgica (2003); Estados Unidos[33] -reconocimientos estaduales[34] y posterior reconocimiento federal[35]-;

32 Se remite a Quiñonez Escámez, Ana, *Uniones conyugales o de pareja: formación. Reconocimiento y eficacia internacional*, Atelier, Barcelona, 2007.

33 Sobre la polémica que desató en este país el *same-sex marriage*, véase Garcimartín Montero, María del Carmen, *El sistema matrimonial de Estados Unidos*, Ed. Thomson Aranzadi, 2006, p. 67 y ss.; Labadie Jackson, Glenda, "Deshojando margaritas: Un recuento histórico del reconocimiento jurídico del matrimonio homosexual en los Estados Unidos de América", en *InDret* 2-2006, Barcelona, 2006 y la bibliografía allí citada. Puede profundizarse también en Scherman, Ida A., "El derecho a contraer matrimonio. Una mirada comparativa de Estados Unidos y la Argentina a la luz de la sanción de la reciente Ley de Matrimonio Igualitario", *RDF*, 2011-48, p. 242.

34 A modo ejemplificativo, los reconocimientos estaduales incluyen a Connecticut (2008); California (2008); Iowa (2009); Vermont (2009); New Hampshire (2010); Washington D.C. (2010); Nueva York (2011); Maine (2013); Maryland (2013); Washington (2012); Rhode Island (2013); Delaware (2013); Minnesota (2013); New Yersey (2013); Hawaii (2013) e; Illinois (2013).

35 Más adelante, el matrimonio entre personas del mismo sexo en los Estados Unidos fue finalmente reconocido por el gobierno federal y todos los Estados desde el 26 de junio de

España (2005) [36]; Canadá (2005) [37]; Sudáfrica (2006) [38]; Noruega (2009); Suecia (2009); Portugal (2010) [39]; Islandia (2010); México -reconocimientos estaduales[40]-; Dinamarca (2012); Francia (2013) [41]; Brasil (2013) [42]; Uruguay (2013); Nueva Zelanda (2013); Inglaterra y Gales (2013); Escocia (2014); Irlanda (2015); Luxemburgo (2015); el territorio autónomo danés de Groenlandia (2015); Puerto Rico (2015); y Colombia[43]; Finlandia (2017); Alemania (2017); Taiwán (2017); Malta (2017); Australia (2017) y en Austria con efectos a partir del 1° de enero de 2019.

En cuanto a la ley española, se debatió durante más de siete años la constitucionalidad[44] de la ley que estuvo en vilo hasta que el 6 de noviembre

---

2015, tras la sentencia del caso "Obergefell v. Hodges" de la Corte Suprema de Justicia de los Estados Unidos que declaró que todos los Estados tienen obligación de conceder licencias de matrimonio a parejas del mismo sexo bajo la 14ª Enmienda a la Constitución de los Estados Unidos.

36 Sobre sus detractores, véase por todos DURÁN RIVACOBA, Ramón, "Matrimonio homosexual y filiación: consecuencias del error español", *ED* diario 11.777, 12/06/2007.

37 Con relación a la conyugalidad homosexual en la provincia canadiense de Quebec, puede compulsarse ROY, Alain, "Las parejas de igual sexo en el derecho quebequense", en Revista de Derecho Comparado, n° 9, Rubinzal Culzoni, Santa Fe, 2004, p. 121.

38 Sobre la actualidad en el derecho al matrimonio en las legislaciones africanas, puede verse KANGULUMBA MBAMBI, Vincent, "Cuestiones seleccionadas del Código de la Familia de la República Democrática del Congo como resultado del examen del derecho comparado africano de familia. Caso del derecho al matrimonio", en *Revista de Derecho Comparado*, n. 10, Rubinzal Culzoni, Santa Fe, 2005, p. 133 y ss. En particular, sobre Sudáfrica, puede profundizarse sobre la decisión judicial, en FERNÁNDEZ VALLE, Mariano, "Matrimonio y diversidad sexual: La lección sudafricana", en GARGARELLA, Roberto (coord.), *Teoría y Crítica del Derecho Constitucional*, t. II, Abeledo Perrot, Buenos Aires, 2008, p. 605 y ss.

39 Un excelente análisis de cómo Portugal llegó a la sanción de esta legislación se puede ver en el trabajo de VILLAVERDE, José M. L., "Las uniones de hecho (del mismo y distinto sexo) y su consideración como familia en Portugal: una visión a la luz del art. 36 de la Constitución de la República Portuguesa", en *RDF*, n° 48, 2010.

40 La línea legislativa abierta por el distrito federal mexicano fue seguida posteriormente por una norma local inclusiva en el estado de Quintana Roo; Coahuila, Oaxaca; Jalisco, Chihuahua, Baja California, Colima, Guanajuato, el estado de México, Morelos, Nuevo León, Sinaloa, Yucatán, y Michoacán.

41 HERRERA, Marisa, "Matrimonio entre personas del mismo sexo en Francia. Se hace camino al andar", *LL*, 2013-A, 795 y; CARNAVAL, Alicia A., "Ley de matrimonio entre personas del mismo sexo en Francia", cita: AP/DOC/1106/2013.

42 Puede verse ABRANTES DE PINA, Ruskaia, "Reconocimiento de la unión entre personas del mismo sexo en Brasil: un camino por recorrer", en *RDF*, n° 56, p. 275 y; KLEIN VIEIRA, Luciane, "El cambio de paradigma en Brasil: La aceptación jurisprudencial del casamiento entre personas del mismo sexo", AP/DOC/2071/2012.

43 El 7 de abril de 2016, la Corte Constitucional aprobó el matrimonio entre personas del mismo sexo en todo el territorio colombiano.

44 CERDEIRA BRAVO DE MANSILLA, Guillermo, "¿Es constitucional, hoy, el matrimonio 'homosexual' (entre personas de idéntico sexo)?", en *Revista de Derecho Privado*, vol. 89, n. 3-4, 2005, ps. 37 y ss.

de 2012, el Tribunal Constitucional español declaró la validez de la norma[45]. Así se dijo que la sanción del matrimonio igualitario no contradice, sino que potencia y cumple diversos principios constitucionales.[46] Por el contrario, la inconstitucionalidad era palmaria al negar el matrimonio homosexual.[47]

En suma, los citados avances constituyen un fiel reflejo acerca del carácter social y cultural del connubio, y permiten observar de modo palmario la dirección que ha tomado la unión conyugal en los albores del siglo XXI. Como toda construcción cultural, las sociedades van moldeando y modificando lo que entienden por matrimonio, aunque algunas legislaciones se esmeren en invisibilizar los cambios, como si el vínculo no estuviera formado por personas.

Sucede que, a nuestro juicio, muchos operadores jurídicos siguen "pensando" al matrimonio como una institución constituida por normas jurídicas, pero afortunadamente, la vida social es mucho más amplia que el contenido del derecho.

La Argentina fue el primer país de la región en reconocer a las parejas de personas del mismo sexo su derecho a contraer matrimonio con los mismos alcances, derechos y obligaciones que los integrantes de uniones heterosexuales. Ahora bien, muchos ordenamientos jurídicos marchan en la dirección de redefinir el matrimonio a fin de incluir en sus previsiones a las parejas de personas del mismo sexo.

En fin, la historia de la humanidad es la historia de la conquista de los derechos, pues como enseñó José Martí: "Los derechos se toman, no se piden, se arrancan, no se mendigan, se conquistan".

6. El matrimonio igualitario en Argentina

6.1. Preliminar

Comenzamos este apartado, partiendo de un presupuesto básico ya analizado: además del test de *constitucionalidad,* las normas de cualquier jerarquía, deben superar el control de *convencionalidad.*

En tal sentido, creemos cabalmente que la ley de matrimonio igualitario fue la única opción superadora de los mentados controles. Por el contrario, los proyectos existentes al momento de su sanción que pretendían concederle

---

45 STC del 6/11/2012 (RTC 2012\198; MP: Pablo Pérez Tremps). Incluso, luego de admitir la viabilidad del matrimonio entre personas del mismo sexo, comenzó a indagar acerca de la constitucionalidad de las leyes autonómicas de parejas de hecho. De este modo, con la STC 81/2013 del 11 de abril, cuestionó la ley 11/2001 de uniones de hecho de la Comunidad de Madrid y; mediante la STC 93/2013 del 23 de abril, derogó parcialmente la ley foral 6/2000 para la igualdad jurídica de las parejas de hecho. MARTÍN CASALS, Miguel, El derecho a la "convivencia anómica en pareja": ¿Un nuevo derecho fundamental?, Comentario general a la STC de 23.4.2013 (RTC 2013\93), en InDret -*Revista para el Análisis del Derecho*-, vol. 3/2013, Barcelona, ps. 2 y 7.

46 MARTÍN SÁNCHEZ, María, *Matrimonio homosexual y Constitución*, Tirant lo Blanch, Valencia, 2008.y ss.

47 VILLAGRASA ALCAIDE, Carlos, "El matrimonio entre personas...", *cit.*, ps. 186 y 187.

a las parejas del mismo sexo la posibilidad de una unión civil no traspasaban el test constitucional de igualdad.

En lo que aquí interesa, la ley 26.618[48] suprimió la heterosexualidad como rasgo propio del matrimonio y así, esta norma reconoció la necesidad y la obligación del Estado constitucional de derecho argentino de garantizar por medio de una herramienta legal el pleno ejercicio de los derechos a las personas que constituyen relaciones de pareja vinculadas por el matrimonio, cualquiera sea su orientación sexual y sin exigir el requisito de diversidad de sexos entre los contrayentes.[49]

Luego, el CCyC receptó y así reafirmó, el principio de igualdad que ya regulaba de manera expresa la ley 26.618. En sus fundamentos, se advirtió que "La igualdad es un principio constitucional que campea el régimen jurídico matrimonial y su ruptura".[50] De hecho, el CCyC nos planteó una relectura del principio de igualdad, pues ella va unida a la noción de pluralismo, esto es, el reconocimiento de que en la sociedad existe gente con diferentes ideas y diferentes elecciones de vida.

6.2. Los detractores de la igualdad

Los argumentos que se han utilizado para rechazar el *matrimonio igualitario* suelen basarse en supuestas razones de técnica jurídica, excusas etimológicas, históricas y tradicionales, plenamente rebatibles.

Pero nos interesa destacar cómo detrás de ellas se esconden dogmas morales o confesionales y prejuicios sexistas.

En oportunidad de presentarse un amparo en la justicia que habilitara a una pareja de mujeres a contraer matrimonio; el diario *La Nación*[51] publicaba una editorial bajo el epígrafe *"un matrimonio imposible"*, que criticaba en duros términos la acción incoada. "Si se diera curso a un planteo de ese carácter, se desnaturalizaría por completo la institución del matrimonio. Más aún: se le quitaría todo sentido a esa unión básica de la sociedad y se la despojaría de la que ha sido, desde el principio de los tiempos, su finalidad esencial. (...) En efecto, el matrimonio es una institución nacida de la naturaleza y destinada a unir al varón con la mujer[52]. Su finalidad principal es la realización del amor

48 Sobre las tensiones previas a la sanción de la ley 26.618, puede profundizarse en Bimbi, Bruno, *Matrimonio igualitario. Intrigas, tensiones y secretos en el camino hacia la ley,* 1a. ed., Planeta, Buenos Aires, 2010.

49 Ibarra, Vilma, "Matrimonie igualitario. Aspectos constitucionales", La Ley, Supl. Especial "Matrimonio civil entre personas del mismo sexo", Buenos Aires, agosto de 2010. p. 79. vid también Contante, Liliana B., "Derechos humanos y matrimonio", La Ley, Supl. Actualidad, 28/10/2010.

50 "La garantía de la igualdad no es una formula rígida e inmutable; tampoco es definible. Si pretendiéramos definirla, sólo podríamos ofrecer un retrato borroso de las convenciones sociales y las creencias vigentes en una época determinada [...]". Del voto del doctor Petracchi en Fallos: 323:2659.

51 Diario *La Nación*, edición impresa del día 21 de febrero de 2007.

52 En igual sentido, se han expresado algunas voces del derecho. Véase por todos, Wetzler

entre ellos. Su fin es, también, posibilitar el desarrollo de las aspiraciones personales de los dos contrayentes y, eventualmente, impulsar la procreación y la educación de los hijos. Es obvio que la unión de dos personas del mismo sexo no tiene ninguna relación con esas aspiraciones".

"(...) corresponde también que evitemos toda asimilación institucional que ponga en tela de juicio el carácter heterosexual del matrimonio, institución humana en muchos aspectos perfectible, pero de ninguna manera adecuable a realidades que estén en conflicto con las leyes y principios inamovibles de la condición humana".

La editorial nos merece muchos reparos que exceden el objeto del presente trabajo. Sin embargo, cabe poner de resalto que el autor de aquella vuelve sobre la hipótesis de que el matrimonio ha nacido de la naturaleza (aunque a renglón seguido se contradiga y advierta que es una institución humana) que se intentaba "desnaturalizar" al permitir ingresar a realidades en conflicto con *¿las leyes y principios inamovibles de la condición humana?* Desconocemos cuáles serían las leyes sociales "inamovibles" a que se refiere el diario. Consideramos que aquella afirmación dogmática ha sido refutada al analizar, en el capítulo primero, que el matrimonio es una construcción eminentemente social y por lo tanto, dinámica y variable de acuerdo a cada sociedad.

Ahora bien, resulta absolutamente erróneo y falaz que el matrimonio entre personas del mismo sexo no "tenga ninguna relación" con aspiraciones como la realización del amor, el desarrollo de las anhelos personales, y la procreación.

Las dos primeras no merecen mayor análisis. Basta con recordar las palabras de Bertrand Russel: *"Considero que el amor es una de las cosas más importantes en la vida humana, y me parece malo todo sistema que interfiera innecesariamente su libre desarrollo"*. En lo inherente a la tercera finalidad del matrimonio podríamos, desde la óptica inversa, cuestionarnos ¿cómo hacían las personas para continuar la especie con anterioridad al nacimiento del matrimonio?

Resulta palmario que la procreación es independiente de la existencia de esta convención social[53]. De ahí se colige fácilmente que la subsistencia del enlace heterosexual no depende, a pesar del esfuerzo argumentativo de los detractores, del reconocimiento legal de una realidad social preexistente: las uniones de personas del mismo sexo.

MALBRÁN, Ricardo A., "Un proyecto constitucional antinatural: ante la ley es lo mismo la pareja homosexual que la heterosexual", *ED* diario 10.509, 23/05/2002; GOWLAND, Alberto J., "Matrimonio imposible", *ED* diario 11.872, 30/10/2007; SAMBRIZZI, Eduardo A., "El consentimiento matrimonial. Sobre la necesidad de que sea prestado por un hombre y una mujer", *ED* diario 11.779, 14/06/2007 y; BUDANO ROIG, Antonio R., "La tensión entre la ley natural y la ley positiva en el año del Bicentenario", *ED* diario 12.538, 6/07/2010.

53 Cabe recordar que la fertilidad no es un requisito intrínseco para la existencia y validez del matrimonio civil. De ahí que el enlace de aquellas personas que sean infértiles o que simplemente decidan de común acuerdo no concebir, porque esta idea no se encuentra presente en su plan biográfico sea igualmente válido. Sostener lo contrario, nos llevaría al absurdo de requerir, como medida previa, la prueba de la capacidad reproductiva de los contrayentes. Más aún, los cónyuges que por alguna razón no quisiesen procrear ¿deberíamos despojarlos del vínculo que oportunamente ellos, y sólo ellos, decidieron contraer? La respuesta negativa se impone.

Sin embargo, no debemos poder de vista que la gestación por sustitución constituye una vía que facilita a las parejas del mismo sexo conformadas por dos hombres alcanzar la copaternidad; o con mayor claridad, esta técnica constituye, para aquellas parejas, *la opción* para acceder a la procreación[54]. Si bien podríamos ahondar sobre las uniones homoafectivas y el recurso a la maternidad subrogada[55], esto excedería el objeto de esta investigación. Por ello, remitimos *brevitatis causae* a las normas[56], la jurisprudencia[57] y a los autores que han analizado la cuestión[58].

---

54 La falta de aceptación de que algunas personas puedan formar una familia a través del uso de estas técnicas genera un debate sobre si la ley puede expresar desaprobación en torno a decisiones personales sobre las relaciones afectivas. De hecho, la aceptación o prohibición de la maternidad subrogada ¿no involucraría también una toma de posición sobre el concepto de familia?, siendo ésta la modalidad mediante la cual dos hombres pueden acceder a tener un vínculo filial con algún o ningún componente biológico con el niño que nazca de esta técnica. Puede compulsarse NAVARRO MICHEL, Mónica, "Parejas del mismo sexo y técnicas de reproducción asistida. Situación en España", *RDF*, 2012-57, p. 91.

55 Aída Kemelmajer apuntó que "en nuestro país todo el sistema de filiación se basa hasta hoy en la existencia de una relación sexual entre un hombre y una mujer, pero todo el mundo sabe que para que nazca una persona hoy no hace falta una relación sexual; y desde que rige la ley de matrimonio igualitario, tampoco esa persona va a tener necesariamente un papá y una mamá. Esas son por lo pronto dos realidades que la ley no puede ignorar sin que se generen conflictos de filiación". Por ello, explicó la jurista, que el CCyC propone que ambas partes tengan que prestar consentimiento para cada acto que modifique el tratamiento, desde que comienza hasta que se implanta el embrión, porque la filiación ya no se fundaría en un dato genético sino en la voluntad. KEMELMAJER DE CARLUCCI, Aída, "Los cambios en las familias y la ciencia exigen adecuar la ley", nota periodística publicada el 27/09/2013 en el diario *Quilmes Presente.*

56 En el derecho comparado, la mayoría de las legislaciones la prohíbe expresa o implícitamente. Entre aquellas que la admiten, podemos distinguir las que la permiten sin fines de lucro -v.gr. Inglaterra, Canadá, Brasil (Sec. VII de la Res. 1358/92 del Consejo Federal de Medicina)-; de las que establecen contratos onerosos -v.gr. normas estaduales de EEUU (UPA), Grecia, Israel, India, Finlandia, Ucrania-.

57 Ver, entre otros, el fallo de la Cámara civil y Comercial de Gualeguaychú del 14/04/2010 que debió entender en una acción de impugnación de la maternidad iniciada por una mujer que aportó (al igual que su marido) material genético en otra persona (la gestante y madre legal según lo dispone el art. 242, CCiv.) sosteniéndose que el niño nacido de esa mujer no tenía vínculo genético con ella sino con quien pretende impugnar y su marido. De este modo, se debatió por primera vez un caso que involucra un proceso de maternidad subrogada (Capel., Civ., Com. y Lab. Gualeguaychú, "B., M. A. c. F. C., C. R., 14/04/2010, LL Litoral 2011-mayo-161).

58 KEMELMAJER DE CARLUCCI, Aída, HERRERA, Marisa y LAMM, Eleonora, "Gestación por sustitución en Argentina. Inscripción judicial del niño conforme a la regla de la voluntad procreacional", *LL*, 2013-D, 195; HERRERA, Marisa y LAMM, Eleonora, "¿Esconder o enfrentar? Otro argumento a favor de la regulación de la gestación por sustitución", en Revista Microjuris, cita online: MJ-DOC-5971-AR | MJD5971; QUAINI, Fabiana M., "*Leading case* sobre maternidad subrogada: primer fallo en la Argentina", en Revista Microjuris, cita online: MJ-DOC-6332-AR | MJD6332 y STILERMAN, Marta, "Maternidad subrogada. Comentario al caso 'N.N. o DGMB s/ inscripción de nacimiento'", en Revista Microjuris cita online: MJ-DOC-6401-AR | MJD6401; FAMÁ, María Victoria, *La filiación,* Abeledo Perrot, Buenos Aires, 2011, p. 12; LAMM, Eleonora, "La autonomía en las nuevas

Con suma claridad, Eva Giberti apuntó: "En una sociedad que mantiene sus cánones heterosexualizantes, es preciso contrarrestar la eficacia o influencia que éstos puedan ejercer en la educación de los niños mediante los mensajes que provengan de la ignorancia sobre el tema o de los prejuicios discriminatorios".

Otra vez la prensa se constituyó como vehículo de difusión de las ideas conservadoras y, en definitiva, como método de hostigamiento a los que promovían el matrimonio igualitario. En oportunidad de presentarse el proyecto de ley en el Senado de la Nación, nuevamente el diario *La Nación*[59] se expedía en ese sentido: "La senadora Vilma Ibarra ha presentado un insólito proyecto de reforma al Código Civil, por el cual se pretende permitir el matrimonio entre personas del mismo sexo, suprimiendo así el requisito de la heterosexualidad de los contrayentes. Si una iniciativa de esa clase prosperase, es obvio que se desnaturalizaría la institución del matrimonio, que quedaría definitivamente disuelto y se transformaría en una suerte de nada contra natura".

Otros artículos periodísticos destacaban por su sensatez. Así una editorial del diario Clarín[60] decía: "En el mundo hay homosexuales y es un hecho. También lo es que conforman parejas. ¿Por qué no habría que aceptarlo? (...). Respetar el derecho de las minorías no implica necesariamente promover sus elecciones. Pero así como uno pretende decidir sobre sí mismo hay que aceptar que otros puedan hacerlo. Que cada cual elija su destino como mejor le parezca. El límite, parejo para todos, es no dañar a los demás. Finalmente, es preferible sincerar la homosexualidad que ocultarla".

En igual sentido, un cable de la agencia DyN agregó: "La senadora destacó el avance que significó la ley de unión civil de la Ciudad de Buenos Aires, pero descartó una nacionalización de esa institución, ya que ´prolongaría, afianzaría y profundizaría la misma barrera de discriminación y de diferenciación contra la que esta ley quiere precisamente pronunciarse de una vez por todas´".[61]

Ya en los debates en las comisiones de Legislación General y Familia, Mujer, Niñez y Adolescencia de la Cámara de Diputados de la Nación, tuvieron la oportunidad de dar su opinión prestigiosos académicos.[62]

---

formas de reproducción. La maternidad subrogada. La importancia de la voluntad como criterio decisivo de la filiación y la necesidad de su regulación legal", RDF nº 50, 2011, p. 107; LOYARTE, Dolores y ROTONDA, Adriana, *Procreación humana artificial: un desafío bioético*, Depalma, Buenos Aires, 1995, ps. 318/320; RAMOS, Rodolfo, *Fecundación asistida y derecho*, Juris, Rosario, 1992, p. 18 y; HOLZMAN, Daiana M., "Filiación y voluntad procreacional: Cuando el deseo de ser padres y el interés superior del niño se imponen", *RDF*, 2013-VI, p. 69; entre otros.

59 Diario *La Nación*, 20/10/2007, editorial "Desvirtuación del matrimonio".

60 Diario *Clarín*, 13/06/2007, sección *"Del editor al lector"*, suscripto por Ricardo Roa, Editor general adjunto.

61 DyN, 15/10/2007, 15:37, *"Vilma Ibarra presentará proyecto para igualdad matrimonio de personas del mismo sexo y adopción"* (sic.).

62 H. Cámara de Diputados de la Nación. Versión taquigráfica de la reunión conjunta de las comisiones de Legislación General y de Familia, Mujer, Niñez y Adolescencia del 5 de noviembre de 2009, ps. 26/27.

El profesor Gargarella[63], que junto a Laura Clérico, se expresó a favor de la sanción de la ley, sostuvo: "¿Cuál es la razón urgente que tiene el Estado para denegar a algunos grupos o individuos los derechos que concede a todos los demás? Si el Estado no tiene un buen argumento, entonces no puede denegarlos como lo está haciendo. De manera que no se trata de pedirle favores o concesiones al Estado sino de exigirle que si quiere hacer una distinción, la haga basada en razones y no en prejuicios".[64]

Justamente, los prejuicios y las generalizaciones merecen un comentario adicional. Los tribunales supranacionales (tanto el interamericano como el europeo), las cortes superiores de justicia (nacionales y estaduales) y los informes presentados en dichas ocasiones muestran -salvo anacrónicas excepciones- la indiferencia de la orientación sexual de los progenitores respecto de la crianza y educación de sus hijos, en tanto los primeros les brinden el amor y la comprensión que éstos últimos merecen. La doctrina internacional se ha expedido en igual sentido.[65] Sólo resta apuntar que "la verdadera ignorancia no es la ausencia de conocimientos, sino el hecho de rehusarse a adquirirlos" y; "los que no están dispuestos a exponer sus ideas a la aventura de la refutación no toman parte en el juego de la ciencia".[66]

Párrafo especial merecen aquellos detractores que han apelado a la objeción de conciencia de las autoridades facultadas para celebrar matrimonios civiles.[67]

En tal sentido, coincidimos con la opinión de Villagrasa Alcaide[68], por cuanto si el matrimonio civil es un acto o negocio jurídico bilateral, por el que se constituye una relación jurídica, que algunos han caracterizado como una institución, ajena a significaciones religiosas, nadie puede negarse por motivos morales a oficializar su celebración, salvo por prejuicios homofóbicos, puesto que la autoridad se limita estrictamente a aplicar la ley, sin tomar decisión alguna, dando fe pública de que se ha expresado ante ella el consentimiento matrimonial por los contrayentes.

---

63 Este autor había sostenido oportunamente: "Conviene no olvidarlo: nuestros derechos no deben depender nunca de la buena voluntad de nadie, y menos de personas a las que no controlamos". Gargarella, Roberto, "Justicia y derechos sociales: lo que no dice el argumento democrático", en Gargarella, Roberto (coord.), *Teoría y crítica del derecho constitucional*, t. II -Derechos-, Abeledo Perrot, Buenos Aires, 2008, p. 972.

64 H. Cámara de Diputados de la Nación, *op. cit.*, p. 29.

65 Puede verse González, Kirsten A., Scales Rotosky, Sharon, Odom, Robert D., Riggle, Ellen D.B. "The Positive Aspects of Being the Parent of an LGBTQ Child", en *Family process*, vol. 52, nº 2, 2013, ps. 325/337.

66 Ambas citas de Karl Popper. Esta última citada por Gordillo, Agustín, *Introducción al Derecho*, Fundación de Derecho Administrativo, Buenos Aires, 2000, p. II-2.

67 En España, puede verse Herrero Brasas, Juan Antonio, "Obispos, matrimonio homosexual y objeción de conciencia", en *Claves de la Razón Práctica*, nº 153, 2005, ps. 26 y ss. En nuestro país, Navarro Floría, Juan G., "La objeción de conciencia de los jueces y funcionarios al llamado ´matrimonio homosexual´" (nota a fallo), *ED*, diario del 28/09/2009.

68 Villagrasa Alcaide, Carlos, "El matrimonio entre personas del mismo sexo en el derecho civil español", *RDF*, 2011-48, p. 184.

A ello debemos añadir que los funcionarios del Registro Civil que deben aplicar la ley 26.618 no están constitucionalmente habilitados para invocar la objeción de conciencia[69] por cuanto se trata de una norma que desarrolla progresivamente el sistema de derechos sin que se verifique ninguna clase de colisión de derechos. Se incurre en un error conceptual severo cuando se le adjudica a la norma la misma situación que se ventila en una colisión de derechos, y más aún cuando esto se funda en una "ley natural" anterior y superior a la Constitución[70].

En suma, una cosa es la objeción de conciencia ante una hipótesis de colisión de derechos y, otra muy distinta -y a nuestro juicio, inaceptable- es la potencial objeción de conciencia frente a un supuesto de determinación de derechos de los ciudadanos.

Para terminar de refutar este argumento, nos apoyamos en lo apuntado por Gargarella, quien sostuvo que "no sería justo que algunas personas vean sus derechos socavados porque los representantes estatales encargados de asegurar el respeto de sus derechos se niegan a tratarlos como iguales; ni es aceptable que sea el propio Estado el que se ocupe de señalar a algunos individuos que sus derechos no son considerados tan ´derechos´ como los de los demás".[71]

Estos cuestionamientos a la ley 26.618 no concluyeron con su sanción, sino que continuaron con posterioridad. Algunos autores[72] plantearon que la regulación arbitraria del matrimonio que propone la norma abre la posibilidad "de que tales vínculos sean calificados de inexistentes", y que "es una lástima que el Poder Judicial quede como último responsable de enmendar los extravíos del legislador".

6.3. El falaz "pretexto" de la socialización de los niños[73]

De las legislaciones que extienden el matrimonio civil a todas las personas

---

69 Para ahondar sobre el particular, se remite al excelente trabajo de Gil Domínguez, Andrés, "Matrimonio igualitario y objeción de conciencia", *LL*, 2010-D, 1330.

70 Sánchez, Alberto M., "La objeción de conciencia frente a la unión entre personas del mismo sexo", *LL*, 2010-D, 1333. En igual sentido, Padilla, Norberto, "Objeción de conciencia, ¿retroceso o revolución?", en *elDial*, Supl. de Derecho Constitucional, 2 de agosto de 2010.

71 Gargarella, Roberto, "Objetando la objeción", en diario *Página/12*, edición impresa del 13/08/2010.

72 Véase por todos, Mazzinghi, Jorge Adolfo (h), "Ley de matrimonio entre personas del mismo sexo. A la sombra de Lucrecio", *LL*, Supl. Act. del 1° de agosto de 2010.

73 Una síntesis de las diferentes concepciones que involucra el tema en Herrera, Marisa, "Adopción y ¿homo-parentalidad u homofobia? Cuando el principio de igualdad manda", *JA*, 2010-III, fasc. 12, 22/09/2010, Abeledo Perrot Online n°: 0003/015130. Véase asimismo, Testa, Graciela M., "Adopción y parentalidad homosexual ¿impedimento natural o prejuicio social?", *DJ*, 26/12/2012, 1; Krasnow, Adriana N., "La filiación en el hoy y en el mañana", *RDF*, 2012-56, p. 155 y ss.; Lloveras, Nora y Mignon, María Belén, "La ley 26.618 de Matrimonio Igualitario Argentino: La filiación y el Registro Civil", *SJA*, 17/8/2011, Abeledo Perrot online n°: 0003/015537; Giberti, Eva, "La diversidad en las organizaciones familiares. ¿Cómo se conjuga con la bioética?", en RDF n° 55, p. 159 y ss.; Jáuregui, Rodolfo, "Adopción por parejas del mismo sexo", *LL* Supl. Esp. Matrimonio Civil 2010 (agosto); entre otros.

con independencia de su orientación sexual, a excepción de Portugal, todas admiten la adopción conjunta por el matrimonio conformado por personas del mismo sexo.

Si bien podríamos pensar que la orientación sexual no es un elemento para no conceder la adopción; en la práctica se observa una mirada contraria a la adopción unipersonal en general y más aún cuando se trata de personas homosexuales (varones más que mujeres, por esa idea aún arraigada del denominado "instinto maternal").

Pero ¿Por qué a una pareja de personas adultas, libres y responsables se les niega el derecho a realizar un matrimonio civil? El punto es el de los hijos. Todos los fantasmas se desatan: ¿crecerán 'normales' (es decir, heterosexuales) los hijos de parejas del mismo sexo? La aceptación de las uniones civiles por parte de ciertos sectores sociales y su oposición al matrimonio tiene ese origen: la cuestión de los hijos".[74]

En no pocas oportunidades, resulta palmario el prejuicio que prima en algunos operadores jurídicos[75] que plantean que los niños adoptados y/o criados por personas del mismo sexo sufrirán y tendrán una formación deficiente y anómala, pues un niño para ser "normal" necesita de un padre y una madre, no de dos padres o dos madres.[76]

No obstante, ante la inexistencia de estudios serios que demuestren lo contrario, este argumento se encuentra superado.

Prestigiosa doctrina[77] ha remarcado que "las funciones nutritivas y reguladoras atribuibles a cada uno de los integrantes de la pareja heterosexual pueden ser bien cumplidas por personas del mismo sexo e intercambiables, independientemente del sexo de quien las ejerce (...). En realidad, madre y padre

74 LAMAS, Martha, "Editorial", en *Debate Feminista*, vol. 32, México, 2005.

75 A modo ejemplificativo, puede verse ZAVALA DE GONZÁLEZ, Matilde, "Casamiento y adopción por homosexuales" (suplemento Actualidad), *LL*, 2010-D (diario del 8/07/2010); PASTORE, Analía G., "Incidencia de la dualidad y complementariedad sexual parental en la consecución del mayor bienestar de los niños", *ED*, diario 12.542, 13/07/2010; FRANCK, Inés, "El pretenso matrimonio homosexual y su influencia en la educación", *ED*, diario 13/07/2010; entre otros.

76 En un informe suscripto por varios investigadores y presentado en el Senado en el marco del debate del proyecto de ley de matrimonio igualitario se dijo: "No se puede plantear como impedimento matrimonial que un niño/a pueda sufrir a futuro porque la sociedad es discriminatoria. Eso es una verdadera falacia e insensatez. Todos podemos llegar a sufrir o no. Nadie les dice a los afrodescendientes o judíos que en determinados contextos no se reproduzcan porque sus hijos/as van a sufrir. Ese argumento (...) está asociado al ideal de raza pura, escondida en la imagen del futuro sufrimiento. El problema es de la sociedad que discrimina no de la persona discriminada". Agregándose que "Por décadas se estudiaron las consecuencias en la vida de los hijos de arreglos familiares que escapan a las normas fijadas por la ley como las más deseables: estudios sobre hijos de "madres solteras", de padres divorciados, de viudas y viudos, criados por abuelas y abuelos... Los hallazgos invariablemente mostraron qué las variables fundamentales del desarrollo de la personalidad pasan por otro lado: por la contención y afecto, por el ambiente en el hogar, por el respeto y la responsabilidad".

77 WAGMAISTER, Adriana y BEKERMAN, Jorge M., "Adopción por parejas del mismo sexo", *RDF*, 2004-27, p. 159.

son lugares psíquicos, abstractos, que forman parte del psiquismo humano: suelen ser ocupados por una mujer y un varón, pero no necesariamente. Cualquiera sea quien los ocupe, lo que importa para el hijo es la capacidad protectora capaz de garantizarle seguridad, compañía, amor, continencia".

Algunos autores advirtieron que "no hay universales biológicos porque no hay hechos biológicos más allá de su constitución simbólica". Lo que creíamos dado por la naturaleza, se "desvela como impuesto desde un orden simbólico determinado".[78]

Cabe traer a colación las palabras de la antropóloga francesa Anne Cadoret[79], quien sostuvo que "la disociación entre parentesco y biología permite instituir un nuevo orden simbólico que puede evolucionar a medida que se modifique el orden familiar. El homoparentesco forma parte de tal modificación (...) Hasta ahora, se podía pensar que la familia constituía el lugar inicial e ineludible de la complementariedad sexual. Las familias homosexuales nos dicen que la complementariedad podría plantearse de otro modo. Un modo todavía no definido que está por inventarse".

En fin, en ocasión de sancionarse la ley ibérica, Vargas Llosa[80] recordó que a aquella "afirmación dogmática y sin el menor sustento psicológico ha respondido Edurne Uriarte de manera inmejorable: *un niño lo que necesita es amor, no abstracciones.*[81] También padecen de una ceguera contumaz quienes no se han enterado de que, entre las parejas heterosexuales, cada día se descubren casos atroces de violencias ejercidas contra los niños, (...). Que los padres sean hetero u homosexuales no presupone de por sí nada; cada pareja es única y puede ser admirable o tiránica, amorosa o cruel en lo que concierne a la educación de sus hijos. Y también en este campo cabe suponer que entre quienes han luchado tanto por poder adoptar niños, ahora que lo han adquirido, asumirán este derecho con ilusión y responsabilidad".

7. Breves comentarios finales

Hemos dado cuenta hasta aquí de qué es y qué no es el matrimonio. En tal sentido, la ley 26.618 nos ha obligado a repensar el matrimonio, y aquí ha sido analizado de modo tal, que contribuya explícitamente en la transición desde un derecho heteronormativo a un derecho igualitario[82].

---

78 Grau Rebollo, Jorge, *Procreación, género e identidad. Debates actuales sobre el parentesco y la familia en clave transcultural*, Bellaterra, Barcelona, 2005, p. 147, cit. por Famá, María Victoria, "Padres como los demás... Filiación y homoparentalidad en la ley 26.618 de matrimonio igualitario", *RDF*, 2011-48, p. 96.

79 vide Cadoret, Anne, *Padres como los demás. Homosexualidad y parentesco*, Gedisa, Barcelona, 2003.

80 Vargas Llosa, Mario, "El matrimonio gay", en http://www.cadal.org/articulos/nota.asp? id_nota=940

81 El resaltado nos pertenece.

82 Puede compulsarse Grosman, Cecilia P. y Herrera, Marisa, "Tensiones y desafíos del derecho a contraer matrimonio de las parejas del mismo sexo. La experiencia en el

La mentada norma no constituye un hecho aislado, sino que forma parte de proceso global de ampliación de derechos que se ha instalado y cada vez con mayor fuerza[83]. Hemos mencionado que cada vez son más países, e incluso muchos han realizado esta modificación legislativa en los últimos dos años.

La situación en los países que han avalado el matrimonio igualitario merece un párrafo aparte. Pues a pesar de los presagios apocalípticos y augurios negativos sobre los enlaces heterosexuales, nada de ello ha ocurrido. No sólo no ha promovido el caos ni el desprestigio de la familia y el matrimonio entre personas de distinto sexo, sino que por el contrario, ha sido *"todo ganancia"* al promover la *inclusión* de personas que por su sola condición de tales, merecían este reconocimiento.

La ley 26.618 ha constituido un hito histórico, cultural y particularmente simbólico. Cabe advertir que antes de su entrada en vigencia, la autonomía personal se encontraba restringida en nuestro país sólo a las parejas heterosexuales.

Actualmente, esta limitación ha desaparecido y todos tienen el derecho de contraer o no matrimonio, más allá de cuál sea su sexo, orientación sexual y/o su identidad de género.[84]

Inclusive, nuestra ley de matrimonio igualitario que siguió, con algunas diferencias, la técnica legislativa adoptada por la ley española 13/2005, se encuentra a la vanguardia de las normas que no imponen restricciones en sus efectos. Sin embargo, ninguna de las normas que avalaron el matrimonio igualitario llevó adelante un cambio sustancial de todos los aspectos del derecho de familia que han sido impactados por las respectivas legislaciones.[85]

La modificación sustancial que trajo la ley fue la eliminación del requisito de la diversidad de sexos. A ello, debemos añadir la pauta interpretativa prevista en el art. 42, que constituye una *llave de cierre del sistema* y nos muestra la teleología de la ley.

Ahora bien, más allá del impacto sociocultural, jurídico y simbólico, la norma ha sido objeto de merecidas críticas en torno a la técnica legislativa empleada.

Sucede que la ley introdujo algunas disposiciones específicas que implicaron, paradojalmente, una discriminación inversa, esto es, un trato diferencial en

---

derecho argentino", GÓMEZ DE LA TORRE, Maricruz (dir.) y LEPIN, Cristian (coord.), *Parejas homosexuales ¿Unión civil o matrimonial?,* Abeledo Perrot-Thomson Reuters, Escuela de Posgrado, Facultad de Derecho de la Universidad Nacional de Chile, Santiago, 2013, ps. 137/176.

83 En nuestro país, esta conquista fue seguida de otras, como la sanción de la ley 26.743 de identidad de género.

84 Puede compulsarse ALDAO, Martín y CLÉRICO, Laura (coords.), *Matrimonio igualitario. Perspectivas sociales, políticas y jurídicas,* Eudeba, Buenos Aires, 2010 y; LLOVERAS, Nora, ORLANDI, Olga y FARAONI, Fabián, *Régimen jurídico del matrimonio civil. Ley 26.618,* Enfoque Jurídico, Córdoba, 2010; entre tantos otros.

85 Los impulsores del matrimonio igualitario tenían el temor fundado de que una modificación integral de todas las instituciones del derecho civil alcanzadas por la reforma, hubiera hecho aún más difíciles los consensos necesarios para obtener su reconocimiento.

detrimento de las parejas heterosexuales. Esta circunstancia resulta palmaria en la regulación de: a) la responsabilidad parental ante la ruptura conyugal; b) el apellido de los hijos; c) el apellido de los hijos adoptados y; d) el apellido conyugal.

Paralelamente, la ley mantuvo un mutismo casi absoluto en torno al régimen filiatorio entonces vigente[86], diseñado oportunamente en base a un modelo de filiación biológica pensada, por cierto, desde el prisma de la heteronormatividad.

Este vacío trajo a la luz la cantidad de niños que ya eran criados por parejas del mismo sexo, en especial, integradas por dos mujeres.[87] La situación de los hijos nacidos con anterioridad a la sanción de la ley 26.618 fue subsanada por el decreto 1006/12, que puso fin a la necesidad de la vía judicial para obtener el reconocimiento de la comaternidad de aquellos niños nacidos antes de la ley pero que sus madres contrajeron matrimonio luego de su entrada en vigor.

Con relación a los niños nacidos después en una pareja de dos mujeres, si bien la ley previó una modificación respecto a la inscripción de los hijos de las parejas del mismo sexo[88], la práctica mostró las deficiencias de una reforma "a medias".[89]

No obstante lo expuesto, el CCyC vino a subsanar todos estos errores de técnica legislativa y vacíos que trajo aparejados la ley 26.618. En definitiva, creemos que ha sido la ley "de lo posible" que debió insertarse en un contexto claramente heteronormativo, y constituye un excelente punto de partida para la regulación proyectada. Ahora bien, a pesar de las deficiencias y silencios, la ley 26.618 ha puesto en crisis el concepto y contenido de familia y el matrimonio, obligándonos a revisar algunas ideas y miradas arraigadas en el derecho de familia.

86 Kemelmajer De Carlucci, Aída, Herrera, Marisa y Lamm, Eleonora, "Filiación y homoparentalidad. Luces y sombras de un debate incómodo y actual", *LL*, 2010-E, 977; Chechile, Ana M., "La Ley de Matrimonio Igualitario y su incidencia en las relaciones paterno-filiales. Algunas oportunidades perdidas", *RDF*, 2011- 48, p. 107.

87 El Censo 2010 arrojó que de un total de 7.304.489 de parejas censadas en todo el país, 24.228 corresponden a uniones conformadas por personas del mismo sexo, lo que representa un 0,33% del total de las parejas argentinas. De esas 24.288 parejas de personas del mismo sexo, sólo el 21 % (esto representa unas 5079 uniones) tiene hijos a su cargo, siendo la mayoría mujeres. INDEC. Censo Nacional de Población, Hogares y Viviendas 2010, resultados definitivos, Serie B nro. 2, t. 1, p. 195.

88 El art. 36 de la ley 26.618 modificó el inc. c) del art. 36 de la ley 26.413, en lo inherente al contenido del acta de inscripción de los hijos en el Registro Civil, al disponer que cuando se trata de un matrimonio del mismo sexo se debe consignar en el acta el nombre de la madre y su cónyuge.

89 Si bien la ley 26.618 no introdujo una modificación expresa al código derogado en materia de determinación de la filiación paterna matrimonial (art. 243) o en la determinación materna (art. 242) y, ello produjo un silencio que ha generado diversos criterios interpretativos, consideramos que corresponde extender la presunción a los matrimonios integrados por dos mujeres, dando lugar así a la presunción de comaternidad. Para así decidir, nos apoyamos en la pauta prevista en el art. 42 de la norma, y en el principio de igualdad de los hijos.

En palabras de Kant, "es una contradicción que me proponga como fin la perfección de otro, y que me considere obligado a fomentarla. Porque la perfección de otro hombre como persona consiste precisamente en que el mismo sea capaz de proponerse su fin según su propio concepto del deber, y es contradictorio que yo deba hacer algo que no puede hacer ningún otro más que el mismo".[90]

90 Kant, Immanuel, *La metafísica de las costumbres*, Tecnos, Madrid, 1989, p. 237.

SECCIÓN SEGUNDA
LA INCIDENCIA DE LAS UNIONES CONVIVENCIALES

SUMARIO: 1. Ideas preliminares. *Familia y familias: Derecho y derechos*. 2. Nuevos vientos moldean las familias. 2.1. Los nuevos rostros de las uniones afectivas. 3. El *favor matrimonii* y la invisibilidad de las uniones convivenciales. 3.1. De la ceremonia a la convivencia. 3.2. Del lenguaje a la actitud. 3.3. Aproximación al nuevo Código Civil. 4. Epílogo.

"Los solteros deberían pagar más impuestos;
no es justo que algunos hombres sean más felices que otros".
Oscar Wilde

1. Ideas preliminares. *Familia y familias: Derecho y derechos*

Comenzaremos esta sección, analizando brevemente el derecho fundamental y humano a conformar una familia[1] que emerge, en forma expresa, de la regla de reconocimiento constitucional argentina[2]. Y en el camino propuesto, nos cuestionaremos, siguiendo las palabras de Raymond Carver[3]: ¿De qué hablamos cuando hablamos de familia? La respuesta no es sencilla, pero nos apoyamos en las palabras de Cecilia Grosman, quien señaló que cada tiempo y cada sociedad debe admitir y reflejar modelos familiares que representen la realidad sociológica concreta. Y actualmente, la convivencia de parejas es un hecho social indiscutible, constituyendo una forma de familia alternativa al matrimonio.[4]

De hecho, una expresión de la autonomía en la conformación de una familia reside en optar por constituirla sobre la base del matrimonio o fuera de él. Está claro que la familia tradicional, estática, casi inmutable, dio paso a una noción más dinámica y cambiante, mucho menos estable y plural.[5]

---

1 Otros autores se han ocupado de esta cuestión en el derecho comparado. Véase por todos, Valpuesta Fernández, Rosario, "La encrucijada de la familia: entre la realidad social y el derecho", en *Revista de Derecho Comparado*, nº 9, Rubinzal Culzoni, Santa Fe, 2004, p. 89 y ss.

2 Véase Gil Domínguez, Andrés, *La regla de reconocimiento constitucional argentina*, Ediar, Buenos Aires, 2007.

3 Carver, Raymond, *¿De qué hablamos cuando hablamos de amor?*, Anagrama, Barcelona, 1993.

4 Grosman, Cecilia P., "¿Deben regularse las convivencias de parejas?", en JA, 1998-80ª, ps. 240 y ss.

5 Arana De La Fuente, Isabel, "Concepto y función social del matrimonio. Los sistemas matrimoniales", en Diez Picazo Giménez, Gema (coord.), *Derecho de Familia*, Thomson Reuters-Civitas, Pamplona, 2012, p. 167.

El bloque de constitucionalidad federal contiene varias normas convencionales donde se contempla la protección de la familia y el derecho de contraer (o no contraer) matrimonio. De este derecho nos hemos ocupado en la sección primera; en adelante, nos avocaremos a su faz negativa, esto es, el derecho de formar una familia sin legalizar la unión.

La Constitución argentina establece en su artículo 14 bis que el Estado otorgará los beneficios de la seguridad social que tendrá carácter de integral e irrenunciable, y en especial, la ley establecerá "la protección integral de la familia".[6]

Como es sabido, el Constituyente no estableció una única forma de configuración de la familia sino que incorporó una fórmula abierta e indeterminada, como cabal ejemplo de pluralismo en lo que a la familia refiere. Consideramos que esta amplitud coadyuvó a la posterior sanción de la ley 26.618; norma que hubiera sido inviable en contextos constitucionales que adhieren a una visión netamente restrictiva (v.gr. Constituciones de Honduras y Ecuador, según sus textos reformados en 2005 y 2008, respectivamente).

En nuestro país, todas las familias son merecedoras de la misma protección, siendo irrelevante a tal fin que la pareja que origina la familia se encuentre unida en matrimonio, o sólo esté unida de hecho, toda vez que aquélla no se identifica con el matrimonio, y tampoco con la heterosexualidad. De este modo, todos los enunciados normativos referidos a la familia están estructurados de forma indeterminada; por ende, no establecen un concepto cerrado, sino que dejan en la textura abierta de la norma la necesidad de una delimitación que subsuma cuáles son los distintos condicionamientos fácticos que puedan incluirse en su radio de actuación.

2. NUEVOS VIENTOS MOLDEAN LAS FAMILIAS[7]

El camino nos conduce a la crisis del modelo legal único. De hecho, cuestionamos la idea del matrimonio como modelo familiar excluyente que, a nuestro juicio, parte de la falsa premisa de identificar a la familia con el matrimonio y de la ceguera de no querer observarla como una realidad dinámica.

Muchos autores han sostenido que la familia como institución se encuentra en crisis, pero de transformación, no de disolución. Por ello, las instituciones

6 La evolución producida por el principio de "democratización de la familia", ha llevado a que algunos autores contemporáneos entiendan que se ha pasado del "derecho de familia" al "derecho de las familias" en plural. PEZZINI, Barbara (a cura di), "Tra famiglie, matrimoni, e unioni di fatto. Un itinerario di ricerca plurale", Jovene, Nápoles, 2008 y; SANTOS BELANDRO, Rubén, "Familia o familias: Una disyuntiva a resolver en derecho internacional privado comparado", *Revista Uruguaya de Derecho de Familia*, nº 21, 2009, p. 179 y ss.; entre otros.

7 Coincidimos con aquellos autores que prefieren modificar la expresión "derecho de familia" por su acepción en plural: "derecho de las familias", pues resulta palmario que esta rama del derecho estudiará todas las configuraciones familiares que la realidad social nos proporcione. DIAS, Maria Berenice, *Manual de Direito das Famílias*, Livraria do Adrogado, Porto Alegre, 2005, ps. 62 y 63.

jurídicas tienen la obligación de adecuarse permanentemente a las nuevas relaciones sociales producto de dichas modificaciones.[8]

En igual sentido, se ha expedido la doctrina extranjera[9], que apuntó que la familia está en crisis -dicen algunos-. Sí, es así. Como se pone de manifiesto por los que se consideran ultra-defensores de la familia. Pero lo está la familia patriarcal y jerarquizada, indisoluble y autoritaria, propia de nuestros abuelos y de ciertas zonas del planeta, que se ve desplazada por una pluralidad de modelos familiares, en los que se respetan los derechos de la personalidad de cada uno de sus miembros, en libertad y sin sumisiones. A esta situación es mejor no denominarla crisis, sino evolución de las dinámicas familiares en la consolidación paulatina de un sistema democrático y, además, en un refuerzo del matrimonio que se proyecta sobre las realidades familiares de la sociedad actual.

A todo ello debemos adunar que, desde que la ley 26.618 suprimió la diferencia de tratamiento jurídico entre las parejas conformadas por personas de igual o distinto sexo que contraer matrimonio, el argumento que distinguía las uniones heterosexuales u homosexuales (en tanto estas últimas tenían vedado el acceso al connubio) resulta actualmente abstracto. Sucede que, hoy en día, quienes deciden libremente conformar una unión convivencial[10] lo hacen al amparo del derecho a la libertad personal que, les permite elegir entre una familia matrimonial o una no matrimonial.

2.1. Los nuevos rostros de las uniones afectivas

Jelin[11] sostuvo con meridiana claridad que "la imagen de la familia nuclear, matrimonial y heterosexual, como sinónimo de `la familia´ anclada en la `naturaleza humana´ obstruyó y ocultó dos fenómenos muy significativos,

8 TORRADO, Susana, "Antes que la muerte los separe. La nupcialidad en la Argentina durante 1960-2000", en *Revista Sociedad,* nº 16, Facultad de Ciencias Sociales (UBA), Buenos Aires, 2000.

9 VILLAGRASA ALCAIDE, Carlos, "El matrimonio entre personas...", *cit.*, ps. 184 y 185.

10 Entre los autores que se han ocupado de la cuestión, puede verse AZPIRI, Jorge A., *Uniones de hecho*, 2ª ed., Hammurabi, Buenos Aires, 2010 y del mismo autor, "Caracteres de la unión marital de hecho", *RDF*, 2003-23, p. 35; CASTRO, Verónica, "Uniones convivenciales", *DFyP*, nº 1, 2013, p. 33; GIOVANNETTI, Patricia S. y ROVEDA, Eduardo G., "Las Uniones Convivenciales en el Anteproyecto de Reforma del Código Civil", en *elDial.com* - DC188A, 04/06/2012; IBARLUCÍA, Emilio A., "Unión convivencial y autonomía personal en el Proyecto de Código", *LL*, 08/02/2013, p. 1; LLOVERAS, Nora, "Convivencias de parejas heterosexuales y los efectos patrimoniales", *RDF*, 2010-46, p. 159; LLOVERAS, Nora; ORLANDI, Olga; FARAONI, Fabián; VERPLAETSE, Susana y MONJO, Sebastián "Las uniones convivenciales en la Argentina y los aspectos patrimoniales: una visión legal y jurisprudencial", Abeledo Perrot *online* nº 0003/70055758-1; PELLEGRINI, María Victoria, "Las uniones convivenciales en el Anteproyecto de Código Civil", *JA*, 2012-II; "Algunas reflexiones sobre las uniones convivenciales reguladas en el Anteproyecto de Reforma del Código Civil y de Comercio de la Nación", Microjuris *online*, MJ-DOC-5792-AR | MJD5792, 17/05/2012 y; STILLERMAN, Marta N., "Las uniones convivenciales en el Anteproyecto de Código Civil", Microjuris *online* MJ-DOC-5867-AR | MJD5867, 12/07/2012; entre otros.

11 JELIN, Elizabeth, *Pan y afectos. La transformación de la familia,* 2ª ed., FCE, Buenos Aires, 2010, ps. 23 y 24.

tanto cuantitativamente como cualitativamente: en primer lugar, el hecho de que siempre existieron formas alternativas de organización de los vínculos familiares, otras formas de convivencia, otras sexualidades y otras maneras de llevar adelante las tareas de procreación y reproducción (...). En segundo lugar, la familia nuclear arquetípica está muy lejos de cualquier ideal democrática: se trata de una organización patriarcal, donde el ´jefe de familia´ concentra el poder, y tanto los hijos como las hijas como la esposa-madre desempeñan papeles anclados en la subordinación al jefe (...). La conceptualización de la familia con una perspectiva de género y el análisis crítico de la distinción entre el mundo privado y el ámbito público han generado una nueva camada de investigaciones que ponen en cuestión la imagen idealizada de la familia nuclear. Ambos desarrollos, no sólo convergentes sino a menudo integrados, permiten avanzar en el planteo y en el análisis de las tensiones y dilemas que la institución familiar o, mejor dicho, la multiplicidad de modalidades de organización familiar enfrentan en la actualidad".

Las distintas organizaciones familiares se fueron haciendo visibles como consecuencia de diversos estudios multidisciplinarios, pero eran hasta no hace mucho tiempo, invisibles para el discurso jurídico. Algunas voces[12] apuntan que los nuevos modelos familiares no son, en rigor, nuevos; nuevo es el registro de lo que existía omitido, silenciado o negado.

La doctrina internacional de los derechos humanos ha venido a interpelar el concepto jurídico "tradicional" de familia. De ahí que sea menester una mirada revisionista sobre la noción de familia que siempre ha estado bajo la influencia de perspectivas extrajurídicas como la religión.

Ahora bien, ¿cuántas formas de familia pueden -desde el pluralismo- subsumirse en el contenido constitucional protegido de este derecho fundamental y derecho humano? Una familia resulta digna de protección y promoción por parte del Estado cuando es posible verificar la existencia de un vínculo afectivo perdurable que diseña un proyecto biográfico conjunto en los aspectos materiales y afectivos.[13]

Queda claro, y nuestra Constitución así lo recepta, que el matrimonio comparte el lugar con diversas configuraciones familiares. Sin embargo, la cuestión no radica en quitarle protagonismo a la familia conyugal, de cuya entidad e importancia ya hemos dado cuenta anteriormente; sino de reconocer que las políticas legislativas desarrolladas en su favor, silenciaron otros modelos que hoy afloran.

La permeabilidad de la expresión -absolutamente inclusiva- invalida los intentos de someter los vínculos afectivos a un "molde". Incluso, la convivencia ya no constituye un rasgo definidor de la familia. Adviértase que, no obstante los cambios de última hora al artículo 431, el matrimonio se constituye exclusivamente mediante el consentimiento pleno y libre de los contrayentes. Más aún, en torno a las denominadas *"parejas LAT"*.[14]

---

12 GIBERTI, Eva, *La familia, a pesar de todo*, 2ª ed., Noveduc, Buenos Aires, 2007.

13 GIL DOMÍNGUEZ, Andrés, FAMÁ, María Victoria y HERRERA, Marisa, *Matrimonio igualitario...*, cit., ps. 49 y 50.

14 En el ámbito anglosajón emplean la expresión LAT, por las siglas de la expresión *"living*

Esta novedosa configuración familiar plantea la alternativa de vivir juntos, por separado[15]; o con mayor precisión, los integrantes de la pareja están emocional y afectivamente juntos, pero no conviven bajo el mismo techo[16]. Si bien las "parejas LAT" podrían aparecer como un fenómeno social ajeno a nuestro medio, existen muchos ejemplos en nuestro país.[17]

Como excepción a lo apuntado, para la unión convivencial la cohabitación sí constituye una condición esencial. La nueva regulación plantea que aquella se configura ante la existencia de una relación afectiva de dos personas que *conviven* y cumplen ciertos requisitos (art. 509,[18]CCyC). Analizar las distintas configuraciones familiares mencionadas excede el delimitado objeto de este trabajo. En adelante, nos ceñiremos a la interacción entre las uniones convivenciales y el matrimonio. De hecho, nos interesa profundizar en esta sección acerca de la incidencia que algunas voces le endilgan a las primeras sobre el segundo.

Sin perjuicio de adelantar que las legislaciones en favor del matrimonio fueron las que, por exclusión, silenciaron todos los modelos familiares que no dieran la presunta seguridad y amparo que nos brindaba aquél; *creemos que resulta más digno de protección el amor sin matrimonio que el matrimonio sin amor.*

3. EL *FAVOR MATRIMONII* Y LA INVISIBILIDAD DE LAS UNIONES CONVIVENCIALES

En este apartado nos detendremos en las consecuencias del *favor matrimonii:* ¿por qué? Justamente, porque aquel principio, como fiel legitimador de la

---

apart together". En España, denominan esta nueva realidad social como parejas "no corresidenciales". Vid. DOMÍNGUEZ FOLGUERAS, Marta, "1995-2006. Diez años de cambios en las parejas españolas", en colección *Opiniones y Actitudes*, nº 69, Centro de Investigaciones Sociológicas, Madrid, 2011, p. 68.

15 Ha sido definida como *"una relación de pareja entre dos individuos que viven en domicilios diferentes y que se ven a sí mismos como una pareja y son reconocidos como tales por amigos y familiares"*. HASKEY, John, "Living arrangements in Contemporary Britain: Having a Partner who Usually Lives Elsewhere and Living Apart Together (LAT)", *Population Trends,* nro. 122, 2005, ps. 35/45.

16 Se remite a la excelente investigación de TROST, Jan y LEVIN, Irene, "Parejas sin domesticidad común", disponible online en http://www.ciesas.edu.mx/desacatos/02%20 Indexado/ Saberes_4.pdf o; LEVIN, Irene, "Living Apart Together: A New Family Form", *Current Sociology*, nº 52, vol. 2, 2004, ps. 223/240.

17 La prensa nacional ha dicho: "Suelen rondar los 40 años y poseen un vínculo estable y duradero. Casi todos ya estuvieron casados y muchos tienen hijos. Eligen compartir la vida, pero sin el desgaste de la convivencia. Se ven, al menos, dos noches por semana y cada uno maneja su economía" El artículo menciona que "de acuerdo con investigaciones realizadas para dimensionar a nivel demográfico la realidad de las parejas que viven juntas pero separadas, representaban el 8 % de la población adulta de Canadá en 2001; el 15 % de ese grupo etario en el Reino Unido en 2003; y el 1,1 % de los mexicanos adultos según una encuesta de 2005". Véase *La Voz de Córdoba*, edición impresa del 23/09/2013.

18 Esta norma dispone que: "Las disposiciones de este Título se aplican a la unión basada en relaciones afectivas de carácter singular, pública, notoria, estable y permanente de dos personas que conviven y comparten un proyecto de vida común, sean del mismo o de diferente sexo".

familia matrimonial, fue una de las razones de la hostilidad hacia las familias de hecho.[19]

Haremos entonces, un somero repaso en torno a las consideraciones y finalidad de aquel principio que, a nuestro juicio, lucen erróneas, y a pesar del respecto que nos merecen los autores que las sostienen, pretendemos refutarlas a la luz de la doctrina internacional de los derechos humanos. La finalidad o "pretexto" que se ha utilizado mayoritariamente para sostener el *favor matrimonii* es su contribución a la educación de los hijos.

Messineo justificaba este principio, atento a que la adecuada educación de los hijos exige una unión exclusiva y estable de sus padres. De allí que, desde el punto de vista ético y social se requiere que el ordenamiento jurídico facilite y proteja el matrimonio. En igual sentido, De Page señaló que la unión conyugal crea y garantiza en la forma más perfecta posible la cooperación permanente y necesaria del hombre y la mujer para la educación de los hijos. Y aunque la procreación no sea un elemento esencial del matrimonio, casi siempre es su consecuencia normal y, para la educación de los hijos la institución matrimonial constituye el ámbito más firme y adecuado[20].

Algunos autores contemporáneos le han otorgado al connubio una dignidad superior en relación a las otras formas de organización familiar. En esa línea de pensamiento, Duranton afirmó que el matrimonio reviste una decisiva transcendencia para el individuo y para la sociedad. Para el individuo es el más importante de todos los vínculos que el hombre puede formar, el que ejerce más influencia sobre su destino.

Incluso, en nuestro medio, se han esgrimido otros argumentos de tipo valorativo, destacando la responsabilidad del Estado en desalentar las uniones de hecho y promover la formalización matrimonial mediante medidas que eviten que las personas opten por convivir sin recurrir al matrimonio. A modo ejemplificativo, se ha sugerido reforzar el carácter indisoluble del matrimonio (ya sea a través de la posibilidad de celebrar un matrimonio indisoluble o del reconocimiento civil del matrimonio religioso); fomentar un cambio cultural respecto a la educación sexual y al rol de la mujer; o incluso beneficios fiscales a quienes recurran al matrimonio.[21]

A esta altura del análisis, no podemos menos que disentir con la afirmación precedente, respecto a la suprema importancia que aquel autor le otorga al matrimonio respecto de otros vínculos afectivos. Atento al principio de democratización familiar, la familia "clásica" con base en el matrimonio heterosexual debe compartir el espacio con otros núcleos sociales que, por cierto, también constituyen familias. Este vetusto principio no merecería mayor análisis, si no fuera el responsable de disminuir e incluso, invisibilizar a las otras formas de organización familiar. Más aún, posee una fuerte incidencia

---

19 Se lee en el Concilio de Trento: "Grave pecado es que los solteros tengan concubinas".

20 Ferrer, Francisco A. M., "Derecho matrimonial", en Méndez Costa, María Josefa, Lorenzo de Ferrando, María Rosa, Cadoche de Azvalinsky, Sara, D´Antonio, Daniel H., Ferrer, Francisco A. M. y, Rolando, Carlos H., *Derecho de familia*, t. I, Rubinzal Culzoni, Santa Fe, p. 90.

21 Basset, Úrsula C., "Familia, uniones de hecho y reconocimiento de efectos jurídicos", *LL*, 2009-C, 1244.

en la mirada negativa, y consecuente conceptualización peyorativa, que han recibido estas últimas.

No se nos escapa que la introducción o no, del mentado principio constituye finalmente una cuestión de política legislativa. Sin perjuicio de reiterar que, a nuestro juicio, el *favor matrimonii* se estructura sobre falsos pilares; en el marco de una sociedad democrática, podríamos debatir acerca de la existencia de un modelo ideal de familia, pero aun cuando lográsemos un mínimo consenso, ello no permitiría privar de la protección legal a las parejas que no respondan al modelo seleccionado.

Dicho de otro modo, la promoción de un modelo familiar en particular, de ninguna manera puede significar la exclusión de las demás configuraciones familiares.

La familia protegida por el bloque de constitucionalidad federal incluye a las que le gustan al intérprete y las que no. No se trata de debatir si son posibles otras formas de vida afectiva distintas de la tradicional porque las tenemos delante, existen. Se trata de saber si es posible diseñar un marco legal inclusivo que adapte sus institutos a la realidad[22]. María Berenice Dias[23] afirmó en este sentido que "por más que lo intente, el legislador no puede imponer modelos de comportamiento. Las personas, sus sueños, sus vidas, todo cambia, y no hay manera de que la ley no acompañe esos cambios".

Sin embargo, algunos autores continúan observando a las uniones convivenciales como "la sombra" del matrimonio y, en esa línea de pensamiento, el avance de aquellas es observado como un peligro que acecha el connubio.[24]

Si logramos entender que las uniones convivenciales son un modo diferente de vivir y amar libremente, y por ende, ni mejor ni peor que el matrimonio, ello nos permite comprender que la nueva regulación[25] basada en el principio de la libertad, no le quita "fuerza" ni banaliza el matrimonio; por el contrario, se proyecta en favor de la autonomía de la voluntad de las parejas que podrán optar por una o por otra. No obstante lo expuesto, aquel miedo al incremento de las parejas que no han pasado ni piensan pasar por el Registro Civil merece un comentario adicional.

¿Será la regulación de las uniones convivenciales la que resta fuerza y entidad a la institución del matrimonio? Consideramos que la respuesta negativa se impone. A nuestro juicio, fue la indisolubilidad conyugal, la noción de culpa y el divorcio sanción, entre otras causas, las que en definitiva

22 Seijas, Gabriela, "No alcanza con tolerar", en diario *La Nación*, edición impresa del 8 de julio de 2010.

23 Dias, María Berenice, *Manual de Direito das famílias*, 9ª ed., Revista dos Tribunais, Porto Alegre, 2013.

24 En una opinión que pareciera desconocer las diferencias de orden sociológico entre ambas uniones, Savatier sostuvo que, en efecto, cada progreso del divorcio, atenúa la diferencia entre el matrimonio y la unión libre, diferencia que -según opinaba Lafaille- se torna muchas veces en una cuestión de palabras.

25 Este fenómeno ha sido estudiado en Beck Gernsheim, Elisabeth, *La reinvención de la familia. En busca de nuevas formas de convivencia*, Paidós, Barcelona, 2003.

construyeron en el imaginario social la idea del "matrimonio castigo". Nos explicamos mejor.

El legislador decimonónico, y sus seguidores contemporáneos, implementaron el régimen de divorcio inculpatorio, a fin de restringir, en los hechos, la posibilidad de que los cónyuges pudiesen desandar el camino iniciado. Y de ese modo, propiciaron la perdurabilidad del matrimonio a toda costa, incluso contra la voluntad de los contrayentes. Estas restricciones obligaron a hombres y mujeres a la sujeción forzosa a vínculos insatisfactorios.

En suma, esta idea del "matrimonio castigo" [26] constituyó una de las causas que coadyuvaron al aumento exponencial en la cantidad de personas que desechan la conyugalidad y optan por mantener sus sentimientos al margen de la ley.

3.1. De la ceremonia a la convivencia

Como adelantamos, existe un derecho fundamental a contraer matrimonio *(ius connubi)* cuyo reverso es el derecho a no hacerlo, al amparo del derecho a la libertad.

En ese sentido, se ha dicho[27] que el modelo tradicional de familia nuclear compuesta por el marido (en el rol de proveedor), la esposa (en el rol de ama de casa) e hijos derivada exclusivamente del matrimonio, ha dado paso a otras formas familiares, las que, más allá del criterio ético o moral con el que se las evalúe, y hasta se las condene[28], forman parte de nuestra realidad social.

La familia, como institución sociocultural ha sufrido notables transformaciones a lo largo del tiempo, dando lugar a nuevas prácticas y tendencias que reclaman su reconocimiento.[29] De hecho, no sólo ha cambiado en el número de sus miembros y en los roles que desempeñan cada uno de ellos, sino también en las funciones que la misma asume como célula básica de la sociedad[30]. Sin embargo, el Código Civil derogado, sólo regulaba la familia matrimonial nuclear intacta[31], silenciando la circunstancia de que ella

---

26 Véase el análisis de la doctora Kogan, en su voto en SCBA, 6/06/2012, "R., I. I. v. L, M. R.", en *Abeledo Perrot Buenos Aires*, nº 11, noviembre 2012, p. 1255 y ss.

27 Belluscio, Claudio A., *Prestación Alimentaria, Régimen Jurídico*, Universidad, Buenos Aires, 2006, p. 615.

28 Álvarez, Osvaldo O., "Ante una permisiva tendencia de legalización del concubinato", *ED*, 166-209; Borda, Guillermo A., *Manual de Derecho de Familia*, 8ª ed., Ed. Perrot, Buenos Aires, 1979, p. 47, donde señala que: "no basta con desconocer la existencia del concubinato, sino que hay que combatirlo con diversas medidas (entre las que propone gravar con un mayor peso fiscal a estas uniones)", cit. por Belluscio, Claudio A., *ob. cit.*, p. 616.

29 Famá, María Victoria, "Convivencias de pareja y adopción", en Supl. Actualidad 08/11/2007, p. 1. Ver de la misma autora, "¿La familia en desorden? Identidad y género en las relaciones de familia tras la crisis", en *DJ*, 2004-2-1028.

30 Chechile, Ana María, "Derecho alimentario entre hijos y padres afines", *JA*, 1997-I, 860.

31 Solari, Néstor E., "Adopción al adoptado del apellido del concubino", *JA*, 2004-II, fasc. 7, 19/05/2004, p. 80. Del mismo autor, "Protección constitucional de la familia", *LL*, 2002-E, 1112.

coexiste con otros modelos familiares[32]. Y cuando aludía al "concubinato", lo hacía como causal de pérdida de un derecho (v.gr. la prestación alimentaria).

Ahora bien, el esfuerzo normativo[33], que algunos denominan *favor matrimonii*, se encuentra en una explícita contradicción con la obligada perspectiva de los derechos humanos. Ocurre que las familias están constituidas por personas, no por normas jurídicas y, aquellas ven vulnerados sus derechos fundamentales a la igualdad, la dignidad, la libertad, la intimidad y, en fin, la vida y solidaridad familiar. La mirada constitucional-convencional exige algo, que el sentido común reclama, y es que el derecho debe regular todas las relaciones sociales. *El derecho cuando no regula, silencia y, cuando silencia, excluye. Y esto es lo que les ha pasado a quienes se atrevieron a no formalizar su vínculo afectivo.*

No obstante, la realidad social es independiente de lo que digan, o no digan, las leyes. Desde esta óptica, las personas seguirán eligiendo -con o sin regulación legal- constituir sus familias mediante el matrimonio o rehusándose libremente a contraerlo.

3.2. DEL LENGUAJE A LA ACTITUD

Un tema de importancia para el derecho es la denominación que se utilice para calificar determinadas fenómenos jurídicos. Esta forma de encuadrar dentro de un vocablo el comportamiento humano en su desenvolvimiento dentro de una sociedad determinada constituye un medio para describir la figura desde el punto de vista jurídico, pero, además, tiene en sí misma una connotación social indudable.

Ahora bien, estas palabras tienen un significado social que no puede ser ignorado por el jurista, ya que implican muchas veces un juicio de valor sobre determinada institución jurídica.[34]

Desde antaño, la noción de "concubinato" estuvo cargada de una connotación negativa y, por ende, era utilizada en sentido peyorativo. En yuxtaposición al matrimonio que, en virtud de las aspiraciones éticas y confesionales que siempre lo rodearon, traía una hipotética estabilidad y seguridad a los lazos afectivos.[35]

A sabiendas de que el lenguaje no es neutral, esta expresión explicitaba la mirada negativa del intérprete sobre este modelo familiar. Afortunadamente,

---

32 Víd CSJN, 8/03/1990, JA 1990-II, 379; SCBA, 17/02/1998, *LLBA*, 1999-213. Allí se dijo que esto conlleva que a las otras formas familiares se las considere al margen de toda reglamentación, a pesar de que nuestra Constitución Nacional protege íntegramente a la familia, no diferenciando la matrimonial de la que no lo es.

33 Al analizar la situación en Brasil, se señaló que el derecho civil, por el momento, trajo una codificación totalmente comprometida con el mantenimiento del matrimonio. MARTINS GOULART CAROSSI, Eliane, "Las relaciones familiares y derecho de familia en el siglo XXI, Escuela de Derecho, Caxias do Sul, vol. 12, 2003, p. 55.

34 AZPIRI, Jorge A., *Uniones de hecho*, 1ª ed., Hammurabi, Buenos Aires, 2003, p. 25.

35 En este sentido, véase BOSSERT, Gustavo A., *Régimen jurídico del concubinato*, 4a. ed. actualizada y ampliada, Astrea, Buenos Aires, 2006, p. 17.

sin prisa pero sin pausa, está dejando de ser utilizada en los ordenamientos jurídicos. En nuestro medio, el CCyC la ha dejado de lado.

Pero a la hora de conceptualizarlas, sin marginarlas, el derecho comparado no es pacífico, pues las legislaciones vigentes las definen de acuerdo a la característica que estiman sobresaliente en ellas. A excepción del derecho francés que alude al *concubinage*[36], el derecho italiano refiere a la *famiglia di fatto*, el derecho español menciona la expresión de "parejas estables"[37], en Colombia se las define como "uniones maritales de hecho" y, en Uruguay[38] como "uniones concubinarias", entre otras conceptualizaciones.

Ahora bien, algunas de estas definiciones, si bien se cuidaron de no descalificar el vínculo afectivo regulado, merecen algunas observaciones. A nuestro juicio, el término "uniones de hecho" no sería válido si lo que pretendemos es registrar estas relaciones afectivas y otorgarles ciertos efectos jurídicos. Criticamos también aquellas normas que han optado por denominarlas "uniones no matrimoniales" (v.gr. Código de Familia de El Salvador) o en igual sentido, "uniones extramatrimoniales", pues el intérprete sobrevalora el matrimonio y desde allí, juzga estos modelos familiares como inferiores. Ello sin mencionar que constituye una definición por exclusión, es decir, se las caracteriza por lo que no son. Igual reparo nos merece la expresión "matrimonio aparente", por cuanto el eje del sistema sigue siendo el connubio, y estas familias parecen un matrimonio pero no lo son, serían un pseudo-matrimonio.

Finalmente, si bien el término "unión civil" resulta neutral y no merece reprobación, no nos dice mucho sobre las relaciones que en ella se enmarcan. Incluso, pareciera una caricatura del matrimonio -aunque sin sus efectos- que, por cierto, también es una unión civil.

Consideramos que la designación debe tener en cuenta un elemento esencial del vínculo afectivo: *la convivencia*. De ahí que, aunque la expresión "convivencias de pareja"[39] no resulta objetable, coincidimos con el CCyC que,

36 En Puerto Rico se denomina concubinato a la unión sin impedimentos matrimoniales y queridato a los casos en los que no es posible celebrar las nupcias.

37 Algunas disposiciones ibéricas no siguen esta tesitura, v.gr. Ley Canaria de Uniones de Hecho nro. 5/2003 y Ley de Parejas de Hecho de la Comunidad Autónoma de Extremadura nro. 5/2003. Puede verse *RDF*, 2003-25, ps. 153 y 159, respectivamente.

38 "Las características demográficas más importantes que cabe destacar respecto la evolución de las uniones consensuales en Uruguay pueden resumirse en tres aspectos: su crecimiento ha sido vertiginoso durante la última década como resultado de su expansión en todos los grupos de edad, que este aumento ha sido particularmente importante en las generaciones jóvenes, quien en forma provisoria o definitivamente optan cada vez más por la cohabitación y además que se fueron incorporando sub poblaciones que solo muy marginalmente optaban por este tipo de uniones en años anteriores". Cabella, Wanda, "la demografía de las uniones consensuales en el Uruguay en la última década", en Mesa de Dialogo "El proyecto de la Ley de unión concubinaria. Red de Genero y Familia", diciembre de 2006, cit. por Pérez Manrique, Ricardo C. "Rasgos definidores y extinción de la convivencia", *RDF*, 2009-43, p. 253.

39 La expresión "convivencias de pareja" fue elegida por distintas legislaciones extranjeras (v.gr. la ley 9278/96 de la República Federativa del Brasil).

al definirlas como uniones convivenciales lo hace con mayor rigor y, a la vez, es lo suficientemente maleable para incluir una pluralidad de relaciones.

3.3. Aproximación al Código Civil y Comercial

Las convivencias que no se registran y que cumplen todos los requisitos prescriptos por la norma pueden ser reconocidas como tales y generar efectos jurídicos a pesar de su falta de registración, si prueban todos los recaudos por otros medios. No resulta ocioso advertir que la registración no es un requisito para la existencia o configuración de las convivencias, sino para facilitar su prueba y, en algún caso, para esgrimir su oponibilidad frente a terceros.

El nuevo ordenamiento legal asumió el desafío de brindar una regulación que garantice un adecuado equilibrio entre la elección del plan de vida individual (autonomía de la voluntad) y la protección mínima derivada del reconocimiento y garantía de goce de los derechos humanos de las personas unidas familiarmente, en razón de la necesaria solidaridad y responsabilidad familiar.[40]

En lo que aquí nos interesa, el intérprete debe tener la noción cabal de las diferencias con el matrimonio, en el entendimiento de que aquí se protege a un universo distinto de parejas que, por una u otra razón, rehúsan de aquel régimen legal.

Frente a ello, nos encontramos en un proceso de cambio de paradigma respecto a su regulación. El régimen derogado favoreció el matrimonio y "escondió debajo de la alfombra" los modelos familiares que la mayoría consideraba anormales, pero fue desbordado por la fuerza de la realidad.

En cambio, el CCyC reconoció efectos jurídicos a las uniones convivenciales pero de manera limitada, logrando una regulación que hace equilibrio en la clásica tensión entre la autonomía de la voluntad y el orden público.

4. Epílogo

Cada uno de los cambios en la evolución histórica del matrimonio debió enfrentar fuertes resistencias, donde las miradas anacrónicas no se han privado de presagiar su desaparición o hasta la desintegración social. Sin embargo, creemos que las modificaciones que lo moldean son perfectamente admisibles en tanto resulten beneficiosas e inclusivas para las personas.

En tal sentido, es importante advertir, sin ánimo de desmerecer esta gran conquista, que la ley 26.618 no creó nada nuevo, sino que brindó amparo y cobertura legal a una realidad preexistente: el amor y el afecto entre personas de igual sexo. Y ello significó, a nuestro juicio, *una idea superadora del matrimonio, pues al modificarlo, también lo reivindica.* Siguiendo la argumentación de Vargas Llosa, frente a la alegada decadencia de la conyugalidad, había un universo de personas que, con anterioridad a la ley 26.618, querían fervientemente contraer matrimonio, y la norma entonces vigente no se los permitía. En fin, en el capítulo primero nos dedicamos a demostrar el carácter sociocultural

40 Pellegrini, María Victoria, "Las uniones convivenciales en el Anteproyecto de Código Civil", en *JA*, Número Especial, 2012-II.

del matrimonio civil; mientras que en el presente, nos ceñimos a la tarea de deconstruirlo, denunciando y extrayendo las reminiscencias naturales y vestigios confesionales anquilosados en él, para que, una vez libre de esas influencias, emerja aquello realmente sustancial que, agazapado, subyace oculto: *el afecto y la voluntad de los contrayentes de perdurar en la unión.*

Esta culminación del proceso decimonónico de secularización que aquí propiciamos, se relaciona con el libre desarrollo de la personalidad, la aparición del derecho fundamental a la vida privada y familiar y; la aceptación definitiva de otras formas de organización familiar sobre la base del reconocimiento de la autonomía de la voluntad. Todo ello bajo la atenta supervisión del principio constitucional de igualdad y su corolario, la no discriminación.

Nos apoyamos en la acostumbrada claridad de Aída Kemelmajer de Carlucci[41], quien advirtió que "nuestra sociedad ha cambiado muchísimo, sus valores y estructuras no son los mismos; por lo pronto no se puede seguir con una legislación que les da la espalda a los nuevos modelos de familia". Mientras algunas voces toleran la homosexualidad, mientras ella quede reducida al ámbito de lo privado, el reclamo acaecido en nuestro país y en otras latitudes, por algo tan público como el matrimonio, nos permite observar la insuficiencia del discurso de la tolerancia. *Una cosa es aceptar y otra tolerar, cuando toleramos no aceptamos.*

Liberados finalmente de la mirada heteronormativa que sobrevolaba el matrimonio, las personas pueden optar por formalizar o no su unión afectiva. Sin embargo, unas y otras siguen apostando a la vida en familia. Sucede que las formas de organización familiar han cambiado, pero lo que no cambió es el afecto que las funda ni los lazos que abrigan. En fin, la familia ha dejado de ser un núcleo económico y de reproducción para ser un espacio de afecto.[42]

Todas las familias, matrimoniales o no, poseen las mismas esperanzas, los mismos afectos y, en fin, todas requieren la misma protección legal y reconocimiento, sin que unas le hagan sombra o constituyan una amenaza hacia la otra.

Las cuestiones abordadas en este capítulo lucen, *prima facie,* distantes del objeto de nuestra obra: *el divorcio;* y no suelen ser analizadas en conjunto. Pero a poco que se repare en el hilo conductor que atraviesa esta investigación, se entenderá nuestro razonamiento. Nos explicamos mejor.

Hemos desarrollado dos consideraciones contemporáneas que son válidas para demostrar que el matrimonio civil se ha transformado. La primera es la ampliación del connubio a las parejas conformadas por personas del mismo sexo, siendo ahora indiferente el género y/o la orientación sexual de sus integrantes. La segunda reflexión es que al tener que compartir el escenario familiar con las uniones convivenciales y otras configuraciones familiares, el matrimonio ha dejado de ser la exclusiva y excluyente causa fuente de la familia, sin que por ello haya perdido su esencia.

---

41 KEMELMAJER DE CARLUCCI, Aída R., "Los cambios...", *cit.*

42 DA CUNHA PEREIRA, Rodrigo, "Da uniao estável", DIAS, Maria Berenice y DA CUNHA PEREIRA, Rodrigo (coords.), *Direito de Familia e o Novo Código Civil,* 4ª ed., Del Rey-IBDFAM, Belo Horizonte, 2006, p. 220.

¿Qué ocurre con el divorcio en este contexto de cambios?

Ciertamente, no puede tener la misma fisonomía de antaño, y a ello, apunta este trabajo, a reinterpretar el divorcio a la luz de los cambios de otras instituciones que lo afectan o inciden en él de manera directa.

A ello dedicaremos los próximos capítulos. Pero regresemos un momento al afecto en el matrimonio. El psicoanalista Carlos Nessi[43] señaló que "el amor tiene las características de la persona que lo siente y el vínculo amoroso tiene el estilo de la relación humana entre quienes se aman". De ahí que "hay tantos tipos de amor como de personas". Esta reflexión nos lleva a terminar el análisis del matrimonio que hemos emprendido en los dos primeros capítulos de esta obra, nuevamente con las palabras de Eduardo Galeano que expresa, lo que aquí pretendimos explicar.

"Un hombre del pueblo de Neguá, en la costa de Colombia, pudo subir al alto cielo. A la vuelta, contó. Dijo que había contemplado, desde allá arriba, la vida humana. Y dijo que somos un mar de fueguitos.

-El mundo es eso- reveló. Un montón de gente, un mar de fueguitos. Cada persona brilla con luz propia entre todas las demás. No hay dos fuegos iguales. Hay fuegos grandes y fuegos chicos y fuegos de todos los colores. Hay gente de fuego sereno, que ni se entera del viento y gente de fuego loco, que llena el aire de chispas. Algunos fuegos, fuegos bobos, no alumbran ni queman; pero otros arden la vida con tantas ganas que no se puede mirarlos sin parpadear, y quien se acerca, se enciende".[44]

43 NESSI, Carlos, *Los buenos y los malos amores*, Aguilar, Buenos Aires, 2010.

44 GALEANO, Eduardo, *El libro de los Abrazos*, Siglo XXI, Madrid, 1993, p. 5.

CAPÍTULO TERCERO
LA HISTORIA DEL DIVORCIO

SECCIÓN PRIMERA
LA INDISOLUBILIDAD MARITAL Y LA INVOLUCIÓN DEL DIVORCIO

SUMARIO: 1. INTROITO. 2. EL DIVORCIO EN LAS SOCIEDADES ANTIGUAS. 3. LA MIRADA DE LA IGLESIA CATÓLICA. 4. EL DIVORCIO BAJO EL PRISMA DEL PROTESTANTISMO Y LAS IGLESIAS ORTODOXAS. 5. EL DERECHO CASTELLANO.

"El divorcio es tan viejo como el matrimonio. Aunque yo creo que el matrimonio es un par de semanas más antiguo".
Voltaire

1. INTROITO

Continuando con la metodología que adoptamos en los capítulos anteriores, en la presente sección pretendemos analizar cómo fue el camino que recorrió el divorcio desde el repudio unilateral[1], pasando por los orígenes del divorcio en sí mismo en el derecho ático clásico, hasta la desaparición de la *affectio maritalis* como causa extintiva, que se concretaba con la simple exteriorización de la voluntad de concluir el vínculo, entendido como un *res facti*, en el derecho romano.

Como hemos considerado anteriormente, el matrimonio es una construcción social presente desde los orígenes, en todas las civilizaciones, que ha ido mutando de acuerdo a la dinámica de cada sociedad en cada momento histórico determinado.

Esta convención social ha tenido siempre una vía de entrada, materializada con distintos ritos o ceremonias provenientes de cada cultura y; una vía de salida, que como adelantamos podía concretarse a través del repudio o del divorcio. Así fue durante muchos siglos hasta que los emperadores romanos se convirtieron al cristianismo y adoptaron esa religión como confesión oficial del Imperio.

Pero regresemos unos siglos atrás: el cristianismo no creó el matrimonio sino

1 La palabra repudio proviene del vocablo latino *repudium*, e implica un rechazo vergonzante o acto de rechazo de algo que causa vergüenza. Esta noción se aplicó a la potestad que tenían exclusivamente los hombres de rechazar a su esposa y devolverla a la casa paterna, pudiendo así contraer un nuevo matrimonio.

que, según la teología clásica, Jesucristo elevó a la dignidad de sacramento el matrimonio que se venía practicando desde hacía siglos. Y como veremos más adelante, ese carácter trae como consecuencia ineludible su indisolubilidad.

Es importante detenernos en este punto: el matrimonio no es un hecho natural ni divino, como tantas veces se lo afirmó indubitadamente; es, no obstante su trascendencia, una convención social, igual que tantas otras. ¿Qué matrimonio se elevó a la categoría de sacramento? El matrimonio que Jesucristo encontró en ese momento ya establecido en la civilización; muy distinto al que el Concilio de Trento se encargó de reglamentar con precisión, mil quinientos años después.

En esa línea argumental, creemos que no resulta del todo correcta la afirmación de que el matrimonio civil nació con la Revolución francesa; salvo que entendamos que *la revolución, al secularizar el matrimonio, le extrajo todo vestigio confesional* (aunque esta afirmación también posee sus reparos), *dando nacimiento a una institución autónoma e independiente*. El matrimonio civil es una convención social que nació con los albores de la civilización, tan distinto al que hoy conocemos, como tan distinta era la sociedad antigua respecto de la que vivimos hoy.

El emperador Augusto legisló sobre las ceremonias y ritos necesarios para la celebración y disolución del connubio romano y desde ese momento, el derecho público se ocupó de él. ¿Cómo llegó la Iglesia, entonces, a apropiarse de la regulación del matrimonio?

Justamente, por la introducción de las pautas cristianas en la legislación civil cuando los emperadores romanos abrazaron el cristianismo y lo convirtieron en la religión oficial del Imperio; y posteriormente, por la aquiescencia del poder monárquico frente a la auto-atribución legislativa y jurisdiccional de la Iglesia Católica.

Luego, el derecho castellano adoptó para sí la reglamentación prevista en el Concilio de Trento, y ese cúmulo de normas fue trasplantado desde la península ibérica a las Indias. De esta manera, la vida diaria en la colonia estaba pautada hasta en los más mínimos detalles, de modo que la moral pública y privada se encontraba normada por los preceptos tridentinos.

Desde la Revolución francesa en adelante, se separaron para siempre los caminos de dos instituciones que, no por ser denominadas mediante la misma palabra, serán reguladas de idéntica manera. El matrimonio confesional seguirá poseyendo la dignidad sacramental y consecuente, indisolubilidad para los fieles de la Iglesia Católica. En tal contexto, el Estado laico recuperó para sí una función indelegable, y desde ese momento se encargó de legislarlo y luego ir perfeccionando su propia regulación.

2. El divorcio en las sociedades antiguas

2.1. El repudio en el derecho antiguo. El Deuteronomio

La forma más primitiva de divorcio fue el repudio. En las legislaciones antiguas era otorgado comúnmente a favor del marido, y sólo excepcionalmente, podía acudir a él la mujer invocando causas graves. La evolución del instituto del repudio en la civilización egipcia nos demuestra que en un primer momento, fue admitido sólo a favor del marido y por motivos fundados luego, se habilitó a ambos cónyuges y en un estadio posterior, no se exigía causa alguna.

En Babilonia, en la antigua Persia, en la cultura celta y en Japón el repudio era práctica habitual. En el Derecho de la India, según las *Leyes de Manú*, eran causas de repudio la incompatibilidad de caracteres y la enfermedad incurable. En China, se otorgaba al esposo la posibilidad de repudiar a su mujer. Entre las causales encontramos a la rebeldía, la esterilidad, la intromisión y conflictos con la familia de origen del marido, entre otras.

Entre los hebreos, el repudio tenía un procedimiento previsto con la intervención de un rabino que redactaba la carta de repudio, pero si la mujer volvía a contraer un nuevo matrimonio, el anterior cónyuge no podía reconciliarse con ella aunque quedara viuda o fuese repudiada en el segundo matrimonio. La mujer podía dejar a su esposo por una enfermedad peligrosa para ella (v.gr. lepra), depravación o impotencia[2].

En Mesoamérica, los aztecas también utilizaron esta figura.

2.2 EL DERECHO ATENIENSE CLÁSICO

El derecho griego antiguo es un objeto de estudio fragmentado, pues la organización política en ciudades-estados *(polis)* conllevaba que cada unidad autónoma se manejara con su propia normativa interna. De esta manera, mientras en Atenas se admitía el derecho a divorciarse, incluso a la mujer en el supuesto de crueldad de su marido; en Esparta el divorcio estaba muy limitado, pues la unidad familiar y la procreación eran cuestiones de Estado[3].

En particular, en Atenas, frente a la crisis matrimonial la primera posibilidad -de hecho la más habitual- era el repudio: el marido directamente echaba a su esposa y la devolvía a su familia, quedando disuelto el vínculo sin mayores formalidades.

Por último, la disolución del matrimonio también podía corresponder, bajo ciertas condiciones excepcionales, a una decisión unilateral de la mujer, lo que se conocía como *"deserción o abandono"*, aunque en estos supuestos la dificultad era mayor.[4]

Algunos autores extraen de los testimonios preservados que el divorcio cumplía un doble papel y adquiría diferentes particularidades: en algunas ocasiones parece ser impuesto como sanción frente a la culpabilidad de uno de los cónyuges, mientras que en otras circunstancias se concebía como una válvula de escape, favorable a ambos esposos, frente a una situación conyugal crítica, manifestada en una desunión irreparable, que pretende solucionarse.

2 GUERREIRA, Víctor Hugo, *Divorcio y sociedad contemporánea*, Tea, Buenos Aires, 1988, p. 246.

3 Puede verse CAVALLERO, Pablo A., "Actualidad humana de la "Medea" de Eurípides: el tema del divorcio", en *Faventia: Revista de filologia clàssica*, nº 26, Fasc. 2, Servei de Publicacions, Universitat Autónoma de Barcelona, 2004, ps. 43/67.

4 BUIS, Emiliano J., "Matrimonios en crisis y respuestas legales: el divorcio unilateral o de común acuerdo en el derecho ateniense", en *Faventia: Revista de filologia clàssica*, nº 25, Fasc. 1, Servei de Publicacions, Universitat Autónoma de Barcelona, 2003, p. 18.

De ese modo, concluyen que la distinción entre el divorcio sanción y el remedio, que muchos consideran como un desarrollo teórico actual, acompaña al hombre desde tiempos remotos.[5]

2.3. El derecho romano

Para entender cabalmente este modo de disolución conyugal en el derecho romano, es menester recordar que el matrimonio era una *res facti*, que subsistía mientras pervivía la *affectio maritalis*. Y cuando ella desaparecía, el vínculo conyugal se extinguía por la voluntad de uno o ambos consortes, mediante el *repudium* o el *divortium*, respectivamente. De esta manera, el divorcio para la sociedad romana fue una consecuencia del concepto de matrimonio y no un instituto separado de éste.

Por ello, cuando el acuerdo de voluntades falta, es decir, el consentimiento recíproco de coexistir como matrimonio ya no existe, necesariamente, el hombre y la mujer no pueden ser considerados más marido y mujer[6]. El divorcio estuvo presente desde los orígenes del derecho romano, pero hasta el siglo III a.C. no se han encontrado menciones expresas sobre él. Al menguar las viejas costumbres, los divorcios fueron más usuales. En el inicio mismo de Roma, Plutarco *(Rómulo, 22)* recuerda que existía una *lex regia* dictada por el fundador de la ciudad, que permitía al marido el repudio de su mujer, alegando causas muy específicas.[7]

Posteriormente, comenzó a admitirse a la par del repudio -que en principio sólo correspondía al marido-[8] la decisión de divorciarse de la mujer[9]. Asimismo, la disolución ya no estaba limitada a causas determinadas ni atada a solemnidad alguna.

En el año 18 a.C., Augusto promulgó la *lex Iulia de adulteriis coercendis* que penaba distintos delitos contra la familia y el orden moral, y en lo que aquí interesa, previó que en adelante, el divorcio debía ser realizado de manera formal.[10]

---

5 Buis, Emiliano J., *ob. cit.*, ps. 25/26.

6 Bonfante, Pietro, *Instituciones del Derecho Romano*, Depalma, Buenos Aires, 1952, p. 190.

7 Cabe mencionar el divorcio de *Spurio Carvilio Ruga*, quien repudió a su mujer por ser estéril, denunciando bajo juramento ante los censores que la había tomado por cónyuge para tener hijos *(Aul. Gell. 17.21.44; Val. Max., 2.1.4)*.

8 En principio se utilizaba el vocablo repudium exclusivamente como un derecho del marido. Luego, cuando la mujer pudo también divorciarse, se hablaba del divortium. Sin embargo, estas palabras serán posteriormente utilizadas ambivalentemente para el divorcio requerido por cualquiera de los cónyuges.

9 Puede profundizarse en Núñez Paz, María Isabel, "Algunas consideraciones en torno al *repudium* y al *divortium*", en *Bullettino dell' Istituto di Diritto Romano* "Vittorio Scialoja", nº 30, 1988, ps. 713-724.

10 Puede ahondarse en Panero Oria, Patricia, *"Ius occidendi et ius accusandi" en la "Lex Iulia de adulteriis coercendis"*, Tirant lo Blanch, 2001; McGinn, Thomas AJ., "Concubinage and the *lex Iulia* on adultery", en *Transactions of the American Philological Association*, Scholars Press, 1991. ps. 335-375; Rizzelli, G., *Lex Iulia de adulteriis. Studi sulla disciplina di adulterium,*

A partir de Augusto, se establecieron progresivamente, diversas formalidades para la disolución del matrimonio. En ese contexto, durante la época republicana y al comienzo del Principado, el adulterio era tratado de manera muy distinta según fuera cometido por el hombre o la mujer. La única opción que tenía la mujer era divorciarse alegando la infidelidad de su marido, mediante la antigua costumbre de la *usurpatio trinoctium,* que consistía en ausentarse del hogar durante tres días y tres noches consecutivas a fin de que fuese disuelto el matrimonio y, por lo menos, recuperar su dote[11].

En suma, Augusto hizo de las relaciones privadas un asunto de Estado, que se encargó de regular y legislar en su nombre. Desde ese momento, existe un concepto legislativo de matrimonio, cuyo vínculo pasó a ser objeto del derecho estatal.

A riesgo de ser reiterativos, cabe dejar sentado que desde las leyes augustas, el matrimonio y el divorcio -que provenían de las *mores*, esto es, las costumbres del pueblo romano- fueron regulados por las leyes del Estado, con anterioridad incluso, al nacimiento de Jesucristo y del posterior cristianismo.

He aquí una afirmación central que a modo de columna vertebral sostiene el presente estudio: Se debe refutar la idea impuesta por la Iglesia Católica, que pregona que el matrimonio fue instituido por Jesucristo y proviene del derecho natural.

Algunos civilistas han planteado que el divorcio es "una institución que surge en épocas anormales. Los hebreos, los griegos y los romanos -pueblos que sucumbieron- tuvieron el divorcio cuando llegaron a la decadencia".[12]

Consideramos que no les asiste razón, pues como acabamos de observar[13], el divorcio fue admitido desde los orígenes de Roma, y fue restringido incluso después de que los emperadores adoptaron el cristianismo[14]. Más aún, hasta el principio de la época clásica regirá el principio general de la libertad para divorciarse, lo cual conllevaba la invalidez de cualquier pacto acerca de una potencial ilicitud del divorcio o, de estipulaciones que prevean penas al que se hubiese divorciado[15].

Cuando empieza la época cristiana, la vigencia del divorcio continuó. Los emperadores, aún cristianos, no llegaron a la aceptación de la doctrina de los

---

lenocinium, stuprum, Lecce, 1997.

11 Di Pietro, Alfredo, *Derecho Privado Romano,* 2ª ed. reimp., Depalma, Buenos Aires, 2001, p. 326 y ss.

12 Barbero, Omar U., "¿Son inconstitucionales los compromisos irrevocables y los vínculos indisolubles?, LL 1987-B, 902.

13 Incluso, al analizar el derecho ateniense clásico, comentamos el caso de Menecles, quien no sólo concluyó el vínculo con su mujer, sino que luego de consultar a su esposa, la entregó en casamiento a otro hombre.

14 No sólo se admitía el divorcio, sino que las segundas nupcias eran bien vistas. Incluso, eran obligatorias. La regulación prevista en las leyes augustas incluía a los viudos y los divorciados, quienes debían casarse inmediatamente, mientras que las viudas y las divorciadas tuvieron un plazo (18 meses y 2 años, respectivamente).

15 Paulo, D.45.1.134 pr.; Alejandro Severo, C.8.39 (38).2; año 223.

Padres de la Iglesia acerca de la incipiente indisolubilidad del matrimonio. Sin embargo, comenzaron a regular con criterio restrictivo el divorcio por requerimiento unilateral, previendo incluso, penas económicas y aun personales, cuando se solicitaba sin causa justificada.

Así, Constantino (año 331 d.C.) permitía el repudio del marido por causas justificadas. La mujer sólo podía repudiar a su marido si éste era homicida, envenenador o violador de sepulcros. Por una constitución del año 421, los emperadores Honorio, Theodosio y Constancio, regularon las causales de manera más general, distinguiendo aquellas graves de las leves, sin mencionarlas expresamente.

En el año 449 d.C., el emperador Theodosio II y Valentiniano III restablecieron el sistema de culpas, y el adulterio -de cualquiera de los esposos- era considerado una causa grave. Incluso, era lícito el divorcio por mutuo consentimiento y, el emperador Anastasio (año 497) permitía que la mujer volviera a casarse luego de un año[16]. Recién Justiniano comenzará una marcada restricción de la libertad de divorciarse.

3. La mirada de la Iglesia Católica

3.1. El divorcio en los albores del cristianismo

En un principio, la Iglesia no intervenía en el matrimonio de sus fieles, pero con el tiempo se fue interesando en él, abarcando todos sus aspectos. En tal contexto, el divorcio era admitido entre los primeros cristianos, aunque la Iglesia poco a poco, lo fue prohibiendo. Según el Nuevo Testamento, el adulterio era un comportamiento en fundamental contraste con el ser cristiano.

En la Edad Media, ya obtenido el doble monopolio legislativo y jurídico sobre el matrimonio, la Iglesia se encargará de otorgarle el carácter sacramental y la consecuente indisolubilidad. Así, tras la celebración del Concilio de Trento que concluirá en el año 1563, se le añadió al matrimonio el carácter indisoluble que le otorga el derecho canónico hasta el día de hoy, sólo permitiendo la separación de cuerpos.

Con mayor precisión, podemos colegir que la Iglesia de occidente excluye actualmente la disolución del matrimonio sacramental rato y consumado entre los bautizados; conoce, sin embargo, el divorcio para el matrimonio no consumado, así como, por el privilegio paulino y petrino, para los matrimonios no sacramentales. Junto a ello están las declaraciones de nulidad por vicio de forma.

Pero analicemos con mayor profundidad este punto de inflexión en la mirada de la Iglesia Católica sobre el matrimonio y el divorcio.

3.2. El quiebre: La imposición de la indisolubilidad

A lo largo de los siglos, la doctrina católica no ha variado su respuesta con relación al divorcio. La Iglesia entiende que el matrimonio es indisoluble una vez que los cónyuges han realizado el acto sexual, lo que define como

16 DI PIETRO, Alfredo, *Derecho privado...*, cit., ps. 327 y 328.

matrimonio perfecto[17]. Así sólo acepta la separación de cuerpos sin autorizar un nuevo casamiento.

El derecho canónico, sólo en ciertos y determinados supuestos, permite el divorcio vincular de las parejas que no concretaron la *unita carnis*. Los teólogos del siglo XVI definían al divorcio respecto del matrimonio concretado, como de "*mesa, lecho y habitación*", que podía ser temporal o perpetuo. Al entender que el matrimonio es un contrato consumado, resulta lógico que bajo esa ideología, el divorcio sea un trámite difícil y complejo de concretar.

Para el derecho canónico, el divorcio *total* sólo se otorga en determinados casos de los tres estados en que la Iglesia divide a la unión conyugal. El primero de los estados es el que la Iglesia denomina *matrimonio legal*, que refiere al casamiento formalizado según las normas seculares o civiles de las sociedades integradas por gentiles o no cristianos.

El matrimonio rato incluye las uniones de cristianos realizadas siguiendo las pautas del sacramento, pero que no llegan a concretar la cópula. El estado más perfecto es el matrimonio consumado. Para la doctrina cristiana, el matrimonio legal, esto es, el conformado por parejas de infieles, se puede disolver *ex Christi dispensatione in favorem fidei*, cuando uno de los integrantes de la pareja se convierte, bautizándose, a la fe cristiana y el restante se niega a hacerlo, perseverando en sus creencias. En este caso, tiene el católico, derecho a disolver el matrimonio, aunque esté ya consumado.

A su turno, el *matrimonio rato* se puede disolver *quoad vinculum per solemnen professionem religiosam*, tal como lo dispone el Concilio de Trento; o según la opinión de la mayoría de los teólogos y canonistas, por dispensa del Papa.

Ahora bien, el matrimonio contraído entre fieles y consumado no puede ser disuelto, porque éste significa la unión del *Verbo Divino* con la naturaleza humana.

Podemos colegir, entonces, que el derecho canónico no permite bajo ninguna circunstancia el divorcio *quoad vinculum* en los matrimonios consumados, sino que sólo autoriza la separación de cuerpos *quoad torum* y *habitatione*.

Sentado todo ello, cabe precisar que la doctrina católica entiende que el divorcio puede ser perpetuo o temporal. El primero de ellos, puede ser decretado por el adulterio o, cuando el juez llega a la conclusión de que los cónyuges jamás vivirán en paz, por la notable sevicia de uno de ellos. Por otro lado, las causas del divorcio temporal son que la conducta de uno de los consortes haga caer al otro en pecados graves[18].

Podemos observar asimismo, otros motivos de divorcio en relación al

---

17 Puede verse HERVADA XIBERTA, Javier, *Carta sobre el divorcio: el matrimonio y la fe de la Iglesia*, Navarra Gráfica, Pamplona, 1998; LARTIGAU LESPADA, H., *El divorcio como institución religiosa*, Talleres Gráficos Araujo Hnos., Buenos Aires, 1923 y; MATABOSCH, Antoni - TORRAS I RODERGAS, Josep, *Divorcio e Iglesia*, Marova, Madrid, 1979, entre otros.

18 Más concretamente, se menciona entre las causas que para la Iglesia permitían la separación de cuerpos en los matrimonios constituidos bajo las normas ortodoxas, el adulterio, el maltrato de uno o de ambos integrantes de la pareja, enfermedades específicas como la sífilis, lepra o la locura, engaños en los contratos de esponsales, o en los casamientos por poder.

matrimonio no consumado y a los esponsales. Así se presenta la causal de impotencia, siempre que ella sea perpetua y anterior al matrimonio bendecido por la Iglesia, constituye un motivo suficiente para anular los esponsales. Reparemos que desde la óptica del antiguo régimen, la inclusión de esta causal resulta lógica, pues se relaciona directamente con la imposibilidad de transmitir la herencia de los bienes materiales.

En ese sentido, el historiador francés Jean Louis Flandrin apunta que, en el siglo XVI, el marido era el responsable de las acciones de la esposa, una actitud basada en la creencia de que los hombres no perdían su honor por el hecho de mantener relaciones sexuales fuera del matrimonio.[19]

4. El divorcio bajo el prisma del protestantismo y las iglesias ortodoxas

El factor común en la regulación del matrimonio en otros credos cristianos no católicos es que, a diferencia de la Iglesia Católica, no lo consideran un sacramento. Juzgaban que no podía ser contraria a la voluntad de Dios la disolución del vínculo por los tribunales en caso de violación y desprecio de los deberes derivados del matrimonio. Entendían que Jesús nada dijo sobre el divorcio por mutuo consentimiento ni sobre el fundado en causas determinadas por la ley civil, razón por la cual no habría prohibido ni uno ni otro[20].

Lutero y Calvino[21] negaron el carácter indisoluble del matrimonio, y ello impuso su reafirmación en el ámbito del Concilio de Trento. Aunque las enseñanzas de los primeros protestantes fueron muy variables, Lutero sostuvo que todo lo relacionado con el matrimonio era una cuestión propia de la legislación civil[22], y por lo tanto, la religión debía abstenerse de regularlo.

La mayoría de las confesiones protestantes no consideran al matrimonio una celebración religiosa, sino un evento que incumbe a las autoridades civiles. Igualmente, aceptan como dato *escriturístico* la admisión del divorcio o el repudio.

En fin, la consecuencia inevitable de la negación del carácter sacramental y la indisolubilidad del matrimonio conlleva la admisión del divorcio. En particular, las iglesias ortodoxas -griega y rusa- siempre admitieron el divorcio vincular por causas imputables a uno de los cónyuges. La iglesia griega añade la causal de enfermedades físicas y mentales incurables[23].

---

19 Adviértase que tanto la teología como el derecho han sido hechos por hombres, desde una concepción patriarcal y masculina.

20 Belluscio, Augusto C., *Manual de Derecho de Familia*, 6ª ed., t. 1, Depalma, Buenos Aires, 1998, p. 359.

21 Ver Chaunu, Pierre, *L'aventure de la Réforme. Le monde de Jean Calvin*, Desclée de Brouwer, París, 1986.

22 Lutero despreció sus votos y contrajo matrimonio, al cual despojó de todo carácter sacramental y se sometió a la autoridad secular.

23 Belluscio, Augusto C., *Manual ..., cit.*, t. 1, p. 360.

Para la iglesia copta[24], el matrimonio es uno de los siete sacramentos y también una vocación compatible con la de los presbíteros y diáconos. Se da más importancia a la bendición nupcial que al consentimiento pues, según su teología, es Cristo mismo quien los une. Así, la huella del matrimonio se mantiene incluso después de la muerte de uno de los cónyuges.

Sin embargo -al igual que las iglesias ortodoxas- se justifica un nuevo matrimonio del esposo que no ha cometido adulterio -en caso de que su cónyuge lo haya hecho- y por diversos motivos que se han ido añadiendo con el paso del tiempo.

En el otro extremo del pensamiento, una vertiente de la teología no protestante es la creencia de las *iglesias restauracionistas* como la Iglesia de Jesucristo de los Santos de los Últimos Días y el movimiento Mormón. Este último predica que el matrimonio es eterno e instituido por Dios, toda vez que no finaliza con la muerte de los esposos. Finalmente, la iglesia anglicana[25] mantiene oficialmente el rechazo al divorcio.

5. El derecho castellano

Debemos comenzar este parágrafo refiriéndonos al Fuero Juzgo que rigió en la península Ibérica durante la dominación visigoda. Este cuerpo normativo autorizaba el divorcio en determinados supuestos, esto es, cuando se acreditaba la sodomía del esposo, la inducción a la prostitución de la mujer y el adulterio de ésta.

A su turno, las Ordenanzas Reales de Castilla conocidas como Ordenamiento de Montalvo (1484) reglamentaron la publicidad de los matrimonios y su régimen patrimonial; y posteriormente las Leyes de Toro (1505)[26] se ocuparon del matrimonio clandestino.[27]

Luego, Las Partidas[28] definen al matrimonio como *"ligamento e fortaleza muy grande"*, que sólo podía disolver la Iglesia, si uno de los contrayentes *"se faga*

---

24 El término copto hace referencia a los egipcios que profesan algún tipo de fe cristiana, ya sea en la Iglesia Copta, en la Iglesia Ortodoxa Copta, en la Iglesia Católica Copta o en la Iglesia evangélica copta.

25 La Iglesia Anglicana nació en 1534, tras la negativa del Papa Clemente VII a declarar nulo el matrimonio de Enrique VIII con Catalina de Aragón. El rechazo del pontífice llevó al monarca a emancipar a la Iglesia de Inglaterra de la Iglesia Católica Romana y autoproclamarse Jefe Supremo de la Iglesia de Inglaterra.

26 Las Leyes de Toro constituyen un conjunto de 83 leyes aclaratorias y supletorias, inspiradas en el Ordenamiento de Alcalá de Henares, en las opiniones de los juristas y en las decisiones judiciales.

27 Cfr. Libro V, títulos I y IV; y la ley 49 de Toro.

28 Son muchas las ediciones de Las Partidas. A modo ejemplificativo, puede verse López, Gregorio, *Las Siete Partidas del Sabio Rey D. Alfonso el IX*, con las variantes de más interés y con la glosa del Lic. Gregorio López, Imprenta de Antonio Bergnes y Cia., Barcelona, 1843; o las extractadas por el Lic. Ignacio Velasco Pérez, Imprenta de la viuda de Jordán e hijos, editores, Madrid, 1843.

hereje, o judío, o moro, o faciere adulterio"[29]; y al divorcio como *"departimento"*, entendiendo por tal "la separación del marido y la mujer por justo impedimento probado en juicio".[30]

A renglón seguido, la Partida IV[31] -recogiendo una disposición del Fuero Juzgo- preveía que los cónyuges *"nunca se deven partir en su vida; e pues Dios los ayuntó, non es derecho que ome los departa"*. De hecho, este ordenamiento exigía que la sentencia de divorcio hubiera sido pronunciada *"por los arzobispos o por los obispos", "de cuya jurisdicción fueren aquellos que departen"*.[32]

Como puede observarse, la indisolubilidad del matrimonio no fue reconocida desde un principio, y menos aún por los grupos dominantes. Durante la Reconquista, en España, el divorcio fue un hecho frecuente y aceptado por las costumbres tradicionales de influencia germánica; aunque debía de estar justificado por motivos graves.

La idea de la indisolubilidad era una norma exclusiva del cristianismo que no se había incorporado íntegramente en la vida cotidiana de la gente, aunque ello fue variando con el tiempo, especialmente luego del cónclave tridentino.

5.1. Su aplicación en las Indias: El período colonial

Por Real Cédula de 1530, la corona española dispuso que rigiese en América el derecho de Castilla, contenido fundamentalmente en las *Siete Partidas*. El matrimonio organizado por este cuerpo normativo tenía un carácter profundamente religioso; la única unión reconocida era la consagrada por la Iglesia Católica.

La potestad reguladora de la Iglesia era excluyente a tal punto, que *Las Partidas* establecían -con carácter de impedimento dirimente no dispensable- la prohibición de contraer matrimonio con un heterodoxo, esto es, con una persona que no profesara el culto católico[33]. Si bien fue originariamente establecido teniendo en cuenta a judíos y moros, se aplicó después a los protestantes y a toda clase de herejes. Ahora bien, por decreto de Felipe II del 12 de julio de 1564 *se incorporan a la legislación castellana las disposiciones del Concilio de Trento en materia matrimonial,* y por cédula del 9 de julio de 1621 se precisó que la aplicación de ellas comprendía al Estado de Indias.[34]

---

29 Con mayor precisión, se autorizaba el divorcio si uno de los casados, después de consumado el matrimonio, entraba en religión con consentimiento del otro; por el adulterio de la mujer, siendo acusada y probado el pecado; y por el adulterio espiritual, que en los hechos implicaba que alguno de los cónyuges se convertirse en hereje, moro o judío (Partida IV, título 10, ley 2).

30 Cfr. Partida IV, título 10, ley 1.

31 La cuarta Partida se ocupaba del matrimonio. La fuente de estas disposiciones fueron las Decretales. Contenían la definición de matrimonio, la etimología de la palabra, las consecuencias del matrimonio, sus fines, la capacidad para contraerlo, deberes y derechos de los cónyuges, los impedimentos, el matrimonio clandestino y el de los siervos.

32 Cfr. Partida IV, título 10, ley 7.

33 Ley 16, título II, Partida IV.

34 Puede profundizarse en Matraya y Ricci, Juan Joseph, *Catálogo cronológico de pragmáticas,*

Es importante dar algunas precisiones sobre el sistema jurídico de las Indias. Este era un régimen complejo integrado por varios ordenamientos. Sin embargo, la unidad de este sistema estuvo asegurada por la concepción jurídica de la época, que subordinaba el derecho positivo a las leyes divina y natural[35]. De esta manera, el derecho de la Iglesia rigió la sociedad indiana[36], formando parte, junto con los derechos seculares, del sistema jurídico del nuevo mundo.[37]

El trasplante del derecho castellano fue pleno y supuso, no sólo el de las leyes, sino también el de los principios, de inspiración romano-canónica[38]. En suma, *Las Partidas* y el derecho matrimonial del concilio rigieron en nuestro país hasta la entrada en vigencia del Código Civil[39]. Las disposiciones tridentinas continuaron vigentes incluso hasta la sanción de la ley 2393.

El matrimonio definía a la *familia tradicional*, es decir, la unidad monogámica conyugal que podía incluso abarcar a parientes y servidores y; *aquella familia tradicional era el mecanismo más apropiado para transmitir bienes y una posición social* (relaciones con el poder, títulos nobiliarios, prestigio) *heredada de generación en generación*. La familia, como sujeto histórico-cultural, ha desempeñado desde siempre un papel fundamental en la construcción del orden político y social. De ahí la importancia de analizar su estructura interna, las relaciones de poder y los derechos y obligaciones que se generan entre sus miembros, es decir, la propia dinámica interna doméstica[40]; y consecuentemente el interés en su regulación.

Por eso, cada uno de los aspectos que regían las relaciones internas y externas

---

cédulas, decretos, órdenes y resoluciones reales, Instituto de Investigaciones de Historia del Derecho, Buenos Aires, 1977.

35 LEVAGGI, Abelardo, *Manual de historia del derecho castellano (castellano-indiano/nacional)*, t. I, 2a. ed., Depalma, Buenos Aires, 1998, p. 149.

36 Se aplicó como derecho principal, con preferencia a todo otro derecho -salvo el dictado por el rey en ejercicio del patronato-, cuando el caso concernía al fuero de la conciencia y a la materia espiritual. Se aplicó también como derecho subsidiario en los demás casos, cuando la situación no había sido contemplada por el derecho secular.

37 Véase SOCOLOW, Susan, "Parejas bien constituidas. La elección matrimonial en la Argentina colonial, 1778-1810", en Anuario IEHS, nº 5, Instituto de Estudios Histórico Sociales, Universidad Nacional del Centro, Tandil, 1990. Esta autora sostiene que una consecuencia de la Real Pragmática fue un marcado descenso de los matrimonios entre "blancos" y miembros de otras "castas" y entre hijos "legítimos" y "naturales", que en Buenos Aires se redujeron de cerca del 23% al 10% del total de casamientos registrados antes y después de 1778. Podemos observar que esta norma acentuó la discriminación racial y social existente hasta ese momento en la colonia.

38 LEVAGGI, Abelardo, *Manual..., cit.*, ps. 153/4.

39 Es sabido que Vélez estableció que el matrimonio entre católicos, y entre católicos y cristianos disidentes debía celebrarse de acuerdo a los cánones y solemnidades de la Iglesia Católica, que tenía la jurisdicción para decidir sobre ellos (arts. 167, 168 y 180, CCiv. derogado).

40 CICERCHIA, Ricardo, "Familia: La historia de una idea. Los desórdenes domésticos de la plebe urbana porteña. Buenos Aires, 1776-1850", en WAINERMAN, Catalina (comp.), *Vivir en Familia*, Unicef / Losada, Buenos Aires, 1994, p. 49 y ss.

de la pareja estaban perfectamente establecidas por normas del más diverso origen, que iban desde la imposición de la monogamia e indisolubilidad del vínculo hasta la definición del incesto y de las relaciones más íntimas.[41]

La vida diaria en la colonia, lo mismo que en la metrópoli, estaba pautada por los tiempos, las ideas y las costumbres del cristianismo católico, más precisamente, por el catolicismo de la Contrarreforma[42]. Tanto la moral pública como la privada estaban reguladas por los preceptos doctrinarios establecidos por el Concilio de Trento.

Así las cosas, tanto las leyes de Indias[43] -v.gr. "Real visita e inquisición de vida"- establecida en el Río de la Plata en el año 1633[44], como la Iglesia, por intermedio de sus representantes, imponían a sus súbditos / fieles la obligación de hacer vida en común con sus esposas[45], cumplir con los deberes matrimoniales, y no separarse[46]. Se trataba de evitar, por todos los medios, la presencia de mujeres solas.

A fortiori, por la Real Cédula del 22 de marzo de 1787 se dispuso que los jueces eclesiásticos sólo debían entender en las causas de divorcio, sin mezclarse por ninguna razón en las temporales y profanas sobre alimentos, litis expensas o restitución de dotes.

---

41 RODRÍGUEZ MOLAS, Ricardo, *ob. cit.*, p. 12.

42 Se remite *brevitatis causae* a PORRO GIRARDI, Nelly Raquel, "La vida urbana en su faz privada", en Academia Nacional de la Historia, *Nueva Historia de la Nación Argentina,* t. 3 «Período español (1600-1810)», Ed. Planeta, Buenos Aires, 1999.

43 Algunas normas preveían que los mercaderes establecidos en España, para trasladarse al Nuevo Mundo, debían presentar previamente ante las autoridades el debido consentimiento de sus cónyuges y depositar, paralelamente, una fianza que alcanzaba a la cuarta parte de sus bienes. En ningún caso podían ausentarse más de tres años. Transcurrido ese tiempo, si deseaban quedarse, debían duplicar la fianza; en caso contrario, regresar o llevar a vivir con ellos a sus esposas. De no cumplir con ello, ante la correspondiente denuncia de la mujer, la justicia lo encarcelaba.

44 En particular, se les preguntaba a los pobladores de la región, en forma especial: *"si saben de algunas personas siendo casados y velados (que han celebrado la ceremonia nupcial) no hacen vida maridable y se han apartado sin autoridad de la Iglesia o si se han casado dos veces, siendo vivas las primeras mujeres".*

45 Los conminados con la amenaza de ser devueltos por la fuerza a España, junto a sus esposas o las novias a quienes dieran palabra formal de matrimonio, inventaban, después de ser descubiertos y aprehendidos, toda suerte de ardides y astucias para sustraerse al castigo; proporcionaban a las autoridades datos falsos acerca de ellos y de sus mujeres, trataban de procurarse certificados de exención de los virreyes, los presidentes de Audiencia, o los gobernadores y los conseguían, no pocas veces, si disponían del dinero necesario para el soborno; escapaban del transporte que los conducía al puerto de embarque o de la cárcel o contraían con los comerciantes del puerto, intencionada y sistemáticamente, deudas tan altas que no podían hacerlas efectivas antes de embarcarse, para que los acreedores consiguieran el secuestro judicial de sus personas y su encarcelamiento en una prisión del país, ***suerte que ellos consideraban más soportable que someterse en España a las cadenas del matrimonio.*** FRIEDERICI, Georg, *El carácter del descubrimiento y la conquista de América,* Fondo de Cultura Económica, México, 1986.

46 Véase DEDIEU, Jean-Pierre, "El modelo sexual: la defensa del matrimonio cristiano", en BENNASSAR, Bartolomé, (ed.), *Inquisición española: poder político y control social,* Crítica, Barcelona, 1984, ps. 231-269.

El juez eclesiástico podía conocer sobre esponsales, nulidad del matrimonio y divorcio, mientras que al juez civil, de conformidad con la Real Cédula mencionada, le tocaba intervenir en los efectos civiles y penales de estos divorcios religiosos.

En definitiva, el derecho español que aplicó las normas tridentinas para la regulación del matrimonio, preveía que éste podía disolverse de dos maneras: a) en lo relativo al vínculo -*quod vinculum*- por muerte de uno de los cónyuges o por religión; y b) en lo relativo al cuerpo y lecho -*quod thorum et mensam*- el vínculo permanecía intacto, pero los esposos podían separarse en forma temporal o perpetua, según la gravedad de las causas.

La separación temporal se concedía con la esperanza de que, con el transcurso del tiempo, el cónyuge culpable se enmendara, y así ambos pudieran volver a cohabitar pacíficamente. En cambio, la separación perpetua se decretaba cuando de las pruebas constara que no había esperanza de enmienda[47]. Las causales por las cuales los tribunales eclesiásticos concedían el divorcio eran: adulterio, malos tratos y sevicia.

Adviértase finalmente, que la concepción procreativa del antiguo régimen exigía que el matrimonio ejerciera su misión fundamental, que en aquella época era la reproducción. Desde esta óptica, la ruptura conyugal conllevaba la imposibilidad de continuar la transmisión legítima del poder y; por ello, era necesario a toda costa evitar la separación.

---

47 Kluger, Viviana, "Recopilación, codificación, descodificación y recodificación. Permanencias y cambios en el derecho de familia argentino", en Cruz Barney, Oscar (coord.), *La Codificación*, Ed. Porrúa, México, 2006, p. 85.

SECCIÓN SEGUNDA
EL DIVORCIO EN EL DERECHO ARGENTINO Y SU PROYECCIÓN HISTÓRICA

SUMARIO: APARTADO PRIMERO. CONTINUIDAD DEL RÉGIMEN VIGENTE. APARTADO SEGUNDO. ALBORES Y CONSOLIDACIÓN DEL DIVORCIO COMO INSTITUCIÓN CIVIL. A) DE CUANDO POR PRIMERA VEZ SU QUIEBRA LA INDISOLUBILIDAD. B) LA REGULACIÓN SISTEMÁTICA E INTEGRAL DEL DIVORCIO VINCULAR.

"Cuando dos personas están bajo la influencia de la más violenta,
la más insana, la más ilusoria y la más fugaz de las pasiones,
se les pide que juren que seguirán continuamente en esa condición
excitada, anormal y agotadora hasta que la muerte los separe".
George Bernard Shaw

APARTADO PRIMERO
CONTINUIDAD DEL RÉGIMEN VIGENTE

SUMARIO: 1. TRASLACIÓN DEL INSTITUTO CANÓNICO AL DERECHO PATRIO. 1.1. INCUBANDO INTENTOS SECULARIZADORES. 2. LA EFÍMERA LEY DE MATRIMONIO CIVIL DE LA PROVINCIA DE SANTA FE. 2.1. BREVE APROXIMACIÓN AL CONTEXTO SOCIOCULTURAL. 2.2. EL ACIERTO DE UNA LEY EN UN CONTEXTO ESQUIVO. 2.3. LA REACCIÓN DE LA IGLESIA. 3. EL CÓDIGO CIVIL Y SUS INFLUENCIAS. 3.1. LAS CRÍTICAS DE SUS CONTEMPORÁNEOS. 3.1.1. EL PENSAMIENTO ALBERDIANO. LA POLÉMICA CON VÉLEZ SARSFIELD.

1. TRASLACIÓN DEL INSTITUTO CANÓNICO AL DERECHO PATRIO

El divorcio ha existido en todos los tiempos y en todas las sociedades, pero su significación sociológica, sus consecuencias y sus efectos varían temporal y geográficamente, de acuerdo con la estructura social y económica predominante.

Sin embargo, el derecho canónico ha regido durante muchos siglos la institución matrimonial en todos aquellos países en que ha sido preponderante la influencia de la Iglesia. Y como veremos, la legislación laica, en especial el Código Civil, no obstante haberse independizado del derecho eclesiástico, ha recogido sus reglas y principios fundamentales. En ese contexto, apuntaba Molinario que toda la legislación laica en materia matrimonial no resultaba ser otra cosa que el traspaso de la doctrina cristiana y del derecho canónico a la legislación civil[1].

En igual sentido, Belluscio[2] nos recuerda que el cristianismo tuvo singular importancia para la formación del matrimonio moderno, y de esta manera, el derecho canónico es la base de la legislación matrimonial civil.

En fin, en el derecho colonial y posteriormente en el derecho patrio, el divorcio *a secas* -religioso- era la única forma posible de disolución del matrimonio aceptada entonces por el poder civil y que, en su esencia, se traslada a la legislación sancionada en los momentos previos a la formación de la Argentina moderna.

1.1. INCUBANDO INTENTOS SECULARIZADORES

En adelante analizaremos algunos intentos secularizadores que constituyeron la prehistoria[3] de la laicización del matrimonio producida en nuestro país por la ley 2393.

La familia en lo que hoy es territorio argentino, fue formada a imagen y semejanza de su par española, que fuera trasplantada a América con la conformación de las colonias. Sin embargo, con posterioridad a la Revolución de Mayo, el derecho patrio fue moldeando la fisonomía de la familia colonial. Con la inspiración proveniente de la revolución francesa, se inicia el largo y sinuoso camino hacia su secularización.

Por caso, el decreto del 22 de enero de 1824 sometió a la jurisdicción civil las causas matrimoniales -nulidad del matrimonio y separación de cuerpos- excluyéndolas de la competencia eclesiástica vigente en esos tiempos. Esta norma no llegó a tener aplicación práctica por la resistencia de los sectores católicos.

A su turno, la ley del 26 de marzo de 1833 otorgó al Poder Ejecutivo la facultad de dispensar el impedimento matrimonial entre católicos y protestantes, que la ley de *Partidas* prohibía, creando asimismo, un registro de disidentes o personas sin religión a efectos de autorizar sus matrimonios.

Un año más tarde, el gobernador de la provincia de Buenos Aires, Juan José Viamonte, dictó un decreto por el cual creaba un registro especial denominado "Registro Cívico de matrimonios de individuos pertenecientes a diversas creencias religiosas", permitiendo que quienes no pertenecían a la

1 En sentido coincidente, se expidieron Colin y Capitant, Marty y Raynaud, Enneccerus-Kipp-Wolff, Lehmann, Lafaille y Giacchi. FERRER, Francisco A. M., "Derecho matrimonial", en MÉNDEZ COSTA, María Josefa, LORENZO DE FERRANDO, María Rosa, CADOCHE DE AZVALINSKY, Sara, D'ANTONIO, Daniel H., FERRER, Francisco A. M. y, ROLANDO, Carlos H., *Derecho de familia*, t. I, Rubinzal Culzoni, Santa Fe, ps. 95 y 96.

2 BELLUSCIO, Augusto C., *Manual …*, cit., t. 1, p. 152.

3 Utilizamos aquí la acepción de "prehistoria" que da Real Academia de la Lengua Española, que la define como el período en el que se incuba un movimiento cultural, religioso o político, en este caso, secularizador. En tal sentido, la noción de incubar aplicada a una tendencia o movimiento político refiere al inicio de su desarrollo antes de su plena manifestación.

religión católica pudiesen contraer matrimonio entre sí ante el ministro de su respectivo culto y un escribano designado por el gobierno, quien asentaba la partida en el citado registro.

Previamente, el 20 de diciembre de 1833, el gobernador había creado, también por decreto, el "Registro de ministros del culto de las diferentes creencias religiosas existentes en la Provincia". Debían inscribirse en él "todos los ministros de creencias distintas de la Religión Católica, Apostólica, Romana, que de presente existen y en adelante llegaren a esta ciudad", salvo los que integrasen Legaciones extranjeras como parte de la comitiva de sus Ministros, bajo apercibimiento de ser expulsado o recibir otras sanciones.

Como puede observarse, no se trataba de un registro de iglesias o de comunidades, sino de ministros religiosos, y esto por la manifiesta razón de que cumplían funciones de registro civil al registrar nacimientos, defunciones y matrimonios. Pero ese registro denota, al mismo tiempo, la incipiente existencia de iglesias o comunidades religiosas distintas de la católica, no contempladas en el ordenamiento jurídico vigente.

En fin, en los albores de la Confederación Argentina, estos atisbos secularizadores sólo se producían en Buenos Aires, mientras que en las otras trece provincias se continuó con el derecho español sin modificaciones. No obstante, ello no produjo inconvenientes sociales, pues el impacto inmigratorio llegaría a esas tierras varias décadas después. *A fortiori,* el gobernador de la provincia -en ese momento, Estado- de Buenos Aires dictó un decreto de fecha 28 de octubre de 1857, por el cual reglamentó la forma de llevar los registros parroquiales, imponiendo determinadas formalidades para las actas de matrimonios religiosos.

Santa Fe era la segunda provincia, después de Buenos Aires, en la recepción de los contingentes inmigratorios y al producirse su asentamiento, comenzaron los inconvenientes con el matrimonio exclusivamente religioso y con la subsistencia de aquel vetusto impedimento de mixta religión. Se produjeron numerosos conflictos, y ello explica que fuese un senador santafesino, don Joaquín Granel, quien haya planteado por primera vez ante el Congreso Nacional la necesidad de admitir el matrimonio civil para permitir a los inmigrantes no católicos contraer nupcias válidas[4].

Debemos destacar la importancia de estos impulsos secularizadores promovidos a principios de la incipiente organización nacional. Estos intentos de acaparar funciones en nombre del poder estatal en detrimento del monopolio eclesiástico no poseen parangón con la continuidad que propondrá nuestro codificador.

2. La efímera ley de matrimonio civil de la provincia de Santa Fe[5]

Los postulados liberales propuestos en la Carta Magna dejaron en evidencia la contradicción existente entre ella y el derecho infraconstitucional, pues

4 El proyecto de ley fue presentado el 13 de agosto de 1867, y si bien pasó a comisión nunca fue tratado. Véase Molinario, Alberto D, "En el centenario del primer proyecto de ley de matrimonio civil", JA 1967-IV, 354.

5 Molinario, Alberto D, "De nuevo sobre la ley santafesina de matrimonio civil", JA 1967 Secc. Doctrina, p. 844.

el matrimonio cristiano como única forma matrimonial válida vulneraba la libertad de culto y la libertad de casarse. Para un extranjero que no sea católico, denunciaba Sarmiento, "la presente legislación del país no ofrece sino una de estas tres alternativas: o ha de apostatar y hacerse el hipócrita; o bien vivir en concubinato, o volverse al país de donde vino"; y consideraba esta situación impolítica hasta el último grado[6]. Justamente, las parejas que querían contraer matrimonio y no podían porque la Iglesia Católica se los impedía, comenzaron a reclamar.[7]

2.1. Breve aproximación al contexto sociocultural

Santa Fe, a mediados de 1860, era una provincia que había empezado a crecer, y una de las manifestaciones de ese crecimiento era la llegada de inmigrantes.

Como todo liberal progresista, Oroño sabía que para garantizar la llegada de los inmigrantes y asegurar su permanencia era necesario estimular la educación y respetar las libertades religiosas. Las exigencias eran prácticas, no ideológicas. La secularización de los cementerios y los registros civiles trataban de hacer realidad el principio constitucional que defendía la libertad de cultos. En nombre de esa ley, era necesario que el Estado se hiciera cargo de las tareas consideradas importantes en la vida cotidiana de los hombres: el nacimiento, el casamiento y la muerte.

El gobierno burgués de Oroño sancionaba estas leyes no por motivos teológicos, sino para perfeccionar su condición de burgués. Las leyes laicas eran indispensables para asegurar la constitución de una superestructura institucional y política que expresara los nuevos cambios económicos que se intentaba promocionar[8].

A modo ilustrativo, resta recordar su proyecto de ley de expropiación de un convento[9]. Estas responsabilidades del Estado que Oroño intentaba impulsar, enervaban a los católicos que se consideraban víctimas de un ataque impío y masónico[10].

---

6 Ferrer, Francisco A. M., "Derecho matrimonial", en Méndez Costa y otros, *ob. cit.*, p. 100.

7 A modo ejemplificativo, en 1867 Nicolás Fuentes, ciudadano oriundo de la provincia de Santa Fe, que era masón, quiso casarse, pero el obispo le exigía como condición que abjurara públicamente de la masonería. Fuentes se negó e hizo el reclamo por ante la autoridad civil.

8 El gobernador Oroño envió a Cámara de Representantes diversos proyectos y logró que el 2 de octubre de 1865 sancionaran la ley de instrucción primaria obligatoria. Así, impulsó la educación en todos los niveles y a los jóvenes con escasos recursos, les otorgaron becas para que ingresaran en las universidades de Buenos y Córdoba.

9 Sobre el particular, Oroño explicó que les había ofrecido a los franciscanos ser profesores de la flamante escuela de agronomía, pero por las influencias que los religiosos movieron, hasta el propio Urquiza le advirtió que estaba generando un conflicto innecesario.

10 Alaniz, Rogelio, *Hombres y mujeres en tiempos de orden: de Justo José de Urquiza a Nicolás Avellaneda*, 1ª ed., Universidad Nacional del Litoral, Santa Fe, 2006, p. 40.

2.2. El acierto de una ley en un contexto esquivo

En septiembre de 1867, los diputados Pedro Rueda y Eugenio Pérez presentaron en la legislatura santafesina un proyecto de ley que admitía el matrimonio civil obligatorio para todos los habitantes de la provincia. El gobernador Nicasio Oroño[11] decidió apoyar el proyecto y remitió a los legisladores un mensaje en el que sostuvo la necesidad de armonizar el derecho matrimonial patrio con los principios liberales de la Constitución, para que los inmigrantes extranjeros gozaran en la práctica de la libertad de cultos y del derecho a casarse, sin necesidad de violentar su conciencia religiosa.

El proyecto fue aprobado en la sesión del 25 de setiembre de 1867, promulgado al día siguiente y reglamentado el 10 de octubre de ese mismo año. Concretamente, se establecía el matrimonio civil como única forma válida y obligatoria para todos los habitantes de la provincia, debiendo celebrarse ante los jueces de primera instancia en lo civil, y donde no los hubiere, ante los presidentes de las municipalidades, con asistencia de dos testigos, autorizando el acto ante los primeros un escribano público, y ante los segundos el secretario de la municipalidad respectiva, siendo el matrimonio así celebrado indisoluble y válido, aun sin la consagración religiosa. Agregaba además, que ningún párroco podrá conferir el sacramento religioso sin que los cónyuges exhiban ante él copia del acta de celebración del matrimonio civil. El trámite era gratuito, y disponía que los juicios de divorcio se tramitaran ante los jueces civiles.

De esta manera, la provincia de Santa Fe fue la primera en sancionar una ley de matrimonio civil en nuestro país. La promoción de las leyes laicas -y en particular ésta última- ocasionaron una fuerte campaña de desprestigio sobre su persona, que concluyó con su expulsión de la gobernación[12]. En rigor, el 22 de diciembre de 1867 se produjo un levantamiento en el norte de la provincia; la situación se tornó crítica y Oroño se refugió en las islas. El Poder Ejecutivo Nacional intervino la provincia, convocó a elecciones y resultó electo gobernador Mariano Cabal. El nuevo mandatario provincial se encargó el 13 de julio de 1868 de derogar la ley.

Vienen a la memoria las palabras de Raymond Aron, quien sostuvo que "*en política no sirve tener razón antes de tiempo*". Oroño cometió ese pecado: todo lo que propuso, no sólo fue correcto, sino que tres décadas después nadie lo discutía, pero claro, treinta años después. "Su derrota fue una de sus mejores glorias", dijo Juan María Gutiérrez cuando se enteró de su derrocamiento[13]. *Quizás su pecado imperdonable fue ser un adelantado a su tiempo.*

11 Sus enemigos decían que era loco, pero entre sus locuras podemos contar la promoción de la educación gratuita y obligatoria, la colonización agraria, la ampliación de las fronteras y la autoridad del Estado.

12 Oroño sostuvo: "Perdí el gobierno, pero mis sucesores no pudieron destruir mi obra, como mis gratuitos enemigos de hoy no podrán cambiar el fallo de la historia".

13 Alaniz, Rogelio, *ob. cit.*, p. 35.

2.3. La reacción de la Iglesia

Al día siguiente de aprobarse la ley provincial de matrimonio civil, el obispo Gelabert y Crespo -titular de la Diócesis- difundió una Pastoral contra la norma en duros términos. Allí afirmó que era "una ley anticristiana, anticatólica, antisocial, corruptora de la más saludable disciplina de la Iglesia y anticonstitucional".

El gobernador Oroño, mediante decreto del 1° de octubre de 1867, ordenó remitir los antecedentes al Juzgado Federal, en el entendimiento de que la citada pastoral subvertía el orden público.

El doctor Dalmacio Vélez Sarsfield dictaminó como asesor del gobierno nacional y allí señaló que si se hubiera consultado a la población "no se habría dado un golpe tal a las costumbres, a la moral, a la religión de los habitantes de la provincia".

Allí, Vélez se manifestó partidario del sistema matrimonial establecido por el Código de Nueva York, es decir, el matrimonio era válido si se celebraba ante un ministro evangélico o sacerdote de cualquier culto, o ante los jueces de paz, presidentes de municipalidades o jueces de las Cortes de Justicia. Si se le ha dado efecto al matrimonio civil, decía Vélez comentando esa ley, no se ha prohibido por esto el matrimonio religioso.

Sin embargo, consideró que la legislatura provincial había estado en su derecho para sancionar la ley de matrimonio civil, puesto que el gobierno federal todavía no había ejercido la facultad delegada por las provincias de dictar los códigos civil, comercial, penal y de minería; que los matrimonios contraídos en esa forma eran válidos y firmes en todo el territorio de la República, y que su Ilustrísima no ha podido protestar contra esa ley ni incitar al pueblo a desobedecerla, debiendo levantar las censuras que había lanzado contra los autores de la misma.[14]

En fin, como advierten algunos autores[15], la discusión de fondo no se ceñía a una cuestión jurídica ni religiosa, lo religioso es, en el fondo, político. La cuestión era profundamente política y remitía a las atribuciones básicas de un Estado en una sociedad moderna.

3. El Código Civil y sus influencias

El Código Civil redactado por Vélez Sarsfield, que fue sancionado el 25 de septiembre de 1869 mediante la ley nacional 340[16], y entró en vigencia el 1° de

14 Ferrer, Francisco A. M., "Derecho matrimonial", en Méndez Costa y otros, *ob. cit.*, ps. 102 y 103.

15 Alaniz, Rogelio, *ob. cit.*, p. 44.

16 El 20 de octubre de 1864, un decreto del presidente Bartolomé Mitre refrendado por el ministro de Instrucción Pública Eduardo Costa, nombró a Vélez Sarsfield para redactar el proyecto de Código Civil. Ya en agosto de 1852, Urquiza le había encargado al jurista la redacción del Código pero el distanciamiento político que se produjo entre ellos impidió su realización.

En 1865, entregó a las autoridades el primer libro del proyecto de código para su estudio y se ordenó su impresión. En agosto de 1869, Vélez envió al Ministerio de Instrucción

enero de 1871, establecía una única modalidad para contraer matrimonio: la religiosa.

Quizás aleccionado por los episodios posteriores a la sanción de la ley santafecina, al redactar el Código Civil, Vélez estableció el matrimonio religioso. Es sabido que el vínculo confesional regiría, tanto para los católicos como para los que profesaban otro culto reconocido en el país, y sometió el matrimonio mixto a la Iglesia Católica cuando uno de los contrayentes era católico. Con esta solución, Vélez impidió el matrimonio a los ateos; a los que no tenían su culto organizado en el país, y a los que sencillamente no querían someterse a los ritos religiosos.[17]

Por lo tanto, las causales de divorcio -que no disolvían el vínculo, porque tenía los alcances de la actual separación personal-[18] entre personas casadas ante la Iglesia Católica o con autorización de ésta cuando se trataba de matrimonios mixtos, eran competencia exclusiva de los tribunales eclesiásticos[19]. Dicho de otro modo, el codificador mantuvo el sistema entonces vigente en el derecho patrio, por el cual el matrimonio era una cuestión propia de la Iglesia[20].

Cuadra poner de relieve la influencia que la doctrina canónica tuvo en el Código Civil que sólo aceptaba la separación de cuerpos. Ello en un contexto de aceptación generalizada que existía en aquella época respecto de la unión entre la Iglesia y el Estado.

Bajo la mayoritaria aprobación social y académica, Vélez impuso el matrimonio religioso basándose en la legislación tridentina. En otras palabras, el modelo familiar que, con carácter exclusivo y excluyente, adoptó el código fue un modelo hetero-normativo, patriarcal, matrimonial e indisoluble, no sólo propio de la tradición canónica, sino habilitado por la autoridad eclesiástica, monopolio que tendrá la Iglesia hasta la sanción de la ley 2393.[21]

Nótese que se trataba de legislar para defender ese modelo de familia patriarcal, establecida sobre el dominio pleno del hombre sobre la esposa e

---

Pública la última parte del proyecto, órgano que lo presentó a consideración del Congreso Nacional.

17 FERRER, Francisco A. M., "Derecho matrimonial", en MÉNDEZ COSTA y otros, *ob. cit.*, p. 103.

18 El artículo 198 disponía: "el divorcio que este código autoriza consiste únicamente en la separación personal de los esposos, sin que sea disuelto el vínculo matrimonial".

19 De manera excepcional, el *divorcio imperfecto* de matrimonios religiosos celebrados sin la autorización de la Iglesia, eran competencia de juzgados civiles, pero en muy limitadas circunstancias.

20 De hecho, Vélez reguló por un lado el divorcio de los casados ante la Iglesia católica o con autorización de ella y; por el otro, el de los casados sin aquella autorización. El art. 201 preveía que "el conocimiento de las causas de divorcio entre los casados ante la Iglesia católica o con autorización de ella, en los matrimonios mixtos, corresponde únicamente a la autoridad eclesiástica". Y la competencia del juez civil se ceñía solamente a los efectos civiles del divorcio. A renglón seguido, el art. 204 establecía *que* "el juez civil conoce de las causas de divorcio entre los casados sin autorización de la Iglesia católica".

21 SPAVENTA, Verónica, "La familia como proceso: el cruce de lo jurídico con lo social, político y cultural", *Revista Jurídica de la Universidad Interamericana de Puerto Rico,* vol. 38, nº 1, Puerto Rico, 2004.

hijos, en definitiva, un dominio del hombre sobre los bienes y la descendencia. Ocurre que Vélez -como sostuvo Juan Agustín García- "legisló para un matrimonio ideal".

Ahora bien, más allá de la remisión al derecho canónico que preveía el artículo 167, el codificador dispuso en el art. 180 que "el matrimonio entre católico y cristiano no católico, autorizado por la Iglesia Católica, será celebrado como fuese de práctica en la iglesia de la comunión a la que perteneciere el esposo no católico".

En definitiva, las personas que no profesaran religión alguna, aquellas que lo hicieran con un rito no reconocido, que no tuvieran sacerdotes en la República o no celebraran matrimonios, no tendrían derecho a casarse.

3.1. LAS CRÍTICAS DE SUS CONTEMPORÁNEOS

Muchos autores contemporáneos comenzaron a criticar la elección tomada por Vélez Sarsfield. Precisamente, todos ellos coincidían en que la tarea del codificador en materia de regulación de las relaciones conyugales, se ciñó a *trasvasar las reglas del poder religioso al nuevo ordenamiento civil.*

Mariano Loza[22] le reprochaba: "Hemos quedado sujetos nuevamente a la legislación sancionada en el Concilio de Trento, con lo que, lejos de colocarnos al nivel de las naciones más adelantadas, hemos retrocedido más de tres siglos". Ernesto Quesada[23] observaba que: "El criterio del codificador es coherente y lógico dentro de la fórmula católica del Concilio de Trento (...). No se admitía el divorcio cuando los esposos perdían su cohesión, ni se permitía que los hijos se alzaran contra la patria potestad del jefe de familia". "(...) nuestro codificador no hizo sino reglamentar esa organización familiar -monogámica, patriarcal e indisoluble-exactamente como existía en la realidad de las cosas, y como los hábitos nacionales y las costumbres heredadas lo imponían".

El propio Alberdi le recriminaba a Vélez Sarsfield, entre otras cuestiones[24], el haberse olvidado de la Constitución Nacional[25] al redactar el Código Civil,

---

22 LOZA, Mariano, *Estudio médico-legal de las causas de nulidad del matrimonio,* Buenos Aires, Biedma, 1876. Tesis presentada en la Facultad de Medicina bajo el patrocinio de Eduardo Wilde, *cit.* por RODRÍGUEZ MOLAS, Ricardo, *Divorcio cit.*, ps. 59 y 60.

23 QUESADA, Ernesto, "La integridad de la familia en el derecho argentino", en *Revista Argentina de Ciencias Políticas,* año II, t. 41, nº 18, p. 441.

24 Alberdi también le criticaba haber dejado de lado la utilización como fuente de la legislación española, que en ese momento era la propia. Frente a dicha objeción, Vélez le respondió: *"Si el doctor Alberdi hubiese recorrido siquiera ligeramente mi proyecto de Código, hubiera encontrado que la primera fuente de que me valgo, son las leyes que nos rigen. El mayor número de los artículos tienen la nota de una ley de Partidas, del Fuero Real, de las recopiladas".* CABRAL TEXO, Jorge, *Juicios críticos sobre el Código Civil argentino,* p. 249.

25 La Constitución sancionada el 1 de mayo de 1853 proclama como derecho fundamental de los habitantes de la Nación el de profesar libremente su culto (art. 14). Y el artículo 20 establece que los extranjeros gozan de todos los derechos civiles del ciudadano, reiterando, entre ellos, el derecho a casarse.

pues afectaba los derechos de los inmigrantes "disidentes"[26]. Cabe recordar que Alberdi esbozaba una visión integradora del derecho constitucional y del derecho civil, particularmente en relación con la familia.[27]

El entendía al Código Civil como "la parte de la legislación que tiene por objeto desarrollar los derechos naturales de sus habitantes considerados como miembros de la familia y de la sociedad civil. Esos derechos son esenciales del hombre, sin distinción de condición". Con relación a la familia, precisó: "Sin duda alguna, el papel de la ley civil es más importante que el de la ley política en la organización y desarrollo de la democracia, pues si la democracia no comienza por existir en la familia, jamás existirá en verdad en el Estado. La democracia en la familia no es la anarquía, no es la negación del poder paterno, como pudiera parecerlo. En la familia, como en el Estado, la democracia es la libertad constituida en gobierno, pues el verdadero gobierno no es más ni menos que la libertad organizada... la democracia nace y se forma en la familia, porque en ella aprende el hombre a conocer su derecho y a gobernarse a sí mismo".[28]

Vélez Sarsfield no refutó sus críticas, sino que descalificó directamente al jurista[29]. En suma, podemos observar que el derecho matrimonial previsto por el codificador se hallaba en contradicción con los postulados liberales de nuestra Constitución. El matrimonio religioso como única forma conyugal válida vulneraba la libertad de creencias y la libertad de casarse.

Con claridad meridiana, Kemelmajer de Carlucci señaló que no se puede tener un Código y una Constitución mirando en sentidos contrarios. Más allá de la admiración que se le profese a Vélez Sarsfield, sobre el particular, la Comisión creada por el decreto nº 191/11 ha optado por la postura de Alberdi[30]. Más recientemente, advirtió que *"muchas generaciones de argentinos nos hemos criado con un régimen de matrimonio inconstitucional"*.[31]

De este modo, la deuda con la Constitución recién fue parcialmente resuelta con la sanción de la ley 2393 de matrimonio civil, y se saldó con la sanción del CCyC.

---

26 ALBERDI, Juan Bautista, *Obras Completas*, Ed. Sociabilidad, 1887.

27 Cfr. KEMELMAJER DE CARLUCCI, Aída, "Alberdi, precursor de la constitucionalización del derecho de familia", en Homenaje a Juan Bautista Alberdi, Ediciones de la Academia Nacional de Derecho y Ciencias Sociales de Córdoba, Córdoba 2002, t. II, vol. XXXII, p. 218.

28 ALBERDI, Juan Bautista, "El Proyecto del Código Civil para la República Argentina", *Obras selectas*, La Facultad, Buenos Aires, 1920, ps. 190 y 191.

29 VÉLEZ SARSFIELD, Dalmacio, *El folleto del Dr. Alberdi.* Cabe agregar que el folleto de Alberdi que provoca la réplica de Vélez Sarsfield, puede ser consultado en ALBERDI, Juan Bautista, *Obras Completas*, t. VII, p. 90.

30 Sobre la polémica entre Alberdi y Vélez Sarsfield, véase KEMELMAJER DE CARLUCCI, Aída, "Lineamientos generales del derecho de familia en el proyecto de Código Civil y Comercial unificado (por qué no al maquillaje)", en *RDPyC*, 2012-2 -Proyecto de Código Civil y Comercial I-, Rubinzal Culzoni, Santa Fe, 2012, p. 287 y ss.

31 KEMELMAJER DE CARLUCCI, Aída R., "Los cambios en las familias y la ciencia exigen adecuar la ley", nota periodística publicada el día 27 de septiembre de 2013 en el diario Quilmes Presente.

Apartado segundo

Albores y consolidación del divorcio como institución civil

SUMARIO: 1. La ley nacional 2393 de matrimonio civil. 1.1. Breve aproximación a sus fundamentos. 1.2. La discusión en el recinto. Sus detractores. 1.3. La ley y el nacimiento de una nueva institución. 1.3.1. La ley, el divorcio y la mujer: La dualidad moral. 2. Primeros proyectos de ley de divorcio vincular. 2.1. El proyecto de divorcio vincular del diputado Balestra (1888). 2.2. El proyecto del diputado Olivera de 1901. 2.3. Los proyectos de ley debatidos en 1902. 2.4. Los proyectos de ley de divorcio posteriores. 2.5. Los proyectos de reforma al Código Civil.

1. La ley nacional 2393 de matrimonio civil

En el año 1888 se sancionó la ley 2393 que incorporó al Código Civil el matrimonio civil. Este hito normativo provocó la secularización del matrimonio; es decir, pasamos a hablar de una institución distinta: el matrimonio civil y las consecuencias que de éste derivan (v.gr. la competencia de los jueces civiles, y ya no los eclesiásticos). Ahora bien, esta ley reguló el divorcio -no vincular- y sólo como sanción. De esta manera, pasamos a hablar del *matrimonio secular, pero indisoluble.*

Una de las actitudes contradictorias del positivismo de la "generación del 80" fue la referida a la legislación sobre matrimonio y, en general, la que afectaba el monopolio de la Iglesia en cuestiones del derecho de familia. El Código Civil había mantenido el matrimonio religioso, situación que persistiría por casi veinte años. Sin embargo, a partir de la inmigración masiva, esta situación resultaba insostenible. No obstante, fuera de quitarle el control de los matrimonios a la Iglesia, la ley 2393 no alteraba sustancialmente las normas vigentes hasta ese momento.

Si bien regulaba el divorcio, se trataba solamente de una "separación de cuerpos" que no disolvía el vínculo matrimonial y, por lo tanto, no autorizaba un nuevo casamiento. El formar otra pareja quedaba así equiparado a un concubinato adulterino.

A pesar de todo lo expuesto, será ardua la tarea y largo el camino recorrido hasta conseguir la existencia de un matrimonio civil con sustantividad propia, y no meramente subsidiario o tributario del modelo canónico. El periódico *La Prensa*[1], al anunciar el tratamiento del proyecto de ley en el Senado de la Nación, afirmó: "La ley en trámite no tiene sino un defecto: el de venir tarde, pues ha debido existir desde largos años atrás".

1 *La Prensa*, Buenos Aires, 25 de agosto de 1888.

1.1. Breve aproximación a sus fundamentos

En el Mensaje enviado por el Poder Ejecutivo Nacional en 1887 al Congreso de la Nación se explicitan los motivos del proyecto de ley que se acompaña[2], y acentúan la necesidad de implantar un control civil del matrimonio ante los cambios que se estaban operando. Un control -argumentan- que la Iglesia no podía ya ejercer. E insisten en referencia al matrimonio: "forma la familia, que es la base de la sociedad; crea derechos y obligaciones entre los cónyuges y entre éstos y sus hijos, que deben criarse y prepararse para la vida del ciudadano al calor de un hogar legal". (...) "No es posible, pues, que la ley civil prescinda por completo de la reglamentación de un contrato de tanta trascendencia social, y que lo entregue en absoluto a los ritos de las diversas religiones que existan en la República; tanto más, cuanto que, muchos de sus habitantes no profesan culto externo alguno".[3]

En oportunidad de defender el proyecto en el Senado, el Ministro sostuvo que "las leyes del Concilio de Trento no son aplicables a las sociedades modernas" y consideró al monopolio religioso ejercido hasta entonces por la Iglesia como "una de las tantas usurpaciones al poder civil".

Luego de la argumentación de los detractores, el Ministro[4] advirtió: "Se nos dice, señor presidente, que vendrá un cataclismo social; que la moral pública se acaba; que la disciplina de la familia se relaja si no se sigue ciegamente esa legislación; pero ¿cómo es que hasta hoy estos grandes cataclismos sociales y morales no han sucedido en el mundo, que ha vivido bajo el imperio del casamiento no sacramentado durante miles de años? La legislación del matrimonio no es, al menos, de exclusiva competencia de la Iglesia. La Iglesia legisla sobre el matrimonio por condescendencia del poder civil, nada más. Es también, señor presidente, reconocido por la Iglesia que corresponde al poder civil entender en los juicios de disenso, es decir, en los juicios que den aptitud para casarse a los menores. ¿Aptitud para celebrar qué, si no fueran actos civiles? ¿Para celebrar actos de religión?, como si dijéramos: ¿corresponde a los jueces determinar la aptitud de un individuo para oír misa?".

Y finalmente, reiteró que el matrimonio hace a la familia y ella es la base de la sociedad, una institución que da hijos al Estado. "Repito, señor presidente: el matrimonio es la base de la familia, da a la Nación los hijos, los futuros ciudadanos, los futuros presidentes de la República, los ministros, los senadores y los diputados, los jueces, etcétera, y ese acto no puede estar legislado sino por el Congreso de la patria a la que esos ciudadanos han de servir. Sería contradictorio, señor presidente, decir que la Iglesia legisle el acto y que el Estado legisle todas las consecuencias de ese acto".[5]

---

2 Mensaje enviado por el Poder Ejecutivo Nacional el día 22 de septiembre de 1887, comunicado en *Diario de Sesiones* del Senado de la Nación, Reunión 50ª, 48ª Sesión Ordinaria, p. 589 y; leído el 1° de septiembre de 1888. Ver *Diario de Sesiones..., cit.*, 42ª Reunión, 40ª Sesión Ordinaria, ps. 316 y 317.

3 Diario de Sesiones..., *cit.*, p. 316.

4 Diario de Sesiones..., *cit.*, 44ª Reunión, 42ª Sesión ordinaria, 6/09/1888, p. 381.

5 Diario de Sesiones..., *cit.*, p. 384.

Más allá de la coherencia de los fundamentos, debemos reconocer que la finalidad de este último argumento, si bien loable, no deja de ser explícitamente utilitarista. La idea era devolverle al Estado una función propia que se autoatribuyó la Iglesia, bajo la indiferencia estatal. En ningún momento, se tuvo presente al amor, como factor de cohesión de la pareja.

Recién a fines del siglo XX, el afecto -y la falta de él- comenzaron a tener efectos jurídicos y, ello surge palmario en el CCyC que fundamenta el divorcio en la ruptura del proyecto biográfico de los cónyuges lo que, en definitiva, implica la pérdida en uno o en ambos del afecto mutuo.

1.2. La discusión en el recinto. Sus detractores

Creemos importante no sólo recordar y analizar los fundamentos que sirvieron para apoyar la sanción de la ley, sino también aquellos que la objetaban, pues no existe mejor defensa del matrimonio civil que la sinrazón de estos argumentos, a los que se adunan los siempre presentes augurios apocalípticos de la destrucción de la familia que, por cierto, son los mismos que se vieron cien años después en oportunidad de sancionarse la ley 23.515 y especialmente, la ley 26.618; pronósticos que se reiteraron también en el debate del CCyC.

En 1888, durante el debate parlamentario, el senador Pizarro, opositor a la sanción del proyecto, profetizó: "La desaparición de la especie humana de la faz de la tierra" y concluyó: "Perdida la santidad del matrimonio, perdida toda influencia moral en la familia, y reducido el vínculo de unión en ella al vínculo de la fuerza jurídica, todas las relaciones de familia se relajan, la autoridad paterna viene al suelo, el amor conyugal se substituye al interés, la dignidad de la mujer se abate, la insubordinación de los hijos es su consecuencia, el cariño filial desaparece, y la familia deja de existir".

"La ley del matrimonio civil, que comienza por relajar el vínculo moral para substituirlo por el vínculo jurídico, y quitando al matrimonio su dignidad lo rebaja al nivel de los contratos en que los esposos, los padres y los hijos no son otra cosa que personas obligadas entre sí a prestaciones de mero carácter civil".[6]

Con relación a las consideraciones del Poder Ejecutivo Nacional, sostuvo: "El proyecto desnaturaliza así la «institución social», y la transforma en mera «institución civil» o «jurídica» convirtiendo el matrimonio en mero hecho privado".[7]

El Senador Funes entendió que la consecuencia de la sanción de este proyecto de ley era el divorcio y recurrió al argumento de la oportunidad, mérito o conveniencia. "Señor presidente, porque el proyecto, con toda la buena fe del señor ministro, bajo las hojas de rosas deja ver la cabeza chata y negra del áspid; viene el «divorcio». (...) El proyecto de ley que se discute, no es oportuno".[8]

6 Diario de Sesiones..., *cit.*, 43ª Reunión, 41ª Sesión ordinaria, 4/09/1888, ps. 362/3 y 367.

7 Diario de Sesiones..., *cit.*, ps. 341 y 342.

8 Diario de Sesiones..., *cit.*, ps. 331 y 332.

En igual sentido, Aristóbulo del Valle observó que ni Rivadavia, ni Mitre ni Sarmiento se animaron a sustituir el matrimonio religioso por el laico y, no lo hicieron, según su opinión, "porque el espíritu público no estaba preparado todavía para su reforma (...), el país no lo necesitaba todavía". No obstante todo lo expuesto, el proyecto de ley que admitió el matrimonio civil e indisoluble en nuestro país fue aprobado el 2 de noviembre de 1888.

1.3. La ley, el divorcio y la mujer: La dualidad moral

Un aspecto en que la situación desigual de la mujer se hacía más notoria era en todo lo referido a la moral sexual. En lo que aquí interesa, esta dualidad moral se veía patente en la regulación del divorcio *a secas*, cuando se imputaba la causal de adulterio.

La ley 2393 nos habla de "el adulterio de la mujer o el marido". Una correcta técnica legislativa hubiera permitido que el inciso diga "el adulterio de cualquiera de los cónyuges"; pero el lenguaje no es neutral y la intención de sus redactores menos.

Se preveía en primer lugar, "el de la mujer" porque a esos actos le temían -y así se plasma en la ley- y consideraban que aquél era mayormente peligroso, pues arrastraba el honor de toda la familia. Y ello, sin perjuicio de la diferencia en la constitución de la causal según el sexo del infractor.

Sucede que desde el derecho castellano, la infidelidad se medía con distinta vara según la cometiese el marido o la mujer[9]. Para que el hecho fuese reputado adulterio, se requería que el hombre mantuviese *manceba* o *barragana* -léase concubina o amante- de manera habitual. En cambio, una sola relación convertía a la mujer en réproba, punible, daba motivo a un divorcio justificado y a que la "pecadora" pudiese ser recluida en una casa de corrección para velar por su moral y sus buenas costumbres. Estas casas podían ser tanto la de un pariente como una institución religiosa, ya fuese un convento o una casa de reclusión de huérfanas[10].

Esta diferencia de trato era consecuencia directa de que las leyes eran redactadas por hombres bajo un prisma patriarcal. Y de esta ideología participaban los sectores acomodados de la sociedad.

Se consideraba que la infidelidad de la mujer era más peligrosa, pues atentaba contra la *seguridad* en la paternidad de sus hijos, en un contexto donde no existían las pruebas genéticas. La ley 2393 no escapaba a la persistencia de este pensamiento colonial que relegaba a la mujer a un lugar secundario e inferior. Y si bien en los proyectos de ley de divorcio posteriores se comenzará tímidamente a regular como causal de divorcio "el adulterio de cualquiera de los cónyuges"; Balestra -autor de uno de ellos- como muchos autores de fines del siglo XIX, aún distinguía la infidelidad según el sexo del adúltero.

9 Ello no era excluyente del derecho castellano. A mayor abundamiento, el *Code* Napoleón también fijaba la obligación de fidelidad conyugal en forma desigual. Si la mujer es infiel, será penalizada con prisión de 3 meses a 2 años; si el hombre es infiel, será advertido con una simple enmienda escrita. Pero el adulterio del hombre sólo se producirá si convive bajo un mismo techo con su amante. En el caso de la esposa, sólo una prueba de infidelidad será suficiente (ley de 1810).

10 PIGNA, Felipe, *Mujeres tenían que ser*, 1ª ed., Ed. Planeta, Buenos Aires, 2012.

La desigualdad continuará reflejada también en el Código Penal[11] un siglo más. Recuérdese que el adulterio se encontraba regulado entre los delitos contra la honestidad, y en ese contexto, el artículo 118 preveía su tipificación y las penas a los infractores[12]. Esta norma recién va a ser derogada por la ley 24.453 en el año 1995.

En el ámbito civil, existía una corriente minoritaria que pretendía que las cosas cambiaran. A todo evento, el proyecto de Olivera de 1901, entre sus considerandos, hace una referencia a la disímil regulación del adulterio como causal de divorcio.

Allí menciona el Código Penal, que recién sería modificado en 1921, y muestra un sentido de igualdad poco habitual entre los hombres de su clase social.

Muchas mujeres que intentaban divorciarse alegaban abusos físicos como una de las causas principales de separación. Aun así, estaban obligadas a presentar testigos y a probar continuos malos tratos. Sin embargo, el golpear a la mujer constantemente sólo acarreaba al hombre una leve sentencia carcelaria.[13]

A pesar de la diferente consideración legal de la causal de adulterio, la ley preveía que cualquiera de los cónyuges podía iniciar la acción de divorcio. No obstante, aquí también la mujer llevaba las de perder. Un agravante para la mujer y que muchas veces operaba como un factor para que desistiera de iniciar la demanda, era que mientras duraba la tramitación de la causa, ella debía ser trasladada fuera de su casa.[14]

En fin, el proceso de secularización de la década de 1880 había quedado inconcluso, manteniéndose -ahora con un carácter enteramente civil- dos de los aspectos fundamentales de la legislación canónica: la indisolubilidad del vínculo matrimonial y la subordinación de la mujer al hombre en el ámbito doméstico.[15]

2. Primeros proyectos de ley de divorcio vincular

En palabras de Juan Agustín García[16], "el divorcio anda por las vecindades; y se habla despacio, a la sordina, de igualar a los hijos naturales con los

11 La ley de modificaciones al Código Penal fue aprobada por la ley 11.179. Esta norma fue sancionada el 30 de septiembre de 1921 y publicada en el B.O. el 3 de noviembre de ese mismo año.

12 Serán reprimidos con prisión de un mes a un año: 1° La mujer que cometiere adulterio; 2° El codelincuente de la mujer; 3° El marido, cuando tuviere manceba dentro o fuera de la casa conyugal; 4° La manceba del marido.

13 Bethell, Leslie (ed.), *Historia de América Latina*, Crítica, Barcelona, 1990, t. I, p. 120.

14 Barrancos, Dora, *Mujeres en la sociedad argentina. Una historia de cinco siglos*, 2ª ed., Sudamericana, Buenos Aires, 2010, p. 49.

15 Recalde, Héctor, *Matrimonio civil y divorcio*, Centro Editor de América Latina, Buenos Aires, 1986, p. 148.

16 García, Juan Agustín, *Sombras que pasan*, Ed. Andree Ha y Rey, 1925.

legítimos. Todos los respetos y los hombres y las cosas respetables sufren de inestabilidad enfermiza".

Desde esta concepción, muy generalizada a finales del siglo XIX, se entendía que los proyectos de ley de divorcio estuvieran condenados a naufragar. Así, desde la sanción de la ley de matrimonio civil, no menos de veinte proyectos de divorcio fueron puestos a consideración del Congreso y rechazados, hasta la aprobación en 1954 de la ley 14.394. En este acápite, haremos una breve aproximación a esos intentos frustrados.

2.1. El proyecto de divorcio vincular del diputado Balestra (1888)

En 1888, en oportunidad de la sanción de la ley de matrimonio civil, existían nuevas propuestas laicas con relación a la pareja conyugal, incluso más radicalizadas para la época. Ese mismo año, José Manuel Estrada advertía que la aprobación de la ley de matrimonio civil traería aparejada el divorcio. Así expuso su temor: "Es el divorcio, en efecto, la consecuencia necesaria del matrimonio civil. No se puede concebir (...) un contrato civil que sea perpetuo; no se puede concebir un contrato civil que no sea revocable".[17]

Así las cosas, el diputado Juan Balestra presentó un proyecto de ley de divorcio vincular, que fuera remitido a consideración de la Comisión de Legislación, pero al no lograr un despacho favorable, no llegó a ser tratado en el pleno de la Cámara.

Sin embargo, es importante incursionar en su contenido para advertir a simple vista las ideas -radicales para la época- que contenía. Así, las causas que permitían la disolución judicial del vínculo eran las siguientes: a) adulterio de cualquiera de los cónyuges; b) condenación de uno de los esposos a penas aflictivas e infamantes; c) crímenes o actos violentos de uno de los miembros de la pareja contra el otro; d) locura; e) abandono -no menor de tres años- voluntario o malicioso por parte de uno de los cónyuges del hogar; f) desarreglos de las costumbres; g) incitación al ejercicio de la prostitución de las hojas o a la mujer.

2.2. El proyecto del diputado Olivera de 1901

En el año 1900, Carlos Olivera fue electo diputado nacional por la provincia de Buenos Aires y, el 15 de mayo de 1901 presentó el proyecto de ley[18], realizó su defensa, y requirió que pase a estudio de la Comisión de Legislación.

Para Olivera, la sanción de la ley de divorcio constituiría el complemento indispensable de la ley 2393, la cual en su opinión "fue el primer paso que la libertad dio en contra de la tiranía eclesiástica". Afirmó que la idea de mantener la unión indisoluble de la pareja resultaba incompatible con la libertad del hombre.[19]

17 v. RODRÍGUEZ MOLAS, Ricardo, *ob. cit.*, ps. 91 y 92.

18 El proyecto de ley ingresó bajo el expediente 0006-D-1901.

19 RODRÍGUEZ MOLAS, Ricardo, *ob. cit.*, p. 97.

Y con argumentos más que elocuentes y, totalmente actuales, se preguntó: "¿Cómo es posible que en nombre de un dogma, que no nos ha salvado jamás de nada, que al contrario, hemos tenido que desobedecer para civilizarnos, cómo es posible, digo, que en nombre de un ideal de uniformidad con una doctrina particular, entre miles de doctrinas que ha habido en el mundo, se mantenga juntas a personas que están necesitadas absolutamente de separarse? ¿Quiénes ganan con tales situaciones?"

El proyecto pasó a consideración de la Comisión de Legislación de la Cámara de Diputados. Y recién el 4 de junio de 1902 se sometió -con algunas modificaciones- al debate parlamentario.[20]

2.3. LOS PROYECTOS DE LEY DEBATIDOS EN 1902[21]

La Comisión de Legislación produjo cuatro despachos en relación a la iniciativa original del diputado Olivera[22]. El primero es el que corresponde a la mayoría de los miembros de la Comisión; el segundo es el de minoría suscripto por Luis María Drago, el tercero es de Carlos Olivera, que reitera el proyecto presentado en 1901 y; el último firmado por José Galiano y Ernesto Padilla, que proponía la suspensión para más adelante del tratamiento de los proyectos de ley.

El dictamen de mayoría, que modificaba el proyecto de Olivera, se encontraba suscripto por los diputados Federico Pinedo, Francisco Barroetaveña, Adolfo Mujica, Carlos F. Gómez y Juan José Silva. Más moderado que la propuesta original de Olivera, proponía la modificación de los artículos 221 y 238 del Código Civil y los artículos 64 y 81 de la ley de matrimonio civil.

Por el contrario, la propuesta de Luis María Drago respondía a los intereses de la sociedad autoritaria y patriarcal, pues proponía que sólo el marido, y por el adulterio de la mujer, podía solicitar a los tribunales el divorcio vincular[23]. No resulta ocioso advertir que ello constituía la continuidad del pensamiento decimonónico, por el cual el honor sólo podía perderlo la mujer.[24]

20 Ese mismo día, el diputado Olivera presenta su renuncia como miembro de la Comisión de Legislación. No obstante, vuelve a presentar un proyecto de ley de divorcio bajo el expediente 0051-D-1903.

21 Las argumentaciones a favor y en contra de los proyectos de ley puede verse *in extenso* en *Divorcio. Debates en la Cámara de Diputados* -Publicación oficial-, Est. Tip. El Comercio, Buenos Aires, 1902.

22 Mediante expediente 077-D-1902 ingresa a la Comisión de Relaciones Exteriores y Culto, un proyecto del diputado Carlos Olivera, por el cual se remite una minuta al Poder Ejecutivo relativa a la actitud del Clero, con motivo del proyecto de ley de divorcio.

23 Incluso posteriormente en el debate sobre la ampliación de las libertades de la mujer, la voz masculina seguía dictando acerca del ser y del deber ser de la condición femenina, a través de la ley civil. En una de las argumentaciones del diputado Argerich, en agosto de 1905, puede verse explícita esta consideración, cuando sostuvo "los códigos, obra de varones expertos y sabios (...)". *Diario de Sesiones* de HCDN, 26/08/1905, Archivo General del Congreso de la Nación.

24 ¿Es necesario mencionar que venimos arrastrando incluso hasta la actualidad un claro déficit en ese sentido? Nótese en este sentido que la filosofía, el derecho y la teología han

La discusión de los despachos se produjo a mediados de 1902. La defensa del proyecto presentado por la Comisión de Legislación que modificara la propuesta original de Olivera, fue encarada por el diputado Francisco Barroetaveña, de la Unión Cívica, en su carácter de miembro informante, el día 13 de agosto de ese año.

En aquella oportunidad, Barroetaveña advirtió que al permitirse el divorcio, se evitarían las "uniones clandestinas, los concubinatos, con todo el cortejo de los actos incorrectos" y sería "un paso más hacia la civilización".

El 25 de agosto de 1902, el legislador por Tucumán Ernesto Padilla definió lo que a su entender son los lazos que deben unir a los esposos. Así, negó que el amor, el afecto y la ternura constituyan hechos apropiados para vincular a los seres humanos. Y reforzó su idea en los siguientes términos: "El amor es sólo un atractivo. Es el vínculo (religioso y civil) el que consagra el amor, sin ser el amor mismo; de manera que podrá pasar al amor físico, pero quedará siempre el concepto de la vinculación imponiéndose".

En oportunidad de argumentar la crítica a los divorcistas, Padilla expuso que la ley de matrimonio civil de 1888 sólo priva el carácter sacramental y obligatorio al acto del casamiento, manteniendo las mismas condiciones esenciales que definían el matrimonio religioso.

El 3 de septiembre, el diputado Juan Argerich -divorcista- argumentó que: "El matrimonio es un contrato y es algo más que un contrato también; pero no lo es a la manera que se interpreta para querer obligarnos a mantener una legislación teocrática en la legislación argentina".

No obstante, los discursos de varios diputados constituyen un fiel reflejo de la resistencia de los sectores tradicionales al cambio que se intentaba. El diputado monseñor Ignacio Romero, luego de comparar al divorcio con la legalización de los delitos de adulterio y bigamia, dijo en aquel entonces: *"El país no está preparado (...), el proyecto no es oportuno; es necesario postergarlo para más tarde".*

Cualquier semejanza con la realidad de nuestros días, es pura coincidencia. En definitiva, el mismo 3 de septiembre de 1902, del total de los 98 diputados presentes, la votación arrojó un resultado de 50 diputados en contra y 48 diputados a favor del proyecto de ley bajo análisis[25]. El proyecto fue rechazado.

2.4. LOS PROYECTOS DE LEY DE DIVORCIO POSTERIORES

Con posterioridad al histórico debate legislativo, sólo los socialistas y liberales siguieron presentando proyectos de ley de divorcio, pero todos con el mismo final: su rechazo legislativo, pues la reacción conservadora que había renacido en los albores del siglo XX, será incluso más fuerte en los años venideros.[26]

sido hechas por varones, desde una concepción patriarcal y masculina.

25 Los historiadores suelen mencionar que el presidente Roca, a pesar de estar a favor del proyecto de ley, prefirió no enemistarse más con la Iglesia, intentando así recomponer las relaciones rotas desde su primera presidencia.

26 V. BAS, Arturo M., *El cáncer de la sociedad,* 1ª ed., Sebastián de Amorrortu, Buenos Aires, 1932.

Sin embargo, varias fueron las iniciativas que se presentaron en el país tendientes a establecer el divorcio absoluto. Entre ellas, podemos mencionar los proyectos de ley de Alfredo Palacios de 1907; Conforti en 1912; Pinedo en 1914, Bravo y Justo en 1925 y; Silvio Ruggieri en 1935.[27]

El Partido Socialista intentó en numerosas ocasiones abrir el debate sobre esta cuestión, pero en todas ellas, los proyectos fueron remitidos a la Comisión de Legislación General y allí quedaban detenidos. El diputado Alfredo L. Palacios presentó su proyecto de ley[28] en 1907, el cual reiteraría -en coautoría con el diputado Nicolás Repetto- en el año 1913[29] y; un año después, con su sola firma, en junio de 1914, con algunas modificaciones.

El diputado Bravo presentó un proyecto de ley de divorcio en 1918[30], 1919 y 1920[31]. En aquella ocasión, señaló: "Hay en las relaciones matrimoniales situaciones que no encuentran solución dentro de la ley vigente, y son esas situaciones de hecho, ordinariamente factores destructivos de la familia misma [...]. Hay matrimonios que aparentan una indestructible armonía, pero la realidad impone esa máscara de hipocresía, es la ley que hace del matrimonio una obligación brutal [...]. La ley los niega o los castiga. Y en nuestro ambiente, en estas sociedades pequeñas, donde la gente vive en la murmuración, la calumnia encuentra fácil nido, y la víctima de estos hechos es la mujer [...]. Y un país que carece de leyes para dar solución a situaciones semejantes, es un país que va colocándose cada día un paso más atrás en la civilización".[32]

En 1922, fueron tratados en la Comisión de Legislación General de la Cámara de Diputados de la Nación, dos proyectos de ley de divorcio -uno de la autoría de Leopoldo Bard[33] y el otro de Antonio de Tomaso y otros[34]-. Más allá del tinte liberal del proyecto de divorcio, éste tenía algunas reminiscencias decimonónicas, en cuanto a las restricciones a la ruptura por mutuo consentimiento y especialmente, en lo inherente a la regulación puntual de las conductas de la mujer en caso de divorcio.[35]

27 Ver expedientes 00370-D-1935; 00177-D-1938 y 00329-D-1940.

28 Caratulado bajo el expediente 00079-D-1907.

29 Expediente 00095-D-1913.

30 Expedientes 0045-D-1917 y 0400-D-1918.

31 Expediente 00187-D-1920.

32 Versión taquigráfica del discurso pronunciado el 31/08/1919 por el diputado Mario Bravo en una convención partidaria en Rosario. Registro histórico del Partido Socialista.

33 El diputado Bard lo intentó en reiteradas ocasiones. Así, pueden verse los expedientes 00096-D-1922; 0095-D-1924 y, 0190-D-1924 reproducido por expediente 00166-D-1926. Véase también el 00037-D-1928.

34 Véanse los expedientes 00126-D-1922 y 00125-D-1924. *Diario de Sesiones* de la HCDN, 25/06/1924.

35 En el Capítulo IV, "De las medidas provisionales a que puede dar lugar la demanda de divorcio", el art. 1° disponía "interpuesta la acción de divorcio (...) podrá el juez a instancia de parte, decretar la separación personal de los esposos y el *depósito de la mujer en casa honesta*" (el resaltado nos pertenece).

Ya en Comisión, la propuesta mereció duras objeciones del Presidente de la República -Dr. Hipólito Irigoyen- que envió un mensaje que fue leído y desestimado por los legisladores.

A todo evento, el diputado Díaz de Vivar advirtió que: "Imputar a los partidarios del divorcio el propósito de disolver el hogar y la familia argentina, es [...] tan pueril como la ofensa que se hace a ese mismo hogar creyendo que sólo vive virtuoso y austero porque la ley le impuso la indisolubilidad del vínculo matrimonial".[36]

Ese mismo año, diputados de diverso origen político como Tomaso, Muzio, E. Dickman, Repetto, de Andreis, Bunge, A. Dickman, González Iramain, Justo y Spineto presentaron nuevamente un proyecto de ley que introducía el divorcio vincular en nuestro país. A pesar de ser suscripto por legisladores socialistas, radicales e incluso conservadores, la propuesta estaba destinada a naufragar.

2.5. Los proyectos de reforma al Código Civil

Comenzamos este parágrafo, recordando el primero de los proyectos de reforma integral del Código Civil: el anteproyecto de Bibiloni[37], que admitía el divorcio *ad vinculum*.

Ocurre que se había vuelto común eludir la ley argentina mediante distintos subterfugios que permitían -a quienes tenían la posibilidad económica para ello- divorciarse y volver a contraer nuevas nupcias apelando a normas extranjeras. Las autoridades estaban al tanto de ello, y la situación se volvía incontrolable.

Cuadra señalar que, más allá del contexto contrario, Bibiloni lograba discernir las cuestiones de origen confesional del matrimonio civil. "Pero, ante todo, planteemos exactamente la cuestión del divorcio. No es un problema de orden religioso. Es uno de legislación. (...) No es un problema religioso, además, porque la ley que admite el divorcio no es obligatoria, sino facultativa. No impone al que piensa que el divorcio disolutivo le es vedado por su conciencia, esa solución. Lo deja juez de solicitarla, o pedir solamente la separación personal. Y esa decisión es soberana. La ley respeta su voluntad (...).

Es interesante mencionar este pasaje de la fundamentación, que por su actualidad, no parece haber sido redactado hace casi 90 años: "El matrimonio indisoluble por su condición orgánica no ha podido mantener con inflexibilidad su principio. Basta leer la nómina de las causas que la ley menciona como suficiente justificativo de la separación de los esposos, para comprender que hay hechos de tal gravedad, que son incompatibles con la unión matrimonial. (...) Aunque indisoluble el matrimonio, los hechos lo han disuelto. Y se autoriza la separación. Los esposos separados, separarán sus bienes, sus personas, sus hijos. Del matrimonio unión indisoluble, queda el

36 Diario de Sesiones, 6/07/1922, *cit.*, p. 404.

37 BIBILONI, Juan Antonio, *Anteproyecto de reformas al Código Civil argentino. Derecho de familia*, 1ª ed., Abeledo Perrot, Buenos Aires, 1931.

matrimonio destruido, con un abismo de odios, de recuerdos insoportables, de ofensas inolvidables".

Ahora bien, la Comisión reformadora analizó el anteproyecto elaborado por Bibiloni, pero en su seno surgieron algunas divergencias con relación a la regulación propuesta para el divorcio[38], que expusieron en la nota de elevación.[39]

Este cuerpo normativo intentó, en lo que al divorcio refiere, volver a los valores decimonónicos, mediante la modificación estética de las normas, pero que de ninguna manera alteraban la indisolubilidad del vínculo conyugal.

La Comisión elevó dos proyectos, reconociendo en uno de ellos el divorcio absoluto. Tanto en uno como en otro, se eliminó la ruptura por mutuo consentimiento, y para ambos regían las mismas causales con carácter taxativo.

38 La comisión reformadora utilizó el anteproyecto redactado por Bibiloni, pero elaboró un proyecto que tuvo grandes diferencias con aquel. De este modo, la Comisión juzgó que era necesaria una revisión general del Anteproyecto y así lo hizo. Para lograr unidad en la sintaxis, se encargó a los Dres. Héctor Lafaille y Gastón Federico Tobal la redacción definitiva. Finalmente, con fecha 1° de octubre de 1936, el Proyecto fue enviado al Poder Ejecutivo Nacional, con la firma de Roberto Repetto, Rodolfo Rivarola, Héctor Lafaille, Enrique Martínez Paz y Gastón Federico Tobal. A su vez, el Poder Ejecutivo lo elevó al Congreso Nacional, donde nunca fue considerado.

39 Comisión de Reformas, *Reforma del Código Civil, I. Antecedentes, II. Informe. III. Proyecto,* Ed. Kraft Ltda., Buenos Aires, 1936, ps. XIX y XX.

A) De cuando por primera vez se quiebra la indisolubilidad

SUMARIO: 3. La ley 14.394 de 1954 y su suspensión. 4. La ley 17.711 de 1968. 5. El fallo "Sejeán" de la Corte Suprema de Justicia de la Nación.

3. La ley 14.394 de 1954 y su suspensión

El régimen instaurado en 1889 [que no disolvía el vínculo] se mantuvo intacto hasta el año 1954[1], cuando finalmente se sancionó la ley 14.394[2]. Ocurre que el 13 de diciembre de 1954, la Cámara de Diputados comenzó a tratar en sesiones extraordinarias una modificación del Código Civil relativa principalmente al régimen de menores y al de la ausencia con presunción de fallecimiento y, en forma sorpresiva, agregó una reforma por medio de la cual se autorizaba el divorcio vincular.

El artículo 31 del proyecto de ley refería exclusivamente a que la declaración de ausencia con presunción de fallecimiento autoriza al otro cónyuge a contraer un nuevo matrimonio, quedando disuelto el vínculo al contraerse estas segundas nupcias. Sin embargo, en el breve debate parlamentario, en nombre de las autoridades de la Cámara y del bloque de la mayoría, se propuso realizar un agregado.

Siendo ello así, la segunda parte del artículo dirá: "también transcurrido un año de la sentencia que declaró el divorcio cualquiera de los cónyuges podrá presentarse al juez que la dictó pidiendo que se declare disuelto el vínculo matrimonial si con anterioridad ambos cónyuges no hubieran manifestado por escrito al juzgado que se han reconciliado. El juez hará la declaración sin más trámite, ajustándose a las constancias de los autos. Esta declaración autoriza a ambos cónyuges a contraer nuevas nupcias.

En vista de ello, la diputada Deguiuomini de Parodi[3] justificó la inclusión en los siguientes términos: Todos "tenemos derecho a la felicidad en un amor perdurable y en un matrimonio respetable. Empero, las contingencias de la vida conspiran muchas veces contra la perdurabilidad de esta respetabilísima institución (...)".

1 La oposición radical quedó desubicada porque estaba de acuerdo con la ley -de hecho, en 1949 había presentado un proyecto similar- pero no concordaba con el procedimiento de hacer la modificación sin anuncio previo, por lo que se retiró del recinto. El proyecto se aprobó ese día y poco después lo sancionaba el Senado convirtiéndolo en ley.

2 Esta ley fue sancionada el 14 de diciembre de 1954 y publicada en el B.O. el 30 de diciembre de ese mismo año.

3 Diario de Sesiones de la Cámara de Diputados, 46ª Reunión, continuación de la 2ª Sesión extraordinaria, 13 y 14/12/1954, p. 2799.

"La segunda parte del artículo tiende también a solucionar otra situación mucho más extendida que la anterior. No se oculta a nadie (...) que existen en el país numerosos matrimonios que, desgraciados en su unión por una u otra circunstancia, han obtenido un divorcio que implica la separación de cuerpos y de bienes, pero no la disolución del vínculo matrimonial. En esa situación los ex cónyuges no pueden volver a casarse, y frente a los problemas que el diario vivir trae aparejados, y frente a las solicitaciones de sus sentimientos, sólo les cabe o un renunciamiento total a toda vida afectiva o la búsqueda de una solución extralegal, recurriendo a divorcios y nuevos casamientos en el extranjero".

Al igual que en oportunidad de debatirse las leyes 23.515 y 26.618, se intentó apuntalar el proyecto reafirmando que: "No se debaten aquí temas religiosos ni situaciones personales, porque el divorcio que se proyecta está referido exclusivamente al matrimonio civil y aborda, fuera de toda sensiblería, la solución de un candente problema de carácter social. Quiere decir que es ajeno por completo al vínculo religioso, resorte exclusivo de la Iglesia".[4]

Una vez aprobada la ley, la posibilidad que allí se admitía tuvo muy escasa vigencia, pues el artículo 1° del decreto-ley 4070/1956[5] dispuso: "(d)eclárase en suspenso, hasta tanto se adopte sanción definitiva sobre *el problema del divorcio*[6], la disposición del artículo 31 de la ley 14.394 en cuanto habilita para contraer nuevo matrimonio a las personas divorciadas (...)". Y a fin de evitar a toda costa la posibilidad de que las parejas que cumplían los requisitos pudieran acceder al divorcio vincular, el artículo 2° del decreto preveía que "A partir de la fecha de la presente ley *se paralizarán en el estado en que se encontraren,* los trámites judiciales destinados a actuar la disposición aludida".

La suspensión se mantuvo vigente hasta tanto se adoptara una ley integral, lo que recién sucedería 30 años después.

4. LA LEY 17.711 DE 1968

La ley 17.711 de 1968 introdujo -en lo que aquí interesa- el artículo 67 bis. Esta norma disponía: "Transcurridos dos años del matrimonio, los cónyuges, en presentación conjunta, podrán manifestar al juez competente que existen causas graves que hacen moralmente imposible la vida en común y pedir su separación personal. El juez llamará a una audiencia para oír a las partes y procurará conciliarlas. Las manifestaciones vertidas en ella por las partes tendrán carácter reservado y no constarán en el acta. Si los cónyuges no comparecieran personalmente, el pedido no tendrá efecto alguno.

Fracasada la conciliación se convocará otra audiencia dentro de un plazo no menor de dos meses ni mayor de tres. Si también ésta resultara estéril, porque no se logra el avenimiento, el juez decretará su separación personal

4 Diario de Sesiones ..., *cit.*, ps. 2821 y 2822.

5 Este decreto-ley fue suscripto el día 1° de marzo de 1956 por el gobierno *de facto* y publicado en el B.O. el 7 de marzo de ese mismo año. Los decretos-leyes del gobierno de facto fueron convalidados posteriormente por la ley 14.467 y así continuaron su vigencia.

6 El resaltado nos pertenece. Se advierte claramente qué significaba el divorcio en el ideario del gobierno de facto.

cuando, según su ciencia y conciencia, los motivos aducidos por las partes sean suficientemente graves. La sentencia se limitará a expresar que dichos motivos hacen moralmente imposible la vida en común, evitando indicar cuáles son los hechos aducidos. Esta decisión tendrá los mismos efectos del divorcio por culpa de ambos, pero sea en el escrito inicial o en las audiencias posteriores, los cónyuges podrán dejar a salvo el derecho de uno de ellos a recibir alimentos. Si no hubiere acuerdo sobre la liquidación de la sociedad conyugal, ésta tramitará por vía sumaria.

La decisión judicial determinará, a instancia de las partes, cuál de los cónyuges quedará al cuidado de los hijos, para lo cual tendrá en cuenta lo que aquéllos acuerden, si el interés superior de los menores no aconsejare otra solución. En cualquier caso, podrá modificarse ulteriormente lo resuelto, según lo aconsejen las circunstancias".

En definitiva, la importancia de esta norma radica en que, a la par de las causales subjetivas previstas en el artículo 67, habilitó una vía de carácter objetivo para llegar al divorcio no vincular, como es el mutuo acuerdo de los cónyuges.

5. El fallo "Sejeán" de la Corte Suprema de Justicia de la Nación

Otro punto de inflexión en este camino es el fallo "Sejeán" [7] de la Corte Suprema de Justicia de la Nación, donde se resolvió que el art. 64 y concordantes de la ley 2393 estaban viciados de una *inconstitucionalidad sobrevenida.*

De esta manera, salvo el escaso período de vigencia de la ley 14.394, la incorporación del divorcio vincular al ordenamiento argentino se produjo a través del dictado del fallo "Sejeán".

Curiosamente, el reclamo no llegó a la Corte por una pareja que se quería divorciar, sino por una pareja que se quería casar y no podía. Juan Bautista Sejeán y Alicia Natalia Kuliba pretendían contraer matrimonio civil pero la ley se lo impedía, porque Sejeán ya era casado, aunque estaba separado de quien había sido su esposa.

Entonces, Sejeán requirió judicialmente que se declare disuelto su primer vínculo conyugal, para poder contraer matrimonio con su nueva pareja. La Corte Suprema declaró -por mayoría- la inconstitucionalidad del artículo 64[8] de la ley 2393, en tanto disponía la indisolubilidad del matrimonio, en el entendimiento de que la norma afectaba derechos constitucionales de los esposos.

El voto de la mayoría -integrada por los doctores Fayt, Petracchi y Bacqué- sostuvo que *el control judicial de constitucionalidad no puede desentenderse de las transformaciones históricas y sociales.*

---

7 CSJN, 27/11/1986, "Sejeán, J. B. c. Zaks de Sejeán, A. M.", Fallos: 308-2:2287; LL, 1986-E, 648, con nota de Miguel M. Padilla; LLC, 1987, 18; Colección de Análisis Jurisprudencial Derecho Constitucional -Director: Daniel Sabsay-, LL, 2005, 15, con nota de Andrés Gil Domínguez; Colección de Análisis Jurisprudencial Derecho de Familia -Director: Marcos Córdoba-, 368; DJ, 1987-1, 161.

8 El art. 64 de la ley 2393 (derogada por la ley 23.515) disponía que: "El divorcio que este Código autoriza consiste únicamente en la separación personal de los esposos, sin que se disuelva el vínculo matrimonial".

Con mayor precisión, el doctor Enrique Petracchi señaló que los fracasos matrimoniales son un hecho doloroso que no desaparece porque se los ignore (...). Resulta imprescindible hacerse cargo de la realidad social para mejorarla y *no disfrazarla con formas de ficción jurídica por las cuales muchos argentinos viven como si estuvieran casados sin estarlo.* Y agregó que nadie continuará razonablemente su convivencia con otra persona si no están dadas las condiciones de amor y proyectos comunes que la sustenten, *diga lo que diga la ley.*

Justamente, "el sentido pleno y manifiesto del artículo 20 de la Constitución desde su origen ha consistido, por lo tanto, en que nadie puede ser compelido directa o indirectamente a aceptar el régimen de condiciones y formas matrimoniales de contestación religiosa alguna. La consecuencia inevitable de esta concepción estriba en la imposibilidad de imponer reglas sobre la permanencia del matrimonio cuyo sustento sea una fe determinada". De tal forma, la ley de matrimonio civil secularizó al matrimonio en cuanto a su celebración y jurisdicción, pero mantenía los cánones de una religión en particular en lo relativo a su disolución.

El voto en disidencia de los doctores Caballero y Belluscio sólo se limitó a afirmar que la norma no era constitucionalmente objetable, al no otorgarle al divorcio el efecto de disolver el vínculo conyugal, pues no aparecen conculcados el derecho a la vida ni los otros derechos fundamentales de la persona, toda vez que la norma, general, impersonal, objetiva y abstracta, considera y trata igualmente a los iguales.

En suma, este precedente produjo un desbarajuste en el régimen vigente de divorcio, y de hecho, constituyó una herramienta de presión para los proyectos de ley que estaban a consideración en aquel entonces en el Congreso Nacional.

En junio de 1987, fue sancionada la ley 23.515 que introdujo en forma sistémica el matrimonio disoluble en la Argentina.

B) La regulación sistemática e integral del divorcio vincular

SUMARIO: 6. La ley 23.515 de 1987. 7. El Código Civil y Comercial de la Nación. 7.1. Aspectos valorativos del CCyC. 7.2. Cambiando paradigmas en la regulación del divorcio. 8. Colofón.

6. La ley 23.515 de 1987

Hasta la sanción de la ley 23.515, que introdujo en el derecho positivo argentino el divorcio vincular como institución autónoma, se utilizaba la expresión *"divorcio a secas"* para nombrar a la separación personal, toda vez que el divorcio era no vincular, esto es, no producía la disolución del vínculo conyugal y consecuentemente, no permitía a los esposos celebrar un nuevo matrimonio.

De este modo, llegamos a la sanción de la ley 23.515[1], que estableció en nuestro país un régimen doblemente dual; puesto que por un lado, preveía que los esposos puedan optar por demandar la separación personal o el divorcio vincular como respuestas alternativas o autónomas[2] frente al conflicto conyugal; y por otro lado, que tanto uno como otro podían ser decretados por causales subjetivas y objetivas.

Ahora bien, desde hacía mucho tiempo, prestigiosos autores sostuvieron que aquella norma se quedó a mitad de camino, pues no logró dar respuesta a los cambios socioculturales que se desarrollaban en nuestro país y en el mundo.

En esa línea argumental, la doctrina calificó a la norma como una ley de transacción, señalando que "en su texto se advierte la confluencia de corrientes adversas y filosóficas opuestas, y porque la amalgama de puntos de vista tiene lugar entre ideas del pasado absolutamente superadas (v.gr. instrumentación de un divorcio "sanción" a un culpable y un derecho matrimonial sustancialmente de orden público y por ende indisponible) y otras, inspiradas en concepciones posmodernas emergentes de estudios inter-disciplinarios, que ya no observan al matrimonio con espíritu de perpetuidad y que estiman al pluralismo y a la flexibilidad de las normas matrimoniales como principios estructurales en los que debe sustentarse la relación jurídica conyugal"[3].

1 Esta ley fue promulgada mediante decreto 884/87 el 8 de junio de 1987, y publicada en el B.O. el 12 de junio de ese mismo año.

2 La separación personal no constituye una opción subsidiaria al divorcio vincular; salvo en lo relativo a la hipótesis prevista en el artículo 203 del Código Civil que sólo es una causal objetiva de separación personal por trastornos de la conducta debido a la enfermedad mental grave , alcoholismo o adicción a las drogas de uno de los cónyuges. Es este caso, sólo resulta posible acceder al divorcio mediante el instituto de la conversión.

3 Mizrahi, Mauricio L., *Familia, matrimonio y divorcio,* 2' ed., Astrea, Buenos Aires, 2006, p. 367.

Se ha dicho que la finalidad de la consagración legislativa del divorcio "remedio" no ha sido otra que desdramatizar en el ámbito judicial los juicios de divorcio, tratando de apoyar a la familia en crisis[4] para que las heridas sean lo menos dolorosas posibles.[5]

Sabemos también, que el mantenimiento de ambos sistemas constituyó una concesión realizada en favor de los "antidivorcistas", y de esta manera, a la par del divorcio vincular, se conservó la separación personal para aquellos esposos que, por razones de índole religiosa, sólo deseaban sustraerse a ciertos derechos y deberes.

Belluscio[6] -al comentar la ley española de divorcio- sostuvo que lo que llama la atención es el mantenimiento de la separación judicial, puesto que como el divorciado no está obligado a casarse nuevamente, su mantenimiento únicamente puede concebirse como una concesión a la Iglesia Católica que fue su creadora.

En fin, podemos observar cómo aún cien años después de la introducción del matrimonio civil, hubo que consentir la continuidad de una institución de tinte religiosa, para lograr en definitiva, la sanción del divorcio vincular. De este modo, persistía una interacción entre religión y normativa civil de la que no podíamos sustraernos.

Más aún, no sólo fue importante la acción contraria a la aprobación de la ley 23.515, sino que la resistencia continuó aún después de su sanción.[7]

7. EL CÓDIGO CIVIL Y COMERCIAL DE LA NACIÓN

7.1. ASPECTOS VALORATIVOS[8]

El CCyC generó, a nuestro juicio, una reconstrucción de la coherencia del sistema de derechos humanos con el derecho privado[9]. De hecho, la

4 Pueden consultarse las enseñanzas de la Dra. Cecilia GROSMAN en su trabajo: *El proceso de divorcio. Derecho y realidad*, Ábaco, Buenos Aires, 1985. La citada autora planteaba la imposibilidad que, en determinados casos, los sujetos tenían para utilizar las causales objetivas, al no poder dar cumplimiento con sus requisitos, no teniendo más remedio para acceder al divorcio que iniciar una demanda controvertida.

5 Tribunal de Familia de Formosa, 17/11/1997, "C., A. L. v. G., L.", *LL* Litoral 1998-2, 1084, del voto en disidencia de la Dra. Cabrera de Dri.

6 BELLUSCIO, Augusto C., "La nueva ley española de separación y divorcio", LL, 2007-B, 1330.

7 Véase la resistencia anterior en AA.VV., *El vínculo matrimonial ¿divorcio o indisolubilidad?*, Ed. Biblioteca de Autores Cristianos, Buenos Aires, 1978, entre otros y, la posterior en BONET ALCON, José, *El divorcio vincular y la ética profesional. Los católicos (cónyuges, abogados y jueces) ante la ley de divorcio civil*, Corporación de Abogados Católicos, Buenos Aires, 1987.

8 Puede profundizarse en LORENZETTI, Ricardo L., "Aspectos valorativos y principios preliminares del Anteproyecto de Código Civil y Comercial de la Nación", *LL*, 2012-C, 581.

9 Bidart Campos señaló: "Detenerse en el cásico derecho civil de familia cuando amanece el tercer milenio; no asumir que el derecho constitucional y el derecho internacional de los derechos humanos han tejido en torno a las relaciones familiares una malla de

mayoría de los códigos existentes se basan en una división tajante entre el derecho público y privado. En cambio, el CCyC tuvo en cuenta los derechos reconocidos en el bloque de constitucionalidad federal. Allí encontramos una de las innovaciones más importantes de este cuerpo normativo, al receptar la *constitucionalización del derecho privado*[10], por la cual se establece una comunidad de principios entre la Constitución, el derecho público y el derecho privado.

En ese contexto, el avance de la autonomía de la voluntad en el derecho de familia no es ajeno al ámbito del derecho matrimonial. Precisamente, ha sido en este campo en el cual la jurisprudencia y doctrina nacional y comparada muestran un desarrollo exponencial del principio previsto en el artículo 19 de la Constitución Nacional; prueba de ello es la cantidad de sentencias que declararon la inconstitucionalidad de algunos artículos del Código anterior por atacar el principio de libertad de los cónyuges en la construcción, vida y ruptura matrimonial.

El CCyC, con una interpretación superadora respecto de la normativa derogada, amplió la aptitud de decisión de los integrantes del matrimonio. La mirada rígida sobre las relaciones humanas familiares, bajo la excusa de considerar todo de orden público, contraría la noción de pluralismo que pregona la doctrina internacional de los derechos humanos. En efecto, existe un derecho a la vida familiar y, consecuentemente, la injerencia estatal tiene límites. Sus redactores pretendieron lograr un mejor y mayor equilibrio en la tensión entre autonomía de la voluntad y orden público, especialmente, al momento de la ruptura.

Una modificación importante se vincula a los derechos y deberes que derivan de la celebración del matrimonio. El texto primigenio del Anteproyecto establecía el compromiso de los cónyuges de llevar adelante un proyecto de vida, basado en la cooperación y el deber moral de fidelidad. Este punto de partida *reconocía el alto valor axiológico de los deberes de fidelidad y cohabitación, pero al receptarse un régimen incausado de divorcio, su incumplimiento no genera consecuencias jurídicas.*[11]

Sin embargo, con carácter previo a la sanción del Senado de la Nación, el dictamen de mayoría agregó en el texto del artículo 431[12] el deber marital

---

situaciones en las que insertan a la mujer, al niño, al anciano, a la fecundación asistida; esclerosarse en modelos que nos llegan del siglo XIX, ignorar o negar la bisagra que une al derecho privado con el derecho constitucional, y tantos otros anacronismos, muy lejos de consolidar y defender a la familia, significa, a nuestro juicio, una miopía que impide ver con la mirada amplia las profundas transformaciones que nuestro tiempo histórico viene acelerando". BIDART CAMPOS, Germán J., *El derecho constitucional humanitario,* Ediar, Buenos Aires, 1999, p. 113.

10 Véase KEMELMAJER DE CARLUCCI, Aída, "El derecho de familia en la República Argentina en los inicios del siglo XXI. Su inexorable proceso de constitucionalización y adecuación a los tratados internacionales de derechos humanos", *Revista de Derecho Comparado,* Derecho de Familia II, nº 10, Rubinzal Culzoni, Santa Fe, 2005.

11 Código Civil y Comercial de la Nación. *Proyecto...*, cit., ps. 555/557.

12 Este artículo dispone que: *"Los esposos se comprometen a desarrollar un proyecto de vida en común basado en la cooperación, la convivencia y el deber moral de fidelidad. Deben prestarse asistencia mutua".*

de convivencia. Consideramos que la introducción de la convivencia como deber jurídico constituye una involución en la regulación del divorcio, o por lo menos, la permanencia de vestigios del régimen anterior en el nuevo paradigma.

Dicho de otro modo, esta inclusión que constituye un resabio de ideologías decimonónicas perimidas resulta, a nuestro juicio, injustificada, arbitraria y contraria a la realidad social de muchas parejas. Más aún, es abstracta y meramente declarativa, pues en un régimen de divorcio que no requiere la expresión de causa, su incumplimiento no genera consecuencias jurídicas.

Bajo el vetusto régimen del divorcio sanción, la violación de los deberes matrimoniales conllevaba la posibilidad de ser declarado culpable. En el CCyC, la inobservancia de aquellos deberes no acarrea sanciones.

7.2. Cambiando paradigmas en la regulación del divorcio

La regulación del divorcio ha sufrido algunas modificaciones sustanciales[13]. En primer lugar, el CCyC desterró de nuestro derecho positivo nacional todo rastro de divorcio sanción -suprimiendo las causales subjetivas- como veníamos proponiendo desde antaño[14]. Los redactores argumentaron -con gran acierto- que la experiencia judicial ha demostrado el alto nivel de destrucción y desgaste emocional al que se someten los cónyuges y sus familias cuando se opta por el divorcio contencioso.

El valor pedagógico de la ley es conocido; por ello se pretende contribuir a la pacificación de las relaciones sociales en la ruptura matrimonial. Justamente, la eliminación de las causales culpables es una forma de colaborar a superar la ruptura matrimonial de la manera menos dolorosa posible. De este modo, y de conformidad con la línea legislativa que adoptaron varios países en sus reformas más recientes, se prevé un único sistema de divorcio, que no requiere la expresión de causa al tribunal.

En fin, la Comisión siguió los lineamientos generales de la reforma española del 2005, cuya exposición de motivos expresa: "El libre desarrollo de la personalidad, que se deriva del principio de autonomía de la voluntad, justifica que el ejercicio del derecho a no continuar casado no puede hacerse depender de la demostración de la concurrencia de causa alguna, pues la causa determinante no es más que el fin de esa voluntad expresada en su solicitud (...). Así pues, basta con que uno de los esposos no desee la continuación del matrimonio para que pueda demandar el divorcio, sin que el demandado pueda oponerse a la petición por motivos materiales, y sin que el juez pueda rechazar la petición".

---

13 Puede ahondarse en Chechile, Ana María, "El divorcio en el Proyecto de Código Civil y Comercial de la Nación, *RDF*, 2012-57-173; Molina de Juan, Mariel, "Compensaciones económicas en el divorcio. Una herramienta jurídica con perspectiva de género", *RDF*, 2012-57 y; Lloveras, Nora, "El divorcio en el anteproyecto de CC de 2012", *JA*, suplemento especial; entre otros.

14 Nos hemos expedido al respecto en Culaciati, Martín Miguel, "Causales de divorcio y perspectivas jurisprudenciales", *JA*, 2012-I, fasc. nº 13, 28/03/2012, p. 14; y anteriormente, "La distancia entre las relaciones afectivas y la ficción jurídica. Una mirada desde el derecho comparado", *RDF*, 2009-44, p. 219.

De esta manera, el matrimonio civil se sostiene por la voluntad coincidente de los esposos, con que la voluntad de uno de ellos desaparezca, el matrimonio pierde su razón de ser, pues sólo nos queda la institución pero no la relación afectiva subyacente que, en rigor, es lo que debe protegerse.

Concretamente, el art. 437 dispone que "el divorcio se decreta judicialmente a petición de ambos o de uno solo de los cónyuges".

Como puede observarse, cambió el paradigma bajo el cual se regula el divorcio, pues se receptó un régimen único que no requiere la expresión de su causa al tribunal y que puede ser peticionado por uno o ambos cónyuges. Prestigiosa doctrina[15] se manifestó -en criterio que compartimos- a favor de los cambios introducidos.

Así Mizrahi sostuvo: "A nuestro juicio, el gran acierto de las normas proyectadas es que se ha logrado amalgamar, por un lado, el respeto a la intimidad de los sujetos sin que el Estado -tras la invocación de un orden público hoy intolerable para la comunidad- interfiera en la vida privada de cada cual y en la elección autónoma de sus planes de vida; y, por el otro, mantener principios esenciales que hacen a la solidaridad familiar, concretados en preceptos específicos. (...) creemos que el cuerpo normativo propuesto tiene el gran valor de resguardar la libertad individual, privacidad y dignidad de los sujetos; como así también, al mismo tiempo, logra insertar reglas esenciales que hacen a la solidaridad familiar; priorizando a su vez la defensa de los derechos de los niños, tras la eliminación del juicio contencioso de divorcio".[16]

En igual sentido, López del Carril (h) señaló: "La Reforma tiene todos los méritos que una reforma debe tener: Se condice con la realidad social, se basa en la mala experiencia del régimen que deroga, establece un sistema ético compartido por la mayoría del plexo social, se adapta a las reformas que se fueron produciendo durante los últimos tiempos y que dejaban en una obsolescencia absurda la sistémica normativa vigente (...).[17]

En suma, coincidimos en esencia con la actual regulación, sobre la que nos hemos expedido a favor en reiteradas ocasiones, y utilizamos el CCyC como punto de partida para adunar nuestros aportes en la regulación del divorcio consensual en sede extrajudicial. Sin embargo, a esta altura del análisis nos interesa poner de resalto el cambio de paradigma producido en torno a la

15 Véase Lloveras, Nora, "El divorcio en el Anteproyecto de Código Civil", *JA*, Número Especial, 20/06/2012, 2012-II, p. 16; Lloveras, Nora y Ríos, Juan Pablo, "El divorcio incausado en el proyecto de Código Civil y Comercial de la Nación del año 2012", Microjuris, 20/08/2013, cita: MJ-DOC-6394-AR | MJD6394; Hollweck, Mariana, "Divorcio vincular. Interpretación de los arts. 437 y 438 del Proyecto", *DFyP*, 2012 (julio), p. 73 y ss.; Duprat, Carolina, "El divorcio en el proyecto de reforma del Código Civil", Microjuris, 17/08/2012, cita: MJ-DOC-5924-AR | MJD5924; Cataldi, Myriam y Califano, Lucila, "El sistema del divorcio actual y un mensaje alentador: existe un futuro constitucional", *RDF*, 2013-IV, 104, entre otros.

16 Mizrahi, Mauricio L., "Regulación del matrimonio y el divorcio en el Proyecto", *LL*, 2012-D, 888.

17 López del Carril, Luis María, "El divorcio en el Proyecto de reforma", diario *LL*, 12/09/2012, p. 5.

regulación del divorcio. La historia de un pueblo no es sino la historia de sus generaciones y éstas no consisten en la mera cuestión de la sangre fluyendo en el tiempo, como las olas en el cauce del río. Se dice que una nueva generación ha llegado cuando cambia el tono de la sensibilidad, la línea de la actitud, el ritmo de la marcha.

Creemos que el CCyC constituyó una nueva generación en el derecho nacional.

8. Colofón

Hemos podido observar cómo la Iglesia ha podido apropiarse de la legislación del matrimonio, gracias a la aquiescencia o el silencio del poder civil. Ahora bien, mientras en un principio, la regulación detallada del cristianismo acerca de la moral pública y privada y, más precisamente todo lo concerniente al matrimonio sólo obligaba a sus fieles; la fusión entre la religión y el poder civil en occidente permitió que aquellos parámetros se universalizaran y se aplicaran incluso a aquellos que no profesaban la religión católica.

La Revolución francesa ha traído consigo una nueva institución autónoma y no subsidiaria, libre de todo vestigio confesional -por lo menos, teóricamente-. Desde ese momento, el poder civil ha recuperado para sí esa función indelegable y la ha ido perfeccionando estos dos últimos siglos.

Ello es así, a pesar de que -por convicción o por confusión- el clericalismo y algunos sectores de la sociedad civil han intentado minar cualquier propuesta de mayor laicización. En estos dos siglos, los hemos visto recurrir a argumentaciones de todo tipo.

Algunos han sostenido en cuanta ocasión se les presentó que no era la oportunidad para el cambio, y que nuestra sociedad no estaba preparada. Otros incluso, han apelado a amenazas y peligros apocalípticos que caerían sobre nuestra sociedad y, que obviamente, terminan por no cumplirse nunca.

Sin embargo, consideramos que ha quedado patente en el relato, cómo los "antidivorcistas" (los que lo hacen por una objeción de conciencia o, aquellos que están en una posición donde les resulta conveniente conservar la ficción de la unión eterna) han venido utilizando los mismos argumentos para oponerse tanto a la sanción de la ley 2393, como cien años después, a las leyes 23.515 y 26.994. Así, las voces conservadoras se han apoyado en ideas anacrónicas, intentando aplicarlas a una sociedad dinámica que ha cambiado mucho en 2000 años de historia. Por el contrario, los fundamentos de los "divorcistas" (tilde peyorativo aplicado a quienes consideramos a la libertad como un valor supremo, y entendemos que debe primar la relación afectiva frente a la institución en la que el Estado desea, con rigor, mantenerla estancada) se han ido perfeccionando, sumando argumentos que refutan ampliamente la mitología "antidivorcista" y más importante aún, reconociendo derechos apoyados en la obligada mirada convencional-constitucional del derecho.

De esta manera, el Estado laico seguirá optimizando su legislación en pos de una sociedad democrática y pluricultural: el CCyC es un cabal ejemplo de ello. Sucede que si uno de los cónyuges pierde la voluntad de continuar el proyecto común, la institución matrimonial cae por su propio peso.

Frente a ello, la ley puede idealizar ese vínculo e impedir su disolución o; permitir que aquello que ya aconteció en la pareja pueda reflejarse en la ley.

Si logramos entonces que, en adelante, los argumentos a favor y en contra de las futuras modificaciones legislativas se ciñan a cuestiones estrictamente jurídicas y socioculturales, hemos dado un paso más para despejar el camino de obstáculos que no coadyuvan a generar soluciones.

La ascendencia del matrimonio religioso sobre el matrimonio civil no implica ni debe implicar -por propiedad transitiva- su total similitud en contenido y efectos. En palabras de Carnelutti: "Comprendiendo, hago comprender".[18]

18 CARNELUTTI, Francesco, *La prueba civil*, Depalma, Buenos Aires, 1982.

CAPÍTULO CUARTO
LIBERTAD Y AUTONOMÍA DE LA VOLUNTAD: EL DERECHO A NO CONTINUAR CASADO

"¿Qué más pruebas, sino que yo no quiero morir con ella,
ni ella gusta de vivir conmigo?
Juez: Si eso bastase para descasarse los casados,
infinitísimos sacudirían de sus hombros el yugo del matrimonio".
Miguel de Cervantes Saavedra
"El juez de los divorcios y otros entremeces"

1. PALABRAS PRELIMINARES

Para poder meternos de lleno en la cuestión de la autonomía de la voluntad de los cónyuges frente a la crisis matrimonial, debemos partir de una premisa fundamental: la igualdad en el *status* jurídico de los esposos dentro del matrimonio.

Por tal motivo, hemos profundizado en los capítulos precedentes acerca de la subordinación de la mujer al marido que nació en los albores de la civilización y la moral cristiana occidental ha traído hasta nosotros.

Así, en el capítulo primero indagamos sobre los orígenes de aquella sumisión y obediencia y cómo ella se concretaba durante el matrimonio; mientras que en el capítulo tercero analizamos la situación de la mujer frente a la disolución conyugal, y en particular, la distinta configuración legal de las causales de acuerdo al sexo del cónyuge culpable. En fin, podemos observar cuán largo y difícil fue el camino de la ley -redactada por hombres desde una óptica patriarcal- para conquistar, por lo menos, la igualdad formal de los esposos en el discurso jurídico.

En efecto, el principio constitucional de igualdad y el equilibrio entre la autonomía de la voluntad y el orden público, reconocen la aptitud de los cónyuges para decidir libremente opciones inherentes a la intimidad de la vida familiar.

2. La autonomía frente a las crisis matrimoniales[1]

El propósito de estas líneas es analizar qué es aquello que en las relaciones de familia hemos de reservar al ámbito de la intimidad y de la autonomía de la voluntad, y qué es aquello que no encuadra en ella, que la excede y, por lo tanto, debe someterse al poder de contralor del estado[2]. Para ello, debemos previamente realizar algunas consideraciones sobre la autonomía de la voluntad en las relaciones afectivas y la clásica tensión entre ella y el orden público.

Carlos Niño define a la autonomía personal como "la capacidad que tenemos los seres humanos de decidir qué queremos hacer con nuestras vidas, de diseñar y poner en marcha nuestro propio plan vital, tal como lo sostenía Emmanuel Kant. Sin embargo, para que esa autonomía pueda ser efectiva, para que la libertad pueda ser desarrollada, las personas debemos contar con opciones reales que muchas veces no podemos tener sin la ayuda del Estado".[3]

Se trata, en suma, de garantizar a cada sujeto el derecho a elegir su plan de vida, con facultades de determinar para sí la ética que regirá su vida familiar. La idea central es que la heteronomía en este ámbito, se emparenta con el autoritarismo.[4]

Ahora bien, tradicionalmente se ha entendido que las normas del derecho de familia están conformadas en general, por reglas de orden público inexcusable, cuyo contenido se encuentra predeterminado y se funda en el carácter institucional de la familia[5]. Sucede que aunque se trata de la "vida íntima y familiar", los Códigos tradicionales negaron o restringieron el juego de la autonomía en las normas relativas a las relaciones familiares.[6]

Sin embargo, se impone advertir que la noción de orden público no es unívoca, sino que varía en cada contexto espacial y temporal. Principios o normas que en una época determinada son de orden público, años después

1 Véase por todos, TAVIP, Gabriel E., "El impacto de la autonomía de la voluntad en el surgimiento de diversos tipos de familia, en los derechos y deberes conyugales", en *El derecho de familia en Latinoamérica*, t. II, Nuevo Enfoque Jurídico, Córdoba, 2010, ps. 763 y; DUPRAT, Carolina, "El respeto de la autonomía de la voluntad en la disolución del vínculo conyugal. La necesidad de una reforma en materia de divorcio", en *El derecho* cit., t. II, ps. 787.

2 GIL DOMÍNGUEZ, Andrés, FAMÁ, María Victoria y HERRERA, Marisa, *Derecho constitucional...*, cit., ps 247/8.

3 NINO, Carlos, *Ética y derechos humanos*, Astrea, Buenos Aires, 1989.

4 MIZRAHI, Mauricio L., "Hacia una reforma de la ley de divorcio", *RDF*, 2011-52, 23.

5 DÍAZ DE GUIJARRO, Enrique, "El interés familiar como fórmula propia del orden público en materia de Derecho de Familia", *JA*, 1952-II, 455.

6 CORVO LÓPEZ, Felisa M., "La mediación como forma de solución del conflicto familiar", en LLAMAS POMBO, Eugenio, *Nuevos conflictos del derecho familiar*, La Ley, Madrid, 2009, p. 269.

dejan de serlo, puesto que la sociedad se enfrenta día a día a transformaciones diversas que inciden directamente en la consideración de las instituciones que la constituyen y las normas que la regulan.[7]

En ese sentido, es importante poner de relieve que el orden público ha ido cediendo en pos de la autonomía de la voluntad en las relaciones de familia; pues como es sabido, comprometen relaciones que nacen por decisiones personales. Justamente, en este replanteo del orden público y en la forma en que ha cedido hacia la autonomía personal es que todo el régimen matrimonial se ha visto interpelado y reconstruido de manera profunda e integral. Esta obra se enrola en estos aires de cambio. De hecho, la democratización de la familia nuclear y la desacralización de las relaciones afectivas coadyuvaron al repliegue del orden público y, ello ha impactado decididamente en el contenido de aquellas relaciones.

El proceso evolutivo de la familia significó una reformulación de conceptos circunscripta a tres premisas básicas: el cambio de lugar de la familia, tras la admisión del papel prioritario de la persona humana, su bienestar y el pleno desarrollo de sus capacidades y virtudes; la limitación del concepto de orden público en la regulación jurídica de las instituciones familiares; y el ensanchamiento del campo de la intimidad y privacidad en el ámbito general del derecho de familia.[8]

Todo esto trajo como consecuencia la posibilidad de incorporar la autonomía de la voluntad en la resolución de los conflictos familiares. Con meridiana claridad, Bidart Campos[9] sostuvo -en el entendimiento de que son las dos caras de una misma moneda- que "en el anverso tendremos, entonces, lo que pertenece o incumbe a la autonomía personal, a las decisiones personales, a la libertad y a la voluntad también personales, en un espacio que el Estado y los terceros no pueden invadir o violar. En el reverso, todo cuanto es capaz de justificar razonablemente el límite a partir del cual aquel espacio deja de ser intangible. Y lo más difícil será, como siempre, lograr un justo equilibrio en las intersecciones entre lo que dejamos incólume en el anverso y lo que colocamos en el reverso".

Así, una mirada rígida sobre las relaciones familiares, bajo la excusa de considerar todo de orden público, contraría la noción de pluralismo que pregona la doctrina internacional de los derechos humanos y que recepta el CCyC.

En particular, el matrimonio civil está basado en la autonomía de la voluntad, y ella posee como fuente primordial lo dispuesto en el artículo 19 de la Carta Magna[10], que ubica el paradigma constitucional argentino -desde

7 GIL DOMÍNGUEZ, Andrés, FAMÁ, María Victoria y HERRERA, Marisa, *Derecho constitucional de familia*, t. I, Ediar, Buenos Aires, 2006, p. 328.

8 MIZRAHI, Mauricio L., *Familia, matrimonio y divorcio*, 1ª ed., Astrea, Buenos Aires, 1998, p. 68.

9 BIDART CAMPOS, Germán, "Intimidad y autonomía de la voluntad en el Derecho de Familia: ¿Para qué, hasta dónde, con qué alcance?", *RDF*, 1999-15, ps. 9 y 10.

10 Como es sabido, esta norma dispone que "*Las acciones privadas de los hombres que de ningún modo ofendan al orden y a la moral pública, ni perjudiquen a un tercero, está sólo reservadas a Dios y exentas de la autoridad de los magistrados*".

sus orígenes- en el ámbito del Estado constitucional de derecho, al centrar todo el andamiaje de la organización del poder en el respeto de la intimidad de las personas[11]. Justamente, uno de los elementos centrales o requisitos intrínsecos para la validez del matrimonio es el consentimiento pleno y libre, es decir, la propia normativa da cuenta de la importancia de la libertad en la génesis de la institución.

La norma constitucional establece el denominado principio de libertad de intimidad, que presupone la tutela jurídica de la vida privada *(right of privacy)*. Se trata de un "ámbito de libertad reconocido a la persona para el ejercicio de sus facultades", cuya consagración se centra en la ardua discusión en torno "de la naturaleza y los límites del poder que puede ejercer legítimamente la sociedad sobre el individuo".[12]

En esta línea argumental, se ha dicho que la libertad de intimidad o autonomía de la voluntad indica poder de decisión. Y este poder de decisión o posibilidad de resolver sobre ciertos aspectos de la vida personal transcurre y se manifiesta en los diferentes ámbitos del desarrollo del individuo.[13]

En ese contexto, no parece posible discutir que los cónyuges pueden decidir en forma autónoma lo inherente a sus relaciones personales, tanto durante la convivencia como tras la crisis matrimonial, pues en esta decisión no se encuentran involucrados, en principio, derechos del terceros ni intereses del Estado. Y en el caso de que la decisión implicara un perjuicio para terceros, el sistema legal debería tener remedios para neutralizarlos.

Este amplio margen de determinación abarca aspectos relacionados con la forma de poner fin al matrimonio del modo que lo crean conveniente, incluso sorteando algunos requisitos legales otrora considerados inexpugnables por tener su raíz en el "orden público familiar"[14]. Priorizar la libertad de intimidad y consecuente-mente la autonomía de la voluntad de los esposos, nos permite entender cabalmente el divorcio sin expresión de causa, que constituye la condición previa para su desjudicialización.

Ocurre que los derechos y deberes inherentes al matrimonio van a subsistir mientras así lo quieran ambos cónyuges, y van a desaparecer por voluntad bilateral o unilateral.[15]

11 GIL DOMÍNGUEZ, Andrés, FAMÁ, María Victoria y HERRERA, Marisa, *Derecho constitucional cit.*, ps. 215 y ss.

12 MILL, Stuart, *Sobre la libertad*, Alianza, Madrid, 1999, p. 57.

13 LLOVERAS, Nora y SALOMÓN, Marcelo J., *El derecho de familia desde la Constitución Nacional*, Universidad, Buenos Aires, 2009, p. 271.

14 FAMÁ, María Victoria, "Nuevas tendencias jurisprudenciales en materia de divorcio", RDF 2009-44, p. 7.

15 DOMÍNGUEZ LUELMO, Andrés, "La supresión de las causas de separación y divorcio en la ley 15/2005 y sus repercusiones en el Derecho Civil", *Revista Jurídica de Castilla y León*, n° 13, Agosto 2007, p. 53 y ss.

3. LA DISOLUBILIDAD DEL VÍNCULO MATRIMONIAL

Para comenzar el análisis, consideramos pertinente traer a colación algunas reflexiones del profesor Acedo Penco que resultan hábiles para emprender el debate en torno al *ius divortium*. El autor cuestiona si: ¿Existe un derecho universal a disolver el matrimonio?[16] Planteado así el problema, afirmó que si bien no goza de la misma protección y reconocimiento legal el derecho a entrar en el matrimonio que el derecho a salir de él; no es menos cierto que, siendo laicos o no confesionales, en la mayoría de los estados modernos existe un derecho a salir del matrimonio en la misma medida en que se reconoce el derecho a entrar en él. En efecto, aún sin un reconocimiento tan expreso como el que goza el *ius connubi*, en la sociedad contemporánea el derecho a divorciarse se ha erigido, de manera implícita, y en la práctica, como un nuevo derecho humano de carácter universal que muy pocos cuestionan.

Siguiendo ese hilo conductor, podríamos preguntarnos si ¿se puede renunciar de antemano al ejercicio de un derecho humano?

A nuestro juicio, los derechos fundamentales son indisponibles e irrenunciables. Nuestro máximo tribunal señaló en el fallo "Sejeán" que "el divorcio es una dimensión constitucionalmente ineludible del derecho a casarse -es una arista de su faz negativa- así como también de la libertad de culto y de creencias".[17]

Esta tesitura fue seguida y apuntalada por la jurisprudencia posterior. Así, se dijo que el "derecho a casarse o no casarse comprende también el consiguiente derecho a no permanecer casado cuando desaparecieron las causales personales y conyugales que dieron origen al proyecto de vida en común".[18]

3.1. POSIBILIDAD DE PACTAR SU INDISOLUBILIDAD

Esta cuestión fue analizada por la Corte Suprema que, en el caso concreto, impidió que la autonomía de la voluntad altere el régimen de matrimonio civil. En rigor, el máximo tribunal federal[19] resolvió, por mayoría, rechazar el planteo de inconstitucionalidad del art. 230[20] del código derogado incoado por una pareja que intentaba, de esa manera, desistir en forma anticipada de

---

16 ACEDO PENCO, Ángel, "Matrimonio y divorcio en las Constituciones de Iberoamérica", PRADO MAILLARD, José Luis (comp.), Derecho, Reforma del Estado y Gobernabilidad Frente a los Procesos de Integración Latinoamericana, Centro de Investigación de Tecnología Jurídica y Criminológica de la Universidad Autónoma de Nuevo León, Nuevo León, México, 2009, ps. 23 y 24.

17 CSJN, 27/11/1986, "Sejeán, J. B. c. Zaks de Sejeán, A. M.", *LL*, 1986-E, 648.

18 CCiv. y Com. Azul, sala 2ª, 9/04/2013, "T., R. M. v. G., J. M. s. divorcio contradictorio".

19 CSJN, 05/02/1998, "S., V. E. y F., M. I.", *LL*, 1998-C, 653, con nota de María Josefa Méndez Costa; y *LL*, 1998-E, 230, con nota de Andrés Gil Domínguez.

20 El artículo 230 del código derogado preveía: *"Es nula toda renuncia de cualquiera de los cónyuges a la facultad de pedir la separación personal o el divorcio vincular al juez competente, así como también toda cláusula o pacto que restrinja o amplíe las causas que dan derecho a solicitarlos".*

la posibilidad que otorga el régimen vigente para disolver el connubio civil.[21]

La aludida desestimación se fundó en que la ley posibilita la mera separación de los esposos sin divorcio, con un claro e inequívoco respeto de las creencias religiosas que trascienden del marco de lo estrictamente jurídico. Por lo tanto, la incertidumbre subjetiva sobre la actitud recíproca de los cónyuges en el futuro no lleva a invalidar un sistema que no ha soslayado considerar la quiebra matrimonial desde la perspectiva confesional. La mayoría agregó que las normas que rigen el estado de familia y la disolución del vínculo conyugal han sido dictadas más en vista del orden público que del interés particular de las personas, y por ello corresponde negar toda validez a renuncias de dicha índole, pues la solución opuesta podría afectar derechos ligados al régimen personal de la libertad.[22]

Lo interesante aquí para traer a colación, es la disquisición suscitada entre la mayoría y el voto en disidencia del doctor Boggiano sobre el matrimonio civil y el religioso; o en otras palabras, el menoscabo que las nupcias civiles podrían -en hipótesis- traerle a las creencias de los consortes.

El voto concurrente de la mayoría sostuvo que no basta para cuestionar la constitucionalidad del art. 230, la sola afirmación respecto a la supuesta colisión con el carácter sacramental que tiene el matrimonio para la religión católica, cuando no se ha cuestionado simultáneamente la facultad del legislador de imponer la celebración de nupcias civiles al margen de las creencias de los contrayentes, ni de establecer el divorcio vincular en términos generales como parte de las normas que se encuentra habilitado a dictar para reglar las relaciones de familia.

Por el contrario, Boggiano afirmó que la norma afecta las convicciones religiosas de los cónyuges, *aun cuando se limite a los efectos civiles del matrimonio,* ya que es doctrina del culto al cual pertenecen los cónyuges que la indisolubilidad y la unidad son propiedades esenciales de todo matrimonio, que en el cristiano alcanzan una particular firmeza por razón del sacramento. De este modo, la imposición de celebrar el matrimonio en las condiciones

21 La plataforma fáctica del caso citado era la siguiente: Un matrimonio solicitó la inconstitucionalidad del art. 230 del Código Civil argentino, en tanto afirmaba la disolubilidad del vínculo. Más precisamente, los peticionantes requerían la posibilidad de que el Registro Civil inscribiera junto al acta matrimonial correspondiente una leyenda que expresara su voluntad de que el vínculo matrimonial sea indisoluble y, de este modo, desistir de manera anticipada a la posibilidad de peticionar en alguna oportunidad el divorcio vincular, alegando el derecho a la libertad religiosa y de conciencia.

22 En rigor, se dijo: "La existencia de una legislación civil independiente de las distintas formas matrimoniales derivadas de las diversas creencias religiosas, se funda en la actual convicción de la sociedad, consolidada por la sanción de la ley mediante la cual se concreta el poder que ejerce la auténtica e inmediata representación de la voluntad popular. Por consiguiente, la legislación no puede autorizar que, mediante el principio de la autonomía de la voluntad, se altere el régimen de matrimonio civil en el que está interesado el Orden Público (...). Aun cuando se entendiera que el art. 230 del Cód. Civil -en cuanto dispone la nulidad de toda renuncia de los cónyuges a pedir el divorcio vincular- impone una obligación de no hacer, tal prescripción no resulta contraria al espíritu del art. 19 de la Constitución Nacional, atento a que no es más que la consecuencia del mandato previsto en el art. 20 del mismo ordenamiento, que autoriza a los habitantes -ciudadanos o extranjeros- del país a casarse conforme a las leyes".

determinadas por la norma interfiere en el ámbito de posible violencia estatal al fuero interno.

Discrepamos con la citada disidencia, pues creemos que los cónyuges podrían no divorciarse nunca, sin que para ello sea necesaria un inscripción marginal en la partida; o en su defecto, recurrir a la separación personal que, como es sabido no disuelve el vínculo y en definitiva, ha sido creada por la Iglesia Católica y sostenida por la legislación civil como una concesión en su favor. Inclusive, se puede mantener la convicción sobre la perpetuidad del connubio religioso, sin pronunciarse sobre la disolubilidad de la institución civil.

El CCyC se expide sobre la cuestión, en el artículo 436[23], donde se establece que "es nula la renuncia de cualquiera de los cónyuges a la facultad de pedir el divorcio; el pacto o cláusula que restrinja la facultad de solicitarlo se tiene por no escrito". Ello refuerza la idea de que la irrenunciabilidad a la facultad de solicitar el divorcio se funda en el principio constitucional de libertad y autonomía personal y del derecho a casarse (arts. 19 y 20, CN).

3.2. Aproximación al laicismo estatal

La Corte Suprema afirmó en el fallo "Sejeán" que el divorcio es una institución civil, correlativa del matrimonio civil que, en un estado laico como el nuestro, posee una regulación distinta de aquellas que rigen las instituciones confesionales. Sin embargo, en el precedente de 1998, consideró que la disyuntiva en torno a la disolubilidad conyugal era una cuestión de política legislativa.

Creemos que este último enfoque resulta erróneo, pues no es indiferente optar por uno u otro sistema legal. La adopción de un régimen que establezca la indisolubilidad conyugal negaría el reconocimiento de los derechos fundamentales reseñados.

De la libertad de cultos consagrada constitucionalmente, se desprende la neutralidad religiosa que adopta la Carta Magna. Y ella resulta antagónica con la consagración aunque sea parcial, de los principios de una religión determinada.

Esto nos permite colegir que el nuestro es un Estado laico, entendiéndose por *laicismo* la doctrina que defiende la independencia del hombre o de la sociedad, y más particularmente del Estado, respecto de cualquier organización o confesión religiosa.[24]

---

23 Como puede advertirse, el CCyC no introdujo cambios sustanciales sobre la nulidad de la renuncia o convención contraria a peticionar el divorcio; sino que se limitó a adecuar la norma a los nuevos paradigmas bajo los cuales se regula el divorcio. Así desapareció de la nueva redacción, la nulidad de toda cláusula que "amplíe las causas que dan derecho a solicitar el divorcio". Este agregado era coherente en el marco de un régimen causado de divorcio, pero no en el nuevo divorcio sin expresión de causa; pues al no existir lisa y llanamente más "causales", obviamente ellas mal podrían ser ampliadas.

24 Definición del diccionario de la Real Academia Española. Véase también GIL DOMÍNGUEZ, Andrés, "Laicismo y libertad religiosa en un fallo del Tribunal Europeo de Derechos Humanos", *LL*, 2005-A, 56.

Con suma claridad, Bidart Campos[25] nos enseña que el estado laico, es aquel que sin reparar en la realidad religiosa que se da en el medio social, elimina *a priori* el problema espiritual del ámbito político para adoptar -al menos teóricamente- una postura indiferente o agnóstica que se denomina neutralidad.

La principal característica de un estado secular, es la flexibilidad con la cual se hospedan todas las religiosas que no transgredan los derechos humanos y el orden constitucional. Este modelo garantiza y promueve la composición pluralista de la sociedad[26]. Desde una perspectiva constitucional y de derechos humanos, el tratamiento especial dispensado a la Iglesia Católica viola por un lado, el principio de laicidad estatal[27] y, por otro lado, el derecho de ejercer libremente el culto en condiciones de igualdad y no discriminación.

Prestigiosa doctrina[28] ha señalado que el compromiso con la igualdad y la autonomía por un lado, y con el sistema democrático de autogobierno por el otro, exigen del Estado su neutralidad en materia religiosa, y por ende, su laicidad.

¿Y si otras creencias religiosas quisieran otras instituciones para estar a tono con sus convicciones? ¿Cuán dúctil debería ser un sistema normativo para estar a tono con el pluralismo que brega la doctrina internacional de los derechos humanos? A nuestro juicio, en un modelo estatal laico no deberían tener cabida las concesiones civiles a requerimientos de índole confesional.

3.3. Los límites a la autonomía de la voluntad

Así las cosas, ha quedado claro que el matrimonio civil es disoluble y por ende, se considera nula la renuncia que esgrima cualquiera de los cónyuges a pedir el divorcio[29].

---

25 Por el contrario, el estado sacral es el que asume intensamente dentro del bien común temporal importantes aspectos del bien espiritual o religioso de la comunidad, hasta convertirse casi en un instrumento de lo espiritual; el estado vuelca a los contenidos del bien común público todos o la mayor parte de los ingredientes del bien espiritual. Bidart Campos, Germán J., *Manual de la Constitución reformada*, t. I, Ediar, Buenos Aires, p. 541.

26 Gil Domínguez, Andrés, Famá, María Victoria y Herrera, Marisa, *Derecho constitucional...*, cit., p. 349.

27 El principio de laicidad del Estado ha sido definido por el Consejo constitucional francés como el conjunto de reglas por medio de las cuales se "prohíbe a cualquier persona prevalecerse de sus creencias religiosas para liberarse de las reglas comunes que rigen las relaciones entre colectividades públicas y particulares". Consejo constitucional francés, 19/11/2004, n° 2004-505 DC sobre el Tratado Constitucional Europeo, consid. 18. La sentencia se encuentra en: http://www.conseil-constitutionnel.fr/conseil-constitutionnel/espanol/decisiones/decision-num-2004-505-dc-del-19-de-noviembre-de-2004.25788.html

28 Compulsar Saba, Roberto, "La Constitución como límite (positivo y negativo): el caso de la igualdad ante la ley", en Gargarella, Roberto (comp.), *La Constitución 2020*, Siglo XXI, Buenos Aires, 2011.

29 Ya el art. 199 del código derogado -texto anterior a la ley 23.515- disponía: "No pueden renunciarse en las convenciones matrimoniales la facultad de pedir el divorcio al juez

Ocurre que la autonomía de la voluntad -como todo derecho- no es absoluta, pues está sometida a los principios que emanan de la Constitución Nacional.

El problema radica en trazar una línea fronteriza que nos permita colocar, de un lado, la zona de autonomía e intimidad en las decisiones de los miembros de la familia[30] y, del otro, las limitaciones que consagran la ley y el reconocimiento de los derechos humanos de los terceros y de los propios miembros de la familia.

Y ello por cuanto, en ciertas ocasiones, las decisiones adoptadas por la propia familia pueden significar la violación de los derechos fundamentales de alguno de sus integrantes, derechos que por cierto resultan indisponibles e irrenunciables.

La admisibilidad del pretendido régimen indisoluble, implicaría recoger una visión unidireccional del matrimonio civil, imponiendo a la totalidad de la sociedad civil la concepción de un grupo mayoritario pero no unánime. Esa indisolubilidad se fundaría exclusivamente en la adopción de la creencia religiosa de la Iglesia Católica y ello convertiría a la manda legal en violatoria de derechos fundamentales.

Con mayor precisión, si se permitiera a una pareja "blindar" su matrimonio civil de acuerdo a las pautas previstas para el connubio católico, dotando a los cánones religiosos de coercitividad civil; esta licencia quebrantaría el principio de laicidad estatal, y el de igualdad ante la ley, toda vez que los efectos del matrimonio civil serían disímiles según las creencias religiosas de los contrayentes.

No es óbice que el rito católico apostólico romano haya sido -en ocasión de dictarse la derogada ley 2393- o incluso aún sea la confesión mayoritaria. Nos recuerda Ronald Dworkin que "la democracia está justificada porque garantiza el derecho de cada persona de ser respetada y cuidada; pero en la práctica, las decisiones de una mayoría democrática pueden violar ese derecho[31]. Ante esta posibilidad, el sistema constitucional prevé disposiciones restrictivas que establecen límites al poder del que dispone la mayoría y que, lejos de poner en riesgo la democracia, son necesarias para generarla".[32]

A nuestro juicio, los argumentos esgrimidos por el máximo tribunal y las consideraciones *ut supra* realizadas resultan hábiles para abonar la razonabilidad o proporcionalidad de la nulidad de una cláusula así. Sin embargo, podemos adunar una observación más. En el precedente analizado,

---

competente". En igual sentido, el art. 531, inc. 4° del Código Civil redactado por Vélez declaraba condición especialmente prohibida de los actos jurídicos, la imposición de casarse o no casarse, separarse o divorciarse.

30 BIDART CAMPOS, Germán, "Intimidad y autonomía de la voluntad...", *cit*. Del mismo autor, véase *Tratado elemental de derecho constitucional argentino*, t. I-A, nueva edición ampliada y actualizada a 1999-2000, Ediar, Buenos Aires, 2000.

31 DWORKIN, Ronald, "El liberalismo", en *Liberalismo, Constitución y Democracia*, La Isla de la Luna, Buenos Aires, 2003, p. 30, cit. por GIL DOMÍNGUEZ, Andrés, FAMÁ, María Victoria, HERRERA, Marisa, *Derecho constitucional de familia...*, cit., p. 22.

32 DWORKIN, Ronald, "Igualdad, Democracia y Constitución: nosotros, el pueblo, en los estrados", en *Liberalismo, Constitución y Democracia...*, cit., ps. 45 y 48.

el tribunal afirmó claramente que desechar la opción de contraer matrimonio indisoluble en el orden civil, no impone a las partes la alternativa opuesta, esto es, el divorcio civil, sino que les permite mantener su vínculo por siempre en consecuencia con sus íntimas convicciones religiosas. Nadie está obligado a divorciarse. En ese sentido, el juez Vázquez recordó: *"La disolución del vínculo conyugal es siempre voluntaria para los cónyuges, nunca obligatoria"*.

Ahora bien, si la petición hubiese sido admitida en el caso concreto, se impone preguntarnos sobre qué pasaría en el futuro si uno de los cónyuges quisiera disolver el matrimonio. ¿Hasta qué punto hubiese sido vinculante la anotación marginal en la partida? ¿Podría aplicarse la doctrina de los "actos propios" en ese supuesto?

Creemos que la respuesta negativa se impone.

El matrimonio sólo seguirá incólume mientras la relación afectiva perdure y ambos continúen con sus anteriores creencias religiosas. Y ninguno podrá aprovecharse de la hipotética renuncia anticipada, exigiendo el cumplimiento de una obligación de no hacer, de modo de obligar al otro a permanecer en un vínculo carente de contenido.

No obstante la claridad del fallo y la doctrina citada en su favor, algunas voces autorales insisten en la inconstitucionalidad de las normas que prohíben los pactos de indisolubilidad conyugal. En ocasión de comentar el art. 436 del CCyC[33], Rivera consideró que "el proyecto está contaminado de una especie de dogmatismo laicista, tan perjudicial como el religioso al no aceptar la opción del *covenant marriage* [matrimonio blindado o matrimonio-alianza] por el cual los cónyuges aceptan una relación vitalicia que impone mayores obligaciones".[34]

Kemelmajer de Carlucci[35] reitera que nadie está obligado a divorciarse y "si la crítica a la reforma apunta a dar validez a las cláusulas por las cuales las partes pactan que se obligan a convivir, a ser fieles, etc. el resultado no difiere. En efecto, la validez de estas cláusulas implicaría abrir las acciones de daños frente al incumplimiento de lo convenido, en clara contradicción con los derechos constitucionales en los cuales el proyecto se funda, entre otros, el derecho a la vida íntima".

Por todo ello, consideramos que la no inclusión del *covenant marriage* en nuestro derecho positivo nacional no vulnera el principio de razonabilidad o proporcionalidad[36]. Sin embargo, creemos necesario profundizar en acápite aparte

33 Véase Marrama, Silvia, "Una sugerencia acerca de la Reforma del Código Civil", ED, 247-631.

34 Rivera, Julio César, "La proyectada recodificación del derecho de familia", DFyP n° 6, julio de 2012, p. 8.

35 Nos remitimos a los argumentos brindados en Kemelmajer de Carlucci, Aída, "La autonomía de la voluntad en el derecho de familia argentino", en Herrera, Marisa y Graham, Marisa (dirs.), *Derecho de las Familias, infancia y adolescencia. una mirada crítica y contemporánea*, Infojus, Buenos Aires, 2014, p. 20 y; de la misma autora, "Lineamientos generales del derecho de familia en el proyecto de Código Civil y Comercial unificado (por qué no al maquillaje)", *RDPyC*, 2012-2, Rubinzal Culzoni, Santa Fe, 2012, p. 287 y ss.

36 Puede verse Bernal Pulido, Carlos, *El principio de proporcionalidad y los derechos fundamentales. El principio de proporcionalidad como criterio para determinar el contenido de los derechos fundamentales vinculante para el legislador*, Centro de Estudios Políticos y

sobre las razones que motivaron la inclusión del matrimonio-alianza en otras latitudes.

3.4. BREVE RESEÑA SOBRE EL *COVENANT MARRIAGE*

La irrenunciabilidad del derecho a solicitar el divorcio cuando el matrimonio ya no se condice con la relación afectiva subyacente, es la solución mayoritaria en el derecho comparado, a excepción de algunas regulaciones estaduales de los Estados Unidos[37]. Con sustento en estas disposiciones, los cónyuges pueden auto limitarse y hacer más compleja la disolución marital. El *covenant marriage* fue regulado en 1997 en el estado de Louisiana y posteriormente en Arkansas y Arizona.[38]

Allí se legisla paralelamente al matrimonio estándar, el matrimonio-alianza como medida de equilibrio frente a la admisibilidad del divorcio no culpable, y de fomento de la responsabilidad de los cónyuges ante el compromiso asumido en el connubio. En puridad conceptual, se trata de un pacto que realizan los contrayentes por el cual "auto-limitan" las causas por las cuales podrían solicitar el divorcio.[39]

Es una opción elegida voluntariamente por los consortes que agrega algunas cautelas al matrimonio ordinario en torno a su disolución. Según esta corriente, los contrayentes deben hacer un esfuerzo razonable y poner los medios adecuados para preservar el vínculo, incluyendo el recurso al asesoramiento matrimonial, si surgen dificultades durante la vida conyugal. Sólo cuando ha habido una ruptura absoluta de la alianza conyugal, pueden solicitar una declaración de que el matrimonio ha dejado de existir legalmente.

La eficacia de esta opción, no obstante, es limitada, porque las partes podrían mudarse a cualquier Estado que no admita el matrimonio-alianza y obtener el divorcio de acuerdo con las leyes de estos otros estados.

El matrimonio-alianza ha tenido un éxito limitado, y su futuro es incierto. De hecho, las propuestas para introducirlo en más estados no han prosperado. Conviene destacar, sin embargo, que se trata de la primera medida adoptada en Norteamérica en más de dos siglos para promover la estabilidad del matrimonio.[40] El dato es aún más relevante si se tiene en cuenta que no ha

---

Constitucionales, Madrid, 2003.

37 Puede profundizarse en ARECHEDERRA, Luis, *El matrimonio informal en los Estados Unidos de América (El common law marriage)*, Civitas, Thomson Aranzadi, Pamplona, 2009, y "El principio formal en el derecho matrimonial inglés", en homenaje al profesor Lluís Puig i Ferriol, I., Tirant lo Blanch, Valencia, 2006, ps. 159-192.

38 La noción de matrimonio-alianza no es original de Norteamérica. En 1947, se debatió en la Comisión para la reforma del *Code* francés una propuesta presentada por Henry Mazeaud de introducir un matrimonio opcional indisoluble. La propuesta fue debatida por la Comisión el 5 de diciembre, y rechazada por 12 votos en contra frente a 9 a favor. En 1995, Christopher Wolfe publicó un artículo en el que resucitaba la idea de Mazeaud como un medio para promover la estabilidad del matrimonio en Estados Unidos.

39 GARCIMARTÍN MONTERO, María del Carmen, *El sistema matrimonial en Estados Unidos*, Thomson-Aranzadi, Navarra, 2006, p. 22.

40 En España, la propuesta de un matrimonio civil indisoluble opcional fue formulada hace años por la doctrina. FUENMAYOR, Amadeo de, *Divorcio: legalidad, moralidad y cambio*

existido nunca un matrimonio indisoluble en los Estados Unidos.[41]

4. LA DOBLE INSTITUCIONALIDAD

En nuestro derecho positivo nacional aún pervive una doble institucionalidad frente a la crisis conyugal que merece un análisis especial. A tal fin, consideramos importante realizar una breve incursión al derecho comparado a fin de observar la subsistencia o no de esa doble institucionalidad; distinguiendo aquellos sistemas en los que subsiste la separación judicial, de cuerpos o *[from bed and board]*, ya sea como condición previa al divorcio, o bien como solución alternativa o autónoma frente al quiebre marital en los sistemas duales.

Justamente, la mayoría de los países han adoptado técnicas legislativas duales que prevén dos instituciones paralelas o respuestas normativas frente al quiebre conyugal y, como es sabido, la separación personal se limita a autorizar a los cónyuges a vivir separados, sin que ninguno de ellos readquiera la aptitud nupcial, mientras que por el divorcio, los ex cónyuges pueden volver a contraer un nuevo matrimonio.[42]

Circunscribiéndonos a América Latina, las normas vigentes en la amplia mayoría de los países regulan la separación personal como figura autónoma, tendencia de la que no escapan la mayoría de los miembros[43] del Mercosur.[44]

En aplicación de este diseño normativo dual, los ordenamientos jurídicos receptan otras instituciones aplicables obviamente en el marco de una separación personal, como son (a) la reconciliación -que cobra virtualidad y sólo produce efectos jurídicos frente a esta última, justamente porque ella no extingue el vínculo conyugal- y (b) la conversión, por la que la separación personal se transforma en divorcio vincular luego del transcurso de un plazo estipulado legalmente.

En Brasil el divorcio indirecto, visto como una modalidad de conversión de la separación judicial, contempla un plazo único -cualquiera haya sido la causa de ésta- de 1 año desde que la sentencia haya pasado en autoridad de cosa juzgada.

En Bolivia, una acción de separación no puede convertirse en una de divorcio, aunque en atención a la protección estatal del matrimonio, sí puede convertirse -hasta la sentencia- una acción de divorcio en una simple separación.

---

social, Pamplona, 1981 y; más recientemente, en "El derecho a contraer un matrimonio civilmente indisoluble", en *Estudios de Derecho civil en homenaje al profesor Lacruz Berdejo,* vol. 2°, Barcelona, 1993, ps. 1331 y ss.

41 GARCIMARTÍN MONTERO, María del Carmen, *El sistema matrimonial...,* cit., ps. 140 y 141.

42 BOSSERT, Gustavo, ZANNONI, Eduardo, *Manual de Derecho de Familia,* 5° ed. actualizada y ampliada, 2° reimpresión, Astrea, Buenos Aires, 2000, p. 319.

43 Brasil (arts. 1571, § 3, 1572 y ss., CCiv.); Paraguay (arts. 167 y ss., CCiv.); Uruguay (arts. 148 y ss., CCiv.).

44 Puede profundizarse en HERRERA, Marisa, "Una mirada crítica y actual sobre el divorcio vincular en el Mercosur y países asociados a la luz de los Derechos Humanos", ponencia presentada en el XV Congreso Internacional de Derecho de Familia, realizado los días 26 al 31 de octubre de 2008 en la ciudad de Cuernavaca, México.

No ocurre lo mismo en Europa que nos muestra un escenario dispar, y mientras una exigua mayoría de países desconoce la separación legal, muchos estados persisten en una doble respuesta normativa frente a la ruptura conyugal.[45]

Dentro de éste último grupo, puede mencionarse a Bélgica y Luxemburgo que permiten la separación legal por dos motivos: por causa determinada o por mutuo acuerdo. A su vez, aquella sólo suprime los deberes de cohabitación y asistencia, mientras que subsisten las obligaciones de fidelidad y de socorro. También allí el ordenamiento jurídico permite al cónyuge contra el que se ha pronunciado la separación legal, o en el supuesto de mutuo acuerdo a ambos, solicitar la conversión en divorcio al cabo de 2 años.[46]

Se encuentra prevista en Dinamarca, Lituania, Irlanda, Escocia, Francia, Polonia[47], Suiza, Grecia[48], Portugal[49] e Italia[50] sin que ella constituya una condición previa al divorcio. Como es común en aquellos países en los que perdura esta institución, el derecho lusitano prevé que la separación judicial puede ser convertida en divorcio luego del transcurso de dos años, siendo innecesario este plazo si la conversión la peticionan ambos cónyuges, o si uno de ellos infringe el deber de fidelidad.

En Holanda y Escocia, la separación legal -al igual que el divorcio- es un instituto de carácter objetivo donde sólo debe probarse el deterioro continuo de la relación matrimonial o la ruptura irreparable de la unión, respectivamente. El Reino Unido recepta la separación legal en similares condiciones a las previstas para el divorcio.[51]

Incluso, en España -con posterioridad a la sustancial reforma introducida mediante la ley 15/2005, en vigor desde el 10 de julio de 2005- se ha mantenido la separación judicial como alternativa frente al quiebre conyugal. La única exigencia legal[52] es el transcurso de un plazo mínimo de 3 meses desde la celebración del matrimonio, tanto si la separación judicial es requerida por ambos cónyuges, por

45 Para cotejar información bien esquematizada sobre las técnicas legislativas utilizadas por los países de la Unión Europea, ver http://ec.europa.eu/civiljustice/divorce/divorce_gen_es.htm

46 Ver artículos 1305, 1309 y 1310 del Código Judicial de Bélgica.

47 Conforme el art. 61, ap. 1 a 6, del Código polaco sobre la Familia y la Tutela.

48 Véase TALIADOROS, *Código Civil griego*, Atenas / Komotini, 2000.

49 La separación judicial suprime los deberes de convivencia y asistencia, sin perjuicio del derecho a alimentos.

50 La separación de los cónyuges puede ser judicial o consensual (por mutuo acuerdo). La separación judicial presupone la verificación de hechos capaces de hacer que la prosecución de la vida conyugal resulte intolerable o de causar un grave perjuicio a la educación de los hijos. La separación por mutuo acuerdo se basa en el consenso de los cónyuges, pero sólo surte efectos una vez homologada por el tribunal.

51 El Reino Unido es un estado unitario compuesto por cuatro países constituyentes: Escocia, Gales, Inglaterra e Irlanda del Norte.

52 Al igual que ocurre con el divorcio, la separación no requiere de la concurrencia de causa, al entenderse que el mantenimiento de la convivencia matrimonial es una manifestación

uno con el consentimiento del otro, o por uno sólo de ellos.

Más aún, ni siquiera es preciso el transcurso de aquél plazo, cuando se acredita la existencia de un riesgo para la vida, la integridad y la libertad del demandante o de los hijos de ambos o de cualquiera de los consortes. O lo que es lo mismo, se torna visible aquí la violencia doméstica, no como causal de divorcio -pues en España la causa de la disolución es la voluntad de al menos uno de los cónyuges de no mantener la unión- sino como eximente del cumplimiento del término legalmente establecido.

En Estados Unidos[53], casi la totalidad de las normativas estaduales regulan la separación legal *[Separation from bed and board]* o *[Limited divorce]* como alternativa frente el desquicio conyugal, o a *contrario sensu*, sólo cinco estados norteamericanos prevén exclusivamente el divorcio.

En definitiva, puede colegirse que existe un mayor apego en el continente americano a la regulación dual que en Europa, donde si bien la normativa se encuentra equilibrada -no pudiendo observarse tendencias al respecto- muchos países se han inclinado por el divorcio, como única salida ante el desquicio conyugal.

4.1. SISTEMA DUAL CON SEPARACIÓN INCULPATORIA

Dentro de los sistemas duales, podemos observar un subgrupo de ordenamientos jurídicos que poseen un divorcio de carácter objetivo y reservan las causales subjetivas para la separación legal o de cuerpos. A modo ejemplificativo, la República Federativa del Brasil[54], Irlanda y algunos estados de los Estados Unidos, poseen un divorcio "sin culpa" *[No fault divorce]* y una separación legal inculpatoria.

En tal sentido, el ordenamiento jurídico brasileño contempla dos formas de divorcio: directo e indirecto, pudiendo tramitarse bajo la forma consensual o litigiosa[55]. El divorcio directo -objetivo- no depende de una previa separación judicial para ser decretado. Está previsto en el art. 226 § 5° de la Constitución Federal y en el art. 1580 § 2° del Código Civil[56]. Por ello, la doctrina carioca señala que el juez no aprueba, y sí homologa el divorcio[57].

---

de la libertad de los cónyuges.

53 Estados Unidos es una república federal constitucional compuesta por cincuenta estados y un distrito federal -Distrito Columbia-, donde se encuentra su capital Washington D.C. Cada una de estas jurisdicciones posee una ley, estatuto o Código que regula la disolución del matrimonio en forma independiente.

54 A pesar de las dudas generadas con posterioridad a la entrada en vigencia de la Enmienda Constitucional n° 66/2010.

55 El divorcio litigioso (directo o indirecto) se tramita necesariamente en la vía judicial. Por su parte, el divorcio consensual (directo o indirecto) puede tramitarse extrajudicialmente, en los términos de la ley 11.441/07 -del 4 de enero de 2007- en sede notarial.

56 Esta última norma dispone "podrá ser requerido, por uno o ambos cónyuges, comprobada la separación de hecho por más de 2 años".

57 LOBO, Paulo, *Direito Civil. Famílias*, Saraiva, 2008, p. 129.

Mientras que la separación judicial determina sólo la disolución de la sociedad conyugal, sin extinguir el vínculo del matrimonio, y permite bajo el litigio, que se pruebe la culpabilidad de uno de los cónyuges. A diferencia del divorcio -donde no se discute la culpa- incluso si en la separación se ha asignado la culpa a un cónyuge.[58]

Del otro lado del Atlántico, en Irlanda para el decreto del divorcio, los cónyuges deben probar el cese efectivo de la convivencia conyugal durante al menos, cuatro de los cinco años anteriores a la fecha de interposición de la demanda. Este período de cuatro años puede ser continuo o no. Allí, la *única causa de divorcio es la separación de hecho* durante cuatro de los últimos cinco años de matrimonio; mientras que la separación personal puede requerirse como consecuencia de causas subjetivas u objetivas[59]. Entre las primeras puede mencionarse el adulterio, el comportamiento irracional y el abandono durante un año.

Paralelamente, entre las causales objetivas se encuentra la separación de hecho durante uno o tres años -según si existe o no consentimiento del otro cónyuge- y la ausencia de "relación matrimonial normal" durante un año[60]. Solo resta adunar que allí, la separación personal no puede convertirse en divorcio y no es una condición previa para éste, aunque la existencia de una sentencia de separación legal puede satisfacer algunas de las pruebas necesarias para el divorcio.

En América, la norma estadual de Missouri prevé como única causal de divorcio la ruptura irreparable del matrimonio, sin una expectativa razonable de que aquél pueda ser preservado. Sin embargo, al momento de legislar sobre la separación legal ha dispuesto que aquel quiebre irreparable puede incluir no sólo causales objetivas sino también subjetivas como el adulterio y el abandono.[61]

Puede añadirse la normativa de Carolina del Norte que prevé un *No fault divorce* y un régimen general que se circunscribe a dos causales objetivas relativas a una enfermedad mental incurable; pero en la separación legal *[divorce from bed and board]* solo regula causales subjetivas, por caso: a) adulterio; b) abandono; c) alcoholismo o adicción a las drogas; d) el tratamiento cruel e inhumano que ponga en peligro la vida del cónyuge; e) una personalidad indigna que haga la vida intolerable o f) la expulsión del otro cónyuge del hogar.[62]

Finalmente, el Estado de Washington DC -Distrito de Columbia- también posee un régimen de divorcio remedio que plantea como únicas causales la separación -sin cohabitación- por una decisión mutua o unilateral por

---

58 Menezes Da Costa, María Aracy, "Brasil y la Enmienda Constitucional nº 66 del 13/07/2010 que ha cambiado el divorcio", *RDF*, 2010-47, p. 201 y ss.

59 Adviértase que en Irlanda, hasta el año 1995 el divorcio no sólo estaba prohibido, sino también el matrimonio con persona divorciada. A partir de la modificación de la Constitución por referéndum del 24/11/1995, se admitió la disolución del vínculo conyugal por divorcio (si bien por causas muy tasadas) y se mantuvo la separación legal.

60 Art. 2 de la *Judicial Separation and Family Law Reform Act* de 1989.

61 Annotated Missouri Statutes; Title 30, Chapter 452, Sections 305 and 320.

62 General Statutes of North Carolina; Chapter 50, Sections 50-7 and 50-8.

un período de 6 meses o 1 año, respectivamente[63]. Pero la separación legal puede ser obtenida probando el adulterio, el trato cruel, o la separación -sin cohabitación- en las variantes mencionadas.

4.2. La separación como condición previa al divorcio

Algunos ordenamientos jurídicos plantean -o planteaban[64]- la separación personal como condición previa al divorcio[65], o dicho de otro modo, que la separación legal se regule como una etapa intermedia o transicional respecto del divorcio, que constituye la solución definitiva a la ruptura. Este es el caso del Brasil, que contempla el divorcio indirecto como una modalidad de conversión de la separación judicial ya declarada (luego de un año de la sentencia) en divorcio definitivo. Recuérdese sin embargo, que mediante la Enmienda Constitucional nº 66/2010, que fuera publicada el 14 de julio de 2010, el legislador modificó el § 6 del artículo 226 de la Constitución Federal, suprimiendo el tiempo requerido desde la separación judicial previa.[66]

No obstante, debe advertirse que el ordenamiento infra-constitucional brasileño sigue siendo regido por la ley 10.406 (Código Civil) desde el 11 de enero de 2003[67], y esta situación ha generado dudas en los operadores jurídicos acerca de la subsistencia o no de la separación judicial o administrativa.

En ese orden de ideas, la doctrina se pregunta actualmente si la reforma abolió la separación legal o si desde ese momento el divorcio puede lograrse sin tiempo anterior de separación. De hecho, ya se han formulado distintas líneas de interpretación -sin contar las teorías eclécticas- que plantean que nada ha cambiado[68] y la Enmienda sólo constituye una autorización constitucional para que la materia sea regulada o contrariamente, que la separación legal ha sido abolida y los artículos que la preveían han sido tácitamente derogados.[69]

63 District of Columbia Code, Title 16, Chapter 9, Sections: 904, 905, 906.

64 Cabe recordar que en España -conforme la ley de divorcio de 1981- para divorciarse había que esperar un año desde la celebración del matrimonio para pedir primero la separación y, una vez obtenida ésta, iniciar otro proceso para conseguir el divorcio. Actualmente, se puede acceder directamente al divorcio y de esta manera se ha agilizado el proceso de disolución que, en muchos casos conllevaba un doble procedimiento.

65 Por el contrario, en Estados Unidos, los ordenamientos jurídicos estatales que prevén la separación legal no establecen que ella sea una condición previa al divorcio.

66 La redacción anterior planteaba en lo que aquí interesa que "el matrimonio civil se disuelve por el divorcio, después de la separación judicial por más de un año en los casos expresados en la ley…"

67 Este cuerpo normativo en su art. 1580 dispone *que* "después de un año de cosa juzgada de la sentencia que ordenó la separación judicial (…), cualquiera de las partes podrá solicitar su conversión en divorcio".

68 Berthold Kohler, Daniel André, *"¿O divórcio ficou mais rápido?"* y; Brasil Santos, Luiz Felipe, *"Emenda do divórcio: cedo para comemorar"*, Espaço Vital, 16/07/2010 y 21/07/2010, respectivamente, [espacovital@ espacovital.com.br], cit. por Menezes Da Costa, Maria Aracy, *ob. cit.*

69 Gagliano, Pablo Stolze y Pamplona Son, Rodolfo, *O novo divórcio,* Sao Paulo, Saraiva, 2010,

En Europa, puede indicarse el caso de Irlanda del Norte, donde la regulación del divorcio se encuentra prevista en la *ley de Causas Matrimoniales*[70]. Allí, el demandante *[petitioner]* debe probar que la ruptura matrimonial es irreversible, lo que constituye la única causal del divorcio irlandés. Si considera satisfactorias las pruebas, el tribunal dictará la sentencia condicional de divorcio (decisión judicial previa a la concesión del divorcio). El proceso de divorcio finalizará cuando el tribunal dicte la sentencia firme.[71]

En Noruega si alguno de los cónyuges ya no desea continuar el vínculo conyugal, debe solicitar en primer lugar la separación (tiempo de espera previo al divorcio). Cuando los consortes han estado separados al menos durante un año, cada una de las partes puede requerir el divorcio. El transcurso de tiempo de separación no es requerido cuando la pareja ha convivido por menos de dos años, o si el cónyuge ha sido amenazado o ha sido víctima de malos tratos, violencia o intento de homicidio.

4.3. La desaparición de la separación legal

Algunos países transitan una senda hacia la desaparición de la institución de la separación legal como figura autónoma frente al conflicto matrimonial. Como se ha adelantado, escapan a esta tendencia la gran mayoría de los ordenamientos jurídicos de América Latina[72] que persisten en una doble institucionalidad. Sólo se encuentran exceptuados el Código Civil de México D.F., el Código Civil de Puerto Rico y el Código de Familia de Cuba.

En cambio, en Europa la situación es distinta, pues la mayoría no contempla la figura de la separación legal. Pueden indicarse los ejemplos de Albania, Alemania, Austria, Bulgaria, República Checa, Chipre, Eslovaquia, Eslovenia, Estonia, Finlandia, Letonia, Hungría, Rumania y Suecia, entre otros.

Ulteriormente, resta agregar que aquella tesis monista tampoco ha sido receptada en Estados Unidos. Allí sólo un grupo reducido compuesto por los estados de Alaska, Delaware, Idaho y Mississippi no han regulado una doble respuesta normativa.

4.4. Valoración crítica en un modelo estatal laico

A esta altura del análisis, corresponde abocarnos a una valoración crítica de

---

p. 56, cit. por MENEZES DA COSTA, María Aracy, *ob. cit.*

70 *Matrimonial Causes Order* sancionada en 1978.

71 Se puede solicitar que la sentencia condicional se convierta en sentencia firme de divorcio a las seis semanas y un día de haberse dictado la sentencia condicional. Si a los 12 meses de la sentencia condicional no se ha solicitado la sentencia firme, se puede pedir al demandante que indique los motivos del retraso. En determinadas circunstancias, el demandado puede solicitar la sentencia firme. Obviamente, las partes no podrán volver a contraer matrimonio hasta obtener la sentencia firme de divorcio.

72 Se encuentra regulada en Costa Rica (art. 58 y ss., CCiv.); Chile (art. 26 y ss., ley 19.947); Colombia (art. 165 y ss., CCiv.); Guatemala (art. 153 y ss., CCiv.); Nicaragua (separación de cuerpos); Panamá (art. 198 y ss., Código de Familia); Perú (art. 333 y ss., CCiv.) y Venezuela (art. 188 y ss., CCiv.).

la separación personal y a tal fin, podríamos preguntarnos cuál es la utilidad práctica de la separación legal en el derecho de familia contemporáneo -pues si bien aún persiste en muchos países- suele incoarse en un número muy reducido de casos.

Además de las instituciones de la reconciliación y la conversión, el Código derogado también se ocupaba de regular el "juego" entre el divorcio vincular y la separación personal[73], pues aunque ambos se encuentren acreditados se inclinaba, en definitiva, en favor del primero. En oportunidad de comentar la ley ibérica, Belluscio sostuvo que "lo que llama la atención es el mantenimiento de la separación judicial, puesto que como el divorciado no está obligado a casarse nuevamente, el mantenimiento de la primera únicamente puede concebirse como una concesión a la Iglesia Católica, que fue históricamente su creadora".[74]

En igual sentido, María Berenice Días apuntó que la regulación adoptada por el Código Civil en su última modificación en el año 2002, no habría sido "muy feliz" al mantener el régimen dual. La autora indicó que "la separación como modalidad de terminación del matrimonio, muestra en sus entrañas la marca de un conservadurismo que no se justifica en el actual estado del desenvolvimiento de la sociedad". Y agregó que "la extensión conceptual de los vínculos afectivos, iniciado por la jurisprudencia y reforzado por el nuevo ordenamiento jurídico, redimensiona las relaciones interpersonales. Ahora no es más exclusivamente el matrimonio el que el Estado le otorga juridicidad. Otro tipo de vínculos que se encuentran entrelazados con el concepto de familia han pasado a merecer especial protección por parte del Estado".[75]

En definitiva, todos los caminos conducen a sostener la conveniencia de la supresión de esta institución que, al sancionarse la ley 23.515, constituyó una concesión hacia sectores más conservadores apegados a la indisolubilidad conyugal, pero que actualmente no se justifica, y ha perdido su razón de ser.

En efecto, creemos que resulta innecesario el mantenimiento de una regulación dual frente a la crisis matrimonial, bajo el prisma de la doctrina internacional de los derechos humanos y, en particular, la noción de pluralismo que obliga al legislador a alejar la regulación civil de todos los principios y valores religiosos, sean de la Iglesia Católica o de cualquier otro orden confesional.

A nuestro juicio, resulta acertada y oportuna su supresión en el CCyC[76], en

73 Al respecto, el art. 237, CCiv. preveía que: "Cuando uno de los cónyuges demandare por separación personal podrá ser reconvenido por divorcio vincular, y si demandare por divorcio vincular podrá ser reconvenido por separación personal. Aunque resulten probados los hechos que fundaron la demanda o reconvención de separación personal, se declarará el divorcio vincular si también resultaron probados los hechos en que se fundó su petición".

74 Belluscio, Augusto C., "La nueva ley española de separación y divorcio", LL 2007-B, 1330.

75 Dias, María Berenice, "Da separação e do Divorcio" Dias, María Berenice y Da Cunha Pereira, Rodrigo (coords.), *Direito de Família e o Novo Código Civil,* 4ª ed., Del Rey-Ibdfam, Belo Horizonte, 2006, ps. 62 y 65.

76 El CCyC derogó la separación personal y sólo mantuvo el divorcio vincular que, como es la única figura ante la ruptura conyugal, se quita la adición de "vincular" y por ende, se alude simplemente al divorcio a secas atento a que, precisamente, produce la ruptura del

lo que constituye la escisión definitiva entre el Estado y la religión.

Ocurre que una hipotética subsistencia de la separación personal hubiera significado continuar regulando las relaciones conyugales desde la óptica de la Iglesia Católica. Más aún, si advertimos que ella sigue prevista en el derecho canónico (divorcio imperfecto) y los creyentes siempre podrán acudir a ella.

Paralelamente, y apelando al principio de realidad, podemos observar que la separación personal es escogida en muy escasas ocasiones y, ellas no sólo obedecen a motivos religiosos, sino que en la práctica, esta figura es utilizada por aquellas parejas que aún no cumplen con los términos legales previstos para acceder al divorcio. Las estadísticas demuestran que los esposos recurren a ella, pues aún sin encontrarse cumplido el plazo para disolver el vínculo, se sustraen a varios deberes conyugales e incluso, concluyen el régimen de bienes generado al contraer matrimonio.[77]

En fin, consideramos que esta figura no debe tener cabida en modelos estatales laicos como el nuestro, y por ello coincidimos con nueva regulación.

5. ¿CUÁL DEBERÍA SER EL ROL DE LA LEY FRENTE AL CONFLICTO MARITAL?

Como corolario de todo lo expuesto en este capítulo nos interesa indagar ¿cuál debería ser el rol de la ley frente a la ruptura conyugal?

Al analizar la regulación chilena, el profesor Corral Talciani[78] apuntó que suelen presentarse dos posiciones que, aunque antagónicas, aparecen de manera oscilante en la opinión pública, a las que denomina como la "visión idealista" del derecho y la "visión pesimista" del derecho.

A continuación, seguimos las consideraciones del autor chileno pues los argumentos allí vertidos nos sirven como disparadores para plantear nuestras ideas.

Si bien el autor reconoció que la ley no puede asegurar el éxito de los matrimonios ni evitar completamente las rupturas, sostuvo que aquella puede -y debe- contribuir eficazmente a la estabilidad de los enlaces, a que los quiebres que se produzcan sean los menos posibles, a que los cónyuges tengan recursos para superar esos conflictos. A mayor abundamiento, agregó que "el sistema jurídico no debe asumir una posición de mero espectador ante la disgregación social y familiar, una posición de indiferencia legal, de ausentismo jurídico. Una neutralidad en la materia sólo sería aparente, pues la no intervención legislativa implicaría inevitablemente el desconoci-miento jurídico de la institución de la familia".

Creemos que si bien sus intenciones resultan loables, el autor yerra al considerar al matrimonio como la única vía de acceso a la familia. Como profundizaremos más adelante, el divorcio puede permitir o bien la

---

vínculo matrimonial.

77 TÓFALO, Ariel, "El divorcio en la Argentina desde un enfoque socio-jurídico. Prácticas sociales y judiciales", *RDF*, 2012-53, p. 247.

78 CORRAL TALCIANI, Hernán, "Regulación jurídica de las rupturas matrimoniales. Ley civil, familia y divorcio", Revista *Humanitas*, vol. 7, disponible en http://humanitas.cl/ html/ biblioteca/articulos/d0096.html

reacomodación de la familia, o bien la conformación de una nueva. El problema surge si entendemos el divorcio en términos de "ganadores y perdedores" y consecuentemente, como "un conflicto a ganar".

El sistema jurídico no puede contribuir a la estabilidad del vínculo. Ya lo decía Couture[79]: *"La ley no crea la felicidad; ni puede impedir que huya el amor"*. Una visión contraria pecaría de ingenuidad por la sobrevaloración de la norma y porque olvida que lo que contribuye a la continuidad del enlace no es la ley sino el afecto. Y si éste desaparece, las personas no seguirán casadas, diga lo que diga la ley. *A fortiori,* la idea de que los quiebres conyugales *"sean los menos posibles"* resultaría válida como expresión de deseos, pero nos lleva a una reflexión adicional.

El derogado Código Civil regulaba un régimen causado, por el cual sólo se autorizaba a divorciarse a aquellas parejas que daban cumplimiento al requerimiento legal de exponer, impúdicamente, su intimidad marital. Esa regulación promovía los vínculos carentes de afecto, o la explicitación de las miserias humanas, forzando en algunas ocasiones, si ellas no existen, a inventarlas. ¿Pasaba el test de razonabilidad una norma que, hasta que ello no ocurra, no habilitaba a las personas a divorciarse?

A nuestro juicio, la respuesta negativa se impone. Inclusive, la ley exigía a los jueces, como una consecuencia más del *favor matrimonii,* que intenten reconciliar a los cónyuges[80] a fin de que permanezcan casados; pero ¿Cómo podría la hipotética estabilidad del matrimonio, aún en contra de los propios esposos, ser beneficiosa para los hijos o para la sociedad en general? ¿No sería mejor para los hijos, su crecimiento y socialización en un entorno armonioso? ¿A la sociedad no le serviría más que los matrimonios que el Estado tiene registrados, en su calidad de fiscalizador del estado civil de las personas, se condigan con la realidad de las relaciones afectivas?

Más aún, la imposibilidad de divorciarse, en no pocas ocasiones, constituye la antesala de la violencia familiar, pues el Estado -al no permitir a los consortes concluir su vínculo marital- los priva de una válvula de escape que descomprima una situación patológica y ello, puede generar o por lo menos, conservar las condiciones propicias para la violencia intrafamiliar.

---

79 Couture, Eduardo J., *El arte del derecho y otras meditaciones,* Fundación de Cultura Universitaria, Buenos Aires, 1991, p. 272.

80 En tal sentido se ha dicho que: "En la mayoría de los casos, la práctica nos ha demostrado que la presentación de la demanda de divorcio es el último paso de un largo y hasta doloroso proceso para los cónyuges. Por ello, resulta erróneo a mi juicio pensar que un extraño, un tercero desconocido a la pareja, podrá reconciliarlos en una audiencia, atribuyéndoles de esta manera a los jueces una responsabilidad que no les es propia y una tarea de muy difícil concreción, dando erróneamente por sentado que la ruptura matrimonial es un tema netamente jurídico, cuando hoy en día es claro y la doctrina es conteste en que `la temática familiar en modo alguno se agota en lo jurídico´. `Confluyen aspectos propios de la personalidad de las partes y de los componentes del núcleo parental necesitados de enfoques diversos, desde perspectivas interdisciplinarias que suponen el laboreo en equipo para el auxilio de la labor del juez. Este apoyo se recibe así desde la psicología, la psiquiatría, el trabajo social, la psicopedagogía, entre otras disciplinas particulares´". Berizonce, Roberto O., Bermejo, Patricia S. y Amendolara, Zulma A., *Tribunales y proceso de familia,* Ed. Platense, La Plata, 2001, p. 22.

El autor se consterna al advertir que "si el matrimonio es entendido sólo como una asociación voluntaria entre el hombre y la mujer que se formaliza públicamente, (...) esto es, si la autonomía personal de los cónyuges es lo que debe valorarse", el quiebre marital no será más que una forma de desenvolvimiento y desarrollo de ella.

Esta línea argumental merece nuestro beneplácito pues si los contrayentes, haciendo uso de su autonomía personal, deciden unirse entre sí, esa misma autonomía les permitirá concluir el enlace cuando ya no satisfaga sus aspiraciones personales.

Ahora bien, el profesor chileno considera que, según esta forma de comprender la ruptura conyugal, "ella no debería ser valorada negativamente, sino al revés, habría que constatar su normalidad, e incluso facilitarse y favorecerse, (...). Una concepción liberal del matrimonio como esa, que lo transforma en una `convivencia legalizada´ no es la que concuerda con el sentimiento generalizado de nuestra sociedad ni con la realidad cultural y ética del ser humano".

Disentimos con el prestigioso profesor. En primer lugar, consideramos que el argumento -que él adjudica a quienes hacemos primar la autonomía de los cónyuges y su proyecto biográfico- con relación a que la ruptura debe *"facilitarse y favorecerse"*, resulta falaz por estar apoyado en pilares equivocados.

A nuestro juicio, el matrimonio es un pacto entre dos personas con un proyecto en común, una relación duradera en el tiempo, en la que se invirtió mucha energía emocional y que, por diversos motivos, puede fracturarse y terminar en un divorcio.

Justamente, el punto de partida de nuestro trabajo fue la comprensión del matrimonio -y su correlato: el divorcio- como una construcción social, pues ello nos permite vislumbrar que ni uno ni el otro son valorativamente positivos o negativos, sino simplemente decisiones personales que acarrean derechos, deberes y efectos.

Ulteriormente, nos resta mencionar que la idea de la "transformación del matrimonio en una `convivencia legalizada´", más allá de la conceptualización peyorativa, no es nueva ni casual, aunque sí errónea. La disolubilidad del vínculo conyugal no atenta contra la perdurabilidad de la familia; sino que por el contrario, contribuye a su reorganización y continuidad o cimenta las bases de nuevas relaciones humanas. *El divorcio no es "el final", sino un nuevo principio.*

6. A MODO DE CIERRE

A esta altura del análisis, cabe apuntar que un "buen divorcio" contribuye a la paz familiar y social, y ello nos lleva a coincidir plenamente con la solución adoptada por el CCyC, donde el divorcio dejó de ser una sanción, para convertirse en una respuesta del orden jurídico frente a una situación conyugal en la cual uno o los dos esposos no desean, por diversas razones, mantener el vínculo matrimonial. La derogación del divorcio sanción constituyó un gran paso en la democratización de las relaciones afectivas. De ahí que, la sanción del CCyC permitió que nuestro país "tomaría la delantera" en esta senda.

Sin embargo, cada país transita los cambios normativos con sus tiempos.

A tal punto resulta difícil dejar atrás aquella noción de la existencia de un culpable que el progreso que ha significado la introducción de un *No fault divorce* en las normas estaduales de Estados Unidos, se ha visto neutralizado o por lo menos opacado, con la creación de un instituto más restrictivo que funciona paralelo al matrimonio como el *covenant marriage.*

A nuestro juicio, la subsistencia legal de este fruto confesional impide que el derecho cumpla las funciones que tiene asignadas y, entre otros motivos, por el efecto docente de la ley, termina colaborando a que el divorcio repercuta de manera negativa entre los cónyuges y con relación a los hijos.[81]

En este contexto, un régimen que no requiera la expresión de sus causas no debe ser visto como un destructor de las familias, sino como proveedor de respuestas jurídicas que no retroalimentan el conflicto.

Insistimos con preguntas que nos inquietan: ¿Qué interés posee el Estado, mediante el Poder Legislativo, en conservar un matrimonio? ¿Cuál es el rol que debe asumir para regular, limitar o fiscalizar las crisis conyugales bajo el prisma del principio del art. 19, CN? Siguiendo esta lógica, si la ruptura conyugal hace a la intimidad de las personas, el divorcio sería una cuestión privada y, como tal, el código aún vigente implicaría una injerencia estatal ilegítima y por tanto, infundada e irrazonable.

La voluntad de cada uno de los esposos para concluir, o no, su vínculo matrimonial estaría exenta de la autoridad de los magistrados, independientemente que los consortes acudan al tribunal a legalizar el quiebre marital o que la decisión se inscriba en el Registro Civil, atento a su tarea de contralor del estado civil de las personas. En fin ¿cuál era el problema de que la ley acompañe a los cónyuges en esta etapa de su ciclo vital, para que puedan transitarlo de manera pacífica, apostando a la coparentalidad? Creemos que ninguno. De hecho, la cuestión podría sintetizarse en el *"miedo a los fantasmas de una sociedad divorcista"*.

Este prejuicio constituye, en realidad, la "punta de lanza" de un *lobby* mediante el cual se pretende conservar el *statu quo*. Y si bien no descocemos el poder que aquel *lobby* puede lograr, *"no hay peor ciego que el que no quiere ver"*, y menos entender que las sociedades son dinámicas y mutables, diga lo que diga la ley, y los cambios tarde o temprano llegan.

81 En esta línea de pensamiento, puede verse Grosman, Cecilia P., "La separación y el divorcio en el Proyecto de Código Civil Unificado con el Código de Comercio. Algunas propuestas para el debate", *RDF*, 2001-18, 123 y; Zannoni, Eduardo, "Contienda y divorcio", *RDF*, 1989-1, 9, entre otros.

CAPÍTULO QUINTO
RELACIONES AFECTIVAS: ENTRE LAS FICCIONES JURÍDICAS Y LA REALIDAD

SUMARIO: 1. PRELIMINARES. 2. EL DIVORCIO SANCIÓN. 2.1. "EXCUSAS Y PRETEXTOS" PARA LA INVOCACIÓN DE CAUSALES SUBJETIVAS. 2.2. CRÍTICAS A LA CONCEPCIÓN EXPUESTA. 2.3. LA JURISPRUDENCIA Y LA REINTERPRETACIÓN DE LAS CAUSALES CULPABLES. 2.3.1. LA CAUSAL DE ADULTERIO. 2.3.2. ABANDONO VOLUNTARIO Y MALICIOSO. 3. LA INSUFICIENCIA DEL DIVORCIO REMEDIO. 3.1. LA LAXITUD EN LA CONFIGURACIÓN DE LAS CAUSALES OBJETIVAS. 3.1.1. LA SEPARACIÓN DE HECHO DE LOS CÓNYUGES. 3.2. LA REINTRODUCCIÓN Y AGRAVAMIENTO DEL DEBER JURÍDICO DE COHABITACIÓN: UN PASO HACIA ADELANTE Y DOS PASOS HACIA ATRÁS. 3.3. LA PRESENTACIÓN CONJUNTA. 3.3.1. EL TÉRMINO LEGAL Y LA INCONSTITUCIONALIDAD DEL ART. 215. 3.3.2. EL REQUISITO DE LA DOBLE AUDIENCIA Y EL TÉRMINO INTERMEDIO. 3.3.3. EL ROL DEL JUEZ. 3.3.4. EL REQUISITO DEL JUEZ NATURAL. 3.3.5. INAPELABILIDAD DEL RECHAZO DEL DIVORCIO. 4. EPÍLOGO.

"Nadie está en mejor condición que nosotros, que somos los mecánicos de estos aparatos instituidos para traducir la justicia en la realidad cotidiana, para comprender que cuando estos aparatos se traban, la Justicia viene a ser una befa siniestra y una traición para quien sufre y espera".

Piero Calamandrei

1. PRELIMINARES

La senda que emprendimos en esta obra continúa con las distintas concepciones que el derecho puede brindarnos en torno al divorcio, excluyendo *ex profeso* el régimen que no prevé expresión de causa que será desarrollado en capítulo aparte, como así también las posibles vías extrajudiciales que, a nuestro juicio, ofrecen interesantes ventajas sobre aquellos procesos que se ventilan en sede judicial. Ello nos sirve como punto de partida para dejar al descubierto las tensiones que existían entre las relaciones afectivas y las ficciones jurídicas previstas en el código derogado.

En efecto, el hilo conductor de la presente sección pone de manifiesto aquellas cuestiones conflictivas que genera el régimen causado de divorcio, y las distintas soluciones con las que nuestra judicatura ha intentado sortearlas, adoptando nuevos rumbos y reinterpretando las normas aplicables a la luz de la obligada mirada constitucional-convencional.

Vienen a la memoria las palabras del profesor Bidart Campos, quien sostuvo: "De las normas a la realidad, hay una distancia semejante a la que existe entre el remedio en la estantería de la farmacia y el remedio aplicado al cuerpo del enfermo".[1]

2. EL DIVORCIO SANCIÓN

Esta concepción encuentra su fundamento en las normas medievales del derecho canónico, que fueron a su vez una reacción contra el divorcio o repudio que conociera el derecho romano. Dicho de otro modo, el divorcio inculpatorio plantea la institución del matrimonio con espíritu de perpetuidad, donde el divorcio sólo es admitido con un criterio excepcional y como sanción al cónyuge que ha incurrido en conductas reprochables por el ordenamiento, calificadas como hechos ilícitos.[2]

La concepción del divorcio como sanción se basa en la idea de que la ruptura se funda en uno o más hechos ilícitos de un cónyuge[3], por lo que el otro cuenta con un interés legítimo para demandar. La petición debe ser impetrada únicamente por quien invoca su condición de inocente. En otras palabras, sólo pueden ser invocadas por el cónyuge que sufrió el incumplimiento; y en caso de concurrir causales en relación a ambos esposos, las culpas no se compensan[4]. En efecto, la jurisprudencia ha dicho que no hay gradación de culpas ni posibilidad de compensarlas. Cada uno asume las consecuencias de sus actos voluntarios y la inconducta de uno no posibilita ni justifica la del otro.[5]

2.1. EXCUSAS Y PRETEXTOS PARA LA INVOCACIÓN DE CAUSALES SUBJETIVAS

Es sabido que el tipo de divorcio tiene una incidencia directa en los efectos que de él se derivan. No es lo mismo un divorcio donde uno de los cónyuges ha sido declarado culpable del quiebre por haber violado uno o varios derechos y deberes derivados del matrimonio, que en aquellos divorcios en los cuales no se han debatido hechos ilícitos entre las partes, sino que han decidido transitar la desvinculación matrimonial por carriles no contenciosos a través de las diferentes causales objetivas.

De hecho, con anterioridad a la introducción del artículo 67 bis mediante el dictado del decreto-ley 17.711/68, y atento a que la única vía de acceso al divorcio (no vincular) era la alegación de causales subjetivas, en muchas ocasiones los esposos recurrían a la "construcción" de un divorcio culpable

1 BIDART CAMPOS, Germán, "La realidad, las normas y las formas jurídicas", *LL*, 1990 E, 680.

2 FOSAR BENLLOCH Enrique, *Estudios de derecho de familia*, t. II, vol. 1°, Bosch, p. 193, cit. por MIZRAHI, Mauricio L., *Familia, matrimonio...*, cit., p. 315.

3 Las causales subjetivas o culpables son verdaderos "actos ilícitos", es decir, son conductas reprochables desde el punto de vista jurídico, pues constituyen la violación de los derechos-deberes derivados del matrimonio.

4 C. Civ. y Com. Paraná, sala 2ª, 14/03/1996, "R., A. R. v. A., M. A.", *JA*, 1997-I, síntesis.

5 CNCiv., sala J, 9/12/1997, "S. de S. R., M. A. v. S. R., J. R.", *LL*, 1999-C, 724.

cuando en realidad no había violación alguna de derechos-deberes matrimoniales sino sólo una desavenencia conyugal, y ello conllevaba la consecuente hipocresía y desgaste jurisdiccional.

Ahora bien, son muchas y variadas las excusas o pretextos que utilizan y seguirán utilizando los cónyuges, mientras el ordenamiento jurídico vigente se los permita, a fin de acudir al divorcio sanción.

Ocurre que nuestro derecho positivo fomenta que muchas parejas disfuncionales recurran al juicio de reproche no sólo por el desagravio que pretenden lograr en la justicia, que analizaremos más adelante, sino también por la obtención de algunos beneficios patrimoniales que la ley le concede al "no culpable".[6]

Entre un sinnúmero de excusas o pretextos, podemos traer a colación aquellos que hablan de la "extorsión económica" de uno de los esposos respecto del otro; "la cuestión de los alimentos" o; finalmente, la idea de que "se haga justicia".

La "extorsión económica" nos trae al recuerdo los efectos que la culpabilidad en el divorcio provoca en la liquidación de los bienes gananciales adquiridos por cada uno de los cónyuges con posterioridad a la separación de hecho[7]. Así, resultaba aplicable el artículo 1306, 3° párr., CCiv., que nos permitía hablar de los bienes gananciales "anómalos".[8]

Inclusive, la doctrina legal sentada por el plenario de la Cámara Nacional de Apelaciones en lo Civil extendió la aplicación de aquella norma a otros supuestos[9]. Allí se dispuso "decretada la separación personal o el divorcio vincular por la causal objetiva prevista en los arts. 204 y 214, inc. 2 CC., sin que se hayan dejado a salvo los derechos del cónyuge inocente, corresponde aplicar la regla consagrada en el párr. 3° del art. 1306, C.C., respecto de los bienes adquiridos durante la separación de hecho".[10]

---

6 No creemos en la existencia de "inocentes" en el divorcio; por el contrario, consideramos que en toda crisis matrimonial existen dos "responsables".

7 Con mayor precisión se ha dicho que "los bienes adquiridos por uno de los cónyuges desde la celebración del matrimonio hasta la separación de hecho son bienes gananciales "puros" en tanto están alcanzados por la regla del art. 1315 del Cód. Civil, en cambio, desde la ruptura de la unión fáctica hasta la disolución de la sociedad conyugal, los bienes que aumentan el patrimonio de cada cónyuge son gananciales `anómalos´ y no sujetos a división conforme lo previsto en el art. 1306 párrafo 3° del mencionado ordenamiento". CNCiv., sala B, 20/10/2005, "H., M. B. c. G. S., M. R.", *LL*, 2006-A, 679.

8 Esta norma dispone, en lo que aquí interesa, que: "Producida la separación de hecho de los cónyuges, el que fuere culpable de ella no tiene derecho a participar en los bienes gananciales que con posterioridad a la separación aumentaron el patrimonio del no culpable".

9 CNCiv., *en pleno*, 29/09/1999, "C., G. T. v. A., J. O. s/ liquidación de sociedad conyugal", *JA*, 2000-I-557 y *RDF*, 2000-16, p. 187.

10 "Siendo el divorcio decretado por mutuo acuerdo debido a causas graves de convivencia, sin analizar la culpa de los cónyuges, no corresponde dar participación a ninguno de ellos en los bienes adquiridos por el otro durante la separación de hecho". CNCiv., sala L, 23/08/2006, inédito.

Lo propio ocurre con la "cuestión de los alimentos". Lograr que en la sentencia se declare culpable al otro cónyuge hacía que cobre virtualidad lo previsto en el derogado art. 207 (y el art. 217 que, para el divorcio, remitía a aquella norma). Esta regla establecía que: *"El cónyuge que hubiera dado causa a la separación personal en los casos del artículo 202, deberá contribuir a que el otro, si no dio también causa a la separación, mantenga el nivel económico del que gozaron durante su convivencia, teniendo en cuenta los recursos de ambos"*.[11] Bien podríamos cuestionarnos ¿Ser acreedor de los beneficios económicos que brinda el divorcio inculpatorio le permitirá a uno de los esposos compensar que aún no ha podido continuar con su proyecto de vida personal?

Resta indagar: ¿Qué se esconde detrás de la expresión "que se haga justicia"? Con esta locución, el cónyuge pretende involucrar al Estado en su contienda, de modo que el Poder Judicial sea el órgano efector de la reparación por el despecho que le causan las decisiones del otro. En el plenario "M., I. L. c. O., J. O."[12], las juezas Ubiedo y Castro criticaron la solución propuesta por la mayoría, pues ella "bien podría ser entendida como una aquiescencia a un ilegítimo interés de los cónyuges de lograr una represalia por el daño que consideran han experimentado con la conducta de su contrario".

A fin de clarificar aún más este deseo subyacente de "ganar" y descalificar al "contrario", se ha dicho[13] que "la energía psíquica queda atrapada en la contienda por el resentimiento y la búsqueda de venganza hacia la otra parte, a quien consideran el culpable del fracaso de su matrimonio, se recrimina al otro las faltas, lo que se ha hecho o dejado de hacer y buscan que la justicia actúe como un órgano efector de su venganza. Asimismo, y por el grado de vulnerabilidad que experimentan, buscan que el abogado que los defienda, los comprenda y se identifique con su lugar de víctima de los daños causados por la otra parte".

Inclusive, hay quienes sostenían la necesidad de la continuidad del divorcio causado. En oportunidad de debatirse la ley española 15/2005, algunas asociaciones de mujeres divorciadas reclamaron "el mantenimiento de las

---

11 A modo ejemplificativo, podríamos citar otros supuestos previstos en el código derogado que establecía un régimen claramente centrado en la dicotomía inocente-culpable: la cuestión del hogar conyugal y el artículo 211; los daños y perjuicios y; los derechos que subsistían para el cónyuge inocente (v.gr. derecho sucesorio en la separación personal).

12 CNCiv., *en pleno*, 28/10/2010, "M., I. L. c. O., J. O.", *LL online* AR/JUR/64416/2010, con comentarios de Sambrizzi, Eduardo A., "Si se rechazan la demanda y la reconvención por causales subjetivas, el divorcio no puede ser decretado de oficio por la causal de separación de hecho sin voluntad de unirse", *LL*, 2010-F, 243; Kielmanovich, Jorge, "Divorcio por causales objetivas: un plenario acertado", *DJ*, 17/11/2010, 7; López Del Carril, Luis María, "Un aporte al análisis del plenario civil sobre divorcio", *LL*, 2010-F, 349; Merlo, Leandro M., "Un necesario y esperado plenario que afianza la seguridad jurídica en materia de derecho de familia", *DFyP*, nº 11, 2010, p. 89; Bíscaro, Beatriz, Santángelo, María Victoria, "El respeto a la autonomía de la voluntad en la sentencia de divorcio", *SJA* 29/12/2010, Lexis nº 0003/015270; Jáuregui, Rodolfo G., "Un plenario con impecable aplicación de los principios procesales", *LL*, 15/02/2011, p. 7.

13 El resentimiento es el principal factor de estancamiento de los afectos, y por consecuencia, también de los procesos judiciales. Husni, Alicia y Rivas, María Fernanda, "Divorcio y Violencia, de la contienda a la despedida", *RDF*, 2009-44, p. 109.

causas legitimadoras de la separación", pues entendían que "era necesario para salvaguardar el interés de los hijos así como la inexcusable protección del cónyuge que sea víctima de comportamientos violentos, pues sólo de esta manera el juez conocería la realidad de lo acaecido y atendería a la protección de los intereses del sujeto menor de edad o de la mujer violentada".[14]

Si bien la alegada motivación resulta trascendente, no creemos que hubiera sido necesaria la continuidad del sistema causal culpable, pues bastaría con que en el decurso del proceso se acrediten los hechos denunciados para atender el interés del cónyuge o los hijos, y aplicar lo dispuesto en las leyes 24.417 y 26.485.

2.2. CRÍTICAS A LA CONCEPCIÓN EXPUESTA

La mirada crítica sobre el sistema legal vigente, y puntualmente, las objeciones referidas al juicio de reproche y la puesta en crisis de la noción de culpa, no son nuevas[15]. Mucho se ha dicho sobre el particular. Por ello, nos limitamos aquí a sintetizar las principales impugnaciones.

a) Algunos autores plantean que durante el trámite del divorcio es improbable la determinación del real responsable -si es que existe- del fracaso matrimonial, a pesar de que la sentencia recree las figuras de culpable e inocente[16]. A tal fin, el juez debe investigar conductas de los cónyuges que son propias de la intimidad matrimonial para efectuar una calificación e indagar culpas, entrometiéndose de este modo, en la vida íntima de los consortes.

Bossert señaló que los detalles de la vida cotidiana que arman la trama de los desencuentros espirituales en una pareja, no llegan a ser conocidos cabalmente por el juez[17]. En la misma línea de pensamiento, Di Lella planteó la probabilidad de que esta clase de procesos concluyan con un fallo arbitrario,

14 GUILARTE GUTIÉRREZ, Vicente, "Comentarios del nuevo artículo 81 del Código Civil", GUILARTE GUTIÉRREZ, Vicente (dir.), *Comentarios a la reforma de la separación y el divorcio. Ley 15/2005, de 8 de julio*, 1ª ed., Lex Nova, Valladolid, 2005, p. 51, nota 14.

15 En esta tarea, bien podría tomarse como punto de partida lo expuesto por Mizrahi, quien sostuvo: "En el caso de las causales subjetivas, muchos son los argumentos en pos de su eliminación: 1. Contribuyen al deterioro de las relaciones familiares post-divorciales, en especial con respecto a los hijos. 2. Perpetúan y retroalimentan el conflicto. 3. Se plantea la dificultad de determinar judicialmente quién es el culpable del deterioro de la unión marital (...)". CNCiv., sala B, 20/05/2008, "C., C.C. c/ R., B. L. s. divorcio", *LL*, 2008-D, 199; *elDial.com* - AA4981.

16 Grosman afirmó hace más de 30 años que: "En el movimiento legislativo actual se observa una orientación dirigida a eliminar el criterio de `culpa´ en la declaración del divorcio. Se ha dicho que esta `culpa´ verificada judicialmente puede no corresponder a la auténtica responsabilidad de los cónyuges en el fracaso matrimonial, es decir, que muchas veces resulta difícil determinar quién es el auténtico culpable. Por otra parte, la búsqueda de `un culpable´ para definir las consecuencias de un divorcio, acrecienta la animosidad entre los esposos y perjudica las posibilidades de una reconciliación. Es misión de la ley, entonces, atenuar la controversia en lugar de estimularla". GROSMAN, Cecilia P., "Tendencias actuales en el derecho alimentario de los cónyuges divorciados", *LL*, 1982-A, 750.

17 BOSSERT, Gustavo, ZANNONI, Eduardo, *Manual...*, cit., p. 333.

en atención a que importan una falsificación de la realidad matrimonial[18]. Se hace hincapié en el acierto que puede alcanzar el juez, ya que sólo tiene a la vista los medios de prueba que las partes consiguen aportar, pero no conoce lo que sucede en la intimidad del hogar.

Borda se interrogaba acerca de quién era el culpable de una hipotética ruptura conyugal, si el que comete el adulterio o abandona el hogar, o el otro cónyuge que con su frialdad y su desamor ha provocado aquella reacción. Así, afirmó "debajo de la superficie, oculta a los ojos del juez, no expresada (y no expresable) en las fojas del expediente, está la gran masa de pequeños hechos que son la verdadera causa del divorcio (...). Nada de eso podrá ser apreciado ni valorado por el juez".[19]

Con meridiana claridad, Mizrahi sostuvo: "En efecto, respecto a las causales subjetivas -el juicio de reproche- es conocido el severo cuestionamiento que ha merecido tanto en el ámbito jurídico como en el de la interdisciplina. Por un lado, porque en este tipo de procesos es harto improbable la determinación, con un grado razonable de certeza, del real responsable -si es que existe- del fracaso conyugal. Es que no debe perderse de vista que en el vínculo matrimonial se parte de una comunidad de vida en la que se entremezclan comportamientos cuyos respectivos orígenes son de muy difícil identificación. Son conocidas al respecto las agudas reflexiones de Díez Picazo y Guillón, cuando afirmaron que la ubicación de un culpable en el divorcio demandará una tarea de búsqueda nada convincente, y a veces escandalosa, de los más escondidos pliegues de la vida conyugal".[20]

b) Otras voces cuestionan la existencia misma de la culpabilidad exclusiva de un cónyuge, o dicho de otro modo, la figura de un único culpable en el fracaso del matrimonio. Dolto[21] nos recuerda que la idea del "único culpable" siempre es falsa, ya que las desavenencias de una pareja proceden de dificultades bilaterales relacionadas con la evolución de cada uno. Y la única culpa de cada uno fue la de engañarse acerca de sí mismo y del otro al vivir en pareja.

A pesar del empeño en interpretar, ficticiamente por cierto, que en el divorcio existe un único culpable, el sentido común lleva a refutarlo. Desde una visión sistémica ¿realmente hay un culpable y un inocente en las relaciones de pareja? La realidad nos ha demostrado que normalmente ambos esposos suelen ser responsables de las desavenencias conyugales, y cuando se presentan ante el órgano jurisdiccional, ya han pensado y planeado el divorcio, e incluso en muchos casos, ya se han separado y rearmado sus vidas, a pesar de que para la ley siguen siendo rehenes de uniones virtuales.

A nuestro juicio, quizás sea suficiente sanción para los cónyuges el hecho de tener que concluir una relación que alguna vez quisieron crear, como para se extraigan, a su vez, conductas "ilícitas" que sancionen al "culpable" con

18 Di Lella, Pedro, "El matrimonio desquiciado y la culpa", *LL*, 1994-B, 8.

19 Borda, Guillermo A., "Reflexiones sobre la indemnización de los daños y perjuicios en la separación personal y en el divorcio", *ED*, 147-813.

20 CNCiv., sala B, 20/05/2008, "C.,C.C. c/ R., B. L. s. divorcio", *LL*, 2008-D, 199; *elDial.com* - AA4981.

21 Dolto, Françoise, *Cuando los padres se separan*, Paidós, 1989, p. 123.

consecuencias económicas. De hecho, que ambos esposos sean culpables -de una u otra manera- constituye un fiel reflejo de una culpa *in eligiendo*, esto es, de haberse equivocado a la hora de elegir a determinada persona para formalizar un vínculo y un proyecto de vida en común.

Justamente, desde la óptica inversa, el interrogante no es tanto porqué uno de los cónyuges es culpable, sino por qué el otro debería ser inocente.

c) Como adelantamos, el juicio de reproche contribuye al deterioro de las relaciones familiares en el período post-divorcial. Ocurre que la ley posee un alto valor pedagógico; y por ello, no puede darles "armas" a los cónyuges para que ellos, en el marco de una relación disfuncional y un divorcio crónicamente litigioso, se pasen años en un pleito cuyo único fin sea la "destrucción" del otro.[22]

El Poder Judicial no está al servicio de los cónyuges para reforzar disputas; pues ello sólo sirve para agravar y perjudicar las relaciones familiares.

El divorcio contencioso[23] también ha sido denominado maligno o destructivo y esto ya, por sí solo, nos advierte de las consecuencias perniciosas de transitar un camino altamente conflictivo, que repercutirá en las relaciones futuras, sobre todo cuando hay hijos. A partir del matrimonio, se genera una familia con lazos que se construyen desde el afecto y deben continuarse, al menos, desde el respeto. Nada saludable puede seguir a un juicio de reproche que se ancla en el pasado.

Y si bien no desconocemos que si los esposos descartan una vía no contenciosa, constructiva y cuidadosa del desarrollo familiar, deberán asumir las consecuencias de sus propios actos[24]; es lícito preguntarnos también: ¿Qué sucederá en casos donde existan hijos fruto de la unión matrimonial? ¿Serán ellos quienes deberán pagar la mala decisión de sus progenitores? *A fortiori*, Mizrahi[25] nos recuerda: "No obstante que es cierto que si la ley prevé la variante de la inculpación es para usarla, no es menos veraz que la judicatura no debe permanecer indiferente desamparando a los núcleos familiares en crisis, ante la indudable contribución que el régimen de la culpa realiza para ahondar el deterioro de esas relaciones".

d) El divorcio sanción perpetúa y retroalimenta el conflicto conyugal. Como advertimos en la sección anterior, la idea de culpa responde al deseo de

---

22 La ley vigente termina colaborando a que el divorcio repercuta de manera negativa entre los cónyuges y con relación a sus hijos. Puede consultarse Grosman, Cecilia P., "La separación y el divorcio en el Proyecto de Código Civil Unificado con el Código de Comercio. Algunas propuestas para el debate", *RDF*, 2001-18, p. 123; Zannoni, Eduardo, "Contienda y divorcio", *RDF*, 1989-1, p. 9 y; Herrera, Marisa, "Perspectivas contemporáneas sobre el divorcio en el derecho comparado. Una mirada desde afuera para una revisión crítica hacia adentro", *RDF*, 2009-44, p. 75; entre otros.

23 Albarracín, Dolores y Albarracín, Marta, "Divorcio destructivo (contribución del contexto al mantenimiento del conflicto)", *LL*, 1992-E, 804.

24 Pellegrini, María Victoria, "La separación de hecho y la imputación de culpa: el costo de las elecciones personales", SJA, 17/11/2010, Lexis nº 0003/015201.

25 Ver su voto en CNCiv., sala B, 27/11/ 2007, "M., H. A. y L., M. C. s. divorcio art. 214 inc. 2º, Cód. Civil".

desagravio y de "ganarle" al otro consorte. Cabe traer a colación las palabras del doctor Claudio M. Kiper que, en el marco de un plenario, afirmó que "la familia es un sistema en permanente cambio que atraviesa distintas etapas en su ciclo vital, y una de ellas es la etapa del divorcio. Ante ello, pensar en términos de culpabilidad es improductivo y sólo contribuye a retroalimentar el circuito de las ofensas entre los esposos, escalando el conflicto familiar y engendrando un círculo vicioso de recriminaciones, que obsta a la posibilidad de analizar este tipo de fenómenos desde una multicausalidad, más adecuada a la realidad funcional de la familia".[26]

Es sabido que el "divorcio sanción" exige controvertir las causas del conflicto, demostrar inconductas, que en definitiva, constituyen una prolongación del conflicto e incluso su agravamiento. Aquí también, Dolto sostuvo que "el juicio de reproche envenena las relaciones entre los esposos, el proceso sirve para la denigración mutua, se estimula la controversia y quedan cada vez más ubicados en posiciones antagónicas".[27]

En oportunidad de comentar el CCyC, Guillermo Borda (h) estimó acertada "la eliminación de las causales subjetivas para reclamar el divorcio[28]. Es una forma de poner fin a largos y engorrosos juicios tendientes a probar la mayor o menor culpa de uno u otro cónyuge, cuya principal consecuencia es, (...) el agravamiento de la desunión familiar, además de ventilar las miserias humanas, los agravios, que entre cosas, en lugar de construir, destruyen la familia".[29]

Justamente, porque creemos que el divorcio contradictorio termina de destruir a las familias que se encuentran en proceso de destrucción, es que consideramos que el divorcio en nuestro país debía ser replanteado.

e) Otra objeción al divorcio inculpatorio proviene, justamente, de la aplicación del principio de realidad; pues en la práctica judicial puede verse, en algunas jurisdicciones más que en otras, un claro retraimiento del juicio de reproche. En ese sentido, al comentar el CCyC, se dijo: "Acompaña así el proyecto una tendencia hacia la eliminación de las causales subjetivas y avanza sobre las objetivas, eliminándolas. Es el proyecto consecuente con las estadísticas en la materia, así, en el ámbito de la Ciudad de Buenos Aires, el 89,74% de los divorcios tramitan por causales objetivas, registrándose tan sólo 192 expedientes de separación personal".[30]

A ello debemos adunar que la cantidad de divorcios no fue ni será consecuencia de lo que diga la ley, sino de la mayor aceptación social que

---

26 CNCiv., *en pleno*, 20/09/1994, "G., G. G. v. B. de G., S. M.", *LL*, 1994-E, 538; *JA*, 1994-IV-576.

27 Dolto, Françoise, *Cuando los padres...*, cit.

28 López del Carril añadió: *"(...) el gran mérito de la Reforma es terminar de raíz con la culpa y por ende con la discusión"*. López del Carril, Luis María, "El divorcio en el Proyecto de Código", *LL*, 2012-E, 1360.

29 Borda, Guillermo (h), "Las relaciones de familia en el proyecto de Código Civil y Comercial", *DFyP*, nº 6, julio, 2012, p. 35.

30 Roveda, Eduardo, Sasso, Marcela L. y Robba, Mercedes, "El divorcio en el proyecto de Código Civil", *DFyP*, nº 6, julio 2012, p. 36.

posee la ruptura de la pareja. Como analizaremos en el capítulo siguiente, la realidad nos muestra que las personas viven más años y van cambiando a lo largo de sus vidas -cada vez más extensas- por lo que podemos colegir que la pareja que uno eligió en un momento puede no necesariamente ser aquella con la que quiera seguir compartiendo toda la vida.

2.3. La jurisprudencia y la reinterpretación de las causales culpables

La judicatura argentina ha mostrado una mirada negativa en torno al juicio de reproche y a tal efecto, ha propiciado en varias ocasiones una reinterpretación en la configuración de las causales subjetivas. Esta mirada negativa sobre aquellas causales podemos observarla nítidamente en las posturas asumidas en torno a tres conflictos jurídicos que sintetizamos de la siguiente manera: 1) el cambio de postura sobre la configuración del abandono en lo inherente a la no aplicabilidad automática de la presunción *hominis* de voluntariedad y malicia sobre quien se aleja, cuando el alejamiento bien puede deberse a un desquicio matrimonial; 2) la mirada restrictiva de los daños en el divorcio[31] y; 3) la consolidación de la postura amplia que entiende que no es posible sostener la subsistencia del deber de fidelidad durante la separación de hecho.

A modo ilustrativo del primero de los tópicos citados, cabe traer a colación la óptica restrictiva asumida por Mizrahi, en su carácter de vocal de la Cámara Nacional de Apelaciones en lo Civil. El juez ha controvertido la presunción *hominis* tan arraigada al deber de cohabitación[32], advirtiendo que el mero desquicio matrimonial constituye una causa de justificación para rebatir aquella presunción.

Sin embargo, la nueva exégesis que pregona gran parte de la jurisprudencia no concluye con la impugnación de aquella presunción, sino que podemos observarla también al flexibilizar el rigor legal de algunas causales, adecuándolas de modo de no caer en interpretaciones anacrónicas, y adaptándolas a la realidad socio-cultural actual.

En suma, esto es una señal más de la retracción del juicio de reproche, pues circunstancias que antes podrían haber quedado subsumidas en una causal culpable, actualmente no se consideran conducentes a tal efecto.

Atento a la consolidación de la mirada crítica en torno al divorcio inculpatorio, y de las nuevas posturas asumidas por la jurisprudencia, se impone previamente puntualizar en las cuestiones conflictivas, críticas o reparos que pueden suscitar las causales de adulterio y abandono voluntario y malicioso. No merecen aquí un análisis pormenorizado las restantes causales subjetivas, unas por la escasa aplicación práctica que se ha hecho de ellas y, la causal de injurias graves pues, atento a su carácter residual, incluía todo

31 Véase por todos, C. Civ. y Com. Azul, sala II, 3/02/2010, "L., G. C. c. B., M. A.", AR/JUR/32/2010. Aquí se dijo "la configuración de un daño moral resarcible a favor del cónyuge inocente no resulta automáticamente presumida por la presencia de un hecho determinante del divorcio, sino que es requisito demostrar la existencia cierta del perjuicio invocado".

32 CNCiv., sala B, 29/09/2006, "Y., A. M. v. V., D.", Abeledo Perrot nº 70057305.

tipo de comportamientos potencialmente ofensivos que, exceden los fines previstos en este estudio[33]. Estas consideraciones nos servirán como punto de partida para desarrollar más adelante los otros tópicos.

2.3.1. La causal de adulterio

2.3.1.a. Consideraciones generales

¿Por qué nos interesa analizar esta causal en primer lugar? Siempre se ha destacado el adulterio entre todas las causales subjetivas. Siempre se tuvo un prejuicio mayor en torno a la infidelidad como si esta causal tuviera una mayor intensidad o gravedad que las demás, a pesar de que la ley no hace distinción alguna. En esa línea de pensamiento, cabe traer a colación algunos precedentes[34] que le han otorgado una mayor envergadura que a las demás causales subjetivas. Esta mirada más negativa no es nueva ni casual.

Ya en el derecho castellano, la infidelidad se medía con distinta vara según la cometiese el hombre o la mujer. Ello era consecuencia directa de que las leyes eran redactadas por hombres bajo un prisma patriarcal. En ese contexto, se consideraba que la infidelidad de la mujer era más peligrosa, pues atentaba contra la *seguridad* en la paternidad de sus hijos, en un momento donde no existían las pruebas genéticas.

Este prisma también lo observamos en los daños y perjuicios, donde los casos de reparación han sido fundados mayoritariamente en el adulterio, como si fuese más nociva la infidelidad que cualquier otro ataque a la dignidad o el honor del cónyuge.

2.3.1.b. Sobre la configuración de la causal

Esta causal fue definida como el ayuntamiento carnal libremente consentido de uno de los esposos con otra persona del sexo opuesto que no fuera su propio cónyuge[35]. También se lo conceptualizó[36] como la relación sexual de

33 Hemos profundizado sobre el análisis de todas las causales culpables en Culaciati, Martín Miguel, "Causales de divorcio y perspectivas jurisprudenciales", *JA*, 2012-I, fasc. 13, p. 14 y ss.

34 A modo ejemplificativo, véase C. Civ., Com. y Minería de San Juan, sala II, 07/10/2008, "A., B. M. c. Q., T.", *LL* Gran Cuyo 2009 (febrero), 99; CNCiv., sala E, 2/03/2005, "C. R. A. M. c. D. N. S., L. C.", *DJ*, 2005-3, 18, *LL*, 2005-D, 190, *LL*, 2005-C, 756, *DJ*, 2005-1, 1095, *LL*, 2005-C, 200 y; C. Civ. y Com. de Morón, sala II, 5/06/2008, "C., J. A. c. B., A. B.", *LL* Online, AR/JUR/27272/2008. En este último precedente se dijo: "resulta procedente la indemnización de daño moral respecto del cónyuge inocente del divorcio vincular que fue decretado en base a la causal de adulterio, ***pues ésta es la más grave***, en tanto coloca al cónyuge inocente no sólo frente a su fracaso matrimonial sino *en una situación socialmente vergonzante* ante la grave violación del deber de fidelidad". El resaltado nos pertenece.

35 Fanzolato, Eduardo I., en Bueres (dir.), Highton (coord.), *Código Civil y normas complementarias. Análisis doctrinal y jurisprudencial*, t. 1B, 1ª ed., 2ª reimp., Hammurabi, 2005, p. 129.

36 Azpiri, Jorge, *Juicio de divorcio vincular y separación personal*, Hammurabi, Buenos Aires, 2005, p. 67.

uno de los cónyuges con un tercero del otro sexo. En lo que aquí interesa, se trata de una unión sexual ilegítima, pues vulnera el deber de fidelidad recíproco que, con la regulación derogada, se debían los esposos[37]. De hecho, esta causal era la sanción por el incumplimiento de aquel deber.

Al adentrarnos en su análisis, es fácil advertir que las citadas definiciones han perdido actualidad. Sucede que todas las conceptualizaciones "clásicas" coincidían en que el adulterio se configuraba cuando se vulnera el deber de fidelidad en su faz material con una persona ajena al matrimonio, pero era necesario que fuera del sexo contrario.

La ley 26.618 dejó al descubierto su obsolescencia, atento a que desde su entrada en vigor, la causal englobaba cualquier acto sexual con un tercero del mismo o distinto sexo. Pero nos interesa traer a colación el discurso jurídico anterior a dicha norma que agrandaba la distancia existente entre la realidad y las ficciones jurídicas. Desde un prisma heteronormativo, la jurisprudencia mayoritaria entendía que la relación sexual con una persona del mismo sexo excedía la causal de adulterio; o dicho de otro modo, éste quedada circunscripto a la relación extramarital entre personas de distinto sexo; restándole la causal de injurias graves cuando las relaciones íntimas eran entre personas del mismo sexo.

¿Podían aplicarse causales y normas distintas según si las relaciones eran con una persona de igual o distinto sexo? ¿Se justificaba ese tratamiento diferencial?

Las respuestas negativas se imponen. Consideramos que, incluso con anterioridad a la sanción de la ley 26.618, las citadas definiciones debían ser revisadas a la luz del principio de igualdad y su corolario, la no discriminación. De hecho, en anteriores oportunidades planteábamos que mientras el divorcio sanción siguiera vigente, el derecho argentino no podía llevar ínsita la hipocresía de ver configurada la causal de acuerdo a la orientación sexual de la persona. Las cuestiones conflictivas que sobrevuelan la causal no se terminan aquí, sino que se acrecientan con relación a su prueba.

El adulterio se configuraba por el simple acto sexual fuera del matrimonio[38], resultando indiferente que sea ocasional, se trate de actos repetidos o sea permanente[39], puesto que todas las relaciones íntimas con un tercero violan el deber de fidelidad.

Asimismo, algunos precedentes provinciales[40] han incorporado otros parámetros que han delineado la conceptualización de la causal, al sostener que el adulterio es toda relación sexual extramatrimonial dolosa en que incurre un cónyuge con persona del otro sexo, no consentida ni impulsada por el cónyuge.

37 ZANNONI, Eduardo A., *Derecho Civil. Derecho de Familia,* t. 2, Astrea, 1989, ps. 78 y 79.

38 CNCiv., sala B, 12/09/1986, "C. de R., M. del C. v. R, E. R.", *JA*, 1987-IV, 286.

39 "La comprobación de la convivencia del actor con una persona del sexo opuesto, justifica la admisión de la causal de adulterio". CNCiv., sala B, 3/06/1997, "S. S., A. E. v. C. de S. S., A. M.", *LL*, 1998-D, 512.

40 C1ª Civ. y Com. La Plata, sala 2ª, 7/11/1991, "F., N. C. c/ N., O. N. s/ divorcio vincular", JUBA sumario nº B150422 (voto del Dr. Rezzónico).

Obviamente, para que la conducta encuadrara en la causal es menester que exista el elemento intencional -la imputabilidad- o dicho de otro modo, además del elemento material, se requiere la voluntad libre de sustraerse a la fidelidad conyugal[41]. Si por el contrario, el acto es producto de una violación o se lo efectúa sin discernimiento o por error en la persona, no se configura la causal analizada[42]. Además, el adulterio no es susceptible de gradaciones -como las injurias graves- o de otras valoraciones, por lo que el adulterio existe o no existe.[43]

Es importante poner de manifiesto que la jurisprudencia ha adecuado la causal, a fin de adaptarla a la realidad sociocultural de nuestro país. En otras palabras, sólo quedaría configurada la causal en aquellas circunstancias de extrema gravedad y no en otras que posean un margen de ambigüedad o representen una práctica natural en nuestros días.[44]

Aquellos supuestos que posean una entidad suficiente, como un vínculo equívoco con un tercero -en especial cuando existen exhibiciones públicas con personas del otro sexo[45]- paseos, viajes o alojamiento común[46], o en definitiva, relaciones de intimidad o afectuosidad excesiva[47], si bien no representan de por sí un adulterio, podrían configurar injurias graves, puesto que pueden herir la susceptibilidad del cónyuge injuriado[48]. De ahí que, mientras el régimen derogado lo permitía, la alegación del adulterio solía ir acompañada en forma subsidiaria de la de injurias graves, por violación al deber de fidelidad, pero en su faz moral.[49]

---

41 CNCiv., sala K, 22/04/1996, "S., J. C. v. B., R. M.", LL, 1998-D, 881; íd., íd. 21/09/1994, "C. A., J. D. v. P., J. N.", *JA*, 1996-II, 347; íd., sala M, 24/10/1997, "O., J. C. v. T., M.", *LL*, 1998-C, 730; C. Civ. y Com. San Isidro, sala 1ª, 22/06/1999, "S., D. S. v. P., C. A.", *LLBA*, 1999-859; *ED*, 185-99, entre otros.

42 CNCiv., sala K, 28/12/2004, "M., N. A. v. T., D. H.", Lexis Nexis *Online* (voto del Dr. Molina Portela).

43 CApel. Noroeste Chubut, 29/04/2004, "P., M. G. v. G., V. M. s/ ordinario", *www.elDial.com*.

44 De esta manera, el hecho de que la esposa hubiera realizado un viaje al extranjero en compañía de una amigo de su familia, no es una circunstancia que represente una gravedad suficiente a fin de considerarla incursa en la causal de adulterio. CNCiv., sala L, 27/04/2010, "Y. de B., C. M. c. B., D. A.", *LL* online; AR/JUR/17960/2010.

45 "La circunstancia del encuentro en un café del cónyuge con quien fuera su concubina antes del matrimonio y el hecho de mantenerse tomados de la mano no permite suponer una reunión de negocios o el mantenimiento de una inocente amistad, sino una relación equívoca cuya publicidad tiene potencialidad afrentosa en los términos del art. 202, inc. 4º, CCiv.". CNCiv., sala A, 8/11/1998, "A. C., L. v. S., E. G.", *JA*, 2000-III, 492.

46 CNCiv., sala L, 27/04/1994, "F., R. B. v. R., A.", *JA* del 27/04/1994, nº 5878, p. 53.

47 C. Civ. y Com. Posadas, sala 2ª, 3/10/2003, "P., A. I. v. G., E. E.", *LL* Litoral, 2004-190.

48 Así, se ha planteado que, "si bien mostrarse en lugares públicos con una persona de otro sexo en actitudes que revelen intimidad o exceso de confianza no configura la causal de adulterio, dicho proceder evidencia un desprecio de lealtad matrimonial encuadrable en la de injurias graves". CNCiv., sala L, 15/02/2010, "V., R. O. c. M, M. E.", *DFyP*, 2010 (mayo), 90; íd., sala G, 27/11/2007, "A., L. C. v. E., L. A.", *LL*, 2008-A, 438; *LL*, 2008-B, 177.

49 Ver C. Civ. y Com. San Isidro, sala 1ª, 26/02/1999, *RDPyC* 1999-22; *LLBA*, 1999-858; C. Civ., Com. y Flia. Río Cuarto, 23/03/1988, "E. de P., N. G. v. P., A. E.", *JA*, 1989-I, 215; C.

Incluso, en supuestos no tan frecuentes -como en la hipótesis de que los esposos tengan un estilo de vida *swinger-* se ha considerado[50] al marido incurso en la causal de injurias graves pues, si bien el matrimonio ponía en práctica el citado estilo de vida, existían fuertes presunciones de que el marido mantenía una relación sentimental con otra mujer fuera de dicho ámbito, transgrediendo de ese modo el "acuerdo marco"[51] dentro del cual se desarrollaba la vida de la pareja.

A fin de poner de manifiesto esta excepcional y restrictiva sobre la configuración del adulterio, resta hacer una breve mención de un fallo del 27/11/2007 de la sala B de la Cámara Civil[52]. Allí se indicó que "la cónyuge afectada [por los hechos constitutivos de las causales culpables de divorcio que cometiera su marido] no ha ejercido sus derechos en tiempo propio al tolerar el estado de desunión conyugal -y los vínculos extramatrimoniales anudados por su esposo- con lo que su conducta, en la realidad, ha importado una coincidencia en la voluntad de separación[53]. Más aún, aunque se entendiera que el hecho cuestionado -el vínculo del actor con otra mujer- fuera anterior o contemporáneo a la ruptura de la convivencia, considero que tampoco debe ser admitido como causal de adulterio cuando la reconviniente ha ejecutado actos que implicaron una suerte de consentimiento con el comportamiento abdicativo que pudo haber llevado su consorte".

De lo expuesto, se desprende que el adulterio no se configuraría [según esa doctrina judicial], aunque las relaciones extramaritales fuesen anteriores a la separación de hecho de los esposos, si el ofendido hubiese otorgado una suerte de consentimiento, mediante su silencio por un tiempo prolongado. En otras palabras, la violación al deber matrimonial caería, si el cónyuge damnificado no interpone la demanda de divorcio de manera inmediata luego de haber tomado conocimiento de la infidelidad.

Civ. y Com. Paraná, 8/07/1998, "R. de Y., E. R. v. Y., J. L.", *JA*, 2002-I, síntesis; C. Civ., Com., Flia. y Trab. Marcos Juárez -Córdoba- 9/12/1998, "V., M. E. A. v. C., F. J.", *LLC*, 1999-1509, entre otros.

50 CNCiv., sala G, 12/07/2010, "R., E. c. C., M. A.", *LL online*; AR/JUR/36943/2010.

51 Quienes comentaron el fallo dijeron: "Mientras los cónyuges se pongan de acuerdo expresa o implícitamente en definir qué es aquellos que desean para satisfacer plenamente su sexualidad, no hay obstáculo constitucional en aceptarlo. El Estado no puede imponer una moral sexual uniforme, ni obligar a las personas a atenerse a un solo ideal de ética". GIL DOMÍNGUEZ, Andrés, "Cuando de swingers se trata la Constitución es la que manda", *LL*, 2003-E, 501 y BASTERRA, Marcela I., "¿Puede un Estado pluralista, no confesional erigirse en "guardián" de la elección sexual de las parejas? El caso de los `*Swingers*´, *LL*, 2003-E, 506.

52 CNCiv., sala B, 27/11/2007, "M., H. A. y L., M. C.", *LL*, 2008-A, 494; con nota de SOLARI, Néstor E., "La conducta de los cónyuges durante la separación de hecho" *LL*, 2008-B, 2; con nota de SAMBRIZZI, Eduardo A., "El deber de fidelidad de los cónyuges durante la separación de hecho" *LL*, 2008-B, 248 y; con nota de MORELLO, Augusto M., "Lectura moderna de la separación de hecho entre cónyuges" *LL*, 2008-F, 380.

53 En un fallo posterior, "se ha juzgado improcedente considerar al marido incurso en las causales de abandono voluntario y malicioso y adulterio, si la esposa tomó una conducta pasiva al respecto por más de dos décadas, que implica una tácita aceptación de la situación irregular de vida desunida". CApel. Comodoro Rivadavia, sala A, 09/03/2010, "Q., F. R. c. C., B. E.", LL online (del voto de la Dra. Alonso de Ariet).

Como podrá observarse, el precedente reseñado posee varias aristas para analizar, además de su singular y rigurosa mirada sobre la configuración del adulterio. Ello así pues, indirectamente, estaría planteando una suerte de "prescripción" para la alegación de una causal culpable que, adelantamos, resulta ser bastante común en América Latina.

2.3.1.c. Consideraciones sobre la prueba del adulterio[54]

Esta causal requería la prueba de las relaciones sexuales fuera del matrimonio, la que por su naturaleza, resulta prácticamente imposible. Si bien siempre la prueba por excelencia de esta causal ha sido la partida de nacimiento en la que el cónyuge reconoce un hijo extramatrimonial como propio[55], esta circunstancia suele darse en limitados supuestos. En la mayoría de las rupturas conyugales, la jurisprudencia suele apuntar a hechos o circunstancias que normal o razonablemente lo acrediten, e incluso, aceptar la prueba indiciaria que resulta de presunciones graves, precisas y concordantes.[56]

La judicatura -advirtiendo la dificultad de la comprobación de la unión sexual voluntaria con una tercera persona, a no ser por mediante hechos que objetivamente la configuren[57]- fue facilitando su prueba, la que podía lograrse, residualmente, por vía presuncional[58] de otros hechos, a menudo percibidos

---

54 Véase Krasnow, Adriana, "Divorcio, adulterio y prueba. Un nuevo caso para pensar", *LL* Litoral, 2011 (octubre), 965; Bigliardi, Karina y Casco, Natalia, "La prueba en la causal de adulterio", *LL*, 2012-B, 462, entre otros.

55 CNCiv., sala A, 11/02/2010, "U. M.A. c. G.G.E. O.", *RCyS*, 2010-X, 73. Aquí se sostuvo que "la presentación en juicio de la partida de nacimiento de un hijo extramatrimonial en la que uno de los cónyuges reconoce a ese hijo como suyo es suficiente prueba del adulterio, siendo que éste se configura con el simple acto sexual fuera del matrimonio, sea ocasional o permanente, ya que, desde el momento en el que cualquiera de los esposos tiene relaciones íntimas con un extraño, viola el deber de fidelidad". Ver también C. Civ., Com. y Lab. Oberá, 22/10/2009, "Corrales, Jorge c. Zuzaniuk, Elena", *LL* Litoral, 2010 (abril), 338; C. Civ., Com. y Minería San Juan, 21/04/2008, "C., R.B. c. L., J.A.", *LL* online, AR/JUR/3395/2008. Ver también C. Civ. y Com. Azul, sala I, 13/03/2014, "G., E. D. c. C., L. B. s. divorcio (art. 214, inc.2, CC.)", *Newsletter* Abeledo Perrot.

56 De esta manera, se sostuvo que encuadra en la causal de adulterio la celebración de un matrimonio religioso por parte del marido con otra mujer, cuando aún se hallaba vigente el matrimonio civil con la actora. CNCiv., sala C, 30/10/2002, "C., R. v. D. P., E. M. s/ separación personal", JA del 13/08/2003, p. 25; *ED*, 201-224.

57 CNCiv., sala A, 13/07/2000, "L. P., R. v. D., C. A.", *LL*, 2000-F, 106.

58 C2ª Civ. y Com. La Plata, sala 2ª, 4/06/1991, "M. de B., M. L. c/ B., R. s/ divorcio vincular", JUBA sumario nº B300064. Aquí se señaló que la prueba del adulterio "no ha de consistir necesariamente en la verificación material del acceso carnal. Hecho realizado en la intimidad más absoluta, resulta dificilísimo acreditarlo en su materialidad, por lo que de exigirse su prueba para tener con ella la del adulterio, haría de esta causal mero enunciado, sin posible justificación. Es esta imposibilidad lo que ha llevado a admitir, como criterio general, que la de presunciones es prueba suficiente a ese efecto, siempre que sean suficientemente graves, precisas y concordantes como para llevar al ánimo del juez la convicción de su existencia" (voto del Dr. Defino).

por testigos[59]. Sin embargo, y aunque se trate de una prueba indirecta es menester que sea inequívoca, o en otras palabras, que lleven al ánimo del juzgador una certeza moral que excluya toda duda razonable; certeza que debe estar basada en hechos y no en interpretaciones subjetivas.[60]

Si bien algunas interpretaciones llevan a la total convicción o certidumbre del juez; otras disquisiciones pueden dar lugar a una duda razonable. A modo ejemplificativo, en un fallo[61] de la sala M de la Cámara Civil del 16/09/2011, se recordó que el *a quo* rechazó la causal imputada [adulterio] al sostener que "no basta con el intercambio de palabras o mensajes cargados de erotismo y de fantasías entre los dos polos de comunicación de la red" pues la infidelidad virtual, en tanto *"no pase a 3D" (sic),* no llega a consumar el encuentro carnal que configuraría el adulterio.

En este precedente, la doctora Mabel De los Santos advirtió que si bien no soslaya que la prueba del adulterio puede resultar compleja y engorrosa por las precauciones que la persona infiel normalmente toma para evitar sospechas, razón por la cual basta para tenerla por acreditada, la comprobación de antecedentes y de hechos que lógica y humanamente interpretados configuren indicios o presunciones graves, precisas y concordantes; éstos deben llevar a la forzosa conclusión de la existencia del adulterio.

Y de la prueba rendida en esos autos, esto es, las llamadas telefónicas a una línea del país donde reside [la mujer que habría tenido una relación con el demandado], los préstamos dinerarios, el envío de una encomienda y el viaje que realizó el cónyuge a Centroamérica dan cuenta en grado de probabilidad de una relación entre ellos, pero de ningún modo acreditan la existencia de adulterio.

Entonces ¿ello significa que no hubo adulterio?

No, sólo significa que no pudo ser probada la unión sexual ilegítima, y si otra hubiera sido la plataforma fáctica, -esto es, que no hubieran estado separados de hecho hacía varios años- la acreditación de la *infidelidad virtual,* podría haber configurado la causal de injurias graves.

2.3.1.D. LOS LÍMITES A LA REGLA DE LA AMPLITUD PROBATORIA

Hemos visto hasta aquí las principales características de la prueba del adulterio en un proceso contencioso; y en atención a la dificultad de lograr pruebas directas sobre la relación sexual ilegítima, suele aplicarse una mayor amplitud probatoria. Inmersos en el juicio de reproche, las partes requerían

59 C. Civ. y Com. San Isidro, sala 2ª, 12/05/1992, "G. M. A. c/ L. de G., E. A. s/ divorcio", JUBA sumario nº B1750101. La misma Cámara planteó que el deber de fidelidad también se ve vulnerado con *"toda relación que resulte sospechosa a los ojos de quienes la conozcan o que pueda lesionar la reputación o los sentimientos del otro cónyuge"*. C. Civ. y Com. San Isidro, sala 1ª, 26/02/1999, *RDPyC*, 1999-22; *LLBA*, 1999-858.

60 C. Civ. y Com. Morón, sala 1ª, 8/11/1990, "A. de S., M. c/ S, D. L. s/ divorcio", (voto del Dr. Ondarts); íd., íd., 23/04/1992, "C, M c/ S, de C. N. s/ divorcio", (voto del Dr. Russo), JUBA sumario nº B2300048.

61 CNCiv., sala M, 16/09/2011, "V., E. O. v. P., M. L. s. divorcio art. 214, inc. 2º, CCiv.", *Newsletter* Abeledo Perrot.

un amplio régimen probatorio, a fin de acreditar las conductas que se sindican como causales de divorcio. Así son de aplicación los principios generales del derecho procesal, en tanto se admiten todos los medios de prueba.

Ahora bien, esta regla ¿es absoluta o tiene sus límites? ¿Cualquier medio es válido a fin de probar la inconducta del otro cónyuge? Las respuestas negativas nuevamente se imponen. A todo evento, es importante traer a colación un fallo del máximo tribunal federal[62] que nos sirve como disparador de varios interrogantes.

Allí, la Corte Suprema de Justicia de la Nación se pronunció acerca de la posibilidad de que, en un juicio de divorcio, pueda acreditarse la supuesta infidelidad de la mujer alegada por el esposo, ordenando la producción de la prueba de ADN de uno de los hijos del matrimonio[63]. Si bien el alto tribunal no entra en la discusión acerca de la procedencia o no de la realización de la prueba genética a una niña menor de edad, a fin de probar el adulterio de su madre, y de este modo, *satisfacer la avidez de la ley de encontrar -a cualquier precio- un cónyuge culpable*[64]; admitió la queja por la omisión en las instancias inferiores de satisfacer el mandato constitucional de escuchar a la niña y que su opinión sea tenida en cuenta. Una cuestión tan básica que asombra que sigan desarrollándose procesos donde todos representan al sujeto menor de edad, pero él está ausente, o mejor dicho, donde existe una anulación de su persona, y una consecuente negación de sus derechos.[65]

Si bien todas las opiniones son aprobatorias -en criterio que compartimos- con relación a la solución a que arribó la Corte Suprema, las discrepancias se refieren a la posibilidad de admitir el medio probatorio, verificada la manda constitucional-convencional. Así, mientras la mayoría se pronunció por la afirmativa, algunas voces doctrinarias sostuvieron que -con independencia

---

62 CSJN, 10/08/2010, "P. de la S., L. del C. v. P., G. E.", LL, 29/09/2010 , p. 9, con nota de Néstor E. Solari; Karina A. Bigliardi, *DFyP*, 2010 (octubre), 74, con nota de Eduardo A. Sambrizzi; *LL*, 2010-E, 426, con nota de Néstor E. Solari; Karina A. Bigliardi; *DFyP* 2010 (noviembre), 01/11/2010, 109; *DJ*, 15/12/2010, 12, con nota de Lorenzo A. Sojo; *LL*, 2011-A, 475, con nota de Roland Arazi.

63 La plataforma fáctica era la siguiente: En el marco de un juicio de divorcio, el emplazado reconvino por las causales de adulterio, abandono voluntario y malicioso del hogar e injurias graves. Sostuvo que no obstante haber reconocido voluntariamente como suya a la hija de la reconvenida, la niña no habría sido concebida en el seno del matrimonio. A los fines de acreditar ese hecho, ofreció la realización de la prueba de ADN. La madre de la menor y la Defensora se opusieron a la medida, sin perjuicio de lo cual la Cámara confirmó la decisión de grado que ordenó su producción, con fundamento en el principio de amplitud probatoria que rige la materia y el derecho personalísimo de la *menor* de conocer su verdadera identidad. Contra esa decisión, la vencida dedujo recurso extraordinario, cuya desestimación dio origen a la queja. La Corte Suprema de Justicia de la Nación revocó la sentencia apelada.

64 Para un análisis en profundidad del fallo, véase Culaciati, Martín Miguel, "El divorcio contemporáneo y la mirada del máximo tribunal", Herrera, Marisa, Kemelmajer de Carlucci, Aída y Lloveras, Nora (dirs.), De la Torre, Natalia (coord.), *Máximos precedentes en Derecho de Familia*, t. III, La Ley, Buenos Aires, 2014, p. 61 y ss.

65 Hemos ampliado en Culaciati, Martín Miguel, "El derecho de los niños y adolescentes a ser oídos en los procesos de familia", *DFyP*, 2010, nº 5 (junio), p. 26.

de las cuestiones procedimentales- la prueba del adulterio a través de la identificación genética de un hijo no debería ser recibida por el tribunal en ningún supuesto.[66]

Sin adentrarnos en esa discusión, nuestra crítica se circunscribe a la necesidad y la ocasión de la producción de la citada prueba. Al comentar la sentencia, Arazi puntualizó que se produjo una colisión entre el derecho que tiene el demandado de producir una prueba, que consideró de suma importancia para acreditar el adulterio alegado, y la protección de los intereses de la menor de edad que debía tolerar una invasión a su integridad física y espiritual con el consiguiente perjuicio para ella.

Ahora bien, ¿existía realmente una colisión entre los derechos involucrados, o sólo una aparente contradicción en abstracto?

En primer lugar, creemos que *no existía necesidad* de promover esa prueba con el afán de acreditar una causal subjetiva. Si bien no se nos escapa su encuadramiento entre las *difficilioris probationes*, es sabido que el resultado buscado -léase la declaración de culpabilidad del cónyuge- podría haberse logrado por otras vías.

O bien podría haberse alcanzado la convicción del juzgador mediante pruebas indirectas o indicarias, sin que sea necesario colocar a la niña como objeto de prueba, ocasionándole un potencial trauma y/o daño psicológico. O bien, alegándose en forma autónoma -como se hizo- o subsidiaria la causal de injurias graves.

Más aún, de ser admitida aquella probanza en el caso concreto, no sólo hubiera sido perjudicial para la niña, sino que no debería haber tenido gravitación alguna en el resultado del proceso, en atención a la reconciliación acaecida entre los cónyuges con posterioridad a su nacimiento. En rigor de verdad, en las instancias inferiores se debería haber advertido que la causal de adulterio que intentó probarse no era viable, pues obedecía a una presunta conducta anterior a la reconciliación de los esposos[67]. La reconciliación no sólo se presume del reconocimiento voluntario alegado por el esposo, sino fundamentalmente, de la continuidad en la cohabitación.

Lo que parece haber sucedido en el *sub lite* -como en innumerables casos- y que provoca que se transformen en divorcios crónicamente litigiosos es la *búsqueda de venganza hacia la otra parte*. Por otro lado, entendemos que el juicio

66 SOJO, Lorenzo A., "Prueba del adulterio, ADN y respeto de los derechos del niño", DJ, 15/12/2010, 11. Allí plantea que la posibilidad de que se revele una verdad biológica distinta a la filiación jurídica constituye un atentado al derecho del niño a que se respete su intimidad y al derecho de este de preservar el secreto de su filiación. En esa línea argumental, recuerda que el art. 16 de la CDN establece que "Ningún niño será objeto de injerencias arbitrarias o ilegales en su vida privada..."; mientras que el art. 8 dispone: "Los Estados partes se comprometen a respetar los derechos del niño a preservar su identidad".

67 Resalta Solari -a nuestro juicio, con acierto- el mentado argumento que se desprende de los votos de Maqueda y Highton de Nolasco, quienes valoran la probable reconciliación habida entre las partes, y de ese modo, el hecho que se pretende probar ya no sería apto para arribar a la causal de divorcio, por más que el resultado de la prueba sea la inexistencia del vínculo biológico. SOLARI, Néstor E., "La prueba en el juicio de divorcio en un fallo de la Corte", *LL*, 29/09/2010, p. 9; *LL*, 2010-E, 426.

de divorcio *tampoco era la ocasión* para develar la identidad biológica de la niña, ni el proceso adecuado a tal efecto. Para ello, existe el juicio de filiación que, dicho sea de paso, la niña (de 14 años) podría haber iniciado (y puede hacerlo en todo momento).[68]

No se nos escapa que el fallo de Cámara advirtió que "el resultado sólo podría valorarse en relación con el objeto específico de estas actuaciones, sin implicar en modo alguno la modificación en el emplazamiento del actual estado filiatorio de la niña". Sin embargo, los jueces no pueden desentenderse de las consecuencias de sus resoluciones. Algunos interrogantes para finalizar: ¿Alguien reparó en que la niña terminó siendo un botín de guerra, o peor aún, se la sometió al conflicto psíquico y traumático de pensar que está perjudicando a alguno de sus padres? ¿Se advierte que con el resultado de la prueba se hubiera elevado a la niña a una categoría de árbitro de los problemas de sus padres? ¿Nadie se cuestionó si esta prueba habría provocado que la niña sienta un conflicto de lealtades?

¿Cómo hubiera repercutido un resultado negativo en la relación coparental -post divorcio- con quien, hasta ese momento, la niña percibió toda su vida como su padre biológico? ¿Qué pensaría la niña de su madre? Repárese en lo absurdo de la hipótesis de un resultado que negase la paternidad del marido en un juicio que no habilita modificación alguna del emplazamiento filial. Así tendríamos una inocultable verdad biológica que no tendría ninguna incidencia en un vínculo jurídico que subsiste.

En definitiva, admitir el citado medio probatorio, en esas circunstancias, sólo hubiera servido para que la niña cambie sus certezas por dudas. El derecho personalísimo de la niña a conocer su verdadera identidad ¿recién cobró importancia 14 años después y como consecuencia de un divorcio[69]? ¿Realmente se buscaba satisfacer aquel derecho a conocer su realidad biológica, o sólo se intentó elevar la justificación de tal medida probatoria?

No se advierte que ese haya sido el verdadero motivo; pues si lo que se buscaba era contribuir a revelar la verdadera identidad de la niña -se reitera- se hubiera iniciado el pertinente juicio de filiación[70] y no se hubieran ventilado estas cuestiones en el marco de un proceso de divorcio.

2.3.1.e. La incidencia de las nuevas tecnologías

A esta altura del análisis, nos interesa realizar algunas breves consideraciones sobre el papel de las nuevas tecnologías en la prueba del adulterio y; cómo la judicatura ha sopesado los derechos en pugna al reparo del bloque de constitucionalidad federal.

68 Distinta sería la hipótesis donde se arrimara al juicio de divorcio, una previa sentencia recaída en un juicio de filiación, que hubiera hecho lugar a una acción de desplazamiento.

69 Obviamente este derecho básico que emana del bloque de constitucionalidad federal no merece discusión alguna, ¿pero era necesario que este elevado fin surgiera en el marco de un divorcio?

70 Cabe poner de relieve que en el ámbito de un juicio de filiación, la hija (de 14 años) podría interponer la acción de impugnación de la paternidad; para quien la demanda no posee plazo alguno de caducidad.

Como da cuenta una nota periodística, actualmente existe una cantidad importante de infidelidades que son "descubiertas" por los cónyuges a través de distintos medios de comunicación como el teléfono, el celular, el correo electrónico, el chat o los mensajes de texto[71]. En otras palabras, el análisis debe centrarse en desentrañar hasta dónde pueden validarse estos medios probatorios, cuidando que con ellos no se vulneren garantías constitucionales, como la libertad de intimidad[72] o incluso, la inviolabilidad de la correspondencia, entre otros.

En un conocido precedente de la provincia del Chubut, en donde el esposo quiso probar hechos de infidelidad mediante el contenido de mensajes de texto de su cónyuge constatados en un acta notarial, se resolvió excluirlos como medio probatorio[73], en atención a que el marido reconoció que la interceptación de aquellos se produjo como consecuencia del apoderamiento subrepticio del celular.

Así, se dispuso que los mensajes de texto enviados y recibidos desde un teléfono celular constituían correspondencia de telecomunicaciones inviolable a la luz de los arts. 18 y 19 de la Constitución Nacional, art. 53 de la Carta Magna de Chubut, el art. 18 de la ley 19.798 -de Telecomunicaciones- y el art. 5° de la ley 25.520. A todo evento, el magistrado recordó que el actor contaba con otras medidas moderadas para la consecución de su objetivo[74], en tanto pudo requerir la prueba anticipada de informes a la empresa prestadora del servicio, o incluso solicitar la autorización judicial para interceptar los llamados y mensajes de texto conforme a lo establecido por el art. 18 de la ley 19.798.

En efecto, se desprende del fallo citado que se admite la procedencia de los *SMS* como medio probatorio aunque, en el caso concreto, se lo desestimó en virtud de que los mismos fueron obtenidos ilegítimamente. En otros términos, el juzgador se pronuncia por la validez de esta prueba cuando los

---

71 "Los e-mails y los mensajes de texto ponen en jaque a los infieles de hoy", Clarín, 07/09/2007 disponible en http://www.clarin.com/diario/2007/09/07/sociedad/s-03415.htm, cit. por HERRERA, Marisa, "El divorcio en el derecho argentino", en ACEDO PENCO, Ángel y PÉREZ GALLARDO, Leonardo B. (coords.), *ob. cit.*, p. 44.

72 FAMÁ, María Victoria, "La libertad de intimidad y los procesos de familia", *LL*, 2006-E, 461.

73 Juzgado de Familia n° 3 de Rawson -Chubut- 26/02/2009, "G., M. D. v. P., A. N.", *LL*, 2009-C, 376.

74 El magistrado advirtió que la doctrina tradicional consideraba inaceptable el reconocimiento de aquél derecho por constituir una afrenta a la intimidad de uno de los esposos, afirmándose además que se trataría de una suerte de censura que repugna el más elemental sentido de la privacidad de los papeles personales e incompatible con la fe debida entre los cónyuges. Pero como contrapartida, ello no implica la prohibición de presentar en juicio cartas de las cuales resulte la prueba de una causal de divorcio, si ellos han sido obtenidos por vías distintas de la intercepción de las piezas postales recibidas o remitidas por el cónyuge (BELLUSCIO, Augusto C., *Manual de Derecho de Familia,* 8ª ed., t. I, p. 385; ZANNONI, Eduardo, *Derecho civil. Derecho de familia,* 3ª ed., t. II, p. 107; MORENO DUBOIS, Eduardo, "Valor probatorio de la correspondencia epistolar en los juicios de divorcio", *LL*, 122-132).

mismos sean incluidos en forma lícita al proceso. Solari -al comentar el fallo[75]- estimó que los mensajes de texto carecen de valor probatorio en un juicio de divorcio, con independencia de si ellos son obtenidos en forma lícita o ilícita; pues violentar la intimidad de los esposos a tales efectos, implicaría admitir que con el matrimonio los contrayentes pierden el derecho constitucional del que goza todo individuo: su intimidad.

2.3.1.f. Otros medios probatorios

Esta controversia sobre el valor probatorio de distintos medios de prueba y la limitación de su admisibilidad, a la luz de los principios y derechos consagrados por los tratados internacionales que nuestro país ha ratificado, e incorporado a la Constitución Nacional (cfr. art. 75, inc. 22) puede ser aplicada a las grabaciones de conversaciones telefónicas, las cartas misivas y, los informes realizados por investigadores privados, entre otros. Si bien su análisis pormenorizado excede el objeto del presente estudio, existen algunas observaciones sobre aquellos que es menester realizar.

La validez de las grabaciones telefónicas como medio de prueba generó posiciones encontradas. Mientras algunos tribunales han resuelto que no corresponde admitirlas como medio de prueba en un juicio de divorcio, ya que el bien jurídico tutelado por el art. 11, inc. 2° de la CADH, se encuentra por encima de la discusión en torno a la culpa[76]; otros sostuvieron que para la prueba de grabaciones fonográficas rigen las mismas reglas que para las cartas misivas, en el sentido de que no viola secretos el cónyuge que registra conversaciones telefónicas de su cónyuge para obtener la prueba de su inconducta, si tiene razonables sospechas acerca de ello.[77]

Kielmanovich[78] apuntó que la grabación de las conversaciones telefónicas mantenidas por los cónyuges entre sí o con terceros, sea efectuada por uno de ellos o por un tercero, en tanto haya sido producida clandestinamente, no puede ser reconocida como prueba ni reconocérsele efectos probatorios. Ello así, pues el éxito de un presunto derecho de las partes debe ceder ante los más eminentes principios de resguardo de la libertad de terceros ajenos al proceso y de inviolabilidad de la privacidad de las comunicaciones[79]. Asimismo, advirtió[80] que difícilmente pueda ser equiparada una grabación subrepticia

75 Solari, Néstor E., "Los mensajes de texto como valor probatorio en los juicios de divorcio. Un fallo a mitad de camino", *LL*, 2009-C, 375.

76 CNCiv., sala D, 31/08/2004, "O., A. S. v. F., J. D. D. s/ divorcio".

77 CNCiv., sala K, 28/12/2004, "M., N. A. v. T., D. H.", *LL*, 2005-C, 768, con nota de Luis M. López del Carril; *JA*, 2005-II, 398.

78 Kielmanovich, Jorge L., *Juicio de divorcio y separación personal,* Rubinzal Culzoni, Santa Fe, 2002, p. 307.

79 En sentido coincidente, ver la opinión vertida por el doctor Claudio Kiper al comentar el artículo 378, § 9, V, en Colombo, Carlos J. y Kiper, Claudio M., *Código Procesal Civil y Comercial de la Nación, anotado y comentado,* tomo IV, 1ª ed., La Ley, Buenos Aires, ps. 96/7.

80 Kielmanovich, Jorge L., *Derecho Procesal de Familia,* Abeledo Perrot, Buenos Aires, 2007, ps. 322/323, nota 351.

con una carta misiva, destinada, precisamente, y a esencial diferencia de la conversación telefónica, a quedar exteriorizada y en poder de su destinatario.

Por otro lado, en referencia a la correspondencia, suelen distinguirse las cartas misivas entre los cónyuges, de aquellas enviadas por uno de ellos a un tercero.

En un breve resumen sobre los parámetros utilizados por la jurisprudencia[81], se ha destacado -en referencia a las intercambiadas entre cónyuges-, que deben ser admitidas y valoradas al sentenciar[82], pero que no serían admisibles si se pretende fundar el divorcio sólo en ellas[83]. Aunque las cartas misivas reconocidas en juicio, que dan cuenta que uno de los consortes se alejó voluntariamente, prueban el hecho[84]. Con relación a aquellas enviadas o recibidas de terceros, se dijo[85] que no rige la prohibición del art. 1036 del código derogado[86]; que cabe su agregación si se refiere a hechos articulados[87] y; que pesará sobre el demandado la carga de la prueba de que las cartas misivas y notas presentadas por el cónyuge fueron obtenidas ilícitamente.[88]

Finalmente, puede sostenerse que la doctrina es pacífica con relación al valor probatorio de los testimonios prestados por investigadores privados, esto es, particulares contratados por las partes en un juicio de divorcio.

Azpiri señaló que si bien el ofrecimiento de las declaraciones testimoniales de los investigadores privados es admisible, sus dichos deben ser evaluados con rigurosidad, porque han cobrado para obtener un resultado y el éxito de la gestión depende de las pruebas obtenidas. Estas circunstancias hacen posible que tiendan a exagerar o distorsionar la verdad. Por estas razones no se admiten sus dichos ni sus informes como únicas pruebas, aunque sí pueden resultar corroborantes de otros elementos de juicio[89]. En ciertas circunstancias se ofrece como medio de prueba el testimonio de personas que actúan para agencias de investigaciones privadas y que por encargo de uno de los cónyuges, han efectuado seguimientos al otro para determinar los lugares a que concurre, con quiénes se acompaña, etc. Se trata, en otras palabras, de testigos contratados cuyos dichos pueden, en cierto modo, ser considerados parciales.[90]

---

81 Colombo, Carlos J. y Kiper, Claudio M., *Código Procesal cit.*, t. VII -Procesos especiales-, 1ª ed., La Ley, Buenos Aires, 2007, ps. 391/2.

82 CNCiv., sala C, *LL*, 71-221, 79-289; id., sala D, *LL*, 74-742.

83 CNCiv., sala D, *JA*, 960-IV, 375.

84 CNCiv., sala A, 24/02/1987, *LL*, 1987-B, 252; *DJ*, 1987-2, 97.

85 CNCiv., sala D, *LL*, 66-658; 74-741; 45-1180.

86 El artículo disponía: "Las cartas misivas dirigidas a terceros, aunque en ellas se mencione alguna obligación, no serán admitidas para su reconocimiento".

87 CNCiv., sala A, *JA*, 957-III, 216; id., sala D, *LL*, 74-742.

88 C. Civ. y Com. Rosario, sala 1ª, 9/04/2003, *DJ*, 2004-1, 820; *LL* Litoral, 2004-101.

89 Azpiri, Jorge O., *Juicio de divorcio cit.*, p. 278.

90 Zannoni, Eduardo, *Derecho de Familia*, t. 2, Astrea, Buenos Aires, 2006, p. 110.

Sin embargo, la jurisprudencia, en general, no los descarta totalmente y entiende que los resultados del seguimiento pueden ser tenidos en cuenta como prueba de los hechos si se corroboran con la restante prueba producida al respecto[91]. Así puede sintetizarse[92] que los testimonios de pesquisantes particulares sólo pueden admitirse a título excepcional cuando revisten la indispensable objetividad y corroboran hechos concretos resultantes de otras pruebas. Por sí solas no ofrecen garantías de credibilidad[93]. Y si bien la valoración de sus declaraciones debe ser cautelosa[94], la sola circunstancia de que el testigo pertenezca a una de esas organizaciones [léase agencia de investigaciones privadas] no basta para tornar sospechosa la declaración completada con otras.[95]

A mayor abundamiento, podemos recordar un precedente[96], donde se hizo lugar a la reconvención interpuesta por el cónyuge demandado, fundada en la causal de adulterio, si los testigos -entre los que revistió un detective privado- declararon haber visto a la esposa ingresar a un hotel con otro hombre y luego subir a una habitación, en tanto dichas deposiciones configuran un indicio o presunción grave del adulterio.

Un fallo de la Cámara Civil y Comercial de Rosario[97] declaró el divorcio por culpa exclusiva del marido, al entender que se encontraba configurada su "infidelidad moral". Para ello, tomó en consideración las declaraciones de los testigos y entre ellas, la de un detective privado. De todo lo expuesto, puede colegirse que las declaraciones y/o informes de detectives privados no tienen valor probatorio por sí solas, pues no debemos olvidar que fueron contratados por el otro cónyuge. Sin embargo, pueden adquirir aquel valor si están corroboradas por otros elementos de prueba.

Aunque ajeno al análisis jurídico, cabe finalmente poner de relieve la perversidad ínsita en esta herramienta muy utilizada en la prueba de esta causal, que consolida odios y en definitiva, reafirma el efecto negativo de la causal.

2.3.2. Abandono voluntario y malicioso

El lugar que le brindamos a esta causal obedece a la importancia que se le ha dado en la práctica judicial desde antaño, porque compromete a otro

91 CNCiv., sala A, *JA*, 1956-IV, 236; *JA*, 1957-IV, 616; id., sala C, *LL*, 91-583; LL, 117-428; id., sala D, *LL*, 114-751; id., sala E, *LL*, 103-397; *JA*, 958-IV-5 y 6; 964-III, 595.

92 Ver Colombo, Carlos J. y Kiper, Claudio M., *Código Procesal* cit., t. VII, p. 394.

93 CNCiv., sala C, JA, 961-II, 203; 26/04/1984, *LL*, 1985-D, 580, J. Agrup., caso 5494; *ED*, 110-591.

94 CNCiv., sala C, JA, 958-IV, 6 (nº 39).

95 JA, 962-I, 164; 76-720; 948-II, 322; SCBA, *JA*, 15-674.

96 CNCiv., sala K, 28/12/2004, "M., N. A. v. T., D. H.", JA, 2005-II, 398; *LL*, 2005-C, 768, con nota de Luis M. López del Carril.

97 C. Civ. y Com. Rosario, sala IV, 28/06/2011, "V., C. A. v. M., M.", LL *Online*, cita AR/JUR/42197/2011.

deber marital de una gran importancia simbólica como es la convivencia. Aquí emprendemos su análisis.

2.3.2.a. Consideraciones generales

El abandono puede ser definido como la supresión de la vida en común, ya sea mediante el alejamiento de un cónyuge, la expulsión del otro del hogar, o el hecho de no permitirle la entrada, con sustracción a los deberes y cargas resultantes del matrimonio[98], en especial, el deber de cohabitación[99]. En síntesis, esta causal suele ser definida como el incumplimiento injustificado por parte de uno de los cónyuges del deber de convivencia[100]. Lo importante es que el alejamiento del hogar común debe ser consecuencia de motivos que le sean exclusivamente imputables al abandonante.[101]

Zannoni también incluye en esta causal el incumplimiento del deber de asistencia. En este sentido, se han orientado algunos precedentes aislados[102], que *a contrario sensu* entendieron que no mediaba abandono malicioso del hogar si quien se retira de él continúa cumpliendo los deberes de asistencia y alimentos.

2.3.2.b. Sobre la configuración de la causal

El simple hecho material del alejamiento, ausencia o separación no basta para configurar la causal, que además requiere que la acción posea voluntariedad y malicia (esto es, la falta de razón alguna que lo justifique[103]). En otras palabras, debe tratarse de un alejamiento que se opere por la decisión privada y arbitraria (injusta) de uno de los esposos[104] y que conlleva la idea o el propósito de sustraerse[105] del cumplimiento de todas o de algunas de las obligaciones emergentes del vínculo matrimonial.

Ahora bien, existía una tendencia tradicional instalada en la doctrina y la jurisprudencia nacional[106], de la que no son ajenos los tribunales bonaerenses[107],

98 CNCiv., sala D, 10/05/1998, "R., M. E. v. U., C. A.", *RDPyC*, 1999-22; *LL*, 1999-C, 133.

99 Belluscio, Augusto C., *Manual...*, cit., 6ª ed., t. I, p. 385

100 Azpiri, Jorge O., *Juicio de divorcio* cit., p. 91.

101 CNCiv., sala A, 30/05/1997, "R. de G., L. M. v. G., J. M.", *LL*, 1998-E, 276; id., id., 25/09/1997, "P., L. M. v. R., H. R.", *LL*, 1998-D, 737.

102 CNCiv., sala J, 18/02/1999, "B., S. M. v. I. C., A.", *LL*, 2000-C, 944.

103 CNCiv., sala J, 31/05/2000, "C., E. v. S., J. R. s. divorcio", *ED*, 191-364.

104 Obviamente, resulta improcedente tenerlo por configurado si el alejamiento se debió a que el demandado se hallaba privado de su libertad por disposición judicial. CNCiv., sala B, 14/02/2002, "A., J. S. v. K., S. M.", *JA*, 2003-III, síntesis; *LL*, 2002-C, 808.

105 Fanzolato, Eduardo I., en Bueres (dir.), Highton (coord.), *Código Civil* cit., p. 141.

106 CNCiv., sala A, 10/12/1984, "M. de T., S. v. T., A.", LL, 1985-B, 61; DJ, 985-4, 4417; id., sala D, 17/02/1986, "C. G., J. M. v. R. de C. G., E.", *LL*, 1986-D, 526; id., sala C, 7/03/1986, "P. de S., P. v. S., J. A.", *LL*, 1986-C, 216; *ED*, 118-101, entre otros.

107 SCBA, Ac. 48500 S, 31/03/1992, "B., S. c/ C., O. s/ divorcio vincular", *AyS*, 1992 I, 543;

con relación a la configuración y, en definitiva, la prueba del abandono. Así es que, a quien invocaba el abandono del hogar le bastaba acreditar el hecho material del alejamiento[108]; mientras que al cónyuge que se retira le incumbía probar, a su vez, que tuvo causa legítima y valedera para adoptar esa actitud[109]; o sea, debía probar una causa obstativa que impida que el abandono actué como causal de divorcio. Dicho de otro modo, el alejamiento se presume *iuris tantum* voluntario y malicioso[110] e incumbe a quien lo hizo, acreditar que tuvo causas legítimas y valederas para tal conducta.[111]

La clásica interpretación sobre el abandono ha ido cediendo terreno a una nueva tendencia jurisprudencial más estricta que viene abriéndose camino, por la que el juez, "cuando se ingrese en el terreno de la imputación de faltas, debe aplicar un particular rigor para tener por acreditada la causal culpable que se invoque; de manera que en caso de duda, o si no aparece acreditada de un modo palmario la culpa de uno y la paralela inocencia del otro, habrá de pronunciarse desechando la culpabilidad introducida".[112]

Esta nueva tesitura se encuentra en total consonancia con la mirada negativa existente en torno al divorcio sanción que plantea que debía primar un criterio restrictivo de las causales subjetivas de divorcio, como consecuencia de las dificultades que presenta a los magistrados desentrañar las verdaderas causas del divorcio y el daño que la adjudicación de culpas genera en la estructura familiar cuando existen hijos[113]. De hecho, todo ello se enmarca en el entendimiento de que en las rupturas matrimoniales no existe -aunque el código derogado se empecinaba en recrear estas figuras- un culpable y un inocente.

JUBA sumario nº B22019 (voto del doctor Negri); C. Civ. y Com. San Isidro, sala 1ª, 8/12/1997, *RDPyC* 1998-18; *ED*, 176-277, fallo 48.475.

108 CApel. Concepción del Uruguay, sala Civ. y Com., 3/06/2002, "B., A. M. v. O., M. M.", *LL online*. Aquí se dijo que le basta con acreditar el hecho material, sin perjuicio de que deba demostrar el elemento intencional, la ilicitud de la conducta y que el alejamiento es injustificado.

109 SCBA, 15/08/2007, "S., J. A. v. M., A. A.", *LLBA*, 2007 (octubre), 998, (del voto en disidencia del doctor Roncoroni).

110 C. Civ. y Com. San Nicolás, 13/03/2001, "M., C. E. v. D., M. D.", *LLBA*, 2001-1514. Ver también Solari, Néstor E., "La presunción jurisprudencial del abandono voluntario y malicioso del hogar", *LL*, 8/05/2008.

111 Ver SCBA, causa C. 80.195, sentencia del 15/05/2002; íd., C. 83.283, sentencia del 15/12/2004; C. Civ. y Com. Bahía Blanca, sala 2ª, 23/12/1996, "B., V. H. v. R., N. N.", *LLBA*, 1997-568.

112 CNCiv., sala B, 29/09/2006, "Y., A. M. v. V., D.", JA, 2007-I, 429; *LL*, 2007-B, 208 con nota de Jáuregui, Rodolfo G., "Sobre la reinterpretación de la causal de abandono voluntario y malicioso y la aplicación de una causal objetiva *extra petita*"; *LL*, 2006-F, 205 y LL, 2007-B, 704 con nota de Sambrizzi, Eduardo A., "Sobre la presunción de malicia en el abandono del hogar y la aplicación en la sentencia de una causal objetiva no invocada por las partes"; y *RDF*, 2007-II, 23 con nota de Fortuna, Mariana J., "Un avance en la interpretación de la causal de abandono voluntario y malicioso del hogar. Resignificación".

113 CNCiv, Sala B, 22/03/2011, "S., J. A. v. G., Z. F. de M. s. divorcio", inédito.

Esta corriente ha ido ganando lugar en la jurisprudencia. Uno de sus promotores fue Mizrahi -en sus votos como vocal de la sala B de la Cámara Civil- quien recalcó la necesidad de reinterpretar la causal de abandono a la luz de la manera en que "hoy se percibe la necesidad de que el deseo recíproco de permanecer el uno con el otro se mantenga a lo largo de la convivencia".

El juez consideró que no parece ajustado a un criterio de razonabilidad que a través de la judicatura se coadyuve a fomentar la subsistencia de una unión que dé cauce a estructuras familiares enfermizas; y en este sentido planteó que está en juego la responsabilidad del magistrado, el que tiene que estar comprometido con los resultados a que conduce la exégesis que realice de la norma jurídica. Pero ¿cómo actúa esta mirada restrictiva ante la causal analizada? Justamente, modificando de manera radical la clásica presunción *pro hominis.*

Este nuevo esquema de análisis exigía valorar adecuadamente el sentido del artículo 202, inc. 5° del código derogado y reinterpretar el precepto en sus justos límites. El hecho del alejamiento del hogar conyugal no puede generar automáticamente la presunción *hominis* relativa a la voluntariedad y malicia en el alejamiento. Incluso, agregó que "el estado de desavenencia conyugal es el que obsta, a mi juicio, de calificar de malicioso al cese de la convivencia dispuesto por la recurrente. Es que si bien resultaría posible coincidir con la juez de grado en que la prueba rendida por la quejosa no alcanza para aplicarle al demandado la sanción de único culpable del divorcio, tal aserto no es óbice para tornar justificado en el caso el retiro del hogar".

A fortiori, sostuvo que "una interpretación funcional e integradora de la Ley nos señala que un esposo puede quedar dispensado de su deber de convivir sin necesidad de acreditar que su consorte ha incurrido en una causal culpable de divorcio; bastando a tal efecto que el magistrado arribe a la convicción moral acerca del clima de desacuerdo y disputa por el que atravesaban los esposos, aunque no se verifiquen situaciones extremas ni surja prima facie que nos hallemos ante una quiebra irremediable del matrimonio. Este aserto, claro está, comporta además precisar que el retiro del hogar se considerará justificado con total independencia de la acreditación de las injurias que los cónyuges recíprocamente se imputan".

"Se trata, en definitiva, de una exégesis que, fundamentalmente, apunta a preservar la salud psíquica y emocional de los esposos, como también a resguardar una esfera de intimidad garantizada por normas de superior jerarquía (art. 19, CN)". Sin embargo, este fallo no es un precedente aislado, sino que representa los inicios de una nueva mirada realista e integral sobre el abandono a la luz de la doctrina internacional de los derechos humanos.

El mismo tribunal reforzó esta línea argumental al modificar una sentencia de grado que había decretado el divorcio culpable con fundamento en esta causal. Para así resolver, señaló que la presunción del carácter voluntario y malicioso del alejamiento del hogar sólo funciona en un ámbito restringido -en el caso, se rechazó la reconvención por abandono intentada por el cónyuge demandado en una separación personal-, por cuanto su eficacia quedará limitada a los supuestos en que de las actuaciones se desprenda sin hesitación que el retiro del hogar por el cónyuge es a todas luces irrazonable.[114]

114 CNCiv., sala B, 05/12/2006, "L., L. S. v. A., M. E.", LL 16/05/2007, p. 11; *DJ*, 2007-II, 557.

Estos precedentes reseñados dan cuenta de una reinterpretación o resignificación de la tradicional postura de la prueba del abandono, mostrando una morigeración de la carga probatoria, pues se considera suficiente la comprobación del desquicio matrimonial (sin necesidad de imputar responsabilidad alguna a los cónyuges) para autorizar el retiro del domicilio marital.[115]

Más allá de la causal subjetiva que pudiera alegarse y probarse, normalmente ambos cónyuges son responsables de las desavenencias matrimoniales, lo cual pone de relieve su equivocación al momento de elegir a determinada persona para formalizar un vínculo y un proyecto de vida en común.

2.3.2.c. Causas legítimas de justificación

A esta altura del análisis, cabe mencionar que no basta con que uno de los esposos se aleje del hogar para que deba ser considerado culpable de la separación[116], pues es posible que esa conducta sea consecuencia de un acuerdo expreso o tácito de ambos -lo que puede exteriorizarse en la inacción o pasividad del consorte abandonado- o reconozca su causa en la culpa del abandonado.

Normalmente, el cónyuge que se aleja del hogar intentará probar que el que permanece en aquél ha incurrido en otra u otras causales culpables, como modo de legitimar o restarle la ilicitud a la separación. De hecho, aquellas actitudes justificantes le quitan al egreso del cónyuge la voluntariedad y malicia legalmente exigidas.

Así, la jurisprudencia ha justificado el alejamiento ante el marcado deterioro de la relación matrimonial[117] y la alta tensión existente entre los cónyuges[118]; que el vínculo se encuentre desquiciado[119], el estado de conflicto por el que transitaba el matrimonio[120]; y que repercutía en la salud espiritual de sus hijos[121]; porque obedece al elemental principio de resguardo personal[122], las

---

115 Famá, María Victoria, "Nuevas tendencias jurisprudenciales en materia de divorcio", *RDF*, 2009-44, p. 33.

116 Ver CNCiv., sala C, 23/05/1995, "N., J. T. v. S., M. I.", *LL*, 1996-B, 11.

117 SCBA, 30/05/2007, "G., D. H. v. A., S. L.", La Ley *Online*; C. 1ª Civ. y Com. Mar del Plata, sala 2ª, 7/05/2001, "C., J. A. v. Q., C. G.", LLBA, 2002-518. Aquí el actor adujo una incompatibilidad de caracteres que torna imposible la convivencia.

118 CNCiv., sala C, 6/11/1998, "G. de R., S. C. v. R., D. G.", *LL*, 1998-F, 664.

119 SCBA, 10/11/2010, "L., N. B. v. G., Á. A. s. divorcio", Boletín de Jurisprudencia de la SCJ de Buenos Aires (Dr. Jorge M. Galdós); RC J 8718/11 (fundamentos del voto en minoría del Dr. Genoud). En el mismo sentido, CNCiv., sala E, 2/12/2004, "S., C. E. v. T., H. D.", *RDF*, 2004-II, 9; *LL* del 17/05/2004, p. 4; íd., sala M, 24/06/2002, "K., L. N. v. A., J.", *LL*, 2002-F, 533; íd., sala F, 20/07/1993, "M. G., M. v. V. de M., A. C.", *JA*, 1994-I, síntesis.

120 CNCiv., sala H, 02/11/2013, "C., H. J. c. B., Z. I. s/ divorcio", *Newsletter* Abeledo Perrot.

121 C. Civ. y Com. Bahía Blanca, sala 2ª, 4/08/1994, "W., C. O. v. B., N. S.", *JA*, 1998-II, síntesis.

122 CNCiv., sala G, 22/10/2001, "F., G. B. v. D., L. M.", JA, 2003-III, síntesis.

injurias graves del cónyuge[123], o simplemente por haber sido consecuencia lógica de conductas atribuibles al otro cónyuge.[124]

En este último aspecto, se resolvió que "si las injurias graves sufridas por la mujer han quedado patentizadas y se pondera el hecho del abandono por su parte, en su real dimensión a la luz de los elementos que lo determinaron, corresponde considerar fundada la razón alegada para no cohabitar con su marido".[125]

A mayor abundamiento, también se sostuvo[126] que constituía una justa causa de alejamiento la intromisión habitual de los suegros en la vida doméstica porque excede la "tasa de tolerancia" que se requiere en el matrimonio.

Dentro del análisis de conductas atribuibles al otro cónyuge, merecen particular atención aquellas circunstancias de violencia doméstica. Siendo ello así, se ha afirmado que los malos tratamientos traducidos en agresiones físicas y verbales, justifican el alejamiento del hogar conyugal como una de las excepciones previstas en la ley a la convivencia efectiva, y permiten dejar a salvo la condición de cónyuge inocente.[127]

Incluso, se justificó la separación en pos de la seguridad psicofísica[128] del que se aleja o de alguno de los integrantes del grupo familiar.

Aunque resulte obvio, todas las circunstancias justificantes del abandono del hogar conyugal deben ser acreditadas, por lo que la omisión de detallar en qué consistían las desavenencias, la razón de su origen, a quién puede culparse de su existencia o quién dio motivo a las mismas, impiden tomarlas como justificantes del alejamiento, el que en tales circunstancias debe tenerse por voluntario y malicioso.[129]

A nuestro juicio, resulta patente cómo el deber de convivencia se fue flexibilizando y abriendo camino a la idea del desquicio matrimonial como

123 C. Civ. y Com. San Isidro, sala 1ª, 19/02/1998, "L., J. H. v. B., N. E.", *LLBA*, 1998-1283; íd., íd., 3/11/1997, "A. de O., S. v. O., P.", *LLBA*, 1997-905, fallo 1430; *JA*, 1998-II, síntesis; C. Civ. y Com. Quilmes, sala 1ª, 22/10/1996, "De S., J. R. v. H., M. I.", *LLBA*, 1998-912. En el mismo sentido, CNCiv., sala B, 15/08/2003, "T., M. v. H., M. L.", *DJ* del 24/12/2003, p. 1231.

124 C. Civ. y Com. Junín, 2/11/2004, "F., E. G. v. M., A. G.", en *www.elDial.com*. En igual sentido, CNCiv., sala G, 27/11/2007, "A. L. C. v. E., L. A. s. divorcio", LL, 2008-A, 438; *LL*, 2008-B, 177, con nota de SOLARI, Néstor E., "Hechos que constituyen injurias graves entre cónyuges"; íd., sala G, 15/07/2004, "L., I. G. v. C., M. A. s. separación personal", *LL online;* íd., sala J, 23/11/2001, "F., A. P. v. C., C. I.", *LL*, 2002-E, 48; TSJ Córdoba, sala Civ. y Com., 20/02/1996, "L., B. J. A. v. F., N. G.", *LLC*, 1996-1227.

125 CNCiv., sala D, 4/03/2008, "C., P. v. M., G.", Abeledo Perrot *online*.

126 C. Civ. y Com. San Isidro, sala 1ª, 22/10/1999, "L., N. O. v. B., M. L.", *LLBA*, 2000-432; *JA*, 2002-II, síntesis.

127 C. Civ., Com., Flia. y Trab. Marcos Juárez, 25/03/1998, "E., E. R. v. G., M. J.", *LLC*, 1998-1483; *LL*, 1999-B, 813.

128 C. Civ. y Com. Morón, sala 1ª, 15/07/1997, "Y., A. C. v. R., G. B.", *LLBA*, 1998-96.

129 C. Civ., Com., Lab. y Paz Letrada Curuzú Cuatiá, 17/04/2002, "G., M. A. v. A., W. F.", *LL Litoral*, 2002-1556.

causa de justificación, lo que nos deja entrever -en lo que aquí interesa- hasta qué punto las cuestiones objetivas se fueron filtrando en las causales subjetivas. Ello produjo que algunas causales culpables se vayan "objetivizando" o se vayan exponiendo razones de índole objetiva para neutralizar los elementos subjetivos de la causal.

Así como acontece con la mayor severidad en la interpretación pretoriana de la causal de abandono voluntario y malicioso, ocurre lo propio con el mayor rigor en la consideración de la fidelidad cuando los cónyuges se encuentran separados de hecho. En ambos casos, el substrato que se desliza de la ruptura de la convivencia -la desaparición del proyecto de vida en común- es lo que se ha ido revalorizando en el ámbito del divorcio y que, por cierto, el CCyC se hizo eco de todo ello.

2.3.2.d. La posibilidad de consensuar la separación

En el supuesto en que la separación sea consensuada -en forma expresa o tácita- a la luz de la doctrina de los propios actos, se descarta la configuración del abandono.

En primer lugar, debemos detenernos brevemente en la posibilidad de que los esposos pacten el alejamiento en forma expresa. En este sentido, se ha afirmado que la celebración por los consortes de un convenio tendiente a eximirse mutuamente de la convivencia constituye una defensa eficaz contra la imputación del abandono voluntario y malicioso del hogar conyugal, no obstante la dudosa validez de dicho negocio jurídico, pues demuestra que no hubo abandono sino separación de común acuerdo.[130]

Este precedente, si bien cuestionó la validez de los convenios tendientes a eximir recíprocamente a los cónyuges de la convivencia, dado los términos del derogado artículo 199, remarcó que ello *no impide concluir que esos acuerdos puedan constituir un eficaz resguardo contra una imputación de abandono,* ya que hace explícito que existió una separación de común acuerdo. El tribunal concluyó que cuando el alejamiento ha sido consecuencia de una amigable separación de hecho, no pueden atribuírsele los rasgos de malicia para configurar la causal, máxime cuando tampoco surge que hubiese sido acordada con carácter temporal o provisorio.

Como puede observarse, los reparos se circunscribían a la posibilidad de pactar, durante el matrimonio, la transgresión de un derecho-deber conyugal, pero en lo que aquí interesa, cumplían la función de evitar la imputación de la causal culpable.

Dicho de otro modo, si los cónyuges acordaron expresamente la separación de hecho no merece mayor análisis y no habría *prima facie* ningún inconveniente, pues en el juicio prevalecerá dicho convenio, a fin de probar la cesación de la vida en común.

Sin embargo, cuando se trata de un acuerdo tácito (lo que ocurre en la mayoría de los casos), el problema radicaba en la prueba de este consenso que pesa sobre el cónyuge que se aleja del domicilio marital[131].

---

130 CNCiv., sala F, 17/08/1999, "F., R. S. v. R., U. E.", *JA*, 2000-III, 494.

131 Famá, María Victoria, *"Nuevas tendencias..."* cit., p. 31.

A veces, puede surgir de la prueba rendida en el expediente. De hecho, se ha afirmado que "no media abandono malicioso, si quien se retira del hogar continúa cumpliendo los deberes de asistencia y alimentos". No se configuraba la causal si existen pruebas que demuestran que el alejamiento de uno de los esposos del hogar fue consensuado[132]. En el caso reseñado, los cónyuges suscribieron, luego de la separación de hecho, un convenio de alimentos y régimen de visitas, y la esposa no requirió judicialmente la reanudación de la convivencia. Pero en otras oportunidades, algunos fallos[133] tuvieron en cuenta *el transcurso del tiempo sin interponer la acción* para determinar la existencia de un consenso tácito en la separación.

En síntesis, esto nos permite observar hasta qué punto la realidad, a través de la autonomía de la voluntad, se encuentra tan presente en las relaciones afectivas y en definitiva, también en el divorcio, y cómo todo ello ha sido receptado por el CCyC.

2.3.2.E. LA PASIVIDAD DEL CÓNYUGE ABANDONADO

Nos interesa hacer una breve referencia a la conducta desplegada por el cónyuge que permanece en el hogar conyugal, con posterioridad al alejamiento del otro; pues existe un criterio generalizado de que la inactividad de aquél, constituye o *un acuerdo implícito o, al menos, una aceptación tácita del alejamiento material.*

Como la práctica lo indica, la mayoría de las separaciones de hecho no están precedidas por acuerdos expresos en tal sentido. Antes bien, la prueba hace dificultosa su comprobación, llevando muchas veces a que el que se ha retirado del hogar se vea imposibilitado de probar el consentimiento entre ambos[134], quedando en consecuencia, expuesto a tener que justificar su retiro del hogar conyugal.

Incluso con antelación a la sanción de la ley 23.515 se venía esbozando que el abandono no quedaba configurado si había mediado una interrupción prolongada de la vida en común. A todo evento, ya en el año 1972, se planteaba que si un cónyuge consintió el alejamiento del hogar conyugal por parte del otro, permaneciendo separado el matrimonio por largo lapso, no cabe calificar a dicho alejamiento como malicioso[135]; y esto fue reforzado con la sanción de la citada ley y prestigiosas voces doctrinarias[136] que se expidieron en igual sentido.

---

132 CNCiv., sala J, 18/02/1999, "B., S. M. v. L. C., A. G.", *ED*, 185-168; *LL*, 2000-C, 945.

133 C.1ª Civ., Com., Minas, de Paz y Trib. San Rafael, 13/02/2006, "S., M. v. G., R.", *LL* Gran Cuyo, 2006 (abril), 394.

134 SOLARI, Néstor E., "Acuerdo tácito de los cónyuges en el cese de la convivencia", *LL* Gran Cuyo, 2006 (octubre), 1168.

135 CNCiv., sala F, 31/08/1972, *ED*, 46-77.

136 CHECHILE, Ana María; PIETRA, Luciana, "El divorcio por causales subjetivas y sus consecuencias. El largo camino hacia una saludable objetivación de las causales de divorcio", *DJ*, 2006-1, 365; CHECHILE, Ana María, *La separación de hecho entre cónyuges en el derecho civil argentino*, Lexis Nexis, Buenos Aires, 2006, ps. 19/20

De todo ello da cuenta el voto de la doctora Kogan en un fallo del máximo tribunal bonaerense[137], quien se cuestiona si ¿podemos decir que frente a la regularización de la separación de hecho por nuestra legislación, la presunción *[pro hominis]* requiere ser analizada desde una óptica diferente? Su respuesta es afirmativa.

Ahora bien, también se ha conjeturado que la pasividad mantenida por el cónyuge abandonado durante cierto tiempo, sin el menor signo que exteriorice la voluntad de reanudar la convivencia, se interpreta como una adhesión a la situación existente[138], que lleva a convertir a aquél en copartícipe del estado de separación de hecho[139], ingresándose de esa manera a una bilateralidad que tal vez no existiera inicialmente. Más aún, si un cónyuge consintió el alejamiento del otro permaneciendo separado el matrimonio por largo lapso, no cabe calificar a dicho alejamiento como malicioso.

En un paradigmático caso -por el tiempo transcurrido- se afirmó que si se encuentra acreditado que la separación [la actora viajó a España con la hija del matrimonio] *se hizo con la anuencia del marido*, sin que se haya documentado que aquella fuera para una estadía transitoria, y no habiendo éste tomado medida alguna en más de 8 años para el regreso de la esposa y la hija, falta la prueba de la imputabilidad de la separación de hecho que pueda determinar la culpabilidad.[140]

La Suprema Corte bonaerense también se expidió sobre el particular[141]. Cabe recordar el voto en disidencia del doctor Soria quien afirmó que "si bien ha quedado establecido que la separación de hecho no fue en su origen acordada expresamente por quien fuera la pareja matrimonial, ha sido al menos `asentida´ o `convalidada´ a través del tiempo ante la pasividad asumida frente al alejamiento de la esposa por dicho consorte. El cese de uno de los aspectos de la sustantividad de la pareja matrimonial, la interrupción de la cohabitación, priva de andamiento a la pretensión actual de derivar de allí una causal subjetiva para el divorcio".[142]

Por su parte, el doctor Genoud agregó que "la pasividad asumida por el cónyuge abandonado por un período prolongado genera una lectura que avala la teoría de la no configuración de la causal subjetiva regulada por el inc. 5° del art. 202. El transcurrir de los años y la inactividad han consolidado la separación de hecho que demuestra que se ha aceptado la ruptura definitiva e irreversible del matrimonio".

137 Voto de la doctora Hilda Kogan en SCBA, 10/11/2010, "L., N. B. v. G., Á. A. s. divorcio", Boletín de Jurisprudencia de la SCJ de Buenos Aires (Dr. Jorge M. Galdós); *RC* J 8718/11.

138 CNCiv., sala H, 13/03/2000, "B., J. M. v. Z., E. M.", JÁ, 2001-IV, 486; íd., sala A, 5/05/1995, "R., R. v. M., P.", *JA*, 1997-I, 332.

139 CNCiv., sala A, 13/12/1996, "S., J. C. v. S., M. R.", *LL*, 1998-C, 937; íd., íd., 26/10/1990, "B., H. E. v. M. de B., A. F.", *LL*, 1991-B, 167

140 CNCiv., sala G, 19/02/1993, "T. de A., C. v. A., R.", *JA*, 1994-I, síntesis.

141 SCBA, 10/11/2010, "L., N. B. v. G., Á. A. s. divorcio vincular", Boletín de Jurisprudencia de la SCJ de Buenos Aires (Dr. Jorge M. Galdós); *RC* J 8718/11.

142 Voto en disidencia del Dr. Soria, al que adhirió la Dra. Kogan, y con sus fundamentos el Dr. Genoud.

Más aún, no quedaría configurado el abandono cuando los consortes han consentido el alejamiento, y esa aceptación se puede deducir de un largo período de separación de hecho. A fin de brindar mayor claridad, el doctor Genoud enfatizó que "una interpretación funcional e integradora de la ley señala que un esposo puede quedar dispensado de su deber de convivir sin necesidad de acreditar que su consorte ha incurrido en una causal culpable de divorcio; bastando a tal efecto que el magistrado arribe a la convicción moral acerca del clima de desacuerdo y disputa por el que atravesaban los esposos, aunque no se verifiquen situaciones extremas ni surja prima facie que nos hallamos ante una quiebra irremediable del matrimonio".

Por lo pronto, este criterio por el cual, aun cuando la separación de hecho pueda considerarse unilateral porque la opera uno de los cónyuges contra la voluntad del otro, puede con posterioridad convertirse en bilateral cuando el abandonado adhiere luego a la separación revelando con su conducta que la acepta, no es unánime en la judicatura. En este último sentido, se indicó que no parece razonable ante el abandono de uno de los cónyuges, otorgar consecuencias negativas a la inacción del otro consorte, desde que de esa manera se lo estaría obligando a incoar el divorcio, para mantener su inocencia.[143]

En el precedente citado, se planteó que no puede imponerse al abandonado la exigencia de propiciar la reconciliación con quien lo ha abandonado y otorgar relevancia jurídica a su pasividad. Aquella pasividad no menoscaba su inocencia en el divorcio. El cónyuge que aparece como sujeto pasivo de la transgresión ajena ve configurado a su favor el derecho a ejercitar la pretensión para obtener en el juicio de divorcio la sanción del transgresor. Es un derecho potestativo que podrá ejercer o no según su titular lo decida libremente, sin que pueda imponérsele su ejercicio bajo la amenaza de una eventual sanción por omitirlo. No existe deber jurídico de divorciarse y por ende, no existe razón para imputar a la falta de ejercicio de ese derecho la sanción de pérdida de otro derecho.

3. La insuficiencia del divorcio remedio

La concepción del divorcio remedio se caracteriza por entender que no corresponde indagar acerca del presunto responsable de la quiebra matrimonial.

Ello implica que no se juzgarán las conductas de los esposos para dilucidar quién es el autor del desquicio conyugal. De hecho, esta tesitura advierte que la disolución del vínculo importa un remedio, una solución al conflicto matrimonial, que pretende evitar la destrucción de la familia en crisis; y exige, en principio, la prueba de la quiebra irreparable de la unión. La finalidad de la consagración legislativa del divorcio remedio no ha sido otra que desdramatizar en el ámbito judicial los juicios de divorcio,

143 CNCiv., sala B, 12/11/2004, "D., L. v. J., M. E. s. divorcio art. 214, inc. 2º, CCiv.", publicado en *ElDial.com* del 13/12/2004.

tratando de apoyar a la familia en crisis[144] para que las heridas sean lo menos dolorosas posibles.[145]

Al decir de D´Antonio, el divorcio remedio se vincula con situaciones que, sin obedecer a inconductas conyugales, determinan la procedencia del divorcio por aparecer inconveniente mantener la convivencia[146]. Zannoni planteó que el divorcio remedio viene a llenar el vacío cuando la quiebra irreversible del matrimonio no se debe a hechos ilícitos o culpables de uno de los cónyuges para con el otro.

Por su parte, Mizrahi[147] señaló que justamente, el divorcio remedio se abre para atender los supuestos en que, a pesar de la existencia de hechos culpables, los cónyuges prefieren exhibir al juez la quiebra del matrimonio sin realizar indagaciones acerca de quién o quienes han sido los autores de ese estado de cosas.

El divorcio causado remedio puede ser regulado por un sistema legislativo cerrado que, que imponga tipos taxativos objetivos que, una vez comprobados, resultan vinculantes para el juez; o bien, por un régimen abierto, esto es, una regla general a la que el magistrado deberá darle contenido. La causal prevista en nuestro régimen vigente de la "separación de hecho sin voluntad de volver a unirse por un período de tres años", que analizaremos a continuación, constituye un claro ejemplo de utilización del primero de los sistemas reseñados.

Ahora bien, el código derogado distinguía entre las causales objetivas, dos hipótesis distintas para la consecución del divorcio. Por un lado, el supuesto de la presentación conjunta (art. 215) si existen causas graves que hacen moralmente imposible la vida en común. Y por otro lado, la opción prevista en el art. 214 inc. 2°, inherente a que la interrupción prolongada de la vida en común, hacía presumir la ruptura definitiva del matrimonio, sin que sea necesario sindicar al responsable.

Si bien es fácil advertir que la perspectiva del divorcio remedio se condice en mayor medida con la doctrina internacional de los derechos humanos, en tanto y en cuanto, se logra con su utilización, el respeto de algunos derechos fundamentales tanto de los cónyuges como de los hijos; ello no implica la ausencia de cuestionamientos. Por el contrario, existen en el régimen vigente distintas cuestiones conflictivas -a las que nos abocaremos a continuación- y luego plantearemos nuestra objeción a todos los plazos legales estipulados que, por cierto, han sido pasibles en distintas oportunidades de la declaración de inconstitucionalidad.

---

144 Pueden consultarse Grosman, Cecilia P., *El proceso de divorcio. Derecho y realidad*, Ábaco, Buenos Aires, 1985. La citada autora planteaba -con su carácter anticipatorio- la imposibilidad que, en determinados casos, los sujetos tenían para utilizar las causales objetivas, al no poder dar cumplimiento con sus requisitos, no teniendo más remedio para acceder al divorcio que iniciar una demanda controvertida.

145 Trib. Familia Formosa, 17/11/97, "C., A. L. v. G., L.", *LL* Litoral, 1998-2-1084, del voto en disidencia de la Dra. Cabrera de Dri.

146 D´Antonio, Daniel H., en Méndez Costa, María Josefa, *op. cit.*, p. 540.

147 Mizrahi, Mauricio L., *matrimonio,...*, cit., p. 332.

Pues la crisis no sólo afecta a la noción de culpa en el juicio de reproche, sino que dentro del régimen de divorcio remedio, todos los términos legales previstos han sido puestos en tela de juicio. De hecho, han sido declarados inconstitucionales en varias oportunidades. Tanto la causal de separación de hecho sin voluntad de unirse por un plazo determinado, como el lapso temporal exigido desde la celebración del matrimonio para la causal de presentación conjunta, e incluso, las cuestiones que dentro del proceso sirven sólo para dilatar una decisión ya tomada, como el término mínimo exigido entre las dos audiencias, lo que conllevaba la innecesaridad de la segunda.

Las inconstitucionales son heridas que laceran y lesionan el sistema jurídico, son infracciones que los poderes del Estado no han podido resolver en tiempo y forma y que de permanecer presentes en el sistema, perturban en el tiempo la vida cotidiana de los ciudadanos y finalmente la salud social de la comunidad toda.[148]

Así las cosas, este régimen suele anteponer las formas y los plazos a la esencia de la relación afectiva. El Estado se arroga la facultad de invadir la autonomía de la voluntad de los esposos, sustituyendo la decisión de personas adultas y capaces y, de esta manera, limita temporalmente sus derechos.

3.1. La laxitud en la configuración de las causales objetivas[149]

3.1.1. La separación de hecho de los cónyuges[150]

3.1.1.a. Sobre la configuración de la causal

Con suma claridad se ha definido[151] a la separación de hecho como "el estado jurídico en que se encuentran los cónyuges, quienes sin previa

148 Lloveras, Nora, Salomón, Marcelo, *El derecho de familia desde la Constitución Nacional*, Universidad, Buenos Aires, 2009, p. 104.

149 En honor a la brevedad, nos remitimos al análisis realizado en Stilerman, Marta y De León, María Teresa, *Divorcio. Causales objetivas*, Universidad, Buenos Aires, 1994.

150 Puede verse Arianna, Alberto, "Separación de hecho. Divorcio sin atribución de culpas y ganancialidad", *LL*, 1996-C, 1283; Bendersky, Mario J., "Separación de hecho y divorcio", *LL*, 1989-B, 178; Pagano, Luz M. y Antonini, Reinaldo, "Separación de hecho prolongada entre cónyuges (art. 204 del Cód. Civ.)", *JA*, 1990-III, 789; Perrot, Celina A., "La separación de hecho como causal automática en la nueva Ley de Matrimonio Civil", *LL*, 1987-D, 1100; Velazco, José Raúl, "Evaluación de la separación de hecho como causal de divorcio y separación personal", *LL*, 1992-E, 1115 y; Zannoni, Eduardo, "El juicio de divorcio por causa de la separación de hecho anterior de los cónyuges", *LL*, 1988-C, 169; Goitia, Ezequiel, "Demanda conjunta de divorcio por separación de hecho", *JA*, 1990-1, 777; "Divorcio. Separación de hecho", *RDF*, 2000-17, p. 245; "Algo más sobre la separación de hecho sin voluntad de unirse (arts.204 y 214, inc. 2° del Cód. Civ.)", *LL*, 1993-A, 80; Lloveras de Resk, María Emilia, "Separación de hecho prolongada como causal de divorcio", *JA*, 1988-III, 76; Lorenzo de Ferrando, M. R., "Tipificación de la separación de hecho como causal de separación personal o de divorcio", *DJ*, 1988-2-223 y; Mizrahi, Mauricio L., "Alcance de la causal objetiva de divorcio: Una inquietante sentencia "*contra legem*"", *LL*, 1998-B, 129, entre otros.

151 Kemelmajer de Carlucci, Aída, *Separación de hecho entre cónyuges*, Astrea, Buenos Aires, 1978, p. 3.

decisión jurisdiccional definitiva, quiebran el deber de cohabitación en forma permanente, sin que una necesidad jurídica lo imponga, ya sea por voluntad de uno o de ambos esposos".

Así se ha dicho que la separación de hecho no es otra cosa que lo que su nombre indica: un *hecho*, capaz de producir las consecuencias que concretamente se le acuerden[152]. Sin embargo, para que este alejamiento de hecho posea efectos jurídicos, y se constituya así la causal de divorcio, existen tres elementos que deben estar presentes[153]: a) El *corpus*, o elemento material, consistente en ruptura de la cohabitación; b) el *animus separationis*, o elemento intencional, puesto de manifiesto al indicar la norma, la expresión "sin voluntad de unirse" y c) el término legal requerido, esto es, el mantenimiento de la situación fáctica durante tres años.

No es propósito de este estudio extendernos en cuestiones teóricas profundamente analizadas en los tratados y manuales de derecho de familia, a los que *brevitatis causae* nos remitimos, sino circunscribirnos lisa y llanamente a los conflictos suscitados en los tribunales en aplicación de la causal objetiva.

3.1.1.B. EL DEBER DE FIDELIDAD DURANTE LA SEPARACIÓN DE HECHO[154]

En estos últimos tiempos, la jurisprudencia ha ido reinterpretando con una mirada más realista, la conculcación del deber de fidelidad cuando los cónyuges ya se encuentran separados de hecho. Sin embargo, es importante recordar que aún subsisten sobre esta problemática tesituras encontradas con relación al mantenimiento, flexibilización o desaparición del derecho-deber de fidelidad. A esta altura del análisis, el interrogante sería ¿qué efectos produce la separación de hecho en los derechos y deberes conyugales, y en lo que aquí interesa, en el deber de fidelidad? Para responderlo, podemos distinguir tres corrientes[155]:

152 MAZZINGHI, Jorge A., *Derecho de Familia*, t. 3, Ábaco, 1996, p. 423.

153 MORELLO, Augusto M., *Separación de hecho entre cónyuges*, Ed. Platense, La Plata, 1961, ps. 26 y ss.; AZPIRI, Jorge O., *Juicios de divorcio* cit., ps. 132 y 133; LAGOMARSINO, Carlos A. y URIARTE, Jorge A., *Separación personal y divorcio*, Universidad, Buenos Aires, 1997, p. 253 y ss. y; MÉNDEZ COSTA, María Josefa y D´ANTONIO, Daniel H., *Derecho de Familia*, t. II, Rubinzal Culzoni, Buenos Aires, 2001, p. 451, entre otros.

154 Puede ahondarse en BORDA, Guillermo A., "Se mantiene el deber de fidelidad en la separación personal", *LL*, 1988-B, 984; HAMUDIS, Alejandro, S., "Acerca del deber de fidelidad y la posibilidad de promover una demanda de divorcio por las causales del artículo 202 de la ley 23.515 después de la separación personal", *JA*, 1988-IV, 893; BÍSCARO, Beatriz, "Deberes y derechos matrimoniales durante la separación de hecho", *LL*, 1993-E, 16; CHECHILE, Ana María, "Deber de fidelidad y separación de hecho", *JA*, 1997-IV, 881; MIZRAHI, Mauricio L., "El cese de los deberes matrimoniales tras la separación de hecho: un "*leading case*"", *LL*, 2000-B, 360; POLIAK, Mario, "El deber de fidelidad hasta el dictado de la sentencia", *DJ*, 1999-1-763 y; ZANNONI, Eduardo A. y BÍSCARO, Beatriz R., "Valoración de la conducta de los cónyuges posterior a la separación de hecho", *JA*, 1995-II, 350, entre otros.

155 Véase un excelente análisis de las distintas corrientes en FAMÁ, María Victoria y HERRERA, Marisa, "Una mirada crítica sobre el deber de fidelidad durante la separación de hecho", en Supl. sobre "La subsistencia del deber de fidelidad durante la separación de hecho", Revista Jurídica electrónica *El Dial*, 26/12/2005.

i) Una tesis *restrictiva o clásica*, que es aquella que defiende el mantenimiento, incólume, del deber de fidelidad aunque los esposos no vivan más juntos[156]; o dicho de otro modo, para esta postura la separación de hecho no tiene incidencia alguna en el deber de fidelidad. En la justicia nacional[157], la opinión mayoritaria, salvo algunos precedentes aislados, se enrola en esta teoría y afirma lisa y llanamente que la separación de hecho no libera a los consortes del deber de fidelidad.

En esa misma línea de pensamiento, el máximo tribunal de la provincia de Buenos Aires en fecha 15/03/1994 entendió que "(...) el cese de los deberes conyugales, entre ellos el de fidelidad, no se produce sino a partir de la sentencia firme que decreta el divorcio vincular, cuya naturaleza es constitutiva de estado. El transcurso del plazo aludido -en el caso, tres años- constituye solo un presupuesto de la acción, pero en manera alguna importa atribuirle a la sentencia efectos retroactivos al vencimiento del mismo (arts. 198, 217, Cód. Civ.)"[158]. Incluso, precedentes bonaerenses mucho más recientes siguen poseyendo aún una actitud conservadora al respecto, al recalcar que el deber de fidelidad se extingue con la sentencia que decreta el divorcio vincular y [recién] se ve atenuado luego del decreto de separación personal de los cónyuges.[159]

ii) Una tesis *amplia* que interpreta que, estando los cónyuges separados de hecho, el deber de fidelidad ya no subsiste con la misma intensidad que durante la convivencia, por resultar contrario a las pautas morales y sociales vigentes.

---

156 Subsiste plenamente el deber de fidelidad de los esposos, para BORDA, Guillermo, *Tratado de Derecho Civil- Familia*, 9ª ed., t. I, p. 198, nº 247; VIDAL TAQUINI, Carlos H., *Matrimonio Civil - Ley 23.515*, p..462, nº 4; ARSON de GLINBERG, Gloria, "La incorporación de la admisibilidad de la prueba de confesión por la ley 23.515. Otras consideraciones", *LL*, 1992-B, 414, en especial p. 418, ap. IV; ÁLVAREZ, Osvaldo O., "Acerca de la exigibilidad del deber de fidelidad en la separación personal", *ED*, 186-526, donde cita la opinión coincidente de D'ANTONIO, Hugo, *Visión jurisprudencial de la separación personal y el divorcio vincular*, p. 94, entre otros.

157 A modo ejemplificativo, ver CNCiv., sala A, 25/09/1997, "P., L. M. v. R., H. R.", *LL*, 1998-D, 737; *JA*, 2002-I, síntesis; íd., sala G, 16/08/1995, "D. V., S. v. M., M.", *JA* 1997-I, síntesis; íd., sala F, *JA*, 1995-III, 350; íd., sala G, 3/03/1991, *JA*, 1994-I, síntesis; *LL*, 1992-B, 413; íd., sala L, 15/12/1994, "S., J. F. v. M., I.", *LL*, 1996-B, 44.

158 SCBA, Ac. 47.552, 15/03/1994, "I., H. N. c. C., L. s. divorcio vincular", *AyS*, 1994-I, 295; JUBA sumario nº B22847 (Del voto del juez Mercader).

159 C. Civ. y Com. Necochea, 27/11/2007, "G., M. A. c. G., J. C.", *LLBA*, 2008 (marzo), 194. Aquí se resolvió que resultan procedentes las causales de adulterio e injurias graves alegadas por la cónyuge en la demanda de divorcio -art. 202, incs. 1 y 4 Código Civil-, pues se ha probado que la convivencia del cónyuge con una nueva mujer se produjo inmediatamente después del abandono del hogar, existiendo una fuerte presunción que dicha relación existiera antes de su alejamiento.

Esta tendencia se fue abriendo camino en la doctrina[160] y la jurisprudencia[161], intentando sortear las ficciones jurídicas de la ley, para acercarla a la realidad sociocultural de nuestro país. El juez Gerónimo Sansó[162] subrayó que "mantenerse [los cónyuges] castos durante los tres años que exige la ley para poder requerir un pronunciamiento que disuelva el vínculo, sería prácticamente un imposible. Aceptar que así ocurre desde una separación hasta el vencimiento del plazo que es requisito ineludible, sería una ficción".

Paralelamente, esta corriente intenta evitar decisiones que carezcan de sentido común -que por cierto, suele ser el menos común de los sentidos- y que rocen el absurdo. De hecho, en la misma sentencia, el juez Aramburu planteó que "el sostener que, luego de quince años de separación, período en el que han permanecido extraños unos a otros, con total incumplimiento de todos los deberes impuestos por el matrimonio, se debe impedir a una persona formar una pareja y reconstruir su vida, sosteniendo que, pese a todo, el deber de fidelidad subsiste, aun cuando se hayan extinguido todos los otros, es una solución que contradice el sentido común y el sentido social; que va en contra del sentir de la comunidad y que implica un resultado no querido por el propio legislador, como intérprete de aquella voluntad social".

En el mismo sentido, Kemelmajer de Carlucci[163], con la claridad y sentido docente que la caracteriza, afirmó que "la separación de hecho configura un estatuto intermedio que no tolera la aplicación automática y sin matices de las normas establecidas para la vida en común. El derecho debe adecuarse a la naturaleza de las cosas y a la lógica de lo razonable, trayendo las normas jurídicas a la realidad".

"La abdicación recíproca del proyecto de vida común implica que, en tanto no medie reconciliación, ambos cónyuges se sustraen para el futuro del débito conyugal, es decir, se sustraen en la entrega física y afectiva que preside la unión sexual. En otros términos, no es esperable, en términos generales, que los esposos separados de hecho sin voluntad de unirse mantengan comunidad sexual alguna y por eso uno no puede imputar al otro, injurias graves por negarse al débito conyugal. El deber de fidelidad, en su otro perfil debe tener igual solución y, consecuentemente tampoco puede imputar adulterio o injurias al otro que mantiene relaciones sexuales o ha iniciado una convivencia concubinaria después de producida la separación".

---

160 Sostienen que no subsiste el deber de fidelidad: Zannoni, Eduardo y Bíscaro, Beatriz, "Valoración de la conducta de los cónyuges posterior a la separación de hecho", *JA*, 1995-III, 355; Mizrahi, Mauricio L., "El cese de los deberes matrimoniales tras la separación de hecho: un *leading case*", *LL*, 2000-B, 360; Chechile, Ana María, "Ininvocabilidad del adulterio cometido luego de la separación de hecho como causal para solicitar el divorcio", *JA*, 2000-II, 449; Solari, Néstor E., "La conducta de los cónyuges durante la separación de hecho", *LL*, del 18/02/2008; y del mismo autor, "El deber de fidelidad y el factor tiempo", *LL*, 2008-F, 279, entre otros.

161 A modo ejemplificativo, ver CNCiv., sala B, *LL*, 2000-B, 350; *JA* 2000-II, 441 y *ED*, 186-526; íd., sala J, *ED*, 176-156; íd., sala M, *LL*, 1993-E, 15.

162 CNCiv., sala B, 6/05/1999, "A. A. E. c. A. N. N. s. art. 214, inc. 2° Código Civil".

163 SC Mendoza, sala 1ª, 11/07/2003, "A. B. v. C., A por divorcio. Daños y perjuicios s/ casación", *LL* Gran Cuyo, 2003-868; con comentario de Chechile, Ana María, *RDF*, 2004-1, p. 163 y ss.

Si bien, esta tesitura es minoritaria en la justicia nacional[164], cada vez son más frecuentes los fallos que entienden que no existe infidelidad cuando tampoco existe comunidad de vida[165] y que contribuyen por un lado, a que los consortes dejen atrás vínculos carentes de contenido, y por otro lado, a que logren superar sus crisis matrimoniales, sin que la justicia sea cómplice de su prolongación.

En ese sentido, considerar tanto el aspecto positivo -débito conyugal- como el aspecto negativo -abstención de relaciones sexuales con terceros- del deber de fidelidad como las dos caras de una moneda, permite entender que ambos cesan cuando concluye la comunidad de vida, sin que pueda exigirse válidamente aquella abstinencia[166], y menos aún, una renuncia por tiempo indeterminado al proyecto de vida personal.

Máxime, si se tiene presente que se trata de un deber único[167].

En definitiva, una vez convenida la separación de hecho por ambos cónyuges, las relaciones equívocas o sexuales con un tercero mantenidas por uno de ellos con posterioridad, no pueden ser reputadas como injurias graves o adulterio, en tanto ninguno de los esposos mantiene la expectativa de cumplir con el débito conyugal y el deber de fidelidad cesa al no haber comunidad de vida.[168]

Así, se ha dicho que "la firma por parte de los cónyuges de un acuerdo por el cual establecieron, de forma voluntaria y por mutuo acuerdo, que uno de ellos se retiraría del hogar conyugal, impide que aleguen en el divorcio una violación al deber de fidelidad posterior a la separación de hecho, dado que no se advierte en qué forma uno pueda verse afectado por la conducta desplegada por el otro".[169]

---

164 CNCiv., sala F, 12/10/1994, "I, E. E. c. N, E. D. s/ divorcio vincular", *LL*, 1996-B, 698 y *ED*, 166-217. La Dra. Highton de Nolasco, en un voto en disidencia, sostuvo que: "cuando los cónyuges están separados, cuando no se prestan asistencia ni colaboran personalmente ante la enfermedad del otro, aparece como excesivo, a fines de 1994 cuando la sociedad toda -muy especialmente los jóvenes- goza de libertad personal que incluye aspectos sexuales, decirle al actor que -luego del fracaso en el matrimonio con la demandada, cualquiera haya sido su causa- debió quedarse solo para toda la vida".

165 CNCiv., sala E, 16/03/2011, "D. R. P. c/ M. G. S. E. s/ divorcio", cita: MJ-JU-M-63921-AR. Aquí se entendió que "no comete adulterio quien comienza una nueva relación amorosa con posterioridad a la separación de hecho" (voto del Dr. Calatayud al que adhiere el Dr. Racimo).

166 CNCiv., sala L, 15/12/1994, "S., J. F. c. M., I.", *LL*, 1996-B, 44; *DJ*, 1995-2, 1101. El Dr. Polak -en su voto en disidencia- planteó que "lapidar por adulterio a quien logró superar la crisis matrimonial creando una nueva familia con otra mujer que le diera 4 hijos es realmente un despropósito paradojal. Implicaría, tanto como imponerle inquisitorialmente una abstinencia sexual antinatural y de por vida, impulsándolo a la práctica abyecta e insalubre de un onanismo perpetuo".

167 CNCiv., sala B, 06/08/2010, "R., J. c. H., A. C.", *LL* Online; AR/JUR/51301/2010.

168 Juzgado de Primera Instancia de Familia nº 3 de Rawson, Chubut, 26/02/2009, "G., M. D. v. P., A. N.", *LL*, 2009-C, 376, con nota de Néstor Solari.

169 CNCiv., sala H, 16/06/2011, "C. R., M. A. v. S., C. A. s. divorcio", AR/JUR/37330/2011.

Por otro lado, podemos observar que esta tendencia, con un tímido comienzo, ya se encuentra afianzada en los tribunales bonaerenses. La sala 1ª de la Cámara Civil y Comercial de San Isidro en fecha 02/06/1998 recordó que "si bien es cierto que, en nuestro derecho, el deber de fidelidad subsiste no obstante medie separación de hecho y que éste persiste mientras el vínculo no se disuelva; [también lo es] que se encuentra atenuado después de la separación de hecho. Es más, se encuentra minimizado cuando el otro cónyuge convive con otra persona. Porque no es igual la fidelidad que se puede exigir al cónyuge con quien se convive, que la fidelidad que puede pretender el adúltero, que le brinde su ex mujer"[170]. Así, se juzgó a fin de determinar la configuración o no de la causal de adulterio, que resulta contrastante con la realidad pretender que la fidelidad subsista entre cónyuges cuya unión definitivamente ha fracasado, exteriorizándose tal quiebre mediante el cese de la cohabitación, en tanto esto hace presumir el reconocimiento de ambos en la decisión de no reanudar la convivencia.[171]

iii) Finalmente, podemos agregar una tesis *intermedia* que acepta la existencia del deber de fidelidad pero durante un cierto tiempo -el primer período- de producida la separación de hecho. Transcurrido ese lapso, se presume que tal separación habría sido de mutuo acuerdo -expreso o tácito- y por lo tanto, no sería posible aceptar la invocación de la infidelidad como causal de divorcio o separación personal.

Esta tendencia propicia la subsistencia de un deber de fidelidad atenuado tras la separación de hecho en función del lapso por el cual se prolongó dicha separación.

Guillermo Borda defiende esta línea de pensamiento, en el entendimiento de que "si la ley exige el transcurso del plazo de tres años para demandar el divorcio, está claro que es porque tiene la esperanza de que dentro de ese plazo pueda producirse la reconciliación. La unión estable con otro hombre y otra mujer antes de ese plazo debe considerarse un adulterio susceptible de hacer procedente la acción de divorcio (...). Creo, pues, que el plazo razonable para dar por extinguido el deber de fidelidad es el de tres años, puesto que transcurrido ese término se puede demandar el divorcio y contraer nuevo matrimonio con lo cual queda de manifiesto que la Ley legitima la posibilidad de una nueva unión. Quien puede lo más, puede lo menos".[172]

Siendo ello así, pretender la subsistencia de la fidelidad transcurrido un tiempo excesivo desde el cese de la convivencia, y consecuentemente requerir a la justicia la imputación del adulterio, constituiría el ejercicio abusivo de un derecho.

En la justicia nacional esta corriente fue seguida por la jueza Zulema Wilde

170 C1ª Civ. y Com. San Isidro, sala I, 02/06/1998, causa nº 48.999, "R. de A.C., M.V. c. A.C., F. s/ separación personal", (voto de la doctora Medina). Ver también el voto en disidencia del juez Locio, en C. Civ. y Com. Necochea, 27/11/2007, "G., M. A. c. G., J. C.", *LLBA*, 2008 (marzo), 194. El magistrado explicó que *"el deber de fidelidad cesa cuando la comunidad de vida en el matrimonio ya no existe"*.

171 C. Civ. y Com. Zárate Campana, 31/03/2011, "M., F. J. c. P., H. L.", *LLBA*, 2011 (julio), 684.

172 BORDA, Guillermo A., "Separación de hecho y deber de fidelidad (A propósito de un fallo de la Sala F de la Cámara Civil de la Capital", *LL*, 1996-B, 893.

en un litigio donde la acción de divorcio, fundada en el incumplimiento del deber de fidelidad del cónyuge, pretendía la configuración del adulterio transcurrido un año y medio desde la separación de hecho de los esposos[173]. En aplicación de la tesis *sub examine*, el tribunal hizo lugar a la demanda.

En la provincia de Buenos Aires, podemos recordar un fallo de la Cámara Civil y Comercial de Dolores del 28/08/2008[174], donde se consideró acreditado el adulterio del marido, y se decretó el divorcio por culpa exclusiva de aquél; toda vez que la relación habida con su actual concubina fue entablada antes de que hubiesen transcurrido dos años desde la separación de hecho efectuada sin consenso de las partes, plazo que resultaba necesario para dispensar el deber de fidelidad.

Ello así, en el entendimiento de que el lapso razonable para que los cónyuges separados de hecho resulten dispensados del deber de fidelidad debe ser de tres años, por cuanto éste es el momento en que adviene el quiebre temporal en que cualquiera de los esposos puede recuperar la aptitud nupcial mediando la invocación de la causal objetiva de divorcio.[175]

También podían encontrarse exponentes[176] de esta corriente en otras jurisdicciones. Esta postura sería la receptada por el Tribunal Superior de Justicia de Neuquén[177] el 6/04/2006, al plantear que "aun cuando hipotéticamente se tuviera en cuenta la posición relativa de los efectos de la conformación de un concubinato con posterioridad a la separación conyugal, resulta improcedente decretar el divorcio por falta de cohabitación ininterrumpida por más de tres años si no hubo un mayor lapso entre la separación y la cohabitación del actor con otra mujer, debiendo tenerse en cuenta que al comenzar una convivencia con un tercero, apenas concluida la que llevaba con la accionada, aquél frustró toda alternativa conciliatoria".[178]

Por su parte, la Cámara Civil y Comercial de Salta[179] resolvió el 10/10/2008 que el plazo de tres años desde que los cónyuges comenzaron a vivir separados hasta que uno de ellos tomó conocimiento de que el otro había iniciado una nueva relación, resulta suficientemente extenso para justificar

173 CNCiv., sala J, 12/09/1997, "S. R., M. A. v. S. R., J. R. s. divorcio", *LL*, 1999-C, 724; *JA*, 2000-IV, síntesis; *ED*, 176-156, con nota de ÁLVAREZ, Osvaldo Onofre, "Reflexiones sobre las sanciones jurisprudenciales en el ámbito del derecho de familia".

174 C. Civ. y Com. Dolores, 28/08/2008, "M., B. E. c. F., S. E.", LLBA, 2008 (noviembre), 1131; *LLBA*, 2009 (junio), 504, con nota de Karina A. Bigliardi y María Luciana Pietra.

175 Del voto de la doctora Dabadie, en el fallo citado en la nota que antecede.

176 Véase a modo ejemplificativo, CApel. Concepción del Uruguay, sala Civ. y Com., 13/04/2000, "S., O. F. v. A., L. N.", *LL* Litoral, 2001-552; CApel. Esquel, 6/07/2009, "V. A., L. D. v. L., C. s. divorcio", entre otros.

177 STJ, Neuquén, 06/04/2006, "M., J. A. c. I. M. D. V.", *LL* Patagonia 2006, 449; DJ, 13/09/2006; *LL* Patagonia, 2007 (febrero), 778, con nota de Néstor Solari.

178 HERRERA, Marisa, "El divorcio en el derecho argentino", ACEDO PENCO, Ángel y PÉREZ GALLARDO, Leonardo B. (coords.), *ob. cit.*, ps. 62 y 63.

179 C. Civ. y Com. Salta, sala 3ª, 10/10/2008, "A., J. O. v. B., A. M. G.", *LL NOA*, 2009 (marzo), 176.

que no se considere a aquél como autor de injurias graves tipificantes del divorcio sanción.

3.1.1.c. La convivencia de los cónyuges en el mismo domicilio

La doctrina tradicional exigía para la configuración de esta causal, la interrupción continuada de la cohabitación por ser la forma en que se exterioriza el rechazo voluntario de la comunidad de vida. Sin embargo, el problema se suscita en aquellos supuestos en que los cónyuges comienzan una vida independiente, desandando su proyecto de vida común, pero por diversas razones, continúan habitando la misma vivienda.

De este modo, nos surgen algunos interrogantes: ¿Es lo mismo la mera convivencia que la cohabitación marital? Si los cónyuges continúan viviendo bajo el mismo techo ¿Qué forma tendrían para probar el quebrantamiento de la comunidad de vida? ¿Realmente interesa al orden público probar aquel alejamiento físico?

Siguiendo aquella clásica línea de pensamiento, podría desprenderse -como una derivación lógica- que ante la ausencia de la situación fáctica, se carece del elemento objetivo o material que tipifica a la separación de hecho como causal de divorcio.

Algunos precedentes jurisprudenciales[180] exigían el cese de la cohabitación en sentido material para iniciar el cómputo del plazo requerido por la ley.

Así, se ha desestimó una demanda por la causal prevista en el art. 214, inc. 2°, del código derogado, si los cónyuges continuaron habitando en el mismo domicilio, pues la interrupción de la cohabitación y la separación de hecho exigidas requieren la residencia en distintos domicilios[181]. En disidencia, el doctor Fermé apuntó que "el aspecto objetivo de la interrupción de la cohabitación no requiere indefectiblemente que ella se concrete viviendo (los cónyuges) en domicilios separados durante el tiempo previsto en la ley". De hecho, "la coincidencia del domicilio en modo alguno impide que se pueda tener por demostrado que (los esposos) no cumplen los deberes conyugales".

Ahora bien, más allá de aquellos argumentos que otrora se sostuvieran en minoría, la doctrina y jurisprudencia han propiciado una reinterpretación de la causal, mediante la flexibilización de los requisitos necesarios para su viabilidad.[182]

Entonces, el derogado art. 204 ¿requería que los esposos hayan abandonado la convivencia en una misma casa o la cohabitación? ¿Qué entendemos por

---

180 A modo ejemplificativo, pueden mencionarse CNCiv., sala L, 12/02/1993, "N., N. R. v. M., V.", *RDF*, 1996-10, 157, con nota de COSTA, Patricia, "Cuando nuestra casa es nuestra, pero ya no somos nosotros", y *ED*, 154-485; íd., sala L, 8/08/2002, "V., L. D. v. V., S. I. s. alimentos" Boletín de Jurisprudencia CNCiv. 15/2004, entre otros.

181 CNCiv., sala I, 5/02/2002, "A., C. F. v. L. V., L. H.", *DJ*, 2002-3, 588.

182 Así se ha dicho que "la separación de hecho, en su aspecto material y objetivo, implica el quebrantamiento de la convivencia por el alejamiento físico producido entre los cónyuges más allá de que permanezcan viviendo bajo el mismo techo, con incumplimiento total y absoluto de los deberes matrimoniales. Asimismo, la faceta subjetiva que debe

cohabitación? La cohabitación exigida por el art. 199 de aquel ordenamiento, permitía y fomentaba la comunidad de vida, y esta comunidad se integra tanto con la convivencia material, esto es, la habitación en la misma vivienda, como con la comunidad psicológica que exige una profunda e integral comunicación entre los cónyuges en todos los niveles del ser.[183]

La interrupción de la cohabitación no debe asimilarse a la interrupción de la convivencia en un mismo domicilio[184]. Esta mirada -de la que participamos- entiende que no existe cohabitación si dos personas, aun habitando material o físicamente la misma vivienda, muestran su voluntad de sustraerse del proyecto común que significa compartir su plan de vida[185]. Es que la separación de hecho *no debe medirse por la distancia física entre los cónyuges*, sino por la subsistencia o el quiebre del vínculo matrimonial.[186]

Esta tendencia ha sido receptada por tribunales bonaerenses.

Así, podemos traer a colación un fallo de la Cámara Primera Civil y Comercial de San Nicolás del 22/03/1994[187], en donde se dispuso que "si los cónyuges sobrellevaron una situación particular, que los condujo a compartir la misma casa pero en ostensible estado de separación, durante un plazo mayor de tres años que prevé la ley (...), concurren los dos ingredientes que perfilan la separación: el subjetivo patentizado por la voluntad de no seguir viviendo y el material, dado que éste puede presentarse aunque la pareja viva bajo el mismo techo siempre que cohíba la participación de los deberes matrimoniales".

En la justicia nacional, la sala J de la Cámara Nacional de Apelaciones en lo Civil[188] en fecha 10/10/2002 sostuvo que es ineludible "el quebrantamiento de la convivencia por el alejamiento físico de los cónyuges", pero que éste puede darse "aunque permanezcan viviendo bajo el mismo techo, con incumplimiento total y absoluto de los deberes matrimoniales".

---

reconocérsele a la causal en estudio, inescindible de la anterior, está constituida por la intención cierta de uno o ambos cónyuges de no continuar conviviendo, poniendo fin a la vida en común, por más que algún deber marital se siga cumpliendo". Vidal Taquini, Carlos H., *Matrimonio Civil*, Astrea, Buenos Aires, 2000, p. 383.

183 Fanzolato, Eduardo I., en Bueres (dir.), Highton (coord.), *Código Civil* cit., p. 115.

184 Lloveras de Resk, María, "La separación de hecho prolongada como causal de divorcio", *JA*, 1988-III, 763.

185 Para reforzar esta idea, la jurisprudencia tiene dicho que "la negativa de los cónyuges a mantener relaciones sexuales durante un lapso mayor a tres años sin voluntad de reanudarlas configura la interrupción del deber de cohabitación que torna procedente el divorcio en los términos del art. 214, inc. 2°, CCiv., aun cuando continúen viviendo en la misma casa". CNCiv., sala E, 19/04/2002, "L., J. G. y M., I. M.", *LL*, 2002-E, 848.

186 Cuando se habla de cohabitación se alude a la convivencia en un mismo hogar como marido y mujer. CNCiv., sala K, 6/12/2011, "A., G. E. v. P., V. J.", Newsletter Abeledo Perrot.

187 C. 1ª Civ. y Com. San Nicolás, 22/03/1994, *ED*, 160-124.

188 CNCiv., sala J, 10/10/2002, "S., O. A. v. D., E. O.", *LL*, 2003-D, 202.

Como corolario, cabe mencionar algunas ideas reseñadas en un fallo de la sala B[189] del mismo tribunal del año 2007. Para comenzar, se reiteró que "para la configuración de la causal (...) no es condición ineludible que los esposos habiten fincas diferentes. Basta con que no compartan el lecho conyugal y vivan en un ostensible estado de separación durante el plazo legal. Es que en casos como los de autos no es posible hablar de cohabitación, en tanto los cónyuges -según declaran expresamente- no hacen vida marital; esto es la convivencia de un hombre y de una mujer como si estuvieran casados (...), de lo que se sigue que no se verifica la convivencia matrimonial".

A continuación, se esbozó una importante reflexión sobre la diferencia entre la convivencia y la cohabitación que da cabal respuesta al interrogante que planteáramos al inicio del acápite. Allí se recordó que "la mera convivencia -a secas, y no la matrimonial- no debe identificarse con la cohabitación. En ésta tiene lugar un plus propio de la unión conyugal que la diferencia de otras convivencias, como la que pueden tener los padres con sus hijos o dos hermanos. Y ese plus es la llamada vida marital, el débito conyugal, etc., que es lo que define y particulariza a la cohabitación; único elemento distintivo dispuesto por el legislador para determinar la inexistencia de la separación de hecho".

"Mi ponencia -concluyó- apunta a evitar una interpretación antifuncional del Código Civil, obligando injustamente a las partes a realizar un rodeo estéril, como es constreñirlos a encauzar su demanda por la vía de los arts. 215 y 236, CCiv.".

A mayor abundamiento, y con el objeto de demostrar cómo esta corriente pasó de esbozarse tímidamente a transformarse en mayoritaria, la sala H[190] de aquel tribunal reiteró que los esposos pueden continuar viviendo bajo el mismo techo, pero con total y absoluto incumplimiento de los deberes matrimoniales. Así, es suficiente que no compartan el lecho conyugal y vivan en un ostensible estado de separación. Esto no deja de ser una derivación del concepto amplio del deber de cohabitación, el que no puede verse limitado a la mera residencia en un mismo domicilio. Esta interpretación amplia de la norma se vio reforzada con sendos fallos de la misma sala.[191]

En el mismo sentido, la sala M de la Cámara Nacional en lo Civil en un fallo del 16/09/2011 resolvió decretar el divorcio por la causal prevista en el art. 214, inc. 2°, "sin que obste a ello el hecho de que los esposos continuaran viviendo bajo el mismo techo, siempre que hicieran vidas separadas".[192]

---

189 CNCiv., sala B, 22/08/2007, "C., C. M. y F., J. A. s. divorcio art. 214, inc. 2°, CCiv.", *LL*, 2007-F, 705, con nota aprobatoria de Eduardo Sambrizzi.

190 CNCiv., sala H, 26/12/2007, R. 496.170, "P. C., J. L. y A., M. D. s. divorcio art. 214, inc. 2°, CCiv.", en *www.eldial.com.*

191 Véase, CNCiv., sala H, 22/09/2010, "M., B. M. y otro s. divorcio, art. 214, inc. 2°, CCiv.", *LL*, 2011-F, 13; Rubinzal *online, RC* J 11696/11; íd., íd., 12/08/2011, "Primo, Claudio Alfredo c. Martínez, María Cristina s. divorcio art. 214, inc. 2°, CCiv.", *DFyP*, 2012 (enero) 132, con nota de Souza Vieira, Viviana H.; *DJ*, 01/02/2012, p. 90.

192 CNCiv., sala M, 16/09/2011, "V., E. O. v. P., M. L. s. divorcio art. 214 inc. 2°, CCiv.", *LL*, 2011-F, 65.

A contrario sensu, nos resta adunar que es tan importante el conjunto de deberes y obligaciones que el matrimonio origina en los cónyuges, que no es suficiente la mera residencia en la misma vivienda para pensar que no se ha producido quiebre alguno de la unión conyugal. Sólo una efímera mirada que observe al matrimonio como una institución constituida exclusivamente por normas jurídicas podría contentarse al conservar el armazón de un vínculo afectivo que en los hechos ya no existe.

Es importante recordar que la realidad social y afectiva es mucho más amplia que el contenido del derecho, y es éste quien tiene la obligación de adecuarse permanentemente a ellas.

3.1.1.D. LA FLEXIBILIZACIÓN DEL *ANIMUS SEPARATIONIS*

Uno de los elementos necesarios para la configuración de la causal es el elemento intencional, al que la norma hace referencia al incorporar la expresión "sin voluntad de unirse". El mentado giro apunta a descartar su configuración en todas aquellas situaciones excepcionales en que la separación obedeció a razones de fuerza mayor acaecidas a alguno de los cónyuges, tales como la enfermedad, la prisión o motivos laborales, etc.[193]

Ahora bien, hasta hace poco tiempo, existían discrepancias con relación a si la voluntad de desandar el proyecto de vida común debía ser conjunta o unilateral.

Algunos entendían[194] que en la separación de hecho debe haber un trasfondo de consensualidad, y que la falta de voluntad de unirse (o intención de vivir separados) debe existir en ambos cónyuges; pues de lo contrario, habría abandono de uno por el otro[195]. Según los defensores de esta tendencia, el consentimiento inicial para separarse puede ser expreso o tácito, esto es, la aceptación de la separación.[196]

Por el contrario, otras voces[197] afirmaron que el elemento intencional se

193 MIZRAHI, Mauricio L., "Divorcio por separación de hecho: la falta de voluntad de unión y la demanda contra el cónyuge enfermo", *LL*, 1996-II, 850.

194 MAZZINGHI, Jorge A., "Superposición de causales, alienación mental y separación por más de tres años", *ED*, 141-502 y; ÁLVAREZ, Osvaldo Onofre, "Nuevas objeciones al divorcio vincular", *ED*, 143-240.

195 Así se ha dicho que "en los supuestos de los arts. 204 y 214, inc. 2º, CCiv., al demandado le asiste el derecho de oponerse a la separación o al divorcio alegando que él no participa de la falta de voluntad de unirse, es decir que esa falta de voluntad de unirse es un requisito de la viabilidad de la acción que debe acreditarse respecto de ambos cónyuges". Del voto en disidencia del juez Durañona y Vedia en CNCiv., sala C, 13/02/1990, *LL*, 1990-E, 32.

196 FANZOLATO, Eduardo I., en BUERES (dir.), HIGHTON (coord.), *Código Civil* cit., ps. 152 y 153.

197 Puede profundizarse en MIZRAHI, Mauricio L., *Familia, matrimonio...*, cit., 2ª ed., p. 455; BOSSERT, Gustavo A., ZANNONI, Eduardo A., *Manual de derecho de familia*, Astrea, Buenos Aires, 2005, p. 350, § 405; PAGANO, Luz M. - ANTONINI, Reinaldo, "Separación de hecho prolongada entre cónyuges", *JA*, 1990-III, 789; VIDAL TAQUINI, Carlos H., *Matrimonio civil*, 2ª ed., Astrea, 2000, p. 389, § 5, y p. 557, § 3; LAGOMARSINO, Carlos A. R., URIARTE, Jorge A., *Separación personal y divorcio*, Universidad, Buenos Aires, 1991, p. 249; GUTIÉRREZ, Delia M., "Cuestiones suscitadas en torno a la separación de hecho entre cónyuges", *LL*, 1992-

configura con el ánimo de al menos uno de los esposos. En otras palabras, el elemento subjetivo requiere la intención cierta de uno o ambos cónyuges de no continuar la convivencia, poniendo fin a la vida en común.

Esta afirmación no nos debe llevar a la confusión acerca de la hipótesis de que pueda desestimarse una acción de divorcio, porque uno de los consortes no desea ni quiere la ruptura conyugal. Dicho de otro modo, la separación no necesariamente debe ser querida por ambos esposos[198], pudiendo ella ser unilateral.[199]

Esta tendencia es actualmente unánime en nuestros tribunales. El máximo tribunal bonaerense dijo que "acreditada la separación personal por un lapso superior al señalado por el art. 214, inc. 2°, CCiv., no puede obstar a la pretensión de obtener el divorcio vincular la circunstancia de que la vida matrimonial fuera interrumpida sólo por la voluntad del accionante, sea cual fuere el juicio crítico que la solución legal merezca".[200]

De hecho, cuando la ley alude a la "no voluntad de unirse", no significa que la separación deba ser querida o aceptada por ambos cónyuges, pues basta con que uno de ellos haya abdicado de la convivencia[201] para que el elemento intencional, que constituye el aspecto fáctico de la causal, se encuentre configurado.[202]

Más aún, la causal analizada podía ser incluso invocada por quien es el culpable del divorcio[203], y abarca los distintos supuestos de ruptura de

---

E, 1087; Portela, Jorge G., "Algunas consideraciones acerca del divorcio y la objeción de conciencia", *ED*, 189-300; Perrot, Celina A., "La separación de hecho como causal autónoma en la nueva ley de matrimonio civil", *LL*, 1987-D, 1100, entre otros.

198 CNCiv., sala G, 28/09/2004, "V., J. A. v. F., C. E. s. divorcio", *LL*, 2005-A, 432; íd., sala B, 27/11/2007, "M., H. A. y L., M. C.", *LL*, 2008-A, 494; C. Civ y Com. Azul, sala 2ª, 19/10/1999, *ED*, 186-68; C. Civ., Com. y de Minería, 2ª Circ. Judicial, General Roca -Río Negro-, 26/11/2008, "T., J. C. v. R., S. J. s. divorcio".

199 Véase por todos Zannoni, Eduardo, "El juicio de divorcio por causa de separación de hecho anterior de los cónyuges", *LL*, 1988-C, 169.

200 SCBA, Ac. 42.776 S, 30/04/1991, "I., F. v. R., A. s. divorcio vincular (ordinario)", JUBA sumario n° B21450, *ED*, 143-241; JA 1992-II, 128; *DJBA*, 142-69; AyS, 1991-I, 568; (voto del doctor Negri).

201 De hecho, del texto del art. 214, inc. 2°, no surge que la separación deba producirse por voluntad mutua de los esposos, sino solamente que no exista voluntad de reanudar la convivencia, no haciéndose referencia alguna a las causas que originaron aquélla. CNCiv., sala J, 7/03/1990, "G., O. R. v. C. de G., M. D.", *LL*, 1993-A, 80.

202 CNCiv., sala A, 3/06/1997, "C. de A., M. v. G. P., C. M.", *JA* 2000-IV, síntesis.

203 "La causal objetiva se configura cuando los cónyuges, por deliberación y decisión, por la sola autoridad de su arbitrio viven separados, pudiendo resultar esta situación fáctica por el abandono unilateral de uno de ellos, con o sin justa causa, independientemente de que quien los solicita fuere o no culpable de la separación". C. Civ. y Com. San Isidro, sala 1ª, 22/08/1989, *DJ*, 1990-I-614. En igual sentido, C. Civ. y Com. Mar del Plata, sala 2ª, 15/07/1997, "G., P. T. v. A., M. E.", *JA*, 1998-II, síntesis; C. Civ. y Com. Morón, sala 2ª, 16/03/1995, "L., O. A. v. G. de L., J. D.", *JA*, 1997-I, síntesis y; Trib. Familia n° 1 Quilmes, 23/11/2005, "B., N. v. N. de B., P.", *LLBA*, 2006-1240.

la convivencia[204]: desde aquellos en que ambos esposos han deliberado y decidido separarse, pasando por el caso en que uno deja el hogar y abandona al otro y, finalmente, por el de quien, considerándose agraviado, se aleja con justos motivos.[205]

Adherimos a ésta última tesis, en el entendimiento de que la configuración del tipo legal objetivo no requería su aceptación por ambos cónyuges; siendo incluso indiferente las causas que originaron el alejamiento, siempre que pueda comprobarse la falta de voluntad de reanudación de la vida común de al menos uno de los esposos.

Siguiendo con el análisis del elemento intencional, podemos finalmente añadir otra divergencia que existe con relación a la conducta desplegada por el cónyuge que permanece en el hogar conyugal, con posterioridad al alejamiento del otro.

Una corriente mayoritaria entiende que la pasividad o inactividad del esposo abandonado debe interpretarse como una suerte de adhesión a la situación existente[206], que lleva a convertir a aquél en copartícipe del estado de separación de hecho[207], ingresándose de esa manera a una bilateralidad que tal vez no existiera inicialmente[208]. Dicho de otro modo, aquella inactividad, constituye o un acuerdo implícito[209] o, al menos, una aceptación tácita del alejamiento material.

En esta línea argumental se han expedido algunos integrantes de la Suprema Corte bonaerense. Por caso, el doctor Soria, en un voto en disidencia, afirmó que "si bien ha quedado establecido que la separación de hecho no fue en su origen acordada expresamente por quien fuera la pareja matrimonial, ha sido al menos asentida o convalidada a través del tiempo ante la pasividad asumida frente al alejamiento de la esposa por dicho consorte" [210]. El doctor

204 "Las clases o formas de la separación de hecho que configura causal de divorcio son tres: a) la separación de hecho propiamente dicha o bilateral, b) el abandono de hecho y c) el abandono de hecho recíproco" (voto de la Dra. Zabala de Copes). Trib. Familia Formosa, 26/05/1995, "C., M. I. v. I., A.", *LL* Litoral, 1998-2, 891; *LL*, 1999-D, 778.

205 CNCiv., sala A, 17/03/1997, "G., A. v. S., T. R.", *LL*, 1998-E, 473. El mismo tribunal reforzó esa idea, al sostener que "la separación por más de tres años confiere indiscutiblemente al marido la posibilidad de divorciarse de manera actual, con abstracción de la razón que originó ese antecedente fáctico o incluso que su cónyuge haya consentido la frustración que dicho distanciamiento implica para la óptica legal", íd., íd., 12/11/1989, "S. N., S. v. H. de S., G.", *LL*, 1990-C, 153.

206 CNCiv., sala H, 13/03/2000, "B., J. M. v. Z., E. M.", JA 2001-IV, 486; íd., sala A, 5/05/1995, "R., R. v. M., P.", *JA*, 1997-I, 332.

207 CNCiv., sala A, 13/12/1996, "S., J. C. v. S., M. R.", *LL*, 1998-C, 937; íd., íd., 26/10/1990, "B., H. E. v. M. de B., A. F.", *LL*, 1991-B, 167; íd., sala B, 5/06/1999, "A., A. E. v. A., N. N.", *JA*, 2000-II, 442; íd., sala K, 16/10/1998, "G. C., E. H. v. C., G.", *JA*, 2002-I, síntesis; *LL*, 1999-D, 567.

208 CNCiv., sala A, 15/12/1988, "G., A. P. v. R. de G., E.", *LL*, 1990-B, 288.

209 Véase a modo ilustrativo, SOLARI, Néstor E., "Acuerdo tácito de los cónyuges en el cese de la convivencia", *LL* Gran Cuyo, 2006 (octubre), 1168.

210 SCBA, 10/11/2010, "L., N. B. v. G., Á. A. s. divorcio vincular", Boletín de Jurisprudencia

Genoud, por su parte, añadió que "el transcurrir de los años y la inactividad han consolidado la separación de hecho que demuestra que se ha aceptado la ruptura definitiva e irreversible del matrimonio".

Por el contrario, algunos precedentes indicaron que, la actitud pasiva o el silencio del cónyuge abandonado con posterioridad al alejamiento no permiten presumir su acuerdo con la separación[211]. De este modo, sostuvieron que no parece razonable, ante el abandono de uno de los cónyuges, otorgar consecuencias negativas a la inacción del otro consorte, desde que, de esa manera se lo estaría obligando a ejercer la acción de divorcio, para mantener su inocencia. *A fortiori*, se planteó que no puede imponerse al abandonado la exigencia de propiciar la reconciliación con quien lo ha abandonado y otorgar relevancia jurídica a su pasividad.

3.2.1.e. El momento en que debe encontrarse cumplido el plazo

Otra de las cuestiones que han resultado conflictivas en sede judicial se refiere al momento en que debía encontrarse cumplido el plazo de dos o tres años (según se requiera la separación personal o el divorcio vincular) a fin de invocar la separación de hecho sin voluntad de unirse. Sobre el particular, existían dos criterios yuxtapuestos con relación al *dies a quem*, o momento en que debe estar concluido el plazo para que la acción prospere[212]; pues ni el art. 204 ni el 214, inc. 2°, brindaban mayores precisiones acerca de la oportunidad en que el término legal ha de tenerse por satisfecho.

Por un lado, una corriente -que podríamos denominar como clásica y mayoritaria- interpreta que el término legal debe encontrarse finiquitado al momento de incoar la acción pertinente[213]; pues los hechos determinantes de dicha causal deben haber acaecido con anterioridad a que el planteo judicial sea efectuado, como una condición de admisión de la acción[214]. Dicho de otro modo, si así no fuera, estaríamos frente a una acción improponible por carecer de un requisito sustancial exigido por la norma.[215]

---

de la SCJ de Buenos Aires (Dr. Jorge M. Galdós); *RC* J 8718/11.

211 CNCiv., sala B, 12/11/2004, "D., L. v. J., M. E. s. divorcio art. 214, inc. 2°, CCiv.", en *www.elDial.com.ar* del 13/12/2004.

212 A mayor abundamiento, puede verse CNCiv., sala A, 31/10/1991, "M., C. A y J., M.", *LL*, 1992-E, 70; donde se sostuvo que "no parece razonable mantener un proceso judicial suspendido hasta tanto se cumpla el plazo legal requerido"; íd., sala C, 18/03/1997, *ED*, 173-570; íd., sala G, 03/07/2000, "V., J. A. c. F., C. E.", *LL*, 2000-F, 83; *ED*, 189, 300 y, *DJ*, 2001-2, 260.

213 CNCiv., sala E, 12/02/2004, *LL*, 2004-C, 985; íd., íd., 2/12/2004, "S., C. E. v. T., H. D.", *RDF*, 2004-II, p. 9; íd., sala F, 27/03/2003, *JA*, 25/06/2003, p. 45; *LL*, 2003-D, 965, íd., sala G, 20/06/2006, "S., A. C. y P., M. A.", *DJ*, 15/11/2006, p. 808; *LL*, 2006-F, 828, entre otros.

214 CNCiv., sala A, 2/08/2004, DJ, 2005-2-15; *ED*, 211-430; *LL*, 16/05/2005, p. 7; *DJ*, 2005-1-1081.

215 Véase Goytía, Alejandro, "Consideraciones en torno al cómputo del plazo", *ED*, 197-548; Wagmaister, Adriana, "Relaciones sexuales de los cónyuges separados de hecho y cómputo del plazo para la separación personal y el divorcio vincular (arts. 204 y 214,

En esa línea argumental, se precisó que es necesario que la separación de hecho se haya prolongado en forma continuada *hasta insumir la totalidad del tiempo* aprehendido por la norma, momento en el cual queda configurada la causal y, con él, perfeccionado el derecho de hacerla valer[216]. Es que hasta entonces no hay derecho constituido, de modo que la pretensión ejercida antes resulta improponible[217]. En síntesis, o se está en presencia de un supuesto de improponibilidad jurídica de la demanda, o de falta de un requisito extrínseco de admisibilidad de la pretensión.

Por el contrario, otras voces admitieron que es suficiente que el vencimiento del plazo pueda operar durante el transcurso del proceso, e incluso aceptaron que pueda diferirse el pronunciamiento definitivo hasta tal momento, pues advierten que se estaría en presencia de un hecho sobreviniente (art. 163, inc. 6°, párr. 2°, CPCCN)[218] y; a todo ello, adunan la explícita intención de evitar

inc. 2°, CCiv.), *LL*, 2010-D, 114; Arianna, Carlos A., "Un matrimonio quebrado y un vínculo mantenido. El desquicio matrimonial y de nuevo sobre el plazo de separación de hecho", *RDF*, 2004-II-13; Fortuna, Mariana J., "Acerca del cumplimiento del plazo de tres años previsto en la causal objetiva del art. 214, inc. 2°, del Código Civil", *RDF*, 2003-II-23; Colerio, Juan P., "El tiempo como requisito extrínseco de admisibilidad de la pretensión", *LL*, 1992-E, 70; Álvarez, Osvaldo O., "El plazo legal en la separación de hecho por la causal objetiva de los arts. 204 y 214, inc. 2°, CCiv."; Morello, Augusto M., "Lectura moderna de la separación de hecho entre cónyuges", *LL*, 2008-F, 380; Cifuentes, Santos -bajo el seudónimo de Xanthos-, "Modo de contar el plazo en el divorcio por separación de hecho. Inconstitucionalidad y objeción de conciencia", *LL*, 2000-F, 82.

216 CNCiv., sala A, 10/08/2004, "L., H. E. v. S., S. E. s. separación personal", *ED*, 27/08/2004. En igual sentido, íd., sala G, 5/10/2001, "G., A. N. v. G., J.", Lexis Nexis *Online*; íd., íd., 7/03/2000, "V., J. A. v. F., C. E.", *ED*, 189-300; LL, 2000-F, 83; *RDPyC*, 2001-1, 402; voto del juez Moreno Hueyo en CNCiv., sala K, 25/08/1998, "C., I. A. v. A., E. S.", *JA*, 1999-I, 344. En el voto en disidencia de la jueza Estévez Brasa en este último fallo, se señaló que "no excepcionando la ley, en ningún supuesto, una disminución del tiempo establecido para demandar el divorcio, no puede el consenso de las partes -aunque el término legal se haya cumplido en el curso del proceso- desvirtuar las exigencias normativas (art. 214, inc. 2°, CCiv.)".

217 "El plazo (...) no se desvincula de la causal misma, por lo que la pretensión es improcedente cuando aquél no estaba cumplido al tiempo de promoción de la demanda (...), pues lo que la ley pretende es que accedan al tribunal los casos en que puede inferirse, razonablemente, que el matrimonio ha fracasado". CNCiv., sala F, 14/11/2002, "S., F. A. v. S., A. N.", *DJ*, 2003-2-316.

218 ¿Podría el cumplimiento del término legal ser admitido como un hecho sobreviniente? Puede verse CNCiv., sala G, 10/10/2003, "Pellis, Estela A. y Godoy, Fabián J. s. divorcio art. 214, inc. 2°, CCiv.", Rubinzal *online*; *RC* J 2245/04. No obstante, algunos jueces han entendido que lo previsto en esta norma no es aplicable en los juicios de divorcio. Así se ha dicho que "es improcedente la acción de divorcio por la causal objetiva, cuando el transcurso del plazo (...) que requiere la norma se configura con posterioridad a la presentación de la demanda, pues el art. 163, inc. 6°, párr. 2°, CPCCN, que autoriza a hacer mérito de los hechos constitutivos, modificativos o extintivos, producidos durante la sustanciación del juicio y debidamente probados, aunque no hubiesen sido invocados oportunamente como hechos nuevos, resulta inaplicable en los procesos de divorcio". (voto del juez Mirás). CNCiv., sala E, 2/12/2004, "S., C. E. v. T., H. D.", LL, diario del 17/05/2004, p. 4.

los excesivos rigorismos formales[219] y los actos contrarios a los principios de celeridad y economía procesal.[220]

La tesis estricta hacía especial hincapié en que el plazo es un elemento intrínseco o constitutivo de la separación de hecho como causal autónoma de divorcio; de tal modo que, *no resultaría lógicamente posible escindir la separación de hecho* sin voluntad de unirse de los esposos *y el plazo* que preveía el art. 214, inc. 2°, porque el transcurso de aquél es un recaudo para hacer valer la causal, es decir, constituye un presupuesto sustancial de la acción[221]. En cambio, una mirada más amplia de la norma advertía que el artículo no impone al cónyuge peticionante la carga de aguardar el término legal desde el cese de la cohabitación sin voluntad de unirse, sino que la norma facultaba al sentenciante a decretar la separación o divorcio cuando hubiera transcurrido aquel plazo a la fecha de emitirse el pronunciamiento.[222]

Hemos reseñado los principales motivos que sustentaban ambas interpretaciones; pero ¿cuáles eran las consecuencias que acarrea la elección de la tesis que entiende que el plazo debe encontrarse enteramente satisfecho al iniciar la acción? Como puede advertirse, el juzgador se enfrentaba al dilema de desestimar la demanda, obligando a los cónyuges (si así pudiera llamarse a personas que ya no hacen vida marital y no cumplen con los deberes y derechos derivados del matrimonio, pero siguen siendo rehenes de un vínculo virtual) a iniciar un nuevo proceso, análogo al anterior, pero con el plazo ya concluido; o bien hacer lugar a la demanda, a pesar de que la situación fáctica no se ajustaba en principio a la anticuada letra de la ley.

En esta última línea de pensamiento, cabe traer a colación un interesante fallo de la sala B de la Cámara Nacional en lo Civil de fecha 9/09/2003[223], que hizo lugar a la demanda de divorcio y, explicó claramente las consecuencias que traería su desestimación. Allí se apuntó que "el rechazo de la demanda de divorcio por no haber transcurrido el plazo de tres años de separación

219 Es que justamente un excesivo rigor formal resultaría incompatible con el interés familiar en juego, el que debe ser preservado en el proceso de divorcio, siendo la forma de lograrlo el no entorpecer desde el Poder Judicial la extinción de un vínculo matrimonial que sólo existe en los papeles.

220 CNCiv., sala K, 25/08/1998, "C., I. A. v. A., E. S.", *JA*, 1999-I, 344. El juez Degiorgis remarcó que una interpretación excesivamente formal vulneraría los principios rectores que hacen a la aplicación de la justicia en el caso concreto. En igual sentido, véase CNCiv., sala J, 23/11/2001, "F., A. P. S. v. C., C. I.", JA 2003-III, síntesis, íd., sala B, 9/09/2003, "L. Y., M. J. v. D. S. F., J. C. s. divorcio", *JA*, 2004-I, 358; *LL*, 2004-B, 114; CApel. Concepción del Uruguay, sala Civ. y Com., 8/04/1996, "B., D. M. I. v. L., P. M.", *JA* 1997-I, 135, entre otros.

221 CNCiv., sala F, 27/03/2003, "W., H. C. v. W., A.", JA 25/06/2003, p. 45; *LL*, 2003-D, 965.

222 Véase CNCiv., sala B, 22/03/2011, "S., J. A. v. G. Z., F. de M.", *JA*, 2011-III, 442; *DJ*, 06/07/2011, p. 84.

223 CNCiv., sala B, 9/09/2003, "L. Y., M. J. v. D. S. F., J. s. divorcio", *JA*, 2004-I, 358; *LL*, 2004-B, 114. Incluso aquí, se aplicó una interpretación amplia que admitió la configuración de la causal de separación de hecho pese a la interrupción del plazo legal por una relación sexual ocasional de los cónyuges, fruto de la cual tuvieron un hijo, pero que al momento de la sentencia ya vivían en países diferentes.

de hecho al tiempo de la interposición de la demanda constituye un exceso ritual manifiesto carente de contenido y contrario al principio de celeridad procesal, si dicho plazo legal se encontraba cumplido a la fecha del dictado de la sentencia".

De hecho, "bastaría con iniciar un nuevo proceso en el que, con las constancias del sub lite, correspondería dictar sin más, la sentencia en razón del tiempo transcurrido y la residencia de los cónyuges". Para así resolver, se entendió que "corresponde evaluar con criterio amplio y prudente aquellas normas legales, decidiendo lo justo sin lesionar aquel interés social o comunitario, puesto que el límite de razonabilidad necesario para el resguardo del principio que hace a la seguridad del interés común o de la comunidad no puede tener tal alcance que termine por vulnerar el sentido común, y no justifica una sentencia que revele un exceso de apego a lo ritual y que conduzca, poco tiempo después, a un nuevo pronunciamiento, basado en las mismas circunstancias fácticas que ahora permiten su rechazo".

Esta interpretación amplia y realista de la norma que hace hincapié en la ausencia de un vínculo afectivo y permite el ejercicio de la autonomía de la voluntad de aquellas personas que poseen un proyecto de vida distinto al otrora elegido, se encuentra también radicada en los tribunales bonaerenses desde hace años.

A mayor abundamiento, la sala I de la Cámara 2ª Civil y Comercial de La Plata afirmó el 28/12/1995 que "la sentencia apelada receptó la demanda en razón de la consolidación del derecho invocado por el actor durante el transcurso del proceso: el requisito de tres años como mínimo en la separación de hecho para obtener el divorcio que no se daba al entablarla, pero sí sucedió por transcurso del tiempo en la oportunidad de dictar sentencia de mérito, según surge de la prueba valorada, y por ello se hizo lugar a la demanda" [224]

Varios precedentes posteriores[225] han seguido la misma senda, al resolver que "a los efectos del plazo requerido por el art. 214, inc. 2°, CCiv., cabe computar el tiempo transcurrido durante la sustanciación del proceso, si al promoverse la demanda no se hallaba cumplido, en aras de los principios de economía y celeridad procesal y conforme a reiterada doctrina jurisprudencial aplicable al caso". La sala II de la Cámara Civil y Comercial de Mercedes en un fallo del 31/03/2009[226] sumó mayor claridad a esta cuestión, al revocar la sentencia que rechazó la demanda de divorcio por no encontrarse cumplido el plazo de separación al momento de interponerse la demanda, y consecuentemente, hacer lugar a la misma al resultar que el plazo se había cumplido durante la tramitación del proceso.

Para así resolver, advirtió que el texto del art. 204 del código derogado, al cual remitía el art. 214, inc. 2°, establecía que *podrá decretarse, pero no dice*

224 C. 2ª Civ. y Com. La Plata, sala 1ª, 28/12/1995, "G., H. v. C. de G., I.", *LLBA*, 1996-615.

225 Véase JZ0000 VG 1391 RSD-241-96 S, 30/09/1996, "G., A. v. F. F., N. s. divorcio vincular", (del voto del juez Jofré); JZ0000 TO 538 S, 1/09/1999, "I, M. C. v. I, C. A. s. divorcio vincular", (del voto del juez Rípodas), JUBA sumario n° B9990325, entre otros.

226 C. Civ. y Com. Mercedes, sala 2ª, 31/03/2009, expediente n° 25.809, "Q., F. M. v. G. de Q., E. M. s. divorcio vincular", MJ-JU-M-42868-AR.

podrá demandarse, de ello surge que en ningún momento la norma exigía que el plazo legal se encuentre cumplido al momento de iniciarse el divorcio, de allí, que el plazo de tres años continuos de separación de hecho sin voluntad de unirse constituía un requisito para hacer valer la causal, pero no es la causal misma. Por ende, la causal existe cuando exista la separación de hecho sin voluntad de unirse, aunque el plazo no se hubiera cumplido al momento de promoverse la demanda, la cual sólo podrá tener efectos para el divorcio si transcurrió el mentado término legal.

De hecho, precisó que, "partiendo de la distinción entre presupuestos procesales (aquellos necesarios para que se constituya una relación procesal válida) y sustanciales (aquellos impuestos por la ley de fondo para posibilitar la viabilidad de una pretensión procesal -entendida ésta, no como presupuesto de una sentencia favorable, sino como una condición imprescindible para comenzar a tramitar un proceso-), se entiende que el cumplimiento del plazo previsto por la ley para decretar el divorcio vincular, no se trata de un requisito sustancial de la acción, como lo sería la preexistencia de un vínculo matrimonial válido, sino que la falta de un requisito extrínseco de admisibilidad, él podría cumplirse mientras tramita el juicio, tornando la cuestión abstracta si está cumplido al momento de dictarse sentencia".

Más recientemente, la Suprema Corte de Justicia de la provincia de Buenos Aires se expidió sobre el particular, y en aplicación de esta interpretación amplia, hizo lugar a la separación personal pretendida por las partes. El juez De Lázzari[227] -al que adhirieron los demás jueces- advirtió que "si nos atenemos en general a los principios rectores del derecho de familia, y en particular a la télesis de la norma, podemos concluir que la causal objetiva que la ley consideró como suficiente por sí misma para habilitar el supuesto del art. 204 es el hecho mismo de la separación `sin voluntad de unirse´, por lo que el plazo es en realidad un recaudo para hacer valer la causal y no la causal misma".

Más aún, recordó que la interpretación no debe ser mecánica, sino razonada, ya que de lo contrario podría llevarnos a un pronunciamiento que se oponga a la télesis del precepto.

Ahora bien, podríamos añadir a la casuística analizada una hipótesis diferente, en la que el *a quo* rechazara la demanda, por no encontrarse cumplido el plazo al momento del dictado de la sentencia de primera instancia, pero que sí se agota durante la sustanciación de la apelación. ¿Qué debería resolver el tribunal?[228] Acaso debería desestimar el recurso, en atención a que es un hecho que no integró la base fáctica del litigio con antelación; o bien podría

227 El fallo refleja la opinión de Augusto M. Morello, en referencia a la maduración de los derechos sustanciales durante el proceso "que el tiempo en que transcurre en el espacio en que se desarrolla el litigio, puede representar un elemento integrador del objeto y perfeccionarlo de suerte que la silueta final con la que trabajará la sentencia en el mérito se hará cargo de forma positiva y valiosa de ese tiempo que ha fecundado el precedente al proceso y, es, por ende, computable en el fallo según el horizonte que recorta el art. 163 inc. 6, *in fine*, CPCCN" (*LLBA*, 2002-E, 47).

228 C. Civ. y Com. Concordia, 07/11/2005, "Novelli, Emilio Carlos v. Oliva, Ramona Gladys s. divorcio vincular", Dirección de Biblioteca y Jurisprudencia, sumario nº I6001853, RC J 6238/10.

hacer lugar, adunando a los mentados pilares de la interpretación amplia, el *criterio de actualidad* que debe regir la actuación de los jueces. En suma, hemos hecho una breve aproximación a los problemas que generaba la causal de separación de hecho, donde el elemento temporal ya representaba un conflicto en sí mismo.

3.2.1.f. La inconstitucionalidad del plazo de separación de hecho

El factor tiempo puede ser observado como demostración de la ruptura conyugal[229]. La ley entiende que una situación fáctica donde desaparece o se interrumpe la cohabitación durante un determinado lapso temporal hace presumir la ruptura matrimonial y por lo tanto, se habilita a ambos o uno de los cónyuges a peticionar el divorcio alegando esta circunstancia a la cual se le otorga entidad jurídica.[230]

Sin embargo, a esta altura del análisis podríamos interrogarnos sobre ¿cuál es el objetivo de la existencia misma de un término legal mínimo de alejamiento de los cónyuges? y ¿si éste cumple el cometido pretendido por el legislador?

Más allá del *favor matrimonii* que trasuntaba la ley 23.515 y la actitud paternalista de la norma, algunos fallos han entendido que el art. 214, inc. 2°, del código derogado establecía un término, que tenía por objeto que los cónyuges analicen las razones o motivos de su fracaso para mantener la vida en común e intenten, superando aquellos, una reanudación de las relaciones matrimoniales, o sea, su reconciliación, y por ello determinaba un plazo más que prudente para lograr que intenten reformular el proyecto de vida que los llevara al matrimonio o, ante la imposibilidad de ello, en razón de las graves causas que impiden la vida en común, otorgarle la acción de divorcio, y es lógico que, durante dicho lapso, se mantengan las obligaciones conyugales[231]. En sentido coincidente, la Procuración General bonaerense[232] recordó que el legislador ha fijado los plazos legales "como manera de establecer un período de reflexión para que los cónyuges recapaciten acerca de la ruptura matrimonial, reflexión que les permita tomar consciencia del camino a seguir, después de resultar improbable una reconciliación destinada a reanudar la comunidad de vida".

Quedan patentes entonces los motivos que *prima facie* tuvo el legislador para imponer un término legal mínimo de alejamiento; pero se han incoado en sede judicial algunos planteos que requerían su declaración de inconstitucionalidad.

Si bien la problemática del factor tiempo en las relaciones afectivas es

---

229 *"La ley considera que el hecho de que los esposos hayan llevado, cada cual, vida separada durante el término previsto, muestra el fracaso del matrimonio"*. CNCiv., sala M, 30/09/1994, "D., N. M. v. B., H. O.".

230 Herrera, Marisa, "Perspectivas contemporáneas...", *cit.*, *RDF*, 2009-44, p. 87.

231 CNCiv., sala B, 6/05/1999, "A., A. E. v. A., N. N.", *JA*, 2000-II, 442.

232 SCBA, Ac. 2078, 13/07/2011, causa C. 105.233, "I.,, D. P. v. K., A.L. s. separación personal y disolución de la sociedad conyugal (art. 204, CCiv.)".

mucho más amplia y los precedentes que se expidieron sobre el particular son numerosos, nos ceñiremos en honor a la brevedad a analizar algunos casos "testigo".

Así, podemos traer a colación el voto en disidencia del juez Ricardo Dutto en un fallo del Tribunal Colegiado de Familia nº 5 de Rosario del 25/08/2003[233] que se pronunció sobre el particular[234]. El tribunal, por mayoría, decretó la separación personal (objetiva) requerida en la demanda y paralelamente, desestimó lo que denominó una "confusa petición" de divorcio, en atención a que el plazo previsto en el art. 214, inc. 2°, no se hallaba cumplido al momento de la presentación de la demanda; mientras que el juez Dutto hizo lugar al divorcio por separación de hecho sin voluntad de unirse.

Para así resolver, declaró la inconstitucionalidad de oficio del término legal previsto en aquella norma. El magistrado subrayó que "la aplicación automática y rigurosa de la solemnidad legal del tiempo de espera es una pesada alabarda que afecta a la dignidad de las partes, imponiéndoles la estrictez de los deberes y derechos matrimoniales cuando voluntariamente han decidido soslayarlos".

De hecho, sostuvo que debe desestimarse "la idea de limitación a la extensión y ejercicio de un derecho humano sin una estricta necesidad de ello, y esta necesidad recién aparece cuando la configuración de este derecho compromete o pone en vilo el modelo de sociedad democrática. La mera afectación de un interés particular que no implique la perturbación o conculcación de un derecho humano de un tercero no da lugar a ejercer la limitación al ejercicio de otro derecho humano".[235]

Sin embargo, en el comentario al fallo[236] se hizo un análisis crítico del citado precedente al recalcar que, más allá de sus innegables buenas intenciones, el juez incurrió en una contradicción; en atención a que no resulta posible escindir la separación de hecho del plazo previsto en la ley, pues éste es un requisito *sine qua non* para la configuración de la causal; o en otras palabras, sin plazo no hay causal. De hecho, se argumentó en aquél momento que, si bien los plazos que prescribe la ley devienen desmedidos en estos días, la revisión o modificación de estos extremos no debería fundarse en una

233 Trib. Col. de Familia nº 5 de Rosario, 25/08/2003, "Di P., H. E. v. R., S. M. E.", *RDF*, 2004-II, 105, con nota de FAMÁ, María Victoria, HERRERA, Marisa y REVSIN, Moira, "Un fallo que actualiza el debate sobre las causales de separación personal y divorcio vincular".

234 A modo de resumen de la base fáctica, podemos recordar que la actora solicitó la separación personal fundada en la causal objetiva de *separación de hecho sin voluntad de unirse* (art. 204, CCiv.). El demandado se allanó, pero peticionó la conversión en divorcio vincular. En un acto procesal posterior, y antes de encontrarse los autos para resolver, la actora requirió el dictado de una sentencia de divorcio por "mutuo acuerdo de las partes".

235 A mayor abundamiento, Dutto hizo hincapié en que "el divorcio no es una respuesta neutra o inocua del ordenamiento legal a las situaciones de crisis matrimonial. La admisión o no del divorcio y la amplitud y consecuencias con que se admita, no son fenómenos superficiales y periféricos, sino que alteran radicalmente el concepto de matrimonio y por ende el de familia".

236 FAMÁ, María Victoria, HERRERA, Marisa y REVSIN, Moira, "Un fallo que actualiza el debate...", *cit*.

inconstitucionalidad inexistente, sino ser fruto de una ley emanada del órgano pertinente -Poder Legislativo- que mediante los mecanismos establecidos, modifique el sistema vigente.

En el año 2006, el mismo tribunal pero con una integración diferente, volvió a expedirse sobre este tópico[237]. Y la que otrora constituyó una opinión minoritaria luego se convirtió en mayoría. Así, se decretó la inconstitucionalidad del plazo previsto en el inciso 2° del art. 214, CCiv., ante la solicitud de divorcio incoada por la cónyuge que sólo había convivido con su esposo durante una semana, con quien no había tenido descendencia, ni había generado un patrimonio común para liquidar.

Allí se planteó "es excesivo y hasta disparatado el lapso de tres años para configurar la separación de hecho como causal objetiva de divorcio cuando la ruptura conyugal es irremediable e irreversible, pues ambos esposos abdicaron definitivamente de un proyecto común a la semana de estar casados. Es innegable que el Estado a través de la Administración de Justicia no puede ubicar a estas partes como una suerte de cónyuges virtuales y rechazar su petición en apego a un período legal, que luce desatinado en cuanto a su extensión, pues la separación de hecho se produjo por la ruptura matrimonial y se ratificó por el transcurso del tiempo, sin tener los esposos ninguna intención de reanudar la vida en común hace más de dos años".

Incluso, del fallo surge una interesante reflexión sobre la preeminencia normativa del divorcio inculpatorio. En ese sentido, el tribunal añadió que "el orden público se hace brumoso cuando el propio legislador prioriza la sanción culposa y admite el divorcio vincular sin anteponer tiempo de espera cuando se imputa culpa. Si la razón de ser del plazo legal es brindar un espacio de reflexión a fin de prevenir presentaciones intempestivas o carentes de madurez, debería exigirse igual dilación o "cláusula de dureza" para invocar una causal subjetiva de imputación culposa y no únicamente para plantear la causal objetiva".

Esta sentencia ha recibido críticas y aprobaciones por igual.

Vidal Taquini afirmó que el juez "no puede sostener la inconstitucionalidad de la ley por la aplicación de plazos dispuestos en ella ni por la posible evolución o variación de las circunstancias sociales a partir de su dictado, porque esa es una cuestión que excede el marco de sus atribuciones". El prestigioso autor -a fin de remarcar su postura contraria a lo que algunos denominan peyorativamente juez-legislador o activismo judicial sostuvo: "La función del juez es interpretar la ley, que consiste en determinar el verdadero sentido del contenido de la regla dictada, por ser el juez la máxima autoridad de aplicación de la ley, quien debe resolver siempre según la ley dado que no le está permitido juzgar su valor intrínseco o conveniencia en relación al caso que decide. Lo contrario importa invadir la esfera del legislador o desvirtuar

237 Trib. Col. de Familia n° 5 de Rosario, 14/11/2006, "M., D. G. v. G., F. A.", *RDF*, 2007-II, p. 151, con nota de GÓMEZ, Claudio D. y SALOMÓN, Marcelo J., "Inconstitucionalidad del art. 214, inc. 2°, CCiv.: un aporte más al debate sobre la autonomía personal en el derecho de familia"; *LL*, 2007-B, 649, con nota de VIDAL TAQUINI, Carlos H., "El divorcio *versus* la Constitución Nacional"; *LL* Litoral, 2007 (mayo)-339, con nota de SOLARI, Néstor E., "La exigencia del plazo en la separación de hecho" y; *LL*, 2008-B, 11, con nota de DIEGUES, Jorge A., "Cuando el activismo judicial desactiva la Constitución".

el propósito del mismo y llegar, por vía de interpretación, a un fin no querido por aquél".[238]

Por el contrario, Marisa Herrera[239] indicó que la clave para responder el interrogante que trae consigo este planteo, consiste en diferenciar la inconstitucionalidad de las cuestiones de "política legislativa". A modo ejemplificativo, se preguntó si será inconstitucional que una norma fije la edad legal para contraer matrimonio.

Como hemos adelantado, este precedente obtuvo varias voces aprobatorias. En efecto, se dijo que "el fallo transita una forma de inconstitucionalidad, esto es, la inconstitucionalidad sobreviniente". Inclusive, se aclaró que "la norma impugnada, si bien en un principio (año 1987) obedeció a justificados motivos tenidos por el legislador (...) ya no halla justificación, debido a que la realidad ha sobrepasado la norma y ésta no ha servido para atemperar las rupturas sucesivas de matrimonios desquiciados, cuyo vínculo se mantiene en el tiempo por mera voluntad legal y con graves consecuencias para las personas (...). El medio empleado por el legislador aparece irrazonable, ya que la única utilidad de la norma es mantener vivo un conflicto matrimonial -que se vislumbró desde el inicio- y que ninguno de los contrayentes pretende seguir".[240]

Ahora bien, más allá de la discusión doctrinaria acerca de la supuesta intromisión en las tareas de otro poder del Estado, hemos mencionado en otra oportunidad[241] que la judicatura debe evaluar si el medio elegido por el legislador es razonable con relación a la finalidad perseguida o si, por el contrario es infundado y arbitrario, por no resultar proporcionado a las circunstancias que lo motivaran y al fin que perseguía su institución, alterando y restringiendo un derecho individual de raigambre constitucional.[242]

Así las cosas, el término legal requerido a efectos de evitar decisiones apresuradas o intempestivas aparece como desproporcionado, máxime cuando la utilización del divorcio inculpatorio -que también puede surgir de elecciones poco meditadas- no requiere un término mínimo para la configuración de la causal.

---

238 Vidal Taquini, Carlos H., "El divorcio *versus* la Constitución Nacional", *LL*, 2007-B, 649.

239 Herrera, Marisa, "El divorcio en el derecho argentino", en Acedo Penco, Ángel y Pérez Gallardo, Leonardo B. (coords.), *ob. cit.*, p. 60. Allí reflexionó que resulta "indudable que estas diferentes franjas etarias responden -respetando el principio de razonabilidad o proporcionalidad- a decisiones de política legislativa. En otras palabras, sí se podría plantear la inconstitucionalidad de una norma si ella, por ejemplo, estableciera el divorcio por la causal de separación de hecho recién cuando hayan pasado 15 años de interrumpida la convivencia; mas no cuando el plazo fijado es de 3 años. Ello no es óbice para que, de lega lata, se proponga reducir los plazos de separación de hecho".

240 Gómez, Claudio D. y Salomón, Marcelo J., "Inconstitucionalidad del art. 214, inc. 2º, CCiv.: un aporte más al debate sobre la autonomía personal en el derecho de familia", *RDF*, 2007-II, p. 151.

241 Culaciati, Martín Miguel, "La distancia entre las relaciones afectivas", *cit.*, p. 224.

242 La Corte Suprema ha decidido en reiteradas oportunidades que las leyes resultan irrazonables cuando los medios que arbitran no se adecuan a los fines cuya realización procuran, o cuando consagran una manifiesta iniquidad (Fallos 310:2845; 311:394; 313:410; 318:1256; 319:2151,2215; 327:3597 entre otros).

Como corolario, resta recordar que el principio de razonabilidad es una herramienta de control de la constitucionalidad de las leyes que prescribe, básicamente, que los jueces deben declarar la inconstitucionalidad de aquéllas que regulen de un modo irrazonable o arbitrario los derechos fundamentales.[243]

Más allá de lo expuesto, la doctrina agregó algunas aristas a esta cuestión al observar otros efectos relativos a la regulación de la vida de los cónyuges durante la separación de hecho. Así, surgen otros interrogantes en torno a las consecuencias que podría conllevar en materia alimentaria. Esto es, ante un reclamo alimentario, y no habiéndose cumplido los plazos legales, ¿no estaríamos indirectamente obligando al cónyuge demandado a iniciar un divorcio por causales subjetivas para poner fin al vínculo y eximirse del pago de la cuota alimentaria? ¿No resultaría en ese caso afectado el derecho a la propiedad, consagrado por el art. 17, CN?[244]

La Cámara Civil y Comercial de Azul[245] en fecha 05/06/2012 confirmó una declaración de inconstitucionalidad de oficio, al entender que en el caso "no cabe dudas que se ha perdido la `affectio maritalis´, situación que exige una respuesta realista y humanista que conduce a considerar arbitrario y carente de sentido común el plazo de tres años previsto en el art. 214, inc. 2°, CCiv.".

El 26 de febrero de 2013, un Juzgado de Familia de Bariloche[246] hizo lugar al pedido de inconstitucionalidad del término legal por: a) colisionar directamente con el principio constitucional de autodeterminación y derecho a contar y desarrollar el propio plan de vida que asiste a todos los ciudadanos y b) porque existe un derecho a la intimidad inextricablemente vinculado a la autonomía de la voluntad, exento de la autoridad de los magistrados, y si ambos cónyuges coinciden en la voluntad de divorciarse en este momento, no corresponde exigirles que aguarden al sólo efecto de cumplir con un requisito legal, manteniendo un matrimonio ficto.

3.2. La reintroducción y agravamiento del deber de cohabitación: Un paso hacia adelante y dos pasos hacia atrás

Hemos expuesto en los acápites anteriores una mirada crítica en torno al término legal en sí mismo que, en una actitud paternalista, el legislador incorporó con el fin de promover la reflexión y, en su caso, la reconciliación de los cónyuges.

Sin embargo, consideramos que imponer plazos en las relaciones afectivas siempre resulta arbitrario, amén de que es la conducta de los cónyuges -en cualquier momento- la prueba cabal de la ruptura marital. En el ordenamiento anterior, el transcurso del tiempo primó sobre la voluntad de los esposos.

243 CIANCIARDO, Juan, "Una aplicación cuestionable del principio de razonabilidad", *LL*, 14/03/2002, p. 1.

244 FAMÁ, María Victoria, "Nuevas tendencias..." *cit.*, p. 19.

245 Capel., Civ. y Com., Azul, sala II, 05/06/2012, "Z. S. S. c. P. E. H. s/ divorcio vincular", *LLBA*, 2012 (septiembre), 883 (voto del juez Galdós).

246 Juzg. Familia n° 7 de Bariloche, 26/02/2013, "A. M. E. c/ R. M. s/ divorcio por presentación conjunta", expte. 16742/12, El Dial, 13/03/2013, cita: *elDial* AA7D0E.

En ese contexto, pusimos de relieve la amplia gama de aristas y conflictos que presentaba la separación de hecho.

En la redacción original del anteproyecto de CCyC, la supresión de la convivencia como deber jurídico constituía una regulación que, al sustentarse en la noción de pluralismo, incluía nuevas formas de organización familiar que empiezan a tener cada vez mayor presencia[247]. Nos referimos a las uniones[248], que el derecho anglosajón denomina *"LAT"* que son aquellas parejas (matrimoniales o no) con un proyecto en común, respeto mutuo, fidelidad, cooperación y asistencia, pero que deciden no convivir o no comparten la misma vivienda. Como también se dice, parejas que viven juntos pero separadas. El elemento subjetivo, el proyecto en común está latente y ausente le convivencia bajo el mismo techo[249]. Esta particular tipología familiar tenía su espacio en total consonancia con la noción de pluralidad y multiculturalidad que campeaban el Anteproyecto. Sin embargo, la modificación del artículo 431 las excluyó.

Como se puede apreciar, la convivencia vuelve a adquirir el papel de deber jurídico. Ahora bien: ¿Qué importancia tiene -desde el plano jurídico- en el marco de un divorcio sin expresión de causa? La respuesta es ninguna; o con mayor precisión, el deber jurídico de convivencia no genera consecuencias bajo el mentado régimen, pero su incumplimiento puede ser pasible de un reclamo de daños. Y de esta manera, las infracciones y las culpas de un sistema vetusto y superado pretenden ingresan por la ventana en una legislación que provoca un cambio de paradigma en el divorcio.

Con el texto definitivo del art. 431, se agravó el régimen matrimonial ya que el art. 199 del código derogado preveía algunos supuestos de excepción[250] al deber de cohabitación, como así también su relevamiento[251] provisional o

247 En los fundamentos del Anteproyecto de CCyC puede leerse: "Derogar la fidelidad y la cohabitación como deberes jurídicos de ningún modo implica establecer un juicio axiológico que mira con desvalor la fidelidad y con favor la infidelidad. Implica tener por miras el principio de libertad, dejando a cada pareja la disposición de los elementos que conformaran su proyecto de vida común, de acuerdo con lo que su autodeterminación les dicte".

248 Se remite a ORTIZ Diego, "Las nuevas parejas LAT *('living apart together')* en el proyecto de Código Civil y Comercial de la Nación", Microjuris, 29/11/2012, MJ-DOC-6088-AR | MJD6088.

249 Por lo general, son segundas o terceras uniones cuyos integrantes tienen hijos de parejas anteriores y por diversas razones eligen -autonomía de la voluntad- no compartir el mismo techo.

250 El deber de cohabitación no se ve infringido si, por circunstancias excepcionales, los cónyuges establecen temporariamente residencias separadas o se ven constreñidos a ello. Así, la casuística incluye las hipótesis de que el cónyuge padezca una enfermedad contagiosa, con el fin de no afectar al otro o a sus hijos; el alejamiento destinado a eludir persecuciones políticas; la ausencia transitoria impuesta por razones de trabajo; amenazas contra la vida de cualquier proveniencia, u otras situaciones familiares. CNCiv., sala G, 18/11/88, *LL*, 1989-B, 534; *DJ*, 1989-2-111; *ED*, 131-587.

251 Según el artículo 199, 2ª parte del código derogado, los esposos podían ser relevados judicialmente del deber de cohabitación cuando se ponga en peligro cierto la vida o la integridad física o espiritual de uno de ellos, de ambos o de los hijos.

preventivo y; ello no afecta el verdadero sentido y finalidad del matrimonio: el proyecto de vida en común. La norma vigente no establece ninguna excepción al deber de convivir, por lo cual, esto obligará a llevar adelante una ardua tarea interpretativa con los riesgos que ello lleva implícito.

Por lo demás, el derecho canónico ha impuesto y reafirmado la idea de que el único consentimiento válido que importa es el inicial, sin que merezca relevancia si aquel se mantiene o no; mientras que, con el deber de cohabitación, la consideración es la inversa, esto es, resulta imprescindible que ella perdure durante el matrimonio.

Nos preguntamos: ¿cómo podría no importar si existe una voluntad continua de proseguir el matrimonio, pero sí que los esposos, sea cual fuere su voluntad, convivan? Para la mirada canónica que intenta pervivir en el matrimonio civil ¿será más importante la perdurabilidad de la convivencia que la continuidad del afecto? *A fortiori,* el CCyC dispone que el divorcio produce "la extinción de la comunidad con efecto retroactivo al día de la notificación de la demanda o de la petición conjunta de los cónyuges". Sin embargo, "si la separación de hecho sin voluntad de unirse precedió a la anulación del matrimonio o al divorcio, la sentencia tiene efectos retroactivos al día de esa separación" (cfr. art. 480). Esta norma nos demuestra que, para el nuevo cuerpo normativo, la separación de hecho no es perjudicial; por el contrario, la ruptura del deber de convivencia hace a la libertad de los cónyuges y; es por ello, que puede ser considerada causal de disolución del régimen de comunidad.

En fin, las contradicciones que generaba la separación de hecho en el régimen anterior pretendieron ser resueltas en el CCyC al suprimir el deber de convivencia y, aunque ello no pudo finalmente lograrse, creemos que se llegará a la misma finalidad pero por vía interpretativa desde una mirada sistémica e integral del nuevo ordenamiento.

3.3. La presentación conjunta

Esta causal nace cuando la ley 17.711 de 1968 introdujo el art. 67 bis a la ley de matrimonio civil, y habilitó así -a la par de las causales subjetivas- una vía de carácter objetivo para llegar al divorcio no vincular. De este modo, entre las hipótesis objetivas que planteaba el Código derogado encontramos la separación personal o divorcio vincular por presentación conjunta si existen causas graves que hacen moralmente imposible la vida en común. Allí, si bien existía la posibilidad de no acudir a la culpa, los cónyuges debían manifestar al juez interviniente que existen causas graves que hacen moralmente imposible la convivencia, limitándose a invocarlas sin necesidad de probarlas. O dicho en palabras de Zannoni, se limita a una manifestación que no queda sino en las palabras.[252]

Algunos autores consideraron que resultaba más preciso hablar de petición conjunta que de mutuo consentimiento, pues éste se limita a que los peticionantes exterioricen ante el juez su voluntad real de concluir con el vínculo matrimonial. Estas voces entendían que esta hipótesis no existía

252 Zannoni, Eduardo, *Derecho de Familia...,* cit., t. II, p. 136, § 726.

en el derecho nacional, donde los cónyuges debían exponer en la audiencia las causas que hacían imposible la convivencia y el juez evaluaba si eran suficientemente graves.

Por el contrario, Belluscio sostuvo que los arts. 205 y 215 importaron consagrar en nuestro derecho positivo el mutuo consentimiento, en el entendimiento de que la exposición de los motivos no quita que en la base del pedido se halle el consentimiento de ambos sobre la existencia de aquellos[253]. Coincidentemente, Mattera planteó que el divorcio por petición conjunta se ha constituido en un divorcio por mutuo consentimiento. Máxime, cuando es sabido que en la práctica, aquella invocación de los motivos precisos de la ruptura ante el juez es relativa.[254]

Mizrahi señaló que las causas por las cuales los consortes peticionan el divorcio no constituyen una cuestión que afecte el orden, la moral pública o los derechos ajenos, pues, de lo contrario, no podría bastar con explicitar tales motivos en forma verbal y reservada ante el juez, sino que éstos deberían ser debidamente acreditados.[255]

Sin embargo, la norma derogada seguía requiriendo la invocación de las causas que hacían imposible la convivencia[256] y esto afectaba la privacidad de los consortes en forma absolutamente innecesaria. De esta manera, con 28 años de vigencia, la ley 23.515 se quedó a mitad de camino, pues no logró dar respuesta a los cambios sociales y culturales que se produjeron dentro de los nuevos paradigmas familiares.[257]

3.3.1. El término legal y la inconstitucionalidad del art. 215[258]

Aquí nuevamente nos enfrentamos a la previsión de un plazo en las relaciones afectivas pues, si bien la petición es conjunta es menester cumplir un determinado período de tiempo. Ello implica una vez más que, para la

253 Belluscio, Augusto C., *Manual de Derecho de Familia...*, cit., t. I, p. 391.

254 Mattera, Marta del Rosario, "El juez frente al divorcio: respeto por la autonomía y privacidad de los cónyuges", *RDF*, 2000-16, p. 83.

255 Mizrahi, Mauricio L., *Familia, matrimonio...*, cit., p. 375.

256 Aquí la doctrina sostuvo que si el legislador quería establecer un procedimiento de divorcio por mutuo consentimiento -para así terminar con la dicotomía entre lo que dispone la norma y lo que acontece en la vida real- volvió a perder la oportunidad con el proyecto de ley aprobado en la Cámara de Diputados. Borda, Guillermo J., "Un proyecto a medio camino. La supuesta agilización del trámite de divorcio", Supl. Act. 17/04/2007, p. 1.

257 Véase por todos Kemelmajer de Carlucci, Aída, "El derecho de familia en la República Argentina en los inicios del siglo XXI. Su inexorable proceso de constitucionalización y de adecuación a los tratados internacionales de derechos humanos", *RDPyC*, nº 10 -Derecho de Familia II-, Rubinzal Culzoni, Santa Fe, 2005.

258 Sobre la inconstitucionalidad del art. 215, CCiv., también pueden verse Trib. Col. de Familia nº 5 de Rosario, 14/11/2008, "M., D. G. v. G., F. A."; y Trib. Col. de Familia nº 2 de La Plata, 16/07/2010, *Newsletter* Abeledo Perrot. En sentido contrario, puede cotejarse un fundamentado fallo que la deniega en Juzg. de Familia nº 1 de Bahía Blanca, 21/06/2011, "A., R. L. c. G., J. I. s. divorcio contradictorio".

norma derogada, era más importante la verificación del cumplimiento del plazo que la voluntad de las partes.

Sucede que los artículos 205 y 215 del código derogado preveían la exigencia de un plazo desde la celebración del matrimonio para incoar la acción de divorcio por presentación conjunta por ser moralmente imposible la vida en común.[259]

Se impone preguntarnos qué pretendía el Estado al intentar mantener un vínculo conyugal carente de contenido, a sabiendas de que sus integrantes ya no constituyen una familia. Nuevamente, la intención del legislador fue aventar decisiones poco meditadas. Zannoni nos recuerda que la previsión de un plazo mínimo tiende a evitar que, sin la madurez o reflexión necesarias, cualquier matrimonio joven pueda, sin más, recurrir al tribunal solicitando su separación[260]. La jueza Loyarte tuvo la oportunidad de responder el citado interrogante, al plantearse si la intención de protección de la norma resulta prudente o excesiva a esta altura de la evolución de la vida social y de nuestro ordenamiento jurídico considerado en forma integral. En efecto, indagó: ¿Existe un interés superior de la sociedad o del Estado jurídicamente tutelable o distinto de los propios cónyuges que permita imponer una unión jurídica que sólo a ellos afecta y que ellos ya no desean?

En el fallo[261] concluyó "la intervención judicial, deberá permitir el ejercicio de la autonomía de la voluntad de los cónyuges, evitar la arbitrariedad y la desigualdad al no existir razón práctica, ni interés jurídico social en mantener la existencia formal de un matrimonio que no interesa a los cónyuges. Además, aceptar la petición de la presentación conjunta y dar curso al proceso, implica admitir la posibilidad jurídica de transitar un *iter* que podrá, oportunamente, dar encuadre jurídico a la situación de hecho y, contribuir a prevenir las dificultades e incertidumbres jurídicas que puede provocar la separación de hecho". Para reforzar la idea, Loyarte entendió que "la exigencia absoluta del requisito del lapso y la consecuente existencia de un término en el cual se impide la promoción del divorcio por presentación conjunta importa establecer la indisolubilidad temporal del matrimonio a espaldas de la voluntad de los cónyuges directamente afectados".

En síntesis, esta finalidad paternalista de la norma se convirtió en una *conditio sine qua non* para la promoción de la petición conjunta y la hipocresía de esta ficción jurídica hacía presumir que los cónyuges que interpusieran la petición con carácter previo al cumplimiento del plazo previsto, lo hacían en base a una decisión irreflexiva e impulsiva; mientras que si lo hacían con posterioridad, llegarían a una decisión madura y meditada, propia de dos personas adultas y capaces. De esta manera, la ley desconocía que, normalmente, cuando los consortes llegan al tribunal ya han atravesado distintas situaciones conflictivas e incluso han recurrido al asesoramiento legal.

---

259 En el mutuo consentimiento, si bien existe la posibilidad de no acudir a la culpa, los cónyuges deben manifestar al magistrado interviniente que existen causas graves que hacen moralmente imposible la convivencia, limitándose a invocarlas sin necesidad de probarlas. O dicho en palabras de Zannoni, *"se limita a una manifestación que no queda sino en las palabras"*. Zannoni, Eduardo, *Derecho de Familia*, Astrea, t. II, p. 136, § 726.

260 Zannoni, Eduardo, *Derecho de Familia*, *cit.*, p. 131.

261 Trib. Col. Familia n° 2, Mar del Plata, "M., M. G.", 03/09/2008, *RDF*, 2009-44, 207.

Sin embargo, la contradicción resulta notoria; pues si se reguló un divorcio objetivo para evitar la atribución de culpas y, pretendemos que las personas puedan concluir el vínculo marital en forma madura, ¿por qué entonces la ley presumía que eran inmaduros e irreflexivos y los conminaba a esperar tres años?

En igual sentido, el Tribunal de Familia nº 7 de Rosario[262] en fecha 09/02/2015 puso de resalto que "la posición asumida no significa atentar contra el instituto matrimonial, muy por el contrario, importa flexibilizar su eventual disolución y sacarlo de un molde rígido, antifuncional, induciendo a asumir la concreción de la legalización del vínculo sin desconfianza y con libertad". Y agregó: "De este modo, una interpretación adecuada de la letra constitucional muchas veces puede aportar una correcta solución a causas que no encuentran una justa dilucidación a la luz de la armazón legislativa, lo cual señala la importancia de recurrir al análisis profundo de la Constitución Nacional".

3.3.2. El requisito de la doble audiencia y el término intermedio[263]

La jurisprudencia también contribuyó a flexibilizar desde el ámbito procesal las causales objetivas de divorcio y de este modo, acceder de manera sencilla y más rápida a lo que los cónyuges vienen a requerir de la justicia: divorciarse.

Del texto del derogado art. 236 se desprende la obligatoriedad de la doble audiencia, sólo que en la primera de ellas, se exige la comparecencia personal de los cónyuges, mientras que en la segunda se admite la presencia de un apoderado con mandato especial. La distinción legal se basa en la diferente finalidad que persiguen ambos comparendos. Así, la primera audiencia tiene por objeto que el magistrado escuche a las partes para obtener los elementos de juicio que le permitirán ejercer el control de mérito que el exige la ley y, en su caso, procurar conciliarlas. La segunda, en cambio, sólo tiene por fin hacer saber al juez de una eventual reconciliación[264]. Mucho se ha dicho sobre el desistimiento voluntario a la segunda audiencia, por lo que allí nos remitimos[265]; e inclusive numerosos

262 Tribunal Colegiado de Familia nº 7 de Rosario, 09/02/2015, "M. R. M. y F. C. M. s/ divorcio por presentación conjunta", *LL online* AR/JUR/1040/2015.

263 Sobre el procedimiento de divorcio por presentación conjunta, puede compulsarse Medina, Graciela y Hollweck, Mariana, "El divorcio por presentación conjunta y los convenios de disolución de la sociedad conyugal", *LLBA* 2001-1333; Méndez Costa, María Josefa, "Dos importantes cuestiones sobre la sociedad conyugal, separación de hecho y divorcio por presentación conjunta", *LL*, 1980-D, 234; Mizrahi, Mauricio L., "El régimen de alimentos para cónyuges divorciados y los acuerdos en el divorcio consensual", *LL*, 1997-D, 1163; Solari, Néstor E., "Naturaleza jurídica del convenio de alimentos en el divorcio consensual", *LL*, 1996-B, 993; entre otros.

264 Zannoni, Eduardo A., *Derecho Civil. Derecho de familia*, t. II, 3ª ed. Astrea, Buenos Aires, 1998, ps. 142 y 143.

265 Solari, Néstor E., "Desistimiento voluntario de los cónyuges a la segunda audiencia. El ámbito de la autonomía de la voluntad", *RDF*, 2007-I-114 y del mismo autor, "Supresión

fallos se han expedido haciendo lugar a la solicitud de no llevarla a cabo.[266]

Cuadra recordar un caso[267] donde los peticionantes manifestaron el desistimiento voluntario del derecho a celebrar la segunda audiencia por considerar imposible la reconciliación. El *a quo* hizo lugar a la pretensión por entender que se trata de derechos facultativos para las partes que no afectan el orden público y, frente a la revocatoria interpuesta, sostuvo que la celebración de la segunda audiencia, como la espera establecida para su realización son violatorias de derechos constitucionales.

Un precedente de Venado Tuerto[268] sostuvo que "el plazo previsto entre la primera y segunda audiencia ha sido consagrado no ya en resguardo del orden público, sino en protección al orden privado, como un derecho a favor del interés particular de los cónyuges, esto es como un derecho personal a la reflexión, derecho que debe ser garantizado a las partes, pero como tal, desistible o renunciable por éstas -a tenor de lo dispuesto por el art. 19, CN- si ellas son plenamente capaces y se encuentran debidamente asesoradas por sus letrados sobre los efectos jurídicos de sus decisiones; es decir, cuando no se encuentra vulnerado el legítimo derecho de defensa en juicio (arts. 14 y 18, Constitución Nacional)".

Otros tribunales[269] han ido más lejos y han decretado la inconstitucionalidad del art. 236. Por caso, el Tribunal de Familia nº 2 de La Plata[270] en fecha 6/05/2010 resolvió que "no resulta justo ni razonable someter a una intromisión en su esfera de autonomía de la voluntad a quienes manifestaron su intención de divorciarse con sustento en una causal objetiva, todo lo cual vulnera la libertad e intimidad garantizadas por el art. 19, CN".

Un precedente de Río Gallegos[271] sostuvo que la intervención judicial del magistrado se encuentra reñida con distintas normas constitucionales. Por el

---

de la segunda audiencia en el divorcio por presentación conjunta", *LL*, Supl. Actualidad del 17/04/2007. En contra: KIELMANOVICH, Jorge, *Derecho Procesal..., cit.*, p. 398; SCBA, 23/11/1976, *ED*, 72-613.

266 Véase por todos, Trib. Col. Familia nº 2 de Mar del Plata, 6/07/2006, "B., R. B. y L., M. A.". Allí se hizo lugar al desistimiento, atento a que "acoger el desistimiento a celebrar la segunda audiencia en el proceso de divorcio solicitada por ambos cónyuges no afecta el orden público, pues aquellos derechos han sido previstos por el legislador en protección del interés particular de los cónyuges y son renunciables".

267 C 1ªCC Bahía Blanca, sala II, 11/05/2011, "M., R. J. y M. R. B. s. divorcio", expte. 137.132, *RC* J 6419/11.

268 C. Civ., Com. y Laboral, Venado Tuerto, 01/02/2011, "Calamari, Diego v. Trepat, Andrea s. separación personal por mutuo consentimiento (hoy divorcio vincular por presentación conjunta)", Rubinzal *online RC* J 5660/11.

269 Juzgado de Familia nº 1 de Mendoza, 20/08/2013, "C., G. A. y M., M. L. s/ divorcio vinc. present. conjunta". Allí se resolvió sobre la inconstitucionalidad de los requisitos para el divorcio por presentación conjunta.

270 Tribunal de Familia nº 2 de La Plata, 06/05/2010, "M., V. S. y C., J. C. s. divorcio art. 215, CCiv.", Rubinzal *online, RC* J 13509/10.

271 Juzgado de Familia nº 2 de Río Gallegos, 22/06/2010, "O. N. E. y P. J. L. s. divorcio vincular de común acuerdo", Rubinzal *online, RC* J 15112/10.

contrario, aquella debe permitir el ejercicio de la autonomía de la voluntad, evitar la arbitrariedad y la desigualdad al no existir razón práctica, ni interés jurídico social en mantener la existencia formal de un matrimonio que ya no interesa a los cónyuges.

La exigencia absoluta del requisito del procedimiento de las audiencias y la consecuente existencia de un término en el cual se impide la sentencia importa establecer la indisolubilidad temporal del matrimonio a espaldas de la voluntad de los cónyuges directamente afectados. Por ello, entendió que se hacía necesario destrabar una intervención estatal injustificada desde el punto de vista social y constitucional, sobre todo porque el emplazamiento no afecta derechos de terceros o colisiona gravemente con el orden jurídico en su conjunto de principios fundamentales.

Por los motivos expuestos y los que se expondrán en el acápite siguiente, consideramos que la imposición de un plazo de reflexión entre audiencias lesiona derechos de raigambre constitucional. De hecho, cercena la libertad y autonomía individual de los cónyuges el período de espera y la asistencia -por representante- a una segunda audiencia. Sucede que la dilación arbitraria prevista en el código derogado no sólo afectaba el proyecto de vida personal de los esposos, sino que los sometía a una indisolubilidad temporal obligatoria de su vínculo marital[272]. De este modo, el valor pedagógico de la ley nos deja entrever que la imposibilidad temporal de divorciarse puede constituir el "caldo de cultivo" para posibles hechos de violencia y ello pone de relieve la arbitrariedad del término legal en sí mismo, y más aún cuando se trata de situaciones que sólo afectan a los integrantes de la pareja.

3.3.3. El rol del juez

El derogado art. 236 le otorgaba al juez un rol activo tendiente a la conciliación de los esposos. Así se dijo que aquél "promoverá la reflexión y hará notar a los cónyuges las consecuencias que se derivan de sus pretensiones separatistas; precisará las medidas o conductas que a su criterio contribuirían a superar el conflicto; fomentará el diálogo y la mutua comprensión; y los invitará a avenirse".[273]

Sin embargo, esta interpretación literal y estricta de la ley no se condecía con la realidad en atención a que los magistrados no suelen, generalmente, indagar acerca de las graves motivaciones que hacen imposible la vida en común. Más aún, el citado rol activo del juez apunta a la posibilidad de que los esposos lleguen a acuerdos concernientes a los hijos y a los bienes[274].

Más allá de advertir que la tarea encomendada al juez es impropia de su función y, en la mayoría de los casos, de cumplimiento imposible; a nuestro juicio, no se ajusta al bloque de constitucionalidad federal una intervención

272 Nótese que el orden público familiar y los intereses que se tuvieron en cuenta al momento de sancionarse la ley 23.515 no son los que rigen la realidad sociocultural actual de nuestro país.

273 Fanzolato, Eduardo I., en Bueres (dir.), Highton (coord.), *Código Civil ...*, cit., p. 286.

274 Famá, María Victoria, "Nuevas tendencias jurisprudenciales...", *cit.*, p. 22. Véase también Mattera, Marta del Rosario, "El juez frente al divorcio...", *cit.*, p. 83 y ss.

estatal cuya única finalidad es revertir en nombre del *favor matrimonii,* una decisión libremente adoptada por dos personas adultas.

3.3.4. El requisito del juez natural

Uno de los requisitos que tradicionalmente se exigía en los procesos de separación personal o divorcio vincular por presentación conjunta era que la sentencia fuera dictada por el mismo juez que celebró las audiencias.[275]

El problema se presenta cuando en el transcurso de estos procesos cambia el magistrado luego de celebradas las dos audiencias y antes de dictar sentencia, como también cuando la primera audiencia es celebrada ante un juez y antes de la segunda por diferentes circunstancias, el juez que intervino en primer término no sigue a cargo del juzgado donde tramite el expediente.[276]

El tiempo insumido en el proceso judicial conlleva justamente esta dificultad que, en lo que aquí interesa, nos presenta distintos interrogantes de difícil resolución: ¿Cómo debería resolverse la cuestión si un juez tomó la primera audiencia y al tiempo se jubila y el juez a cargo del juzgado a la fecha de la segunda audiencia es otro? ¿Y si el juez se hubiera jubilado después de la segunda audiencia pero antes de la sentencia?[277]

¿Qué pasaría si la primera audiencia fue tomada por un juez que estaba en aquel momento subrogando, y al momento de la segunda audiencia ha regresado el titular? ¿Debería volver a celebrarse la primera audiencia personal con este juez; enviar el proceso al juzgado donde el juez que subrogó es titular; o tomar la segunda audiencia como tal y dar por válida la primera que se sustanció ante otro juez?

En el ámbito de la justicia nacional en lo civil, el art. 54 del RJNC[278] prevé que si la primera audiencia en los procesos de divorcio previstos en el art. 236, se hubiese celebrado ante el juez subrogante, seguirá interviniendo en las tramitaciones posteriores, y el juicio quedará radicado en el juzgado del que es titular.

3.3.5. Inapelabilidad del rechazo del divorcio

Cuando el divorcio se dictaba por el procedimiento previsto en el art. 236, la sentencia se limitaba a expresar que existían motivos que hacen imposible la vida en común, a diferencia de los restantes casos en donde debía contener

---

275 López del Carril, Julio J., "Problemática que plantea la norma del art. 67 bis de la ley 2393 ante la muerte, renuncia, jubilación, remoción o cesantía de magistrados", *JA*, 1976-IV, 645.

276 Famá, María Victoria, "Nuevas tendencias jurisprudenciales...", *cit.*, p. 25.

277 Sobre las discrepancias sobre la exigencia de una concordancia subjetiva entre quien ha tomado la primera audiencia y quien dicte la sentencia, puede verse Juzg. Nac. Civ., n. 85, 7/06/2006, "P., L. C. v. A., G.", *RDF*, 2007-III, p. 75 y su comentario en Sirkin, Eduardo, "Segunda audiencia en divorcio vincular y/o separación personal, diferente magistrado", *RDF*, 2007-III, p. 77 y ss.

278 Léase Reglamento para la Justicia Nacional en lo Civil.

la causal objetiva o subjetiva en que se funda y, la declaración de culpabilidad de uno o ambos cónyuges.

Ahora bien, la sentencia que admitía el divorcio vincular o separación personal por presentación conjunta producirá efectos de cosa juzgada, pero no así la sentencia de primera instancia denegatoria de aquel. En la Capital Federal, la Cámara Civil sentó la siguiente doctrina plenaria[279]: *"La sentencia que no hace lugar al divorcio del artículo 67 bis de la ley 2393, según la reforma de la ley 17.711 es inapelable"*.

Este criterio se basa esencialmente en que, por no figurar en las actas los motivos aducidos por los esposos ni en la sentencia las razones de la negativa, no habría forma de expresar agravios ante el tribunal de alzada. En ese caso ¿quedarían los esposos obligados a realizar una nueva presentación conjunta? Varios autores han criticado aquel plenario al sostener que la nueva presentación supone acordar una retroactividad a la sentencia que soslaya el tiempo corrido entre la presentación rechazada y la nueva, en lo inherente a la vigencia y composición de la sociedad conyugal[280].

Sin embargo, en el ámbito de la provincia de Buenos Aires se ha resuelto en sentido contrario, admitiendo el recurso interpuesto contra la sentencia desestimatoria recaída en un juicio de divorcio por presentación conjunta.[281]

4. EPÍLOGO

Hasta aquí hemos transitado las distintas alternativas que el código derogado nos proponía frente a la ruptura conyugal y ya en el divorcio, recorrimos muy sucintamente las tendencias y técnicas legislativas más utilizadas. Puede advertirse que a pesar del proceso de liberalización del divorcio que se ha producido durante el siglo XX, la amplia mayoría de las normas analizadas persisten en la utilización del divorcio sanción y en la idea de la culpa de uno de los esposos. En efecto, a pesar de ser concepciones jurídicas opuestas, la mayoría de los países suele sistematizarlos de modo acumulativo, adunando a una regulación propia del siglo XIX -cargada de una ideología decimonónica- una norma que prevea el acceso al divorcio mediante la alegación y prueba de causales objetivas.

La ascendencia religiosa del matrimonio genera como consecuencia necesaria que quien pretenda incoar el divorcio fuera observado como alguien que merece un castigo o reproche, pues desde este prisma la conclusión de la relación afectiva implicaría la destrucción de la familia. Subyace debajo de esta corriente -cuya superación estamos transitando- la ideología conservadora del legislador que restringe la voluntad de los esposos en cuanto a su decisión de formalizar la ruptura.

Justamente, juzgamos que la ley, con su efecto docente y pedagógico, debería acompañar y afrontar la disolución matrimonial con un espíritu

279 CNCiv., *en pleno*, 20/07/1972, "B. de O., M. y O., C. F.", *LL*, 147-392; JA, 1972-15-289; *ED*, 43-594.

280 KIELMANOVICH, Jorge, *Derecho Procesal...*, cit., ps. 412 y 413.

281 C. Civ. y Com. Morón, sala 2ª, 1/04/1982, *ED*, 101-304.

constructivo que reconozca este proceso de cambio y no confine a los esposos en el drama del pasado, de las culpas, frustraciones y rencores de lo que no pudo ser, a través del sostenimiento del conflicto, y haga hincapié en el futuro asegurando la continuidad de las funciones familiares, que perviven al matrimonio.

De ahí que aprobamos la derogación del divorcio sanción y, a la vez, consideramos que el divorcio remedio resulta insuficiente. A fin de acreditar nuestra opinión, hemos repasado las cuestiones conflictivas que se suscitaban en la configuración de las causales objetivas y posteriormente, nos detuvimos en la arbitrariedad de establecer términos legales en las relaciones afectivas.

Aquellas normas poseían la implícita intención de ejercer una coerción para conservar el matrimonio, a costa de mantener a los cónyuges como rehenes de una institución que en la práctica carece de contenido. Ello chocaba con la libertad individual amparada desde el bloque de constitucionalidad federal.

Son las instituciones jurídicas las que tienen la obligación de adecuarse permanentemente a las nuevas relaciones sociales y; la idealización de lo que para una mirada tradicional debiera ser el matrimonio, no puede forzar a una persona a permanecer vinculado formalmente a otra persona por un período de tiempo.

De hecho, querer obligar a los esposos a no divorciarse es perjudicial; pues una pareja disfuncional sumergida en peleas y discusiones, es una mala escuela para los hijos. Sucede que si el matrimonio es un acto esencialmente voluntario, no podría concebirse sobrellevarlo si esa voluntad desaparece.

Si bien no desconocíamos las loables intenciones de muchos magistrados en la rigurosidad impuesta para las causales culpables o la laxitud en la configuración de las causales objetivas, esto no constituye en rigor de verdad, una solución, porque dependían del juez que intervenga; y ello terminaba siendo una abierta violación de derechos, porque los justiciables no podían saber de antemano cómo se resolvería su conflicto.

En definitiva, puede observarse la insuficiencia de esta perspectiva[282] como solución definitiva y acompañamiento por parte de la ley a los cónyuges en su tránsito por esta etapa de su ciclo vital.

282 Puede verse LASARTE ÁLVAREZ, Pedro C., "Merecido adiós al sistema causalista en las crisis matrimoniales", *Actualidad Jurídica Aranzadi*, nº 655, 2005, ps. 10/12.

CAPÍTULO SEXTO
EL DIVORCIO Y LA INTERDISCIPLINA
LAS PERSONAS DETRÁS DE LOS EXPEDIENTES

SECCIÓN PRIMERA

APORTES DE LA SOCIOLOGÍA Y CIENCIAS AFINES

"El divorcio es indispensable en las modernas civilizaciones".
Charles Louis de Secondat, Barón de Montesquieu

1. PREVIO: ¿POR QUÉ ES NECESARIA LA INTERDISCIPLINA?

La intención o hilo conductor de este capítulo es volcar los grandes aportes al conocimiento que nos brindan las ciencias sociales, todas ellas desde sus particulares lenguajes y procedimientos de estudio y aplicación, que se ocupan del análisis de la institución matrimonial: la sociología, la psicología, las ciencias de la educación, la antropología y el trabajo social.

Para ello, la estructura del capítulo recoge en forma sucesiva los grandes bloques temáticos que aportan reflexiones en torno a la nupcialidad, el ciclo vital conyugal y la dinámica y conflictos de la ruptura marital y divorcio.

En el capítulo segundo hicimos un breve análisis de algunas claves para comprender la conformación de las nuevas formas de familia, a donde remitimos en honor a la brevedad. Aquí nos ceñiremos a la dinámica conyugal y en particular, a la comprensión de los procesos de conflicto matrimonial desde el conocimiento de la evolución de la relación conyugal. Ello nos sirve como disparador para ingresar en el conflicto marital en sí mismo abordado desde una perspectiva psicosocial donde nos brinda sus aportes la psicología, la terapia de pareja y la mediación familiar.

Observaremos lo que podríamos entender como "el ciclo del divorcio", que comienza con el conflicto y la decisión de separarse hasta su formalización a través de una demanda de divorcio y cómo la intervención judicial y el accionar de los distintos operadores del derecho (jueces, abogados y equipo técnico) van a influir irremediablemente, tanto en la vivencia de los procesos de ruptura como en el establecimiento de las condiciones en las cuales se recompondrá la relación tras el divorcio.

Finalmente, abordaremos la situación que comienza con el divorcio, donde se altera sustancialmente no sólo la vida personal de cada cónyuge, sino la relación más o menos obligada que se establece entre ellos, planteándose la recomposición de las relaciones familiares, la emergencia de nuevas formas de convivencia, cambios en las actitudes hacia el matrimonio, y también en muchas ocasiones problemas con respecto al incumplimiento de las obligaciones contraídas.

Esta es una investigación sociojurídica porque nos propusimos la consideración de los efectos sociales que provocaba la aplicación de la ley 23.515. Pero también porque nuestro objetivo operativo es realizar, a partir del diagnóstico de la realidad, una evaluación de lo que ha supuesto aquella regulación, con el fin de plantear las modificaciones sustanciales y/o procesales que sean pertinentes. Todo ello nos servirá como insumo para llevar adelante en otra oportunidad un análisis comparativo con el nuevo régimen que nos propone el CCyC y así observar las virtudes y complejidades que presenta la nueva legislación.

A tal fin, partimos de la base de que el derecho no alcanza como única disciplina para dar respuestas acordes a la problemática familiar, por eso, se impone recabar apoyo multidisciplinario[1]. De este modo, se establece la cooperación multidisciplinaria a fin de solucionar o prevenir el agravamiento o la extensión del conflicto mediante la intervención de asistentes sociales y psicólogos adscriptos al tribunal.[2]

En esta línea de pensamiento, se ha sostenido[3] que en esta materia parece insoslayable un trabajo colectivo y multidisciplinario, de manera de tomar contacto con los conocimientos que ofrece la psicología, el psicoanálisis, la sociología, la antropología, la etnología y, los estudios sistémicos familiares, entre otros.

---

1 Puede ahondarse en Murga, María Eleonora, "Anteproyecto de creación de los Juzgados de Familia para la provincia de Entre Ríos. Lineamientos y propuestas a la luz del análisis comparativo de otras legislaciones sobre la materia", *Revista de doctrina y jurisprudencia de Delta*, t. 95, p. 1237; Rauek de Yanzón, Inés B., "La capacitación de los jueces de familia y minoridad. Relato de una experiencia concreta", *Revista de Derecho Procesal*, 2002-2, Rubinzal Culzoni, Santa Fe, 2002, ps. 12 y ss.; Villaverde, María Silvia, "Los equipos técnicos en el proceso de familia de la provincia de Buenos Aires", *Revista de Derecho Procesal*, 2002-1, Rubinzal Culzoni, Santa Fe, 2002, ps. 265/287; entre otros.

2 Kielmanovich, Jorge L., "Los principios del proceso de familia", *JA*, 2005-III, 1028.

3 Mizrahi, Mauricio L., *Familia, matrimonio y divorcio*, Astrea, Buenos Aires, 1998, p. 161. Sobre las ventajas de la interdisciplina en la mediación, ver Lima Quintana, Susana y otros, "Recreando vínculos: nuevas prácticas en mediación familiar", *RDF*, 2012-54, p. 35.

1.1. De la multidisciplina a la interdisciplina

Reconocer la dimensión emocional puesta en juego en el deseo de litigar permitió incluir la idea de que sentimientos como el odio y el rencor muchas veces impulsan a las personas hacia acciones legales que en algunos casos son altamente perjudiciales para ellas mismas y para los hijos.[4]

Ahora bien, sumar aportes disciplinarios, si bien mejora los resultados, no es suficiente cuando no hay coherencia ni consenso ni conocimientos básicos de las disciplinas del otro. En algunos casos puede provocar mayores dificultades en el logro de los resultados esperados. De ahí que se impone el progreso hacia la interdisciplina.

La construcción de un *lenguaje común* entre abogados y profesionales de otras disciplinas resulta posible en tanto se puede aceptar que hay otras maneras de entender y resolver un conflicto como aceptar que una misma realidad puede ser mirada desde diferentes perspectivas muestra que la construcción del lenguaje común también es posible cuando los actores -tanto profesionales como partes- tienen un mismo objetivo y realizan alguna hipótesis posible en cuanto al diagnóstico de la situación que nos orientan hacia alternativas para la solución del problema.

1.2. Los aportes de las ciencias sociales

El enfoque interdisciplinario reconoce que la problemática familiar requiere de un bagaje de conocimientos mayor que el que brinda la formación jurídica[5]. Desde este prisma, un conflicto surge cuando las partes de una relación perciben sus intereses como divergentes, lo sean o no en la realidad.[6]

Las ciencias sociales se han ocupado mucho de la cuestión de la judicialización de los conflictos matrimoniales. Así existen numerosos aportes en torno a las formas alternativas de resolución de aquellos conflictos, v.gr. la mediación.[7]

La sociología nos permite comprender que "la familia nunca es una institución aislada, sino que es parte orgánica de procesos sociales más amplios, que incluyen las dimensiones productivas y reproductivas de las sociedades, los patrones culturales y los sistemas políticos"[8]. Paralelamente, nos lleva a incorporar otra noción: la idea de "*trayectoria familiar*" pues como podemos advertir, durante su proyecto biográfico la persona atraviesa por

---

4 Husni, Alicia, "La interdisciplina como herramienta de decisión judicial", *RDF* 2014-66, 62.

5 Wagmaister, Adriana, Davison, Dora, Tornquist, Teresa y Jung, Silvia, "Un divorcio difícil: experiencia de su atención por un equipo interdisciplinario", *LL*, 1990-E, 1177.

6 Rosenblum de Horowitz, Sara, *Mediación y revinculación. Un proceso de cura para la familia*, Lexis Nexis, Buenos Aires, 2006, p. 1.

7 Véase por todos, Haynes, J. M. y Haynes, G. L., *La mediación en el divorcio*, Granica, Barcelona, 1997.

8 Jelin, Elizabeth, "La familia en Argentina: Trayectorias históricas y realidades contemporáneas" en Kemelmajer de Carlucci, Aída (dir.) y Herrera, Marisa (coord.), *La familia en el Nuevo Derecho*, Rubinzal Culzoni, Santa Fe, 2009, p. 135 y ss.

distintos estados civiles y modelos familiares; es decir, transita desde la soltería hacia la convivencia o el matrimonio pudiendo luego de su ruptura, ingresar en una nueva relación.

En la década de 1960, demógrafos y sociólogos veían los ciclos familiares de un modo unidireccional[9]. La gran mayoría de hombres y mujeres, con algunas variantes, desde luego, seguían un mismo camino familiar, cuya base era el matrimonio y los principales acontecimientos: hijos, su marcha y la muerte de un cónyuge. Hoy día, hay una gran opción entre variados itinerarios en que se combinan, según muchas fórmulas, cohabitación y matrimonio, divorcio y ruptura, nuevo matrimonio, vida sin cónyuge, con o sin hijos. En síntesis, cada cual compone su historia conforme a sus deseos y presiones, «a la carta».[10]

Inclusive, después de la disolución pueden crearse familias ensambladas por la celebración del *re-matrimonio* de uno o ambos miembros de la pareja disuelta que tiene hijos. Los investigadores han observado que antiguamente las parejas se disolvían generalmente por viudez más que por divorcio. En cambio, en la actualidad, la longevidad ha determinado que el matrimonio se disuelva mayormente por divorcio y se celebre más de un matrimonio a lo largo de la vida de una persona, porque cada uno de los miembros de la pareja puede iniciar nuevas relaciones que lleven al *re-matrimonio* y a la construcción de familias ensambladas más complejas. Este fenómeno ha sido denominado por los sociólogos como *monogamia serial*.[11]

La psicología comenzó a considerar un cambio en las estrategias de trabajo que bien vale mencionar: *i)* Evitar la cronificación del conflicto; *ii)* abrir otras perspectivas de pensamiento, mediante el trabajo interdisciplinario; *iii)* intentar romper con la lectura lineal de los conflictos, a favor de una mirada circular de ellos[12]; *iv)* ayudar a los protagonistas del conflicto, como así también a los profesionales, a modificar la idea de que perpetuando la judicialización de las causas con el paso del tiempo se encontrará alguna solución y; *v)* ayudar a que las personas involucradas en juicios interminables tomen conciencia acerca de los efectos del paso del tiempo -sobre todo en los hijos y en sus necesidades- así como su anclaje en el resentimiento contribuye a "congelar" ciertos episodios traumáticos y a no poder olvidar lo sucedido.[13]

---

9 Recién en el Censo de 1960 se registró una paridad entre hombres y mujeres, y desde entonces viene descendiendo la tasa de masculinidad, lo que es la situación «lógica» si se considera que la población femenina tiende a una mayor longevidad que la masculina. Véase GERMANI, Gino, *Estructura social de la Argentina. Análisis estadístico,* 2ª ed., Solar, Buenos Aires, 1987.

10 ROUSSEL, Louis, "Fecundidad y familia", Conferencia Europea sobre Población, Estrasburgo, 18 y 19 de junio 1992, en *El futuro de la familia*, Servicio de documentación, Fundación Encuentro, Madrid, 1993, p. 75.

11 WAGMAISTER, Adriana, "La transformación del derecho de familia en la legislación, la capacitación y las publicaciones en los años 80", *RDF*, 2014-66, p. 6.

12 Esta mirada se encuentra en sintonía con la derogación del divorcio sanción, donde las partes se posicionan en el lugar de "buenos" o "malos". De este modo, se produce un cambio en un relato centrado en una supuesta causa u origen del problema / síntoma y otro que incluye sus efectos continuos en uno mismo o en los otros.

13 HUSNI, Alicia, "La interdisciplina...", *cit.*, ps. 60 y 61.

La terapia familiar y la mediación también nos brindan sus aportes, sobre los que profundizaremos más adelante; pero a esta altura del análisis, podemos mencionar que coadyuvan a elaborar un nuevo punto de vista en torno al conflicto marital.

Sucede que si se visualiza un conflicto como un elemento patológico (perspectiva exclusivamente negativa) se busca su eliminación o reducción. Para llegar a este resultado, se trabaja principalmente sobre las causas o motivos que lo provocaron, normalmente con elementos exclusivamente jurídicos, y con instrumentos formales de resolución, como es el proceso judicial. En cambio, si se lo afronta como un elemento connatural a las relaciones sociales, algo con lo que hay que aprender a vivir porque es parte de la vida, se trata de *gestionarlo.*

El conflicto es visualizado como un aspecto de la existencia de cada persona, cada comunidad y cada sistema social. Se trabaja, entonces, sobre las consecuencias, con elementos no sólo jurídicos sino económicos, sociales, culturales y, generalmente, se utilizan instrumentos informales o de desjudicialización.[14]

2. LAS FAMILIAS Y LOS DIVORCIOS EN EL IMAGINARIO SOCIAL

A esta altura del análisis, es importante destacar que cada familia y divorcio son únicos y por ende, presentan sus particularidades. De allí que es menester observar en conjunto el régimen de divorcio sin expresión de causa con la noción de prevención de los efectos negativos de la ruptura en sí misma, como así también para evitar conflictos derivados de las consecuencias jurídicas del divorcio (v.gr. alimentos, cuidado personal y comunicación con los hijos). Veamos.

Las transformaciones en las familias y la mutabilidad de los patrones de nupcialidad y divorcialidad provocan consecuentemente cambios en el imaginario colectivo y éste a su vez, contribuye a la conservación del *statu quo* e intenta impedir la modificación de las reglas morales existentes.

Así las cosas, nos detendremos brevemente en el imaginario colectivo que dotaba al divorcio de un carácter estigmatizante hasta no hace mucho y, cómo existía y existe a su alrededor una alta prevalencia de falsas percepciones sociales.

De esta manera, constituye un dato no menor la mirada de "los otros" y el poder de exclusión que poseía el divorcio, en particular, en las mujeres y en los hijos de padres divorciados. Vienen a la memoria las palabras de Oscar Wilde, *"formar parte de la sociedad es un fastidio, pero ser excluido de ella es una tragedia"*.

Para comenzar, cabe mencionar que el imaginario es el resultado de una compleja red de valoraciones que se manifiesta en lo simbólico (el lenguaje, los valores) y se concretiza en las acciones de los sujetos a través de diferentes prácticas sociales. El imaginario se nutre de las imaginaciones singulares, pero es una elaboración colectiva, con identidad y dinámica propia, y se

14 KEMELMAJER DE CARLUCCI, Aída, "La mediación familiar. Un instrumento pacificador que avanza", *RDF*, 2014-66, 12.

instala en las instituciones que conforman la sociedad (por ende, está presente en todas las instancias sociales). Aunque el imaginario se independiza de las voluntades individuales para comenzar a funcionar, necesita de ellas para materializarse.

Hacia fines del siglo XIX se podían aún leer los rastros de la herencia patriarcal en el imaginario histórico de nuestro país. La sociedad argentina era el resultado de una clara división del orden social en dos espacios nítidamente separados: el público/varonil y el privado/femenino. En el imaginario liberal burgués, el imperativo de la maternidad seguía definiendo la condición femenina, dejando poco espacio al ejercicio de otros derechos individuales a las mujeres.[15]

Para la mujer, hasta no hace mucho tiempo, la ruptura conyugal acarreaba un estigma, como consecuencia de la asimetría en la relación entre ambos sexos. Vale recordar que socialmente la mujer estaba esencialmente "destinada" a ser madre. En esa línea de pensamiento decimonónico, Bialet Massé[16] dijo: "La misión de la mujer, en lo que a cada sexo toca en la perpetuación o mejora de la especie, es la maternidad, la crianza y educación de los hijos; en el vientre de las mujeres está la fuerza y grandeza de las naciones, y en sus primeros cuidados, la honradez y el espíritu de los hombres".

La principal función que se le asignaba a la mujer era la de constituir una familia "legítima", o en otras palabras, una forjada mediante el matrimonio. De ahí que fuera su responsabilidad la perdurabilidad de aquella.

Dentro de ese imaginario, toda desviación de los parámetros asignados a la mujer, implicaba una condena social, un estigma. De este modo se regulaba el orden establecido. Así, la posibilidad del adulterio femenino estuvo prácticamente ausente: significaba una mella a la virilidad, el desacato al dominio masculino y la posibilidad de una descendencia incierta. Ello resulta ilustrativo del mandato social que toda mujer debía cumplir a lo largo de su vida; toda desviación, toda infracción a la normativa mora reforzada desde el imaginario colectivo, implicaba una mancha, un estigma para la mujer, que se trasladaba a su familia paterna o a su descendencia.[17]

Las normas morales aconsejaban a las mujeres: "Después del deber primordial de ser madre y de educar a sus hijos, que es el objeto natural del matrimonio, tiene la mujer la obligación estricta de auxiliar a su esposo y de crear y mantener la felicidad de su hogar, a fin de retener en él a su familia inmediata (...)".[18]

15 VILLORIA, Elisa de los Ángeles, "Un desafío generacional: Reformular la convivencia social desde una perspectiva de género . El caso de argentina en la primera mitad del 1900", Lemus, Encarnación (dir.), Universidad Internacional de Andalucía, 2010, p. 19. Disponible en: dspace.unia.es/bitstream/handle/10334/243/0095_Villoria.pdf?sequence=1 (compulsado el 3/01/2018).

16 BIALET MASSÉ, Juan, *Informe sobre el estado de las clases obreras a comienzos del siglo*, Centro Editor de América Latina, Buenos Aires, 1985.

17 VILLORIA, Elisa de los Ángeles, "Un desafío generacional...", *cit.*, p. 22.

18 BARRANTES MOLINA, Luis, *Para mi hogar, síntesis de economía y sociabilidad domésticas*", Colección Manuales de formación, Buenos Aires, 1923, p. 331.

En fin, ellas siempre eran vistas como las culpables de no poder mantener un vínculo matrimonial. A fin de ilustrar esta afirmación, remitimos a una pintura[19] que, desde el arte, nos muestra claramente esta errónea percepción social. Allí puede verse cómo el único llanto es el de la mujer, mientras que el hombre posee una mirada adusta y desafiante.

Con relación al divorcio, la mirada decimonónica era prohibitiva y contraria a cualquier atisbo de quiebre conyugal. Recién con el transcurso del tiempo y el cambio de los valores sociales que produjo, el divorcio dejó de ser en gran medida una fuente de estigma y victimización de la mujer.

No obstante aún existen falsas percepciones sociales que cuesta desterrar. En muchas ocasiones las parejas que contraen matrimonio lo hacen influenciados por la presión social o con el afán de cumplir un mandato sociocultural. Existe una presión social a determinada edad respecto de las personas que, de alguna manera, "empujan" al matrimonio, y es más fuerte en algunos estratos sociales.

La citada presión se ve reflejada en las frases coloquiales que a título ejemplificativo, se detallan a continuación: 1) *"Ya está grande como para casarte"*; 2) *"Me voy a morir y no me has dado un nieto"* (obviamente, esta frase posee el mandato implícito de que el hijo nazca en el ámbito y como consecuencia de la relación conyugal) o; 3) *"Ya está bastante grande para seguir viviendo en esta casa"*.

Podemos advertir claramente cómo los impulsos socioculturales impactan directa o indirectamente en el matrimonio, logrando su sobrevaloración, lo que conlleva como contracara, la subvaluación y denigración del quiebre marital.

En fin, las actitudes y prejuicios negativos instalados en la sociedad respecto del divorcio están cediendo terreno y permitiendo que la ruptura afectiva de las parejas casadas no quede oculta bajo una supuesta unión matrimonial perdurable.

2.1. Los hijos de padres divorciados o de matrimonios igualitarios

A modo ejemplificativo de los alcances de esta exclusión, puede también mencionarse la situación de los hijos de los padres divorciados y actualmente, los hijos habidos de matrimonios entre personas del mismo sexo. Advertimos, en ambos casos, la imposibilidad de acceder a la comunión por parte de los hijos cuyos progenitores, aunque católicos, son excluidos por alguna de aquellas condiciones.

Esta omisión deliberada de algunos sectores de la Iglesia Católica llega, en algunas latitudes, hasta nuestros días. Nótese que, según las enseñanzas de la Iglesia, si el primer casamiento no se anula o no es declarado nulo por un tribunal eclesiástico, los católicos que se casan de nuevo no pueden recibir

19 Pintura "Se acabó el hogar". Cuadro del pintor chileno Harris, reproducción en madera de la Señorita E. Berroeta (1909), Revista mensual literaria y artística *Selecta*, año 1, n° 6, Zig Zag Edits., septiembre de 1909, Santiago, Chile, p. 208, disponible *online*: http://www.memoriachilena.cl/archivos2/pdfs/MC0026224.pdf (compulsado el 5/01/2018).

la comunión porque viven en el pecado del adulterio. La obtención de tales anulaciones a menudo es imposible o tarda muchos años, algo que ha dejado a generaciones de católicos sintiéndose abandonados por su Iglesia.[20]

La situación de los hijos fruto de un matrimonio entre personas del mismo sexo es igualmente irracional y excluyente. Para muestra, basta citar una nota publicada en un diario del estado mexicano de Coahuila[21], que da cuenta de la controversia suscitada dentro de la Iglesia Católica tras la aprobación del Pacto Civil de Solidaridad y la admisión de la adopción a las parejas del mismo sexo.[22]

Si bien observamos una incipiente apertura con relación a la comunión de los hijos de padres divorciados[23] o de matrimonios constituidos por personas del mismo sexo[24], la controversia aún está lejos de zanjarse.

Sin perjuicio de que esta apertura no hubiese sido posible sin el cambio de óptica con relación a los excluidos que propicia el Papa Francisco, consideramos que ello no es más que la aplicación del sentido común. La dificultad en el cambio de óptica radica en que la moral cristiana occidental ha logrado imponer al matrimonio como exclusivo y excluyente modelo legitimador de la familia.

Sin embargo, no observamos que los cónyuges divorciados civilmente cometan adulterio si se han vuelto a casar, e incluso, si aceptáramos una hipótesis de este tenor, no advertimos las razones que permitirían que sus hijos -ajenos totalmente a las decisiones personales de sus padres- deban purgar "el pecado" de aquellos.

---

20 Disponible *online* en http://www.infobae.com/2014/02/18/1544446-el-vaticano-revisa-su-estructura-economica-y-su-posicion-sexo-divorcio-y-homosexualidad (compulsado el 5/01/2018)

21 Disponible *online* en http://www.sdpnoticias.com/gay/2014/02/25/iglesia-catolica-de-mexico-discute-si-bautizar-o-no-a-hijos-de-gays (compulsado el 5/01/2018).

22 Algunos como el obispo de Piedras Negras, Coahuila, Alonso Garza Treviño, advirtió que no dará el bautismo a niños hijos de familias homoparentales. Otros como el obispo de Gómez Palacios, dijo que aunque no estaba de acuerdo con la homosexualidad, no creía que fuera correcto que la Iglesia rechace a los hijos de estas parejas. Por otro lado, ésta la postura de la Diócesis de Veracruz, quienes no negarán el bautismo o cualquier sacramento a los hijos de parejas homosexuales, siempre y cuando se soliciten con respeto y con firme determinación de unirse a la Iglesia Católica. *"La iglesia respeta la dignidad de la persona, lo que la iglesia condena son los actos homosexuales"*, puntualizó el presbítero Víctor Díaz Mendoza, vocero de la Diócesis de Veracruz. El vocero de esta Arquidiócesis, Víctor Solís, aseguró que no pueden negar los sacramentos a nadie, pero que si se solicita el bautismo de un niño, este deberá ir acompañado de una pareja "normal".

23 Puede verse http://www.infobae.com/2014/03/03/1547495-se-conocio-el-texto-vaticano-los-divorciados-vueltos-casar y http://chiesa.espresso.repubblica.it/articolo/1350729?sp=y (compul-sados el 5/01/2018).

24 Cabe recordar el primer caso de un matrimonio de personas del mismo sexo en Argentina que bautizó a su hijo en la fe católica. No obstante, ya había casos de hijos de parejas del mismo sexo bautizados en ciertas parroquias de Buenos Aires. Véase: http://sociedad.elpais.com/sociedad/2014/03/28/actualidad/1396037217_563654.html (compulsa-do el 5/01/2018).

2.2. OTROS MITOS ENQUISTADOS EN EL IMAGINARIO COLECTIVO

Ahora bien, éstos no han sido los únicos mitos a desterrar que se encuentran enquistados en el imaginario colectivo. Existe la creencia de que las personas se separan porque no han recibido, por parte de su familia de origen, una buena educación para conseguir adaptarse a la vida en familia, e incluso que las personas que se separan reproducen el esquema de ruptura conyugal que se dio en la familia de sus padres.

En rigor, esta hipótesis plantea una suerte de mayor propensión a la separación entre personas con antecedentes familiares de separación. Si bien no se nos escapa que la existencia de aquellas experiencias en la familia de origen podría neutralizar los perjuicios que entraña esta decisión, los datos estadísticos que aportan diversos estudios destierran esta tesitura con una significativa proporción de personas separadas, cuyos padres siempre estuvieron casados, al menos mientras éstas fueron menores de edad.[25]

Un detalle no menor es la identificación religiosa de la pareja, pues existen algunos referentes de identidad que repercuten decisivamente en los hábitos sociales, en las actitudes personales y en la toma de decisiones sobre el matrimonio sobre el matrimonio y la separación. Entre ellos, la identificación religiosa configura la visión y condiciona las vivencias de las personas sobre la familia y el conflicto de pareja.

Esta identificación religiosa confiere una particular forma de entender la vida conyugal, atento a que incide en las expectativas, reacciones y resoluciones de los conflictos íntimos. A pesar de su escasa visibilidad, la influencia de este marco de identificación colectiva sustenta nuestros valores culturales, a veces consciente pero otras inconscientemente. La identificación con el catolicismo y el tipo de matrimonio civil o religioso. El catolicismo es la religión que más puede influir en nuestros códigos morales de funcionamiento social.

La mayoría de las personas que se separan se auto-identifican como católicas e incluso, muchas han contraído un connubio eclesial. Pero al acudir al divorcio entran en contradicción con el discurso y la doctrina social de la Iglesia Católica que persiste en la idea de la indisolubilidad conyugal. Esto supone un sufrimiento añadido para muchas parejas que considerándose católicas sienten, además de las consecuencias del conflicto conyugal, la reprobación por parte de su cultura religiosa.[26]

2.3. ALGUNAS CREENCIAS TRADICIONALES ACERCA DEL DIVORCIO

Los operadores jurídicos no han sido ni son ajenos al imaginario social. Algunas voces doctrinarias le han imputado al divorcio ser la causa de diversos males sociales. El profesor Varsi Rospigliosi sostuvo que "está sociológicamente demostrado que el divorcio vincular produce los siguientes efectos: i) engendra más divorcios; ii) baja la tasa de nupcialidad; iii) aumenta los concubinatos; iv) aumenta los nacimientos fuera del matrimonio; v)

25 MANZANOS BILBAO, César (dir.), *La separación matrimonial. Investigación sociojurídica aplicada en el País Vasco*, Colección Ciencia, Ed. Fundamentos, Madrid, 2000, ps. 11 y 13.

26 MANZANOS BILBAO, César (dir.), *La separación matrimonial..*, cit. p. 65.

produce más hijos abandonados, más delincuencia juvenil y más suicidios; vi) disminuye la tasa de natalidad; vii) produce un progresivo envejecimiento poblacional y; viii) aumenta la tasa de abortos. Paralelamente a todas estas consecuencias negativas de las legislaciones divorcistas, no se ha podido demostrar -ni tampoco insinuar- efecto positivo alguno".[27]

En igual sentido, Úrsula Basset[28] afirmó que "el divorcio menoscaba la niñez"; que "si vuelven a contraer matrimonio, los padres deben repartir su tiempo entre dos o más familias simultáneas", que los hijos de padres divorciados "tienen más probabilidad de fallar en sus propias relaciones afectivas, por las fallas de carácter, pero además porque carecen de la imagen de un hombre y una mujer que se aman y están dispuestos a sostener el amor a través del dolor y de las circunstancias adversas de la vida". Así concluyó que "no hay divorcio bueno para los hijos (...). El sistema de divorcio ha contribuido inevitablemente a hacer sufrir a los niños. Se trata de una herencia que es comprensiblemente difícil de afrontar (...). Suele ser difícil asumir que lo que se había concebido como un derecho emanado de la autonomía de la voluntad de los padres, podía ser tan deletéreo para los niños".

Entre las opiniones que nos brindan una mirada negativa en torno a los efectos del divorcio sin expresión de causa para con los hijos, Sambrizzi[29] expuso que "la actitud egoísta que resulta del hecho de destruir unilateralmente una familia, no pensando en el otro sino en su propia satisfacción, surge evidente, lo que puede sin duda potenciarse cuando hay hijos de por medio, a quienes sin consultárselos, se los priva de convivir con ambos padres; y ello no puede sino ser calificado de inmoral".

En síntesis, son consideraciones que hacen al plano moral que, en nuestro medio, se encuentra reservado según el artículo 19 de la Constitución Nacional, a la conducta autorreferencial de cada individuo y por ende, exento de la autoridad de los jueces. Ahora bien, al utilizar ideas que siguen arraigadas en el imaginario social, estos argumentos parten de afirmaciones falaces y arriban a conclusiones erróneas.

Un abordaje lineal peca de superficial, insuficiente y carente de rigurosidad científica. A modo ejemplificativo, el aumento de la delincuencia juvenil, los problemas de adicciones y el aborto son problemáticas multicausales y complejas como para creer que ellas acontecen en razón del divorcio de sus padres.

Marisa Herrera[30] cuestionó -en opinión que compartimos- si acaso ¿las carencias socioeconómicas, la consecuente debilidad de las redes sociales, la falta de contención y apoyo estatal a través de diversas políticas públicas no

27 VARSI ROSPIGLIOSI, Enrique, *Divorcio, filiación y patria potestad*, Grijley, Lima, 2004, p. 19.

28 BASSET, Úrsula C., "Supremo bienestar del niño y el derecho al divorcio. Es necesario sincerarse", *Revista El Derecho*, 9 de mayo de 2008, p. 1 y ss.

29 SAMBRIZZI, Eduardo A., "Cuestionamiento moral sobre distintos aspectos del divorcio en el Código Civil y Comercial", *LL*, 2015-B, 746.

30 HERRERA, Marisa, "Una mirada crítica y actual sobre el divorcio vincular en el Mercosur y países asociados a la luz de los derechos humanos", en *Revista de Derecho Privado*, edición especial 2012, ps. 201/230.

son causales de mayor incidencia y relevancia para un abordaje profundizado sobre la delincuencia juvenil, la adicción a las drogas o el aborto?

3. La transformación evolutiva de las familias

Roudinesco[31] explicó que la familia ha atravesado tres grandes períodos. En primer lugar, el modelo familiar autoritario o tradicional, que se caracterizaba por matrimonios precoces convenidos por los progenitores, en aras de asegurar la transmisión de los patrimonios, sin consideración alguna a la afectividad de los futuros cónyuges, en el que la familia "se apoya en un orden del mundo inmutable y sometido en su totalidad a una autoridad patriarcal, verdadera transposición de la monarquía de derecho divino". Posteriormente, la transición nos ha llevado a la familia "moderna o melancólica", que valoriza la reciprocidad en el amor y la división del trabajo entre los esposos, "a la vez que hace del hijo un sujeto cuya educación está a cargo de la nación", dividiéndose la atribución de la autoridad sobre aquél entre el Estado y los padres, por un lado, y entre progenitor y progenitora, por otro.

Finalmente, nos encontramos ante la familia "contemporánea", caracterizada por su relativa duración y donde la atribución de la autoridad comienza a ser problemática en atención a los divorcios, las separaciones y las recomposiciones conyugales.

Sucede que el contexto social organiza y reorganiza a las familias[32], de modo tal que su estructura, funciones y valores varían en distintos tiempos y lugares. De hecho, el gran valor de las familias reside precisamente, en su plasticidad para adecuarse a los cambios del medio y así subsistir. Sin embargo, existen algunos rasgos comunes que se observan con mayor frecuencia en las sociedades occidentales.

Aunque evidente, uno de ellos es la mayor longevidad de los miembros de la familia, debido a las mejoras en las condiciones de higiene y a los avances científicos en el campo de la salud. En países del primer mundo, se agregó 24 años al promedio de vida desde comienzos del siglo XX.[33]

Ahora bien, la mayor longevidad y/o expectativa de vida nos lleva a interrogarnos: ¿Los contrayentes siguen considerando al matrimonio como un vínculo para toda la vida? A la luz de los cambios reseñados ¿No pretenderán demasiado las normas -y sus defensores- que aún hoy ven al matrimonio con un espíritu de perpetuidad? Otro rasgo importante a reseñar es la creciente

31 Roudinesco, Elisabeth, *La familia en desorden*, 3ª reimpr., FCE, Buenos Aires, 2007, ps. 19 a 21.

32 Puede ampliarse en Jelin, Elizabeth, *Pan y afectos. La transformación de las familias*, Fondo de Cultura Económica, Buenos Aires, 1998; Torrado, Susana, *Historia de la Familia en la Argentina moderna (1870-2000)*, Ediciones La Flor, Buenos Aires, 2003; Ariza, Marina y de Oliveira, Orlandina, "Acerca de las familias y los hogares: estructura y dinámica", en Wainerman, Catalina (Comp.), *Familia, trabajo y género. Un mundo de nuevas relaciones*, UNICEF - FCE, Buenos Aires, 2003, pp. 19-54, entre otros.

33 Davison, Dora, *Cuaderno de Apuntes: Transformación evolutiva de la familia - El origen del Patriarcado, la androcracia y la gilania - La noción de género*, Fundación Familias siglo XXI, Buenos Aires, 1998, p. 4 y ss.

inestabilidad de la familia tradicional, que se refleja en un mayor número de separaciones y divorcios. Las causas deben ser analizadas en el marco de complejos sociales, culturales, económicos, políticos y demográficos[34], a saber:

i) El aumento del promedio de vida, que agregó de 15 a 20 años a la vida conyugal después de la partida de los hijos del hogar paterno, tornó de suma importancia la calidad del matrimonio.

ii) La independencia económica les abrió a las mujeres la posibilidad de decidir sobre la continuidad del matrimonio. La falta de medios propios reforzaba el lazo conyugal.

iii) La libertad de cortar vínculos cuando el amor se acaba o cuando los conflictos de la convivencia sobrepasan cierto umbral; es la contracara del amor romántico.

iv) El cambio de los valores sociales condujo a que el divorcio dejara de ser una fuente de estigma y victimización de la mujer.

v) La estabilidad de las uniones depende cada vez más de la calidad de la relación y menos de factores externos. Interesan la compatibilidad de los proyectos de vida y las similitudes en las expectativas sobre el papel de cada cónyuge.

Elizabeth Jelin[35] nos enseña que este conjunto de cambios en los patrones de conyugalidad podría ser tomado como un indicador del debilitamiento del lazo conyugal, o aun su crisis; sin embargo, si se lo mira desde la perspectiva de *la calidad del vínculo de pareja*, debe ser interpretado -en lo que aquí interesa- *como una indicación de mayor libertad de elección, de la posibilidad de salir de relaciones conyugales insatisfactorias.*

En suma, siguiendo a la prestigiosa autora, el crecimiento de los índices de ruptura del matrimonio o la convivencia en las últimas décadas responde a diversas causas. "La extensión de los valores modernos de autonomía personal, de libre elección de la pareja sobre la base del amor romántico, la creciente expectativa social de dar cauce a sentimientos y afectos implican también la contracara: la libertad de cortar vínculos cuando el amor se acaba, cuando el costo personal de la convivencia conflictiva supera cierto umbral. La creciente incorporación de las mujeres a la fuerza de trabajo, lo cual acarrea un mínimo de autonomía económica, vuelve posible quebrar vínculos conflictivos de sometimiento de género".[36]

No obstante, las palabras de Roudinesco son por demás ilustrativas. La autora sostuvo que "a los pesimistas que suponen que la civilización corre el riesgo de ser devorada por clones, bárbaros bisexuales o delincuentes de los suburbios, concebidos por padres extraviados y madres vagabundas, haremos notar que esos desórdenes no son nuevos -aunque se manifiesten de

34 Davison, Dora, *ob. cit.*, ps. 6 y 7.

35 Jelin, Elizabeth, "Las familias latinoamericanas en el marco de las transformaciones globales: Hacia una nueva agenda de políticas públicas", trabajo preparado para el seminario sobre *Políticas hacia las familias, protección e inclusión sociales,* Santiago (Chile), CEPAL, junio de 2005, p. 8.

36 Jelin, Elizabeth, *"Familia: crisis y después"*, en Wainerman, Catalina (comp.), *Vivir en Familia,* Unicef-Losada, Buenos Aires, 1994, p. 38.

manera inédita- y, sobre todo, que no impiden la reivindicación actual de la familia como el único valor seguro al cual nadie quiere ni puede renunciar. Los hombres, las mujeres y los niños de todas las edades, todas las orientaciones sexuales y todas las condiciones la aman, la sueñan y la desean".[37]

3.1. Desmitificando la contribución a la divorcialidad

Como puede observarse de la información colectada, la tasa de nupcialidad se encuentra en franco descenso y la tasa de divorcialidad en claro aumento. Frente a esta realidad se imponen dos observaciones preliminares: la primera es que esta situación ocurría al amparo de la legislación derogada -ley 23.515- y, la segunda es que no es un fenómeno propio de nuestro país, sino que podríamos considerarlo como una tendencia global. Aquellos grupos de poder que pretendían la conservación del *statu quo* advirtieron que la sanción de una ley que facilite la tramitación del divorcio, conllevaría *per se* el incremento en el número de personas que deseen culminar sus matrimonios.

De este modo, frente al CCyC que propuso lo que sus detractores denominan peyorativamente "divorcio exprés", o inclusive frente a modificaciones legales como la que aquí proponemos, estas voces objetarían que la sola reforma promueve la expansión del divorcio y alentaría los fantasmas de una "sociedad divorcista". La tasa de divorcialidad se encuentra en plena expansión, independientemente de la sanción o no de una ley que facilite su tramitación. Cualquier cambio legal será pasible de la misma impugnación. Vale recordar que la ley 23.515 fue objeto de idéntica crítica, aunque constituyó una respuesta útil a muchas situaciones conflictivas que se encontraban latentes a su espera.

De hecho, la consagración sistemática del divorcio vincular conllevó una ola inicial de divorcios, cuya explicación puede encontrarse en la legitimación de situaciones de hecho preexistentes[38], situaciones que en un momento determinado llegan a su fin, y luego la tasa anual de divorcios logra asentarse. Esa tasa se encuentra *in creciendo*, pero no por lo que diga la ley, sino lisa y llanamente porque nuestro país no resulta ajeno a los cambios sociales de los que ya hemos dado suficiente cuenta.

Para muestra basta hacer mención a una nota periodística que destaca: "Récord en el país: Hubo más de medio millón de divorcios en la última

37 Roudinesco, Elizabeth, *La familia en desorden*, FCE de Argentina, Buenos Aires, 2003, p. 213.

38 "Hasta la sanción de la ley de divorcio vincular (ley 23.515), (...) la consensualidad o cohabitación era un comportamiento difundido en la población de la ciudad entre aquellas personas que se habían separado y volvían a convivir en pareja. Esto explica la importante cantidad de divorcios que se inscribieron en el Registro Civil de la Ciudad de Buenos Aires, durante los años cercanos a la sanción de la ley de divorcio (más de 40.000 divorcios en el *trienio* 1987-1989). Posteriormente, la tasa bruta de divorcios (cociente entre el número de divorcios ocurridos y registrados durante un año y la población a mitad de ese año) mostró una tendencia al descenso y se estabilizó en valores cercanos al 2 por mil con mínimas oscilaciones". Informe de Resultados nº 878, "Los divorcios en la Ciudad de Buenos Aires en 2014", Dirección General de Estadística y Censos, Ministerio de Hacienda (GCBA).

década. Superaron a los registrados en la década en la que se sancionó la ley"[39]. El gráfico que acompaña aquella noticia nos permite observar claramente la tendencia.

Más aún, en la Ciudad Autónoma de Buenos Aires se divorcia una pareja cada hora y media, tal como se desprende los datos brindados por la Dirección General de Estadística y Censos porteña. En 2012 se inscribieron 5866 divorcios en el Registro Civil porteño, un promedio de 16 por día.[40]

Todo esto sucedía al amparo del régimen de divorcio causado. No obstante, las voces apocalípticas se escucharán cada vez que tomen estado público proyectos de ley que promuevan cambios en el matrimonio y la familia, aunque después la realidad nos muestre que nada de lo pronosticado ocurre.

A fin de demostrar que la expansión del divorcio es un fenómeno que abarca a toda la cultura occidental, podemos dar cuenta de la situación en México. Allí, una noticia[41] nos recuerda que "el número de divorcios en México se cuadruplicó en tres décadas, al pasar de 4 por cada 100 matrimonios en 1980, a 16 en el año 2011, según cifras del Instituto Nacional de Estadística y Geografía (INEGI)".[42] De hecho, la tendencia en el distrito federal, es que el número de divorcios es mayor que la cifra de matrimonios.

En suma, atento a la expansión del divorcio, para considerar que una nueva legislación constituye una contribución a la divorcialidad tal como se denunció de antemano, debería conllevar un significativo incremento de la tasa anual de rupturas con posterioridad al período inicial que suele reflejar la legitimación de situaciones preexistentes. En caso contrario, la norma sólo estaría acompañando una tendencia social en aumento. Veamos algunos ejemplos.

La situación española es particularmente relevante, pues han transcurrido diez años desde la sanción de la ley 15/2005 que derogó el anterior divorcio causado, y respecto de la cual se decía que iba a contribuir al fin del matrimonio y la familia.

La realidad difiere del mentado pronóstico. En una nota periodística que da cuenta de ella se señala *"Las parejas españolas cada vez se divorcian y separan*

---

39 HIMITIAN, Evangelina, "Récord en el país: Hubo más de medio millón de divorcios en la última década. Superaron a los registrados en la década en la que se sancionó la ley", en diario *La Nación* (edición impresa), publicado el domingo 4 de marzo de 2012, sección Sociedad, disponible también en http://www.lanacion.com.ar/1453694-hubo-mas-de-medio-millon-de-divorcios-en-la-ultima-decada (compulsado el 5/01/2018).

40 CASTRO, Ángeles, "Divorcios: hay uno cada hora y media en la Capital", en diario *La Nación* (edición impresa), publicado el martes 17 de septiembre de 2013. Puede consultarte *online* en http://www.lanacion.com.ar/1620560-divorcios-hay-uno-cada-hora-y-media-en-la-capital (compulsado el 5/01/2018).

41 VELASCO, Alba, "Más divorcios que bodas, la tendencia en la capital", en diario *El Financiero*, 23/04/2014, sección Enfoques, disponible en http://www.elfinanciero.com.mx/mas/enfoques/divorcios-que-bodas-la-tendencia-en-la-capital.html (compulsado el 5/01/2018).

42 "En 30 años se cuadruplican los divorcios en México", en diario *El Financiero*, 01/02/2014, disponible en: http://www.elfinanciero.com.mx/politica/en-30-anos-se-cuadruplican.html (compulsado el 5/01/2018).

menos". Los divorcios y las separaciones bajaron un 1,7% en 2013 respecto al año anterior.[43]

"A pesar de que en 2013 se registraron casi 125.000 demandas de disoluciones matrimoniales en España, éstas bajaron en 2013 con respecto al año anterior un 1,7%, siguiendo la tónica a la baja que se registra desde la modificación del Código Civil y la Ley de Enjuiciamiento Civil en materia de separaciones y divorcios de 2005. Según el CGPJ, el año pasado hubo un 2,1% menos de separaciones de mutuo acuerdo y las contenciosas también bajaron un 6,9%, mientras descendieron también los divorcios: un 0,3% los consensuados y un 3,5% los no consensuados. La media de todas las disoluciones registra un descenso del 1,7%".

A fortiori, consideramos necesario recordar lo sucedido en uno de los últimos lugares que ha adoptado la desjudicialización parcial del divorcio. Un diario estadual de Coahuila[44] menciona "hasta mil solicitudes de divorcio `exprés´ en 2013", y en el epígrafe se afirma "La modificación al Código Civil del Estado ha generado que los casos se incrementaran hasta en un 60% tan sólo en la región Sureste de Coahuila". La forma de presentarnos la noticia revela los preconceptos de su autor y, en lo que aquí interesa, pareciera indicar un incremento explosivo de los divorcios. Sin embargo, el contenido de la nota profundiza sobre la cuestión y refuerza nuestra línea argumental, es decir, un incremento inicial de rupturas al que sobreviene el acomodamiento de la tasa de divorcialidad.

Allí se dice: "El presidente del Tribunal Superior de Justicia de Coahuila, indicó que la aprobación del divorcio `exprés´ durante el año 2013 incrementó las solicitudes hasta en un 60%. El magistrado reveló que a casi un año de su aprobación, las cifras han disminuido durante los primeros meses de 2014, por lo que se prevé que las solicitudes se estabilicen y se regrese a los estándares que existían".

4. Datos sociobiográficos frente al divorcio

Los estudios que se dedicaron a la cuestión han advertido sobre la existencia de datos clave para comprender el alcance del conflicto, como aquellos que hacen referencia al sexo y la etapa vital de las personas afectadas y cómo estos factores hacen que varíe la forma de percibir y experimentar el conflicto, y por lo tanto, de construir la realidad. Dicho de otro modo, la perspectiva respecto del divorcio varía según el sexo, la edad, la experiencia acumulada de los protagonistas, los referentes, el grado de madurez que se tenían en el momento del matrimonio y demás factores demográficos.

Existen distintos estudios que hemos tenido a la vista, que observan cómo una de las claves fundamentales para interpretar la naturaleza, tanto del conflicto conyugal como de la forma de afrontarlo, sea ésta la separación o la continuidad del matrimonio en condiciones insoportables.

---

43 Disponible en: http://ecodiario.eleconomista.es/sociedad/noticias/5660572/03/14/Las-parejas-espanolas-cada-vez-se-divorcian-y-separan-menos.html#.Kku8J6NpKa9G4wZ (compulsado el 5/01/2018).

44 Coronado Garcés, Raúl, "Hasta mil solicitudes de divorcio `express´ en 2013", en diario *El Milenio*, 06/04/2014, sección Región, Saltillo, Coahuila, México, en http://www.milenio.com

Allí se ha advertido que la separación conyugal es mayor en parejas donde ambos miembros trabajan con respecto a las familias donde la mujer no lo hace, y esto es debido a que el hecho de trabajar la mujer sólo en el hogar, dependiendo económicamente del marido, la sumerge en una situación de convivencia obligada que, cuando no funciona, la condena a la sumisión y a tener que vivir en una situación de resignación a una forma de vida no deseada. Inclusive, es en los sectores más desfavorecidos de la sociedad donde el conflicto conyugal recrudece y donde, como fruto del desenlace de un proceso de deterioro progresivo de la relación, la separación por situaciones de maltrato y violencia es más frecuente.

Esta realidad es un claro exponente de las repercusiones de la feminización de la pobreza. Normalmente las llamadas "amas de casa", esto es, las mujeres que además de trabajar en el hogar no lo hacen fuera, tienen un nivel económico y cultural más bajo que los hombres y son las que se encuentran en una situación de mayor indefensión, tanto para poder separarse como para, tras tomar la decisión (casi siempre debido a que la situación resulta insostenible), poder rehacer su vida personal y laboral.

Entonces, si bien la separación afecta a todos los sectores socioeconómicos, puede observarse que se hace más fácil -menos conflictiva, más viable- en el caso de los sectores más pudientes económicamente. Aunque el nivel de conflictividad real no es directamente proporcional al nivel o estatus social, sino que más bien el nivel o estatus social es directamente proporcional a la visibilización de la conflictividad pues, aunque ésta se da de un modo virulento o atenuado en todo tipo de nivel socioeconómico, lo cierto es que es menos visible, se procura ocultar, y resulta más fácil de encubrir entre los matrimonios de estatus social alto.[45]

4.1. Valores y actitudes hacia el matrimonio

Es importante considerar algunos elementos que inciden decisivamente en el matrimonio, como los motivos por los cuales las parejas deciden contraerlo, las expectativas con las que se casan, el conocimiento de las consecuencias legales del connubio, la importancia que dan a la relación de pareja con respecto a otras relaciones, la evolución de su idea del matrimonio y de la pareja a partir de la experiencia, cuáles son las cuestiones que tienen importancia a la hora de elegir pareja, las opiniones sobre el matrimonio, la separación o el reparto de los trabajos domésticos, entre otros.

El motivo más frecuente por el que la gente se casa es "por costumbre", es decir, porque está considerado como un hábito social que en general, las personas practican cuando deciden convivir en pareja y, por lo tanto, al ser lo "normalmente" establecido en nuestro modelo de orden se convierte en práctica obligada.

El desconocimiento de las consecuencias legales se fundamenta en una expectativa generalizada con la cual se contrae matrimonio: "la gran mayoría se casa con la idea de que el matrimonio va a durar toda la vida, y en consecuencia no se le pasa por la cabeza prevenir cuáles pueden ser los

45 Manzanos Bilbao, César (dir.), *La separación matrimonial..*, cit. ps. 56/58.

efectos de esa separación". Es un mecanismo de autorrazonamiento por el cual se entiende que el matrimonio sólo es posible si se considera como una relación amorosa estable y definitiva.

Este estereotipo sobre el matrimonio no sólo no se corresponde con la realidad de lo que ocurre a lo largo de la vida conyugal, sino que lejos de ser una convicción que ayude al buen funcionamiento del mismo, frecuentemente provoca falsas expectativas no asumibles humanamente y actitudes de resignación, frustración y sensación de fracaso y, por sobre todo, provoca la imposibilidad de poner fin a una relación en condiciones pacíficas de entendimiento mutuo y de final consensuado y satisfactorio para ambas partes[46]. En suma, este desconocimiento sobre los derechos y obligaciones inherentes al vínculo marital nos llevan a preguntarnos: ¿cómo puedo obligarme, sino no sé a qué me estoy obligando?

Cabe traer a colación las modificaciones que se han realizado en el código civil del distrito federal mexicano que entraron en vigor el 29 de julio de 2014[47] y que establecen, en lo que aquí interesa, la obligación de los contrayentes de tomar cursos[48] sobre temas como la prevención de la violencia familiar, salud sexual y reproductiva, planificación familiar, respeto a la equidad de género, relaciones de pareja, fines del matrimonio, derechos y obligaciones de los cónyuges, entre otros.

Como podemos observar, muchas personas observan al matrimonio como una decisión no consciente e influida por el contexto sociocultural en el que están inmersas, por lo que deberían buscarse cauces de información para que las personas que pretendan casarse, lo hagan con criterio y libertad.

En igual sentido, el aumento de las parejas que no contraen matrimonio es otro elemento a tener en cuenta, que hemos analizado en el capítulo segundo y, allí remitimos.

4.2. La crisis y el conflicto conyugal

Una vez que se desencadena la crisis conyugal, es decir, una vez que una o ambas partes toman conciencia de que la relación no funciona y de que las expectativas de continuidad están en duda, existe una serie de factores a los que se recurre para tratar de justificar la "necesidad" de que el matrimonio continúe unido. Dicho de otro modo, comienzan a jugar factores de autoengaño u ocultamiento que sirven para convencerse de que la relación conyugal aun funciona.

---

46 Manzanos Bilbao, César (dir.), *La separación matrimonial..*, cit. ps. 77 y 80.

47 "Habrá lectura de votos matrimoniales en bodas civiles en el DF", en diario *El Financiero*, 28/07/2014, sección Sociedad, disponible en http://www.elfinanciero.com.mx/sociedad/no-adeudar-pension-alimenticia-requisito-para-casarse-en-el-df.html (compulsado el 3/01/2018). La nueva regulación prevé también que los pretendientes, antes de la celebración del matrimonio, deberán tramitar y obtener un certificado expedido por el propio registro para hacer constar si alguno de ellos se encuentra inscrito en el Registro de Deudores Alimentarios Morosos.

48 Los cursos prenupciales serán impartidos por la Dirección General del Registro Civil, "DF incluye lectura de votos matrimoniales en ceremonias civiles", diario *Crónica de México*, edición del 28 de julio de 2014.

Frecuentemente, se menciona la dependencia de los hijos o inclusive, la dependencia misma de uno de los cónyuges; y la inercia o costumbre contribuyen a conservar la relación marital en momentos de crisis. Más aún, el miedo a separarse también influye a fin de continuar una convivencia insatisfactoria.

De ahí que, los estudios de los que aquí damos cuenta, desmitifican la idea de que el fracaso matrimonial tiene que ver con la separación. Por el contrario, el fracaso ha de identificarse con el mantenimiento de una relación conyugal del todo insatisfactoria e incluso destructiva para los componentes de la familia.

Ahora bien, una vez desencadenada la crisis conyugal y que la decisión de separarse se impone, no obstante los factores de autoengaño mencionados, es importante analizar la dinámica de la pareja desde el momento que decide separarse y dejar de cohabitar; es decir, el tiempo que transcurre entre la separación real y la legal.

Sucede que la decisión de separarse suele ser un proceso arduo, ambiguo y confuso, pues aunque muchas veces la decisión es clara y responde a motivos concretos, en la mayoría de los casos el proceso es largo y no se llega a tener una idea clara, incluso habiéndose ya tomado la decisión.

Como plantean los estudios de campo que seguimos[49], la separación es más un desenlace en situaciones manifiestas o extremas y/o prolongadas de conflicto conyugal, y no la salida habitual ante las situaciones de fracaso matrimonial, puesto que en la mayoría de las ocasiones el fracaso de la relación no supone la ruptura del matrimonio. Además, para que se produzca la separación, han de darse condiciones favorables que faciliten tomar la decisión de hacerlo y muchas veces éstas no se dan. El período de tiempo que transcurre entre la decisión de dejar la convivencia y la sentencia de divorcio resulta por demás importante, porque en los supuestos de conflicto conyugal o parejas disfuncionales que no han dejado de cohabitar, esto puede suponer un grave problema, pues la dilación coadyuva al mayor deterioro de la relación.

En la investigación de campo realizada al amparo del proyecto *"El divorcio en Argentina desde un enfoque sociojurídico. Prácticas sociales y judiciales"*, pudo constatarse que el promedio de duración de los matrimonios que se divorcian era de 12 años. Esto implica la duración "de hecho", esto es, desde el casamiento hasta el momento en que se manifiesta la voluntad de poner fin a la vida en común. Mientras que la media de duración del vínculo legal fue estimada en 16 años, es decir que transcurren 4 años en promedio entre la finaliza el matrimonio en los hechos y el momento en que se disuelve legalmente el vínculo marital.

Así, se observó la duración del matrimonio a la luz del tipo de proceso judicial utilizado para divorciarse y se advirtió que cuando las partes optaban por el proceso contencioso, el promedio era de 19 años, y cuando elegían la presentación conjunta o la separación de hecho eran de 14 y 17 años, respectivamente.

A ello, debemos adunar que la gran mayoría de las parejas que se divorcian responden a un perfil de núcleos bigeneracionales completos, siendo pocos los

49 MANZANOS BILBAO, César (dir.), *La separación matrimonial..*, cit., ps. 116, 122 y 132.

casos de núcleos unigeneracionales, es decir, que no han tenido descendencia.

Con mayor precisión, se analizó el perfil sociodemográfico y se realizó un estudio comparativo con una investigación de campo realizada por la profesora Grosman en los años 1980/81 en torno a la presencia de hijos. De hecho, se estimó que la proporción de matrimonios que llegan a la instancia del divorcio habiendo tenido hijos es un rasgo de fuerte continuidad en el tiempo y; mientras en el estudio efectuado en 1980 aquella alcanzaba el 69 %, en la investigación actual se ubica en el 72 %. Sin embargo, se registró un comportamiento reproductivo más intenso en la muestra actual.

4.3. La fuerza de la realidad (judicial)

A esta altura del análisis, nos interesa detenernos en las elecciones de los justiciables al momento de legalizar la ruptura de su relación conyugal. Sucede que la tipología del divorcio elegido es una variable de análisis de suma importancia, pues resulta un indicador de la conflictividad en el proceso judicial de divorcio.

En general, desde que entró en vigor la ley 23.515, existe una tendencia progresiva hacia el aumento de los divorcios por causales objetivas con respecto a los contenciosos, en mayor o menor medida, de acuerdo a la jurisdicción analizada.

Como observaremos, la proyección apunta a una reducción de la frecuencia de la litigiosidad en la vía elegida para el decreto del divorcio, lo que nos permite deducir la escasa utilización del divorcio sanción actualmente vigente.

Así es que se desprende de las estadísticas oficiales[50] que demuestran que en la justicia nacional, las personas optaban mayoritariamente por el divorcio, en detrimento de la separación personal, y dentro del primero elegían aquellas vías que no generen nuevos conflictos o propaguen los propios de cualquier ruptura; o dicho de otro modo, las causales objetivas primaban en las conductas sociales de nuestro país.

5. Palabras finales

Hemos transitado brevemente la evolución que ha tenido el modo de visualizar la ruptura de la pareja a lo largo del tiempo: hace muchos años, la separación no era ni siquiera una opción; no se pensaba en ella, ni siquiera para reclamar al juez una solución. Como adelantamos, durante mucho tiempo se dejó entrever perfiles específicos y estigmatizantes que estereotipaban con semánticas generalizadoras y encasillantes a las personas que, por muy diferentes motivos y condiciones, se han visto obligadas a pasar por un proceso de separación.

Luego, se consideró la separación como una posibilidad, pero con una valoración negativa, por lo que recurrir a los tribunales tenía el freno dela resistencia social. En particular, aquellas mujeres que han tenido el valor de divorciarse han sido estigmatizadas, pues la imagen que se tenía era la de

50 Información suministrada por la Oficina de Estadísticas dependiente de la Administración General del Poder Judicial de la Nación.

identificar separación con fracaso, normalmente atribuible a las mujeres que no lograron satisfacer a sus maridos.

Después se la miró como un mal menor, y finalmente pasó a ser una de las soluciones posibles al conflicto de pareja. De este modo, los prejuicios instalados en el imaginario social en torno al divorcio van cediendo terreno y permiten que un vínculo afectivo insatisfactorio no se esconda bajo un matrimonio perdurable. Y esto provoca una disociación o brecha cada vez más amplia con la configuración familiar propia de la civilización judeo-cristiana occidental, es decir, el modelo de la familia monogámica, estable, heterosexual y ámbito legítimo de procreación. Dicho de otro modo, la vida real de las personas se aleja cada vez más del modelo otrora usado de referencia.

En suma, la realidad y las investigaciones de campo que la traen a la luz, sirven para desterrar los mitos enquistados en el imaginario colectivo y nos permiten abonar otras conclusiones: *i)* que el verdadero fracaso matrimonial es la permanencia en una relación afectiva insatisfactoria; *ii)* que la decisión de separarse suele ser consecuencia de un largo proceso y no de una decisión intempestiva; *iii)* que la dilación del proceso judicial contribuye al mayor deterioro de la relación marital y; *iv)* que el conflicto que ocasiona el divorcio no siempre responde a motivos o causales específicas. Así, no siempre puede darse una explicación causal en torno a qué genera el conflicto y qué provoca la separación y, ello nos sirve para reforzar uno de los hilos conductores de nuestro estudio: la perención del divorcio causado.

SECCIÓN SEGUNDA
APORTES DE LA PSICOLOGÍA Y LA MEDIACIÓN

SUMARIO: 1. Previo: Desde dónde miramos el divorcio. 2. La separación y sus efectos. 2.1. La pareja disfuncional y el divorcio litigioso. 3. Nuevas concepciones en torno al divorcio. 4. La mediación familiar. 4.1. Nociones preliminares. 4.2. Aportes de la mediación familiar. 5. Corolario.

"La edad de casarse llega mucho antes que la de quererse".
Friedrich Nietzsche

1. Previo: Desde dónde miramos el divorcio

La psicología nos trae una nueva forma de observar y analizar el conflicto marital y el posterior divorcio, en el entendimiento de que aquél no es una batalla que deba ser ganada sino un problema que debe ser resuelto.[1]

Esta nueva forma de pensar -en este caso, el divorcio- incluye al observador en lo observado. Frente a los diferentes discursos de las partes en conflicto acerca de la construcción de una misma realidad, podríamos preguntarnos: ¿Por qué los cónyuges poseen vivencias, relatos y versiones tan opuestas?

Sabemos que las posiciones que cada una de las partes asume frente al problema está relacionada con su realidad psíquica, con su historia y con los diferentes significados que les atribuyen a los hechos[2]. Por lo tanto, cada familia debe buscar y elaborar sus propias respuestas a sus interrogantes.

Existen distintas miradas o distintos modelos teóricos sobre la familia. Así se nos presenta la teoría del observador, un aporte interdisciplinario atento a que sus autores provienen de distintas ciencias[3]. La teoría del observador es uno de los aportes teóricos para la construcción del nuevo modelo. La idea central es que la construcción de una situación depende de quién la observe, señalando que resulta imposible registrar la realidad externa con objetividad. De este modo, se entiende que cada observador tiene sus propias interpretaciones, construyendo junto con las otras personas una observación diferente. Otro aporte de esta teoría es que la realidad externa dispara en cada uno de nosotros diferentes reacciones y éstas tendrán que ver con la historia

1 Wagmaister, Adriana, "Un novedoso abordaje de los conflictos familiares en los Estados Unidos de Norteamérica: *Collaborative law*", *RDF*, 2005-30, 301.

2 Husni, Alicia, "La interdisciplina como herramienta de decisión judicial", *RDF*, 2014-66, ps. 63 y 64.

3 Suares, María Inés, *Conceptos de mediación*, capítulo X, "Teoría del observador", cuadernillo publicación interna, Buenos Aires, 1990, p. 92.

personal de cada uno y con sus experiencias de vida, como así también con los diferentes modelos culturales de donde cada uno proviene[4].

Así vienen a la memoria las palabras de Francisco Maturana[5]: "Todo lo dicho, es dicho por un observador a otro observador, o a sí mismo". No es nuestra intención profundizar en torno a esta teoría, sino sólo poner de relieve cómo ella coadyuva a reevaluar la mirada tradicional sobre el divorcio.

Así las cosas, el modelo interaccional observa al orden como lo correcto y el desorden como lo peligroso; mientras que el modelo estructural entiende que el desorden no es peligroso ni lleva necesariamente a la desintegración del sistema. El caos o la crisis producen un nuevo orden. Siguiendo a Bateson[6], las relaciones humanas son siempre circulares, y por ello no podemos utilizar el concepto de causalidad lineal, esto es, misma causa mismo resultado.

A esta altura del análisis, la teoría de la comunicación[7] nos permite ratificar la inutilidad del divorcio sanción que venimos pregonando. Podemos sintetizar sus axiomas: a) Imposibilidad de no comunicar (aun con el silencio, se está comunicando algo); b) toda comunicación tiene dos niveles (lo que se dice y cómo se lo dice) o en otras palabras, el nivel de mensaje y el nivel gesticular; c) la interacción puede ser simétrica (igualdad) o complementaria (diferencia) y; d) la puntuación de la secuencia de los hechos. Es importante detenernos en ésta última, pues cada persona puntúa o lee la secuencia de manera diferente; o dicho de otro modo, cada uno empieza la narración en un punto diferente.

De esta manera, tenemos dos o más formas distintas de definir lo que le pasa a la pareja. Y ello nos lleva nuevamente a la circularidad de las relaciones familiares. Nos explicamos mejor con un ejemplo. Cuando uno de los cónyuges llega a su hogar enojado, el otro se deprime y, aquél llega más enojado porque sabe que al llegar se va a encontrar con alguien deprimido.

En suma, en cada familia hay una dinámica que se retroalimenta. Cada familia es única e irrepetible y tiene sus propias reglas y "coreografías". Estas reglas, que se van configurando en las interacciones, mantienen al sistema en una estabilidad dinámica.

Ahora bien, el régimen legal otrora vigente estructurado en base a la culpabilidad reforzaba este patrón de comunicación patológica asentado en el conflicto perenne en que los esposos han establecido un modo de relacionarse a través del conflicto.

También robustece la temible confusión entre la función conyugal y la función parental (reservada a la socialización de los hijos) borrando los límites necesarios para proteger y diferenciar cada uno de estos subsistemas en sus funciones propias y en las demandas específicas de sus miembros.[8]

---

4 HUSNI, Alicia, "La interdisciplina...", cit., p. 64.

5 MATURANA, Humberto y VARELA, Francisco, Conferencia: "Biología, cibernética y comunicación", Buenos Aires, mayo de 1988.

6 Puede profundizarse en BATESON, Gregory, *Pasos hacia una ecología de la mente,* Lolhe, Buenos Aires, 1976.

7 Se remite a WATZLAWICK, Paul, BEAVIN BAVELAS, Janet y JACKSON, Don, *Teoría de la comunicación,* 9ª ed. Herder, Barcelona, 1997.

8 MINUCHIN, Salvador, *Familias y terapia familiar,* Gedisa, Barcelona, 1999, p. 86 y ss.

En conjunción con la interdisciplina, es menester poner de relieve la importancia de la noción de especialidad, que el CCyC establece de manera precisa al regular los procesos de familia. En el artículo 706, inc. "b" se establece la necesidad de que el conflicto familiar, por las múltiples aristas que presenta y su íntima relación con la afectación y la protección de derechos fundamentales sea abordado por un magistrado versado en la materia[9]. La especialización incluye una capacitación permanente considerando que las familias y las relaciones interpersonales son dinámicas, como también los son los avances científicos que impactan en el derecho familiar.[10]

En síntesis, la especialidad significa que, a los conocimientos específicos de derecho y a las calidades personales, se debe sumar la conciencia de la necesidad de actuar en forma coordinada con otros profesionales y requerir su auxilio y orientación todas las veces que sea necesario.[11]

En ese sentido, y como una de las consecuencias de la especialización en el abordaje de los conflictos derivados de las relaciones de familia, la ley 26.589 que instauró el procedimiento de mediación prejudicial obligatoria, regula de manera diferenciada la mediación familiar (art. 31) y prevé la necesaria capacitación específica de los mediadores de familia (art. 33). A mayor abundamiento, el decreto reglamentario 1467/11, requiere que quienes pretendan su inscripción en el Registro de Mediadores Familiares, acrediten una mayor formación en la materia (art. 27).

A modo ilustrativo de la necesaria especialidad en la respuesta institucional frente a la compleja problemática familiar, algunas jurisdicciones provinciales han previsto la figura del Consejero de Familia[12]. En la provincia de Buenos Aires, el legislador ha intentado que los tribunales especializados cumplan un rol activo en la ayuda familiar, apartándose de ese modo, del modelo tradicional de proceso civil, para trabajar en las verdaderas necesidades de quienes recurren a la justicia. De ahí, que en éste ámbito local, el Consejero de Familia[13] deba conocer a los miembros de la familia y brindarles asesoramiento y orientación.

En definitiva, el principio de especialización exige el conocimiento sustancial de la materia, la resolución del conflicto desde una mirada

9 Las "100 Reglas de Brasilia" también refieren a la necesidad de que se adopten medidas destinadas a la especialización de los profesionales, operadores y servidores del sistema judicial para la atención de las personas en condición de vulnerabilidad y la conveniencia de la atribución de los asuntos a órganos especializados del sistema judicial (Regla 40).

10 HERRERA, Marisa, CARAMELO, Gustavo y PICASSO, Sebastián (dirs.), *Código Civil y Comercial de la Nación comentado*, t. II, Infojus, Buenos Aires, 2015, p. 563.

11 Véase BERTOLDI DE FOURCADE, María V. y FERREYRA de DE LA RÚA, Angelina, *Régimen Procesal del Fuero de Familia,* Abeledo Perrot, Buenos Aires, 1999.

12 VILLAVERDE, María Silvia, "Los equipos técnicos de los Tribunales de Familia de la provincia de Buenos Aires", Revista de *Derecho Procesal*, 2002-1, Rubinzal Culzoni, Buenos Aires, ps.265/87; y MIGHETTI, Carlos M., "El rol del Consejero de familia en la `Etapa Previa´ del proceso de familia de la ley 11.453 de la provincia de Buenos Aires", *JA*, Supl. 7/08/2004.

13 Como su nombre lo indica, es el que "aconseja" a las partes tratando de arribar a un acuerdo que resulte favorable a todos. Su función primordial es intentar conciliar las pretensiones de las partes, teniendo en cuenta el interés familiar y/o del niño. La finalidad de esta etapa previa es llegar a una conciliación que evite la contienda judicial.

multidisciplinaria y; muy especialmente, el entrenamiento y la sensibilidad de todos los operadores del servicio de justicia a fin de atender conflictos de esta naturaleza. Inclusive, en el Código Procesal de Familia modelo[14], se profundizó en torno a la noción de interdisciplina, la figura del consejero de familia y la mediación familiar.

2. La separación y sus efectos

La decisión de separarse no suele tomarse en forma conjunta, sino que es uno de los componentes de la pareja quien toma la decisión y la explicita. Según la reacción del otro o el grado de comunicación que se haya producido en el proceso de conflicto, la decisión puede ser un factor que contribuya a relajar o a agudizar la crisis. Frecuentemente es un factor de agudización del conflicto, pues constituye una decisión unilateral que, más o menos forzadamente, toma la persona que la plantea, dándose nuevas situaciones de tensión e incertidumbre que se suman a las existentes.

Por el contrario, en otras ocasiones la decisión resulta liberadora y sirve para relajar el conflicto, pues se mantenía o trataba de mantener una relación no satisfactoria para ambas partes y, de esta manera, la separación libera a la pareja de la presión mutua a la que se veía sometida[15]. Sin embargo, el momento de la separación se vivencia con mucha intensidad, dolor y bronca a causa de la frustración; este dolor no elaborado producirá que perdure la ira en el tiempo. Aparecen también sentimientos de pérdida de la autoestima, culpa y auto-reproches. El sujeto entra en un período de duelo por un proyecto futuro que no se construirá y se reviven situaciones de pérdidas anteriores.

Los efectos más generalizados que se producen tras la decisión de separarse en el ámbito personal son, en primer lugar, la sensación de fracaso no sólo de la relación, sino del proyecto de vida, que suele venir acompañada de una depresión psicológica.

Cabe también mencionar una sensación de culpabilidad, mecanismo psicológico que va acompañado del sentimiento de fracaso personal y social. De hecho en las mujeres, puede traducirse en un sentimiento profundo de no haber cumplido con el papel asignado culturalmente de encargarse de dotar de cohesión afectiva y de hacer funcionar las rutinas domésticas en el seno del hogar.[16]

Otro de los efectos es el miedo a afrontar la soledad, que puede traducirse en efectos psicosomáticos tales como estados de ansiedad y angustia, e incluso, si no se poseen mecanismos psicológicos para neutralizarlos, es posible que pueda acarrear consecuencias más graves como la producción de neurosis, trastornos en la personalidad o traumas transitorios o persistentes.

14 Elaborado por las doctoras Aída Kemelmajer de Carlucci, Mabel de los Santos, Ángeles Baliero de Burundarena y Marisa Herrera.

15 Manzanos Bilbao, César (dir.), *La separación matrimonial..*, cit. p. 133.

16 Manzanos Bilbao, César (dir.), *ob. cit.*, p. 136.

2.1. La pareja disfuncional y el divorcio litigioso[17]

El derogado régimen civil revitalizaba en muchas ocasiones un conflicto crónico entre dos personas que en algún momento fueron un matrimonio. Ello no es inocuo, pues la ley no permitía a la pareja legalizar la ruptura del vínculo, sino con más conflicto. El divorcio no sólo es un litigio judicial, sino que además representa un proceso de transformación personal, emocional, familiar e incluso social que afecta no sólo a los cónyuges y a sus hijos, sino también a su familia y círculo de amigos.

Wagmaister afirmó que "las grandes batallas judiciales suelen basarse en el amor que cada uno de los padres tiene por sus hijos, y en nombre de ese amor, los tironean hasta ver sus despojos".[18]

Reconocemos en el divorcio un largo proceso emocional por el cual las personas deciden culminar un proyecto en común, y los efectos dependerán de cómo se lo transite. Todo ello reafirma uno de nuestros hilos conductores, atento a que el problema no es el divorcio en sí mismo, sino que lo perjudicial es un "mal divorcio".

Sucede que en algunas ocasiones, se crea una dialéctica en la pareja muy perjudicial para la futura relación que ha de mantener, en caso de seguir existiendo lazos comunes por las obligaciones contraídas, lo que muchas veces responde a la incapacidad de asumir qué es lo mejor para el futuro de toda la familia rota, y la actitud se resume en términos de irracionalidad y obcecación y se concreta en deseos de venganza.

Un "mal divorcio" traerá efectos adversos para todos los integrantes de la familia. Así, la ruptura puede provocar efectos psicológicos en los miembros de la pareja[19] y fundamentalmente en sus hijos[20]. La importancia del daño en estos últimos, nos conmina a ocuparnos de ellos por separado.

En los divorcios contenciosos, la energía psíquica queda atrapada en la contienda por el resentimiento y la búsqueda de venganza hacia el otro, a quien consideran culpable del fracaso del matrimonio, le recriminan sus faltas, y se busca que la justicia actúe justamente como el órgano efector de esta venganza.

El resentimiento es el principal factor de estancamiento de los afectos, y por consecuencia, también de los procesos judiciales[21]. Pero, como adelantamos,

---

17 Sobre las implicancias emocionales y prácticas del divorcio, puede verse Sember, Brette Mc Whorter, *The complete divorce handbook: A practical guide*, Sterling, New York, 2009, p. 173.

18 Wagmaister, Adriana, "El procedimiento judicial como causa de la litigiosidad en los casos de familia. Una alternativa para la humanización de los divorcios de parejas con hijos", en *Derecho Procesal*, 2002-2, Rubinzal Culzoni, Santa Fe, 2002, p. 48.

19 El divorcio es una de las principales causas de stress post-traumático que repercute en el cuerpo, con la aparición de trastornos en el sueño, en la alimentación (aumento o disminución del peso corporal), trastornos hormonales y somatizaciones. Y en la psiquis ocasionando irritabilidad, agresividad, pérdida de concentración, aislamiento social, angustia, ansiedad y confusión.

20 A mayor abundamiento, se remite a la investigación publicada en Husni, Alicia y Rivas, María Fernanda, "Separaciones dañinas: daño psicológico en los hijos", *RDF*, 2005-29, p. 251 y ss.

21 Husni, Alicia y Rivas, María F., "Divorcio y Violencia, de la contienda a la despedida",

el divorcio inculpatorio también provoca un daño psicológico en los hijos, al transitar el proceso y convivir con el pleito constante de sus progenitores.[22]

En síntesis, en la pareja disfuncional podemos observar peleas constantes, la necesidad de "ganar" y descalificar, la presencia de intermediarios litigantes, la sobre-involucración de familiares y amigos, la imposibilidad de proteger a los hijos, y la negación de las responsabilidades personales. Todo ello lleva a que el proceso legal se estanque y el conflicto devenga crónicamente litigioso.

En otros países se viene estudiando hace tiempo las consecuencias que un mal divorcio produce en la relación coparental[23]. Así, podemos recordar la investigación de Scott Meltzar[24], donde se hicieron estudios comparativos en niños de familias divorciadas y no divorciadas de los cuales se deriva que existen más dificultades psicológicas y sociales en el corto y largo plazo en los casos de familias divorciadas.

Desde una mirada distinta, se apuntó que la relación coparental estable de los padres divorciados tiene gran incidencia para paliar los efectos negativos de la disolución marital[25]. Incluso, otro estudio[26] indagó sobre la relación entre el bienestar emocional y la parentalidad en padres recientemente divorciados. Se midieron parámetros como la autoestima y la depresión en la adaptación posdivorcio en padres que tenían menos de siete meses de divorciados. Los resultados indicaron que aquellos que ejercían la tenencia o la tenencia compartida de sus hijos, poseían niveles más altos de bienestar emocional que los que no estaban en esa situación.

En fin, si cambiamos la forma de ver las cosas, las cosas cambian de forma.

RDF, 2009-44, 109.

22 El divorcio siempre produce un alto impacto emocional en los hijos. Atenuar este impacto para que sus consecuencias no acarreen un daño irreversible en su desarrollo psicoevolutivo, así como, alcanzar una reorganización familiar viable, es crucial para los niños.

23 Véase Martínez Rodríguez, José A., "El procedimiento contencioso de separación y divorcio en la violencia de género", junio de 2011 en http://noticias.juridicas.com; Baker, Amy J. L. y Ben-Ami, Naomi, "El recuerdo adulto del maltrato en la infancia en los adultos hijos del divorcio: prevalencia y asociación en mediciones de bienestar", *Journal of Divorce & Remarriage*, vol. 52, nº 4, 2011; Aguilar Cuenca, José Manuel, "El uso de los niños en los procesos de separación: el síndrome de alienación parental", *Revista de Derecho de Familia*, Lex Nova, Valladolid, España, nº 28, 2005; entre otros.

24 Meltzar, Scott, "Nuestra cultura del divorcio: una perspectiva desde Durkheim", *Journal of Divorce & Remarriage*, vol. 52, nº 3, 2011.

25 Roberson, Patricia N. E., Sabo, Melissa y Wickel, Katherine, "Modelos de apego y relaciones coparentales en el posdivorcio", *Journal of Divorce & Remarriage*, vol. 52, nº 3, 2011.

26 Booker, Paul, Farley, Roy C. y Bailey, William, "La relación entre la tenencia y el bienestar de padres recientemente divorciados", *Journal of Divorce & Remarriage*, vol. 44, nº 3 y 4, 2005.

3. Nuevas concepciones en torno al divorcio[27]

A modo de síntesis, tradicionalmente se dijo que el divorcio resulta traumático en lo individual, patológico en cuanto a la relación conyugal y; generador de duelo y patologías para los miembros de la pareja y los hijos del divorcio. Sin embargo, nuevas concepciones[28] derivadas de la epistemología familiar sistémica nos permiten refutar aquellas creencias enquistadas en el imaginario colectivo. Pero resulta necesario hacer algunas consideraciones previas que nos permitan, luego, reinterpretar el divorcio.

El matrimonio no lleva necesariamente a la felicidad[29]; más aún, vienen a la memoria las palabras de Benjamin Franklin: "Donde hay matrimonio sin amor, habrá amor sin matrimonio". De hecho, el matrimonio es sólo un pacto entre dos personas con un proyecto en común, una relación duradera en el tiempo, en la que se invirtió mucha energía emocional. Por diversos motivos puede fracturarse y terminar en un divorcio, produciéndose así una ruptura de la pareja y una re-acomodación de los miembros del grupo familiar.

El divorcio constituye así un remedio que resulta útil para disminuir la conflictividad familiar, oxigenar vínculos tóxicos o que simplemente ya no se sostienen.

Ahora bien, el divorcio como decisión intempestiva es un argumento falaz, que sirvió de pilar para el sostenimiento de plazos prohibitivos para la legalización del quiebre conyugal en la ley 23.515, e inclusive, para fogonear

---

27 Nos hemos expedido en Culaciati, Martín Miguel, "Reinterpretación del divorcio", *LL*, 2013-D, 995.

28 Se recomienda compulsar Salk, Lee, *El divorcio. Lo que los hijos querrían que los padres supieran*, Emecé, Buenos Aires, 1979; Trucco, Julio, *Los hijos del divorcio, Guía de tenencia compartida*, Ediciones B, Buenos Aires, 2000 y; Goldberg, Beatriz, *Tuyos, míos, nuestros. Cómo rearmar y disfrutar la familia después del divorcio*, Grijalbo, Buenos Aires, 2000, entre otros.

29 Ello así, en la hipótesis de que la felicidad fuese una meta y no el camino en sí mismo. Véase Rauer, Amy y Volling, Brenda, "More than One Way to be Happy: A Typology of Marital Happiness", en *Family Process*, Vol. 52, nº 3, 2013, ps. 519/534. El estudio que allí se publicó utilizó datos observacionales y de auto-informes de 57 parejas felizmente casadas para analizar suposiciones con respecto a la felicidad conyugal. Sugiriendo que las parejas felizmente casadas no son un grupo homogéneo, los análisis de agregación revelaron la existencia de tres tipos de parejas basándose en sus comportamientos observados en una tarea de resolución de problemas: (1) parejas mutuamente comprometidas (caracterizadas por una resolución de problemas positiva y negativa alta en ambos cónyuges); (2) parejas mutuamente comprensivas (caracterizadas por un alto positivismo y apoyo en ambos cónyuges); y (3) parejas con compensación de la esposa (caracterizadas por un alto positivismo en la esposa). Aunque las parejas de los tres grupos eran igualmente felices con sus matrimonios y estaban comprometidas con los mismos, estos grupos estuvieron asociados diferencialmente con las evaluaciones de los cónyuges en relación con su matrimonio. Los cónyuges del grupo mutuamente comprensivo informaron mayor intimidad y mantenimiento así como menos conflicto y ambivalencia, aunque esto ocurrió más sistemáticamente en comparación con el grupo de compensación de la esposa, a diferencia del grupo mutuamente comprometido. Se debaten las implicancias de estas tipologías en relación con los esfuerzos de parte de ambos profesionales de promover la felicitad conyugal y reparar las relaciones conyugales cuando las parejas se enfrentan con dificultades.

su inclusión en el CCyC. A nuestro juicio, imponer plazos -sean cuales fueran- en las relaciones afectivas siempre es arbitrario. Los especialistas nos recuerdan que el divorcio es un proceso que transcurre en un período de tiempo y que está constituido por distintas etapas. Podemos reconocer en el *"ciclo del divorcio"*, las siguientes fases: 1) Pensando en el divorcio; 2) planeando el divorcio; 3) la separación; 4) el divorcio legal; 5) el divorcio emocional y; 6) el post-divorcio.

Siguiendo esta línea de pensamiento, es importante observarlo como un desencuentro de voluntades concurrentes, o voluntades que concuerdan en bifurcar caminos hasta entonces unificados.

Así, se ha dicho que "hablar de separación es entrar en una paradoja, pues (...) se trata de un proceso en el que la unión y la separación se hallan estrechamente vinculadas y dependen la una de la otra. Separarse de alguien es también unirse a algún otro en un plano diferente, hacer una elección, inclusive para `reunirse´ posteriormente, en un nivel distinto, con la misma persona, en una dimensión donde la solución de la paradoja está dada por el tiempo".[30]

Como adelantamos, la psicología nos permite romper con la lectura lineal de los conflictos, en favor de una mirada circular de ellos. "Es muy frecuente que las parejas en vías de separación se enreden en interminables discusiones en círculos respecto de qué sucedió (...), y cuál de ellos está dando ahora la versión correcta. Las narraciones sobre acontecimientos son inevitablemente subjetivas, nubladas por los sentimientos y coloreadas por los valores sobre lo que está bien y lo que está mal, lo que es aceptable o inaceptable".[31]

Y la vetusta lógica en la que uno es inocente y el otro es culpable empobrecía la posibilidad de descubrir alternativas diferentes que les permitan a ambos cónyuges encontrar soluciones verdaderas y eficaces ante su conflicto.

4. La mediación familiar

4.1. Nociones preliminares

Los instrumentos jurídicos para solucionar un conflicto pueden ser clasificados en: a) formales: son propios del sistema adversarial y están inmersos en la cultura de la decisión. Garantizan la defensa en juicio de los derechos a través de un tercero imparcial, normalmente el juez, que tiene, por decirlo de alguna manera, "la última palabra". Generalmente, aparece un ganador y un perdedor *(winner-loser)*; b) Informales: aquellos que intentan compatibilizar los diversos intereses e integran la cultura del compromiso. Son sistemas adicionales y apropiados, conocidos con la sigla ADR *(Alternative Dispute Resolution)*. La estrategia es "ganar-ganar".[32]

30 ANDOLFI, Maurizio y ANGELO, Claudio, *Tiempo y mito en la psicoterapia familiar*, Paidós, Barcelona, 1997, p. 139.

31 PARKINSON, Lisa, *Mediación familiar. Teoría y práctica. Principios y estrategias operativas*, Gedisa, Barcelona, 1995.

32 LUQUIN BERGARECHE, Raquel, *Teoría y práctica de la mediación familiar intra-judicial y extrajudicial en España*, Thomson-Civitas, Madrid, 2007, p. 50, cit. por KEMELMAJER DE

Entre ellos encontramos a la mediación[33]. Existen diversos modos de definirla[34], pero todos coinciden en la gestión del conflicto a través del diálogo y la colaboración.

La expresión mediación hace referencia a un procedimiento que mira dinámicamente una situación problemática y que "abre los canales de comunicación que estaban bloqueados". Se ha dicho[35] que para transformar el conflicto en algo útil, es necesario gestionarlo y, para poder hacerlo, hay que abrir los canales de comunicación.

Tanto el derecho comparado como la doctrina nacional[36] y foránea[37] se han ocupado en detalle de la mediación como método alternativo de solución de conflictos[38], por lo que allí se remite en honor a la brevedad.

4.2. APORTES DE LA MEDIACIÓN

A esta altura del análisis, nos interesa señalar la utilidad de la mediación para forjar acuerdos en el trámite de divorcio[39], que sean cumplidos por

CARLUCCI, Aída, "La mediación familiar...", p. 13.

33 Puede verse VINYAMATA CAMPS, Eduard, *Aprender mediación*, Paidós, Barcelona, 2003, ps. 18/21; VILLAGRASA ALCAIDE, Carlos y otra, "La mediación familiar: una nueva vía para gestionar los conflictos familiares", *LL*, España 2000-3-D-109.

34 Véase GÓMEZ, "Garantías del niño en el proceso de mediación", *RDF*, 2013-62, ps. 220/221.

35 CERETTI, Adolfo, "Progetto per un ufficio di mediazone penale presso il tribunale per i minorenni di Milano", en PISAPIA, Gian Vittorio y ANTONUCCI, Daniela (a cura di), *La sfida della mediazione*, Ed. Cedam, Padova, 1997, p. 92, cit. por KEMELMAJER DE CARLUCCI, Aída, "La mediación familiar...", p. 13.

36 HIGHTON, Elena, "Pautas para mediadores: tenencia, guarda, visitas y la amplitud de posibilidades de la mediación", *RDF*, 1998-12; WAGMAISTER, Adriana, "La mediación y los abogados de familia", *RDF*, 1998-12; "Mediación y familia ensamblada", *RDF*, 2003-25; "El proceso de mediación familiar: resultados preliminares de una investigación", *RDF*, 2004-28; GÓMEZ, Viviana, "El proceso de divorcio y la mediación", *RDF*, 2004-28, p. 55 y; "La mediación en el divorcio y el lugar del niño, la niña y el adolescente", *RDF*, 2009-44, p. 65 y ss., entre otros.

37 GUITRÓN FUENTEVILLA, Julián, "La mediación y el Consejo de Familia" y, GONZÁLEZ FERRER, Yamila, "Algunas reflexiones sobre los métodos alternos de solución de conflictos, en particular la mediación familiar", en KEMELMAJER DE CARLUCCI, Aída y PÉREZ GALLARDO, Leonardo B. (coords.), *Nuevos perfiles del derecho de familia*, 1ª ed., Rubinzal Culzoni, Santa Fe, 2006, p. 413 y 433, respectivamente.

38 Diversos autores critican el calificativo alternativo, que da la idea de un camino no principal, cuando en ocasiones es ésta la vía requerida. Véase MEULDERS-KLEIN, Marie-Thérése, *La personne, la famille et le droit*, LGDJ/Bruylant, Paris, 1999, p. 529, cit. por KEMELMAJER DE CARLUCCI, Aída, "La mediación familiar...", p. 13.

39 En esta técnica, las partes cuentan con la ayuda de una persona imparcial que diseña un proceso para que éstas puedan dialogar, proporcionándole aquellas habilidades que les capaciten para tomar sus propias decisiones acerca de cómo organizar su vida futura y cómo ejercer conjuntamente sus funciones parentales. BERNAL SAMPER, Trinidad, "Mediación extrajudicial", en AA.VV., *Mediación y protección de menores en derecho de familia*, Consejo General del Poder Judicial, Madrid, 2005, p. 14.

sus protagonistas. De esta manera, la mediación familiar no sólo nos sirve para observar al divorcio desde otro prisma, sino que volveremos sobre sus beneficios a la hora de elaborar un convenio regulador, al analizar en el capítulo siguiente, la posibilidad de legalizar la ruptura conyugal en una sede extrajudicial.

La mediación familiar[40] ha recorrido un largo camino que va desde el desconocimiento al reconocimiento, de la negación como posibilidad de abordaje eficiente de conflictos a la aceptación de sus potencialidades; de la obligatoriedad impuesta por la ley a la elección. La mediación prejudicial hoy forma parte indiscutible y sólidamente del mundo jurídico y del derecho de familia.[41]

A nivel nacional, la ley 24.573 estableció un sistema de mediación previa obligatoria para los procesos civiles y comerciales[42]. Esta norma fue posteriormente derogada por la ley 26.589[43]. Una de las consecuencias de la especialización en el abordaje de los conflictos familiares, esta última norma instauró el procedimiento de mediación prejudicial obligatoria[44], regulando de manera diferenciada la mediación familiar.

Cuadra agregar, en lo que aquí interesa, que las acciones de separación personal y divorcio constituyen controversias que se encuentran excluidas del procedimiento de mediación prejudicial obligatoria, conforme lo dispone expresamente el art. 5°, inc. *d)* de la citada ley: aunque la norma exceptúa las cuestiones patrimoniales derivadas de éstas, debiendo el juez derivar la parte patrimonial al mediador. El art. 31 de la ley describe el contenido de la mediación familiar e incluye, entre otras cuestiones, los asuntos conexos al divorcio.[45]

---

40 Véase Sember, Brette Mc Whorter, *The complete divorce...*, cit., p. 9.

41 Gómez, Viviana V., "Abordaje de conflictos familiares. Reflexiones sobre una práctica", *RDF*, 2014-66, 48.

42 Para una breve historia de la mediación en la Argentina, se remite a Caram, M. E., Elibaum, D. T. y Risolía, M., *Mediación, diseño de una práctica,* 4ª ed., Astrea, Buenos Aires, 2013, ps. 8 y ss.

43 Sobre la ley 26.589, se remite a aquellos autores que la han analizado en profundidad. Véase, entre otros, Mizrahi, Mauricio L., "Mediación familiar obligatoria previa al proceso judicial", *LL,* 2012-B, 619; Gómez, Viviana, "La ley 26.589 y la mediación familiar", *JA,* 2000-IV, 953; Kielmanovich, Jorge, "La nueva ley de mediación prejudicial obligatoria (ley 26.589)", *JA,* 2010-II, 868; Guahnon, Silvia y Somer, Marcela, "La mediación como vía de superación de los conflictos familiares", Revista de *Derecho Procesal,* 2012-1, p. 317.

44 El artículo 1° de la ley dispone: "Se establece con carácter obligatorio la mediación previa a todo proceso judicial (...). Este procedimiento promoverá la comunicación directa entre las partes para la solución extrajudicial de la controversia". Sobre la legislación anterior, puede verse Mendiguren, Alfredo E. y otros, *Régimen de mediación y conciliación, ley 24.573,* Astrea, Buenos Aires, 1996.

45 El artículo 31 de la ley 26.589 dispone que la mediación familiar comprende las controversias patrimoniales o extrapatrimoniales originadas en las relaciones de familia o que involucren intereses de sus miembros o se relacionen con la subsistencia del vínculo matrimonial, a excepción de las excluidas por el artículo 5° inc. b). Se encuentran comprendidas dentro del proceso de mediación familiar las controversias que versen

E inclusive, la norma prevé la necesaria inscripción y capacitación específica de los mediadores de familia[46]. A fortiori, el decreto reglamentario 1467/11 requiere que quienes pretendan su inscripción en el Registro de Mediadores Familiares, acrediten una mayor formación en la materia.

Ahora bien, no se nos escapa que en no pocas ocasiones estos loables objetivos no son cumplidos[47], pero por lo menos se pretende que los esposos no terminen su matrimonio más enemistados, más distanciados o más dolidos que cuando empezaron el procedimiento, resultado que normalmente provoca el proceso judicial.

De hecho, "en todo divorcio uno de los cónyuges se siente más perjudicado, traicionado, frustrado, abandonado, humillado; en una palabra, se asume como víctima, posición que debilita su autoestima"[48]. Ello es una consecuencia de que la mediación es un trabajo que realizan conjuntamente las partes y el mediador, en el cual se crea el contexto para que las partes puedan protagonizar sus propias decisiones y alcanzar sus propias soluciones. Si partimos de esta premisa, es lógico advertir que no siempre el resultado obtenido será un acuerdo de los cónyuges sobre todas las cuestiones conexas. Pensar lo contrario sería idealizar los verdaderos alcances de este mecanismo de resolución de conflictos. Ahora bien, si la mediación finalizara sin un acuerdo ¿es un fracaso?

Viviana Gómez[49] nos recuerda que en los últimos tiempos ha habido una revisión de las certezas que circulaban entre los mediadores, que fueron puestas en duda y controvertidas. En ese sentido, apunta que indudablemente no todas las mediaciones terminan en acuerdo, pero las mediaciones no fracasan; en determinados casos no es el dispositivo que estas personas necesitan para resolver su conflicto. Entonces, ¿qué queda si no hay acuerdo? ¿Cuál fue el beneficio de la mediación?

---

sobre: a) Alimentos entre cónyuges o derivados del parentesco, salvo los provisorios; b) tenencia de menores, salvo cuando su privación o modificación se funde en motivos graves que serán evaluados por el juez o éste disponga las medidas cautelares que estime pertinentes; c) régimen de visitas de menores o incapaces, salvo que existan motivos graves y urgentes que impongan sin dilación la intervención judicial; d) administración y enajenación de bienes sin divorcio en caso de controversia; e) separación personal o separación de bienes sin divorcio; f) cuestiones patrimoniales derivadas del divorcio y; g) daños y perjuicios derivados de las relaciones de familia.

46 El artículo 33 indica que los mediadores de familia deberán inscribirse en el Registro Nacional de Mediación que organizará y administrará el Ministerio de Justicia y Derechos Humanos. El Poder Ejecutivo nacional dictará la reglamentación que determinará los requisitos necesarios para la inscripción, que deberá incluir necesariamente la capacitación básica en mediación, y ***la capacitación específica*** que exija la autoridad de aplicación.

47 En palabras de Marlow, la mediación es "un procedimiento imperfecto, que emplea una tercera persona imperfecta, para ayudar a dos personas imperfectas a concluir un acuerdo imperfecto, en un mundo imperfecto". MARLOW, Lenard, *Mediación familiar. Una práctica en busca de una teoría. Una nueva visión del derecho,* Granica, Barcelona, 1999, p. 31.

48 FANZOLATO, Eduardo I., "La mediación familiar", en AA,VV., *Homenaje a Dalmacio Vélez Sarsfield,* t. III, Ed. Academia Nacional de Derecho, Córdoba, 2000, ps. 261 y 264.

49 GÓMEZ, Viviana V., "Abordaje de conflictos familiares...", *cit.*, p. 49.

La autora afirma que nadie sale de un proceso conversacional como la mediación del mismo modo como entró. Todo lo que ocurrió en la mesa de trabajo ha impactado necesariamente en las partes, así como en sus letrados. El camino hacia el litigio no es igual que si nunca hubieran atravesado este proceso.

Hasta aquí una consideración en torno a los posibles alcances de la mediación y una breve mención sobre la noción de utilidad o fracaso. A ello debemos adunar un comentario a fin de circunscribir sus objetivos en un proceso de divorcio; pues es sumamente importante poner de relieve que su propósito no es modificar la decisión de divorciarse, sino dar a la pareja la oportunidad de hacerlo de la manera menos conflictiva y permitir que las partes logren acuerdos que sean asumibles, esto es, que luego puedan ejecutar. Su fin está muy lejos de pretender la reconstitución de la unidad familiar, sino de contribuir a forjar la relación posdivorcial.

5. Corolario

Las virtudes y los beneficios de la práctica de la mediación, la especialidad y la interdisciplina han servido para colocar en crisis sistemas causalistas perimidos; en los que poco puede hacer el judicante para intentar recomponer un vínculo afectivo que los propios protagonistas ya no quieren mantener ni fortalecer.

La interdisciplina no debe asustar al jurista, es propia del derecho. En palabras de Michele Villey "el arte del derecho es polifónico y, por lo tanto, aplicar al derecho solamente la lógica monódica hecha para el matemático es como interpretar una sinfonía con un sólo instrumento".[50]

Desde esta lógica, la epistemología familiar sistémica nos ha enseñado que el divorcio no es un hecho extraordinario, traumático o patológico, sino que está incluido en la evolutiva familiar como un *proceso posible* dentro del ciclo de la vida conyugal. De ahí que las eventuales derivaciones psicopatológicas de los miembros de la familia (adultos y niños) no dependen del divorcio en sí mismo, sino de la manera en que éste es enfrentado, resuelto y aceptado.

Desde el punto de vista de la ley, el principio de protección de la familia impone al Estado el deber de gestar una regulación que impulse la búsqueda de consenso en la solución de los conflictos familiares. En esa línea de pensamiento, consideramos que la ley debe acompañar y afrontar la ruptura conyugal con un espíritu constructivo que reconozca en este proceso el cambio, y no confine a los actores a las penurias pasadas.

De esta manera, se pretende lograr un mejor y mayor equilibrio en la tensión entre la autonomía de la voluntad y el orden público en ocasión de la ruptura conyugal, de modo que pueda realizarse en términos pacíficos, mediante la ayuda de la mediación y la interdisciplina que coadyuvan a que las personas entiendan que un buen divorcio fomenta la paz familiar y social.

En fin, ¿cómo repercuten estas nuevas miradas y herramientas? creemos

50 Villey, Michele, "Liminaire: Données historique", en *Archives de Philosophie du Droit*, t. XI, Sirey, Paris, 1966, p. XII, cit. por Kemelmajer de Carlucci, Aída, "La mediación familiar. Un instrumento pacificador que avanza", *RDF*, 2014-66, p. 21.

que no existe ningún sistema judicial que pueda solucionar eficazmente todos los problemas que plantea la conflictiva familiar y; ello exige aceptar otros instrumentos que lo descarguen y ayuden a preservarlo.

A nuestro juicio, los tribunales no son el ámbito natural para resolver las diferencias conyugales. El tribunal le otorga una cuota de litigiosidad[51] a una decisión de dos adultos que, en muchas ocasiones, no la tiene.

Para la operatividad y efectividad de una potencial desjudicialización del divorcio, es vital la especialidad y la formación de los abogados, que mutan desde un rol confrontativo hacia otro conciliador.

El abogado en el ámbito de familia debe tener una capacitación especial tanto en cuestiones jurídicas como en el ámbito interdisciplinario.

En las causas de familia no se gana ni se pierde, se trata de solucionar las diferencias entre las partes involucradas. Por eso, el profesional especializado deberá utilizar el diálogo, la paciencia y el sentido común que posibiliten llevar a buen término las desavenencias que surgen. Repárese que el abogado está contribuyendo a crear un nuevo sistema de vida, ni mejor ni peor, simplemente diferente.

Para cerrar este capítulo, cuadra recordar unas palabras de John Lennon que resultan ilustrativas de lo que siente un niño frente al divorcio: "Cuando yo tenía cinco años, mi madre me decía que la felicidad era la clave de la vida. Cuando fui a la escuela me preguntaron qué quería ser cuando yo fuera grande. Yo respondí "feliz". Me dijeron que yo no entendía la pregunta, y yo les respondí, que ustedes no entendían la vida".

---

51 Nótese que en el marco del divorcio sanción, a tal punto la concurrencia de los cónyuges en sede judicial resultaba perjudicial, denigrante y repotenciadora del conflicto marital, que de la praxis pretoriana surgió dentro de la causal de injurias graves, una sub-causal de cierta transcedencia y autonomía como las injurias vertidas en juicio.

CAPÍTULO SÉPTIMO
EL DIVORCIO SIN EXPRESIÓN DE CAUSA

SECCIÓN PRIMERA
APROXIMACIÓN A SU REGULACIÓN EN SEDE JUDICIAL

SUMARIO: 1. Introito. Justificación. **2.** Previo: El divorcio sin expresión de causa como decisión política. **3.** Las críticas: ¿Miedo al cambio o conservadurismo puro? **3.1.** ¿El vaciamiento del matrimonio o el sinceramiento de las relaciones afectivas? **3.2.** El empleo del lenguaje como medio de impugnación. **4.** Fundamentos constitucionales-convencionales para su introducción. **5.** La lógica del divorcio sin expresión de causa. **5.1.** Breve reseña de la regulación nacional. **5.2.** Países que lo regulan en sede judicial. **6.** Corolario.

"Resulta más fácil sustituir en las usinas
material envejecido por máquinas nuevas
que sustituir un aparataje jurídico tradicional
por el nuevo orden jurídico".
Georges Ripert

1. Introito. Justificación

Hemos transitado algunos aportes multidisciplinarios en torno al divorcio. La sociología y las ciencias afines nos han permitido observar cabalmente, el carácter estigmatizante y las consecuencias disvaliosas que conllevaba el estereotipo de *"mujer separada"*. Incluso, contribuyeron a desterrar el falaz pretexto en torno a que las potenciales modificaciones al régimen de divorcio coadyuvan a la divorcialidad.

La psicología y la mediación familiar nos ayudan a reinterpretar el divorcio e intentar allanarles el camino a las parejas disfuncionales. Con ese bagaje, comenzamos el análisis del divorcio sin expresión de causa. No obstante, como el código cambió el paradigma vigente en la regulación del divorcio e, instauró este sistema en sus variantes bilateral y unilateral, creemos que resulta innecesario profundizar aquí sobre esta figura -en sede judicial-[1] sino que nos

1 Se remite a Lorenzetti, Ricardo L. (dir.), *Código Civil y Comercial de la Nación comentado*, t. III, Rubinzal Culzoni, Santa Fe, 2014 y; en particular Kemelmajer de Carlucci, Aída, Herrera, Marisa y Lloveras, Nora (dirs.), *Tratado de derecho de familia, según el Código Civil y Comercial de 2014*, t. I, Rubinzal Culzoni, Santa Fe, 2014.

avocaremos posteriormente, a ahondar en su aplicación en sede extrajudicial. De ahí, que sólo nos ceñimos a destacar las principales características que aquel cuerpo normativo prevé para el proceso de divorcio (arts. 436/438) y el contenido del convenio regulador (arts. 440 y 441).

2. PREVIO: EL DIVORCIO SIN EXPRESIÓN DE CAUSA COMO DECISIÓN POLÍTICA

Podemos observar en la regulación del CCyC en torno al matrimonio, un cambio de eje desde la noción del matrimonio como "institución" hasta la idea de un proyecto de vida en común durante su vigencia. De ahí que la regulación del divorcio sin expresión de causa acompañe este viraje.

Sucede que, como nos recuerda Guahnon[2], la sola decisión de plantear una demanda de divorcio, o la misma promoción de ésta, demuestran el quiebre de la relación entre los cónyuges, y la ausencia de la armonía, solidaridad y colaboración necesarias para la convivencia, entendiendo que el matrimonio no es una simple unión sexual sino que implica principalmente, una comunidad de vida.

La implementación del divorcio sin expresión de causa es una decisión política, pues se pretende que la ley aliente la superación de los conflictos conyugales, dando una respuesta integral a la crisis matrimonial.

Es importante entender a la ley como una herramienta de pacificación social, pues se pretende desincentivar disputas de índole familiar y, a la vez, de prevención de daños en un sentido más amplio que el que comúnmente se le da (conf. art. 1710). Atento al valor pedagógico de la ley, el régimen del CCyC diferencia los procesos civiles de aquellos donde se plantean conflictos familiares[3]. Para éstos últimos, se propugna una tutela preferencial, teniendo en cuenta que encierran situaciones cuya solución -al versar sobre entuertos humanos- generalmente, escapan a lo estrictamente jurídico.[4]

De hecho, no resulta casual que los dos únicos Libros a los que el CCyC les dedica un título especial inherente a las cuestiones procedimentales sean el segundo -Relaciones de familia- (título VIII procesos de familia) y el quinto -Transmisión de derechos por causa de muerte- (título VII proceso sucesorio). Ello en definitiva, viene a reafirmar que allí las diferencias observan una gran cuota de conflictividad familiar.

Los conflictos familiares, por la singularidad y complejidad de las causas que los desencadenan, tanto como por las pasiones y enconos que casi siempre desatan entre sus protagonistas, encierran situaciones y entuertos humanos, antes que jurídicos. Tienen toda la dimensión y presentan la riqueza de matices

---

2 GUAHNON, Silvia V., Medidas Cautelares en el Derecho de Familia, La Rocca, Buenos Aires, 2011, ps. 36 y 37.

3 El conflicto familiar tiene características que requieren un abordaje distinto al resto de las cuestiones que se ventilan en los tribunales y por ello, demanda soluciones específicas que difieren de los restantes pleitos civiles.

4 CABRERA DE DRI, Elsa A., "Características del proceso de familia. Principios y sistemas procesales", en *Derechos de daños,* Cuarta parte (B), "*Daños en el derecho de familia*", La Rocca, Buenos Aires, 2003, ps. 59 y 95.

de lo humano. Las soluciones escapan casi siempre a lo estrictamente jurídico, al menos a lo que se entiende por "soluciones jurídicas" tradicionales[5]. Si advertimos que el proceso es un instrumento al servicio del derecho sustancial amparado por el bloque de constitucionalidad federal, los procesos de familia especialmente, deberían encauzarse en el marco de lo que Augusto Morello[6] denominó como la "justicia de acompañamiento o protección".

En particular, al regular un único régimen que no requiere la expresión de causa, el CCyC admite el fracaso del sistema inculpatorio, en la determinación del culpable -si es que existe alguno- de la desavenencia conyugal. Se trata de no dar -ni malgastar- un espacio como el Poder Judicial para que los cónyuges revisen el pasado, sino para que sólo miren, planifiquen y piensen hacia el futuro.

3. Las críticas: ¿Miedo al cambio o conservadurismo puro?

Al comentar la sanción de la ley española 15/2005, Ferrer Ortíz nos recuerda que esta norma, invocando el libre desarrollo de la personalidad, introduce un sistema que "puede calificarse de divorcio-repudio, unilateral y rápido, de ahí que se la denomina coloquialmente ley del divorcio exprés"[7]. A fin de explicarse, sostuvo que la ley incide profundamente en la estabilidad del matrimonio y lo acerca al matrimonio romano, como situación de hecho sostenida por la *affectio maritalis.*

Esta crítica en torno a la consagración en aquella norma del repudio hebraico y el coránico no sólo es injustificada, sino que no es original, pues suele recurrirse a ella con el afán de contrarrestar cada paso en la liberalización del divorcio.[8]

---

5 Berizonce, Roberto O., *Derecho Procesal Civil Actual*, Ed. Platense Abeledo Perrot, Buenos Aires, 1999, p. 544.

6 Morello, Augusto M., "La jurisdicción protectora. Hacia un nuevo rostro de la justicia", *JA*, 1986-II, 305. Y del mismo autor, "La influencia de los procesos de familia sobre la litigación civil", *Revista de Derecho Procesal* 2002-1, Rubinzal Culzoni, Santa Fe, 2002.

7 Ferrer Ortiz, Javier, "Del matrimonio canónico como modelo al matrimonio civil deconstruido: la evolución de la legislación española", en *Revista Ius et Praxis*, nº 2, Universidad de Talca, Facultad de Ciencias Jurídicas y Sociales, 2011, ps. 414 y 415.

8 Sobre esta impugnación, algunas autores afirmaron que "en realidad, nuestra ley 15/2005 ha resucitado el repudio del Derecho Romano clásico, imperante en todo el Imperio, incluida la antigua Hispania, antes de que por influencia del cristianismo ya algunos Emperadores romanos comenzaran a restringir el divorcio hasta culminar con la indisolubilidad del matrimonio. Por supuesto, no se ha limitado la ley 15/2005 a trasplantar sin más dicho divorcio a nuestro CC. Los tiempos cambian. El repudio del art. 81.2º CC (que al modo romano puede ser o no circunstancial), está actualizado: a) por exigencias de igualdad, el repudio actual no es sólo posible a instancia del marido, sino también a la de la mujer; y b) el renacido repudio es formal, guarda ciertas solemnidades, especialmente la intervención judicial, por razones de control público de legalidad y de seguridad jurídica (para terceros). Por idénticas razones también el acto opuesto, el de las nupcias, está hoy sujeto a solemnidades". Cerdeira Bravo de Mansilla, Guillermo, "Matrimonio (no) formalizado y divorcio notarial en Cuba: una propuesta de futuro para España", en *Revista de Derecho Privado,* vol. noviembre-diciembre, 2011, ps. 36 y ss.

Creemos que con lo expuesto en el capítulo primero -a donde remitimos *brevitatis causae*- en tanto a que ni el repudio es asimilable al divorcio que hoy conocemos, ni la familia romana es equiparable a las que actualmente constituimos, resulta suficiente para refutar estas concepciones peyorativas que, más que argumentos objetivos, representan el punto de vista de un sector académico.[9]

No obstante, consideramos menester recordar la opinión de algunos autores ibéricos que, en ocasión de sancionarse la ley 15/2005, se expidieron sobre el particular. Guilarte Gutiérrez[10] afirmó que la ley "disipa toda duda en orden a considerar que la voluntad unilateral es -ahora sin posibilidad de ser puesta en cuestión- causa suficiente para la ruptura sin tener que soportar, quien la insta, la degradante comparación con el repudio con la cual le afligía cualquier tribunal poco proclive a que se pudiera poner en duda la eternidad de la institución matrimonial".

No obstante, las críticas no acaban allí. La doctrina nacional también se ha expedido en contra del replanteo del rol de la ley -y consigo también la actuación del juez como aplicador de ella- frente a la crisis conyugal y el nuevo régimen de divorcio.

A modo ejemplificativo, la profesora Basset[11] expuso que: "en el proyecto de Código hay libertad de ser swinger, de llevar adelante un matrimonio abierto, no respetar la fe mutua de los cónyuges, no convivir; pero no hay libertad de ser fiel al voto moralmente más exigente de perdurabilidad del vínculo matrimonial, que beneficia a la sociedad. Vale decir, hay libertad para la laxitud, pero no hay libertad para las opciones morales exigentes".

Alejandro Borda[12] apuntó que "hay hijos que quieren vivir con ambos padres, que necesitan compartir sus alegrías y tristezas, sus triunfos y decepciones, sin tener que esperar `el día de visitas´. Y me parece que esta responsabilidad paterna y social, lamentablemente, se ha diluido. No quiero decir con esto que no se recepte el divorcio, pero no parece lógico que la manera de disolver el vínculo matrimonial tenga menos exigencias que resolver un contrato, cuando las personas afectadas en el primer caso son más, si se cae en la cuenta que no sólo son los contrayentes sino también sus hijos".

Sambrizzi[13] sostuvo que [la circunstancia de que] "se pueda producir un desgaste emocional en los esposos cuando se opta por un divorcio contencioso, no puede constituir un argumento para la eliminación de las causales culpables, resultando más nocivo el hecho de que en razón de no tener el divorcio consecuencia alguna para el esposo que, por hipótesis, realiza

9 Vale advertir que el autor es un prestigioso catedrático de derecho canónico y derecho eclesiástico del Estado de la Facultad de Derecho de la Universidad de Zaragoza.

10 Guilarte Gutiérrez, Vicente, "Comentarios del nuevo artículo 81 del Código Civil", en Guilarte Gutiérrez, Vicente (dir.), *Comentarios a la reforma de la separación y el divorcio. Ley 15/2005, de 8 de julio*, 1ª ed., Lex Nova, Valladolid, 2005, p. 43.

11 Basset, Úrsula, "El matrimonio en el Proyecto de Código", *LL*, 2012-E, 912.

12 Borda, Alejandro, "Matrimonio y familia", *LL*, 2012-E, 1345.

13 Sambrizzi, Eduardo A., "La eliminación del doble régimen (separación personal y divorcio) y de las causales de divorcio, y el llamado divorcio exprés", *DFyP*, 2012 (julio), p. 90.

actos contrarios a los deberes materiales y morales que deben guardar los cónyuges entre sí, el mismo tenga `piedra libre´ al respecto (...). No creemos en la conveniencia de que cuando uno de los esposos no desee la continuación del matrimonio, pueda demandar el divorcio sólo porque no tiene interés en continuar casado y sin que ello le acarree consecuencia alguna, siendo la referida una `solución´ de un acendrado y criticable individualismo, que además del compromiso asumido al contraer matrimonio, también olvida contemplar los derechos del otro cónyuge, como asimismo el de los hijos, que suelen ser los principales afectados por la situación".

El interés en la conservación de la fidelidad -como deber jurídico- no termina allí. Staròpoli y Millán apuntaron que "se deslegitima el matrimonio al considerarse no solo irrelevante la infidelidad, sino que también prohíbe que los cónyuges pacten entre sí la obligación de ser fieles por la falta de consecuencias en el derecho. Se deslegitima el matrimonio cuando se auspicia una alternativa de divorcio expreso tornándolo obligatorio para aquellos cónyuges que se planteen un tiempo de espera. Pero además incurre en una absurda paradoja cuando el proyecto releva del deber de cohabitar a los esposos y tengan sin embargo la obligación de divorciarse. El proyecto del Código, de esta manera, restringe los derechos de los cónyuges en lugar de ampliarlos".[14]

En general, creemos que la pretendida conservación del régimen causalista parte de un pilar erróneo; pues el régimen instaurado es el único que logra compatibilizar la normativa civil inferior con la doctrina internacional de los derechos humanos, como veremos más adelante.

3.1. ¿EL VACIAMIENTO DEL MATRIMONIO O EL SINCERAMIENTO DE LAS RELACIONES AFECTIVAS?

Algunas voces se han alzado en contra de la "descausalización" del divorcio, en el entendimiento de que asistimos a un proceso de vaciamiento del matrimonio. En esa línea de pensamiento, se ha dicho que "el régimen de extinción del vínculo resulta tan facilitado que no existen prácticamente diferencias con la unión de hecho («contrato basura»). La debilitación del vínculo matrimonial tiene indudables repercusiones sobre la estabilidad familiar y sobre los hijos".[15]

En nuestro medio, Lidia Hernández[16] afirmó que "lo primero que se advierte en la reciente codificación es la contradicción entre el vaciamiento de los deberes matrimoniales y borrar la culpa de las relaciones matrimoniales, con el mantenimiento de las formalidades y consecuente intervención del Estado en la celebración de las nupcias. Esto último, a mi criterio está indicando que

14 MILLÁN, Liliana Luján y STARÓPOLI, María del Carmen, "El ocaso del matrimonio y la impronta del concubinato", *DFyP*, 2013 (junio), p. 6.

15 GARCÍA CANTERO, Gabriel y otros, *El Matrimonio: ¿contrato basura o bien social?,* Thomson Aranzadi, Navarra, 2008, p. 50.

16 HERNÁNDEZ, Lidia B., "El vaciamiento de la culpa en materia matrimonial en la reforma del Código Civil y Comercial de la Nación", *DFyP*, 2014 (noviembre), p. 37 y ss. Cita Online: AR/DOC/3758/2014.

socialmente la reforma no se presenta como la culminación de un reclamo social". Otros autores[17] sostuvieron que "la pretendida regulación que el proyecto del Código Civil confiere al concubinato, terminaría por deslegitimar la institución matrimonial vaciándola de contenido familiar, civil y moral. El dogma matrimonial del esfuerzo mancomunado que hizo a su reputación y trascendencia social sería destruido de un plumazo al insertar la autonomía como fuente negocial y libertades personales dentro del matrimonio".

Estas afirmaciones, si bien pretenden ser efectivas, distan mucho de ser reales. En rigor, existen diferencias sustanciales, pues el matrimonio genera una gran cantidad de efectos jurídicos que no operan en las uniones convivenciales.[18]

En ocasión de comentar la ley 15/2005, se advirtió que esta norma suponía un ataque a la institución matrimonial. En ese orden de ideas, Pérez Martín[19] afirmó que "desde algún sector doctrinal se apunta que esta facilidad para obtener el divorcio de alguna manera propicia la falta de responsabilidad de las personas a la hora de contraer matrimonio. Eso es cierto y también lo es que la institución matrimonial sale perjudicada tras la reforma".

Guilarte Gutiérrez ha discrepado -en opinión que compartimos- al considerar que "la nueva regulación supondrá un refuerzo de la institución desde el momento en que solo quienes quieran mantener la íntima comunidad de vida que el matrimonio supone van a persistir en él sin desvirtuar su esencia mediante una simulada convivencia no querida y obligada por las trabas existentes para su disolución".[20]

En definitiva ¿es cierto que se `banaliza´ el matrimonio como también se sostenía al debatirse el divorcio vincular o al extender el matrimonio a las parejas del mismo sexo? Una vez más, esa compleja dupla signada por el miedo a la libertad y la hiper o sobrevaloración de la ley para cambiar relaciones sociales.[21]

---

17 MILLÁN, Liliana Luján y STARÓPOLI, María del Carmen, "El ocaso del matrimonio...", *cit.*

18 En nuestro medio, podemos citar que: 1) el cónyuge es heredero legitimario, o sea, la ley obliga a que un porcentaje de la herencia se le reconozca al cónyuge supérstite; el conviviente no es heredero; la única manera de que reciba en la herencia es hacer un testamento y designarlo beneficiario; aun así, hay que respetar el derecho de los otros herederos forzosos, por ej., los hijos; 2) el matrimonio genera un régimen de bienes, de comunidad o de separación de bienes; las uniones convivenciales exigen un pacto expreso que regule la situación de los bienes que se adquieren durante la unión; 3) producido el divorcio, en supuestos excepcionales (por ej., se trata de un cónyuge enfermo o en estado de necesidad o vulnerabilidad) el ex cónyuge tiene derecho a solicitar una cuota alimentaria; este derecho no existe en la unión convivencial, ni siquiera en forma excepcional. No herencia, no régimen de bienes, no alimentos después de la ruptura, son efectos jurídicos de gran relevancia para observar fácilmente que NO es lo mismo estar casado que estar en unión convivencial. HERRERA, Marisa, "La lógica del Código Civil y Comercial de la Nación en materia de familia. Reformar para transformar", *Infojus*, 29 de diciembre de 2014, Id Infojus: DACF140902.

19 PÉREZ MARTÍN, A. J., "El divorcio que se viene", *Revista de Derecho de Familia*, nº 26, enero-marzo, Lex Nova, España, 2005, p. 3.

20 GUILARTE GUTIÉRREZ, Vicente, "Comentarios del nuevo artículo 86 del Código Civil", en GUILARTE GUTIÉRREZ, Vicente (dir.), *ob. cit.*, p. 87.

21 HERRERA, Marisa, "La lógica del Código Civil y Comercial...", *cit.*

Con suma claridad, Chechile apuntó que la nueva regulación está muy lejos de devaluar la institución matrimonial[22]; "muy por el contrario, lo revaloriza al poner el afecto y la voluntad de proyectar una vida juntos como el pilar sobre el que aquél se asienta. Es realmente triste y desoladora la sola idea de pensar que dos personas -o al menos una- que ya no se quieren, vivan juntas solo por imposición de la ley".[23]

Anteriormente, hemos analizado cuál debería ser el rol de la ley frente al quiebre conyugal, pues aunque resulte obvio, ella no puede asegurarnos el éxito de los matrimonios ni evitar las rupturas.

El código derogado poseía un rol definido sobre el particular, al entender al divorcio como una excepción e intentar evitarlo, ya sea mediante un régimen sanción, o bien imponiendo tiempos prudenciales de meditación o, incluso un juez conciliador. De hecho, en el marco de aquel divorcio sanción, se lograba que el derecho sancione al cónyuge por la pérdida de un sentimiento y por haberse animado a continuar su proyecto biográfico. Así, se fomentaba la idea de un matrimonio castigo que lleva a la disminución del mismo y, en definitiva, va en contra de la institución que teóricamente se intentaba proteger. Por el contrario, el régimen actual nos propone una revalorización del matrimonio pues sólo persiste ante la existencia de un vínculo afectivo que lo sustente.

3.2. El empleo del lenguaje como medio de impugnación

Algunos autores y medios de comunicación simplemente apelan al lenguaje para criticar el régimen establecido por el CCyC. Así, lo han definido -con una importante carga peyorativa- como divorcio *"incausado" y/o "exprés"*.

Si bien no se nos escapa que los diccionarios son los últimos en llegar a los cambios socioculturales (v.gr. matrimonio), no podemos dejar de mencionar que la expresión "incausado" no existe en el diccionario de la Real Academia Española. De allí que, si queremos definir este régimen con precisión esa no es la palabra correcta. Pero hablar de divorcio *"incausado"* es mucho más que una cuestión semántica. En palabras de Eva Giberti: *el lenguaje no es neutral.*

Nos explicamos mejor. Cuando hablamos de incausado, entramos en la lógica de los detractores de este régimen, que utilizan esta locución en errónea referencia a que el divorcio no posee causa. En rigor, corresponde referirse a divorcio sin expresión de causa, pues si bien ellas obviamente existen, no trascienden de la intimidad de la pareja. Dicho de otro modo, el divorcio siempre tiene una y mil razones; de hecho, el sólo requerimiento nos demuestra que algún motivo hubo para incoar el divorcio.

Esta cuestión tuvo oportunidad de debatirse en ocasión del tratamiento

22 Cabe recordar que el profesor Rivera sostuvo que "se llega a un matrimonio devaluado, carente de deberes, sin responsabilidades, a un vínculo de tal debilidad que puede ser revocado sin expresión de causa por cualquiera de los cónyuges y sin que ello genere casi ninguna consecuencia". RIVERA, Julio C., "La proyectada recodificación del derecho de familia", *DFyP*, (julio), 2012.

23 CHECHILE, Ana María, "El divorcio en el proyecto de Código Civil y Comercial de la Nación", *RDF*, 2012-57, 167.

parlamentario de la ley ibérica[24]. Es preciso recordar que en España, el art. 32.2 de la Constitución indica que la ley regulará "las causas de separación y disolución y sus efectos". Quienes observaban el nuevo régimen como de divorcio "incausado" entendían que éste vulneraba el texto constitucional que -a diferencia de la Carta Magna de nuestro país- preveía explícitamente la exigencia de regular "las causas" del divorcio.

Sin embargo, si logramos desanudar los prejuicios podemos entrever que la omisión de las causas en la regulación peninsular, no implica que la norma devino inconstitucional. La ruptura seguirá teniendo sus causas que sólo se exteriorizarán mediante la voluntad de uno o ambos cónyuges de incoar la acción.

Algunos autores ibéricos nos brindan mayor claridad al respecto. Cerdeira Bravo de Mansilla[25] apuntó que "la abolición del elenco de causas de divorcio no conlleva necesariamente su descausalización. Más bien, se trata de eliminar todo atisbo de culpa en los cónyuges, pero en modo alguno desaparece la causa del divorcio. Si la causa del matrimonio, en sentido contractualista, es la affectio maritalis, a la que se referían los romanos, la causa del divorcio es la *desaffectio maritalis*".

Messia de la Cerda Ballesteros[26] sostuvo que "la consideración del divorcio como un acto causal impide la afirmación de descausalización. En efecto, si se decide la implantación del divorcio por mutuo acuerdo, es obvio que se está primando, por encima de otras consideraciones, la voluntad de las partes, por lo que dicho acuerdo se eleva a la categoría de causa del acto".

A nuestro juicio, *la misma voluntad de divorciarse nos demuestra la existencia de causas o motivos; ergo no son las causas las que desaparecen, sino la exigencia de explicitarlas.* No obstante, si corresponde hacer una salvedad con aquellos autores que utilizan la denominación vulgar de incausado, en el entendimiento de que no hay causas que sean jurídicamente relevantes o que deban ser puestas de manifiesto. ¿Cuál es el razonamiento? Que este régimen sólo se interesa en las efectos jurídicos y que como no hay más causales (jurídicas) de divorcio, el divorcio sería *"incausado"*.

Otros describen este régimen como *exprés*, en alusión a la facilidad o tiempo insumido por el trámite de divorcio; como si la no dilación o el no transitar interminables procesos fuese un disvalor. Es cierto que el divorcio será más rápido, porque no se discutirán las causas, pero ello no significa que sea *exprés*, porque en el proceso habrá proponer y llegar a acuerdos sobre las cuestiones conexas.

Dicho de otro modo, la presentación ante el juez será precedida de la elaboración de una propuesta o, en caso de acuerdo, de un convenio regulador; y ello exigirá todo un trabajo previo a la etapa judicial en donde el rol del abogado resultará fundamental para trabajar con los esposos pensando en el futuro.

24 GUILARTE GUTIÉRREZ, Vicente, "Comentarios del nuevo artículo 81...", *cit.*, ps. 51/53.

25 CERDEIRA BRAVO DE MANSILLA, Guillermo, *Matrimonio (no) formalizado...*, cit., ps. 36 y 37.

26 MESSÍA DE LA CERDA BALLESTEROS, Jesús A., "La implantación del divorcio por mutuo acuerdo ante notario en España", en *Revista Crítica de Derecho Inmobiliario*, nº 734, Madrid, 2012, p. 3355.

Pero ¿qué hay detrás de locución *exprés*? Creemos que una actitud paternalista. El matrimonio aparece como una institución tan firme y consolidada que se pretende exigir a los esposos un tiempo de "meditación" e incluso, un juez "conciliador" que intente torcer la voluntad de uno o ambos cónyuges, aun cuando ellos estén decididos a continuar sus vidas separados. Hemos mencionado en reiteradas oportunidades que el consentimiento no sólo debe ser inicial, sino continúo. Si la familia matrimonial es tan importante como para impedir a toda costa el quiebre conyugal, ¿la "entrada en ella" no necesitaría de los mismos "apoyos"?

Además, no podemos olvidar que una amplia mayoría de los cónyuges que llegan a la justicia peticionando su divorcio, ya se encuentran distanciados o "divorciados" de facto, desde el plano emocional hace bastante tiempo, entendiendo que el proceso judicial constituye sólo un trámite que pretenden que dure lo mínimo posible. A todo evento, no somos los únicos que pretendemos defender la regulación prevista en el CCyC, también desde la precisión y corrección en el uso del lenguaje.

Así, otros autores han dicho: "cuestionamos y rechazamos por nuestra parte la denominación utilizada por algunos sectores contrarios al proyecto que se habilitaría con la sanción, un ´divorcio exprés´; utilizan este término para significar que el matrimonio pierde todo valor en los textos proyectados. Según nuestra opinión, denominarlo ´divorcio exprés´, es un reduccionismo de lo que significa. Lo que ocurre es que hoy un hombre o una mujer pueden lograr una sentencia de divorcio a través de un proceso contencioso acreditando que el otro cónyuge es culpable por haber incurrido en alguna de las causales subjetivas (...). El proyecto no busca sancionar a uno por ser culpable. En esa instancia poco importa si es culpable o inocente, lo que ahora se quiere reconocer es que ha ocurrido la ruptura de la relación; no se perderá tiempo discutiendo quien tiene razón y quien no la tiene respecto de los hechos que han motivado que los cónyuges ya no pueden seguir conviviendo".[27]

4. Fundamentos constitucionales convencionales para su introducción

Las ideas esgrimidas forman parte de una mirada constitucional-convencional o humanizada del derecho de familia, de la que hemos dado cuenta en el capítulo introductorio y en la que ha profundizado prestigiosa doctrina.[28]

En rigor, hemos tomado una postura favorable[29] a este régimen de divorcio mucho tiempo atrás y; actualmente, existen importantes voces doctrinarias

27 Corbo, Carlos María, "Análisis del Proyecto en materia de divorcio", *DFyP*, nº 6, julio 2012, p. 66.

28 Véase, entre tantos otros trabajos, Herrera, Marisa, "La familia en la Constitución 2020. ¿Qué famili@?" en Gargarella, Roberto (coord.), *Constitucionalismo 2020*, Ed. Siglo XXI, Buenos Aires, 2011, p. 85 y ss.; "Nuevas tendencias en el derecho de Familia de hoy. Principios, bases y fundamentos", Microjuris MJ-DOC-5595-AR, MJD5595 y de manera más reciente, "La lógica de la legislación proyectada en materia de familia. Reformar para transformar", en Revista *Derecho Privado*, Infojus, nro. 6, Buenos Aires, 2013, p. 109 y ss.

29 Culaciati, Martín M., "La distancia entre las relaciones afectivas y la ficción jurídica.

que avalan la regulación prevista en el CCyC[30], que nos eximen de un mayor análisis.[31]

Encarna Roca[32] sostuvo que "si hay que preservar en todo caso los derechos individuales de los miembros de la familia, la garantía de los derechos fundamentales a la libertad y a la intimidad implica el reconocimiento de un sistema de divorcio que tenga como eje la no indagación sobre las causas que lo provocan". En igual sentido, Mizrahi[33] apuntó: "A nuestro juicio, el gran acierto de las normas proyectadas es que se ha logrado amalgamar, por un lado, el respeto a la intimidad de los sujetos sin que el Estado -tras la invocación de un orden público hoy intolerable para la comunidad- interfiera en la vida privada de cada cual y en la elección autónoma de sus planes de vida (...)".

Puntualmente, en torno al resguardo de la intimidad de los cónyuges, se ha dicho que "los procesos contradictorios producen que los conflictos familiares (muchas veces situaciones morbosas, desagradables e inmorales) vean la luz en las hojas de los expedientes de manera innecesaria, instaurando una guerra que no deja vencedores, sino solamente vencidos. La finalización del matrimonio sencillamente puede ser solicitada por la vía menos traumática, previéndose evitar cuestiones que afecten la intimidad de las personas".

"Simplemente con la lectura del caso comentado, nos hemos enterado de la intimidad no solo de dos personas, sino de varias y de las conductas morbosas que han protagonizado. En definitiva, nos debemos preguntar, si era necesario todo ese despliegue, ventilar las situaciones íntimas; a fin de conseguir tan solo una sentencia de divorcio. Con la reforma se conseguiría lo

---

Una mirada desde el derecho comparado", *RDF*, 2009-44, 219 y "Reinterpretación del divorcio", *LL*, 2013-D, 995.

30 LLOVERAS, Nora, "El divorcio en el Anteproyecto de Código Civil", JA Número Especial, 20/06/2012, 2012-II, p. 16; LLOVERAS, Nora y RÍOS, Juan Pablo, "El divorcio incausado en el proyecto de Código Civil y Comercial de la Nación del año 2012", Microjuris, 20/08/2013, cita: MJ-DOC-6394-AR | MJD6394; HOLLWECK, Mariana, "Divorcio vincular. Interpretación de los arts. 437 y 438 del Proyecto", DFyP 2012 (julio), p. 73 y ss.; DUPRAT, Carolina, "El divorcio en el proyecto de reforma del Código Civil", Microjuris, 17/08/2012, cita: MJ-DOC-5924-AR | MJD5924; CATALDI, Myriam y CALIFANO, Lucila, "El sistema del divorcio actual y un mensaje alentador: existe un futuro constitucional", *RDF*, 2013-IV, 104 y; CHECHILE, Ana María, "El divorcio…", *cit.*, entre otros.

31 López del Carril señaló que "la Reforma tiene todos los méritos que una reforma debe tener: Se condice con la realidad social, se basa en la mala experiencia del régimen que deroga, establece un sistema ético compartido por la mayoría del plexo social, se adapta a las reformas que se fueron produciendo durante los últimos tiempos y que dejaban en una obsolescencia absurda la sistémica normativa vigente (…). La sociedad tendrá al momento de aprobarse el Proyecto, en este punto, una razón para celebrar: Nadie será más esclavo de su decisión de casarse, nadie será más ultrajado en su privacidad, nadie estará en boca de extraños, nadie será víctima de criterios éticos obsoletos, nadie seguirá casado porque ´no hay mejor cárcel que no tener adónde ir". LÓPEZ DEL CARRIL, Luis María, "El divorcio en el Proyecto de reforma", *LL*, diario 12/09/2012, p. 5.

32 ROCA TRÍAS, Encarna, *ob. cit.*, p. 166.

33 MIZRAHI, Mauricio L., "Regulación del matrimonio y el divorcio en el Proyecto", *LL*, 2012-D, 888.

mismo, sin que los involucrados ventilen sus conflictos a desconocidos (que en este caso, como en otros, son varios)".[34]

Este fenómeno ha sido conceptualizado por Kemelmajer de Carlucci como la "constitucionalización del derecho privado", ámbito en el cual se inserta la regulación sancionada que, al incorporar el régimen de divorcio sin expresión de causa, se asienta en el principio de libertad, autonomía y desarrollo de la personalidad, con solidaridad y responsabilidad. Ello se relaciona con el derecho al proyecto de vida autorreferencial de las personas (arts. 14, 19 y 75, inc. 22, CN) que atañe a la posibilidad de escoger libremente la forma familiar que más se adecue a los objetivos familiares de cada persona. Este derecho debe tener como base la posibilidad de optar, y decidir cuándo culminar un vínculo jurídico que ya no se condice con el lazo afectivo.

Como puede fácilmente colegirse, en un régimen "causalista" de divorcio la violación a los derechos-deberes matrimoniales tenía como sanción el ser declarado "culpable", con las consecuencias jurídicas que se derivaban de ello; en cambio, en el marco de un régimen de divorcio sin expresión de causa, los derechos-deberes de índole moral, no generan ningún efecto en el plano jurídico.

Ello nos lleva a indagar entonces ¿por qué motivo persiste un deber moral en la regulación civil? Si bien no se nos escapan los factores de presión que lograron los cambios de último momento y, reiteramos, que no genera efectos jurídicos, creemos firmemente que un texto jurídico no debería contener deberes morales.

No obstante las mentadas modificaciones, el CCyC dejó atrás un régimen jurídico que, a fin de proteger un interés social en abstracto, vulneraba el derecho a la libertad y autonomía en concreto de los cónyuges que no querían ser tales. En síntesis, volvemos sobre los pilares que permitieron descartar el divorcio-sanción: ¿hay realmente un único culpable en la ruptura marital o, en definitiva, y desde la mirada sistémica que propiciamos, en toda conducta debe haber otra anterior que la genera o coadyuva a que se produzca? Inclusive, ha quedado claro que el régimen anterior no estaba preparado para conocer con certeza lo que ocurría en la intimidad del hogar.

Todos estos argumentos son hábiles para indagar hasta qué punto puede imponerse el orden público y exigir el cumplimiento de la ley, si el juez no puede conocer las verdaderas actitudes de las personas involucradas.

5. La lógica del divorcio sin expresión de causa[35]

El CCyC reconoce que la institución matrimonial -como también las uniones convivenciales- se basan en la idea de un proyecto de vida de pareja en común, y para ello es necesario la existencia y mantenimiento de esta

34 Bigliardi, Karina A. y De Oliveira, Juan José, "¿Existe necesidad de dar a luz las conductas de los cónyuges en los procesos de divorcio? El divorcio incausado en el Proyecto de Código Unificado", *DFyP*, 2012 (septiembre), p. 103.

35 Bacigalupo de Girard, María, "El divorcio sin expresión de causa. La necesidad de su inclusión en nuestra legislación", en Kemelmajer de Carlucci, Aída (dir.) y Herrera, Marisa (coord.), *La familia en el nuevo Derecho,* t. I, Rubinzal Culzoni, Santa Fe, 2009, p. 409 y ss.

decisión por parte de ambos integrantes. En otras palabras, si uno de los cónyuges no mantiene la voluntad actual de proseguir con ese proyecto, el vínculo matrimonial no puede sostenerse, y la ley debe habilitar a que esto que acontece en el plano fáctico pueda tener su espacio o verse plasmado en el ámbito jurídico.

Si bien el código no desconoce la relevancia del matrimonio y la intención de la gran mayoría de las uniones que esta decisión se mantenga en el tiempo y que el proyecto de vida en común se afiance; estos no son valores jurídicos, sino axiológicos y deben quedar alejados de un texto normativo. No debemos malinterpretar la norma, pues ella no obliga a los cónyuges a divorciarse, circunstancia que violentaría el principio de libertad amparado constitucionalmente. Cada vínculo podrá durar todo el tiempo que ambos esposos decidan. El matrimonio existirá mientras los cónyuges persistan en su voluntad individual de seguir conviviendo pero desaparecerá tan pronto como cualquiera de ellos así lo considere.[36]

Como han destacado algunos autores[37] "este nuevo sistema, como lo hacen los sistemas modernos, tiene, en este sentido, como vértice a la persona humana y al humanismo como valor supremo".

Así, la ley -cuyo valor pedagógico hemos reconocido- no puede darle "armas" a los esposos para que ellos intenten destruirse mutuamente, máxime si se tiene en cuenta que, en el caso que concurran hijos de la unión, compartirán todas sus vidas un proyecto parental y; esta finalidad sólo podrá lograrse si los progenitores conservan una sana relación basada en un buen diálogo. No se nos escapa que, existirán supuestos donde los cónyuges no arriben a acuerdos y pretendan continuar relaciones patológicas, pero debemos entender a la ley como una herramienta de pacificación que siempre intentará desincentivar conflictos.

Entonces ¿Cuál es la lógica interna de este régimen?

La ley guarda la debida coherencia en torno a que si el matrimonio se celebra y mantiene por la voluntad de dos personas, si una de ellas no quiere continuar, el proyecto de vida en común desaparece y ello posibilita el divorcio. Justamente, que el vínculo se mantenga de a dos lleva, como contrapartida, que el requerimiento de divorcio pueda ser consensual o unilateral. Si uno de los esposos no quiere continuar con el mentado proyecto, esta situación fáctica debe tener virtualidad en el campo jurídico al permitir a cualquiera de ellos a solicitar el divorcio.

En la exposición de motivos de la ley española 15/2005, podemos leer que "el ejercicio del derecho de los esposos a no continuar casados no puede hacerse depender de la demostración de la concurrencia de causa alguna, pues la causa determinante no es más que el fin de esa voluntad expresada en la solicitud".

---

36 "Aunque la similitud no sea muy válida puede ser ilustrativo decir que el consentimiento matrimonial ha de estar presente a lo largo de la vida del matrimonio al igual que acaece con la buena fe a efectos de la usucapión: no basta con que esté presente en el momento inicial sino continuadamente". Guilarte Gutiérrez, Vicente, *ob. cit.*, p. 49.

37 Veloso, Sandra, "El proceso de divorcio según el Proyecto de Código Civil y Comercial", *DFyP*, nº 6, 2012, ps. 53 y 54.

Además, nuestro código extiende la viabilidad del divorcio a la petición unilateral, apoyado en otro argumento constitucional como es el principio de libertad y autonomía personal, no de la pareja como tal, sino de cada cónyuge en su individualidad.

La única distinción entre las variantes unilateral o bilateral residirá en algunas diferencias procedimentales, pero no en el acceso al divorcio, ni en el retraso de la sentencia que lo declare.

5.1. BREVE RESEÑA DE LA REGULACIÓN NACIONAL

Como todo régimen de divorcio sin expresión de causa, no le interesan las razones por las cuales los cónyuges deciden la ruptura marital, el proceso se flexibiliza y también se readecua el rol del juzgador en este tipo de trámites. Deja de ser un juez dedicado a indagar sobre el pasado de la relación matrimonial, sino dispuesto a acompañarlos en cómo serán los efectos derivados del divorcio, priorizando la consecución de acuerdos entre los cónyuges que efectivamente puedan cumplir.

Muy sucintamente nos avocaremos a reseñar las principales aristas del procedimiento de divorcio. Es sabido que el CCyC instauró un sistema único que continúa siendo judicial, y puede ser peticionado por uno o ambos cónyuges. Atrás quedó el régimen doblemente dual previsto en la ley 23.515.

Como adelantamos, la petición puede ser conjunta o, incluso, unilateral. En ambos casos, el juez decretará el divorcio; la diferencia sólo radica en cómo se va a desarrollar el proceso. En él se requiere presentar, para acceder al divorcio, una propuesta o un convenio regulador en el que uno o ambos cónyuges, expliquen cómo deberían resolverse las cuestiones conexas al divorcio.

En ningún caso, la falta de acuerdo impide o retrasa el divorcio.

i) Si la petición es unilateral, el cónyuge que insta el divorcio presentará una propuesta y se correrá un traslado al otro esposo, que al contestar, puede coincidir con la propuesta agregada u ofrecer una diferente. Así, puede ser que esté de acuerdo con todas las cuestiones planteadas, sólo con algunas, o con ninguna.

Los acuerdos y las discrepancias van a ser analizadas por el juez, para lo cual va a convocarlos a una audiencia. El juez decretará el divorcio, y si los esposos han acordado todas las cuestiones conexas, hará una homologación total; en cambio, si persisten algunos desacuerdos, igual se decretará el divorcio, el juez hará una homologación parcial de los puntos acordados y las discrepancias continuarán su trámite según el procedimiento previsto en la ley local, que por lo general, será la vía incidental.

Es probable que no todas las propuestas sean razonables o que aun siéndolo, no sean aceptadas por el otro, sólo para trasladar el conflicto a los efectos, porque la ley le vedó hacerlo en el divorcio mismo. Todo esto siempre puede ocurrir, una ley no cambia la personalidad más o menos conflictiva que puedan tener los cónyuges, pero atento al valor pedagógico de la ley, el CCyC pretende contribuir a cerrar caminos al litigio.

ii) Si la solicitud es conjunta o bilateral, aparece en escena la figura del convenio regulador con los acuerdos a los que los esposos hayan arribado y, que el código regula específicamente en el art. 439. La ley fomenta así, que los cónyuges lleguen ante el juez con un convenio acordado; en caso contrario, deberán trabajar en el proceso sobre los puntos de acuerdo de ambas propuestas.

El art. 439 establece el contenido mínimo que el convenio debe contener: a) las cuestiones relativas a la atribución de la vivienda; b) la distribución de los bienes; c) las eventuales compensaciones económicas; y d) el ejercicio de la responsabilidad parental. Esta norma no impide que se realice una mayor cantidad de acuerdos.

A su turno, el art. 440 nos recuerda que el juez puede exigir que el obligado otorgue garantías reales o personales como requisito para la homologación. Estas garantías asegurarán el efectivo cumplimiento de lo acordado. Y esta norma agrega que, tanto el convenio homologado como la decisión judicial pueden ser revisados si la situación que se tuvo en cuenta al redactarlo ha variado sustancialmente.

5.2. Países que lo regulan en sede judicial

El universo de países que prevé el divorcio sin expresión de causa en sede judicial no es homogéneo. Aquí analizaremos algunas de sus vicisitudes.[38]

En primer lugar, puede requerirse la voluntad de ambos esposos o la sola petición de uno de ellos. Así, podemos distinguir aquellas regulaciones que sólo admiten el divorcio bilateral, circunstancia que ya es común en el derecho comparado; de aquellas que además establecen la variante unilateral que posee menos aceptación en la legislación. Asimismo, algunas normas requieren para la admisión del divorcio el transcurso de un período de reflexión, o en su defecto, de un término mínimo de separación.

Por caso, tanto en Finlandia como en Suecia los cónyuges tienen derecho a obtener su divorcio tras un periodo de reflexión de seis meses, aunque el plazo puede obviarse cuando, a la fecha de presentación de la petición, los esposos ya no convivan desde hace dos años. La regulación sueca prevé otros supuestos de excepción que en nuestro medio, constituyen causas de nulidad matrimonial.

En Suecia, el legislador advirtió que si bien el matrimonio debe tener un lugar central en el derecho de familia, "la legislación no tiene que forzar bajo ninguna circunstancia a una persona a continuar la convivencia matrimonial si no lo desea, garantizándose en ese sentido el divorcio, sin que tenga relevancia quien ha sido el causante de la desunión, si es que ésta puede imputarse a alguno de los cónyuges"[39]. Entre los lineamientos de la ley 645 de 1973, ya se había reconocido "la minimización del rol del Estado, tendiendo a

38 No es nuestro propósito hacer un repaso pormenorizado de las legislaciones, sino limitarnos a observar sus principios rectores y principales diferencias. Se remite a Culaciati, Martín Miguel, "Tendencias del divorcio en el derecho comparado", *RDF*, 2012-54, 257.

39 Véase Makianich de Basset, Lidia N., "La reforma sueca en materia de divorcio", en *Revista Jurídica de San Isidro*, nº 25, enero-diciembre, San Isidro, 1989, p. 43.

dar en materia de divorcio expresión pública a los deseos privados de ambos o de uno solo de los esposos, para lo cual resulta necesario reconocer como rota una relación matrimonial cuando al menos uno solo de los cónyuges reclama la disolución (...)", eliminándose toda idea de culpa.[40]

En Portugal el divorcio puede ser solicitado en cualquier momento (art. 1775.1, CCiv.). Sin embargo esta modalidad, que es concebida como consecuencia del cese de la *affectio maritalis,* prevé un intento previo de acuerdo conciliatorio y un período de reflexión de tres meses desde la fecha de aquél y dentro del término de un año, pues en caso contrario, la solicitud queda sin efecto (art. 1774).

En Francia, el divorcio por mutuo acuerdo (arts. 230[41] y 232, *Code Civil*) adopta dos formas distintas, ya que puede ser requerido por demanda conjunta o bien ser solicitado por un cónyuge con el consentimiento del otro[42]. El primer caso, que es el que aquí interesa, se da cuando los cónyuges están de acuerdo en el principio de la ruptura y todas sus consecuencias. No tienen que dar a conocer la causa, sino solamente presentar al juez un proyecto de convenio que regule las consecuencias del divorcio.[43]

En América Latina, es interesante destacar el caso de Puerto Rico. Allí la causal fue creada por el Tribunal Supremo en 1978, en el caso "Figueroa Ferrer"[44], al declarar inconstitucional la disposición del art. 97 del Código Civil, que prohibía el acuerdo entre los cónyuges.

La variante unilateral la encontramos en la ley sueca, vigente desde el 1° de enero de 1987 y modificada en 1994, donde también se exige el período de reflexión[45]. Un cónyuge siempre tiene el derecho de obtener el divorcio sin que se requiera la expresión de una causa concreta, ya que es su propia voluntad unilateral la que tiene virtualidad propia para acceder al divorcio.

---

40 MAKIANICH DE BASSET, Lidia N., "La reforma...", *cit.*, ps. 50 y 51.

41 La reforma francesa de 2004 suprimió el plazo mínimo de 6 meses de duración del matrimonio.

42 El divorcio solicitado por un cónyuge con el consentimiento del otro supone el reconocimiento por ambos de la existencia de hechos que hacen insoportable la convivencia. Pero a diferencia de lo que sucede cuando la demanda es conjunta, quien se encarga de regular las consecuencias del divorcio es el juez. Los efectos son los de un divorcio por culpa compartida.

43 BELLUSCIO, Augusto C., "La nueva ley de divorcio francesa", *LL*, 2004-E, 1102.

44 TS Puerto Rico, "Figueroa Ferrer v. Estado Libre Asociado de Puerto Rico", 107 DPR 250 (1978). En aquella oportunidad, se sostuvo que el derecho constitucional a la intimidad permite a los ciudadanos divorciarse por consentimiento mutuo sin tener que expresar las razones de su determinación. Asimismo, se estableció que es menester que los cónyuges incluyeran las estipulaciones sobre las cuestiones conexas; e incluso, si dentro de los 30 días a partir de la sentencia, alguna de las partes retirara su aceptación, se dejaría sin efecto la determinación.

45 El período de reflexión puede evitarse cuando: a) la pareja ha estado separada durante dos años; b) cuando se celebró el matrimonio a pesar de que los cónyuges son parientes en línea directa o colateral o son hermanos y; c) uno de ellos estaba todavía ligado por un vínculo matrimonial o unión de hecho registrada. En estos casos, el procedimiento de divorcio puede también ser iniciado por el ministerio público.

Para finalizar, dejamos el análisis del régimen español instaurado por la ley 15/2005[46], que fuera tomado como modelo por el CCyC. En la exposición de motivos, se dijo que debe reconocerse mayor trascendencia a la voluntad del individuo cuando ya no desea seguir vinculado con su cónyuge. De ahí que la ley permite que transcurrido un plazo de tres meses desde la celebración del matrimonio, ambos cónyuges en forma conjunta, uno de ellos con el consentimiento del otro, o uno sólo de los cónyuges en forma independiente, puedan peticionar judicialmente el divorcio.

Este régimen no exige un plazo de reflexión, aunque sí requiere una duración mínima del vínculo (tres meses desde su celebración). En todos los casos se deberán presentar propuestas reguladoras de las consecuencias de la separación[47]. En comparación con la ley sueca, la norma ibérica exige como condición el transcurso de tres meses de matrimonio y, por el contrario, elimina el período de reflexión.

A nuestro juicio, la eliminación del período de reflexión constituye un acierto, pues cada pareja conoce mejor que nadie el proceso de maduración que necesita para peticionar el divorcio. Además, este lapso posterior a la demanda luce conflictivo pues la situación conyugal sería tensa y compleja, particularmente en supuestos de petición unilateral.

Sin embargo, su reemplazo por el término mínimo de matrimonio constituye un retroceso toda vez que, a la arbitrariedad que implica establecer plazos en las relaciones afectivas, se aduna que la exigencia temporal resulta negativa si la ruptura en los hechos ya ha acontecido.

6. EPÍLOGO

Las transformaciones jurídicas provocadas por la doctrina internacional de los derechos humanos han brindado el marco legal para favorecer el tan ansiado acercamiento entre Derecho y Realidad.

A pesar de que siempre habrá quienes sigan considerando al matrimonio como una institución eterna que ni el "desamor" puede disolver, creemos que la nueva regulación, al contrario de lo que aquellas voces sostienen, servirá al fortalecimiento del matrimonio, pues sólo detentará la aclamada perdurabilidad en aquellos supuestos en que el afecto subsista en la voluntad de cada uno de los esposos. Ello es una cuestión ajena a la ley, justamente, la ley debe dejar en libertad a los cónyuges para que el proyecto de vida en común se sostenga sin presiones ni "ataduras", como lo expone el art. 19, CN.

En reiteradas oportunidades, se ha sostenido que el afecto es un concepto que escapa a la conceptuación jurídica, es algo que no puede ser aprehendido por el derecho.

---

46 Puede verse VERDA Y BEAMONDE, José Ramón y TALAVERA FERNÁNDEZ, Pedro A., *Comentarios a las reformas de Derecho de familia de 2005,* Aranzadi, Navarra, 2006; DOMÍNGUEZ LUELMO, Andrés, "La supresión de las causas de separación y divorcio en la ley 15/2005 y sus repercusiones en el Derecho Civil", en *Revista Jurídica de Castilla y León*, n° 13, agosto de 2007; entre otros.

47 BACIGALUPO DE GIRARD, María, "La reforma del Código Civil español. Igualdad conyugal, divorcio incausado y custodia compartida", *JA*, 2006-III, 813.

Sin embargo, ya en la exposición de motivos de la ley ibérica encontramos la siguiente afirmación: "la relación y convivencia de pareja, basada en el afecto, es expresión genuina de la naturaleza humana y constituye cauce destacado para el desarrollo de la personalidad".

De hecho, la *affectio maritalis* no es otra cosa que incluir el afecto en un ámbito -el jurídico- en el que parece estar equivocado. Llamativamente, el afecto rara vez aparece mencionado en las normas jurídicas referidas a la familia. No obstante, los operadores del derecho han empezado a pensar que, en numerosas ocasiones, las relaciones familiares deberían moverse más en el ámbito de la afectividad[48] que en el de los lazos biológicos o genéticos, o en el de la regulación legal única.

El CCyC nos propuso la revalorización y juridización del afecto o, en palabras de Kemelmajer de Carlucci[49] "la apertura al `afecto´ como concepto jurídico"; pues hasta su sanción, la afectividad era una característica implícita de la relación matrimonial -como lo es, en general, en los estados civiles- pero hasta ahora era jurídicamente irrelevante. En la mente del legislador, desaparecido el afecto entre los cónyuges, se desvanece la razón de ser de la relación matrimonial.

De allí la relevancia del afecto para la perdurabilidad del matrimonio, y su desaparición como substrato volitivo para peticionar el divorcio. Justamente, el régimen de divorcio sin expresión de causa previsto en el CCyC es el que mejor responde a la manda constitucional-internacional de autonomía y libertad.

Lo que importa no es preservar la "cáscara" sino construir lazos afectivos sanos y respetuosos de los derechos personalísimos de cada integrante, convirtiéndose la familia en el vehículo propicio para el desarrollo de estas personalidades y no en un valladar de sus potencialidades. Auspiciar la libertad en las relaciones familiares no es aniquilarlas o "anarquizarlas", es dejar atrás un modelo de familia no respetuoso de los derechos humanos de sus integrantes.[50]

De esta manera, nuestro país ha dado un salto cualitativo sumamente importante con la sanción del CCyC y, en lo que aquí interesa, ha profundizado el proceso de liberalización del divorcio pero sin descuidar paralelamente la senda de la democratización de las relaciones familiares.

Justamente, el régimen instaurado constituye un excelente punto de

48 De allí que un concepto que parecía pertenecer sólo al derecho brasileño *(la afetividade)*, se ha trasladado a otros ordenamientos en los que ya se comenzó a hablar del "parentesco social afectivo", para reflejar la relación que surge entre personas que, sin ser parientes, se comportan entre ellos a modo y semejanza; se ha producido, entonces, lo que ha dado en llamarse "desencarnación", o sea, el debilitamiento del elemento carnal o biológico en beneficio del elemento psicológico y afectivo. Véase Da Cunha Pereira, Rodrigo, "Princípios fundamentais norteadores do Direito de Familia", Ed. Del Rey, Belo Horizonte, 2006, p. 179 y ss. y; Días, María Berenice y otros, *Afetos e estruturas familiares*, Ed. IBDFAM, Belo Horizonte, 2010.

49 Kemelmajer de Carlucci, Aída, "Las nuevas realidades familiares en el Código Civil y Comercial argentino de 2014", en diario La Ley del 8 de octubre de 2014.

50 De La Torre, Natalia, "La recepción del principio de autonomía en el proyecto de reforma

partida para pensar el instituto del divorcio y su evolución, evaluando cauces que no impliquen un retroceso o pérdida de derechos; sino por el contrario, que conlleven una ampliación de éstos. En este marco y contexto, la política de desjudicialización en materias que ya no representan un conflicto en sí mismo, contribuye a la mayor eficacia en el goce y ejercicio de los derechos.

Es este enfoque de la nueva fisonomía del divorcio el que se configura como el punto de partida según el cual el posterior desarrollo y análisis de su desjudicialización cobran coherencia y sentido.

Sin embargo y con carácter previo, es necesario efectuar un somero repaso en torno a la aplicación del divorcio sin expresión de causa en nuestro país. Así, a casi tres años de su vigencia, debemos analizar las vías por las cuales el conflicto conyugal emerge en la sede judicial a pesar de las expectativas e intenciones del legislador.

En razón de ello, observaremos las discrepancias que surgieron en el período de transición entre el obsoleto divorcio causado y el nuevo régimen con motivo de la aplicación del derecho intertemporal, donde so pretexto de resguardar el derecho de defensa en juicio se buscaba la pervivencia del divorcio sanción para obtener los beneficios patrimoniales que la ley anterior concedía al cónyuge "no culpable".

Así, merecen un pormenorizado análisis las vías por las cuales intenta filtrarse la vetusta culpa y en particular, cuando los cónyuges buscan su reintroducción a través del reclamo del daño extrapatrimonial ocasionado por el incumplimiento del deber moral de fidelidad.

y unificación del Código Civil: democratización de las relaciones familiares", *RDF* 2013-59, 131.

SECCIÓN SEGUNDA
EL DIVORCIO Y EL DERECHO TRANSITORIO

SUMARIO: 1. Aproximación al derecho transitorio. **1.1.** La decisión del juez frente al cambio normativo. **2.** La transición de los divorcios iniciados con anterioridad. **2.1.** Los procesos que tramitaban en primera instancia. **2.2.** La readecuación de los procesos en trámite. **2.3.** Los divorcios causados recurridos ante la Alzada.

"No hay nada más poderoso que una idea a la que le ha llegado su tiempo".
Victor Hugo

1. Aproximación al derecho transitorio

Según la ley 27.077, el CCyC entró en vigor el día 1° de agosto del año 2015 y de conformidad con el art. 7, a partir de su entrada en vigencia, las leyes se aplican a las consecuencias de las relaciones y situaciones jurídicas existentes.

El efecto inmediato es el efecto propio y normal de toda ley: ella se aplica inmediatamente después de haber sido sancionada. Es el sistema que ya preveía el código derogado y consiste en que la nueva ley se aplica a: *i)* las relaciones y situaciones jurídicas que se constituyan en el futuro; *ii)* las relaciones y situaciones jurídicas existentes, en cuanto no estén agotadas; *iii)* las consecuencias que no hayan operado todavía. Es decir, la ley toma a la relación ya constituida o a la situación (ej. el matrimonio) en el estado en que se encontraba al tiempo en el que la ley nueva es sancionada, pasando a regir los tramos de su desarrollo aún no cumplidos.

Los efectos o consecuencias aún no producidos caen bajo la nueva ley por aplicación inmediata, sin retroactividad[1]. Hay aplicación inmediata, sin retroactividad, cuando la nueva ley anula o modifica, acrece o disminuye los

---

1 En otras palabras, la norma posterior se aplica a las situaciones que se constituyen en el futuro, las existentes que no estén agotadas y las consecuencias que no se hayan operado todavía. Molina de Juan, Mariel, "El Código Civil y Comercial y los procesos de familia en trámite", La Ley, 16/09/2015, 1. En ese sentido, CNCiv., sala K, 04/11/2015 "S., M. E. c. C. S., L. s. divorcio", La Ley, 22/01/2016, 3; La Ley, 2016-A, 228; cita *online*: AR/JUR/61319/2015; sala A, 05/11/2015, "S., E. S. c. M., A. P. s. divorcio", RCCyC, 2016 (abril), 119; DFyP, 2016 (mayo), 98; cita *online*: AR/JUR/63277/2015 y; sala B, 09/11/2015, "C., J. c. C., A. s. divorcio", DFyP, 2016 (mayo), 45; cita: MJ-JU-M-96070-AR | MJJ96070; cita *online*: AR/JUR/61312/2015

efectos en curso o *in fieri* de las relaciones o situaciones jurídicas; es decir, los que se producen después de su entrada en vigor[2]. Dicho de otro modo, la regla general es que la nueva norma se aplica inmediatamente a todos los supuestos acaecidos a partir de su entrada en vigencia, y también a aquellos que, habiéndose originado aún en fecha anterior, producen sus consecuencias jurídicas con posterioridad a la sanción de la norma.[3]

La decisión del juez frente al cambio normativo[4]

La Corte Suprema de Justicia de la Nación[5] ha sostenido en reiteradas oportunidades que las sentencias deben atender a las circunstancias existentes al momento de la decisión, aunque ellas sean sobrevinientes a la interposición de los recursos, y que si en el transcurso del proceso han sido dictadas nuevas normas sobre la materia objeto de la *litis*, la decisión deberá atender también a las modificaciones introducidas en esos preceptos en tanto configuran circunstancias sobrevinientes de las que no es posible prescindir.

A fin de despejar toda duda, el máximo tribunal federal[6] dictó un precedente esclarecedor con relación a las discrepancias doctrinarias sobre la aplicación del CCyC a los procesos en trámite.

Así, declaró inoficioso pronunciarse sobre la constitucionalidad de la ley 18.248 -por encontrarse derogada- y en lo que aquí interesa, precisó que "corresponde atender a las nuevas normas que sobre la materia objeto de la litis se dicten durante el juicio, no puede desconocerse que la pretensión de los demandantes se encuentra hoy zanjada por las disposiciones del citado art. 64 del CCyC, norma de la que, en virtud de la regla general establecida en el art. 7° del código y de la citada doctrina, no puede prescindirse (conf. arg. Fallos: 327:1139)".

---

2 Herrera, Marisa, Caramelo, Gustavo y Picasso, Sebastián (dirs.), *Código Civil y Comercial de la Nación comentado*, v. 1, Infojus, Buenos Aires, 2015, p. 27.

3 Puede ahondarse en Galdós, Jorge M., "Los juicios de divorcio en trámite y el Código Civil y Comercial", (columna de opinión), La Ley, diario del 21/09/2015, p. 1.

4 Véase González de Vicel, Mariela, "El rol del juez de familia en el derecho proyectado", *Revista de Derecho Privado*, Infojus, n° 6, Buenos Aires, 2014, p. 83 y; Raffo, Pablo E., "El rol del juez de familia a la luz de los cambios legislativos", en Herrera, Marisa y Graham, Marisa (dirs.), *Derecho de las Familias, Infancia y Adolescencia. Una mirada crítica y contemporánea*, 1ª ed., Infojus, Buenos Aires, 2014, p. 45 y; Culaciati, Martín Miguel, "El divorcio y la hermenéutica judicial. Sobre el derecho y la justicia: el juez comprometido con el resultado", *RDF*, 2014-VI, 142; entre otros.

5 CSJN, Fallos: 306:1160; 318:2438; 325:28 y 2275; 327:2476; 331:2628; 333:1474; 335:905, entre muchos otros.

6 CSJN, 6/08/2015, "D. l. P., V. G. y otro c/ Registro del Estado Civil y Capacidad de las Personas s/ amparo", LA LEY, 27/08/2015, 11; LA LEY, 15/09/2015, 11 y; RCCyC 2015 (septiembre), 83.

En particular, al expedirse en el marco de un proceso de divorcio[7], la Corte Suprema sostuvo que devenía inoficioso pronunciarse sobre la configuración de la causal subjetiva admitida para decretar el divorcio, cuya existencia feneció por imperativo legal. *A fortiori,* agregó que no advertía un interés económico o jurídico actual que justifique un pronunciamiento sobre el punto al haber desaparecido uno de los requisitos que condicionan la jurisdicción del Tribunal.

Con suma claridad, señaló que la ausencia de una decisión firme sobre el fondo del asunto obsta a que se tenga por configurada una situación jurídica agotada o consumida bajo el régimen anterior que, por el principio de irretroactividad, obste a la aplicación de las nuevas disposiciones.

2. La transición de los divorcios iniciados con anterioridad[8]

El criterio analizado resulta aplicable a los divorcios causados, ya sea que obedezcan a causales subjetivas y objetivas, que se encontraban en trámite el 1° de agosto de 2015. Ello es así, tanto si estaban en primera instancia o si fueron recurridos y se encontraban radicados en la Cámara de Apelaciones. En ambos supuestos el judicante debió declarar el divorcio, pero sin calificación de inocencia o culpabilidad.

El principio que prevé el art. 7° es el de la aplicación de la ley nueva a las consecuencias de las relaciones y situaciones existentes. Por lo tanto, si en medio de un proceso judicial sin sentencia firme se debe aplicar la nueva ley, es entonces imposible que el juez decrete el divorcio por culpa de uno o ambos cónyuges, debiendo readaptar el proceso en el estadio en que se encuentre a las reglas que prevé el CCyC en materia de divorcio, que como recepta un único sistema lo será al de divorcio incausado. Esta misma interpretación cabe para aquéllos casos que al momento de su entrada en vigencia se encontraban a estudio en la Alzada. Al tratarse de una sentencia sujeta a revisión[9], ergo, no siendo firme, tampoco nos encontramos ante derechos adquiridos y, por ende, debe aplicarse la nueva normativa".[10]

Azpiri[11] sostuvo que al no haberse todavía dictado sentencia en este tipo de pleitos en trámite, el derecho de los cónyuges a la separación personal o al divorcio vincular no ha quedado consolidado. Por lo tanto, se trata de una

7 CSJN, 29/03/2016, "Terren, Marcela M. y otros v. Campíli, Eduardo A. s. divorcio", RCCyC, 2016 (mayo), 146; La Ley, 2016-C, 266; DJ, 29/06/2016, 34; DFyP, 2016 (junio), 85.

8 Hemos profundizado sobre el particular, en CULACIATI, Martín Miguel, "La aplicación inmediata del Código Civil y Comercial a los divorcios en trámite sin sentencia firme", LLBA 2015 (diciembre), 1190.

9 CNCiv., sala B, 09/11/2015, "B., C. R. c. V., R. B. s. divorcio", LA LEY, 23/02/2016, 7; LA LEY, 2016-A, 423; cita *online*: AR/JUR/55391/2015.

10 LORENZETTI, Ricardo L. (dir.), *Código. Civil y Comercial...*, cit., t. III, p. 734.

11 AZPIRI, Jorge, *Incidencias del Código Civil y Comercial. Derecho de Familia,* Hammurabi, Buenos Aires, 2015, p. 82.

consecuencia de una relación jurídica existente y, como tal, resultará regida por la nueva ley.

Kemelmajer de Carlucci[12] afirmó, con la claridad que la caracteriza, que "las sentencias que se dicten a partir de agosto de 2015 no pueden contener declaraciones de inocencia ni culpabilidad aunque el juicio haya comenzado antes de esa fecha, desde que la culpa o la inocencia no constituyen la relación; son efectos o consecuencias y, por eso, la nueva ley es de aplicación inmediata".

En suma, todos los divorcios contenciosos sin sentencia, iniciados antes o después de la entrada en vigencia se resolvieron como divorcios sin expresión de causa, aun cuando existía decisión de primera instancia apelada. Dicho de otro modo, el CCyC tiene aplicación a todo juicio sin sentencia firme.

En igual sentido, Kielmanovich apuntó que partiendo de la premisa que la situación jurídica que involucra a las partes es la disolución del matrimonio, su extinción debe disponerse con base en la ley vigente al momento del dictado de la sentencia, pues se trata de una consecuencia de aquellas que al entrar en vigencia no operaron todavía[13].

Sucede que para que haya divorcio se requiere una sentencia (v. arts. 213.3 del código derogado y 435 inc. "c", CCyC). El pronunciamiento tiene carácter constitutivo, sin perjuicio de que algunos efectos se retrotraigan a un momento anterior. Por lo tanto, mientras no haya sentencia firme, no hay divorcio.

En síntesis, la transición de un sistema a otro se dispuso de manera inmediata, respetando la regla de la irretroactividad de las leyes. A tal fin, a partir del 1° de agosto de 2015, se readecuaron las demandas de divorcio que introducían causales de divorcio objetivas y subjetivas[14], se suspendieron trámites de divorcio controvertidos y se celebraron audiencias a fin de que los aun cónyuges revieran sus pretensiones a la luz de la nueva normativa.[15]

Esta transición también encontró procesos en trámite y otros con sentencias de divorcio dictadas por jueces de primera instancia con anterioridad al 1° de agosto de 2015 con atribución de culpa, pero sujetas a revisión de la Cámara por haber sido apeladas. Veamos estos supuestos por separado.

12 Kemelmajer de Carlucci, Aída, *La aplicación del Código Civil y Comercial a las relaciones y situaciones jurídicas existentes,* Rubinzal Culzoni, Santa Fe, 2015, ps. 135 y 136.

13 Kielmanovich, Jorge L., "Algo más acerca de la petición unilateral de divorcio", La Ley, 25/09/2015, 1.

14 Juzg. Civ., Com. y Flia, Recreo -Catamarca-, 16/10/2015, "F., C. S. y A., V. H. s. divorcio vincular por presentación conjunta", LL NOA, 2016 (febrero), 109; cita online: AR/JUR/49804/2015. Aquí se dijo que no corresponde inmiscuirse en las razones o motivos tenidos en cuenta por los cónyuges, pues esta indagación implicaría restar, limitar o condicionar el carácter privado de la decisión de divorciarse y asumir una actitud paternalista habilitando una interferencia gubernamental no autorizada por el art. 19, CN.

15 Del Blanco, Sonia N., "El fin del divorcio controvertido. La transición", *RDF*, 2016-I, 67.

2.1. Los procesos que tramitaban en primera instancia

El primer día hábil de vigencia del CCyC, el Juzgado Civil, Comercial y Laboral de Monte Caseros[16] resolvió que "la sentencia de divorcio dictada estando vigente el CCyC no debe contener atribución de culpas ni análisis de los hechos en los que se la funda ni consideración del plazo de separación de hecho invocado por la parte y exigido por el derogado Código Civil, pues, como la extinción se trata de la consecuencia de una situación jurídica existente -el matrimonio-, debe hacerse con base en la ley vigente al momento de dictarla, por aplicación del art. 7 de la legislación de fondo citada".

En definitiva, cualquiera sea la instancia en la que se encuentre el expediente, hay que aplicar el mismo sistema de derecho transitorio que teníamos y, en consecuencia, verificar si las situaciones y sus consecuencias están o no agotadas, si está en juego una norma supletoria o imperativa.

No desconocemos que existieron algunas voces contrarias que apuntaban que una vez que se ha trabado la *litis*, la situación se ha agotado y, consecuentemente, no puede aplicársele la nueva ley sustancial. Estos autores entendían que si el divorcio se inició como contencioso, la sentencia debería resolver la cuestión tal como se trabó la *litis*; pues en caso contrario, de aplicarse el CCyC, lo probado y pedido por las partes no serviría para nada. Y el juez debería dictar una sentencia sin relación con lo alegado y probado. Desde ese punto de vista, se produciría la violación de la garantía de defensa en juicio, pues el juez se pronunciaría sobre la base de normas sobre cuya incidencia en su relación jurídica particular las partes no han tenido ocasión de alegar y ser oídos.

Sin embargo, siguiendo a Kemelmajer de Carlucci, debe señalarse que la extinción de la situación jurídica (divorcio) sólo puede ser declarada conforme la ley vigente al momento de la extinción. La situación procesal (traba de la *litis*) no siempre agota una relación sustancial; más aún, normalmente, no produce ese agotamiento, pues las figuras procesales, sin que esto disminuya su importancia, son, por lo regular, un instrumento para el ejercicio del derecho sustancial y, por lo tanto, no lo transforma ni modifica.

Así se advirtió que si bien el principio de congruencia está íntimamente ligado al derecho de defensa en juicio, también es cierto que, en el derecho de familia, el principio de congruencia exige una gran dosis de flexibilidad.

2.2. La readecuación de los procesos en trámite

Cómo es lógico, la vigencia del CCyC encontró procesos en trámite ante el juez de primera instancia y otros en lo que ya recayó sentencia de divorcio.

Como consecuencia de la aplicación inmediata de la nueva ley[17], a pedido

16 Juzgado de 1ª Instancia en lo Civil, Comercial y Laboral de Monte Caseros -Corrientes-, 03/08/2015, "Z., A. K. v. R., C. G. s. divorcio vincular", ED, 28/08/2015, 7; Revista CCyC, 2015 (septiembre), 102.

17 Kemelmajer de Carlucci, Aída, *La aplicación del Código Civil y Comercial...*, cit., p. 135. En

de parte o de oficio todos los juicios de divorcio en trámite, estén radicados en Primera Instancia o en tribunales de Alzada, contenciosos o no, y que no tengan sentencia, deben ser reconducidos y encuadrados en el régimen de divorcio sin expresión de causa.

Por su parte, Kielmanovich[18] entiende que respecto de los procesos de divorcio seguidos por causales objetivas y subjetivas que se hallan en trámite al entrar en vigencia el CCyC y en los que no haya recaído sentencia de divorcio, el Tribunal debe intimar de oficio, o a pedido de parte, a la parte actora y reconviniente, en su caso, a adecuar el procedimiento al previsto en el CCyC, en un plazo razonablemente amplio (art. 155, CPCC); en el caso presentando la propuesta contemplada por los arts. 438 y 439, teniendo en cuenta que su simplicidad o complejidad no podría ser normalmente apreciada en tal etapa, bajo apercibimiento de tenerlos por desistidos de su otrora pretensión y hoy petición o de disponerse su archivo.

Aquellos procesos en los que aún no había recaído decisorio alguno sobre el divorcio fueron reencauzados[19] y, esa readecuación implicó la activación de los arts. 438 y 439[20] y así quien inició un divorcio contradictorio debió presentar una propuesta reguladora.

2.3. Los divorcios causados recurridos ante la Alzada

Si dijimos que sin sentencia no hay divorcio, debe advertirse que si el expediente en el que tramita un divorcio contencioso se encuentra en la Cámara, porque se recurrió la sentencia, la Alzada no debe revisar la decisión a la luz del código derogado, porque está extinguiendo una relación y la ley sustancial que rige es el CCyC. En ese sentido, se torna innecesario indagar en las cuestiones que fueran materia de agravios.

Kemelmajer de Carlucci señaló que la noción de consumo jurídico no se vincula a la existencia de una sentencia que no se encuentra firme y, por lo tanto, las causas que se encuentran en apelación o en ulterior instancia deben ser resueltas aplicando el art. 7, CCyC, que en nada modifica el art. 3 del código derogado, excepto en lo que hace a las nuevas leyes supletorias más favorables para el consumidor.[21]

---

igual sentido, SC Mendoza, sala I, 11/03/2016, "P., M. A. d. R. c. A., J., A. s. divorcio vincular contencioso - división de sociedad conyugal", LL Gran Cuyo, 2016 (agosto), 7; LL Gran Cuyo, 2016 (septiembre), 7; cita *online*: AR/JUR/13582/2016.

18 KIELMANOVICH, Jorge L., Algo más acerca de la petición unilateral...", *cit*. Del mismo autor, "El proceso de divorcio en el Código Civil y Comercial", La Ley, 2015-B, 1102.

19 C. 2ª Civ. y Com. La Plata, sala II, 04/02/2016, "R. S. D. c. A. L. F. s. divorcio contradictorio", La Ley Online AR/JUR/112/2016.

20 C. Flia. de 1ª Nominación de Córdoba, 24/08/2015, "N., C. A. - F., P. A. s. divorcio vincular -no contencioso-", LLC, 2015 (noviembre), 1160; DJ, 23/12/2015, 72; DJ, 16/03/2016, 87; cita *online*: AR/JUR/28873/2015.

21 KEMELMAJER DE CARLUCCI, Aída, "El artículo 7 del Código Civil y Comercial y los expedientes

La amplia mayoría jurisprudencial[22] ha seguido este criterio. En ese sentido, la Cámara Civil y Comercial de Bahía Blanca[23] entendió que ya no correspondía declaración alguna de culpabilidad, por lo que se torna innecesario indagar en el asunto mediante el análisis de la prueba producida. Dado que el divorcio decretado no se encuentra firme y consentido por virtud de su apelación, ha de estarse a la ley vigente al momento de emisión de la sentencia y; en atención a que la norma aplicable ha eliminado las causales de divorcio que antes contemplaba el código derogado, el tribunal concluyó que deviene abstracta la consideración de los agravios.

La Cámara Civil, Comercial y de Familia de Lomas de Zamora[24] afirmó que la extinción del vínculo conyugal y con ello, el "nacimiento" y la inscripción del nuevo estado civil de las partes recién será posible con una sentencia firme que así lo establezca, circunstancia que inexorablemente acontecerá bajo la vigencia del nuevo ordenamiento legal. En otras jurisdicciones[25] el criterio aplicado fue idéntico.

En síntesis, algunos fallos resolvieron declarar la cuestión abstracta, remitiendo los obrados a primera instancia a los fines de efectuar la propuesta reguladora; otros decretaron el divorcio sin expresión de causa y remitieron al *a quo* a los efectos de la propuesta reguladora y; en algunos, el decisorio de divorcio no incluyó referencia alguna a la propuesta o convenio regulador.[26]

---

en trámite en los que no existe sentencia firme", LL, 2015-B, 1146.

22 Una tesitura minoritaria puede verse en el Acuerdo Plenario de la Cámara de Apelaciones de Trelew nº 194 del 15/04/2015 elDial.com - AA8E65. Allí sus integrantes resolvieron "disponer que una vez dictada la sentencia de grado en una causa bajo el régimen de los Códigos Civil y de Comercio hoy vigentes, en las sucesivas instancias judiciales habrá de revisarse la sentencia de grado a la luz de los mismos ordenamientos bajo cuyo amparo ella se dictó".

23 C. 1ª Civ. y Com. Bahía Blanca, sala I, 28/08/2015, "A., C. G. v. R., C. E.", RDF, 2016-I, 59.

24 C. Civ. y Com. Lomas de Zamora, sala I, 13/08/2015, "A. A. L. v. C. R. s. divorcio contradictorio", ED, 264-216; DJ, 28/10/2015, 80; LLBA, 2015 (diciembre), 1241.

25 CCiv. y Com. Salta, sala IV, 07/09/2015, "M. de C., M. c. C., T. L. s. divorcio", LL NOA, 2015 (octubre), 1021; ED, 264-405; C. Civ. y Com. de Necochea, 20/08/2015, "R., C. D. v. B., M. S. s. divorcio contradictorio", LLBA, 2015 (diciembre), 1190. Puede verse también, GLINKA, Fernando y otros, "El nuevo Código Civil y Comercial y su aplicación temporal. Un breve paneo jurisprudencial", MJ-DOC-7423-AR, MJD7423 y; PETRILLO, Paola María, "Los procesos de divorcio en trámite ante la vigencia del nuevo Código Civil y Comercial", LL Gran Cuyo 2015 (agosto), 698.

26 PELLEGRINI, María Victoria, "Primeros pasos de la aplicación del proceso de divorcio del Código Civil y Comercial", RDF, 2016-73, 48.

SECCIÓN TERCERA
EL DIVORCIO Y EL DERECHO DE DAÑOS

SUMARIO: 1. CONSIDERACIONES GENERALES. **1.1.** LOS SENTIMIENTOS BAJO EL PRISMA DE LA JURIDICIDAD. **2.** LA FILTRACIÓN DE LA CULPA A TRAVÉS DE LOS DAÑOS. **3.** LA INTERPRETACIÓN DEL RÉGIMEN VIGENTE. **3.1.** LOS ELEMENTOS DE LA RESPONSABILIDAD CIVIL.

"Ninguna norma del código civil garantiza a las personas que pasan por este mundo un estado de felicidad, ni que la ruptura de esa felicidad deba ser indemnizada por quien la ha roto. Hay una regla del riesgo general de la vida y es que el vivir entraña problemas, dificultades y disgustos que nadie tiene por qué indemnizar".

Luis Díez Picazo[1]

1. CONSIDERACIONES GENERALES

Los daños derivados del divorcio se desprendían del régimen subjetivo, siendo la causa el incumplimiento de algún derecho-deber jurídico del matrimonio, el que al configurar un hecho ilícito generaba el deber de reparar. Esta mirada que se encuentra apoyada en el orden público como su pilar fundamental merece algunas consideraciones.

El derecho de familia y el derecho de la responsabilidad civil, intrínseca y profundamente influenciados por las transformaciones de las costumbres son, quizás, las ramas del derecho privado que más cambios "revolucionarios" manifiestan en los últimos años[2]; y la teoría de la responsabilidad civil es el ámbito en el que las mayores transformaciones se han producido por obra de los jueces.[3]

Medina Alcoz[4] nos recuerda que el derecho de la responsabilidad civil está construido a partir de escasos preceptos legales[5]; y es, en gran medida, un

---

1 DIEZ PICAZO, Luis, "Daños civiles en el matrimonio", Revista *Otrosí*, enero-marzo 2011, Madrid, p. 7.

2 FRACCON, Adalgisa, *Relationi familiari e responsabilità civile*, Giuffrè, Milano, 2003.

3 GENY, François, Risques et responsabilité, en *Rev. Trim. de Doit Civil*, 1902-1-812.

4 MEDINA ALCOZ, Ana María, "La función de la responsabilidad civil extracontractual", en *Anuario de la Academia Aragonesa de Jurisprudencia y Legislación*, 2002/2004, p. 490.

5 En el derecho latinoamericano podemos encontrar algunas escasas normas sobre el particular. En Costa Rica, el artículo 48 bis del Código Civil dispone que: "De disolverse el vínculo matrimonial, con base en alguna de las causales establecidas en los incisos 2), 3)

derecho judicial; son los jueces los que, al desarrollar una labor permanente de interpretación recreadora, de mirada atenta a una realidad social cambiante, con su correlativa alteración de las mentalidades, han completado la ordenación legal con un complejo de reglas, fruto de la necesidad de resolver los conflictos multiformes con criterios que no fluyen con sencillez de unas previsiones legales extremadamente sincopadas.

En ese orden de ideas, los daños y perjuicios derivados del divorcio durante varios años han desvelado a la doctrina y jurisprudencia nacional, cuyas controversias concluyeron, en parte, con la doctrina legal sentada en un fallo plenario dictado al amparo del código derogado.

De este modo, la Cámara Nacional de Apelaciones en lo Civil resolvió, como doctrina legal obligatoria[6] que: "En nuestro derecho positivo es susceptible de reparación el daño moral ocasionado por el cónyuge culpable como consecuencia de los hechos constitutivos de las causales de divorcio".[7]

El voto de la mayoría expuso, en lo que aquí interesa, que "la satisfacción de la víctima del daño moral generado por los hechos que desencadenaron el divorcio, no se alcanza con la sanción de culpabilidad para el ofensor, lo que explica que si se atiende a las finalidades indemnizatorias deba imponerse en forma paralela el correspondiente resarcimiento (...). Es que si uno de los cónyuges incurre en alguna causal de las taxativamente enumeradas por el art. 202 del Cód. Civil, está cometiendo un hecho ilícito, porque viola deberes derivados del matrimonio que son susceptibles de dar lugar a la sanción civil del divorcio. Pero si ese ilícito además causa un daño objetivamente cierto a la persona del inocente, no existe impedimento alguno para penetrar en el campo aquiliano y disponer que se enjugue el perjuicio con las sanciones propias de ese ámbito".

Por el contrario, el voto de la minoría rechazó la aplicación de los daños entre cónyuges, en el entendimiento de que lucrar con la deshonra resulta contrario a la moral y las buenas costumbres. En esa línea argumental se afirmó que "el matrimonio no puede tener un sentido especulativo, en cuanto a tener asegurada una buena conducta gracias a la coerción que significaría la imperatividad de una reparación basada en actitudes que difieren del

---

y 4) del artículo 48 de este Código, el cónyuge inocente podrá pedir, conjuntamente con la acción de separación o de divorcio, daños y perjuicios de conformidad con el artículo 1045 del Código Civil". Asimismo, el artículo 144 del Código de Familia de Bolivia prevé -en su parte pertinente- que: "Independientemente, el cónyuge culpable puede ser condenado al resarcimiento del daño material y moral que haya causado al inocente por la disolución del matrimonio".

6 CNCiv., *en pleno*, 20/09/1994, en autos "G., G.G v. B de G., S. M.", LL 1994-E, 538; JA 1994-IV, 549; DJ, 1994-2-1171.

7 Con relación a los alcances del plenario, el doctor Mizrahi sostuvo que: "Tal doctrina obligatoria en modo alguno presume la existencia de un agravio moral en el cónyuge inocente una vez declarado el divorcio vincular; pues se dejó librado al prudente arbitrio judicial la facultad de indemnizar o no este perjuicio -en caso de que sea reclamado por el cónyuge no culpable de la disolución del vínculo matrimonial-, de acuerdo a las circunstancias que plantee cada caso concreto, y una vez evaluado si concurren todos los presupuestos de la responsabilidad civil". CNCiv., sala B, 28/04/2006, *LL*, 2006-D, 339 y *DJ*, 2006-2-792.

comportamiento común de las personas, y aventar todo peligro del fracaso matrimonial, al que contribuyen ambos cónyuges por más que no se pueda graduar la culpabilidad. Se ha dicho que la relatividad de las ideas de culpa y de inocencia en la frustración del proyecto matrimonial y las vías de acceso no litigiosas al divorcio por las que opta la mayor parte de los justiciables, resultan elocuentes".

La opinión minoritaria trajo a colación dos argumentos que nos resultan de particular interés porque apelan al principio de realidad[8]. Allí se dijo: "Quien contrae matrimonio lo hace prestando un consentimiento válido con todo lo que ello implica. Si por distintas circunstancias, la elección del cónyuge se revela equivocada, se sufren disgustos, humillaciones o inevitables rupturas, ha de admitirse que tales circunstancias deben ser cuidadosamente sopesadas antes de dar un paso tan trascendental. Con lo que, acordar por vía jurisprudencial una indemnización, significaría tanto como asegurarle a quien se equivoca en su elección una reparación pretendidamente paliativa de los agravios sufridos. Por otra parte, de aplicarse la tesis permisiva ello importaría una eventual `fuga´ de los litigantes desde el divorcio remedio hacia el divorcio sanción, toda vez que las partes buscarán por todos los medios acreditar, en juicio contradictorio, la culpa de su consorte para hacerse acreedor a la indemnización de los daños materiales y morales, eludiendo la vía del divorcio por presentación conjunta o la causal objetiva de separación de hecho por más de 3 años (art. 214, ley 23.515), a la que tiende la legislación moderna sin excepción".

De cualquier modo, entre el plenario y la entrada en vigencia del CCyC transcurrieron más de 20 años, tiempo en el que la realidad sociocultural y, por lo tanto, la jurisprudencia y la doctrina cambiaron sustancialmente.

Una amplia mayoría doctrinaria se inclinó por la improcedencia de los planteos resarcitorios en el marco del divorcio si éstos estaban basados exclusivamente en la violación del deber de fidelidad[9]. En este sentido, se argumentó: (i) la crisis del concepto de culpa, por las específicas características de la relación conyugal y por la grave dificultad de arribar a la verdad; (ii) la

8 Véase FAMÁ, María Victoria y GIL DOMÍNGUEZ, Andrés, "Divorcio y daño moral: Una mirada constitucional" (columna de opinión), *LL*, diario del 11/05/2005.

9 Ver entre otros BORDA, Guillermo A., "Reflexiones sobre la indemnización de los daños y perjuicios..." *cit.*; KEMELMAJER DE CARLUCCI, Aída, HERRERA, Marisa, "El divorcio sin expresión de causa y los deberes y derechos matrimoniales en el nuevo Código", LL, 2015-C, 1280; HERRERA, Marisa, "El régimen de divorcio incausado en el Código Civil y Comercial de la Nación", Supl. Especial Familia en el CCyC (primera parte), diciembre, La Ley, Buenos Aires, 2014, p. 53; ZAVALA DE GONZÁLEZ, Matilde, "Daños entre familiares", *LL*, 2015-A, 562; SÁNCHEZ, Lorena A., "El deber moral de fidelidad en el Código Civil y Comercial", DFyP 2015 (agosto), p. 62; ROVEDA, Eduardo G., SASSO, Marcela L,- ROBBA, Mercedes, "El divorcio en el Proyecto de Código Civil y Comercial", DFyP (julio), *LL*, 2012, 36; MIZRAHI, Mauricio, *Familia, matrimonio y divorcio* cit., ps.745/796; "Improcedencia de las indemnizaciones por daños en los divorcios decretados por causales subjetivas", *JA*, 1991-IV-680; y "Los daños y perjuicios emergentes del divorcio y el plenario de la Cámara Civil", *LL*, 1996-D, 1702; IBARLUCIA, Emilio, "El reclamo de reparación del daño moral por las causales subjetivas de divorcio. La correcta interpretación de la ley y la cuestión constitucional, *RDF*, 2010-45, 85 y; SOLARI, Néstor, "Responsabilidad civil y divorcio", *LL*, 2001-D, 1182; y "El daño moral en el divorcio" *LL* NOA 2006-901.

imposibilidad de indemnizar el desamor que evidencia todo quiebre marital; (iii) la verificación de que la admisibilidad de los reclamos indemnizatorios constituía un incentivo para los divorcios controvertidos; y (iv) la prevalencia de otros valores, como la solución armoniosa de los conflictos, y la tutela integral de la familia, en especial de los hijos, perturbados por los reclamos indemnizatorios.

La jurisprudencia mayoritaria siguió la misma tesitura. Así, muchos fallos restringieron el resarcimiento del daño en el ámbito del divorcio haciendo hincapié en que existía una suerte de venganza ínsita en el reclamo. A modo ejemplificativo, un fallo de la sala F de la Cámara Nacional en lo Civil del 5/09/2012[10] afirmó: "no parece que más allá de estos límites deba abrazarse una cruzada resarcitoria que, la experiencia lo está demostrando, sirve más a la justificación de vindictas -prolongación del divorcio mismo con propósitos de lucro- en un contexto de litigiosidad que, por otra parte, ha hecho crisis en el derecho de familia moderno. La relatividad de las ideas de culpa y de inocencia en la frustración del proyecto matrimonial y las vías de acceso no litigiosas al divorcio por las que opta la mayor parte de los justiciables, son elocuentes".

En definitiva, consideramos que opiniones como la doctrina legal que sentó en su momento el plenario son las que tienden a reforzar la idea de matrimonio-castigo. De hecho, nos preguntamos si la tesis afirmativa ¿no provocaría un temor a casarse? ¿No estimularía indirectamente el abandono de los acuerdos y consecuentemente un prejuicio para los hijos? Cuando una persona contrae matrimonio ¿No resultaría previsible que exista un potencial error o equivocación en la elección de la pareja?

Continuamos, pues se imponen algunas aclaraciones. Cuando el accionar de un cónyuge provoca una lesión o menoscabo a los llamados derechos de la personalidad, el estado conyugal no servirá de soporte para convalidar la impune perpetración de delitos o cuasidelitos. Es que en esos específicos supuestos, los cónyuges no serán convocados como tales, sino como víctima y victimario, quedando desplazado el derecho matrimonial. En esta situación, adquirirán particular relieve las normas del responder civil, las que serán plenamente aplicables con o sin sentencia de divorcio.[11]

Además, no resulta ocioso advertir que una cosa es que a la luz del código derogado era susceptible de reparación el daño moral ocasionado por el cónyuge culpable como consecuencia de los hechos constitutivos de las causales de divorcio; y otra muy distinta, son los daños derivados del divorcio en sí mismo.

En esta última hipótesis, la regla es que la voluntad de separarse o divorciarse, aunque sea asumida unilateralmente, está prevista y legitimada por el derecho positivo; y por lo tanto, esta elección no puede constituir un daño injusto del cual pueda derivar la obligación de resarcir. Una opinión contraria implicaría una suerte de "sanción civil" que no puede ser equiparada a la responsabilidad civil.

10 CNCiv, sala F, 05/09/2012, "V., C. A. v. R. M., D.", Abeledo Perrot *online* AP/JUR/3004/2012 (del voto del Dr. Zannoni).

11 CNCiv., sala B, 28/04/2006, *LL*, 2006-D, 339 y *DJ*, 2006-2-792 (del voto del Dr. Mizrahi).

1.1. Los sentimientos bajo el prisma de la juridicidad

En este acápite pretendemos analizar los sentimientos, manifestados como valores éticos, bajo el prisma de la juridicidad y, en particular, la relevancia del afecto. A todo evento nos preguntamos: ¿Hay una responsabilidad por no querer más a alguien?

En la Exposición de Motivos de la ley española 15/2005 se mencionó que "la relación y convivencia de pareja, basada en el afecto, es expresión genuina de la naturaleza humana y constituye cauce destacado para el desarrollo de la personalidad". De este modo, la idea del legislador ibérico es que, desaparecido el afecto entre los cónyuges, desaparece también la razón de ser de la relación conyugal.

La afectividad es una característica implícita de la unión matrimonial -como lo es, en general, en los estados civiles- pero hasta ahora era jurídicamente irrelevante.

Con la introducción de un régimen de divorcio sin expresión de causa se produce lo que nosotros denominamos la *"juridización"* del afecto. Como adelantamos, creemos que el matrimonio es una unión libremente consentida, basada en el afecto, que sólo subsiste mientras dure éste; de ahí, la relevancia de su desaparición como fundamento último del divorcio. El afecto -y la falta de él- comenzaron así a tener efectos jurídicos y es puesto de manifiesto en el CCyC que fundamentó el divorcio en la ruptura del proyecto biográfico de los cónyuges lo que, en definitiva, implica la pérdida en uno o en ambos del afecto mutuo.

A su turno, aquellos deberes matrimoniales que otrora eran jurídicos se convirtieron en deberes morales. Y al plantearse que el deber de fidelidad constituye un deber ético, colegimos fácilmente que no puede originar un daño jurídicamente reparable. Los fundamentos del Anteproyecto despejan cualquier posible duda, al advertir que "los daños que pueden ser indemnizados a través del sistema general de la responsabilidad civil son aquellos que no tienen su causa en el vínculo matrimonial en sí mismo ni en los deberes que de él emanan, sino en la condición de persona. Se separa, así, lo relativo al vínculo matrimonial del derecho de daños".[12]

Así, el deber moral de fidelidad no podría ser causa fuente de reparación civil, con total independencia que un hecho o varios ocasionados por el cónyuge puedan generar un daño que sí sea jurídicamente reparable por aplicación de las reglas generales de la responsabilidad civil como por ejemplo, actos de violencia de un cónyuge hacia el otro, o situaciones que afecten al honor o la intimidad como ser difamar por las redes sociales o en lugares públicos a un cónyuge o ex cónyuge.

En todos estos casos, el deber de reparar no deriva de la violación a un derecho-deber moral del matrimonio, sino por el hecho de ser persona y ver conculcados derechos que lo afectan y agravian de manera directa.[13]

---

12 Proyecto de Código Civil y Comercial de la Nación, Infojus, Buenos Aires, 2012, p. 576.

13 En los casos de violencia en la pareja, la ley 26.485 prevé explícitamente la reparación de los daños que se deriven de este tipo de violación de derechos humanos al expresar en su art. 35: "Reparación. La parte damnificada podrá reclamar la reparación civil por los

2. LA FILTRACIÓN DE LA CULPA A TRAVÉS DE LOS DAÑOS

Es necesario poner de relieve que en otros países que han adoptado el régimen de divorcio sin expresión de causa, la culpa intenta filtrarse a través de los daños y perjuicios.

En España, tras la entrada en vigencia de la ley 15/2005, se advirtió un incremento de los fallos que han debido resolver acerca de la procedencia del resarcimiento por el daño moral emergente del incumplimiento de los deberes conyugales. Este aumento de los planteos resarcitorios demuestra que la culpa, otrora canalizada a través de la configuración de las causales subjetivas de divorcio, se filtra hoy en el campo de los daños y perjuicios.

Es dable pensar que aquel panorama podría reproducirse en nuestros tribunales, que se verán sorprendidos con demandas que pretendan sortear las limitaciones propuestas por la nueva normativa. En tal caso, cabe señalar que la jurisprudencia ibérica mayoritaria rechaza la pretensión indemnizatoria del cónyuge dolido por el incumplimiento del deber de fidelidad y, en general, considera a los deberes conyugales como meros deberes morales[14].

Si por el contrario, aceptasen una postura permeable a la reparación pecuniaria por el mero incumplimiento de aquellas obligaciones se correría el grave riesgo de reintroducir la noción de culpa, contraria a la letra y el espíritu de la ley.

En esa línea argumental, se afirmó[15] que no parece tener cabida esta nueva forma de sancionar al cónyuge imponiendo penas económicas en función de su conducta cuando ésta se aleja de las reglas morales socialmente establecidas, más aún, si se advierte el carácter resarcitorio y no punitorio del derecho de daños, cuya finalidad es la reparación de los perjuicios injustamente sufridos y no la sanción al sujeto que los ocasiona.

Por ello, resulta fundamental determinar en qué supuestos las conductas de un cónyuge con el otro, deben dar origen a una indemnización por los daños sufridos, sin que ello suponga reintroducir la culpa en los deberes morales matrimoniales[16], y las conductas no exigibles a los cónyuges[17] que no

daños y perjuicios, según las normas comunes que rigen la materia".

14 El Tribunal Constitucional español sostuvo que "si el legislador hubiese querido sancionar jurídicamente la infracción del deber de fidelidad conyugal, no sólo con la separación y el divorcio sino también con un específico resarcimiento del daño moral irrogado por la infidelidad, hubiese de alguna forma recogido tal posibilidad entre los efectos propios del divorcio o de la separación... no sólo no lo ha hecho así sino que ha procurado en lo posible 'descausalizar' tanto la separación como el divorcio". Tribunal Constitucional, sala 1ª, auto nro. 140/2001, 4/06/2001, RTC 2001\140, publicado en Jurisprudencia Constitucional, tomo 60 (mayo-agosto 2001), Madrid, 2001, p. 1246.

15 FAMÁ, María Victoria, "Jurisprudencia española. La reparación por daños y perjuicios frente al divorcio incausado", cita *online* AP/DOC/1092/2013.

16 FAMÁ, María Victoria, "Jurisprudencia española. La reparación..., *cit*.

17 Puede verse Corte de Justicia de Río de Janeiro, Cámara 11ª, 31/8/2005, apelación civil nº 2005.001.13328, voto del juez José C. de Figueiredo.

dan acción para reclamar su cumplimiento ni indemnización alguna[18].

¿Puede alguien ser obligado a amar o a continuar amando a otro? la respuesta negativa se impone, pues pretender cercenar la libertad emocional de las personas y su proyecto biográfico al sólo fin de mantener vigente un vínculo registral creado en base a una situación fáctica que ya no existe, no es algo esperable de la ley y, resulta tan absurdo como querer imponer el amor por decreto.

Cabe traer a colación las palabras del profesor Ciuro Caldani: "Por lo general, las cuestiones de familia que se llevan a litigio judicial siempre exhiben ingredientes dolorosos, cuya recomposición sólo muy parcialmente puede ser subsanada por los jueces; ello porque el valor amor no puede ser suplido por valores jurídicos".[19]

En particular, nuestro país instauró un régimen de divorcio sin expresión de causa que cambió el paradigma hasta entonces vigente y por lo cual, no es válido continuar aplicando argumentos propios del divorcio sanción.

En razón de ello, y más allá de la opinión subjetiva y de los preconceptos del intérprete de turno, hay que insistir en conceptos básicos: los deberes matrimoniales no deben analizarse en forma aislada, sino en su interacción o interrelación con el régimen de divorcio; en virtud de lo que nos imponen los arts. 1 y 2 del CCyC al requerir la interpretación y aplicación *sistemática y coherente* de las normas.

Así, reprobable o no moralmente, la infidelidad es consecuencia de la falta del afecto que el matrimonio presume. Surgen entonces las siguientes preguntas: ¿Puede sancionarse jurídicamente la pérdida de afecto en el matrimonio? ¿La infidelidad (incumplimiento de un deber moral) puede verse "reparada" con un resarcimiento dinerario? A nuestro juicio, las respuestas negativas se imponen.

3. LA INTERPRETACIÓN DEL RÉGIMEN VIGENTE

Estas intenciones que pueden tener los cónyuges en ocasión del divorcio no deberían tener cabida en un régimen sin expresión de causa, en atención a que los motivos que los llevaron a la ruptura conyugal no resultan relevantes

18 En tal sentido, se ha dicho que: "hay ciertos comportamientos que no pueden ser exigidos, al menos jurídicamente: derecho a que te quieran, derecho a tener relaciones sexuales, derecho a convivir... No todo daño moral debe ser jurídicamente resarcido: la traición de un amigo, la desazón de no obtener un empleo, la frustración de un negocio, el desengaño amoroso, la decepción por no aprobar un examen, que el cónyuge no sea un atento y fiel compañero/a...". Ocurre que "no existe un derecho general a la felicidad que pueda ser ejercitado ni siquiera en el ámbito propio del matrimonio" (DE FILIPPIS, Bruno, *L'obbligo di fedeltà coniugale in costanza di matrimonio, nella separazione en el divorzio*, Cedam, Padova, 2003, p. 24, cit. por LÓPEZ DE LA CRUZ, Laura, "El resarcimiento del daño moral ocasionado por el incumplimiento de los deberes conyugales", en Revista *InDret* 4/2010, Barcelona, 2010, en www.indret.com/pdf/783_es.pdf

19 CIURO CALDANI, Miguel Ángel, citado en KEMELMAJER DE CARLUCCI, Aída, "Daños y perjuicios causados al progenitor por la obstaculización del derecho a tener una adecuada comunicación con un hijo. Una interesante sentencia Italiana", Revista de *Derecho de Daños*, 2001-2, Rubinzal Culzoni, Santa Fe, ps. 285 y 286.

ni poseen su correlato jurídico en nuestro derecho positivo.

Esta conclusión no sólo surge patente de la letra del CCyC y de una aplicación sistemática de dicho cuerpo normativo, sino que es coincidente con la interpretación que le ha dado la doctrina mayoritaria reunida en importantes eventos académicos llevados a cabo desde su entrada en vigor.

En el marco de las XXV Jornadas Nacionales de Derecho Civil llevadas a cabo en la ciudad de Bahía Blanca en octubre de 2015, la Comisión nº 3 aprobó por amplia mayoría que "son resarcibles los daños causados entre cónyuges por todo hecho o acto que lesione su dignidad en tanto persona humana, con independencia de su calidad de cónyuge. No corresponde reparar los daños derivados del incumplimiento de los deberes típicamente conyugales".

Al referirse puntualmente al deber de fidelidad, el despacho de mayoría sostuvo que "en virtud del principio de reserva (art. 19, CN), las directivas de interpretación establecidas en el art. 2, CCyC y el carácter moral del deber de fidelidad (art. 431), anudados a los fundamentos del Código Civil y Comercial, la infracción del precitado deber no es antijurídica (art. 1717). Por tal motivo, no existe en este caso un daño resarcible (art. 1737)".

En igual sentido, la Comisión de Derecho de Familia que abordó el eje temático "Derecho de Daños" de las XIV Jornadas Bonaerenses de Derecho Civil, Comercial y Procesal organizadas por el Colegio de Abogados del Departamento Judicial de Junín, coincidió mayoritariamente en que "no es posible demandar daños y perjuicio derivados del incumplimiento por parte de un cónyuge de un deber derivado del matrimonio".

En suma, resulta coherente colegir que la ley vigente relega el cumplimiento o no del deber de fidelidad a la zona de reserva e intimidad de las personas (art. 19, CN) y, de allí, que no corresponde habilitar reclamos resarcitorios derivados de su incumplimiento.

No obstante, siempre existen voces contrarias y en ese sentido, existieron algunos fallos disonantes que admitieron los reclamos por el resarcimiento del daño moral[20] o, mejor dicho, por la indemnización de las consecuencias no patrimoniales en los términos del art. 1741. Resulta paradigmático un precedente de la Cámara Civil, Comercial, Laboral y de Minería de General Pico -La Pampa- del 16/12/2016, que comentamos en otra ocasión junto a prestigiosa doctrina.[21]

En fin, el problema aparece cuando el judicante se inmiscuye en los agravios de un matrimonio degastado y de esta manera, presta su aquiescencia al ilegítimo interés de lograr una represalia por la simple circunstancia de la desaparición del afecto.

20 SC Mendoza, sala I, 11/03/2016, A. J. A. en J° 1781/09 / 26437/13, "P. M. A. DEL R. c/ A. J. A. p/ divorcio vincular contencioso. División de sociedad conyugal p/recurso ext. de inconstitucionalidad, LL Gran Cuyo 2016 (agosto), 7, LL Gran Cuyo 2016 (septiembre), 7. Cita online: AR/JUR/13582/2016.

21 Kemelmajer de Carlucci, Aída, Herrera, Marisa y Culaciati, Martín Miguel, "La culpa que el proceso de divorcio expulsó por la puerta no debe entrar por la ventana del derecho de daños", *LL*, 2017-B, 468.

3.1. LOS ELEMENTOS DE LA RESPONSABILIDAD CIVIL

A mayor abundamiento, es importante adunar al análisis un repaso sobre la falta de los elementos de la responsabilidad civil que impiden el resarcimiento del daño moral ocasionado por el incumplimiento del deber moral de fidelidad.

En primer lugar, una idea básica: la infidelidad no se erige como una conducta antijurídica porque, lisa y llanamente, no constituye un deber jurídico sino moral. Este déficit en la antijuridicidad de la conducta imputada genera, automáticamente, la improcedencia del reclamo resarcitorio. Así, el carácter moral de la infidelidad impide que ella pueda acarrear sanción civil alguna[22].

Nótese que el CCyC mantuvo la antijuridicidad como requisito de la responsabilidad civil[23]; y la norma comprende las conductas positivas y negativas, o sea, las acciones y omisiones[24], y los actos voluntarios e involuntarios. Se consagró, pues, una antijuridicidad amplia o genérica, no específica, que comprende toda conducta contraria al ordenamiento jurídico íntegramente considerado[25].

Así, la acción resultaría antijurídica cuando infringe los mandatos o prohibiciones del ordenamiento jurídico[26]. Sin embargo y, a pesar de la opinión contraria de algunos operadores jurídicos, el legislador calificó el deber de puramente moral; por lo tanto, el intérprete no puede elevarlo, sin más, a aquellos merecedores de tutela jurídica.

---

22 HERRERA, Marisa, "El Código Civil y Comercial de la Nación desde la perspectiva de género", *LL*, 2015-A, 927.

23 BUERES, Alberto, "La responsabilidad por daños en el proyecto de Código", LL 2013-A-835; VÁZQUEZ FERREYRA, Roberto, "La antijuridicidad en el Código Civil y Comercial", en Revista RCyS, año XVII, n° 4, abril 2015, p. 38 y ss; TRIGO REPRESAS, Félix A., "Los presupuestos de la responsabilidad en el nuevo proyecto de Código Civil y Comercial unificado", en *Derecho de Daños* 2012-3, p. 136 y ss; del mismo autor, "La antijuridicidad en el código civil velezano y en el código civil y comercial de la Nación", Revista CCyC, edición especial, II Congreso Internacional de Derecho de Daños, noviembre 20105, p. 3; CALVO COSTA, Carlos, *Derecho de las obligaciones*, Hammurabi, Buenos Aires, 2016, t. 2, p. 69 y ss; CERUTTI, María del Carmen, "Antijuridicidad. Eximentes", en MÁRQUEZ, José Fernando (dir.) *Responsabilidad civil en el Código Civil y Comercial*, Zavalía, Buenos Aires, 2015, p. 76; PIZARRO, Ramón D., *Responsabilidad del Estado y del funcionario público*, 2ª ed., Astrea, Buenos Aires, 2016, t. 1, n° 35 y ss.; RAMOS MARTÍNEZ, María F., "La antijuridicidad en el derecho de daños: Reflexiones sobre el régimen del nuevo Código Civil y Comercial: Consolidación del principio constitucional *alterum non laedere*", en Revista RCyS, año XVIII, n° 6, Junio 2016, p. 13; BANCOFF, Pedro, "La responsabilidad civil médica y la carga de la prueba de la culpa en el Código Civil y Comercial de la Nación", RCyS 2016-VIII, p. 16; entre otros.

24 GALDÓS, Jorge M., "La responsabilidad civil (parte general) en el Anteproyecto", LL 2012-C-1264.

25 CERUTTI, María del Carmen, "Antijuridicidad. Eximentes", en MÁRQUEZ, José Fernando (dir.) *Responsabilidad civil en el Código Civil y Comercial*, Zavalía, Buenos Aires, 2015, p. 72.

26 Conf. MOSSET ITURRASPE, Jorge, *Responsabilidad por daños*, Rubinzal Culzoni, Santa Fe, 2016, t. I p. 85.

Por otro lado, cabe recordar que el factor de atribución en juego es el subjetivo[27], por lo que la calificación de la conducta del cónyuge debería implicar culpa grave o dolo. Allí surge patente la contradicción de un tribunal que decreta un divorcio sin expresión de causa (donde la culpa es irrelevante) y al mismo tiempo y a la luz del mismo texto normativo, dispone el resarcimiento del daño moral ocasionado por una conducta juzgada como culpable.

Dicho de otro modo, en el proceso de divorcio no se juzga la culpa ni se analiza la causa o motivo de la ruptura, pero sí en un proceso erróneamente acumulado a aquél por el que se pretende el resarcimiento del daño.

Finalmente, el daño jurídicamente resarcible es el requisito determinante para activar la responsabilidad civil. Su configuración resulta imprescindible y no siempre las afectaciones generan el deber de responder en el plano jurídico.

Así, toda actuación del cónyuge que suponga un atentado a los derechos fundamentales del otro generaría un derecho resarcitorio, pero con independencia de su calidad de cónyuge. El resto de las conductas son aprehendidas por el principio de reserva previsto en el art. 19 de la Constitución Nacional.

A modo de síntesis, se ha dicho que si se dan los presupuestos de la responsabilidad civil, los ataques al honor, a la intimidad, a la libertad o a la integridad física y psíquica pueden ser reparados. En cambio, es erróneo sostener que la "violación" del deber de fidelidad o de convivencia son ataques al honor, configuran lesiones, constituyen injurias reparables. Haber sido infiel o no convivir, como tantas otras conductas que podrían ser las causas por las cuales un matrimonio concluyó, forman parte de dinámicas relacionales en las cuales, en el nuevo régimen legal, no hay un culpable y un inocente, sino la evidencia de un matrimonio desgastado en el que el tribunal debe intervenir no de modo sancionador contra quien "destruyó" algo que sería indestructible y premiando a un supuesto inocente, sino con otro tipo de normas superadoras, como son las que imponen afrontar las consecuencias jurídicas de esa situación (atribución de la vivienda, determinación de compensaciones, etc.).[28]

Hemos visto en la sección anterior que el divorcio sin expresión de causa tuvo sus detractores solapados que se negaron a aplicar el régimen instaurado por el CCyC a los juicios en trámite. En esta sección observamos que las acciones de daños y perjuicios muestran la misma resistencia y dificultad de salir del *statu quo*, del conservadurismo y la mirada religiosa que se pretende seguir manteniendo en el matrimonio[29].

---

27 Jalil, Julián Emil, "El daño moral derivado de la disolución del matrimonio o de las uniones convivenciales en el nuevo Código Civil y Comercial", RCyS 2016-III, 15.

28 Kemelmajer de Carlucci, Aída y Herrera, Marisa, "El divorcio sin expresión de causa y los deberes y derechos matrimoniales en el nuevo Código", LL, 2015-C, 1280.

29 Kemelmajer de Carlucci, Aída, Herrera, Marisa y Culaciati, Martín Miguel, "La culpa que el proceso de divorcio expulsó por la puerta…", *cit.*

SECCIÓN CUARTA
VICISITUDES DEL PROCESO DE DIVORCIO

"El aprendizaje es la experiencia, todo lo demás es información".
Albert Einstein

1. INTRODUCCIÓN

El procedimiento previsto en el CCyC debe compatibilizarse con las normas adjetivas de cada jurisdicción[1]. Algunas provincias han efectuado modificaciones a tal fin en sus Códigos de Procedimiento. A modo ejemplificativo, puede mencionarse el caso de la provincia de Córdoba que modificó mediante la ley 10.305, el Código de Procedimiento de Familia a fin de adecuarlo a la normativa de fondo y, de este modo, reguló el proceso tanto para el divorcio bilateral como el unilateral.

Sin embargo, en muchas provincias el CCyC convive con códigos procesales anteriores a su sanción. Veamos así, las principales características del proceso.

2. LA PETICIÓN DE DIVORCIO

El CCyC estableció un proceso extracontencioso o "voluntario" de divorcio[2], vale decir un "procedimiento de carácter unilateral cumplido ante los jueces, con el objeto de determinar ciertas situaciones jurídicas o cumplir requisitos impuestos por la ley, mediante declaraciones que no adquieren autoridad de

1 Hemos ahondado sobre el particular, en CULACIATI, Martín Miguel, "El divorcio", en QUADRI, Gabriel H. (dir.), *Derecho Procesal en el Código Civil y Comercial*, t. 2, La Ley, Buenos Aires, 2017, p. 1660 y ss.

2 MORELLO, Augusto M., SOSA, Gualberto L., BERIZONCE, Roberto O. y TESSONE, Alberto J., *Códigos Procesales en lo Civil y Comercial de la Provincia de Buenos Aires y de la Nación Comentados y Anotados*. 4ª ed, ampliada y actualizada, LEP - Abeledo Perrot, Buenos Aires, 2015, versión Proview, t. VIII, § 1368 bis.

cosa juzgada ni pueden causar perjuicio a terceros"[3]. Este proceso concluye con el dictado de una sentencia constitutiva que crea un nuevo estado de familia al disolver el vínculo conyugal (art. 435, ap. c) y la comunidad de bienes -en caso de que los cónyuges no hayan optado por el régimen de separación de bienes- (art. 475, ap. c).

El carácter voluntario del proceso no es pacífico, pues algunos autores[4] plantean que la circunstancia de que el divorcio pueda ser pedido en forma unilateral no implica que su postulación se hubiera transformado en una petición voluntaria. Así, señalan que se trata de una controversia que, más allá de la imposibilidad de oponerse a su decreto, generará consecuencias jurídicas en el estado civil y patrimonial de las partes. Y aún en el supuesto de que el actor postule la inexistencia de bienes e hijos comunes, estos hechos eventualmente podrían ser controvertidos por la contraria, y si bien no detendría el dictado de la sentencia, quedarán comprendidos en ella.

Kielmanovich[5] no comparte la tesitura de que el proceso debe ser entendido como un procedimiento contencioso, tramitando así bajo las reglas del juicio ordinario por exigencias de la bilateralidad que se propone para contestar el traslado de la petición de divorcio o de la propuesta; o por la eventualidad de que quepa el planteamiento de la nulidad del matrimonio; o la deducción de defensas como las de falta de personería o legitimación en el representante o en el peticionante, en el entendimiento de que la bilateralidad del procedimiento del plazo para contestar el traslado puede ser establecido en un proceso voluntario en igual o mayor extensión que el previsto para la contestación de la demanda en el juicio ordinario (art. 155, CPCCN) sin que para ello deba mutarse una "petición" en una "pretensión".

2.1. Legitimación

La ley guarda la debida coherencia en torno a que si el matrimonio se celebra y mantiene por la voluntad de dos personas, si una de ellas no quiere continuar, el proyecto de vida en común desaparece y ello posibilita el divorcio. Justamente, que el vínculo se mantenga de "a dos" lleva como contrapartida, que el requerimiento de divorcio pueda ser consensual o unilateral. Si uno de los esposos no quiere continuar con la relación, esta situación fáctica posee virtualidad en el campo jurídico y permite a cualquiera de ellos solicitar el divorcio.

Cualquiera de los cónyuges individual o conjuntamente se encuentra legitimado para pedir el divorcio. Puede pedirlo personalmente o por apoderado con facultades expresas para peticionar el divorcio (art. 375).

La persona menor de edad que quedó emancipada al contraer matrimonio puede peticionar su divorcio sin necesidad de requerir autorización alguna.

3 Kielmanovich, Jorge L., *Código Procesal Civil y Comercial de la Nación, comentado y anotado y conformado con la ley 26.994*, Abeledo Perrot, Buenos Aires, 2015, 7ª ed., t. II, p. 1757.

4 Veloso, Sandra F., "La sentencia de divorcio y el art. 480 del Código Civil y Comercial", LL, 2016-A, 423.

5 Kielmanovich, Jorge L., "El proceso de divorcio en el Código Civil y Comercial", LL, 2015-B, 1102; cita *online*: AR/DOC/1280/2015.

Ello así, pues el art. 27 prevé que la celebración del matrimonio antes de los 18 años emancipa a la persona menor de edad y, una vez emancipada, goza de plena capacidad de ejercicio con las limitaciones previstas en el CCyC.

2.2. PERSONERÍA

En lo inherente a la personería para peticionar el divorcio, el CCyC requiere contar con un poder especial. Así surge claramente del art. 375, inc. a) en tanto exige un poder especial o poder general con facultad expresa para promover el divorcio, y a diferencia del art. 1881 del código derogado que no exigía un poder especial.

Así, con relación a la cuestión de la naturaleza y la extensión del mandato necesario para deducir la petición de divorcio[6], cabe señalar que -al menos para la opinión de un sector de la doctrina y la jurisprudencia-, el art. 375, ap. a) exige poder especial o general con facultad expresa en lugar de un poder general.

Así, aquella persona que abra la instancia judicial por un derecho que no es propio pero que puede ejercer a razón de la representación que le fue conferida debe acreditar en su primera presentación el carácter invocado a través del poder otorgado.[7]

En cuanto a la instrumentación del poder, se ha dicho[8] que si bien el art. 1017, al exigir la escritura pública no menciona expresamente al contrato de mandato, la normativa en cuestión debe interpretarse y complementarse con las disposiciones del cuerpo normativo en su totalidad y las restantes leyes que exigen tal recaudo para la representación en juicio como lo hace el art. 47, CPCCN.

2.3. COMPETENCIA TERRITORIAL

El art. 717 estipula que es competente el juez del último domicilio conyugal o el del demandado a elección del actor, o el de cualquiera de los cónyuges si la presentación es conjunta. Así, pueden distinguirse dos hipótesis: si uno de los cónyuges inicia una petición unilateral de divorcio, la norma le brinda la opción de presentarla ante el juez del último domicilio conyugal o ante el del domicilio del demandado. En cambio, si la petición de divorcio es conjunta, resulta competente el juez del último domicilio conyugal o el de cualquiera de los cónyuges a opción de ellos.[9]

---

6 KIELMANOVICH, Jorge L., "Apostillas sobre el proceso de divorcio en el Proyecto de Código", LL, 2014-E, 1362.

7 AÓN, Lucas C. y MÉNDEZ, Romina A., "Aspectos procesales del divorcio", en ORTIZ, Diego (dir.), *Revista de actualidad en el Derecho de Familia* nro. 4, Ediciones Jurídicas, Buenos Aires, 2016, p. 80.

8 CNCiv., sala H, 12/05/2016, "Arroyo, Nicolás S. c. Dreid, Carlos A. y otro s. prueba anticipada", Supl. DJ Procesal 2016 (julio), 9; LL 27/06/2016, 4; LL, 2016-D, 118; RCCyC 2016 (julio), 172 y; RCyS 2016-IX, 165.

9 Puede verse MARTÍN, Jorgelina A., "Reglas de competencia en los procesos de familia

El CCyC -al ocuparse de las disposiciones de derecho internacional privado- se encargó en el art. 2621 de definir al domicilio conyugal como aquél "de efectiva e indiscutida convivencia de los cónyuges".

A renglón seguido, el art. 717 establece que si se ha declarado el concurso o la quiebra de uno de los cónyuges, en la liquidación del régimen patrimonial del matrimonio es competente el juez del proceso colectivo.

Sobre el fuero de atracción del concurso o quiebra del cónyuge, el art. 21 de la ley 24.522 dispuso que el concurso produce la radicación ante el juez de este proceso de todos los juicios de contenido patrimonial contra el concursado, pero en el inc. 2° exceptuó expresamente los juicios fundados en las relaciones de familia.

Esta norma dio lugar a opiniones encontradas con relación a si la liquidación de la sociedad conyugal era o no atraída por el proceso colectivo.

El CCyC terminó con las discrepancias sobre el juez competente en la liquidación del régimen de bienes cuando uno de los cónyuges se encuentra sometido a un proceso concursal o en quiebra, y evita posibles soluciones divergentes o criterios encontrados sobre los bienes del fallido. Así, el concurso o la quiebra atraen al proceso de liquidación del régimen de bienes, al considerar que no se trata de una acción fundada en las relaciones de familia sino de orden patrimonial.

2.4. MEDIACIÓN PREVIA OBLIGATORIA

Como se adelantó, el art. 5° de la ley 26.589 excluyó de la mediación la acción de divorcio, con excepción de las cuestiones patrimoniales derivadas de ella. El juez debe dividir los procesos, derivando la parte patrimonial al mediador. No obstante, el decreto reglamentario 1467/11 dispuso en su art. 26 que, sin perjuicio de esa exclusión, las partes pueden "intentar un avenimiento, o convertir el trámite judicial a seguir y toda otra cuestión relevante para preservar hacia el futuro los vínculos familiares".

Las cuestiones patrimoniales son mediables y la mediación también se aplica para las prestaciones compensatorias y los alimentos entre cónyuges. En cuanto a los hijos, la ley incluye entre las cuestiones mediables: *i)* la obligación alimentaria; *ii)* el cuidado personal de los menores de edad y; *iii)* el régimen de comunicación.

De allí que el divorcio, que se encuentra excluido, es presentado directamente ante el juzgado interviniente y allí se sustancia en el ámbito del proceso judicial, mientras que el judicante envía las cuestiones patrimoniales a la mediación.

Ahora bien, si los cónyuges han logrado consensuar sus diferencias y han presentado un convenio regulador, algunos autores[10] observaron que no tiene sentido enviar a las partes a mediar cuando ya han suscripto los acuerdos.

---

establecidas por el nuevo Código Civil y Comercial de la Nación", RDF, 2016-III, 83.

10 Véase BASSET, Úrsula, "Disolución del matrimonio", en ALTERINI, Jorge H. (dir.) y ALTERINI, Ignacio E. (coord.), *Código Civil y Comercial comentado. Tratado exegético*, La Ley, Buenos Aires, 2015 (versión Proview).

Kielmanovich[11] apuntó que la petición de divorcio *per se* no se encontraría sujeta a la mediación, pues la propuesta o el convenio regulador no constituyen la "cuestión patrimonial" a la que dicha norma la sujeta. Así, agregó que en el supuesto de no mediar acuerdo sobre las cuestiones patrimoniales contenidas o que deban contenerse en el acuerdo regulador, o de observarse el mismo por el juez, éste debería resolver el divorcio y "dividir los procesos" como dice la ley 26.589, derivando la parte patrimonial al mediador, a diferencia de lo que sucedería en el caso de existir acuerdo no objetado por el juez, por cuanto, y como lo indica este último dispositivo, la mediación familiar comprende "controversias", extremo que no se constataría en presencia de convenio válido en tal contexto.

2.5. ETAPA PREVIA

Los procesos donde se discuten cuestiones de familia constan, en la provincia de Buenos Aires, de dos etapas: la primera de ellas, la etapa previa, donde se tratan las cuestiones contradictorias ante el "Consejero de Familia", que procurará avenir a las partes a los fines de que realicen convenios en las cuestiones planteadas.

En caso de que los justiciables no arriben a un acuerdo, se pasa a la etapa de conocimiento. En esta etapa, los procesos son siempre sumarios. En ella también existen otras dos nuevas oportunidades para consensuar la problemática sin necesidad de dictar una sentencia: la audiencia preliminar y la audiencia de vista de causa. La etapa previa es una etapa judicial, obligatoria, a la que debe comparecerse con patrocinio letrado; por ello, la solicitud de trámite debe estar suscripta por el letrado.[12]

A la luz del código derogado, los procesos de divorcio fundados en causales subjetivas tramitaban en etapa previa ante el consejero familiar. En ese caso, la función del Consejero de familia[13] consistía en ayudar a las partes a reformular sus peticiones y obtener que se divorcien por las causales objetivas, en el entendimiento de que esto era lo más conveniente para el interés familiar.

Con el procedimiento regulado en el art. 438, se planteó la duda de si corresponde seguir dando intervención al consejero de familia. Sucede que, según el código ritual, en la etapa previa se sustanciarán todas las materias previstas en el art. 827, salvo aquellas "que tengan un procedimiento especial" lo que, a partir de la sanción del CCyC ocurre con el proceso de divorcio.

---

11 KIELMANOVICH, Jorge L., "Apostillas sobre el proceso de divorcio...", *cit.*

12 RODRÍGUEZ CUZZANI, Daniel A., "El rol del consejero de familia en los juzgados de la Provincia de Buenos Aires", HERRERA, Marisa y GRAHAM, Marisa (dirs.), *Derecho de las Familias, Infancia y Adolescencia. Una mirada crítica y contemporánea,* 1ª ed., Infojus, Buenos Aires, 2014, p. 68.

13 En cuanto al rol del consejero de familia, el art. 833, CPCCBA, describe sus funciones, al prever que éstas se desarrollarán "en la etapa previa y contenciosa, mediante asesoramiento y orientación, intentando la conciliación, procediendo de la manera más conveniente al interés familiar, y/o del niño, y al de las partes". RODRÍGUEZ CUZZANI, Daniel A., "Proceso de divorcio, efectos y el lugar del consejero de familia", RDF, 2016-73, 59.

De este modo, la doctrina[14] señaló que el juez debe separar el proceso de divorcio de las cuestiones conexas, a fin de dictar el decreto de divorcio en aquel, y enviar las cuestiones inherentes a la ruptura conyugal al consejero de familia, en el entendimiento de que la ley ha simplificado el proceso de divorcio, pero no ha dejado de requerir que se analicen las propuestas de las partes antes de dictar sentencia.

2.6. El patrocinio letrado

En el proceso de divorcio, el patrocinio letrado resulta obligatorio. Así, la petición unilateral de divorcio -a la que se aduna la propuesta reguladora- es presentada con un patrocinio letrado. Lo propio ocurre con el cónyuge notificado que se presenta con su propio abogado, tanto sea para aceptar la propuesta arrimada como para presentar una contrapropuesta total o parcial.

El problema se presenta en los supuestos de petición conjunta de divorcio, donde se impone la pregunta: ¿es necesario el doble patrocinio?

Prestigiosos autores[15] han dado una respuesta afirmativa sobre el particular, en el entendimiento de que más allá de la petición de divorcio, la presentación involucra toda una gama de cuestiones (en la propuesta reguladora) relativa a dos sujetos, donde pueden existir intereses contrapuestos; con lo cual, en aras de privilegiar siempre la defensa en juicio, es menester que cada uno de ellos tenga su propio asesoramiento técnico, al menos para la formulación de dicha propuesta.

Como la petición de divorcio debe acompañarse de dicha propuesta, la intervención de dos abogados (uno por cada cónyuge) resulta imprescindible.[16]

Veloso[17] señala que el hecho de que ambos coincidan en la presentación de un único escrito para formular el planteo ante el juez, no significa que no existan intereses contrapuestos. La admisibilidad de un único letrado para la defensa o asesoramiento de ambas partes, pese a que en algunos tribunales es aceptada, resulta contraria a las normas que reglamentan el ejercicio de la profesión de abogado, a las normas procesa-les, y también a las de índole constitucional.

A su turno, Kielmanovich cuestionó sobre qué ocurre si la petición es conjunta y contiene un convenio regulador y apuntó que el patrocinio debe ser individual y obligatorio. El art. 56, CPCCN no solo impone el patrocinio letrado cuando se controviertan derechos, sino también cuando se sustentan derechos. Así, quienes piden el divorcio y acompañan la propuesta reguladora, en ambos casos sustentan sus derechos, más allá de las controversias que puede

14 Basset, Úrsula, "Disolución del matrimonio", en Alterini, Jorge H. (dir.) y Alterini, Ignacio E. (coord.), *Código Civil y Comercial...*, cit. (versión Proview).

15 Morello, Augusto M., Sosa, Gualberto L., Berizonce, Roberto O. y Tessone, Alberto J., *Códigos Procesales en lo Civil y Comercial...*, cit. (versión Proview).

16 SCBA, 10/06/2009, "G., S. N. y V., A. D. s. divorcio vincular" (del voto de la mayoría), en www.scba.gov.ar

17 Veloso, Sandra F, en Rivera, Julio C. y Medina, Graciela (dirs.), *Código Civil y Comercial...*, cit.

generar el propio convenio regulador. En esa línea argumental, recordó que la propuesta reguladora no es una demanda, en donde de no mediar acuerdo el juez debe resolver la controversia planteada.

3. El trámite de la petición unilateral

Como se adelantó, el CCyC dispone algunas diferencias en el desarrollo del proceso de acuerdo a si es incoado unilateralmente o por ambos cónyuges.

Si la petición es unilateral, el cónyuge que insta el divorcio presentará una propuesta y se correrá un traslado al otro esposo. Ese traslado será notificado por cédula y a tal efecto, debe tenerse en cuenta que impera el principio de reserva impuesto por el art. 139, CPCCN, por lo que debe ser incluido en un sobre cerrado.

En la providencia que ordena el traslado de la petición, el juez fija una audiencia (art. 438, CCyC y art. 34, inc. 1°, 2° párr., CPCCN) a la que deben comparecer personalmente los cónyuges. Al contestar el traslado conferido, el otro cónyuge puede coincidir con la propuesta agregada u ofrecer una diferente. En caso de que cónyuge, al contestar el traslado, exprese su total conformidad con la propuesta arrimada, la celebración de la audiencia no resulta necesaria.

De este modo, pasan los obrados al Ministerio Público -en caso de que corresponda- y el juez decreta el divorcio. En cambio, si el otro cónyuge contesta y formula una contrapropuesta, ya sea total o parcial, se pone tal circunstancia en conocimiento del peticionante y se fija la audiencia prevista en el art. 438 para debatir las diferencias e intentar acuerdos.

No obstante lo expuesto, se han presentado casos donde se dictó sentencia de divorcio con posterioridad a la presentación de la contrapropuesta y con carácter previo a la convocatoria a la audiencia[18]; o inclusive en otro precedente se decretó el divorcio frente a la mera petición unilateral y con antelación al traslado de la propuesta reguladora.[19]

3.1. Contenido de la propuesta reguladora

El contenido de la propuesta reguladora se describe cuando se individualiza al convenio regulador en el art. 439. Ahora bien, esa formulación no constituye obstáculo alguno para que cada cónyuge o ambos puedan incluir otros temas que les resulten de interés. O incluso, puede omitirse el tratamiento de alguno de los puntos previstos

Veloso considera que el contenido de estos ítems resultan presupuestos mínimos respecto a los cuales deviene necesario indicar la manera en que se pretende queden resueltos luego de la disolución del vínculo matrimonial.[20]

18 Juzg. Nac. Civ. 25, 14/08/2015, "S., C. v. M., M. G. s. divorcio", cita: MJ-JU-M-94003-AR - MJJ94003.

19 C. de Instancia Única, Secretaría Civil, V Circunscripción Judicial, Chepes -La Rioja-, 9/09/2015, "A., G. D. v. G., R. G. s. divorcio", en www.infojus.gob.ar

20 VELOSO, Sandra F., "Reflexiones sobre el proceso de divorcio", RCCyC 2016 (abril), 99.

Sin embargo, puede suceder que haya puntos sobre los que nada propongan los consortes. Por ejemplo en relación a la vivienda por encontrarse separados desde hace años y no tengan reclamo alguno entre sí; o que nada propongan de la división de bienes porque no posean bienes en común; o lo propio respecto al ejercicio de la responsabilidad parental porque no tengan hijos de la pareja o estos ya sean mayores de edad; y así sucesivamente. O bien, que existan ya juicios en trámite por ejemplo reclamando alimentos, y les resulte conveniente remitirse a lo allí desarrollado; o que indiquen que respecto a la distribución de bienes la resolverán en forma privada.

Kemelmajer de Carlucci y Herrera[21] nos enseñan que el contenido del convenio regulador -aplicable, en lo que aquí interesa, a la propuesta- tampoco está impuesto por la ley. De hecho, recuerdan que el art. 439, después de haber enunciado las posibles cuestiones dice "siempre que se den los presupuestos fácticos contemplados en esta Sección". Así por ejemplo, si los cónyuges no tienen hijos menores de edad ni son personas incapaces ni con capacidad restringida, ese convenio regulador nada tiene que decir respecto de los alimentos a los hijos. Así, los efectos previstos en el art. 439 forman parte de una enumeración meramente enunciativa, que puede involucrar y resolver sólo parcialmente los efectos del conflicto.

3.2. El traslado de la propuesta reguladora

La petición unilateral de divorcio obliga a un proceso distinto en el cual debe ponerse en conocimiento del otro cónyuge tanto la demanda como el contenido de la propuesta[22]. A tal fin, debe corrérsele traslado y, la notificación debe reunir los recaudos que atañen a la notificación de la demanda, particularmente, en lo que respecta a la obligación de dejar el "aviso" (v. art. 339, CPCCN, art. 338, CPCCBA, etc.).

Algunos autores[23] advirtieron que el término" vista" es el que mejor representa al acto procesal en cuestión, toda vez que referirse a traslado implicaría la carga u obligación de expedirse respecto al pedido de divorcio o propuesta formulada, circunstancia que no ocurre en la especie.

La necesidad de cumplimiento de los recaudos legales establecidos para dicho acto se vincula estrictamente con la finalidad de evitar la indefensión del demandado, no solo respecto al conocimiento de la petición de disolución del vínculo matrimonial sino también en relación al contenido de la propuesta reguladora y la posibilidad, a su vez, de expresarse prestando su conformidad o disconformidad con ella y ofrecer en su caso una contrapropuesta que contemple los efectos del divorcio.[24]

---

21 Kemelmajer de Carlucci, Aída y Herrera, Marisa, "Convenio regulador en el divorcio..", *cit.*

22 CNCiv., sala M, 04/05/2016, "L., M. A. c. B., G. del V. s. divorcio", Supl. DJ Procesal, 2016 (agosto), 43; cita online: AR/JUR/30290/2016. El tribunal apuntó que "en los casos en los cuales el divorcio es solicitado por uno solo de los cónyuges, es indispensable que el otro sea anoticiado, o en su caso, agotar todas las medidas que sean necesarias para que ello suceda, en virtud de lo dispuesto en el art. 438 del Cód. Civil y Comercial, esto es, que quien no acompañó la petición pueda ofrecer una propuesta reguladora distinta".

23 Aón, Lucas C. y Méndez, Romina A., "Aspectos procesales…", *cit.*, p. 81.

24 Veloso, Sandra F., "La sentencia de divorcio y el art. 480 del Código Civil y Comercial",

Con relación al término legal por el cual debe ordenarse el traslado, el plazo varía según la jurisdicción que se trate y el propio criterio del magistrado.

La doctrina coincidió en observar que no debería imprimirse al proceso el trámite del juicio ordinario. Sin embargo, debe correrse traslado de la demanda y su propuesta y el plazo debe ser fijado por el juez en consideración a las cuestiones que se proponen y la voluminosidad de los elementos que fundan las propuestas (art. 155, CPCCN). Cuando el traslado no presenta dificultades bien puede hacerse por el plazo de cinco días que se establece para todos los traslados (art. 150, CPCCN).[25]

Así, al correrse traslado, pueden presentarse distintas situaciones: a) que el otro cónyuge acepte la propuesta del peticionante; b) que el otro cónyuge conteste y acompañe una propuesta total o parcialmente distinta; c) que el otro cónyuge sea notificado de la petición de divorcio y no conteste; d) que el otro cónyuge sea de domicilio desconocido y que no se tengan noticias sobre él.

Si decide contestar, el cónyuge puede aceptar total o parcialmente la propuesta presentada o rechazarla, ofreciendo incluso una distinta.

Así, la doctrina estimó prudente la fijación de la audiencia una vez contestado el traslado para que, a su vez, la parte demandada tenga oportunidad de hacer su contrapropuesta y la actora pueda conocerla con anterioridad a la concurrencia a la audiencia, y en su caso rever su propio planteo.

3.3. La audiencia

El art. 438 CCyC establece que las propuestas deben ser evaluadas por el juez, debiendo convocar a los cónyuges a una audiencia. La audiencia se convoca con el fin de evaluar el contenido de la o las propuestas, y no se trata de una audiencia de divorcio (como la que preveía el art. 236 del código derogado), pues con independencia de lo que ocurra en la audiencia, el juez igualmente decretará el divorcio.

Lo que ocurre es que se readecúa la función del juez en el proceso de divorcio, atento a que debe evaluar la propuesta y controlar que no se perjudiquen los intereses del grupo familiar. Así, deberá conversar con las partes, informarlas y verificar que no se haya incurrido en ningún abuso del derecho ni violado el orden público en la suscripción del convenio.[26]

La audiencia es la única que marca el procedimiento, y allí se pretende generar el auspicio de soluciones autocompuestas por las propias partes, al efecto de lograr la mayor cantidad de acuerdos relacionados con los temas conexos al divorcio, y que enmarcan la conflictiva familiar en su conjunto. Esta idea se relaciona con el denominador común que existe en todas aquellas audiencias del fuero de familia, donde el magistrado está presente, cualquiera

---

LL, 2016-A, 423; cita *online*: AR/DOC/4427/2015 y; Kielmanovich, Jorge L, "Apostillas sobre el proceso de divorcio...", *cit*.

25 Basset, Úrsula, "Disolución del matrimonio", en Alterini, Jorge H. (dir.) y Alterini, Ignacio E. (coord.), *Código Civil y Comercial...*, cit. (versión Proview).

26 Duprat, Carolina en Herrera, Marisa, Caramelo, Gustavo y Picasso, Sebastián (dirs.), *Código Civil y Comercial de la Nación Comentado,* Infojus, Buenos Aires, 2015, t. II, ps. 69/70.

sea la jurisdicción de que se trate, que es el abordaje prioritario del objeto que las convoca, en cumplimiento del principio de inmediación procesal, pero sin olvidar el tratamiento de la problemática familiar en forma integral, en procura de lograr una solución efectiva.[27]

Resta adunar que existe un criterio predominante en la jurisprudencia con relación a la oportunidad de convocatoria de la audiencia. En ese sentido, la amplia mayoría de la judicatura suele fijar la audiencia para trabajar la propuesta y la contrapropuesta una vez contestado el traslado de la primera, puesto que el conocimiento de la contrapropuesta es simultáneo al de la fijación de la audiencia y antes del dictado de la sentencia.

Ahora bien, si no hay controversia alguna acerca de la propuesta presentada por la parte actora, no se celebrará ninguna audiencia.

3.4. AUSENCIA DE CONTRAPROPUESTA O INCOMPARECENCIA DEL REQUERIDO

Cabe preguntarse qué sucede ante la ausencia de una contrapropuesta[28] o la incomparecencia del cónyuge a quien le es peticionado el divorcio; pues la norma no ha previsto las consecuencias de tal situación.

En un caso[29] se peticionó el divorcio unilateral y se adunó la pertinente propuesta reguladora, de todo lo cual se corrió traslado y se notificó al otro cónyuge. Sin embargo, éste no se presentó ni ofreció una contrapropuesta. Siendo ello así, el juzgado no convocó a una audiencia, sino que decretó el divorcio incausado, sin expedirse sobre la propuesta presentada.

Prestigiosa doctrina[30] afirmó que "en cuanto a la virtualidad del silencio respecto del traslado de una u otra cuestión (de la petición de divorcio y de la propuesta), somos de la idea de que la contestación en uno u otro caso no es una carga procesal sino una mera facultad procesal, desde que ninguna norma la establece como un imperativo con tal alcance, a diferencia de lo que sucede en el caso del art. 356, CPCCN, por lo que la incontestación de ellas en ningún caso enervaría el dictado de la sentencia de divorcio, ni aparejaría la aceptación o conformidad con los términos de la propuesta pues, por un lado, el art. 150 del ordenamiento procesal establece que ´la falta de contestación del traslado no importa consentimiento a las pretensiones de la contraria´ y, por el otro, porque en este caso no existe ´un deber de expedirse que puede resultar de la ley, de la voluntad de las partes, de los usos y prácticas, o de una relación entre el silencio actual y las declaraciones precedentes´ que habilite a considerar al silencio ´como una manifestación de voluntad conforme al acto de la interrogación´ (art. 263)".

---

27 VELOSO, Sandra F, "Las audiencias del Proceso de Familia de la Provincia de Buenos Aires", DFyP, 2012 (mayo), 16, cita *online*: AR/DOC/877/2012.

28 En oportunidad de contestar la demanda, el demandado puede acompañar una contrapropuesta de los efectos del divorcio. La contrapropuesta es una facultad del demandado, de ahí que el proceso no se paraliza si no la acompaña.

29 Juzg. Familia n. 2 de Corrientes, 4/11/2015, "S., R. C. v. S., A. E. s. divorcio", RDF, 2016-IV, 169.

30 KIELMANOVICH, Jorge L., "Algo más sobre la petición unilateral de divorcio y la propuesta reguladora", RCCyC, 2015 (noviembre), 25; cita *online*: AR/DOC/3809/2015.

Al cuestionarse qué ocurre en el caso que la notificación practicada arroje resultado positivo y el cónyuge demandado no se presente, Veloso[31] apuntó que esta circunstancia habilita sin más el dictado de la sentencia de divorcio, y aún en el caso que hubiera propuesta nada se homologará. Ello por cuanto la incontestación del traslado de la petición de divorcio y la propuesta no trae aparejado reconocimiento de la formula reguladora esbozada por la actora. Nada se homologa si ningún acuerdo hubo.

Deberá en su caso el peticionante encauzar sus planteos por la vía y forma que corresponda según a la ley local. O bien solicitar las medidas provisionales relativas a las personas, y/o a los bienes, que contemplan los arts. 721 y 722 que considere necesarias[32]. A ello se le suma la facultad del juez de disponer de oficio aquellas medidas que resulten necesarias para regular las relaciones personales entre los cónyuges y los hijos durante el proceso.

En igual sentido, Basset[33] planteó el caso de la incomparecencia de ambas partes, y señaló que no puede considerarse que hayan desistido del proceso. La doctrina sostiene que podría pensarse que si no concurren es porque no creen que la audiencia pueda resultar de utilidad a partir de las propuestas que han presentado. Sin perjuicio de ello, el juez tiene la posibilidad de citar personalmente a las partes para requerir las explicaciones que estime necesarias al objeto del pleito y fijar un apercibimiento por la incomparecencia (art. 36 inc. 4°, CPCCN).

En esta misma línea argumental, algunos autores sostuvieron que cuando frente al traslado o notificación de la propuesta el cónyuge guarda silencio, tal actitud no puede ser entendida como consentimiento (arts. 263 y 979), por lo que deberá dictarse la sentencia de divorcio sin hacer referencia a la homologación.

Ello así, pues, más allá de que -en el caso concreto- los convenios ya estaban suscriptos por ambos, en el pedido de divorcio figuraban como propuesta reguladora y no como pedido de homologación de lo convenido, y así se resolvió.[34]

En síntesis, la situación del cónyuge que debidamente notificado no comparece, ha generado algunas discrepancias vinculadas al efecto del silencio, al cuestionarse si procede o no la declaración de rebeldía y la suerte de la propuesta presentada.

31 VELOSO, Sandra F., "Reflexiones sobre el proceso de divorcio", *cit.*

32 CNCiv., sala G, 03/08/2016, "M. N. B. c. G. G. E. s. medidas precautorias", LL, 13/09/2016, 10; LL 2016-E, 241; DJ 16/11/2016, 74; AR/JUR/51858/2016. Allí se dijo que "el art. 207, CPCCN, en cuanto establece la caducidad de pleno derecho de las medidas precautorias ordenadas si no se interpone la demanda dentro de los diez días siguientes al de su traba, es inaplicable a aquellas dispuestas en los términos de los arts. 233 y 1295 del Código Civil, actual art. 722, CCyC, en tanto no se está frente al cumplimiento de una obligación exigible, sino ante la protección del patrimonio ganancial del esposo que reclama la cautela".

33 BASSET, Úrsula, "Disolución del matrimonio", en ALTERINI, Jorge H. (dir.) y ALTERINI, Ignacio E. (coord.), *Código Civil y Comercial...*, cit. (versión Proview).

34 NEIROTTI, Carlos E., "El divorcio incausado en el nuevo Código", *cit.*, p. 170

Es necesario distinguir dos cuestiones: la disolución del vínculo y la regulación de los efectos del divorcio. Con relación al divorcio, la incomparecencia del cónyuge notificado no impide su declaración. El divorcio se dicta sin decretar la rebeldía. Se debe estar a la finalidad de la ley.[35]

Con respecto a los efectos, y la suerte de la propuesta presentada, la jurisprudencia ha dicho[36] que a falta de imperativo legal que disponga la carga procesal de contestar una demanda de divorcio, no es lógico ni razonable otorgarle al silencio el efecto de una rebeldía, y por ende, acelerar el proceso a favor de quien demanda.

Más teniendo en cuenta que el CCyC determina que la propuesta unilateral que debe acompañarse al iniciar el trámite de divorcio, es necesaria para que el juez proceda con el juicio, no así la contestación. La falta de contestación de la parte demandada evidencia el desinterés de someter las cuestiones plasmadas en el convenio aportado por quien acciona, al debate en el proceso actual, con lo que cabrá evaluar la articulación de las cuestiones que resulte necesario definir a otras vías, autocompositivas o judiciales, según lo entiendan pertinente las partes.[37]

En definitiva, si se advierte que el motivo de la convocatoria a la audiencia es el análisis de las propuestas reguladoras, puede colegirse que la incomparecencia no constituye un desistimiento ni resulta un obstáculo a la obtención del divorcio.

4. EL TRÁMITE DE LA PETICIÓN CONJUNTA O BILATERAL

Cuando los cónyuges peticionan el divorcio en forma conjunta y acompañan el convenio regulador de los efectos de la ruptura conyugal, la competencia corresponde al juez del último domicilio conyugal (art. 5°, CPCCN y art. 717, CCyC) o; al juez del domicilio de cualquiera de los cónyuges.

La demanda se presenta directamente ante el juzgado interviniente sin que corresponda una mediación o etapa previa alguna. No tiene sentido enviar a los cónyuges a mediar cuando ya han suscripto los acuerdos

La petición bilateral supone una petición conjunta del divorcio -aunque ello no significa que la misma deba instrumentarse ineludiblemente en un mismo escrito-.

De esta manera, CCyC no ha previsto audiencia para los casos en que hay convenio, de allí que en la mayoría de los casos, la existencia de un convenio regulador de las cuestiones conexas, evita la realización de la audiencia.

El convenio regulador habrá de ser evaluado por el juez quien podrá no homologarlo si considera que perjudica de modo manifiesto los intereses de los integrantes del grupo familiar. Ahora bien, habrá que ver si los

35 FERREYRA, César H. E., "Nuevo proceso de divorcio unilateral", cita: MJ-DOC-7430-AR | MJD7430.

36 C. Civ., Com. y de Minería de la 4ª Circunscripción Río Negro, 28/04/2016, autos 2964-SC-16. "R., F. A. c. C., L. A. s. divorcio vincular (queja)".

37 CHANAMPÉ, Micaela, "Divorcio unilateral y el silencio del cónyuge demandado", Diario DPI Suplemento Derecho Civil, Bioética y Derechos Humanos n° 18, 13/09/2016.

esposos han acordado todas las cuestiones conexas, pues en ese caso hará una homologación total; en cambio, si persisten algunos desacuerdos, igual decretará el divorcio, pero hará una homologación parcial de los puntos acordados

Con la petición conjunta de divorcio, la ley fomenta que los cónyuges lleguen ante el juez con un convenio acordado; pues en caso contrario, deberán trabajar en el proceso sobre los puntos de acuerdo de ambas propuestas.

No obstante, cabe señalar que dentro del divorcio bilateral pueden darse las siguientes posibilidades: *i)* la petición conjunta que acompaña un convenio regulador (total); *ii)* presentación conjunta con un convenio regulador (parcial) más propuestas reguladoras individuales sobre los puntos que no lograron acordar o; *iii)* una petición conjunta, donde se presenten dos propuestas reguladoras individuales.

En suma, la norma no prevé la convocatoria a una audiencia en el supuesto de que los cónyuges presenten un convenio regulador pero distinta es la situación, si la petición es conjunta pero ambos presentan propuestas reguladoras divergentes.

4.1. EL CONVENIO REGULADOR

El convenio regulador es un acto jurídico familiar bilateral, tendiente a crear, modificar o extinguir derechos entre los cónyuges que con el dictado de la sentencia serán ex cónyuges[38]. Con relación a su naturaleza, doctrina foránea[39] distinguió tres supuestos: a) el convenio, en principio y en abstracto, es un negocio jurídico de derecho familiar; b) una vez aprobado judicialmente queda integrado a la resolución judicial, con toda la eficacia procesal que ello conlleva y, c) cuando no ha llegado a ser aprobado judicialmente, tiene la eficacia correspondiente a todo negocio jurídico.

El convenio puede ser alcanzado mediante la presentación bilateral de ambos cónyuges o bien luego de ser discutidas la propuesta y contrapropuesta en la oportunidad de llevarse a cabo la audiencia.

Ahora bien, es menester distinguir la propuesta reguladora -como presupuesto de proponibilidad del divorcio- del convenio regulador al que eventualmente pueden arribar las partes. Como enseñan Kemelmajer de Carlucci y Herrera[40] no hay, ni podría haber, una obligación de pactar, acordar o celebrar un convenio regulador; sí hay, en cambio, una carga de

38 Puede ahondarse en DUPRAT, Carolina, "Convenio regulador en el divorcio: una herramienta que mejora y respeta las prácticas valiosas del código derogado", RDF, 2015-70, 121; GIRAUDO ESQUIVO, Nicolás y SIMIAN, María J., "El convenio regulador en el divorcio incausado: un abordaje diferente. Su necesariedad", RDF, 2014-67, 41 y PELLEGRINI, María Victoria, "El convenio regulador del divorcio en el Código Civil y Comercial", Supl. Especial CCyC -Familia-, LL, diciembre 2014, ps. 75/87; cita *online*: AR/DOC/4323/2014; entre otros.

39 LLAMAS POMBO, Eugenio, "Los efectos de las crisis matrimoniales", en LLAMAS POMBO, Eugenio (coord.), *Nuevos conflictos del Derecho de Familia*, LA LEY, Madrid, 2009, ps. 212 y 213.

40 KEMELMAJER DE CARLUCCI, Aída y HERRERA, Marisa, "Convenio regulador en el divorcio...", *cit*.

presentar una propuesta. La obligación de pactar sería incompatible con el principio de autonomía de la voluntad o libertad, ínsito en todo contrato, siendo el convenio regulador, justamente, un contrato pero en el contexto de un divorcio.

En la misma línea de pensamiento, otras voces[41] -en criterio que se comparte- sostienen que el principio de autonomía de la voluntad y la necesidad de que las decisiones las tomen los verdaderos protagonistas de la ruptura conyugal hace que no haya obligación de pactar ni sobre todos ni sobre algunos de los rubros del art. 439.

El art. 439 establece una suerte de contenido mínimo[42] que el convenio debe observar. Esta norma no impide que se realice una mayor cantidad de acuerdos. De hecho, será ampliado cuando existan situaciones que corresponda arreglar hacia futuro y no estén incluidas en la norma o; por el contrario, tendrá una extensión menor cuando no se den los presupuestos fácticos que permitan la autorregulación[43].

En ese sentido, no resulta ocioso recordar que la partición de los bienes puede ser solicitada por los ex cónyuges en cualquier momento (art. 496) pudiendo la citada partición ser total o parcial.

En prieta síntesis, que la partición y distribución de los bienes pueda ser solicitada en cualquier momento -e incluso, de forma parcial- y más aún con la exclusiva intervención notarial sin que ni siquiera sea necesario el accionar judicial, viene a reafirmar lo hasta aquí expuesto, en tanto el acuerdo sobre la división de los bienes puede incluirse total o parcialmente en el convenio o bien puede sobrevenir con posterioridad.

En lo inherente al cuidado personal de los hijos, el art. 656 exige a los cónyuges la presentación de un plan de parentalidad, de cuyo contenido da cuenta el art. 655.

Al respecto, es importante mencionar un precedente de la Suprema Corte de la provincia de Buenos Aires[44] que resolvió que los convenios o acuerdos alimentarios suscriptos entre los progenitores para sus hijos menores de edad, gozan de plena validez sin que se requiera su homologación en sede judicial. De hecho, puso de relieve que el art. 655 no impone la homologación judicial como requisito para la concreción del plan de parentalidad. Por el contrario, su omisión conlleva que el juez deba fijar un régimen de cuidado compartido e indistinto de los hijos. No está de más recordar que ello puede ser objeto de modificación al amparo de un incidente posterior.

---

41 Hollweck, Mariana, "Divorcio vincular. Interpretación de los arts. 437 y 438 del Proyecto", DFyP, 2012 (julio), p. 73 y ss.; cita *online*: AR/DOC/3094/2012 y; Medina, Graciela, "Comentario al art. 439" en Kemelmajer De Carlucci, Aída, Herrera, Marisa y Lloveras, Nora, *Tratado de Derecho de Familia…*, cit., t. I, p. 401.

42 Sobre el contenido del convenio, se remite a Pinto Andrade, Cristóbal, *El convenio regulador, La regulación convencional de los efectos de la ruptura matrimonial*, Colección Práctica Jurídica, Bosch, Madrid, 2012.

43 En ese sentido, Urbina, Paola, "comentario al art. 439", en Calvo Costa, Carlos A. (dir.), *Código Civil y Comercial de la Nación. Concordado, comentado y Comparado con los Códigos Civil de Vélez Sarsfield y de Comercio,* La Ley, Buenos Aires, 2015, t. I, p. 384.

44 SCBA, 04/05/2016, "P., C. c. V., L. s. alimentos", publicado en elDial.com - AA9714.

Ocurre lo propio con la atribución de la vivienda o la eventual compensación económica, toda vez que en primer lugar, requieren la concurrencia de los presupuestos fácticos previstos en los arts. 441 a 444 y de la autonomía de la voluntad. Es decir, constituyen derechos esencialmente disponibles para los cónyuges, pues son solamente ellos quienes pueden ejercer -acordándolos o reclamándolos- o no los derechos que les son reconocidos. Inclusive, si las eventuales compensaciones económicas no son acordadas e incluidas en el convenio, el ex cónyuge afectado posee un plazo perentorio de seis meses desde que la sentencia pasó en autoridad de cosa juzgada para reclamarlas.[45]

Ahora bien, tanto el convenio homologado como la decisión judicial pueden ser revisados si la situación que se tuvo en cuenta al redactarlo ha variado sustancialmente. Kielmanovich[46] sostuvo que en lo que atañe al convenio regulador, los ex cónyuges pueden celebrar ulteriormente acuerdos modificatorios del primigenio convenio y que éstos no requieren de su homologación para adquirir validez y eficacia.

5. La sentencia de divorcio

Para que haya divorcio se requiere una sentencia (arts. 213, inc. 3°, del código derogado y 435, inc. "c", CCyC). Se trata de una sentencia constitutiva, sin perjuicio de que algunos efectos se retrotraigan a un momento anterior. Este decisorio constituye en sí mismo el título de estado de familia que emplaza a los cónyuges en el estado de divorciados a partir de que aquella pasa en autoridad de cosa juzgada.

Esta sentencia que hace lugar al divorcio se inscribe en el Registro de Estado Civil y Capacidad de las Personas en el que se ha registrado la celebración del matrimonio, más precisamente, en el margen de la partida de matrimonio.

Cuando el Registro Civil se encuentra en la misma jurisdicción del juzgado, la inscripción se concreta mediante oficio. Cuando el Registro se encuentra en otra jurisdicción, la inscripción se realiza -como es usual- con un testimonio judicial.

La sentencia incluirá -en su caso- la homologación total o parcial de los acuerdos a los que los ex cónyuges hayan arribado. Con relación a las cuestiones conexas, la sentencia de divorcio pone fin, en principio, al deber de asistencia.[47]

Además, la sentencia se constituye en el comienzo del cómputo del plazo perentorio de seis meses para requerir -si se dieran los supuestos de hecho

45 Solari, Néstor E., "Criterios de fijación de la prestación compensatoria", DFyP, 2014 (junio), 27; cita *online*: AR/DOC/1556/2014.

46 Kielmanovich, Jorge, "Apostillas sobre el proceso de divorcio...", *cit.*

47 CNCiv., sala K, 07/09/2016, causa 12173/15, "S., M. G. v. M., C. A. s. alimentos", LL 26/10/2016, 11; LL 2016-F, 100; LL 24/11/2016, 8; LL 2016-F, 354; DJ 07/12/2016, 66; DFyP, 2016 (diciembre), 139; AR/JUR/58122/2016. El tribunal sostuvo que "la sentencia que entendió que la obligación alimentaria había cesado ´ipso iure´ con la sentencia del juicio de divorcio debe confirmarse, pues se ajusta a las constancias de la causa en consonancia con las nuevas pautas que en relación al tema prescribe el Código Civil y Comercial (art. 432)".

necesarios y no hubiera sido solicitada previamente- la compensación económica.

Por otro lado, si la sentencia no homologa un plan de parentalidad presentado por las partes, el juez deberá fijar el régimen de conformidad con la ley priorizando la modalidad compartida indistinta, excepto que por razones fundadas resulte más beneficioso el cuidado unipersonal o alternado.

A nuestro juicio, la sentencia de divorcio no es susceptible de apelación, excepto en lo inherente a la homologación de acuerdos, diferencias sobre la fecha de retroactividad de la extinción de la comunidad (en caso de que el juez se halla expedido), regulación de honorarios de los letrados e imposición de costas.

5.1. Efecto retroactivo de algunos efectos

La sentencia de divorcio disuelve el matrimonio y devuelve a los cónyuges la aptitud nupcial. La disolución del matrimonio opera desde que el decisorio queda firme, aunque algunos efectos se retrotraen al día de la notificación o presentación de la demanda de divorcio.

El art. 480 indica que el divorcio produce la extinción de la comunidad con efecto retroactivo al día de la notificación de la "demanda"[48] o de la petición conjunta de los cónyuges.

A renglón seguido, la norma estipula que si la separación de hecho sin voluntad de unirse precedió a la anulación del matrimonio o al divorcio, la sentencia tiene efectos retroactivos al día de esa separación[49]. El juez puede modificar la extensión del efecto retroactivo fundándose en la existencia de fraude o abuso del derecho.

Esta situación no presenta dificultades si ambos consortes están de acuerdo en cuál ha sido la fecha en que aconteció su separación de hecho; el conflicto se plantea frente al desacuerdo de los cónyuges[50]. Y en este caso ¿puede discutirse

---

48 Debe leerse traslado de la petición unilateral de divorcio que acompaña la propuesta reguladora.

49 Véase C. Flia. Mendoza, 26/10/2016, "F. de A. L. c. A. C. A. s. med. prec.-div. vinc.", LL Online, AR/JUR/70897/2016. Allí se dijo que "La fecha de disolución del régimen de comunidad de ganancias debe retrotraerse hasta la fecha en la que le esposa se mudó del domicilio conyugal por consejo de su terapeuta, por cuanto efectivamente la separación de hecho sin voluntad de unirse precedió al divorcio, teniendo presente que el Cód. Civil y Comercial deja a salvo los derechos de los terceros de buena fe y que ambos interesados directos están de acuerdo".

50 STJ Jujuy, 21/06/2016, "B., A. B. c. D. la T., D. M. s. liquidación de la sociedad conyugal s/ recurso de inconstitucionalidad", LL NOA, 2016 (septiembre), 6; LL online: AR/JUR/44541/2016. El tribunal resolvió que "el planteo efectuado por el recurrente tendiente a que la sociedad conyugal se considere disuelta con efecto retroactivo al día de la separación de hecho debe rechazarse por extemporáneo, pues ambas partes reconocieron al demandar y contestar demanda que la disolución de aquélla se produjo con la sentencia de divorcio con efecto retroactivo al día de la notificación de la demanda -art.1306 del Cód. Civil- aun cuando existía jurisprudencia que avalaba la postura que intenta introducir el demandado en la etapa recursiva".

en el trámite de divorcio? ¿deberá ser planteado por vía incidental? ¿o deberá diferirse el dictado de la sentencia hasta tanto sea resuelto el planteo?

Veloso[51], al preguntarse si puede diferirse la determinación de la extinción del régimen de comunidad para una oportunidad distinta a la del dictado de la sentencia de divorcio, sostiene que la discusión no puede tener lugar en el trámite del divorcio, primero por la conveniencia de no retrasar la sentencia; segundo por lo normado en el art. 438 en tanto dispone que en ningún caso el desacuerdo en el convenio suspende el dictado de la sentencia; tercero por la interpretación actual del orden público familiar, que lo constituye la posibilidad de solicitar el divorcio a pedido de uno solo de los cónyuges sin causa y sin plazo alguno de duración del matrimonio.

Así, en caso de que las partes nada digan o mediare controversia al respecto, Guahnon consideró que el proceso de divorcio no resulta ser el ámbito propicio para definir dichas cuestiones[52], sino que éstas son propias del eventual juicio que por liquidación y/o partición de la comunidad de ganancias o bienes promuevan las partes, sin que deba incidentalizarse o resolverse la cuestión en el marco del divorcio.[53]

---

51 VELOSO, Sandra F., "La sentencia de divorcio y el art. 480 del Código Civil y Comercial", LL, 2016-A, 423; cita *online*: AR/DOC/4427/2015.

52 C. Civ., Com., Lab. y Minería Neuquén, sala II, 26/07/2016, "S., S. M. c. C., M. O. s. divorcio vincular por causal objetiva", LL, online: AR/JUR/50833/2016. Allí se dijo que "la sentencia que decreta el divorcio no debe ineludiblemente establecer la fecha concreta en la que se produce el efecto extintivo respecto de la comunidad de bienes, pues si bien, por pauta general, esa extinción se retrotrae a la fecha de notificación de la demanda o de presentación de la petición conjunta, el juez está facultado para apartarse de esa regla en los supuestos previstos por el art. 480, CCyC".

53 GUAHNON, Silvia V., "El nuevo juicio de divorcio. Panorama general", cita: elDial.com - DC2092, publicado el 29/02/2016.

CAPÍTULO OCTAVO
EL MATRIMONIO Y EL DIVORCIO CONSENSUAL COMO LAS DOS CARAS DE UNA MISMA MONEDA

SECCIÓN PRIMERA: LA SEDE NOTARIAL

"Y aquellos que fueron vistos danzando fueron vistos como locos por aquellos que no podían oír la música".
Friedrich Nietzsche

1. Breve aproximación

El hilo conductor que trazamos a lo largo de esta obra es el análisis de la nueva fisonomía del divorcio y, las modificaciones que este instituto encaró y seguirá encarando para estar en consonancia con la doctrina internacional de los derechos humanos, marco de referencia sobre el cual se asienta el derecho en general y el derecho de familia en particular.

El profesor García Cantero[1], crítico de la ley española, sostuvo: "no cabe olvidar que desde siempre ha existido una estrecha relación entre el divorcio y el proceso de divorcio, y que los caracteres de éste último revelan los rasgos fundamentales del divorcio mismo". De allí que, si el divorcio ha cambiado sustancialmente (para justificarse en la *desaffectio maritalis*), convirtiéndose en el *contrarius actus* del matrimonio (fundado éste, desde siempre, en la *affectio maritalis*), el cambio en lo procedimental parece inevitable.[2]

Situados paralelamente entonces, la *affectio maritalis* y la ausencia de ella -o como prefieren denominarla algunos autores ibéricos: la *desaffectio maritalis*- como fundamento último del divorcio, se iguala la libertad para casarse con la libertad para divorciarse, cuando en ambos casos hay consenso.

Como sostuvo el profesor López y López, al referirse a la ley de divorcio española de 1981: "no se puede curar la falta de amor con la falta de libertad".

---

1 García Cantero, Gabriel, *Comentarios al Código Civil,* Edersa, Madrid, 1982, ps. 5/9.

2 Cerdeira Bravo de Mansilla, Guillermo, *Matrimonio y Constitución (presente y posible futuro),* Reus, Madrid, 2013, p. 305, nota 273.

En adelante, nos proponemos explorar las diferentes legislaciones que prevén el divorcio sin expresión de causa en sede extrajudicial y; tras un estudio comparativo, identificar las similitudes y diferencias; y en particular, la enseñanza que ellas nos puedan dejar -incluyendo por cierto, no sólo sus ventajas sino también sus defectos- a fin de pensar las bases "mínimas" que debería incluir una potencial regulación de la desjudicialización parcial del divorcio.

Dentro de los divorcios sin expresión de causa bilaterales, existe una corriente que se va abriendo camino en el derecho comparado que tiende a desjudicializar el divorcio cuando este cumple determinados requisitos. En ese sentido, algunas legislaciones prevén sistemas mixtos, que cuando hay conflicto, la sede judicial es obligatoria, y cuando es consensual, los esposos pueden recurrir a la vía extrajudicial.

Ahora bien, no sólo existen cada vez más países que han desjudicializado parcialmente el trámite del divorcio, sino que los organismos supranacionales adoptan una concepción amplia respecto de la autoridad competente para declarar la disolución, nulidad o separación lo que, justamente, permite sostener la posibilidad de que las regulaciones nacionales puedan adoptar modelos de divorcio extrajudicial. De este modo, la Unión Europea ha elaborado algunos documentos que pretenden armonizar los criterios de determinación de la ley aplicable y la jurisdicción competente en torno al matrimonio y al divorcio entre nacionales o residentes de distintos Estados[3]. En lo que aquí interesa, el Libro Verde sobre la legislación aplicable y la competencia en asuntos de divorcio del 14 de marzo de 2005 adoptó la mentada amplitud.[4]

3 Ante una separación personal o divorcio, los cónyuges podrán elegir entre la legislación vigente en el país donde se casaron, el país donde residen, el país de alguno de los dos, o bien el país en el que se ha interpuesto la demanda de divorcio. Si no hubiera acuerdo entre los esposos, la UE asienta una serie de principios que entran en juego y entre los que predomina el lugar de residencia de los cónyuges en el momento de incoar el divorcio.

4 El 14 marzo 2005, la Comisión de las Comunidades Europeas presentó el "Libro verde sobre la legislación aplicable y la competencia en asuntos de divorcio". Dicho Libro Verde fue objeto de observaciones realizadas por diversos Gobiernos y Ministerios de los Estados Miembro, así como por asociaciones de juristas y por particulares interesados. Con fecha 17 julio 2006, la Comisión de las Comunidades Europeas presentó una "Propuesta de Reglamento del Consejo por el que se modifica el Reglamento (CE) n° 2201/2003 por lo que se refiere a la competencia y se introducen normas relativas a la ley aplicable en materia matrimonial", conocida como "Propuesta de Reglamento Roma III". El 21 de octubre de 2008, el Parlamento europeo, en el marco del procedimiento de consulta, aprobó la propuesta de la Comisión en su versión modificada.

El artículo 20 del Tratado de la Unión Europea, requiere un mínimo de nueve Estados miembros para instaurar entre sí una cooperación reforzada en el marco de las competencias no exclusivas de la Unión. En aquel momento, catorce Estados miembros manifestaron su intención de instaurar entre sí una cooperación reforzada en el ámbito de la legislación aplicable en cuestiones matrimoniales. La resolución legislativa del Parlamento Europeo, del 16 de junio de 2010, aprobó el proyecto de Decisión del Consejo por el que se autorizó una cooperación reforzada en el ámbito de la legislación aplicable al divorcio y a la separación legal. Y finalmente, la resolución legislativa del Parlamento Europeo, del 15 de diciembre de 2010, aprobó la propuesta de Reglamento del Consejo por el que se estableció una cooperación reforzada en el ámbito de la ley aplicable al divorcio y a la separación judicial. Véase http://eur-lex.europa.eu/legal-content/ES/

Por otro lado, resta añadir que la instrumentación de la vía notarial en países iberoamericanos no es casual, sino que obedece claramente a la conformación de la profesión notarial según los parámetros del notariado latino, pues las funciones del escribano latino superan, en demasía, las tareas de un mero legalizador de documentos, pues realiza además juicios de capacidad y legalidad.

2. PAÍSES QUE HAN REGULADO LA VÍA NOTARIAL

En el ámbito iberoamericano existen distintas regulaciones que admiten el divorcio no judicial y, en lo que aquí interesa, ellas han atribuido la competencia al Notario. Podemos mencionar los casos de Cuba, Colombia, Ecuador, Brasil, Perú, Bolivia y Nicaragua donde el divorcio puede ser llevado a cabo ante Notario Público y la escritura pública reemplaza la sentencia. El procedimiento ante escribano es similar al que puede tener cualquier acto, contrato o negocio jurídico que se otorgue mediante escritura pública. Una vez suscripta, se procede a su inscripción en el Registro Civil, y se deja constancia en la libreta de matrimonio.

Ahora bien, hay algunas diferencias que mencionar. Todos los regímenes citados exigen que los cónyuges presenten un convenio regulador de todas las cuestiones derivadas del vínculo marital, Sin embargo, a excepción de Cuba y Colombia, las restantes normativas requieren que no existan hijos menores de edad o incapaces.

Haremos una breve aproximación a las diversas regulaciones que prevén el divorcio en sede notarial comenzando, cómo es lógico, por el país pionero en la materia para luego seguir un orden cronológico.

2.1. CUBA

En palabras del profesor Pérez Gallardo, el régimen cubano es *"un divorcio sin* causales, pero con causa", o en la definición de Mesa Castillo[5] es un divorcio "con una especie de *causa generalis:* la discrepancia objetiva". Tras la promulgación en 1975 del Código de Familia, los cónyuges no tienen que articular en la demanda de divorcio la causal concreta a cuyo tenor se funda la petición de disolver el vínculo matrimonial. Fue un propósito del legislador suprimir el difícil escollo de pasar por un proceso judicial en que se busca irremediablemente un cónyuge culpable para, tras de ello, obtener efectos favorables. El divorcio en Cuba es un divorcio remedio, no un divorcio sanción.

En 1994 se sancionó el Decreto-Ley 154/1994 del 6 de septiembre que será luego desarrollado por el Reglamento 182/1994, del 10 noviembre, del Ministerio de Justicia.

ALL/?uri=CELEX:32010R1259

5 La profesora sostuvo que el régimen fue *"concebido para dar fin a una situación intolerable que hiciera imposible alcanzar el fin del matrimonio y exigiendo, por supuesto, la existencia de causas que hubieren creado esa situación objetiva, pero sin declaración de culpabilidad. De ningún modo estableció un divorcio sin causa, más bien con una especie de causa generalis: la discrepancia objetiva"*. MESA CASTILLO, Olga, "El divorcio: Otro ángulo de análisis", en *Revista Cubana de Derecho,* año XVIII, nº 38, julio-septiembre 1989, p. 119.

Esta norma atribuyó la competencia en forma *exclusiva* a los notarios cuando se trata de un divorcio por mutuo acuerdo, permaneciendo atribuida a los jueces cuando se trata de un divorcio contencioso. Así se admitió el divorcio en sede notarial incluso ante la existencia de hijos menores o incapaces. En este régimen no es necesario acreditar un período mínimo de matrimonio ni tampoco exigir la separación previa.

El escrito de solicitud no se adjunta a la matriz, sino que contiene la *rogatio* notarial a la que deben acompañarse las certificaciones expedidas por el Registro Civil que acreditan la existencia del matrimonio y de los hijos menores de edad, entre otros documentos de los que el notario dará fe y devolverá a los comparecientes.

Sólo cuando toda esta documentación esté dispuesta, el notario radicará en el Libro Único de Asuntos Notariales, el divorcio y si considera conforme a derecho y a la equidad las convenciones propuestas, procedería a autorizar la escritura de divorcio.

Es deber inexcusable del notario, al recibir el escrito de solicitud, determinar el alcance de las convenciones propuestas y abstenerse de actuar ante el más mínimo resquicio de lesividad a los intereses de los hijos menores, previa intervención fiscal, a quien debe dar comunicación cuando el sentido común así se lo indique, lo cual forma parte de la racionalidad y la experiencia personal del propio notario actuante.[6]

Si ambos cónyuges están de acuerdo en liquidar el régimen comunitario, en la propia escritura de divorcio puede ponerse fin a la comunidad extinta, a través de operaciones divisorias y liquidatorias. Además, deben pronunciarse sobre la vivienda adquirida en común; pues si no hay acuerdo sobre la vivienda, no procede el divorcio por la vía notarial; en cambio, si no existe consenso sobre el resto de los bienes, la disolución podrá efectuarse ante notario y la liquidación de bienes en sede judicial.[7]

2.2. Colombia

La regulación sustantiva se encuentra en el Código Civil y se complementa con las normas procesales que señalan la posibilidad de obtener el divorcio por un trámite de jurisdicción voluntaria cuando los cónyuges están de acuerdo en solicitarlo. Así, en Colombia se permite el divorcio y la cesación de efectos civiles mediante un trámite notarial siempre y cuando haya acuerdo entre los cónyuges.

El legislador colombiano, en aras de descongestionar los despachos judiciales, ha señalado que algunos asuntos no contenciosos se pueden tramitar ante los notarios. Cuando los cónyuges están de mutuo acuerdo pueden acudir ante el notario a solicitar el divorcio o la cesación de efectos civiles (cfr. art. 34 de la ley 962 de 2005[8]).

---

6 Pérez Gallardo, Leonardo B., "El divorcio en el derecho cubano", en Acedo Penco, Ángel y Pérez Gallardo, Leonardo B. (coords.), *ob. cit.*, ps. 263 y 264.

7 Pérez Gallardo, Leonardo B., "El divorcio en el derecho cubano", *cit.*, ps. 269 y 270.

8 La norma dice: "Podrá convenirse ante notario, por mutuo acuerdo de los cónyuges,

En cuanto al trámite notarial previsto en el decreto 4436 de 2005[9], puede sintetizarse así: Este trámite parte de la solicitud que los cónyuges presentan al notario, por medio de abogado, con miras a obtener el divorcio o la cesación de efectos civiles por escritura pública. La solicitud contendrá: *i)* Los nombres, apellidos, documento de identidad, edad y residencia de los cónyuges; *ii)* el acuerdo suscrito por los cónyuges con la manifestación de voluntad de divorciarse o de que cesen los efectos civiles del matrimonio religioso; *iii)* contendrá disposiciones sobre el cumplimiento de las obligaciones alimentarias entre los cónyuges, si es el caso, el estado en que se encuentra la sociedad conyugal y se informará sobre la existencia de hijos menores de edad; *iv)* si hubiere hijos menores de edad, el acuerdo también comprenderá los siguientes aspectos: La forma en que contribuirán los padres a la crianza, educación y establecimiento de los hijos, precisando la cuantía de la obligación alimentaria, indicando lugar y forma de su cumplimiento y demás aspectos que se estimen necesarios; custodia y cuidado personal de los menores de edad; y régimen de visitas con la periodicidad de las mismas.

Si la solicitud está conforme con la Ley y no hubieran hijos comunes menores de edad o si ya existe el concepto del Defensor de Familia, el notario autorizará la escritura pública. Si la solicitud está conforme con la Ley y existen hijos comunes menores de edad y no hay concepto del Defensor de Familia, el notario se encargará de notificarle el acuerdo presentado por los cónyuges para que emita su concepto dentro de los quince días siguientes a la notificación; si no lo hace, el notario autorizará la correspondiente escritura que contendrá el acuerdo presentado por los interesados. Si el Defensor de Familia hace observaciones al acuerdo, los interesados deberán hacer los ajustes pertinentes y si no los hacen se entiende que han desistido de la solicitud.

El legislador ha establecido término de caducidad para éste trámite notarial: Si transcurren dos meses desde que el instrumento fue puesto a disposición de los interesados y éstos, directamente o por intermedio de los abogados, no comparecen a suscribirlo se entiende que han desistido de la solicitud.[10]

La actividad notarial causa honorarios, según lo señala el artículo 7º del decreto 4436 de 2005. A modo ilustrativo, la resolución nº 8850 de 2007 fijó las tarifas notariales que regirán para el año 2008 en Colombia.

---

por intermedio de abogado, mediante escritura pública, la cesación de los efectos civiles de todo matrimonio religioso y el divorcio del matrimonio civil, sin perjuicio de la competencia asignada a los jueces por la ley. El divorcio y la cesación de los efectos civiles ante notario, producirán los mismos efectos que el decretado judicialmente.

PARÁGRAFO. El Defensor de Familia intervendrá únicamente cuando existan hijos menores; para este efecto se le notificará el acuerdo al que han llegado los cónyuges con el objeto de que rinda su concepto en lo que tiene que ver con la protección de los hijos menores de edad".

9 MONTOYA PÉREZ, Guillermo, "El divorcio en el derecho colombiano", en ACEDO PENCO, Ángel y PÉREZ GALLARDO, Leonardo B. (coords.), *ob. cit.*, p. 176.

10 MONTOYA PÉREZ, Guillermo, "El divorcio en el derecho colombiano", *cit.*, p. 177.

Cuando el trámite ha sido llevado a cabo por vía notarial, el artículo 6° del decreto regula la publicidad del divorcio[11].

2.3. ECUADOR

En el Registro Oficial n° 406 del día 28 de noviembre del 2006, se publicó la Ley 2006-62, modificatoria de la Ley Notarial, que otorgó a los notarios la facultad de tramitar divorcios por mutuo consentimiento, únicamente en los casos en que los cónyuges no tengan hijos menores de edad o bajo su dependencia.

El notario Vargas Espinoza puntualizó los requisitos intrínsecos y extrínsecos de la petición. Entre los primeros, mencionó: a) Presencia actual del vínculo conyugal, que se justifica con las copias certificadas de las actas de matrimonio otorgadas por el Registro Civil; b) inexistencia de hijos menores de edad o bajo su dependencia, que se justifica con una declaración jurada de los cónyuges; c) inexistencia de hijos bajo su dependencia, refiriéndose en este caso a hijos mayores de edad discapacitados; d) inexistencia del estado actual de gravidez de la cónyuge que se justifica con su declaración jurada y juramentada; e) consentimiento y voluntad no viciados de los cónyuges, que se justifica con su declaración jurada y juramentada y; f) voluntad definitiva de disolver el vínculo expresada en la petición y en la audiencia.

Los requisitos extrínsecos son los establecidos en el artículo 107, CCiv., esto es: a) nombre, apellido, edad, nacionalidad, profesión y domicilio de los cónyuges; b) el nombre y edad de los hijos habidos dentro del matrimonio; c) manifestación expresa de la voluntad de divorciarse y la enumeración de los bienes patrimoniales y de los de la sociedad conyugal, con la comprobación del pago de todos los impuestos y; d) el divorcio consensual en este tipo de trámite notarial no se plantea en forma de demanda sino como una simple solicitud que reúna los requisitos mencionados.[12]

En síntesis, el procedimiento puede ser llevado a cabo siempre que no concurran hijos menores o incapacitados y, al igual que los sistemas reseñados -excepto Cuba- es una competencia compartida con la sede judicial. Los cónyuges podrán comparecer directamente o a través de procuradores especiales y deberán estar patrocinados por un abogado. El notario mandará que los comparecientes reconozcan sus firmas y rúbricas y fijará fecha para la audiencia, dentro de un plazo no menor de sesenta días, en la cual los cónyuges deberán ratificar su voluntad de divorciarse.

El notario levantará un acta de la diligencia en la que declarará disuelto el vínculo matrimonial. Si bien resulta discutido en doctrina si el divorcio se debe reflejar en una escritura pública o en un acta notarial, Cerdeira Bravo

11 La norma señala: "Una vez inscrita la Escritura de divorcio o de la cesación de efectos civiles del matrimonio religioso en el Libro Registro de Varios, el notario comunicará la inscripción al funcionario competente del Registro del Estado Civil, quien hará las anotaciones del caso, a costa de los interesados".

12 SOTOMAYOR UNDA, Jorge, "El divorcio en el derecho ecuatoriano", en ACEDO PENCO, Ángel y PÉREZ GALLARDO, Leonardo B. (coords.), *ob. cit.*, ps. 322 y 323.

de Mansilla[13] nos recuerda que corresponde la primera, pues en el divorcio por mutuo acuerdo no se trata simplemente de dar fe de un hecho, sino de homologar unas declaraciones de voluntad convergentes que implican un cambio de estado civil con consecuencias personales y económicas con trascendencia para terceros. En igual sentido, Messía de la Cerda Ballesteros[14] apunta que la admisión del acta notarial para el divorcio no se corresponde con el contenido que recoge, referido a las voluntades de las partes sobre disolución del vínculo.

2.4. Brasil

El divorcio en Brasil se encuentra regulado en algunos aspectos por la propia Constitución Federal[15]. En el Derecho brasileño, no se exige para que sea efectivo el divorcio un examen de las causas y motivos para la disolubilidad del matrimonio. "Los cónyuges no tienen por qué alegar razón o motivo alguno para fundamentar el pedido, pues les basta la declaración de haber cumplido el plazo de separación de hecho. Por eso se dice que el juez no aprueba, y sí homologa el divorcio".[16]

Son contempladas en el ordenamiento jurídico brasileño dos formas de divorcio: directo e indirecto, pudiendo tramitarse bajo la forma consensual o litigiosa. El divorcio bajo la forma litigiosa, en cualquier caso, se tramitará necesariamente en la vía judicial. El divorcio consensual en cambio, podrá en algunos casos tramitarse extrajudicialmente, en los términos de la ley 11.441/2007.[17]

En lo que aquí interesa, a partir de la sanción de dicha ley, el divorcio consensual puede ser realizado por medio de una escritura pública, dispensando la intervención del Poder Judicial. La previsión normativa del divorcio extrajudicial se encuentra en el artículo 1124-A del Código de Proceso Civil.[18]

---

13 Cerdeira Bravo de Mansilla, Guillermo, "El divorcio notarial que viene...", *cit.*, p. 33.

14 Messía de la Cerda Ballesteros, Jesús Alberto, "La regulación del divorcio no judicial: Una perspectiva comparada", en Kemelmajer de Carlucci, Aída, Borillo, Daniel A. y Flores Rodríguez, Jesús (dirs.), *Nuevos desafíos del Derecho de Familia*, Rubinzal Culzoni, Santa Fe, 2014, p. 169.

15 En Brasil la inclusión ocurrió cuando fue aprobada la Enmienda Constitucional 09 de 28/06/1977, la cual dio ocasión, en seguida, a la promulgación de la Ley N° 6.515, de 26/12/1977, que la reglamentó. Véase Dias, María Berenice, *Divorcio Já! Comentarios sobre la Enmienda Constitucional de 66, 13 de julio de 2010*, 2ª ed., Ed. Revista Dos Tribunais, 2012 y; Menezes da Costa, María Aracy, "Brasil y la Enmienda Constitucional n° 66 del 13/07/2010 que ha cambiado el divorcio", *RDF* 2010-47, p. 205.

16 Lôbo, Paulo, *Direito Civil. Famílias*, Ed. Saraiva, 2008, p. 129.

17 Puede ahondarse en Cahali, Yussef Said, *Separações conjugais e divorcio*, 12ª ed., Editora Revista Dos Tribunais, 2011; Dias, María Berenice, *Manual de Direito das Famílias*, 8ª ed., Ed. Revista Dos Tribunais, 2011 y; de la misma autora, "Da separação e do Divorcio" en Dias, María Berenice y Da Cunha Pereira, Rodrigo (coords.), *Direito de Família e o Novo Código Civil*, 4ª ed. actualizada, Del Rey-Ibdfam, Belo Horizonte, 2006.

18 La norma dice: "La separación consensual y el divorcio consensual, no habiendo hijos

Para poder recurrir a la vía extrajudicial, la ley establece los siguientes requisitos: a) ser consensual, o sea, las partes concuerdan en todos los términos con su realización; b) no haber hijos menores de las partes, hipótesis en que la vía judicial será obligatoria; c) asistencia de abogado[19]; d) observancia del plazo legal de dos años de separación de hecho para la realización del divorcio directo o de un año de la sentencia de separación judicial o de cuerpos, en el caso del divorcio indirecto.[20]

Algunos autores[21] entienden que la ley 11.441 reforzó la naturaleza jurídica del matrimonio en el derecho brasileño como un contrato solemne. Como cualquier contrato, el matrimonio se extingue por mutuo acuerdo, mediante anulación. Si cuando en la celebración de la boda, el Estado participa apenas administrativa-mente, a través de su agente público, para la disolución del matrimonio, igualmente, bastará que el Estado participe a través de un notario con investidura legal.

Los cónyuges deben presentar al notario prueba documental como el certificado de boda y certificados de nacimiento de los hijos, si los hubiese, para demostrar que son mayores. Tratándose de divorcio extrajudicial, el reparto de los bienes comunes no podrá ser postergado. La ley determina su inclusión en la escritura pública[22], considerando que en la vía administrativa la pareja deberá estar de acuerdo con todas las cuestiones decurrentes de la disolución del matrimonio, no pudiendo haber pendencias remitidas a la decisión judicial.[23]

La representación a través de procuradores es una cuestión que no resulta pacífica en la doctrina carioca, pues la ley omitió regular el particular.

---

menores o incapaces de la pareja y observados los requisitos legales sobre los plazos, podrán ser realizados por escritura pública, en la cual constarán las disposiciones relativas a la descripción y el reparto de los bienes comunes y a la pensión alimenticia y, además, al acuerdo sobre la retomada por el cónyuge de su nombre de soltero o a la manutención del nombre adoptado cuando se produjo el matrimonio. § 1°. La escritura no depende de homologación judicial y constituye título hábil para el registro civil y el registro de inmuebles. § 2°. El escribano solamente labrará la escritura si los contratantes estuviesen siendo asistidos por un abogado común o por los abogados de cada uno de ellos, cuya calificación y firma constarán en el acto notarial. § 3°. La escritura y demás actos notariales serán gratuitos para aquellos que se declaren pobres bajo las penas previstas por la ley".

19 Se ha dicho: *"A lavratura da escritura pública de separado é necessário que os interessados estejam casados há pelo menos um ano (artigo 1.574 CC/2002), que haja consenso na separação e que os mesmos declarem a sua vontade perante o notário, assistidos por advogado"*. ALCARRIA, Valdicéia, "Lei 11.441/07, separação consensual e divorcio consensual, inventário, partilha por escritura pública", en *Revista Discurso Jurídico Campo Mourão*, v. 3, nº 2, p. 37-45, jul./dez, Campo Mourão, Paraná, Brasil, 2007.

20 VAINSENCHER, Tânia, "El divorcio en el Derecho brasileño", *cit.*, p. 133.

21 FARIAS, Cristiano Chaves de, *O Novo Procedimento da Separação e do Divórcio (de acordo com a Lei n° 11.441/07)*, Ed. Lúmen Júris, 2007, p. 34.

22 Puede ahondarse en CAHALI, Francisco José y otros, *Escrituras Públicas. La separación, el divorcio, el inventario y la distribución consensual*, 2ª ed., Editora Revista Dos Tribunais, São Paulo, 2008.

23 VAINSENCHER, Tânia, "El divorcio en el Derecho brasileño", *cit.*, p. 134.

Así, mientras algunos autores[24] señalan que los cónyuges pueden hacerse representar por procuradores, de la misma forma que lo hacen en la celebración de la boda (art. 1542, CCiv.); otras voces advierten que "no es posible la representación de los interesados en la separación extrajudicial o divorcio extrajudicial no en virtud de haber la necesidad de tentativa de conciliación de las partes, como ocurre en juicio propio, mas tan solamente por la ausencia de dispositivo legal permisivo para tanto".[25]

En síntesis, la norma brasileña prevé un régimen dual alternativo a la sede judicial, pues la atribución de la competencia al notario en el divorcio consensual no posee carácter exclusivo. Ello llevó a algunos autores[26] a tildar de dubitativa la reforma y, contraproducente en torno la descongestión y celeridad proclamadas. Incluso, se objetó que el legislador adoptó una solución muy cautelosa, a veces excesiva; pues parece un tanto exagerado el período de dos años de separación previa para evitar decisiones aceleradas, lo que puede suponer una tutela injustificada e innecesaria.

2.5. PERÚ: UN SISTEMA MIXTO

El 16 de mayo del 2008, la ley 29.227 reguló en Perú el procedimiento no contencioso de separación convencional y divorcio ulterior en las Municipalidades y Notarías, aprobándose su reglamentación mediante Decreto Supremo 009-2008-JUS, publicado el 13 de junio de 2008.

Esta norma no derogó la legislación sustantiva y procesal relativa a la separación convencional y divorcio ulterior judicial, sino que los cónyuges pueden optar por el divorcio notarial o municipal como una alternativa más, siempre que reúnan las condiciones requeridas a tal efecto.

El divorcio notarial o municipal exige, al igual que el judicial, que los cónyuges tengan por lo menos dos años de haber contraído matrimonio pero difiere con este último en los siguientes aspectos: *i)* procede cuando los cónyuges no tienen hijos menores de edad o mayores incapaces, así como cuando los cónyuges que se encuentren bajo el régimen de sociedad de gananciales carezcan de bienes, o sus relaciones patrimoniales se sujeten al régimen de separación de patrimonios y; *ii)* en caso de que tengan hijos menores de edad o mayores incapaces es posible acceder por estas vías, siempre que exista pronunciamiento judicial firme respecto a la patria potestad, régimen de visitas, alimentos, interdicción o, en su defecto, estas materias hayan sido objeto de conciliación (cfr. ley 26.872).[27]

Para iniciar el procedimiento, los cónyuges deberán acreditar haber estado casados como mínimo dos años, e iniciar el trámite ante la Municipalidad o

---

24 CASSETTARI, Christiano, *Separação, Divórcio e Inventário por Escritura Pública*, Método, 2007.

25 NAMUR, Cássio S., "É Possível Praticar o Ato Mediante Procuração?", en COLTRO, Antônio C. M. y DELGADO, Mario L. (coords.), *Separação, Divórcio, Partilhas e Inventários Extrajudiciais. Questionamentos sobre a lei 11.441/2007*, Método, São Paulo, 2007, p. 128.

26 MESSÍA DE LA CERDA BALLESTEROS, Jesús A., "La regulación del divorcio no judicial...", *cit.*, p. 169.

27 CABELLO MATAMALA, Carmen Julia, "El divorcio en el derecho peruano", en ACEDO PENCO, Ángel y PÉREZ GALLARDO, Leonardo B. (coords.), *ob. cit.*, p. 552.

Notaría. Así es que el Notario o el Alcalde citarán en un plazo no mayor a 15 días a una única audiencia donde los cónyuges deberán ratificar su deseo de separarse convencionalmente y, luego de dicha ratificación, se declarará la separación convencional de la pareja.

Transcurridos dos meses, cualquiera de los cónyuges podrá solicitar la disolución del vínculo y sin más trámite, en un plazo no mayor a 15 días, el Alcalde o el Notario declararán disuelto el matrimonio.[28]

En este régimen, debemos adunar a la escritura pública de divorcio, un acta notarial de constatación -con los aranceles y honorarios que ellas conllevan-. De este modo, puede fácilmente colegirse que, en no pocas ocasiones, los cónyuges se verán tentados a recurrir a la sede judicial, circunstancia que en la práctica reduce los efectos positivos que se buscaban con la reforma.

2.6. Bolivia[29]

En Bolivia, se promulgó la ley del Notariado Plurinacional nº 483 del 25 de enero de 2014 que, en su título V reguló la vía voluntaria notarial a la que define como "el trámite ante la notaria o el notario de fe pública por el que se crea, modifica o extingue relaciones jurídicas"[30]. El artículo 93 prevé que en materia familiar procede frente al divorcio por mutuo acuerdo.

A continuación, el capítulo II se dedica exclusivamente al divorcio notarial, el que sólo procederá cuando: i) exista consentimiento y mutuo acuerdo entre los cónyuges sobre la disolución del matrimonio; ii) no existan hijos producto de ambos cónyuges; iii) no existan bienes comunes o gananciales sujetos a registro y; iv) no exista pretensión de asistencia familiar por ninguno de los cónyuges.

La petición debe ser presentada de manera escrita por ambos cónyuges en sede notarial, adjuntado el acuerdo suscrito por ambos y el certificado de matrimonio. El acuerdo deberá contener los siguientes datos: a) los nombres, apellidos, números de cédula de identidad y domicilio real de los cónyuges; b) la manifestación de voluntad de divorciarse expresada por ambos cónyuges; c) la inexistencia de los hijos entre los cónyuges; d) la inexistencia de bienes gananciales sujetos a registros; e) la renuncia expresa a cualquier forma de asistencia familiar por parte de ambos cónyuges y; f) la fecha del documento (cfr. artículo 95).

---

28 Salazar Puente de la Vega, Mercedes, "El divorcio en sede notarial y la legislación comparada", Fernández del Castillo, Nelly, *Comentarios a la Ley del divorcio municipal/notarial y su Reglamento*, compilación, [s.l.], Arco Legal Ed., 2008 y; de la misma autora, "Divorcio en sede notarial", en *Revista de la Asociación de Escribanos del Uruguay*, nº 1, 2008, ps. 63-72.

29 Para ahondar en las vicisitudes del divorcio en Bolivia, véase Martínez Zenteno, Toribio, "El divorcio en el derecho boliviano", en Acedo Penco, Ángel y Pérez Gallardo, Leonardo B. (coords.), *ob. cit.*, p. 101 y ss.

30 Ver, entre otros, *Diario La Página*, 5 de febrero de 2014, "Bolivia puso hoy en vigor la ley del Notariado Plurinacional que permite el llamado `divorcio express´ sin juicio y por mutuo acuerdo entre los cónyuges sobre la disolución del matrimonio", disponible online en http://www.lapagina.com.sv/ampliar.php?id=92514 (consultado el 5/01/2018).

En cuanto al trámite, el notario dará fe pública y registrará los documentos ante la presencia física de ambos cónyuges. Si transcurridos "cuando menos tres meses de la fecha de registro de la solicitud de divorcio", ambos cónyuges se presentaran nuevamente manifestando su decisión de divorciarse, el notario labrará acta de la ratificación. Posteriormente, protocolizará el acuerdo y el acta de ratificación y transcribirá el certificado de matrimonio expidiendo el testimonio de divorcio.

Una vez protocolizada la escritura pública, el notario extenderá los testimonios y los remitirá al Servicio de Registro Cívico para la cancelación definitiva de la partida matrimonial. En cambio, si transcurren seis meses de la solicitud de divorcio y los cónyuges no se presentan nuevamente para ratificar su decisión, el trámite caducará y será archivado (cfr. art. 96).

Al comentar la noticia, los medios periodísticos de ese país advirtieron que si bien la nueva vía extrajudicial no podrá aplicarse a todos los casos, contribuirá a disminuir la carga procesal de los juzgados. Por otro lado, se informó que "el órgano judicial no está del todo conforme con el traspaso de la dependencia de los notarios al Ministerio de Justicia, pues la función notarial representa para el Consejo de la Magistratura un ingreso anual de 36 millones de bolivianos generados por aranceles (...)".

Para concluir la presentación de la noticia, el medio destacó que la ley despierta esperanzas de que su vigencia contribuya a reducir los conflictos familiares. Aún más, consideró que "debería ampliarse a los matrimonios con hijos y establecer las bases para un régimen de separación de bienes". Y concluyó que "agilizar el proceso de divorcio no fomenta una ´cultura del facilismo´ ni promueve una ola de separaciones".

Existen muchas cuestiones pasibles de ser analizadas en torno a la ley boliviana, pero queremos rescatar sólo algunos tópicos que se reiteran en otras regulaciones, y que podrían sintetizarse de la siguiente manera: i) la necesidad de ampliar, en aquellos países que ya han habilitado la sede notarial, la norma de modo que incluya los matrimonios con hijos y establecer las bases para un régimen de separación de bienes; ii) desmitificar la idea de que agilizar el trámite del divorcio promovería una sociedad divorcista y; iii) el hecho de que facilitar los trámites de divorcio redundará en menores gastos para los cónyuges "ya que ahora ese proceso cuesta, cuando menos, 4.000 bolivianos, al margen del desgaste y la tensión que generan".

2.7. Nicaragua[31]

El Código de Familia de Nicaragua (ley 870 del 24 de junio de 2014) apostó por la regulación del divorcio por mutuo consentimiento en sede notarial. El legislador confió en la actuación del notario para trasladar a su conocimiento, lo que era de estricta competencia judicial, aun cuando existiera mutuo consentimiento entre los cónyuges. Así, Nicaragua se convirtió en el primer país del continente en atribuírsele competencia a un notariado *numerus apertus* para conocer en el divorcio por mutuo consentimiento.

31 Se remite a Abboud Castillo, Neylia L., "El divorcio en el derecho nicaragüense", en Acedo Penco, Ángel y Pérez Gallardo, Leonardo B. (coords.), *ob. cit.*, p. 465.

Cabe apuntar entonces que el codificador nicaragüense prevé que los cónyuges "podrán acudir ante notaria o notario público con al menos diez años de haberse incorporado a la profesión del notariado, cuando no tengan en común, hijos o hijas que sean niños, niñas, adolescentes y personas con discapacidad, ni haber bienes en común. (...) En caso de haber bienes en común y exista entre los cónyuges mutuo acuerdo en la forma de uso o distribución de los mismos, la notaria o notario público puede disolver el vínculo matrimonial, debiendo consignar dicho acuerdo en la escritura pública correspondiente" (art. 159, 2° y 4° párrafo).

El escrito de solicitud o de petición del divorcio por mutuo consentimiento, no ha de estar revestido de formalidades o solemnidades algunas, salvo la firma de los cónyuges y su presentación *per se*, o a través de su representante (la norma se refiere a un apoderado especialísimo), lo cual supone el previo otorgamiento de un poder especialísimo[32], pudiendo ser otorgado por uno de los cónyuges o por ambos, dado que el Código de Familia no prohíbe que ambos cónyuges se hagan representar, incluso a través de abogados.[33]

Al recibir la petición de divorcio[34], el notario advertirá a los cónyuges el efecto de su decisión. Si tuviesen hijos menores de edad o incapacitados, o existiere litis respecto de la distribución de los bienes, el notario se abstendrá de autorizar la escritura pública, instruyendo a los esposos del deber de acudir a la vía judicial.

En caso de proceder a decretar el divorcio, el notario librará testimonio de la escritura para su inscripción en el Registro del Estado Civil de las Personas y en el Registro Público de la Propiedad, cuando corresponda.

2.8. ESPAÑA

En el artículo 43 de la Constitución republicana de 1931 se permitió la disolución del matrimonio "por mutuo disenso o a petición de cualquiera de los cónyuges con alegación, en este caso, de justa causa". La manda constitucional fue cumplida con la ley de divorcio de 1932[35]. Varios pasos atrás, la actual Constitución española de 1978, en su artículo 32 sólo refiere expresamente a la "separación". Si bien no

32 El poder para comparecer ante notario al otorgamiento de la escritura pública de divorcio por mutuo consentimiento, ha de ser especialísimo, ya se otorgue a un abogado, o a un tercero que no se desempeñe como tal. En dicha escritura pública de poder, el poderdante deberá enunciar expresamente las facultades que otorga, en concreto lo relativo a la identidad del otro cónyuge divorciante y lo atinente a las pensiones alimenticias, a favor de uno de los cónyuges, o la correspondiente pensión compensatoria.

33 PÉREZ GALLARDO, Leonardo B., "Divorcio por mutuo consentimiento ante notario en el nuevo Código de Familia de Nicaragua: la fábula de la zorra y el cangrejo de mar", DFyP 2015 (febrero), 16/02/2015, 65; *DFyP*, 2015 (mayo), 13/05/2015, 42, cita *online*: AR/DOC/3755/2014.

34 Los cónyuges deberán acompañar: *i)* cédula de identidad de ambos otorgantes; *ii)* certificado del acta de matrimonio; *iii)* certificación de negativa de hijos e hijas y; *iv)* certificación de negativa de bienes.

35 En rigor, la ley del 2 de marzo de 1932 de divorcio -derogada por la ley del 23 de septiembre de 1939- exigía la concurrencia de causa (art. 3) o bien el acuerdo de ambos cónyuges (art.

menciona el divorcio, emplea la expresión de "causas de (...) disolución", en plural, a fin de delegar en el legislador la decisión de instaurar el divorcio junto al fallecimiento como causales de disolución marital. Así, el Parlamento español modificó la regulación del matrimonio y las causas de nulidad, separación y divorcio mediante la ley 30/1981 del 7 de julio. Ella introdujo -en lo que aquí interesa- un régimen de divorcio remedio objetivo que siempre requería de una separación previa y cuya causa debía estar acreditada.

Consolidado este sistema con el paso del tiempo, el "siguiente paso lógico en su evolución" -según palabras de Cerdeira Bravo de Mansilla- fue dado por la ley 15/2015 del 8 de julio de 2015, que modificó el Código Civil y la Ley de Enjuiciamiento Civil en materia de separación y divorcio. Esta norma, estableció como alternativas de libre elección la separación y el divorcio, no siendo ya la separación un requisito previo para el posterior divorcio[36]. Dicho de otro modo, esta regulación no sólo suprimió el requisito de la separación previa -el llamado "doble procedimiento"- sino que además redujo de un año a tres meses el plazo mínimo que debe transcurrir desde la celebración del matrimonio para instar su disolución.

En este contexto normativo, el Ministerio de Justicia español presentó un proyecto de ley de jurisdicción voluntaria[37], que obtuvo su debate legislativo y tres años después del anuncio, se sancionó la Ley 15/2015, del 2 de julio. Esta norma incluyó -en lo que aquí interesa- la regulación de la separación y el divorcio por mutuo acuerdo, alternativamente ante el secretario judicial (ahora denominado letrado de la Administración de Justicia), o ante el notario.

La ley establece la formulación de un convenio regulador plasmado en una escritura pública, salvo que existan hijos menores no emancipados o con la capacidad modificada judicialmente. Otra exigencia que impone el artículo 82.1.II, CC es que los cónyuges deberán estar asistidos por letrado en ejercicio en el momento del otorgamiento de la escritura. Finalmente, el artículo 87, CC. dice: "los cónyuges también podrán acordar su divorcio de mutuo acuerdo mediante la formulación de un convenio regulador[38] en escritura pública ante Notario, en la forma y con el contenido regulado en el artículo 82, debiendo concurrir los mismos requisitos y circunstancias exigidas en él".

---

2), sin necesidad de separación previa. El tiempo mínimo para instar el divorcio de mutuo acuerdo era de dos años.

36 CERDEIRA BRAVO DE MANSILLA, Guillermo, *Matrimonio y Constitución...*, cit., p. 299.

37 Según los medios periodísticos "el PP ha parado en el Senado otra de las medidas anunciada por el ex ministro de Justicia Alberto Ruiz-Gallardón en 2013. Los notarios, a los que iba a concederse a partir de este verano la capacidad de celebrar matrimonios y divorcios de mutuo acuerdo, no podrán hacerlo hasta junio del año 2017. La novedad, que se ha introducido en la fase de presentación de enmiendas a la ley de Jurisdicción Voluntaria en la cámara alta, aplaza para dentro de dos años una iniciativa destinada a descongestionar la administración de Justicia (...). La iniciativa ya sufrió una primera merma en su paso por el Congreso ya que se quitó a los notarios la exclusiva de las bodas y separaciones y se añadió a los secretarios judiciales como alternativa". Diario La Ley, nº 8559, Sección Hoy es Noticia, 11 de Junio de 2015, "Aplazada otra propuesta de Gallardón: los notarios no podrán casar hasta 2017", cita: La Ley 139587/2015.

38 Véase DE AMUNÁTEGUI RODRÍGUEZ, Cristina, "Divorcio notarial y convenio regulador:

3. Objeciones a la sede notarial

Se ha dicho[39] que el notario al intervenir en el divorcio, lo haría como creador del nuevo derecho preventivo, controlando la legalidad de los acuerdos, sin contradicciones, ni lesión de los intereses de los hijos menores, ni de uno de los cónyuges, de modo que la escritura pública de divorcio esté apta para el tráfico jurídico, garantizando la debida publicidad del acto, sin el costo personal y patrimonial que un largo y tortuoso proceso de divorcio en sede judicial causa a todos los implicados en él.

A nuestro juicio, la falta de una "real agilización temporal" no resulta una impugnación válida, pues no es eso lo que se busca. Messia de la Cerda Ballesteros[40] afirmó que no parece que la atribución a los notarios del divorcio por mutuo acuerdo fuera a suponer realmente un ahorro de costes temporales y económicos. En el caso español habría que analizar cómo se incardina tal actuación en el procedimiento notarial, a la vez que supondría una complicación de unos procedimientos como los notariales que se caracterizan por su rapidez y agilidad. Si bien se agilizarían los procesos judiciales, sin embargo no se obtendría la agilidad propia de las notarías.

Así es que coincidimos con el profesor Pérez Gallardo, quien no comparte "la opinión de aquellos juristas que han estudiado el tema de la atribución de competencias al notario en sede de divorcio por mutuo acuerdo desde un análisis pragmático del Derecho, sobre la base de costes económicos y descongestión de los tribunales. Ahí no está la esencia de esta medida. No se trata de disminuir o aumentar costes económicos, tampoco de descongestionar la labor de los tribunales, aunque indirectamente ello repercuta en ambos sentidos"[41]. Si bien la desjudicialización parcial del divorcio posee esos efectos positivos, no son los únicos propósitos buscados por una reforma legislativa.

Se busca adecuar el procedimiento a la nueva fisonomía del divorcio, a la luz de la doctrina internacional de los derechos humanos; pues el ejercicio de un derecho no implica necesariamente su judicialización. Los motivos que promovieron la intervención de la judicatura ya no se encuentran vigentes; por el contrario, existen razones actuales que permiten que los cónyuges no deban acudir a tribunales cuando existe acuerdo entre ellos para culminar una etapa de su ciclo vital de modo alitigioso.

De esta manera, la potenciación de la autonomía de la voluntad de los cónyuges no implica en modo alguno, la "privatización del divorcio". Si bien todo ello es cierto, debemos realizar algunas consideraciones que hacen que, en nuestro medio, pudiera lograr una mejor inserción la vía administrativa.

---

examen de los conflictos que pueden surgir de su cumplimiento y propuestas de posible solución a los mismos", diario *LL*, 13/04/2012, nº 7837, p. 9, cita: La Ley 4138/2012, entre otros.

39 Pérez Gallardo, Leonardo B., "El divorcio por mutuo acuerdo...", *cit.*

40 Messía de la Cerda Ballesteros, Jesús A., "La implantación del divorcio...", *cit.*, p. 3355.

41 Pérez Gallardo, Leonardo B., "Divorcio por mutuo consentimiento ante notario...", *cit.*

3.1. LOS COSTOS ECONÓMICOS DE LA SEDE NOTARIAL

A esta altura del análisis nos preguntamos ¿existe un real abaratamiento en términos económicos? Si bien ambas sedes extrajudiciales promueven una disminución de los costos, no sólo económicos sino psicológicos y temporales, existen muchas diferencias en torno a su posible regulación.

Por ejemplo, en Colombia el notario cobra lo mismo que por una actuación sin cuantía; en Ecuador, se impone el arancel básico unificado (de 170 dólares); y en Brasil, podría ser gratuita el acta notarial sólo para quienes carecen de recursos.

En síntesis, salvo algunos supuestos excepcionales, la sede notarial no pareciera mostrarnos un significativo abaratamiento en términos económicos, sino una paridad con la actual sede judicial, máxime si incluimos en la propuesta el necesario asesoramiento jurídico. Si podemos observar una sensible disminución de los costos en la sede administrativa, pues la mayor parte de la documentación necesaria obra en poder del Registro Civil, y al igual que en ocasión de contraer nupcias, los cónyuges abonarían un arancel mínimo.[42]

Veamos en detalle la cuestión económica que gira en torno al cambio de sede. En primer lugar, la asunción por los notarios de la competencia supondría un ahorro directo para el Estado de los costes judiciales y de la Administración de Justicia. Sin embargo, tal ahorro se conseguiría mediante el traspaso de dichos costes a la ciudadanía, que tendría que abonar los servicios recibidos de un profesional público, como es el notario. Se han propuesto medidas para minimizar el impacto económico que ello supondría para los ciudadanos[43]. En opinión del profesor Messía de la Cerda Ballesteros "en la situación presente el divorcio ante notario podría suponer un incremento del coste para las parejas. A tal efecto, debemos recordar que las reformas propuestas no eliminan, en principio, la necesidad de intervención de abogado, por lo que parece que aumentaría la cuantía final, al permanecer invariados los costes del procedimiento judicial y añadir los propios de la Notaría".[44]

Algunas preguntas que quedan flotando en el aire: ¿se debe regular el pago de un arancel por la escritura pública de divorcio y/o los honorarios del escribano interviniente? El costo que demande la inscripción de la escritura en el Registro Civil ¿Se encuentra incluido en el arancel fijado o debe ser afrontado por los interesados? Por una cuestión de equidad suponemos que en el caso de acuerdo sobre la distribución de bienes inmuebles o muebles registrables, la inscripción en los registros de la propiedad debe ser soportada por los ex cónyuges. En igual sentido ¿los cambios de titularidad se plasman en la misma escritura de divorcio o en otra distinta? ¿Ella serviría *per se* como nuevo título de dominio? Nótese que a todo ello debemos adunar los honorarios por la asistencia letrada.

Si bien muchas de estas preguntas son, en definitiva, cuestiones de política

42 CERDEIRA BRAVO DE MANSILLA, Guillermo, "Matrimonio no formalizado...", *cit.*

43 GOMÁ LANZÓN, Ignacio, "Notarios, matrimonios y jurisdicción voluntaria", en *El Notario del siglo XXI*, nº 42, marzo-abril de 2012, Colegio Notarial de Madrid, p. 4.

44 MESSÍA DE LA CERDA BALLESTEROS, Jesús A., "La implantación del divorcio...", *cit.*, p. 3353.

legislativa, que varían de acuerdo a la idiosincrasia del país que promueva la regulación, todas ellas alimentan sensiblemente los costos económicos del acceso al notario. Y *a contrario sensu* constituyen ventajas comparativas de la sede administrativa.

3.2. Accesibilidad o elitismo

Concatenado con lo expuesto anteriormente, no podemos dejar de observar que si pretendemos una propuesta legislativa para todo el universo social de nuestro país, la accesibilidad a un escribano aparece más restringida.

La cuestión de la accesibilidad representa una realidad en nuestro medio; el mito del elitismo, esto es, que la sede notarial sería para pocos, relegando a la mayoría a la sede judicial es sólo eso: *"un mito"*. Y aunque reconocemos su carácter ficticio, igual que el de otras objeciones extrajurídicas con relación a la intervención del escribano, consideramos que su enquistamiento en el imaginario social, tamizado mediante décadas de consolidación cultural, especialmente dentro de los colectivos profesionales afectados, resulta de momento, difícil de superar en nuestro país.

Por el contrario, el Registro Civil promueve la accesibilidad y el acceso igualitario de la ciudadanía; pues todos pueden acceder a este organismo público, del mismo modo que lo hacen para contraer nupcias ¿O es que acaso para divorciarse los cónyuges deben tener solvencia patrimonial?

SECCIÓN SEGUNDA: LA SEDE ADMINISTRATIVA

SUMARIO: 1. Breve reseña histórica. 2. Países que lo han regulado. 2.1. México. 2.2. Portugal. 2.3. Países nórdicos. 2.4. Rumania. 2.5. Japón. 2.6. Perú. 3. Breves comentarios adicionales. 4. Palabras finales.

"Hay quienes observan la realidad tal cual es y se preguntan por qué, y hay quienes imaginan la realidad como jamás ha sido, y se preguntan por qué no".

George Bernard Shaw

1. Breve reseña histórica

Como fuente inspiradora más remota de esta modalidad de divorcio administrativo puede citarse el Código de Familia soviético de 1926[1]. Esta norma fue la pionera en promover la desjudicialización del divorcio consensual, limitando la intervención judicial al proceso contencioso (art. 24). Ella atribuyó la competencia al encargado del Registro -que la propia legislación denominaba- de Actos de Ciudadanía, donde se inscribían voluntariamente tanto los matrimonios como los divorcios (cfr. arts. 19, 20, 131 ss). Frente al acuerdo de los cónyuges en la ruptura marital, este organismo se ceñía a levantar un acta y dejar constancia del divorcio en el Registro (arts. 21 y 22). Ese acuerdo podría ser ejecutivo mediante un acta notarial (art. 23).[2]

2. Países que lo han regulado

La vía administrativa puede ser llevada a cabo ya sea en el Registro Civil o en el municipio o alcaldía. En el primero de los supuestos, cabe mencionar las normas de Portugal, México, Costa Rica, República Dominicana y Estonia. En cambio, en Japón y Perú la solicitud de divorcio es incoada en el municipio.

Inclusive, hay estados en los que el divorcio pronunciado por la autoridad administrativa está admitido: Dinamarca, Estonia, Finlandia y Lituania, siempre en ausencia de litigios sobre los efectos del divorcio; mientras que en Rusia como en Ucrania, sólo en caso de ausencia de hijos y de diferencias sobre los efectos.

Como adelantamos, Perú ha implementado un régimen mixto donde la sede administrativa no está constituida por el Registro Civil sino que el divorcio es decretado por los Alcaldes en las Municipalidades. Veamos algunos ejemplos.

1 Su traducción suele tomarse de Balsells Morera, Pablo, *Código de Familia Soviética. Matrimonio, divorcio, familia, tutela y adopción*, Librería Bosch, Barcelona, 1933.

2 Cerdeira Bravo de Mansilla, Guillermo, "El Divorcio Notarial que viene...", *cit.*, ps. 25 y 26.

2.1. MÉXICO[3]

El divorcio en México puede realizarse voluntariamente o en su caso en forma contenciosa. Por supuesto que para que proceda el divorcio por la vía voluntaria, los cónyuges deben tener por lo menos un año o más de casados y estar de acuerdo para que se realice, según sea el caso, en forma administrativa o judicial.

Se ha dicho[4] que la vía administrativa es una forma de divorcio que prevé la ley cuando no están en juego los intereses de los hijos y puede disolverse el matrimonio con toda rapidez, ya que las facilidades otorgadas para su obtención se disminuyen a la sola voluntad de las partes, sin necesidad de la intervención de la autoridad judicial, sino con la sola participación del juez del registro civil del lugar de su domicilio, quien consigna la voluntad de los consortes en un acta que es ratificada a los 15 días y ello es suficiente para considerar disuelto el vínculo matrimonial. Se trata de un procedimiento simplificado.

El artículo 272 del Código Civil Federal señala que cuando ambos consortes convengan en divorciarse y sean mayores de edad, no tengan hijos y de común acuerdo hubieren liquidado la sociedad conyugal, si bajo ese régimen se casaron. En este caso, se presentarán personalmente ante el juez del registro civil del lugar de su domicilio; comprobarán con las copias certificadas respectivas que son casados y mayores de edad, y manifestarán de una manera determinante y explícita su voluntad de divorciarse.[5]

El juez del registro civil, previa identificación de los consortes, levantará un acta en que hará constar la solicitud de divorcio y citará a los cónyuges para que se presenten a ratificarla a los quince días. Sí los consortes hacen la ratificación, el juez del registro civil los declarará divorciados, levantando el acta respectiva y haciendo la anotación correspondiente en la del matrimonio anterior.

El divorcio así obtenido no surtirá efectos legales si se comprueba que los cónyuges tienen hijos, son menores de edad y no han liquidado su sociedad conyugal, y entonces aquéllos sufrirán las penas que establezca el código de la materia.[6]

Los cónyuges que no se encuentran en el supuesto para que proceda el divorcio voluntario de tipo administrativo, pueden divorciarse por mutuo

---

3 Conviene advertir que en México existen 33 códigos civiles, el federal, uno para el Distrito Federal y uno por cada entidad federativa. Sin embargo, para los efectos de este trabajo, se tomará como referencia el federal que es el que rige en toda la República en asuntos de carácter federal y para los casos de Derecho internacional privado, y cuando haya que resaltar alguna situación especial que exista en alguna entidad federativa se hará la anotación correspondiente.

4 ROJINA VILLEGAS, Rafael, *Derecho Civil Mexicano*, t. II, Derecho de Familia, 10° ed., Porrúa, México, 2003, p. 417. En igual sentido, DE LA MATA PIZAÑA, Felipe y GARZÓN JIMÉNEZ, Roberto, *Derecho familiar*, 2ª ed., Porrúa, México, 2005, p. 166.

5 Entre los autores que han profundizado sobre el particular, remitimos a ARRIAGA GONZÁLEZ, Mónica G., *El divorcio incausado en México*, Flores, México, 2015.

6 GUZMÁN ÁVALOS, Aníbal, "El divorcio en el derecho mexicano", en ACEDO PENCO, Ángel y PÉREZ GALLARDO, Leonardo B. (coords.), *ob. cit.*, p. 438.

consentimiento, de tipo judicial, que se va a decretar por sentencia dictada por la autoridad judicial.

México posee regímenes de divorcio sin expresión de causa en el distrito federal, el Estado de México, Guerrero, Hidalgo, Sonora, Yucatán, Tamaulipas y Sinaloa.

En aquellos que lo regulan en sede administrativa, resulta competente el "juez" encargado del Registro Civil y sólo es admisible cuando no concurren hijos y se hubiese disuelto con antelación la sociedad conyugal, en su caso. El juez levantará acta de divorcio y se practicará asiento junto a la previa inscripción de matrimonio.

En el Distrito Federal, a partir del 3 de octubre de 2008, se reformó el Código Civil para incluir el divorcio sin expresión de causa. El divorcio se puede iniciar por la petición conjunta o incluso unilateral, sin tener que explicar las razones que llevan a tomar esta decisión, de la misma manera que no fue necesario hacer explícitos los motivos que los llevaron a contraer matrimonio. El divorcio se decreta rápidamente y después, por la vía incidental, se resuelven las cuestiones de los alimentos, la guarda y la custodia de los hijos, así como de los bienes si los hubiere.[7]

Ahora bien, los cónyuges pueden recurrir a la sede administrativa, aun cuando tengan hijos, siempre que éstos sean mayores de edad y no requieran de alimentos; ni los mismos cónyuges necesiten igualmente alimentos.

También en Chihuahua procede si los hijos son mayores de edad y en Morelos si son mayores de 25 años y no tienen derecho a recibir alimentos. En Colima también se exige que la mujer no se encuentre en estado de gravidez, y en caso de que los cónyuges tengan hijos se encuentren emancipados, o sean mayores de edad y no exista obligación alimentaria, y no se encuentren bajo el régimen de tutela. En Puebla se requiere además de no haber procreado hijos, que tampoco hayan adoptado, no estar la mujer encinta y tener su domicilio familiar actual dentro del territorio del estado de Puebla, y haberlo tenido en él los seis meses anteriores a su promoción.

2.2. Portugal

En Portugal, superada la excesiva influencia de la Iglesia Católica tras la Revolución de los claveles en 1974, con la que se reforma el acuerdo habido hasta entonces, se reintroduce el divorcio en el decreto-ley 261/1975 del 21 de mayo, regulándolo como un divorcio no causal o -en palabras de Peralta y Carrasco[8]- fundado en la simple desaparición de la *affectio maritalis.*

El divorcio por mutuo acuerdo puede ser solicitado por los cónyuges en cualquier momento, no siendo necesario que revelen la causa de la demanda

7 "Este tipo de divorcio benefició más a las mujeres que no tenían recursos suficientes para sobrellevar un juicio largo. También se ven beneficiados los niños que son tratados como moneda de cambio y objeto de chantaje, puesto que es muy común que un cónyuge no deje que el otro vea a sus hijos como forma de castigo". Bonifaz, Leticia, "La voluntad y el divorcio", en el diario de Coahuila, edición del 03/03/2015, Saltillo, México.

8 Peralta y Carrasco, Manuel, "El divorcio en el derecho portugués", en Acedo Penco, Ángel y Pérez Gallardo, Leonardo B. (coords.), *ob. cit.*, p. 562.

de divorcio. Según el citado autor, el régimen "seduce por su simplicidad y la rapidez en los procesos; ya que si el matrimonio sólo es un contrato, el acuerdo de disolución puede ponerle fin al mismo. El juez únicamente ha de velar para que el consentimiento de cada cónyuge se otorgue con pleno conocimiento y libertad".

El decreto-ley 272/2001 del 13 de octubre, otorgó la competencia en materia de divorcio por mutuo acuerdo al Conservador del Registro Civil. En dicha norma, si bien la existencia de hijos menores de edad o incapaces no impedía el acceso a la sede administrativa, exigía que todas las cuestiones inherentes a ellos debían ser previamente resueltas en sede judicial. Esto constituía una *conditio sine que non* para que el Conservador del Registro Civil pudiera declarar disuelto el vínculo marital.[9]

Ahora bien, esta regulación fue modificada por la ley 61/2008[10] del 31 de octubre de ese año, que adoptó finalmente la solución colombiana. De este modo, el derecho lusitano permite acudir a la sede administrativa[11] aunque los cónyuges tengan hijos menores de edad o incapaces, sólo que en este supuesto, se requerirá el dictamen o concepto vinculante del Ministerio Público.

Los esposos deberán adecuar los acuerdos a los que hayan llegado de conformidad a la opinión del funcionario; o en su defecto, esto es, en caso de dictamen desfavorable que planteé objeciones a lo convenido y los cónyuges se nieguen a modificar sus pactos, se los tendrá por desistidos de su petición de divorcio. Así podemos observar que la continuidad del trámite está condicionada a que el dictamen resulte favorable a lo pactado en el convenio regulador, o en caso de un decreto impugnatorio, a que los cónyuges adecuen su propuesta a las "sugerencias" del Ministerio Público.[12]

No siendo necesario, de mutuo acuerdo, invocar causa para la disolución, el legislador portugués ha considerado necesario, no obstante, establecer medidas destinadas a evitar las consecuencias propias de decisiones precipitadas.[13]

---

9 Así, originariamente, en sus arts. 1773 de su Código civil, 272.1.b] de su Código de Registro Civil, y 1419.1.c] de su Código de Procedimiento civil.

10 Con esta reforma también quedó derogado el artículo 1787 del CCiv. lusitano como último vestigio culpable, tal como ponía de relieve su propio título *"Declaracao do conjuge culpado"*.

11 Vid. Freire Falcao de Oliveira, "El régimen de divorcio en Portugal. A propósito del nuevo Proyecto español: ¿un caso de ´paralelismo espontáneo´?, en *Familia, matrimonio y divorcio en los albores del siglo XXI*, Madrid, 2006, p. 43.

12 Según el art. 14 del D-Ley n. 272/2001, tras su reforma habida por la ley 61/2008, se impone la fuerza vinculante del dictamen del Ministerio Público.

13 Así, el Código civil portugués establece en el artículo 1774 del Código Civil, la necesidad de un intento de acuerdo conciliatorio, y en su caso, de un plazo de reflexión; de tal manera que, tal y como establece el artículo 1776.1 del Código Civil, una vez recibida la demanda de divorcio, el Juez convocará a los cónyuges para una reunión, en la que se intentará la conciliación entre los cónyuges. Vid. arts. 1420, 1421, 1422, 1423-A y 1424 del Código Procesal Civil, en los que se establece el procedimiento para conciliar.

Si la conciliación no fuese posible, los cónyuges han de reiterar su petición de divorcio después de un período de reflexión de tres meses, a contar desde la fecha de la vista conciliatoria, y dentro del plazo de un año subsiguiente a la misma fecha, ya que de no ser así la solicitud de divorcio quedaría sin efecto.

Tal y como establece el artículo 271 del Código del Registro Civil, el proceso de divorcio, y el de separación de personas y bienes, por mutuo acuerdo, podrá ser instado mediante el requerimiento suscripto por los cónyuges o sus procuradores, en cualquier Conservatoria del Registro Civil. Quedando, tras la reforma acaecida por el Decreto-Ley N° 324/2007 del 28 de septiembre, eliminada la competencia territorial de la Conservatoría[14]; permitiendo que cualquier acto que haya de ser tramitado ante el Registro Civil, el administrado la pueda plantear en cualquiera de ellas[15]. La solicitud se puede presentar por sí o representados por procurador, debiendo los cónyuges concurrir asistidos de abogado.[16]

2.3. PAÍSES NÓRDICOS

En Europa, algunos países han adoptado desde hace tiempo regulaciones sobre divorcio consensual en las que se simplifica el procedimiento y se eliminan las cautelas procesales y la intervención de la autoridad judicial.[17]

---

14 La reforma del Código del Registro Civil acaecida por el Decreto-Ley N° 324/2007 de 28 de Septiembre, ha venido a simplificar las formalidades exigidas en el proceso de separación de personas y bienes, y de divorcio por mutuo consentimiento, que son tramitados en las Conservatorías del Registro Civil.

15 Hasta entonces, la separación y el divorcio por mutuo consentimiento se han solicitado ante la Conservatoria del Registro Civil correspondiente a la residencia de uno de los cónyuges o a la residencia que éstos designasen expresamente.

16 El Registro procederá a la comprobación oficial, en la base de datos del organismo, de aquellos documentos que sean necesarios para verificar el asiento y pervivencia del matrimonio que se pretende disolver. Este trámite ha venido a sustituir a la exigencia que antes se hacía en torno a que los cónyuges aportasen el certificado matrimonial. Esta medida persigue descargar al administrado de recabar aquella documentación, que ya obran en poder de la propia Administración; permitiendo obtener las condiciones necesarias para que el proceso de separación de personas y bienes, y el proceso de divorcio por mutuo consentimiento se puedan realizar más rápidamente y con menos costos, sin dejar de contar con las garantías de seguridad que proporcionan los oficiales públicos de las Conservatorias del Registro Civil. PERALTA Y CARRASCO, Manuel, "El divorcio en el derecho portugués", en ACEDO PENCO, Ángel y PÉREZ GALLARDO, Leonardo B. (coords.), *ob. cit.*, p. 566.

17 Por motivos históricos, desde hace más de tres siglos, los países nórdicos conocen una alternativa al procedimiento judicial de divorcio que tiene su origen en la facultad que se habían arrogado los reyes escandinavos de otorgar por decreto la ruptura legal del vínculo a sus súbditos en casos especiales, y de modo singular cuando la ley no prevé el caso solicitado. Tales facultades se atribuyeron inicialmente al canciller y actualmente al gobernador del condado. Cuando a principios del siglo XX, los países nórdicos aproximan su derecho matrimonial sobre la base de reglas heredadas del pasado, lo hacen sobre el derecho sustantivo del divorcio, pero no en cuanto a las normas procesales de cada uno de ellos; así resulta que Noruega y Dinamarca conservan sobre el divorcio un régimen híbrido, regulando un procedimiento judicial y otro administrativo, mientras que Suecia y

En Noruega se adoptó un modelo dual -judicial o administrativo- de divorcio consensual[18]. Los cónyuges solamente deben llegar a un acuerdo estrictamente sobre la disolución del vínculo, pudiendo diferir a un momento posterior la resolución de los diversos efectos, patrimoniales o no, generados por el divorcio.

El proceso administrativo es obligado cuando el divorcio se basa en la separación, pero la falta de acuerdo en las cuestiones conexas no impide el pronunciamiento administrativo del divorcio.

En el país escandinavo, los trámites de separación y divorcio administrativo son procesados por la Oficina del *Fylkesmann* o *Governeur du comté* (Gobernador del Condado) en el condado de residencia del matrimonio que desea separarse o divorciarse. Este funcionario actúa como mero controlador del cumplimiento de los requerimientos legales[19], es decir, su decisión a favor del divorcio es automática si se cumple el requisito del tiempo mínimo de convivencia previa de los cónyuges.[20]

La autoridad competente se encuentra asistida por agentes administrativos con formación jurídica, que poseen la misión de ayudar a los cónyuges en la tramitación del procedimiento y la finalidad de lograr acuerdos amistosos. Los oficiales administrativos tienen el deber de asesorar a los cónyuges sobre las cuestiones conexas, si bien dejándoles un amplio margen de autonomía; también deben comprobar si los acuerdos relativos a la guarda de los hijos son conformes al interés de éstos, y, en caso contrario, el gobernador puede denegar su aprobación.

Cuando la petición es recibida en sede administrativa, los esposos pueden ser convocados a comparecer personalmente, si el *Governeur du comté* lo estima necesario.

La resolución administrativa del gobernador será notificada a los ex cónyuges, que poseen un plazo para recurrir la decisión de tres semanas a contar desde el momento de la notificación. No obstante, las partes pueden renunciar de antemano a su derecho a apelar la decisión del *Governeur du comté*.[21]

Finlandia se deciden por el procedimiento exclusivamente judicial. Se ha afirmado que en Dinamarca y Noruega la casi totalidad de los divorcios se tramitan en vía administrativa por razones de simplicidad y economía, y, además, porque el cónyuge opuesto al divorcio tiene la convicción de que su resistencia resultaría inútil ante el Juzgado. Meulders-Klein, Marie Thérèse, "La problématique du divorce dans la législation d'Europe occidentale", en *RIDC*, 1989, p. 30.

18 Puede consultarse el texto de la ley de matrimonio (en la cual se incluye la disolución del vínculo) en el siguiente enlace: http://www.regjeringen.no/en/doc/Laws/Acts/The-Marriage-Act.html?id=448401 (consultado el 5/01/2018)

19 Carrión García de Parada, Pedro, "Aspectos jurídicos y fiscales del divorcio amistoso", en *Notarius International*, vol. 5, 2000, p. 168.

20 La ley de matrimonio dice en lo que aquí interesa: "Section 21. Divorce after separation. `Each of the spouses may demand a divorce when they have been separated for at least one year´. Section 22. Divorce after cohabitation is terminated. `Each of the spouses may demand a divorce if they have not cohabited for at least two years´".

21 Section 29. Procedure to be followed by the county governor. Amended by the Act of 17 June

Messía de la Cerda Ballesteros[22] observó en el modelo escandinavo ciertas contradicciones que podemos sintetizar de la siguiente manera: a) la decisión sobre la disolución desvinculada de sus posibles efectos parece primar la autonomía de la voluntad de los cónyuges y; b) la exigencia de un periodo mínimo de convivencia de los cónyuges previo al divorcio.

En su opinión, la suspensión de la resolución de los efectos puede suponer la creación de un espejismo en los cónyuges de desaparición de la situación matrimonial, pues si bien se ha declarado sin dificultad el divorcio, sin embargo ello no conlleva el establecimiento de una situación totalmente nueva en tanto perduren situaciones relacionadas con el patrimonio y demás existentes durante el matrimonio.

Sobre la objeción reproducida en el punto a), no coincidimos con el prestigioso profesor ibérico, y nos remitimos *brevitatis causae* a las razones expuestas en el capítulo precedente en torno al carácter separable y diferible de las cuestiones conexas derivadas del vínculo marital. En razón de ello, no coincidimos con los temores del prestigioso profesor, siempre que la ley apueste al diálogo entre los protagonistas que, por cierto, es la mejor garantía en pos de una buena relación post conyugal.

A fortiori, cabe poner de relieve que la ley noruega exige, en la separación o divorcio en sede administrativa, que los esposos que tengan hijos menores de 16 años, asistan a un procedimiento de mediación con carácter previo a la presentación del caso ante el tribunal o el gobernador del condado. El propósito de la mediación[23] es lograr un acuerdo sobre las cuestiones conexas, con especial énfasis en el interés superior de los hijos.

Por el contrario, sí acordamos con el autor en cuanto a la impugnación planteada en el punto b). A nuestro juicio, no pasa un examen de razonabilidad que la ley obligue a las personas a continuar unidas en matrimonio hasta el cumplimiento de un determinado plazo legal, a pesar del fenecimiento de la relación afectiva -tal como lo hacían los arts. 205 y 215 del código derogado- al presumir el Estado que una ruptura anterior constituye *iure et de iure* una decisión perjudicial para los cónyuges. Ya nos hemos expedido sobre la sinrazón de esta actitud paternalista de la ley, al advertir que resultaba tan absurdo como imponer el amor por decreto.

En Dinamarca, se otorga la competencia a un funcionario específico -*Governeur du comté*- pero a diferencia del otro país nórdico, los cónyuges deben ponerse de acuerdo no sólo sobre el divorcio en sí mismo, sino también sobre las cuestiones conexas; pues en defecto de tal acuerdo, el divorcio no puede pronunciarse administrativamente y se reenvía a sede judicial. La regulación danesa acepta diferir para un momento posterior el acuerdo sobre las cuestiones conexas, pero en tal caso dicha resolución requiere la intervención judicial.[24]

2005 N° 90 (in force from 1° January 2008 pursuant to the Decree of 26 January 2007 N° 88).

22 MESSÍA DE LA CERDA BALLESTEROS, Jesús A., "La implantación del divorcio por mutuo acuerdo...", *cit.*, p. 3366.

23 Víd. Section 26, amended by the Act of 20 June 2003 No. 40 (in force from 1° April 2004 pursuant to the Decree of 20 June 2003 No. 728).

24 LÓPEZ DE LA CRUZ, Laura, "La libertad individual como elemento integrante del concepto

El profesor Cerdeira Bravo de Mansilla recuerda un trabajo de López de la Cruz[25] que, tras subrayar que hoy existe el derecho al divorcio y que el mismo se ha fundamentado a lo largo de la historia europea en el principio de libertad, culmina proponiendo con Carrión García de la Prada, un avance más: la posibilidad de desjudicializarlo, haciendo referencia en su apoyo a los divorcios administrativos de Portugal, Noruega y Dinamarca. Sin embargo, se limita[26] a señalar que los divorcios administrativos de Dinamarca, Noruega e Islandia son "de origen difuso y de difícil encaje en otros sistemas por su singularidad", sin profundizar cuáles serían los obstáculos para -modificación legislativa mediante- prever un régimen similar.

2.4. Rumania

Este país también ha adoptado un modelo de divorcio administrativo. El Código Civil establece que el divorcio por mutuo acuerdo puede tramitarse ante notario o por vía administrativa, incluso cuando hay hijos del matrimonio. En el primer supuesto, el divorcio es admisible cuando no concurren hijos o, en su defecto, cuando los cónyuges alcanzan un acuerdo previo sobre la patria potestad, el régimen de visitas, el domicilio de los hijos y su manutención y formación[27]. Además, el notario está asistido de trabajadores sociales, cuyos informes son vinculantes respecto de las medidas que afectan a los hijos. En tal sentido, si sus informes consideran perjudiciales para los hijos las medidas sobre patria potestad o el domicilio, el notario no puede declarar el divorcio y quedará abierta la vía judicial.

En síntesis, se establece la obligatoriedad de los informes de trabajadores sociales, cuyo carácter vinculante impide, en caso de dictamen negativo o de posibles perjuicios para los hijos, autorizar el divorcio, dejando abierta la vía judicial. Similares previsiones adopta la regulación de Estonia.

2.5. Japón[28]

Otro supuesto de divorcio administrativo es el japonés. Los artículos 763 y 766 del Código Civil japonés permiten el divorcio por mutuo acuerdo no judicial, haya o no hijos del matrimonio. En este caso, los cónyuges deben inscribir el divorcio en el Registro Civil en el que conste el matrimonio, previo acuerdo ante el notario sobre las cuestiones que afectan a los hijos y la titularidad de los bienes. La intervención pública es de mera constatación de los requerimientos legales. Veamos su régimen con mayor detenimiento.

---

de matrimonio. Su especial manifestación en la disolución del vínculo conyugal", en *Anuario de Derecho Civil*, t. LXII, II, abril-junio de 2009, p. 780.

25 López de la Cruz, Laura, "La libertad individual...", *cit.*, *Anuario de derecho civil*, Madrid, 2007, ps. 170 a 173.

26 Cerdeira Bravo de Mansilla, Guillermo, *Matrimonio y Constitución...*, cit., p. 289.

27 Carrión García de Parada, Pedro, "El divorcio ante notario", en *El Notario del siglo XXI*, nº 42, marzo-abril, Colegio Notarial de Madrid, 2012, ps. 2 y 3.

28 Sambrizzi, Eduardo, "El divorcio en el Código Civil de Japón", *ED*, 192-926.

Si existe acuerdo entre las partes *-kyogi rikon-* hay una modalidad administrativa de divorcio que se puede tramitar en el municipio, de la misma forma que se registra el matrimonio. Si ambas partes están de acuerdo en el divorcio y en las cuestiones conexas, deben completar un formulario *-rikon todoke-* que esté firmado por ambos y otros dos testigos para que quede disuelto el matrimonio.

En el caso de los japoneses, deben adjuntan el registro de familia *-koseki-* para que posteriormente sea registrado el divorcio. Si son extranjeros, deben presentar la Constancia de Registro de Extranjería y la partida de matrimonio de haberse casado en Japón. Si son extranjeros de distinta nacionalidad o un extranjero está casado con un japonés/sa y reúne todos los requisitos y documentación pertinente, pueden divorciarse ante el municipio. En Japón, más del 90 % de las parejas se divorcian de esta manera.

Los cónyuges deben confeccionar un contrato con las pautas de divorcio ante un notario público, donde acuerden la distribución de los bienes gananciales y los alimentos para los hijos, con la cláusula de embargo de bienes *-kyosei shikko-*. De esta manera, en caso de incumplimiento, la parte perjudicada puede no solamente reclamar sino que, con la mentada cláusula, solicitar al tribunal el embargo de parte o la totalidad de los bienes del contrario y así dar cumplimiento a las obligaciones pactadas.

Cuando no se logra un acuerdo entre las partes para divorciarse y sobre las pautas del divorcio, se puede solicitar la mediación del tribunal de familia para intentar superar los obstáculos. Esta sentencia del tribunal de familia debe estar basada en el consentimiento de ambas partes. En su defecto, deben realizar una demanda ante un tribunal ordinario de primera instancia en lo civil.

En fin, en Japón el procedimiento de divorcio se reduce a un acta de estado civil, extendida por el oficial correspondiente, a petición de los cónyuges.

Incluso en China[29], basta con el consentimiento mutuo sobre el divorcio y sobre los alcances personales y patrimoniales de éste, de lo cual se deja constancia en la oficina de registros matrimoniales.

2.6. Perú

Como adelantamos, la ley 29.227 reguló el procedimiento no contencioso de separación convencional y divorcio ulterior en las Municipalidades y las Notarías[30]. La normativa peruana exige, además del acuerdo de los cónyuges, la no concurrencia de hijos menores o incapacitados o, en caso contrario, la previa resolución por sentencia judicial firme o acta de conciliación de la atribución de la patria potestad, el deber de alimentos y el régimen de visitas. Además, también se requiere no tener bienes en sociedad de gananciales o,

29 Martinic, Maria Dora, VV.AA. (coord.), Ramírez Necochea, Mario, *Nuevas Tendencias del derecho*, Ed. Lexis Nexis, 2004, p. 59.

30 Véase Cam Carranza, Guillermo, "Separación convencional y divorcio ulterior en vía notarial y municipal", en Cam Carranza, Guillermo, Zárate del Pino, Juan Belfor, y Pérez Gallardo, Leonardo B., *El divorcio notarial*, Arco Legal Editores, Gaceta Notarial, Perú, 2008, p. 17.

en su caso, otorgar escritura de sustitución o liquidación de dicho régimen.

Asimismo, el art. 333.13° del Código Civil peruano requiere, para solicitar el divorcio ante notario, la previa separación convencional, para la cual, a su vez, se requiere la suspensión de la convivencia durante un periodo mínimo de dos años.

La competencia en los divorcios no sólo se reconoce a los notarios, sino también a los alcaldes, quienes a tal fin estarán asistidos de profesionales del derecho.

Messia de la Cerda Ballesteros[31] consideró -en opinión que compartimos- que el modelo peruano presenta algunos aspectos que no encajan con la naturaleza de la figura ni con los objetivos que la misma persigue, pues no resulta acorde con la primacía de la voluntad de los cónyuges la exigencia de un periodo previo de dos años de convivencia para poder solicitar el divorcio por mutuo acuerdo.

Zárate del Pino apuntó, por el contrario, que esta cautela se apoya en la necesidad de evitar decisiones apresuradas y no meditadas[32]; en un ejemplo de paternalismo de la ley que no era ajeno a nuestro medio.

Existen otros caracteres que vuelven al modelo peruano contraproducente. A nuestro juicio, la conservación de la competencia judicial para un mismo universo de personas no resulta inocua, pues si bien puede aparecer como una alternativa más, impide que la agilización del sistema y la descongestión judicial.

Por otro lado, la atribución de la competencia a los alcaldes no está exenta de objeciones, toda vez que aquella no conlleva necesariamente una agilización del trámite de divorcio; pues las propias funciones del jefe municipal y la intervención necesaria de un profesional del derecho, no parece llevar a aquella solución.

En esa línea de pensamiento, la doctrina peruana[33] señala que la ley tiene vacíos y que el Reglamento no trata la delegación de facultades del Alcalde para que otro funcionario realice el trámite (como en la celebración del matrimonio, art 260, CCiv.), lo que implica que los alcaldes deberían tramitar personalmente estos procesos, en aplicación estricta del art. 9 del Reglamento, bajo sanción de nulidad.

3. Breves consideraciones adicionales

Para ir cerrando, creemos que la judicialización de una cuestión alitigiosa produce un efectivo dispendio de tiempo útil, medido en sorteos, demoras, esperas y, desplazamiento de los cónyuges desde sus domicilios hasta la sede judicial.

---

31 Messía de la Cerda Ballesteros, Jesús A., "La implantación del divorcio…", *cit.*, p .3360.

32 Zárate del Pino, J. B., "La separación convencional y el divorcio ulterior en Municipalidades y notarías: una alternativa", en Cam Carranza, G.; Zárate del Pino, J. B., y Pérez Gallardo, L. B., *ob. cit.*, ps. 30 y 31.

33 Varsi Rospigliosi, Enrique, "El divorcio administrativo en el Perú", Supl. Act. 03/07/2008, p. 1, cita *online*: AR/DOC/1817/2008.

Dentro del marco de las distintas actuaciones que lleva a cabo la judicatura, existen y se despliegan un cúmulo de funciones aglutinadas bajo el nombre de "jurisdicción voluntaria" que ejercen los jueces con el objeto de integrar, constituir o acordar eficacia a ciertos estados o relaciones jurídicas privadas. Estos actos están contenidos en obrados de naturaleza alitigiosa, por lo que la función resultaría ajena al normal cometido de los jueces, cuyo objetivo es la resolución de conflictos interpersonales. En esa línea argumental, el hecho de que sean magistrados quienes se hallan legalmente habilitados para conocer en el divorcio consensual no autoriza a atribuirle características litigiosas y jurisdiccionales.

Por todo ello, no encontramos óbice legal atendible para que dicha competencia sea reasignada a un organismo administrativo. Máxime si consideramos que el resultado de estas actuaciones es un acta de divorcio, esto es, un instrumento público. Así, la capacidad del Oficial Público para otorgar instrumentos públicos proviene de la investidura que corresponde a su cargo.

La facultad de distribuir cometidos o imputar funciones es una facultad propia de la administración que tiende a descongestionar el poder, originando una mayor celeridad en la resolución de asuntos administrativos y a acercar la Administración a los ciudadanos adecuando la actuación de los órganos a las necesidades que debe satisfacer la actuación administrativa. Este es el espíritu de nuestro proyecto de ley.

El análisis realizado hasta aquí de las diversas regulaciones nos debe servir de base para poder determinar cuáles de aquellos sistemas o cuáles de sus características son las más apropiados para conseguir conjugar el objetivo de la agilización y la celeridad con la defensa de los derechos e intereses afectados y el mantenimiento de un nivel adecuado de garantías.

Las objeciones planteadas en torno a la sede notarial en la sección anterior pueden ser vistas *a contrario sensu* como ventajas que conlleva la sede administrativa, por lo que allí remitimos en honor a la brevedad.

Que el juez encargado del Registro Civil -o en nuestro medio, el oficial público- sea autoridad pública suficiente para declarar un divorcio consensual resulta incuestionable[34], máxime si para el acto matrimonial ya es hoy autoridad pública competente. Al oficial público del Registro Civil se le encomienda el conocimiento de aquellas materias donde su grado de preparación y su experiencia técnica favorece la efectividad de los derechos y la obtención de la respuesta más pronta para el ciudadano. Ello sin perjuicio de reiterar que, a diferencia de la sede notarial, la sede administrativa garantizaría la prestación de un servicio público para toda la ciudadanía, cualquiera sea su capacidad económica.

No es un dato menor que el divorcio ante funcionarios del Registro Civil fue analizado y debatido dentro del equipo de trabajo[35] que elaboró el primer armado del capítulo sobre divorcio del otrora Anteproyecto de CCyC. Cuadra adunar que a consecuencia de la ponencia que presentáramos en el XVII Congreso Internacional de Derecho Familiar celebrado en octubre de 2012 en

34 CERDEIRA BRAVO DE MANSILLA, Guillermo, *Matrimonio y Constitución...*, cit., p. 321.

35 HERRERA, Marisa, "El lugar de la justicia en la ruptura matrimonial según la legislación

la ciudad de Mar del Plata, en sus conclusiones[36] puede leerse: "Se propone suprimir el divorcio inculpatorio o causado, pues sólo contribuye a la destrucción de las familias, y crear un sistema mixto jurídico administrativo. Pero en ambas instancias y con una finalidad protectoria integral de la familia, se recomienda efectuar un debido contralor respecto a la efectivización de la celebración de acuerdos respecto de todas las cuestiones conexas al divorcio".

4. Palabras finales

De lo analizado en capítulos anteriores al ocuparnos del imaginario social, puede colegirse la alta prevalencia de falsas percepciones sociales sobre el divorcio que aquí se extienden a la autoridad encargada de decretarlo. De allí, la importancia de contar con información previa, para poder emitir un juicio de valor sobre la desjudicialización parcial del divorcio. A esta altura del análisis, ha quedado claro que la garantía de los derechos fundamentales a la libertad y a la intimidad conlleva la restricción en la indagación de las causas que provocan el divorcio.[37]

Aun así, la ley deposita en los jueces la confianza de que ellos podrán -antes, reconciliar, ahora- "resolver" el problema que le traen los cónyuges que no es ni más ni menos, que la pérdida del vínculo afectivo subyacente. ¿El divorcio es una cuestión privada o pública? ¿Está dentro o fuera del art. 19 de la Carta Magna?[38] Lo jurídico son las consecuencias del divorcio, no las causas.

Consideramos que el divorcio es una cuestión privada amparada por la manda constitucional donde el Estado interviene, al sólo efecto de fiscalizar el estado civil de las personas. Hecha esta aclaración, cuadra advertir que, en un divorcio consensual, ante la ausencia de conflicto, el profesional interviniente no debe dirimir quién tiene razón, sino si se cumplen los requerimientos legalmente exigibles.

Cualquiera sea la sede, la desjudicialización constituye el paso siguiente en este camino que nos propone la nueva fisonomía del divorcio.

Desde el punto de vista del impacto económico un factor relevante de cara a facilitar el acceso de la ciudadanía a la sede extrajudicial se concreta en la instauración de la gratuidad. En cuanto a la sede notarial -para quienes opten por ella- consideramos que correspondería establecerla de manera facultativa, esto es, habilitar a los cónyuges a elegir la vía judicial o extrajudicial.

Sin embargo, ello no destierra los conflictos, pues si bien establecer un régimen de competencias compartidas entre el juez y el escribano, faculta a los

---

que se avecina: Bases para leer el régimen de divorcio incausado", en Herrera, Marisa y Graham, Marisa (dirs.), *Derecho de las Familias, Infancia y Adolescencia. Una mirada crítica y contemporánea,* Infojus, Buenos Aires, 2014, ps. 304 y 305.

36 Vid. conclusiones del XVII Congreso Internacional de Derecho Familiar, "Las familias y los desafíos sociales", celebrado en la ciudad de Mar del Plata del 22 al 26/102012, en Loyarte, Dolores, cita: AP/DOC/365/2013.

37 Roca Trías, Encarna, *ob. cit.,* p. 166.

38 Herrera, Marisa, "La familia en la Constitución 2020, ¿Qué famili@?", en Gargarella, Roberto (coord.), *La Constitución en 2020. 48 propuestas para una sociedad igualitaria,* Siglo XXI, Buenos Aires, 2011.

interesados a que elijan entre unos u otros profesionales, ello genera el riesgo de que la posibilidad de elección pueda verse condicionada por la capacidad económica de los solicitantes, en detrimento del principio de igualdad, pues dependerá de los recursos económicos disponibles la posibilidad efectiva de optar entre acudir a una u otra sede.

¿O es que acaso para divorciarse los cónyuges deben tener solvencia patrimonial?

La sede administrativa goza de la misma gratuidad que observamos en la justicia. Si ampliamos el análisis, advertimos que la reducción de costos no se ciñe a los económicos, sino que también incluimos a los psicológicos. Incluso, se favorecen las rupturas eficientes[39]. A diferencia de la sede notarial, cuyos costos deben ser afrontados -como es lógico- por los interesados; la sede administrativa fomenta la accesibilidad y el acceso igualitario de la ciudadanía al Registro Civil, órgano de contralor del estado civil de las personas.

Con la intervención del Defensor de Menores, evitando que de lo propuesto en el convenio regulador pueda derivarse un perjuicio para los hijos menores de edad o incapaces, se logra en sede administrativa lo que a la postre se obtendría en sede judicial, luego de un agotador proceso judicial.

La oposición de los abogados y los jueces no posee asidero; ninguno de ellos debería temer a la desjudicialización. La resolución consensual de los conflictos no los elimina sino que les otorga nuevos roles, a la vez que provoca una descongestión de los tribunales y una racionalización de los recursos humanos en favor de la ciudadanía.

Estamos convencidos que el ejercicio de un derecho no conlleva necesariamente su judicialización. Por el contrario, esta constituye un beneficio para la ciudadanía -sin pérdida de garantías-. Con ella todo es ganancia, nadie pierde derechos ni garantías.

Sucede que el fin último de quienes piensan en una modificación normativa es que le sirva a la ciudadanía. En razón de ello, debe tenerse un especial cuidado con aquellas voces arraigadas al pasado que reflotan argumentos decimonónicos, para interpretar el CCyC a su *piacere*, sin evaluar si el nuevo ordenamiento contribuye a hacerle a la gente la vida más simple.

Cabe traer a colación las palabras de Adolfo Bioy Casares[40] quien dijo: "Cree en las ideas y no le importa la gente. -Un filósofo, entonces. - Un fanático".

Entendemos que si el matrimonio pierde su sentido para los cónyuges y para los hijos, también lo pierde para la sociedad.

39 Hay ruptura eficiente del contrato de matrimonio si, en términos de utilidad, es más beneficioso para los cónyuges divorciarse que permanecer casados (DNES, 1998, p. 341). La eficiencia de este resultado se mide según el criterio Kaldor-Hicks, el cual exige la posibilidad de compensación y no la compensación efectiva. Los costes del divorcio, tanto económicos como emocionales, eran mayores en la ley 30/1981 porque exigía causa o un tiempo mínimo de separación. En cambio, se afirma que la ley 15/2005 favoreció las rupturas eficientes. ALASCIO, Laura, CARRASCO, Ignacio y GARCÍA, María, "Contigo o sin ti: regulación del divorcio e incentivos a pedirlo. Aproximación al análisis económico del divorcio en la Ley 15/2005, de 8 de julio", en *InDret* 1/2007, Revista para el Análisis del derecho, nº 395, Barcelona, enero de 2007.

40 BIOY CASARES, Adolfo, *Una muñeca rusa*, RBA ediciones, Madrid, 1994, p. 42.

CAPÍTULO NOVENO
VICISITUDES DEL DIVORCIO EN SEDE EXTRAJUDICIAL

"Los grandes hombres chocan con las leyes, con los viejos modos...
en pos de crear otros nuevos".
Fiodor Dostoievski

1. Previo: La mejora en el goce de los derechos

Cada vez más países regulan regímenes jurídicos mixtos de divorcio que, cuando no hay conflicto, permiten a los cónyuges resolver su vínculo sin judicializar su trámite.

En efecto, esta senda se justifica en la agilización de los procedimientos de divorcio en los que los cónyuges están de acuerdo al ser un objetivo común. Ya sea por la necesidad de lograr un fin de interés público de favorecer una justicia rápida y ágil, o bien por satisfacer un fin particular de los cónyuges en obtener un resultado también rápido y efectivo, lo cierto es que en la actualidad los ordenamientos civiles coinciden en la adopción de estas soluciones. Es interesante traer a colación las palabras de Cerdeira Bravo de Mansilla[1], quien al referirse a los cambios acaecidos en el régimen de divorcio español, habla de su "inevitable evolución" y que "el paso natural siguiente por dar en nuestro sistema es la desjudicialización del divorcio consensual".

1 Cerdeira Bravo de Mansilla, Guillermo, *Matrimonio y Constitución (presente y posible futuro)*, Reus, Madrid, 2013, p. 297.

Ahora bien, embarcados en la desjudicialización, los procedimientos regulados y los funcionarios ante los que se sustancian divergen, y ello conlleva importantes diferencias respecto de la naturaleza del procedimiento, el funcionario autorizante y los requerimientos exigibles para acceder a la sede extrajudicial.

Por una parte, existe un grupo de países, todos ellos iberoamericanos, que otorgan la facultad de extinguir el vínculo matrimonial al notario[2]. En este sentido, entienden que se trata de un proceso similar a otros de jurisdicción voluntaria, en los que la falta de litigio solo exige la constatación de ciertos hechos y voluntades, función que el notario desarrolla de forma satisfactoria. Además, en algunos países la competencia se ha otorgado de forma compartida con otros funcionarios o autoridades públicas, como jueces y alcaldes. Sin embargo, no se trata de la única opción que se adopta. Por el contrario, en otros casos se ha otorgado la competencia al encargado del Registro Civil.

Otros países han adoptado soluciones más radicales, en las que el divorcio por mutuo acuerdo constituye un procedimiento administrativo cuya competencia se otorga a un funcionario público no integrado en la Administración de Justicia. Esta solución ha sido adoptada por algunos países escandinavos. En ellos inclusive, la concurrencia de hijos menores de edad o incapaces no constituye obstáculo para su admisión.

También encontramos algún país en el que se ha consagrado la primacía de la voluntad, de tal forma que la intervención de un funcionario se reduce a la mera constatación de dicha voluntad, al no requerir control de ninguna exigencia, como ocurre en el caso japonés[3]. En fin, de diversas maneras los estados aplican políticas de desjudicialización y su implementación constituye un derecho básico. Como se ha concluido en un importante evento académico: "consideramos que cada familia y sus integrantes tienen derecho a la garantía de efectividad de las políticas de sostén de sus reclamos y conflictos sin necesidad de judicializar sus peticiones".[4] En otras palabras, *el ejercicio de un derecho no conlleva necesariamente su judicialización.*

Ahora bien, son muchos los aspectos que implica la desjudicialización del divorcio y que podrían ser objeto de un examen detenido. No obstante, en un afán sintetizador, seleccionaremos para su consideración aquéllos que generan mayor controversia; sin dejar de prestar atención a cuestiones de técnica legislativa, calidad y armonía normativa.

2 La naturaleza de la función notarial impediría el conocimiento del divorcio cuando concurra ante notario solo uno de los cónyuges, a menos que el otro, si bien no lo haga físicamente, sí lo haga a través de su apoderado. Solo la modalidad de mutuo acuerdo o mutuo consentimiento es admisible en sede notarial.

3 Messía de la Cerda Ballesteros, Jesús Alberto, "La implantación del divorcio por mutuo acuerdo ante notario en España", en Revista Crítica de Derecho Inmobiliario, n° 734, Madrid, 2012, ps. 3356 y 3357.

4 El XVII Congreso Internacional de Derecho Familiar reunido en Mar del Plata entre el 22 y el 26/10/2012, emitió la "Declaración universal de los Derechos humanos de las familias". Su texto puede verse en *RDF*, 2013-59, p. 7 y; Loyarte, Dolores, *Declaración de Mar del Plata: Declaración Universal de los Derechos Humanos de las familias*, cita: AP/ DOC/367/2013. Puede verse en particular el artículo 14.

Reconocemos inclusive que, por una cuestión de carácter político de oportunidad, mérito o conveniencia, fueron muchos los cambios introducidos en las relaciones de familia y que, como han manifestado en reiteradas ocasiones los autores del anteproyecto, el CCyC fue el *"Código de lo posible"* y; esta no es una "batalla" que se hubiera podido llevar adelante en ese momento. No obstante, la nueva regulación constituye un excelente punto de partida para adunar nuestros aportes.

2. UN CAMBIO DE ÓPTICA: ¿LA NECESIDAD DE UN PROCESO?

Como adelantamos, si cambiamos la forma de ver las cosas, las cosas cambian de forma. Esta idea trasunta a modo de hilo conductor todo este capítulo.

Cabe traer a colación las palabras del profesor Clavería Gonsálbez, quien propuso concebir al matrimonio como "la unión del hombre y la mujer que han exteriorizado, de determinada forma prevista en la ley, su propósito de convivencia estable: existiría, por tanto, matrimonio por y tras la comunicación formal al Registro Civil de dicho proyecto de convivencia. En este contexto, *la figura del divorcio carece de sentido, bastando, en línea de principio, la mera comunicación (a modo de "denuncia") al mencionado Registro,* por parte de uno de los cónyuges, para que legalmente se repute extinguida la relación matrimonial. El matrimonio se aleja así de la idea de ´vínculo´ para presentársenos como hecho afectivo juridificado: no nos hallaríamos ante un acto jurídico instantáneo que genera un vínculo duradero sino ante (...) [un] ´acto jurídico permanente´, es decir, un acto que continuamente está celebrándose, debiendo la conducta de sus autores ser reputada, no acto de cumplimiento, sino de creación o constitución de una relación jurídica".[5]

Es posible detectar en el derecho matrimonial una evolución histórica hacia fórmulas más acordes con el desarrollo de la personalidad y de la libertad. De ahí que este cambio de óptica contribuye a elaborar hipótesis que permitan delinear la nueva fisonomía del divorcio. En oportunidad de comentar la ley española 15/2005 (modelo de nuestro CCyC en la materia), Isabel Tapia Fernández[6] reflexionó en torno a la necesidad de un proceso de divorcio y, su razonamiento es sumamente interesante.

La autora, refiriéndose a la experiencia española, consideró que "la nueva configuración del matrimonio no justifica la existencia de un proceso especial no dispositivo. Porque ahora el hecho que justificaba aquella especialidad de principios (el interés público que subyace en la materia matrimonial) no está en absoluto comprometido en las situaciones matrimoniales como tales. Otra cosa son los efectos y consecuencias del matrimonio en cuanto a la existencia de hijos menores y el régimen jurídico con relación a ellos: esta materia sí

5 CLAVERÍA GONSÁLBEZ, Luis Humberto, "Hacia una nueva concepción del matrimonio", en *La Ley. Revista jurídica española de doctrina, jurisprudencia y bibliografía,* 1983, p. 1298. El resaltado nos pertenece.

6 TAPIA FERNÁNDEZ, Isabel, "El nuevo proceso de divorcio tras la promulgación de la Ley 15/2005, de 8 de julio: ¿necesidad de un proceso especial?, ¿necesidad de un proceso?", *Aranzadi Civil,* 1, 2006, p. 2262.

está fuertemente afectada por el interés público. Lo que quiero decir es que no se justifica una regulación especial, cuando la única pretensión de tutela es el puro estado civil de las personas, sin repercusiones con relación a los menores".

"La Exposición de Motivos de la ley 15/2005, de 8 de julio, no se cansa de repetir y proclamar la autonomía de la voluntad de las partes, y la ausencia de interés público que exija satisfacción. De ahí que la especialidad de los procesos matrimoniales no tenga ya razón de ser. Porque la materia no es ya indisponible, sino disponible por sus titulares (...). Pero es más. (...) me parece que otro tanto hay que decir con relación a la necesidad de un proceso jurisdiccional para obtener la tutela jurídica de las pretensiones de separación y divorcio".

"En efecto, la nueva Ley elimina las causas o motivos cuya acreditación era inexcusable para que el Juez pudiera acceder a la petición de divorcio. Ahora lo transcendente es la ´voluntad de la persona´ (...). Y si esto es así (que lo es, según la nueva Ley) *¿qué necesidad hay de un proceso jurisdiccional a través del cual se dirima la contienda entre las partes?* Si, como sigue diciendo la Exposición de Motivos de la Ley, ´basta con que uno de los esposos no desee la continuación del matrimonio para que pueda demandar el divorcio, sin que el demandado pueda oponerse a la petición por motivos materiales, y sin que el Juez pueda rechazar la petición, salvo por motivos personales´ ¿qué tipo de litigio o contienda existe entre los cónyuges que necesite de un proceso jurisdiccional y de una sentencia que la resuelva? No parece imaginable un proceso (que, en cuanto tal y por esencia, *nemine discrepante*, implica una controversia entre litigantes cuya solución ha de venir dada por la sentencia jurisdiccional) en el que ´el demandado no pueda oponerse a la petición´, ni ´el Juez pueda rechazar la petición´. ¿Qué oposición o resistencia a la pretensión existe ahí? ¿Qué mandato legal obliga al Juez a acoger la petición en todo caso? *¿Para qué un proceso en el que la decisión le viene impuesta al Juez en atención a lo pedido por el actor?* Entiendo que (...) la falta de adecuación de la pretensión de divorcio con el sistema procesal arbitrado para su exigencia es patente. Y *no sólo porque la nueva regulación no justifique la existencia de un procedimiento especial (...); es que ni siquiera justifica la existencia de un proceso jurisdiccional.* Pienso que el trámite de un expediente de jurisdicción voluntaria o, incluso, la comparecencia ante un fedatario público podría ser suficiente para satisfacer la pretensión de divorcio".[7]

El sólo título de su aporte sobre el divorcio nos llama a la reflexión: ¿Necesidad de un proceso especial? ¿Necesidad de un proceso? Sucede que el automatismo del divorcio parecería no justificar la existencia de un proceso.[8]

A nuestro juicio, el matrimonio constituye la institucionalización de la relación afectiva subyacente, que se logra en virtud de un acto jurídico. Así, el connubio, en su doble acepción, es el acto y el estado o "carcaza" que encierra

7 TAPIA FERNÁNDEZ, Isabel, "El nuevo proceso de divorcio...", *cit.* El resaltado nos pertenece.

8 Véase también NAVARRO VIÑUALES, José María, "La tendencia desjudicializadora en el nuevo Derecho de Familia", en NAVARRO VIÑUALES, José M. (dir.), *El nuevo Derecho de Familia: Modificaciones legislativas y tendencias doctrinales,* Civitas, Cizur Menor, 2006, ps. 286/290.

un vínculo afectivo que los cónyuges han consentido y legalizado ante el Registro Civil. Aquel vínculo termina cuando desaparece el afecto -o lo que el derecho romano denominaba *affectio maritalis*- circunstancia que se exterioriza cuando uno o ambos esposos denuncian su voluntad de concluir su *status* marital. *Esta instantaneidad hace que resulte innecesario el proceso judicial para el divorcio. Es más, consideramos que ni siquiera corresponde observar al divorcio en sí mismo como un proceso,* sino como la legalización del quiebre conyugal acaecido, en no pocas ocasiones, mucho antes que su arribo al órgano de contralor.

No obstante lo expuesto, en nuestro medio se mantuvo la exigencia de un juicio de divorcio o, dicho de otro modo, para que haya divorcio se requiere sentencia (arts. 213, inc. 3°, CCiv. y 435, inc. "c", CCyC).

Inclusive, algunos autores objetan que, al optar por conservar la exigencia de un juicio de divorcio propiamente dicho, éste debió estructurarse de modo que no involucre las cuestiones conexas relativas a la disolución del vínculo.[9]

3. El largo camino hacia la desjudicialización del divorcio

A lo largo de esta investigación, hemos indagado acerca de cuál es el papel que debe asumir el Estado frente a las rupturas conyugales, más allá de su rol de contralor del estado civil de las personas. ¿Por qué le interesa limitarlas y controlarlas en una clara contradicción que un principio constitucional básico previsto en el art. 19, CN?

Si el divorcio en sí mismo sería una cuestión privada que hace a la intimidad de las personas, resulta patente que la regulación anterior implicaba una injerencia estatal ilegítima, es decir, infundada e irrazonable. Pero aun con la superadora normativa vigente, el divorcio consensual sigue estando sujeto de la autoridad de los magistrados, en lo que hace a su voluntad de desvincularse matrimonialmente.

El divorcio transciende el mero acuerdo de los cónyuges, aunque únicamente se sustancien intereses privados, pues su efectividad depende de la legalización de la ruptura afectiva. Allí aparece el ingrediente público. De ahí, que la participación de un funcionario público se encuentre plenamente justificada. Ahora bien ¿ese funcionario debe necesariamente ser un juez?

Esta pregunta sobrevuela todo el capítulo aunque, adelantamos, a nuestro juicio la respuesta negativa se impone. Prestigiosos autores -que ya han transitado este largo, pero inexorable camino hacia la desjudicialización- advierten que un proceso de divorcio consensual -que no presupone la existencia de litigio- responde a los esquemas propios de un procedimiento de jurisdicción voluntaria, con ausencia del principio contradictorio. Y ello favorece la atribución de la competencia a funcionarios públicos no judiciales.

Así, el divorcio podría ser considerado como un acto de jurisdicción voluntaria, como en otras latitudes; pues en él no hay partes sino solicitantes que, en la divergencia de sus intereses, han llegado previamente a un acuerdo, a un convenio regulador. La labor del juez será de simple control o de mera homologación en su caso.

9 SOLARI, Néstor E., "El convenio regulador en el juicio de divorcio proyectado", *DFyP*, 2013 (junio), p. 3.

Si bien algunas voces consideraron que el procedimiento de divorcio consensual es similar pero diverso a otros de jurisdicción voluntaria, por el interés público que subyace en él; prestigiosos autores[10] nos clarifican la cuestión, al explicar que tanto en la jurisdicción voluntaria como en la contenciosa hay conflicto de intereses, en la voluntaria hay evitación de pleito (de ahí su carácter preventivo), mientras que en la contenciosa hay resolución de una litis ya producida.

La jurisdicción contenciosa se ejercita *inter invitos (o inter nolentes)*, es decir, entre personas que no han llegado a un acuerdo, mientras que la voluntaria se ejercita entre *inter volentes*, o sea, entre sujetos que sí han llegado a un arreglo y buscan voluntariamente que la autoridad confiera autenticidad y legalidad a dicho acuerdo.

Como señaló el profesor Pérez Gallardo[11] desjudicializar instituciones familiares no supone, de modo alguno, erosionar las normas imperativas del derecho familiar; por el contrario, la judicialización del divorcio presume un viso de litigiosidad y conflictividad que no siempre existe[12].

Si bien al Estado y la sociedad le interesan conservar la estabilidad de las familias (que, vale recordar, no debemos confundir con matrimonios), no es menos cierto que le son indiferentes los aspectos íntimos del amor y, por tanto, no puede -ni debe- regularlos jurídicamente. La naturaleza "alitigiosa" del divorcio por mutuo acuerdo es la que lo sustrae del conocimiento judicial.

El prestigioso autor propone, como muchos otros, abrir nuevos cauces que propicien la reducción del costo económico, psicológico y social del divorcio y a la vez, potencien la autonomía de la voluntad, sin que el Estado deje de fiscalizar la legalidad y equidad de los acuerdos a los que arriben los cónyuges. Aquella autonomía coadyuva al cumplimiento futuro de las convenciones obtenidas y plasmadas en el convenio regulador; pues lo acordado a conciencia conlleva una mayor predisposición a su cumplimiento que lo impuesto por un tercero.

La desjudicialización no se apoya exclusivamente en la falta de conflicto ínsito en el divorcio consensual. Existen distintas circunstancias históricas que llevaron a atribuir la competencia originariamente a los jueces y que mediante un largo período de consolidación cultural, hicieron que aquella permanezca inalterada.

Incluso, la inercia y el temor a un cambio mayor, permitieron su continuidad en el CCyC. No se nos escapa que uno de los motivos por los cuales no logró arraigarse la desjudicialización en el otrora Anteproyecto fue

10 Véase por todos, González Poveda, Bienvenido, *La jurisdicción voluntaria. Doctrina y formularios*, 4ª ed., Thomson Aranzadi, Navarra, 2008, p. 60 y ss., cit. por Cerdeira Bravo de Mansilla, Guillermo, *Matrimonio y Constitución…* cit., p. 330, nota 301.

11 Pérez Gallardo, Leonardo B., "Un fantasma recorre Latinoamérica en los albores de este siglo: el divorcio por mutuo acuerdo en sede notarial", *Anuario de la Facultad de Derecho*, nº 27, 2009, p. 333.

12 Carrión García de Parada, Pedro, "Aspectos jurídicos y fiscales del divorcio amistoso", en *Revista Jurídica del Notariado*, nº 34, abril-junio, Consejo General del Notariado, Madrid, 2000, p. 70.

la de evitar mostrar al matrimonio como una unión endeble y, en definitiva, que ya se modificaba radicalmente el régimen de divorcio. Pero se impone una pregunta: ¿por qué luchamos (y seguimos haciéndolo) contra los embates conservadores en otros aspectos del CCyC y paralelamente accedimos, sumisos, en este en particular?

Más allá del cambio de óptica que proponemos en torno a la innecesaridad de un proceso judicial, existen varias razones que propician la desjudicialización parcial del divorcio y que desarrollaremos más adelante, pero previamente se impone profundizar en torno a las posibles respuestas a la pregunta que nos desvela: ¿Por qué un juez?

3.1. ¿Por qué el divorcio es judicial? Razones y mitos

Cuando comenzamos a indagar, nos encontramos con una apelación al *statu quo*, es decir, que el divorcio siempre fue así: judicial. Ello es cierto, incluso tautológico, pero esta circunstancia impuesta mediante un largo período de consolidación cultural, no comporta *per se* suficiente justificación para perpetuar, sin mayor análisis, la necesidad de judicializar el ejercicio de un derecho. Por ello, aquella afirmación -que *prima facie* aparece incuestionable- debe ser revisada.

¿Cuáles son las posibles razones que llevaron a atribuir originariamente la competencia a los jueces? No obstante el limitado alcance de la noción de divorcio, desde los albores de la consolidación nacional, el análisis de la ruptura conyugal estuvo a cargo de un juez porque era considerado un conflicto que debía evitarse, o por lo menos, restringirse cuantitativamente. Y sólo el recto criterio de un magistrado podía evaluar que las causas alegadas fueran lo suficientemente graves como para terminar con una familia legítima y; por supuesto, sancionar al culpable. En suma, la noción decimonónica de divorcio sanción, proveniente del derecho canónico, conllevaba la existencia misma de un litigio, y en todo litigio interviene un juez.

A modo ilustrativo, traemos a colación un pantallazo sobre las ideas y, fundamentalmente, los miedos existentes en el legislador de mediados del siglo XX que, bien podrían resumir las argumentaciones contrarias actuales.

Así, el diputado Absalón Rojas afirmó "el ejemplo más terminante lo ofrece Rusia (...). Sabido es que el comunismo llegó en su fiebre revolucionaria de la primera hora, a establecer allí un divorcio sin instancia judicial alguna: *cualquiera de los cónyuges comparecía al Registro Civil -quizá de paso para su ocupación cotidiana- y dejaba constancia de su voluntad de poner fin al estado matrimonial. Nada más, y asunto concluido.* Pero, (...) se ha legislado últimamente sobre divorcio, determinando las causas que lo hacen admisible y estableciendo un *procedimiento judicial riguroso, con pruebas, sentencias y todos los formulismos de cualquier país burgués.* Porque una nación de larga tradición coma Rusia, *no podía alterar -en forma estable- una institución fundamental, así, de una manera repentina, fulminante*".[13]

13 Diario de Sesiones de la Cámara de Diputados de la Nación, 46ª Reunión, 13 y 14/12/1954, p. 2823. Los resaltados nos pertenecen.

A todo ello, debemos adunar, como apuntó el profesor Pérez Gallardo[14], que "la judicialización del divorcio obedece más a razones históricas, fruto de una época en que jurisdicción y administración estaban encomendadas a jueces, que a la propia esencia de esta institución". En nuestro medio, los juzgados civiles y los jueces de paz fueron estableciéndose tempranamente en todo el territorio nacional.

Cuadra recordar que el Código Civil redactado por Vélez Sarsfield, vigente desde el año 1871, establecía una única modalidad para contraer matrimonio: el matrimonio religioso, y por ello, las causales de divorcio no vincular (o en términos canónicos, separación de cuerpos *"quoad torum y habitatione")* entre personas casadas ante la Iglesia Católica eran competencia exclusiva de los tribunales eclesiásticos[15]. De este modo, se imponía una regulación que significara la continuidad del derecho patrio que, a su vez, provenía de la legislación colonial en la que se confundía estado y religión.

Esta es la realidad vigente en ocasión de llevarse a cabo los debates previos a la sanción de la ley de matrimonio civil. El divorcio era una excepción, un litigio y fundamentalmente, una sanción al culpable de un hecho ilícito, y como tal, sólo podía ser dispuesta por un juez (inicialmente eclesiástico, luego civil).

Mal podría haberse encargado esta tarea a los Registros Civiles que, a diferencia de la expansión territorial que tenía la justicia nacional y provincial[16], recién serían creados en 1884 en el ámbito de la municipalidad de la Ciudad de Buenos Aires, y luego en todo el territorio argentino en 1888 (leyes 1565 y 2681, respectivamente).

En síntesis, el legislador decimonónico ni siquiera tuvo presente a aquellos órganos administrativos que -recién creados- aún no se habían establecido territorialmente; pues de acuerdo al prisma con el que se observaba al divorcio, esto es, un conflicto interpersonal, seguramente se habría pensado que excedía su competencia.

Ahora bien, ¿estas razones conservan la debida actualidad para fundamentar esta atribución exclusiva y excluyente del juez? Creemos que la respuesta negativa se impone. Las razones esgrimidas para justificar históricamente la competencia judicial han perdido vigencia[17]. Sucede que si logramos entender

14 PÉREZ GALLARDO, Leonardo B., "El divorcio por mutuo acuerdo en el derecho cubano: Mitos y tabúes", *Revista de derecho privado*, Edersa, 2007, ps. 65/103.

15 En el marco del matrimonio católico, es el Tribunal Apostólico de la Rota Romana, en su carácter de tribunal de apelación de la Santa Sede, el encargado de juzgar las causas de declaración de nulidad matrimonial y; con posterioridad al motu propio *"Quaerit semper"* del 30 de agosto de 2011, el tribunal también se ocupa de las causas de disolución de los matrimonios ratos no consumados.

16 Véase entre otras, las leyes 27, 48, 220 y 767.

17 En la Exposición de Motivos del Anteproyecto de ley de Jurisdicción voluntaria español se dijo "la consideración de los recursos organizativos personales y medios materiales puestos en la actualidad a su disposición, así como del elevado grado de modernización y especialización que alcanza hoy la Administración pública, profesionalizada y regida por los principios de objetividad, eficacia e interdicción de la arbitrariedad, y sujeta a la Ley y al Derecho por mandato constitucional, *justifican igualmente la apuesta por la desjudicialización*

que el divorcio consensual no es un litigio, sino una posible solución a los problemas -a veces, inevitables- de un matrimonio, se colige que la actuación de un juez deviene innecesaria. Y al ser una cuestión alitigiosa que modifica el estado civil de las personas, no observamos óbice alguno para la intervención del mismo órgano ante el cual se formalizó el matrimonio.

En definitiva, que el divorcio siempre fue judicial no constituye una razón en sí misma. Si así fuera, nos limitaríamos a rebatirla con el conocido villancico español: *"las cosas son como son hasta que dejan de serlo"*. Por ello, exploramos las razones coyunturales que llevaron a atribuirle la competencia a la jurisdicción y, perduraron gracias a un proceso de consolidación cultural. Luego, hemos verificado que aquellos motivos que fundamentaron originariamente la actuación exclusiva del juez, no conservan actualidad que permita una indubitable continuidad judicial. La carencia de esa perennidad que se les pretende atribuir, nos anima a confrontar esta realidad.

3.2. Razones que propician la vía extrajudicial

No sólo los motivos coyunturales que llevaron a atribuir la competencia a los jueces han perdido vigencia; sino que por el contrario, consideramos que la misma lógica del divorcio sin expresión de causa nos lleva a proponer la coincidencia entre la ruptura conyugal y el procedimiento para llevarla a cabo.

Así, la desjudicialización que propiciamos no sólo contribuiría a que el trámite no genere más dolor para los hijos que la ruptura de la relación misma genera en el plano afectivo o social, sino que además, la vía extrajudicial supera la problemática de la dificultad de acceso a la justicia y la demora en la efectiva prestación jurisdiccional. Todo ello evitaría el ámbito propicio para el pleito, reduciría los tiempos del quiebre matrimonial; y a la vez, redundaría en la descongestión del sistema judicial [no por el desahogo en sí mismo], sino por la agilización del servicio de justicia que ello conllevaría. En fin, creemos que existen sobradas razones para el cambio.

Veamos algunas.

3.2.1. Un tercero superior e imparcial que resuelva conflictos ajenos

Como observamos en el capítulo sexto, existen diversos argumentos en torno a que la gestión de los conflictos interpersonales no requiere necesariamente de un tercero superior que les imponga "su solución" a las partes -pues existen medios alternativos o complementarios de resolución de conflictos-. *Si ello es así frente al litigio, más aún cuando éste lisa y llanamente no existe.*

---

de ciertas materias que hasta ahora eran atribuidas a Jueces y Magistrados. Esto último pone de relieve que *hoy han perdido vigencia algunas de las razones que justificaron históricamente la atribución de la jurisdicción voluntaria, en régimen de exclusividad, a los Jueces; pues, junto a ellos, las sociedades avanzadas cuentan en la actualidad con otras opciones viables para la efectividad de los derechos privados, cuando para ello se requiera la intervención o mediación de órganos públicos"*. (Los resaltados nos pertenecen).

¿Por qué se requeriría, estando ambos cónyuges de acuerdo en la ruptura de su relación afectiva, que un tercero superior -juez- interceda y decrete su divorcio? Salvo el resguardo de los derechos de los sujetos menores de edad o incapaces mediante la intervención del Defensor de Menores ¿por qué un tercero debería entrometerse en lo acordado por dos personas adultas? Acudiendo a las reflexiones de Rondina[18] "¿De qué mágico poder se cree dotado a los jueces a fin de hacer mutar las decisiones adultas y libres de los cónyuges?".

Los protagonistas, tanto de la unión como de la ruptura conyugal, son los esposos, y no requieren que un tercero imparcial medie entre ellos. Cuando dos adultos tomaron la decisión de separarse, lo que menos necesitan es alguien que se los impida o intente reconciliarlos en nombre del Estado[19], sino alguien que se limite a registrar que el destino conjunto que alguna vez imaginaron, ya no existe. Y nadie mejor para registrar el quiebre marital que aquel organismo ante el cual se celebró.

Cuando los esposos acuden a tribunales, ya han atravesado por un largo proceso emocional y, en muchas ocasiones se encuentran separados y han continuado su proyecto biográfico -a veces con otra pareja- creemos que el divorcio no requiere de un proceso. Los cónyuges sólo se limitan a exteriorizar una decisión ya tomada y no necesitan de la supervisión y consejos de alguien que -no obstante la magistratura con la que se encuentra investido- quizás haya atravesado o esté atravesando la misma situación personal.

Como analizaremos más adelante, una cosa es el divorcio propiamente dicho, y otra muy distinta y separable, son las cuestiones conexas derivadas del vínculo marital que concluye. Inclusive, si sólo hubiera acuerdo sobre la ruptura, la acción de los esposos es voluntaria, y que existan distintos intereses no significa necesariamente que haya conflicto. *Creemos que el juez ya no resulta necesario en el divorcio en sí mismo, salvo que se le imponga la tarea de ser un mero espectador.*

En el informe del Consejo General del Poder Judicial de España[20] al anteproyecto de ley de jurisdicción voluntaria se afirmó que "el prelegislador parece concebir que, salvo el caso de que el matrimonio tenga hijos menores o con la patria potestad prorrogada, la separación y el divorcio son actos o negocios jurídicos que constituyen un simple reverso del matrimonio. Y que, puesto que dos personas podrán casarse expresando su consentimiento matrimonial ante Notario, también deberían poder hacer

18 "Rondina expuso: ninguna relación legal posee la fuerza necesaria para postergar el hastío o el encuentro, impedir la renovada elección o el desengaño. Si nadie escapa al albur de que al año de matrimonio asuma el gobierno conyugal un frío otoñal devastador, cuál es la razón que justifica la existencia de una norma que prorrogue el realismo". Trib. Familia nº 2 La Plata, 26/08/2010, "O. S. T. v. D. J. E. s. div. vinc. contradictorio".

19 "Si dos personas son capaces, obedeciendo a las reglas legales, desean dar por terminada la sociedad conyugal de la cual participan, si tales personas, actuando libre y conscientemente, manifiestan su voluntad en tal sentido, es exorbitante la actitud del poder público, pretendiendo dificultarles el paso". RODRIGUES, Sílvio, *O Divórcio e a Lei que o Regulamenta*, Saraiva, São Paulo, 1978, p. 73.

20 En adelante CGPJ.

otro tanto, expresando un consentimiento de signo opuesto, para separarse o divorciarse".[21]

En síntesis, dejando a salvo nuestra opinión favorable a la protección de los intereses de los sujetos menores de edad, no consideramos que resulte necesaria la intervención del juez ni en el decreto del divorcio, ni en la homologación de lo acordado por los cónyuges.

3.2.2. Propiciar el dialogo entre los cónyuges

Si los protagonistas son los cónyuges -y no el judicante- la ley debe reducir las posibles consecuencias nocivas derivadas del divorcio para todos los miembros de la familia, fomentando la comunicación y el diálogo entre ellos.

Darle mayor protagonismo a los cónyuges en sede de divorcio, supondría que la solución obtenida sea de su propio agrado, se simplifique el proceso, se obtenga el divorcio con celeridad, el coste económico, psicológico y social resulte reducido, se logre mayor predisposición al cumplimiento futuro de las convenciones obtenidas y a su vez ambos ex cónyuges se vean imbuidos, una vez obtenido el divorcio, en mantener una estable y armónica relación entre ellos y con sus hijos[22]. Es sabido además que el vínculo coparental con los hijos gira en torno a la idea de "compartir" los derechos y obligaciones que emanan de la responsabilidad parental. La consecución de ese fin sólo puede lograrse si los progenitores conservan una relación sana basada en el diálogo.

Retrospectivamente, nos preguntamos ¿cómo era posible alcanzar ese objetivo permitiendo a los esposos probar inconductas en un proceso judicial ante un tercero que jamás han visto y con el que no poseen una relación de confianza? Por el contrario, proponer otras sedes distintas no implica en modo alguno resignar la función judicial como órgano encargado de imponer la ley en aquellos casos en que no resulta posible la solución autónoma. De lo que se trata, en definitiva, es que las partes recuperen su rol protagónico en las decisiones que afectan su propia vida y/o las de sus hijos.[23]

Por otro lado, extraer el "proceso" de divorcio de la sede judicial contribuye para desterrar esa idea de "querer mostrarle al juez lo que un cónyuge le hizo al otro" y que una sentencia lo declare culpable. La figura del juez representa "el poder" y el que resuelve "quien es el ganador y quien el perdedor". *Esta lógica desaparecería si el divorcio fuera decretado por un funcionario administrativo, y no por un juez.*

3.2.3. La descongestión judicial[24]

Queda claro entonces que la descongestión judicial es sólo uno de los efectos -ni el principal ni el único- que se pretende con la desjudicialización.

21 Informe CGPJ sobre el Anteproyecto de ley de Jurisdicción Voluntaria 2014, p. 185, pto. 367.

22 Carrión García de Parada, Pedro, "Aspectos jurídicos...", *cit.*, p. 71.

23 Mattera, Marta del Rosario, "El juez frente al divorcio: respeto por la autonomía y privacidad de los cónyuges", *RDF*, 2000-16, p. 83.

24 Cuando en 1937 por ley del 17 de diciembre, se desjudicializa por vez primera en Cuba el

Nótese que los procesos que tienden a legalizar la ruptura matrimonial constituyen la segunda materia analizada en los juzgados de familia de la Capital Federal.[25]. Más importante aún es que conlleva la racionalización del sistema y la redistribución eficiente de recursos.[26]

Cuadra advertir que la sustanciación de los "juicios" de divorcio, le impone a los juzgados de familia una sobrecarga de tareas con la consecuente distracción de recursos humanos y materiales en cuestiones alitigiosas. En ese sentido, se dijo "es necesario descargar a los jueces aquellas competencias que le han sido atribuidas, por razones de mera tradición, de simple división del trabajo, de oportunidad no justificable en el momento actual o de mero contenido administrativo (...). Se trataría no tanto de evitar el colapso de la justicia contenciosa, sino de sistematizar y redistribuir competencias en materias de jurisdicción, en aras de la racionalización del sistema".[27]

Con suma claridad, la Resolución nº 35 de 24 de abril del 2007 que reglamenta la aplicación de la ley 11.411/2007 del 4 de enero, que instaura el divorcio notarial en Brasil afirma: "*A finalidade da referida ley foi tornar mais ágeis e menos onerosos os atos que se refere e, ao mesmo tempo, descongestionar o Poder Judiciário*". La doctrina[28] sostuvo que la ley constituía "un gran avance en el derecho brasileño, atendiendo a los anhelos de la comunidad jurídica y de la propia sociedad, para la desjudicialización de la extinción de la sociedad conyugal y del matrimonio cuando no hubiese litigio. La tramitación del divorcio en la vía extrajudicial supera la problemática de la dificultad de acceso a la Justicia y la demora en la efectiva prestación jurisdiccional".

En oportunidad de considerar la propuesta de desjudicialización española[29], se afirmó que "de la separación de determinados asuntos del

---

divorcio, un autor expresó que con la ley notarial ganarán los procedimientos en prontitud y, se contribuirá a descongestionar los Juzgados, disminuyendo las labores que pesan sobre ellos, para beneficio de los Juzgados mismos y de los que allí acuden. Carbonell Barberán, Ramiro, *Legislación notarial*, Cultural, La Habana, 1939, ps. 11/12, *cit.* por Pérez Gallardo, Leonardo B., "Un fantasma recorre Latinoamérica en los albores de este siglo: el divorcio por mutuo acuerdo en sede notarial", *RDF*, 2009-42, p. 243 y ss.

25 Secretaría de Estadísticas de la Administración General del Poder Judicial de la Nación. Disponible en: http://www.pjn.gov.ar/07_estadisticas/

26 Ello -se dijo- "no debe responder a la sola idea de rebajar la carga de trabajo de los órganos jurisdiccionales, en general, y de los Jueces, en particular. Puntos de vista unilaterales como éste han de ser rechazados como única perspectiva de contemplación de la realidad jurisdiccional, pues sin desconocer el evidente incremento del número de asuntos que llegan a los Tribunales y la necesidad de legislar con conciencia de la sobrecarga que padece la Administración, habrá también que ponderar si a la hora de afrontar la actividad legislativa el resultado previsible va a suponer la potenciación o, por el contrario, la merma de los derechos y expectativas de los justiciables". CGPJ de España, Informe al Anteproyecto de LJV de 2006, p. 16.

27 Fernández de Buján, Antonio, *La jurisdicción voluntaria*, Cívitas, Madrid, 2001, p. 188.

28 Vainsencher, Tânia, "El divorcio en el Derecho brasileño", en Acedo Penco, Ángel y Pérez Gallardo, Leonardo B. (coords.), *El divorcio en el Derecho Iberoamericano*, Temis, Ubijus, Reus, Zavalía, Bogotá, México D. F., Madrid, Buenos Aires, 2008, ps. 123-145.

29 Informe CGPJ sobre Anteproyecto de ley de Jurisdicción Voluntaria 2014, p. 48, pto. 106.

ámbito competencial de los Jueces y Magistrados sólo cabe esperar, pues, beneficios para todos los sujetos implicados en la jurisdicción voluntaria: para el ciudadano, en la medida en que ello debe tener como consecuencia, cuando precise la actuación del Estado para la actuación de un determinado derecho, una mayor efectividad de sus derechos sin pérdida de garantías; para Secretarios judiciales, Notarios y Registradores de la Propiedad y Mercantiles, por la nueva dimensión que se les da como servidores públicos, consecuente con su real cualificación técnica y el papel relevante que desempeñan en el tráfico jurídico; y, en último término, para Jueces y Magistrados, que pueden centrar sus esfuerzos en el cumplimiento de la esencial misión que la Constitución les encomienda, como exclusivos titulares de la potestad jurisdiccional y garantes últimos de los derechos de las personas".

Los jueces tampoco deben ver en el escribano o el registro civil una "competencia desleal" con sus funciones; por el contrario, ambos se complementan. La desjudicialización no supone que el Estado abdica de sus responsabilidades; sólo se trata de posibilitar que la demanda social relativa a la resolución justa de los conflictos pueda llevarse a cabo. No existe ningún sistema judicial que pueda solucionar eficazmente todos los problemas que plantea la conflictiva familiar. Justamente, el equilibrio, noción medular de todo sistema, exige aceptar otros instrumentos que lo descargan y, consecuente-mente, ayudan a preservarlo. Creemos que los tribunales no son el ámbito natural para resolver las diferencias conyugales.

Y si bien es cierto que la citada descongestión no representa el pilar fundamental de nuestra propuesta, creemos que una reducción de alrededor del 20 % en la cantidad de expedientes ingresados anualmente en los juzgados de familia es un guarismo para nada despreciable. Máxime si tenemos en cuenta el papel de "espectador de lujo" que tendrá el juez en los procesos donde los cónyuges coincidan en la petición y en las cuestiones conexas. Si ampliamos el ámbito de análisis, podemos observar que la principal materia sometida a los juzgados de familia son las *"denuncias por violencia familiar"*, respecto de las cuales nuestra sociedad -en actos que son de público conocimiento- exige a todos los actores intervinientes una mayor atención.

Por otro lado, en la Ciudad de Buenos Aires, la desjudicialización del divorcio implicaría un beneficio adicional que se evidencia en la descentralización[30]; pues la sede administrativa conllevaría que el procedimiento pueda ser llevado a cabo en las sedes comunales (CGPC).[31]

Ello importaría un notable beneficio para los ciudadanos en la medida en que la descentralización produciría efectivamente, una mejora concreta en la calidad del servicio brindado con el consecuente ahorro de tiempo, costos y esfuerzos. Cabe traer a colación las palabras de la ley colombiana 962/2005 que, en su art. 1° dispone "la presente ley tiene por objeto facilitar las relaciones de los particulares con la Administración Pública".

30 La sede judicial requiere que los cónyuges comparezcan en los Juzgados Nacionales de Primera Instancia en lo Civil con competencia exclusiva en cuestiones de familia y capacidad de las personas que, como es sabido, se encuentran geográficamente concentrados en la ciudad.

31 Léase Centros de Gestión y Participación Comunal.

3.3. La desjudicialización: Las piedras en el camino

La desjudicialización del trámite del divorcio consensual ha generado en los países que ya poseen regímenes mixtos, o en aquellos que se atreven a iniciar los debates que preceden al cambio, toda clase de repercusiones, y entre ellas algunos rechazos. Ahora bien, algunas se limitan a críticas mediáticas o impugnaciones pseudo-gremiales de los colectivos afectados por la modificación legislativa, que se esconden bajo las denuncias de pérdida de derechos de la ciudadanía y que trataremos a continuación.

Otros en cambio, constituyen objeciones jurídicas precisas en torno a las vicisitudes de la potencial regulación que varían de acuerdo a la normativa e idiosincrasia de cada país.

3.3.1. El factor común de las críticas mediáticas o gremiales

Un factor común en las impugnaciones a la desjudicialización es el recurrente temor a la "privatización" del matrimonio y el divorcio. Si bien esta objeción resulta común a ambas sedes extrajudiciales, es mucho más fuerte en aquellos países o entidades federativas que promovieron la instauración del divorcio en sede notarial, y más aún, en aquellos que previeron que la celebración del matrimonio sea llevada a cabo frente a un notario público.

Veamos a modo ejemplificativo, los argumentos en los que se apoyó esta crítica para luego intentar rebatirlos. En España, los medios de comunicación reaccionaron de igual manera frente al otrora proyecto de ley de jurisdicción voluntaria, al apuntar "la ´privatización´ llega a las bodas: casarse ante notario costará 95 euros" o "Gallardón quiere ´privatizar´ las bodas y los divorcios pactados. El ministro propone que los ciudadanos paguen a los notarios por una labor que ahora es gratis".[32]

Allí se agregó que "Jueces para la Democracia denunció que el anuncio del ministro, (...) se inspira en ´una filosofía de mercado´ que impone ´desjudicializar para privatizar´. Eso en el caso de que no hubiera más opción que recurrir al notario tras la reforma legal. Si se plantearan las dos opciones, Ramírez adelantó un paso más en un modelo de ´justicia para ricos´". En igual sentido, se ha dicho que: "la celebración del matrimonio ante el notario es un paso más en la privatización del matrimonio, es decir, en la consideración del matrimonio como un asunto privado de los cónyuges (...). Ciertamente, no es el paso más importante en esta privatización del matrimonio (baste mencionar la introducción del matrimonio entre personas del mismo sexo o el divorcio por voluntad unilateral de uno de los cónyuges). El hecho de que el matrimonio pase a ser considerado formalmente como un acto privado influye en la percepción social del matrimonio, debilitándolo". A renglón seguido, se dijo que "la celebración del matrimonio ante notario no plantea problemas. El matrimonio nace de la voluntad de los contrayentes, que es lo único imprescindible (...). Nada que objetar a que el consentimiento pueda ser emitido ante un notario, un funcionario público que recibe declaraciones de voluntad, y da fe de ellas".

32 Agueda, Pedro, "Gallardón quiere 'privatizar' las bodas y los divorcios pactados", publicado el 02/02/2012 en http://www.publico.es.

Pero ¿acaso el proyecto de ley no implicaba una privatización? El autor no tuvo "nada que objetar" a la celebración del matrimonio ante notario, pero sí en el divorcio ante notario. ¿Será que para el autor no resulta tan preocupante que la celebración del matrimonio sea considerada un "acto privado", pero sí que el divorcio posea el mismo carácter? Nuevamente aparece frente a nosotros un doble estándar, por el cual lo importante es que las personas ingresen -por cualquier vía- a la institución conyugal, pero es preocupante que quieran concluirla.

Otro medio periodístico[33] trajo a colación el comunicado de la asociación Jueces para la Democracia (JpD), donde "según ha denunciado (…) los nuevos trámites notariales ´se realizarán con menores garantías para la ciudadanía que los existentes actualmente en los procedimientos judiciales´". Si bien resultan obvios los intereses corporativos que defienden, los que ponen incluso de relieve al afirmar "con esta iniciativa el colectivo profesional que sale beneficiado es el Notariado", no aclararon cuáles son las garantías que disminuirán o desaparecerán en sede notarial.

La citada asociación destacó que "los ciudadanos tendrán que pagar por unas acciones que ´se llevan a cabo en el marco del servicio público´ y ´ahora´ se pretenden privatizar. En los supuestos opcionales nos encontraremos a una Justicia a dos velocidades: una rápida para quienes puedan pagársela y otra cada vez más lenta para la mayoría de la sociedad (...)". Insistimos con preguntas que nos inquietan: ¿La labor judicial está condenada indefectiblemente a ser "más lenta"? ¿No deberían reclamar entonces por la agilización de los procesos judiciales? ¿Es un problema para la ciudadanía tener más opciones para legalizar la ruptura conyugal o el problema es la pérdida de la exclusividad en esta competencia? ¿Por qué le preocupaba tanto a esta asociación compartir los trámites de divorcio consensual cuando -según afirman- representan un número tan ínfimo frente a las labores judiciales?

Atento a que, en no pocas ocasiones, las críticas provienen de los medios de comunicación -reiteramos, no son impugnaciones jurídicas pero que tienen su peso desde el punto de vista social y cultural- corresponde individualizar los pilares en que se apoyan. De este modo, y con independencia de los intereses que defienden, podemos extraer y sintetizar los fundamentos de la supuesta "privatización".

a) Los escribanos públicos no son funcionarios públicos.

b) menores garantías para los ciudadanos.

c) La ciudadanía debería abonar un servicio que, en sede judicial es gratuito.

Es preciso adelantar que la sede administrativa conlleva -en la mayoría de los casos- , la prosecución del trámite en forma gratuita. No obstante, consideramos que los motivos expuestos en uno u otro caso, resultan voluntariamente falaces, o por lo menos (atento al beneficio de la duda) erróneos.

Cómo es lógico, comencemos por el principio. La última edición del

33 Diario digital Nueva Tribuna, "Un paso más en la privatización de la justicia. JPD rechaza ley de Gallardón que permite tramitar matrimonios y divorcios ante notario", edición del 7/08/2014.

D.R.A.E. -al que tan afectos son quienes sólo recurren a él para conservar el *statu quo*- nos enseña que la expresión "privatización" proviene de la acción de "privatizar", vocablo que significa "transferir una empresa o actividad pública al sector privado".

No resulta ocioso recordar que lo que se pretende es trasladar un procedimiento de divorcio que cumpla ciertos requisitos, desde la sede judicial a otra extrajudicial (que bien podría ser, en nuestro medio, el Registro Civil de la jurisdicción).

Así, la atribución de esta nueva competencia al Registro Civil[34] implica su traslado desde un poder del Estado (Judicial) a otro (Ejecutivo) pues, normalmente este registro público depende orgánicamente, en la mayoría de las regulaciones locales, del Ministerio de Gobierno o Jefatura de Gabinete, entre otros. Por ello, en ese caso, no habría mayor inconveniente, pues la denunciada "privatización" no existe.

a) La función pública de los escribanos

En el supuesto de la implementación del divorcio en sede notarial consideramos que, a poco que se vea, que el escribano es un fedatario público, los temores de la mentada "privatización" también carecen de sustento pues, en rigor, no existe estrictamente una transferencia de competencias al sector privado.

No desconocemos que según el sistema al que cada país se halle adscripto, el escribano o notario puede o no, ser un funcionario público, lo cual depende del sistema jurídico interno. Aun así, en cualquiera de los casos, *la función misma que desempeña es siempre pública,* aunque la ejerza un profesional independiente.

A nuestro juicio, cabe descartar la idea de privatización, pues en palabras del otrora Ministro de Justicia español, "se trata de un nuevo servicio público que, al igual que otros, puede ser gratuito o estar sujeto a un precio. En este caso, los 95 euros es un precio inferior al propuesto por algunos ayuntamientos que optan por cobrar estos servicios (puesto que son libres para fijar tasas por matrimonio)".[35]

En el sistema de notariado latino, el escribano desempeña una función pública pero no depende directamente de autoridad administrativa alguna, aunque algunas de sus intervenciones son las de un funcionario público. *A fortiori,* es el Estado quien inviste al profesional como "escribano público" con

34 Los Registros provinciales establecen su sistema específico mediante resoluciones de la Dirección. En la ciudad de Buenos Aires, la Disposición 40-DGRC-2000 establece las directivas administrativas vinculadas con la celebración del matrimonio, modificada por Disposición 27-DGRC-2010.

35 Hasta la sanción de la ley 15/2015, en España existían tres vías para la celebración del matrimonio: una ante las confesiones religiosas con convenio en España, cuya celebración se inscribe en el registro; otra el proceso civil ante el encargado del Registro Civil (juez); y otra la celebración ante alcaldes o concejales. Diario La Ley, nº 8184, Sección Hoy es Noticia, 5/11/2013, "El Gobierno autorizará matrimonios y divorcios ante notario", La Ley 113757/2013.

el cargo de titular o adscripto de un registro notarial. Por añadidura, nótese que no existen los "escribanos privados".

Excedería el objeto del presente aporte el desarrollo de las distintas posturas en relación al carácter de la función del escribano[36]. Basta con advertir que el notario actúa inclusive como agente de retención de tasas y tributos en nombre del Estado. Y si bien no se nos escapa que no forma parte de la estructura orgánica del Estado y; que la ley 11.683 no declara al agente de retención como funcionario público[37], sino como simple responsable por deuda ajena,

36 Una importante doctrina nacional y extranjera entiende que el escribano, al menos en su actuación como fedatario, es un funcionario público. AGUIAR, Henoch D., *Hechos y actos jurídicos en la doctrina y en la ley,* Tea, Buenos Aires, 1950, t. II, ps. 426 y ss., n. 63 bis-30; BORDA, Guillermo, *Tratado de Derecho Civil argentino. Parte general,* 6ª ed., Ed. Perrot, Buenos Aires, 1976, t. II, ps. 218, nº 1002; CARMINIO CASTAGNO, José Carlos, "Correcta caracterización de la función notarial" LL 1981-A, 55; COLOMBO, Leonardo A., "En torno a la responsabilidad civil de los escribanos públicos", LL 83-683; DE GASPERI, Luis y MORELLO, Augusto M., *Tratado de Derecho Civil,* Tea, Buenos Aires, 1964, t. IV, p. 462, nº 1873-b); MORELLO, Augusto M., "La jurisdicción notarial en la ley 6797", en Revista Notarial, Colegio de Escribanos de la provincia de Buenos Aires, 1960, nº 731, ps. 945 y ss.; MUSTAPICH, José María, *Tratado teórico y práctico de Derecho Notarial,* Ediar, Buenos Aires, 1955, t. II, ps. 49 a 65 y; SPOTA, Alberto G., *Tratado de Derecho Civil,* Depalma, Buenos Aires, 1958, t. I, vol. 3, ps. 504 y ss., nº 2086; entre otros.

Por otro lado, la tesis negatoria plantea que el escribano no es funcionario público, por no concurrir a su respecto los caracteres virtuales propios de la función pública, a saber: la relación de subordinación jerárquica, ya que no basta en tal sentido el ejercicio de la superintendencia que se ejercita sobre él. Además, redactar instrumentos públicos que prueben el comercio jurídico privado no es función del Estado, sino una profesión liberal, salvo casos especiales. BIELSA, Rafael, *Derecho Administrativo,* 6ª ed., La Ley, Buenos Aires, 1964, t. III, ps. 3 y ss., nota 7; ALTERINI, Atilio A., AMEAL, Oscar J. y LÓPEZ CABANA, Roberto M., Derecho de obligaciones civiles y comerciales, Abeledo Perrot, Buenos Aires, 1995, nº 1857, ps. 773 y ss.

Finalmente, una postura ecléctica entiende que el escribano es un profesional del derecho, pero cuya labor no se circunscribe a la mera actividad privada de cualquier otro profesional, atento que además cumple una función pública por delegación del Estado: de dar fe y comunicar una autenticidad y fuerza probatoria excepcional, a las escrituras públicas pasadas en su Libro de Protocolo; de conservar y custodiar los actos y contratos autorizados ante sí y los protocolos respectivos mientras están en su poder; y de ejecutar los actos y procedimientos integrativos del régimen orgánico de constitución y publicidad de los derechos reales sobre inmuebles. BUSTAMANTE ALSINA, Jorge, *Teoría general de la responsabilidad civil,* 9ª ed., Abeledo Perrot, Buenos Aires, 1993, p. 546, nº 1449, y ps. 547 y ss., nros. 1454 a 1463 y; BUERES, Alberto J., *Responsabilidad civil del escribano,* Hammurabi, Buenos Aires, 1984, ps. 23; entre otros.

37 Si bien esta lectura no es pacífica, consideramos menester recordar un voto del juez Gustavo Hornos, donde se dijo que a los efectos del derecho penal, los conceptos de funcionario y empleado público se encuentran determinados por el ejercicio de funciones de carácter público, circunstancia esta que se constituye en la clave para atribuir esa calidad al agente (De todo lo dicho, se desprende que el imputado, en su carácter de escribano público, inscripto como agente de retención, desempeñaba actividades o funciones en nombre del Estado o al servicio del Estado, tal como lo precisa la convención y la ley antes citada para definir el concepto de funcionario público [Se refiere a la Convención Interamericana contra la Corrupción aprobada por la ley 24.759 y la ley 25.188 de Ética en el ejercicio de la función pública]. CN Casación Penal, sala IV, 9/10/2009, causa 11.037, "Torres, Osvaldo

queda claro que el escribano es instituido por el Estado[38] y cumple una función pública, al representarlo en el ejercicio de sus potestades específicas. Estas cualidades bastarían para desterrar el carácter "privatizador" de los proyectos que promueven la atribución de esta nueva competencia a los notarios, pero es necesario realizar unos comentarios adicionales.

b) Menores garantías para los ciudadanos

Las asociaciones que nuclean a los magistrados y funcionarios ibéricos denunciaron que habrá menos garantías para los ciudadanos, aunque no especificaron en qué consistiría tal merma[39]. La experiencia acumulada en los años que lleva la ley 15/2015 en vigor demuestran que este perjuicio no se constató.

No obstante, esta denuncia no fue novedosa, otros países ya la habían atravesado con éxito. Es sabido que el temor a compartir competencias, o peor aún, a perderlas en favor de otro colectivo profesional (en el caso de la sede notarial); o de otro poder del Estado (sede administrativa), no sería atendido si se expusiera explícitamente. Por ello, la defensa del sector afectado -lógica por cierto- suele esconderse bajo el velo de estos argumentos jurídicos. De este modo se afirmó, sin la más mínima intención de probarlo, que la desjudicialización parcial del divorcio conllevaría una afectación a la legalidad, el derecho de defensa y el debido proceso.

Esta impugnación tuvo oportunidad de ser analizada en México. Allí se objetó el divorcio "incausado" en sede administrativa que implementaron distintas entidades federativas, a través de juicios de amparo en los que se reclamaba su inconstitucionalidad. A tal fin, se arguyó que violentaba las garantías de legalidad, debido proceso y de protección de la familia entre otras. La Suprema Corte de Justicia de México resolvió que el divorcio consensual extrajudicial era constitucional, por no transgredir garantía ni derecho alguno.[40]

A., s. recurso de casación".

38 Se ha dicho que la facultad que se les atribuye de dar fe a los actos que celebren conforme a las leyes, importa una concesión del Estado que es acordada por la calidad de funcionario o de oficial público que corresponde a los notarios con registro. CSJN, 13/08/1998, "Colegio de Escribanos de la Capital Federal", LL 1999-E, 22.

39 En el Anteproyecto de ley de Jurisdicción voluntaria se afirmó: "estos profesionales [se refiere a los escribanos], que aúnan la condición de juristas y de titulares de la fe pública, reúnen sobrada capacidad para actuar, con plena efectividad y sin merma de garantías, en algunos de los actos de jurisdicción voluntaria que hasta ahora se encomendaban a los Jueces". (Exposición de Motivos, ap. V).

40 La primera Sala de la Suprema Corte de Justicia de la Nación (SCJN) resolvió por mayoría de votos, el amparo directo en revisión 1819/2014, a propuesta de la Ministra Olga Sánchez Cordero de García Villegas. Al resolverlo revocó la sentencia recurrida y negó el amparo a un señor que impugnó su disolución del vínculo matrimonial, toda vez que contrario a lo expuesto por el tribunal colegiado, el divorcio incausado, contenido en el artículo 582 del Código Procesal Civil para el Estado de Coahuila de Zaragoza, no es violatorio del párrafo cuarto del artículo 130 constitucional. Asimismo, sostuvo que el divorcio incausado no es violatorio ni del artículo 14, ni de la garantía de justicia imparcial

Justamente, frente a los reclamos en torno a su constitucionalidad, la Sala I de la Suprema Corte de Justicia resolvió que las reformas no vulneran la garantía de audiencia ni los principios de debido proceso. En rigor, remarcó que si bien es verdad que el procedimiento establecido en el art. 582 contiene una restricción al derecho fundamental de audiencia y debido proceso, lo cierto es que tal derecho no es absoluto y, como otros derechos fundamentales, admite restricciones, las cuales, en este caso, obedecen a una finalidad objetiva y contemplada en la Constitución Federal, esto es, el derecho a la dignidad humana y al libre desarrollo de la personalidad.

Otros autores consideran que el cambio de sede constituye un obstáculo en el acceso a la justicia. Aunque resulte obvio, lo que estas voces pretenden es el acceso al Poder Judicial, no a la justicia, entendida ésta como el valor que debe guiar el accionar no sólo de aquél, sino de todos los Departamentos y organismos del Estado.

No desconocemos que el derecho a la tutela judicial efectiva es un derecho constitucional. Este comprende no sólo el derecho a ser oído, a rendir prueba, a que se dicte una sentencia dentro de un plazo razonable por parte de un juez independiente, sino a que esa sentencia se cumpla, pues de otro modo, esa tutela no es efectiva. Hay, pues, un derecho fundamental a la eficacia de la sentencia.[41]

La efectividad en las decisiones judiciales ha tenido un amplio desarrollo jurisprudencial de parte de los tribunales supranacionales. Así, la Corte IDH suele recordar que "es una facultad inherente a las funciones jurisdiccionales de la Corte el supervisar el cumplimiento de sus decisiones". Incluso, apuntó que "la responsabilidad estatal no termina cuando el juez emite la sentencia, pues se requiere que el Estado garantice los medios para ejecutar sus mandatos".

Es cierto, la ciudadanía requiere que la justicia -cuyo acceso constituye un derecho constitucional- sea efectiva. Pero aquí no existe conflicto, las partes mediante el mutuo consentimiento solicitan legalizar su ruptura afectiva.

¿Acaso no podrían cumplir con esta tarea un oficial público del Registro Civil o un escribano público? Otra de las acepciones del vocablo "justicia" es derecho, razón, equidad. ¿El notario o el funcionario público no actúan en base al derecho vigente, la razón o la equidad? ¿El Registro Civil no es justamente, el encargado del contralor y fiscalización del estado civil de las personas?

---

contenida en el artículo 17, ambos constitucionales; tampoco privilegia el derecho de la parte actora sobre el de la niñez, por lo que no es violatorio del artículo 4° constitucional. Además el artículo 585 del mismo Código, al no admitir que la resolución de divorcio sea recurrida, tampoco vulnera derecho fundamental alguno, pues se privilegia la voluntad de quien no desea seguir en matrimonio. Véase Comunicado de prensa 185/2014 de la Suprema Corte de Justicia de la Nación, México D.F., 23/10/2014, "El divorcio incausado, contenido en el artículo 582 del Código Procesal Civil para Coahuila no es violatorio del párrafo cuarto del artículo 130 Constitucional, resuelve Primera Sala".

41 Ruiz De La Fuente, María C., "El derecho constitucional a la ejecución de sentencias firmes", Cachón Cadenas, Manuel y Picó Junoy, Joan (coords.), *La ejecución civil*, Atelier, Barcelona, 2008, p. 21.

c) La onerosidad o gratuidad del servicio

En cuanto a la gratuidad de un servicio que, de trasladarse a una sede extrajudicial, debería abonarse, corresponde realizar un análisis diferencial.

Previamente, es menester dar algunas precisiones en torno a la tasa de justicia regulada, en nuestro medio, en la ley 23.898[42]. Todas las acciones que se inicien ante los tribunales nacionales o federales, se encuentran gravadas con la tasa judicial. Tanto para la propia ley como para la doctrina prevaleciente, se trata de una tasa retributiva y no de un impuesto[43]. La jurisprudencia tiene dicho que la tasa se paga para retribuir la actividad jurisdiccional y en beneficio de ambos contendientes. Un servicio que presta el Estado al garantizar la ejecución de una obligación contraída o bien como un pago en razón de servicios que se prestan.

Manuel de Juano afirmó que la justicia, que es función esencial del Estado para la permanencia del orden jurídico, es gratuita. Los que demandan el reconocimiento o la declaración de un derecho, lo hacen con miras a una ventaja diferencial.

La naturaleza de este tributo es la de una tasa que se paga en general, con la iniciación de actuaciones judiciales y cuyo monto no se reintegra en caso de que se dejen sin efecto por causa alguna. El ejercicio de una pretensión o acción judicial es el hecho imponible que da origen a la obligación de pagar la tasa de justicia.[44]

En esta materia, el principio general indica que toda actuación judicial debe tributar tasa de justicia, salvo exención expresa contenida en la ley, o dicho de otro modo, las exenciones deben aplicarse con criterio restrictivo y en forma taxativa.

Otro criterio es el de Bidart Campos[45] que se preguntó ¿es constitucional

42 Asorey, Rubén y Gozaíni, Osvaldo, "La tasa de justicia como obstáculo para el acceso a la justicia", LL 2003-D, 1278, LLP 2003-8, 951; Diez, Carlos, Tasas judiciales, Hammurabi, Buenos Aires, 2005; Gerosa Lewis, Ricardo, "Tutela judicial efectiva, acceso a la jurisdicción y tasa de justicia", LL Patagonia, 2006-637; entre otros.

43 Giuliani Fonrouge, Carlos M. y Navarrine, Susana C., *Tasas judiciales. Ley 21.859, comentada y anotada con doctrina y jurisprudencia,* Depalma, Buenos Aires, 1982, p. 94. Aquí se afirmó que "la administración de justicia constituye uno de los servicios esenciales del Estado, que está organizado por razones de interés social (no individual)", agregando que "la opinión tradicional califica al gravamen sobre actuaciones judiciales como una tasa, lo que supone partir de la base de que se trata de un servicio prestado a los litigantes y que éstos deben solventar de su peculio. Pero ¿es exacta esta interpretación? ¿la administración de justicia debe ser costeada por los litigantes o debe estar a cargo de la comunidad? Si llegamos a la conclusión de que el costo de la administración de justicia debe ser satisfecho por la comunidad, no habría tasa en el sentido técnico del vocablo sino distribución de la carga mediante el impuesto; si por el contrario, tiene que serlo por los litigantes, entonces lógicamente hay un servicio que el Estado presta a los mismos y que exige una contribución correlativa. Nos resistimos a admitir esta interpretación porque no concebimos a la justicia sino en función del interés público".

44 Colombo, Carlos J. y Kiper, Claudio M. (dir.), *Código Procesal Civil y Comercial de la Nación comentado y anotado,* La Ley, Buenos Aires, 2008, t. VII, ps. 159 y 160

45 Véase Bidart Campos, Germán, "¿Hay que pagarle al Estado para que administre justicia?

que un poder del Estado cobre una tasa cuando ejerce una función que la Constitución le encomienda? ¿Sería constitucional que el Congreso cobrara una ´tasa´ por el ´servicio´ que presta cuando dicta una ley? Más allá de las discrepancias en torno a su naturaleza jurídica que no queríamos dejar de mencionar, resta indicar que el art. 13, inc i) de la ley 23.898 prevé que estarán exentas del pago de la tasa de justicia "las actuaciones derivadas de las relaciones de familia que no tengan carácter patrimonial, las demandas por alimentos y litisexpensas, y las atinentes al estado y capacidad de las personas".

En buen romance, ello implica que el divorcio en sí mismo no debe tributar tasa de justicia en sede judicial. Ahora bien, la sede administrativa resultaría igualmente gratuita. La regulación del Registro Civil se inspira en el principio de gratuidad que es la regla general en la materia, atento al interés público existente en torno a la concordancia entre lo registrado y la realidad. El CCyC tiene especialmente en cuenta la vulnerabilidad y el principio de igualdad. De allí que el art. 420 *in fine,* dispone que "el oficial público debe entregar a los cónyuges, de modo gratuito, copia del acta de matrimonio y de la libreta de familia (...)". Otra cosa distinta es el respeto al principio de publicidad que se materializa a través de las ulteriores certificaciones, expedición de notas informativas o exhibición de libros.

Esta gratuidad no se circunscribe a la celebración del matrimonio sino que se impone en toda actuación del Registro Civil. Esto nos permite observar claramente que el trámite de divorcio sería gratuito.

Distinta es la situación en la sede notarial que merece un análisis diferencial; pues aquí sí los honorarios notariales deberían ser solventados por los cónyuges y no por el Estado. El costo real de la sustanciación de un divorcio consensual en sede notarial es una cuestión de política legislativa que varía de acuerdo a la realidad socioeconómica del país que pretenda su recepción. Es cierto que será más onerosa que la vía judicial, pero la diferencia no es de la magnitud que parece ser.

Muchos de los costos que tendría el procedimiento notarial deberían igualmente ser afrontados por los cónyuges que recurran a la vía judicial; lisa y llanamente, porque se refieren a los bienes que, en su caso y con motivo de la disolución y liquidación del régimen de comunidad, deberán inscribirse en su nuevo carácter o titularidad.

En ese sentido, la sede notarial sería económicamente similar a la vía judicial en lo que a tasas, tributos y sellados se refiere. En síntesis, a mayor caudal patrimonial, mayores son los estipendios, por lo que en cuanto a la distribución de los bienes no existiría una mayor onerosidad.

Distinta es la situación en torno a los honorarios del escribano. Desde luego, no será gratuita su intervención, pues en ello va su ciencia, conocimiento y dedicación profesional[46]. A modo ilustrativo, el Consejo Directivo del Colegio

---

(Repensando la ´tasa´ de justicia)", *LL,* 2003-B, 1467; "La tasa de justicia y el derecho a la tutela judicial - (Una solitaria disidencia en la Corte Suprema)", *LL,* 1997-A, 41.

46 Cabe advertir que la XVI Jornada Notarial Iberoamericana reunida en La Habana, Cuba, del 23 al 25 de noviembre de 2014, consideró que "el divorcio, la extinción de las uniones de hecho y cualquier otra forma de disolución de los vínculos afectivos necesitan de la

de Escribanos de la Ciudad de Buenos Aires resolvió, mediante resolución 392/12, actualizar los valores del arancel notarial indicativo a partir del 1 de septiembre de 2012.[47]

Incluso, podría el arancel a abonar por los cónyuges ser fijado por el Estado (v.gr. el proyecto de ley de Jurisdicción voluntaria español prevé -en lo que aquí interesa- que el trámite tendrá un coste de 95 euros[48]). Podrá discutirse si el arancel es más o menos justo y equitativo de acuerdo a la realidad socioeconómica de cada país; lo que está fuera de discusión es que esta opción sólo podría ser utilizada por aquellas personas que puedan afrontar un costo económico que, con la intervención judicial, asume el Estado.

¿Es que acaso para divorciarse hay que tener solvencia patrimonial? Esta circunstancia no inhabilita *per se* la posible intervención del escribano en un trámite de divorcio consensual, pero en este caso, la sede notarial debería ser facultativa, es decir, los cónyuges deberían poder optar -según sus posibilidades económicas- por recurrir a la vía judicial o a la extrajudicial.[49]

---

tutela del Estado. Tal tutela estadual a través de la intervención notarial provee a los particulares de un ámbito propicio para el ejercicio de sus derechos en normalidad, caracterizado por el asesoramiento y consejo, conciliación y mediación, confidencialidad, trato digno, alta capacitación jurídica, todo lo que consolida sus relaciones jurídicas en un marco de legalidad y equidad" (ptos. e) y f).

47 Hasta ese momento, el honorario mínimo general (art. 2) ascendía a $ 1560; mientras que el valor de las escrituras de locaciones, cesión de derechos, acciones, créditos, reglamentos de copropiedad, reconocimiento de deuda y, mutuos sin garantía real (por un monto de hasta $ 8.400) poseían el mismo arancel mencionado. Cuadra recordar que, si bien el arancel notarial no tiene carácter de orden público, el mentado Colegio toma como pauta frente a las consultas en torno a los importes percibidos por los escribanos, el arancel establecido en el decreto nro. 1208/87, con las actualizaciones aprobadas por la resolución CD 392/12.

48 "El Gobierno autorizará matrimonios y divorcios ante notario a través de una reforma del Código Civil que incluirá la futura Ley de Jurisdicción Voluntaria, fijando un arancel de 95 euros por enlace, si bien en el último caso estará sujeto a que no existan menores y se produzca de mutuo acuerdo entre la pareja. El Ministro de Justicia, Alberto Ruiz-Gallardón sostuvo ´hay una nueva oferta de servicios y había que fijar el arancel, que el Gobierno prevé fijar en 95 euros por cada matrimonio. Es una cantidad asumible dentro del coste general de celebración de una boda y no es un negocio jurídico que se practique con mucha frecuencia´". Diario La Ley, nº 8184, Sección Hoy es Noticia, 5/11/2013.

49 En el tratamiento legislativo de la ley 15/2015 se decidió aplazar hasta junio de 2017 la atribución de competencias a los notarios para intervenir en la celebración de matrimonios y los divorcios consensuales. Los medios periodísticos señalaron oportunamente: "La iniciativa ya sufrió una primera merma en su paso por el Congreso ya que se quitó a los notarios la exclusiva de las bodas y separaciones y se añadió a los secretarios judiciales como alternativa (...). Esta exclusividad desapareció, modificada a través de las 82 enmiendas introducidas por el PP y destinadas a ampliar estas atribuciones a los secretarios judiciales, como alternativa a los anteriores, "para evitar situaciones de imposibilidad de ejercicio de un derecho, que hasta ahora era gratuito, por falta de medios". Diario La Ley, nº 8559, Sección Hoy es Noticia, 11 de Junio de 2015, "Aplazada otra propuesta de Gallardón: los notarios no podrán casar hasta 2017", cita: *LL*, 139587/2015.

4. OBJECIONES JURÍDICAS A LA POTENCIAL REGULACIÓN

Como podrá vislumbrarse a esta altura del análisis, somos partidarios de una modificación normativa que promueva la instauración del divorcio consensual en sede administrativa, esto es, que las voluntades de concluir el vínculo marital sean receptadas por el Oficial Público del Registro Civil, con el mismo carácter gratuito que tuvo en ocasión de celebrarse, pero con una intervención letrada que coadyuve a forjar los acuerdos previos para la presentación de un convenio regulador de las cuestiones conexas.

No obstante, ambas sedes extrajudiciales poseen un abanico de posibles regulaciones, y todas han recibido más o menos críticas que aquí intentaremos refutar, en el entendimiento de que la amplia mayoría de ellas, son sólo mitos arraigados -o que se pretende arraigar- en el imaginario colectivo. Por ello, en adelante cumpliremos el doble propósito de intentar rebatir aquellos argumentos y al mismo tiempo ir delineando los cauces de una potencial desjudicialización del divorcio.

En general, prestigiosos autores han manifestado algunos inconvenientes en torno a la viabilidad de la desjudicialización parcial en nuestro medio, a la luz del CCyC. Analicemos algunos a modo ejemplificativo.

a) Que el divorcio ya es veloz

El art. 437 del CCyC reguló el divorcio en sede judicial, limitando su trámite a la presentación de la propuesta o convenio regulador y la concurrencia a una audiencia. De allí que bien puede afirmarse que este proceso ya es veloz. Sin embargo, creemos que no basta que el proceso sea veloz, resulta más importante que sea accesible, efectivo, alejado de los lugares que representan un litigio y, que no implique un dispendio o malversación de los recursos humanos especializados del Poder Judicial en su trámite.

Justamente, recurrir a la sede tribunalicia para regularizar una situación de hecho cuando la comunidad de vida, por distintas razones, ha cesado, choca con la lógica del divorcio sin expresión de causa, pues adolece del sentido práctico que éste conlleva.

El cambio de sede no comportaría necesariamente una mayor velocidad que la actual. El propósito no es darle una "mayor ligereza" al trámite del divorcio. La desjudicialización no supone en modo alguno una trivialización del matrimonio y/o la familia. Probablemente la rapidez del trámite sea similar, pero a nuestro juicio el alejamiento de los tribunales se impone cuando no existe litigio.

Consideramos menester evitar que los interesados tengan que recurrir al juez para darle un marco legal a una ruptura conyugal acaecida con anterioridad, cuando ambos coinciden en su voluntad de divorciarse. Ello es en sí mismo beneficioso, si logramos separar el divorcio de las cuestiones conexas. Nótese que si se cumplen los requisitos, el juez no tiene margen de acción más que para decretar el divorcio y homologar la autocomposición de las partes. Sólo frente a las discrepancias en los efectos, emerge su rol conciliador, pero ese no es el supuesto que nos ocupa.

La obligación de tener que recurrir a los tribunales para legalizar el quiebre conyugal, desgasta necesariamente cualquier relación previa pudiendo incluso, aparecer conflictos donde no los había. Por el contrario, evitar la sede judicial ayuda a conservar una relación de continuidad entre las partes. La génesis misma del judicante como un tercero superior que debe resolver los problemas de los cónyuges genera que ellos se observen así mismos enfrentados, en una posición antagónica que quizás no existía con antelación. Si bien volveremos más adelante sobre el particular, creemos que son los propios protagonistas quienes tienen que gestionar sus diferencias.

Ahora bien, como lo impone el mandato constitucional, la tutela debe ser efectiva. Justamente, el divorcio sin expresión de causa posee una lógica interna que hacer primar no tanto su velocidad sino su efectividad. En razón de ello, corresponde realizar una precisión terminológica. Algo es eficaz si logra producir efectos o modificaciones en aras a un interés o meta propuesta; pero será efectivo si es observado y aplicado por sus destinatarios.

La judicialización choca contra la efectividad, pues las partes son más propensas a cumplir lo que ellos mismos convinieron, que lo que -frente a sus discrepancias- termina "resolviendo" un tercero superior e imparcial.

El objetivo de gestionar los conflictos a través del consenso se merece, al menos, un esfuerzo y un ápice de confianza. El conflicto no es malo en sí mismo, lo negativo en muchas ocasiones es la forma en que se pretende "resolverlo". Una ley no puede ni va a cambiar la personalidad más o menos conflictiva de los cónyuges, pero el efecto docente de la ley conlleva que ella tienda a ir cerrándole caminos al conflicto.

En suma, se ha dicho que "una sociedad moderna, en la que prime el bienestar de los ciudadanos y la libertad como valor social básico, debe poner a disposición de sus ciudadanos diversos medios de resolución de conflictos y permitir que opten por aquél que mejor se ajuste a sus intereses. Constituye un error colocar la jurisdicción -la potestad estatal- en el centro del sistema de justicia civil y mercantil de un país relegar los demás mecanismos de solución de conflictos al lugar de los medios alternativos, cuya única razón de ser se encuentra en que son medios idóneos para `descongestionar los tribunales´ (La base para la reflexión se encuentra, pues, en la idea de libre acceso de los ciudadanos a la justicia y el desarrollo de las ADR[50] debe verse desde esta perspectiva, y con plena conciencia de que, en el fondo, ese desarrollo no depende de las leyes, sino del fomento de la "cultura de la mediación".[51]

b) La especialización de los juzgados de familia

La existencia de juzgados especializados en derecho de familia no es óbice para la instauración del divorcio en sede extrajudicial.

En México ya existían tales tribunales en 1932, cuando se introdujo el divorcio ante el Encargado del Registro Civil. En Colombia, por su parte, existen los llamados "tribunales de familia o promiscuos de familia"; y

50 Léase medios alternativos de resolución de conflictos.

51 ANDRÉS CIURANA, Baldomero, "La mediación civil y mercantil: una asignatura pendiente en España. (A propósito de la propuesta de Directiva sobre ciertos aspectos de la mediación en asuntos civiles y mercantiles), en *Actualidad Jurídica Uría Menéndez*, 12-2005, p. 61.

aun así, la ley del divorcio notarial se dictó "en aras de descongestionar los despachos judiciales". Por último, en Portugal, también son numerosos desde hace un tiempo los Tribunales de familia.

La descongestión judicial y el alejamiento de los cónyuges de la sede judicial cuando no existe litigio entre ellos, no puede ni debe hacerse en perjuicio de los principios de seguridad jurídica, celeridad y efectividad.

Los países que han notarializado el divorcio (v.gr. Cuba, Colombia, Ecuador, Brasil y Perú) tienen un sistema de acceso *numerus clausus*[52], estricto control de la función notarial, tienen colegios notariales, imponen límites al ejercicio de la competencia por razón de la materia, dedicación exclusiva a la función notarial y la norma que ha implementado la regulación del divorcio ha sido una norma *ad hoc*, que en algunos casos ha sido complementada con un reglamento.[53]

En cuanto a la sede administrativa, a nuestro juicio, el divorcio consensual bien podría tramitarse en el Registro Civil, máxime cuando actualmente, sobre él recae la competencia para celebrar las nupcias[54]. Dicho de otro modo, el órgano judicial podrá ser especializado en derecho de familia tanto como el Registro Civil lo es en cuanto al estado civil de las personas.

El Estado le confía a este órgano la celebración e inscripción de las nupcias desde hace más de 130 años, pero no confía en que pueda receptar y legalizar la ruptura del vínculo matrimonial. ¿Acaso no es una palmaria contradicción? De hecho, la aludida especialización de los tribunales nos lleva a procurar que los recursos humanos ya capacitados en derecho de familia no deban ocuparse de receptar la voluntad divorcial y homologar acuerdos. Esta especialización judicial no debería malgastarse, sino aplicarse a la resolución de verdaderos conflictos intrafamiliares.

4.1. Concurrencia o alternatividad de la competencia

La atribución de competencias en torno al trámite de divorcio a otros operadores jurídicos no jurisdiccionales admite dos vertientes de contemplación, pues la atribución se puede hacer de manera no excluyente (v.gr. proyecto de ley español de Jurisdicción voluntaria 2006) o de forma excluyente (v.gr. Anteproyecto de ley ibérico 2014); aunque la tendencia ha sido la de compatibilizar las vías judicial y extrajudicial. A excepción de Cuba, ningún ordenamiento ha despojado al Poder Judicial de la competencia para conocer el divorcio por mutuo acuerdo.[55]

---

52 Ello es así, a diferencia de Nicaragua que, con la sanción de su nuevo Código de Familia, se convierte en el primer país del continente en atribuirle competencia a un notariado "*numerus apertus*" para conocer del divorcio por mutuo consentimiento.

53 Pérez Gallardo, Leonardo, "El pretenso artículo 11 de la Ley que da mayor utilidad al notariado en Nicaragua: El divorcio por mutuo consentimiento en sede notarial".

54 Cerdeira Bravo De Mansilla, Guillermo, "Matrimonio no formalizado y divorcio notarial en Cuba: una propuesta de futuro para España", en *Revista de Derecho Privado*, noviembre/diciembre, 2011, p. 8 y nota 15.

55 En Brasil, el artículo 2º de la Resolución nº 35 del 24 de abril del 2007 del Consejo Nacional

En principio, el carácter excluyente de la atribución de competencia a los notarios u oficiales públicos del Registro Civil se presenta como un aspecto positivo, pues sería una muestra de un esfuerzo de especialización y organización racional que sirve para trasladar al ciudadano claridad sobre quién es el órgano competente en cada caso.

Así, en el anteproyecto de ley español[56] se apuntó que "la distribución de los asuntos entre estos profesionales se ha realizado siguiendo criterios de racionalidad, (...). Para el mejor cumplimiento de esos fines, la Ley de Jurisdicción Voluntaria, a diferencia de algunos intentos anteriores de regulación, trata de evitar en la medida de lo posible la alternatividad entre los juzgados y otros operadores jurídicos, es decir, la posibilidad de acudir indistintamente a diferentes operadores para la obtención de un mismo efecto jurídico. Con ello se conjura la producción de duplicidades indeseables, contribuyéndose también a la clarificación de las funciones de cada uno y, con ello, a la seguridad jurídica, también exigible y relevante en este tipo de negocios jurídicos".

Por el contrario, a favor de la variable no excluyente se explica que la concreción legal del objetivo de sistematizar y redistribuir competencias entre los diferentes profesionales jurídicos se traduce, entre otras cosas "en una mayor garantía para los ciudadanos al ampliar su ámbito de decisión a la hora de poder elegir en algunos casos quien va a llevar la actuación de que se trate. (...). Una libertad de opción que le permitirá tener en cuenta el coste de una opción u otra a la hora de decidir".

El análisis es divergente cuando distinguimos ambas vías extrajudiciales. Cuando nos referimos a la sede notarial, la atribución no excluyente de competencias aparece como la opción más adecuada. Así, en el Informe del CGPJ se dijo: "en nuestra opinión, podría ponderarse la posibilidad de recuperar el modelo de alternatividad que inspiraba el Proyecto de LJV 2006, de tal forma que en todos los asuntos encomendados a Notarios y Registradores pudieran también asumir competencias los Secretarios judiciales. *Esta fórmula permitiría así que el justiciable acuda a un secretario judicial al valorar la gratuidad de la Justicia (...), o por el contrario*, podrá optar en los supuestos contemplados legalmente, acudir a los servicios de un notario o un Registro Público, *considerando que el pago del arancel* fijado por el Gobierno por vía reglamentaria, *le compensará en la valoración sobre celeridad, proximidad o especialidad que realice".*[57]

En síntesis, mantener el carácter opcional entre la competencia de los órganos judiciales y la de otros órganos públicos no judiciales, permite al ciudadano escoger entre una fórmula sufragada con cargo al erario público y otra cargada al patrimonio particular de los promotores del expediente. De este modo, consideramos que, de optarse por la sede notarial, ella debería ser facultativa, y así los cónyuges podrán elegir de acuerdo a sus posibilidades económicas entre la vía judicial y la extrajudicial.

---

de Justicia dispone que: *"É facultada aos interesados a opção pela via judicial ou extrajudicial; podendo ser solicita, a qualquer momento, a suspensão, pelo prazo de 30 dias, ou a desistência da via judicial, para promoção da via extrajudicial".*

56 Exposición de Motivos del Anteproyecto de ley de Jurisdicción Voluntaria (ap. VI).

57 Los resaltados nos pertenecen.

Por el contrario, creemos que si la regulación prevé la instauración de una sede administrativa, ella debería ser excluyente para los divorcios consensuales; pues los argumentos antes esgrimidos con relación a la onerosidad del trámite resultan abstractos frente a una vía extrajudicial que permita su gratuidad.

A nuestro juicio, debería hablarse de una desjudicialización parcial, pues ella no implica que los jueces vayan a ser privados de toda competencia en materia de divorcio, sino que sólo se extraerán de su conocimiento aquellos casos donde, aun existiendo hijos y bienes comunes, los cónyuges brinden el mutuo consentimiento para concluir su vínculo marital. En otras palabras, la labor de la judicatura quedaría ceñida a los divorcios por petición unilateral. De allí que conforme la experiencia de otros países, pero también atendiendo a nuestras necesidades concretas, y en la búsqueda de la optimización de los recursos públicos disponibles, resultaría conveniente atribuir el conocimiento del divorcio consensual al Registro Civil y Capacidad de las Personas.

Ello sin mencionar que, si acordáramos un régimen facultativo en torno al divorcio consensual dejando a los cónyuges la opción entre la vía judicial y la extrajudicial frente a un mismo supuesto fáctico, no habría una verdadera descongestión judicial, que es uno de los efectos que persigue la desjudicialización.

4.2. Su viabilidad para los matrimonios con hijos

Sin duda el más delicado de los temas que en su práctica suscita el divorcio extrajudicial concierne al caso en que el matrimonio a divorciar tiene hijos menores de edad, incapacitados o dependientes. La delicadeza lo demuestra la propia divergencia de criterios adoptados al respecto por los diversos sistemas de divorcio extrajudicial[58], que suelen adoptarse dos soluciones alternativas:

i) La primera es regular el procedimiento extrajudicial para un universo de matrimonios que no posea hijos. Esta es la solución adoptada en Perú, Ecuador, Brasil y México[59] que sólo admiten el divorcio extrajudicial en caso de que la pareja que se divorcia no tenga hijos menores de edad o incapaces, que dependan económicamente de sus padres. En caso contrario, esto es, ante la existencia de hijos, los esposos sólo pueden acceder al divorcio en sede judicial frente a un juez que dirima ¿su conflicto?

ii) La postura opuesta consiste en admitir el divorcio extrajudicial en los supuestos de matrimonios con hijos menores de edad o incapaces y, asegurar

---

58 Cerdeira Bravo de Mansilla, Guillermo, "El Divorcio Notarial que viene… a España (o de la inevitable desjudicialización del divorcio amistoso)", disponible *online* en: http://www.uned.es/dpto-dcivil/IDADFE/divnot/CERDEIRADivnotl-Quadconc.pdf, consultado el 5/01/2018.

59 Es la solución que adopta la mayoría de los países latinos que regulan el divorcio notarial (art. 4.a] de la ley en Perú, y el art. 5 de su Reglamento; art. 18, ap. 22] de la ley ecuatoriana; art. 3 de la de Brasil, reformadora del art. 1124.A] de su Código de Proceso Civil), y también es la solución adoptada en el divorcio mexicano (arts. 272 y 273 de su Código Civil federal).

la protección de sus derechos mediante la intervención del Ministerio Público.

Ello ocurre en Cuba, Colombia y Portugal donde se requiere para la tramitación del divorcio, el dictamen o "concepto" del Ministerio Fiscal, Defensor de Familia o, Ministerio Público, respectivamente. Su dictamen será vinculante para la autoridad (notarial o administrativa) encargada de legalizar la ruptura conyugal.

Los esposos deberán adecuar los acuerdos a los que hayan llegado de conformidad a la opinión del funcionario; o en su defecto, esto es, en caso de dictamen desfavorable que planteé objeciones a lo convenido y los cónyuges se nieguen a modificar sus pactos, se los tendrá por desistidos de su petición de divorcio. Así podemos observar que la continuidad del trámite está condicionada a que el dictamen resulte favorable a lo pactado en el convenio regulador, o en caso de un decreto impugnatorio, a que los cónyuges adecuen su propuesta a las "sugerencias" del Ministerio Público.[60]

iii) Una tesitura intermedia o ecléctica es aquella que permite la sustanciación del divorcio consensual en sede extrajudicial, incluso a las parejas que posean hijos menores de edad o incapaces, pero que exige la intervención previa de los tribunales.

Esta posibilidad se encontraba en la normativa original de Portugal, donde si bien la existencia de aquellos no impedía el acceso a la sede administrativa, exigía que todas las cuestiones inherentes a los hijos debían ser previamente resueltas en sede judicial[61]. Ello constituía una *conditio sine que non* para que el Conservador del Registro Civil pudiera declarar disuelto el vínculo marital por divorcio.

La ley 61/2008, del 31 de octubre de ese año, modificó la normativa primigenia y adoptó finalmente la solución colombiana.

Ahora bien, teniendo a la vista este panorama normativo, ¿cuál sería la solución más acertada en nuestro medio, de admitirse obviamente el divorcio extrajudicial?

Esta postura intermedia que promovía una doble intervención estatal y que fuera abandonada por la legislación lusitana, no merece mayor análisis. Sí creemos que es necesario realizar algunos comentarios sobre la corriente mayoritaria que permite la vía extrajudicial sólo cuando no hay hijos menores de edad o incapaces.

Si bien intervienen factores metajurídicos, especialmente políticos, no observamos óbices de índole jurídica para la desjudicialización del divorcio en matrimonios sin hijos. Actualmente, las discrepancias existentes en el derecho comparado se circunscriben a la hipótesis de parejas que posean hijos.

No desconocemos que prestigiosos profesores como Olga Mesa Castillo

---

60 Cfr., en Cuba, los arts. 7, 8 y 11 de su Decreto-Ley n. 154/1994; en Colombia los arts. 34, Ley n. 962/2005 y 3 de su Decreto 4436/2005; y en Portugal, el art. 1776-A de su Código Civil, y el art. 14 del D-Ley n. 272/2001, tras su reforma habida por la ley 61/2008. Según tales normas, la fuerza vinculante de dicho dictamen del Ministerio Fiscal es común en los divorcios de Cuba, Colombia y Portugal.

61 Así, originariamente, en sus arts. 1773 de su Código civil, 272.1.b] de su Código de Registro Civil, y 1419.1.c] de su Código de Procedimiento civil.

acuerdan el divorcio consensual en sede extrajudicial exclusivamente para el supuesto de matrimonio sin hijos. Por caso, la sola circunstancia de que en Cuba -cuyo régimen notarial se encuentra vigente desde 1994- no haya habido impugnaciones de escrituras de divorcio por inequidad de las convenciones adoptadas, es por demás demostrativa y permitiría afirmar que la tesis que plantea su improcedencia resulta infundada.[62]

Además, si excluyéramos este universo de la sede extrajudicial no promoveríamos la consecución de algunos de los fines que se pretenden al instaurarla (v.gr. la celeridad del trámite, la racionalización de recursos humanos y la descongestión judicial).

Estamos convencidos de que la introducción del divorcio extrajudicial (viable para los matrimonios con hijos menores de edad o incapaces) debe estar acompañada de una protección especial en favor de estos últimos. Ahora bien, ¿será efectiva como protección para los hijos la denegación de la opción? ¿Acaso negarles a los progenitores un divorcio que decidieron de común acuerdo y confinarlos a los tribunales contribuye al interés superior del niño? Creemos que las respuestas negativas se imponen. Por el contrario, consideramos que la inclusión del Ministerio Público en el procedimiento administrativo, tal como lo prevé la norma portuguesa, luce acertada e ineludible.

Por ello, es necesario emprender el debate en torno a la inclusión en el trámite administrativo de la intervención de un funcionario que promueva la debida protección de los derechos y el interés superior del niño.

Sin embargo, esta conclusión preliminar no destierra los dilemas. Por el contrario, de la adopción de esta tesitura se desprenden sendos interrogantes.

4.2.1. ¿Cuál debería ser el funcionario interviniente?

¿Existe un interés superior de la sociedad o del Estado jurídicamente tutelable o distinto de los propios cónyuges que permita imponer una unión jurídica que sólo a ellos afecta y que ellos ya no desean? ¿Existe un interés superior que obligue a mantener la unión jurídica, formal y exenta de contenido afectivo de parte de sus protagonistas, cuando no se afectan derechos de terceros? A esta altura del análisis, queda claro que las respuestas negativas se imponen.

El artículo 31, inc. f) de la ley 27.148 prevé que los fiscales tendrán como función: "intervenir en los procesos de nulidad de matrimonio y divorcio (...), y en todos los relativos al estado civil y nombres de las personas (...)". En idéntico sentido, se expedía el artículo 25 de la ley 24.946. Sin embargo, la intervención del Agente Fiscal tenía por objeto, según tradicionalmente se ha expresado, impedir la connivencia de los esposos tendiente a infringir las normas de orden público que presidían la materia, principio no muy sólido luego de la sanción de la ley 23.515.

62 Cuadra recordar que la XVI Jornada Notarial Iberoamericana, reunida en La Habana, Cuba, del 23 al 25 de noviembre de 2014, instó a todos los países en los cuales no existe legislación al respecto para que formulen las modificaciones legislativas pertinentes a los efectos de incorporar competencias materiales para que el notariado pueda intervenir en: 2. divorcios y separaciones personales, existan o no hijos menores de edad o discapacitados.

En otras palabras, a partir de la admisión del divorcio por mutuo consentimiento, su intervención perdió razón de ser[63], a pesar de la manda legal. Sólo en la hipótesis de la existencia de hijos aparece un interés tutelable. En efecto, el interés superior del niño merece total protección que corresponde al Defensor de Menores, por los argumentos que analizaremos a continuación.

Una revisión de las normas que han implementado la sede extrajudicial nos brinda un pantallazo de las soluciones que aquellas han intentado en pos de lograr la debida protección de los derechos de los hijos menores de edad o incapaces.

En Cuba, interviene a fin de dictaminar el Ministerio Público Fiscal; en Rumania resultan vinculantes los informes de los trabajadores sociales y; en Colombia se ha atribuido esta función al Defensor de Familia, que es un funcionario administrativo[64], no judicial. Este último tiene la obligación de velar por la protección del interés superior de los hijos y, con tal propósito, el legislador colombiano quiso contar con su presencia en el trámite notarial de divorcio o cesación de efectos civiles (cfr. art. 3°, decreto 4436/05). Así, el notario simplemente va a dar fe del acto que ante él se está celebrando, pero en ningún momento tiene la responsabilidad de velar por la situación futura de los hijos menores de los interesados.[65]

Sin embargo, no es cuestión de importar regulaciones foráneas que cumplan, con mayor o menor éxito, su propósito. Es necesario tener en cuenta nuestra cultura legal y su consolidación sociocultural. Así, si en nuestro medio, tuviese que intervenir un funcionario administrativo, se nos presenta la posibilidad de las defensorías zonales.

A poco que se analice, consideramos que esta solución no encontraría andamiaje en nuestra arquitectura legal. Huelga recordar que, en el ámbito de la Ciudad de Buenos Aires, la ley local 114 sancionada en 1998, preexistente a la ley nacional 26.061, es el instrumento vigente cuyo fin es efectivizar los derechos reconocidos en la Convención de los Derechos del Niño[66]. El alto

---

63 Colombo, Carlos J. y Kiper, Claudio M., *Código Procesal cit.*, t. VII, p. 383.

64 Adviértase que el artículo 79 del Código de la Infancia y la Adolescencia define a las Defensorías de Familia como dependencias del Instituto Colombiano de Bienestar Familiar de naturaleza multidisciplinaria, encargadas de prevenir, garantizar y restablecer los derechos de los niños y adolescentes. A su turno, el artículo 82 prevé sus funciones y, en lo que aquí interesa, el inc. 9° dispone que "corresponde al Defensor de Familia: aprobar las conciliaciones en relación con la asignación de la custodia y cuidado personal del niño, el establecimiento de las relaciones materno o paterno filiales, la determinación de la cuota alimentaria, la fijación provisional de residencia separada, la suspensión de la vida en común de los cónyuges o compañeros permanentes, la separación de cuerpos y de bienes del matrimonio civil o religioso, las cauciones de comportamiento conyugal, la disolución y liquidación de sociedad conyugal por causa distinta de la muerte del cónyuge y los demás aspectos relacionados con el régimen económico del matrimonio y los derechos sucesorales, sin perjuicio de la competencia atribuida por la ley a los notarios".

65 Echeverri Mesa, Ana Catalina, "El divorcio ante notario en el derecho colombiano", ponencia presentada en la XVI Jornada Notarial Iberoamericana, reunida en La Habana, Cuba, del 23 al 25 de Noviembre de 2014.

66 En lo que aquí interesa, el artículo 60 de la ley creó las Defensorías Zonales de los Derechos

valor pedagógico que, como toda ley posee, produjo un quiebre en la forma de abordar los conflictos de los NNyA[67], consagrando en la jurisdicción el paradigma de la protección integral.

Ahora bien, la estrategia no debe ser sólo un listado de buenas intenciones, sino políticas sostenibles destinadas a dar efectividad a los derechos y programas específicos para quienes necesiten una protección especial; debe irse más allá de las declaraciones políticas y de principios para fijar objetivos reales y asequibles. Grosman apuntó "las normas son sólo brújulas, se requieren el pensamiento y la mano del hombre, vigilantes y activos para transformar las promesas en vivencias concretas".[68]

La realidad nos demuestra que los órganos administrativos de protección integral, por diversas razones que escapan al objetivo de este aporte, no han dado hasta el momento un cabal cumplimiento a la manda legal y se encuentran mayormente abocados a la consecución de los derechos sociales de los NNyA. De allí que, encargarles esta nueva tarea podría ir en detrimento de sus funciones primigenias.

De este modo, si el convenio regulador contiene alguna referencia a personas menores de edad o con capacidad restringida, resulta de aplicación el artículo 103 del CCyC. No se nos escapa que esta norma prevé que "en el ámbito extrajudicial, el Ministerio Público actúa ante la ausencia, carencia o inacción de los representantes legales, cuando están comprometidos los derechos sociales, económicos y culturales". A nuestro juicio, la mención de estos derechos resultaría sólo enunciativa, teniendo en cuenta que, una interpretación armónica y sistemática del plexo normativo, nos permite inferir que el menor de edad no podría quedar desprotegido si estuviesen involucrados otros derechos. Si esta tesitura no fuese compartida, el funcionamiento de un régimen extrajudicial exigiría la potencial modificación de la norma.

4.2.2. Obligatoriedad o discrecionalidad

Ahora bien, la intervención del funcionario que proteja el interés superior y los derechos de los hijos menores de edad o incapaces debe ser obligatoria o discrecional. La siguiente pregunta podría parecer superflua pero deberá intervenir: ¿Siempre que existan hijos menores de edad o incapaces (v.gr. Colombia y Portugal) o, exclusivamente cuando el notario considere que lo pactado es perjudicial para los hijos (como en Cuba)? Estas normas difieren en torno a cuándo es preceptivo su dictamen.

Cabe recordar que en Cuba, el notario posee la facultad discrecional de solicitar la mentada intervención cuando considere, o al menos sospeche,

de NNyA, como organismos descentralizados del Consejo de los Derechos de NNyA. La norma prevé que cada comuna contará, por lo menos, con una Defensoría. Su objetivo es diseñar y desarrollar un sistema articulado de efectivización, defensa y resguardo de los derechos de NNyA.

67 Léase niñas, niños y adolescentes.

68 Grosman, Cecilia, "El interés superior del niño", en Grosman, Cecilia (dir.), *Los derechos del niño en la familia. Discurso y realidad*, Ed. Universidad, Buenos Aires, 1998, p. 75.

que el acuerdo es perjudicial para los intereses de los hijos[69]. En cambio, en Colombia y Portugal, el informe es siempre preceptivo, al margen del juicio que al notario o al Encargado del Registro Civil le merezca lo convenido en torno a los hijos.[70]

No abrigamos ninguna duda de que este último criterio de exigir siempre la intervención del Ministerio Público es el acertado. Cerdeira Bravo de Mansilla[71] apunta que "no parece prudente hoy otorgarle (se refiere al escribano) tal privilegio cuando no es juez, ni está ejerciendo en el divorcio por mutuo acuerdo la genuina función judicial de juzgar, que sólo es competencia de los jueces desempeñar".

No obstante lo expuesto, en el supuesto de la sede administrativa, esta discrepancia no tendría cabida, pues el oficial público se circunscribe a registrar, a tomar nota de las declaraciones de voluntad de los cónyuges, excediendo el ámbito de sus atribuciones decidir sobre la intervención de un funcionario judicial.

En razón de ello, en caso de existencia de un convenio regulador que involucre a los hijos, debería remitirlo al Defensor de Menores e Incapaces de turno para su consideración y, en su caso, registrar la voluntad de los cónyuges.

El Registro Civil no emite dictamen alguno -y mal podría hacerlo- en torno a la oportunidad, mérito o conveniencia del divorcio y, con relación al convenio sólo toma nota de lo convenido en caso de acuerdo y opinión favorable del funcionario en cuanto a los hijos existentes. De hecho, el acto administrativo que emite el oficial público se limitaría a tomar nota de la voluntad de las partes en torno a las cuestiones conexas.

En el supuesto de que el convenio incluya la liquidación, partición y distribución de los bienes comunitarios y en caso de que ellos fuesen registrables, los interesados deberán encargarse a su costo y cargo, de la posterior intervención de los registros de la propiedad pertinentes.

4.2.3. La ¿difícil? articulación administrativo-judicial

Como adelantamos, cuando los cónyuges tengan hijos menores de edad o incapaces, la intervención de un funcionario que promueva la debida protección de sus derechos y el interés superior del niño, luce obligatoria e imprescindible.

Atento a nuestra legislación e idiosincrasia, ese funcionario no podría ser otro que el Defensor de Menores e Incapaces (sin perjuicio de la disímil denominación que esta figura puede poseer en las regulaciones locales). Con su intervención, evitando que de lo pactado en el convenio regulador se pueda derivar un perjuicio para los hijos menores de edad o incapaces, se logra en

69 cfr. artículos 4 a 6 del decreto-ley n. 154/1994.

70 En Colombia, véase los arts. 34, ley 962/2005 y 3 de su decreto 4436/2005; y en Portugal, sobre todo el nuevo art. 1776-A del Código Civil, y el art. 14 del D-Ley 272/2001, modificado por la ley nº 61/2008.

71 Cerdeira Bravo De Mansilla, Guillermo, "Matrimonio no formalizado...", *cit.*, p. 24.

sede administrativa, lo que a la postre se obtendría en sede judicial, luego de transitar un "proceso" judicial doloroso y estigmatizante por naturaleza. En suma, en aquellos supuestos resultaría obligatoria la intervención secundaria del Ministerio Público de la Defensa (cfr. art. 103, CCyC).

Ahora bien, se ha objetado que el divorcio extrajudicial podría ser más lento o verse retrasado en aquellos supuestos fácticos y; que en la práctica, el Ministerio Público no suele tener intervención real en el ámbito administrativo. De allí que, en los casos analizados, esto es, frente a la existencia de hijos menores de edad o incapaces, aquel organismo debería actuar en un ámbito que no le resulta cómodo, a diferencia del judicial donde cumple sus funciones con mayor celeridad.

Podemos vislumbrar aquí dos objeciones distintas que merecen un tratamiento separado. La primera gira en torno a que la actuación de contralor del Defensor de Menores podría demorar un trámite que "se concibe rápido" y; la segunda nos advierte la dificultad que representaría la articulación administrativo-judicial.

Sobre el primero de los argumentos, ya nos hemos expedido en reiteradas ocasiones, por lo que no requiere un mayor análisis. Que el divorcio sin expresión de causa sea más rápido no significa que sea "exprés". En esa línea de pensamiento, no observamos el inconveniente en resignar celeridad en favor de la debida protección de los derechos y el interés superior de los sujetos más afectados e invisibilizados en un divorcio: los hijos. La desjudicialización del divorcio consensual no puede regularse "a costa de los hijos". También pretendemos su mejor protección.

Ahora bien, disentimos con aquellos autores que plantean esta objeción. A nuestro juicio, la articulación administrativo-judicial no sería difícil ni compleja. Basta observar algunos ejemplos como para dar por tierra con este temor.

En el código derogado, podía observarse la previsión del artículo 255, o bien el caso en que existían conflictos en torno al nombre de las personas y se remitían las actuaciones en apelación a la Cámara, al amparo de la derogada ley 18.248. Podría decirse que estos ejemplos son propios de normas que no se encuentran actualmente vigentes. En este caso, cabe recordar que el CCyC también nos propone un claro ejemplo de articulación administrativo-judicial que no podemos desconocer, al regular en el artículo 414, el procedimiento de la oposición en virtud de un impedimento legal a la celebración del matrimonio.

El artículo 255 disponía que "en todos los casos en que un menor aparezca inscripto como hijo de padre desconocido, el Registro Civil efectuará la comunicación al Ministerio Público de Menores, quien deberá procurar la determinación de la paternidad y el reconocimiento del hijo por el presunto padre (...)". Así, se ordenaba que los Registros Civiles comuniquen al Ministerio Público de Menores el nombre de los niños inscriptos sin filiación paterna[72]. Esta información constituía el primer paso para que se inicie la gestión prevista por la ley.[73]

72 Sobre el particular, puede observarse una excelente investigación exploratoria en GROSMAN, Cecilia P. y ARIANNA, Carlos, "Hacia una mayor efectividad del artículo 255 del Código Civil", JA 1992-II, 692.

73 Véase BORGIANI, Norma y LÓPEZ FAURA, Norma, "Objetivos y funcionamiento del artículo

En cuanto a la gestión extrajudicial, el Ministerio Público de Menores tiene el deber de citar al denunciado como presunto padre para procurar el reconocimiento de la filiación. Esta función implica, asimismo, otorgar a dicho organismo las facultades necesarias para individualizar al padre y establecer su paradero. Prestigiosos autores interpretaban que el hombre debía ser citado, bajo apercibimiento de ser traído por la fuerza pública, pues se trata de una carga pública.[74]

Podemos encontrar otro ejemplo de una correcta articulación entre estos dos organismos en lo inherente al nombre de las personas. Así, el art. 15 de la ley 18.248 -hoy derogada- disponía que "después de asentados en la partida de nacimiento el nombre y apellido, no podrán ser cambiados ni modificados sino por resolución judicial, cuando mediaren justos motivos. El director del Registro del Estado Civil podrá disponer de oficio o a pedido de parte, la corrección de errores u omisiones materiales que surjan evidentes del texto de la partida o de su cotejo con otras. Sus resoluciones serán recurribles ante el Tribunal de Apelaciones en lo Civil correspondiente al lugar donde desempeña sus funciones, dentro de los quince días hábiles de notificadas". Como es sabido, la norma establecía el principio de inmutabilidad del nombre de las personas que sólo cedía frente a la existencia de justos motivos. En lo que aquí interesa, las resoluciones del director del Registro Civil eran recurribles ante el Tribunal de Apelaciones en lo Civil de la jurisdicción.

Como se adelantó, podría argüirse que los mencionados ejemplos se daban al amparo de normas derogadas. Sin embargo, el nuevo ordenamiento también nos brinda supuestos de una correcta articulación entre el órgano administrativo y el judicial. El art. 414, al regular el procedimiento de la oposición a la celebración del matrimonio, dispone que "(...) Si los contrayentes no lo reconocen, deben expresarlo ante el oficial público dentro de los tres días siguientes al de la notificación; éste levanta un acta, remite al juez competente copia autorizada de todo lo actuado con los documentos presentados y suspende la celebración del matrimonio. El juez competente debe sustanciar y decidir la oposición por el procedimiento más breve que prevea la ley local. Recibida la oposición, da vista por tres días al Ministerio Público. Resuelta la cuestión, el juez remite copia de la sentencia al oficial público".

Así, deducida la oposición el oficial público la hará conocer a los contrayentes. Si alguno de ellos admite la existencia del impedimento, el funcionario lo hará constar en el acta y se abstendrá de celebrar el matrimonio. Si los contrayentes no lo reconocen, deben expresarlo ante el oficial público dentro de los 3 días siguientes al de la notificación; para que el funcionario suspenda la celebración del matrimonio y labre un acta que, junto con la copia autorizada de todo lo actuado y toda la documentación presentada, deberá remitir al juez competente. Una vez que el juez reciba la oposición, dará vista al Ministerio Público por un término de tres días, y luego deberá expedirse

---

255 del Código Civil", JA 1993-IV, 972 y; Velazco, Jorge R., "El artículo 255 del Código Civil (Ley 23.264. Bases para una correcta operatividad)", JA 1987-I, 827.

74 Grosman, Cecilia P., en Bueres, Alberto J. (dir.) y Highton, Elena I. (coord.), *Código Civil y normas complementarias*, 2ª reimpresión, Hammurabi, Buenos Aires, 2005, t. 1B, ps. 394 y ss.

por el procedimiento más breve que prevea la ley local.

En síntesis, el procedimiento se divide en una etapa administrativa y otra judicial. En la primera de ellas, deducida la disconformidad, se notificará a los contrayentes por medio fehaciente y en los domicilios denunciados por ellos. Una vez planteada la oposición, se pondrá en conocimiento de los pretensos contrayentes la existencia del impedimento, quienes pueden admitirla o desestimarla. En cualquier supuesto, el oficial público suspenderá la celebración del matrimonio. Si la valla legal es admitida, el connubio no puede llevarse a cabo y; si la prohibición es desconocida, comienza a correr el término de tres días para que controviertan el impedimento.

Al cabo del plazo legal, el oficial público tomará declaración de quienes pretenden contraer matrimonio o recibirá la presentación escrita que ellos hiciesen. Con ello, labrará un acta y remitirá todo lo actuado al juez competente, concluyendo de ese modo, el procedimiento de naturaleza administrativa. A partir de allí, la sustanciación de la oposición se transforma en un proceso jurisdiccional que debe llevarse a cabo mediante el procedimiento más breve que prevea la ley local.[75]

El judicante dará vista al Ministerio Público por el término de ley. Sin perjuicio de señalar que si la oposición encuentra su apoyatura en los impedimentos previstos en el art. 403, incs. *f)* y *g)*, resulta aplicable lo dispuesto en el art. 103; el código hace una referencia amplia al Ministerio Público a fin de resguardar la autonomía de las normas provinciales que definen la figura legitimada y su rol.[76]

Por otro lado, la crítica atinente a la demora del funcionario judicial no sería tal, máxime si además de reiterar que, a nuestro juicio, una mayor celeridad en el trámite no es el argumento principal -ni siquiera es un argumento de peso- a favor de la des-judicialización; tenemos en cuenta que el sendero iniciado por la norma colombiana[77] en cuanto a que el Defensor posee un término legal en el que debe expedirse expresa o tácitamente luce acertado. Dicho de otro modo, el funcionario emitiría un dictamen informando sus objeciones o, en su defecto, podría guardar silencio y el mero transcurso del plazo implicaría su conformidad.

---

75 En el ámbito nacional, entendemos que resultan aplicables los arts. 774 y 775 del CPCCN, por lo que la oposición tramitará en juicio verbal, actuado y meramente informativo, con la intervención del representante del Ministerio Público.

76 CULACIATI, Martín Miguel, "El matrimonio", en CHECHILE, Ana María (dir.) y LOPES, Cecilia B. (coord.), *Manual de derecho de familia conforme al nuevo Código Civil y Comercial de la Nación*, Abeledo Perrot, Buenos Aires, 2015, p. 21 y ss.

77 El artículo 3° del decreto 4436 del 2005 dice: "Intervención del Defensor de Familia. Habiendo hijos menores de edad, el Notario le notificará al Defensor de Familia del lugar de residencia de aquellos, mediante escrito, el acuerdo al que han llegado los cónyuges, en los términos del artículo anterior. El Defensor de Familia deberá emitir su concepto en los quince (15) días siguientes a la notificación. *Si en dicho plazo el Defensor de Familia no ha allegado su concepto, el Notario dejará constancia de tal circunstancia, autorizará la Escritura* y le enviará una copia a costa de los interesados. Las observaciones legalmente sustentadas que hiciere el Defensor de Familia referidas a la protección de los hijos menores de edad, se incorporarán al acuerdo, de ser aceptadas por los cónyuges. En caso contrario se entenderá que han desistido del perfeccionamiento de la Escritura Pública, y se

4.3. Asesoramiento letrado ¿forzoso o voluntario?

Este es otro de los conflictos que suscitan las regulaciones que promueven la desjudicialización del divorcio consensual ¿la intervención letrada pervive en la vía extrajudicial? Adelantamos que, a nuestro juicio, la respuesta positiva se impone si se opta por la sede administrativa.

Sin embargo, esta tesitura no es pacífica, máxime cuando a sede notarial se refiere. Cerdeira Bravo de Mansilla[78] apuntó que "si nos atenemos a razones estrictamente jurídicas, no parece haberlas para defender como necesaria la intervención del abogado: ¿acaso ha de serla en el acto de celebración del matrimonio? ¿Por qué ha de serla, entonces, en su *contrarius actus*: el divorcio consensual? Ni siquiera pueden alegarse a favor de la intervención del letrado posibles motivaciones asesoras en cuestiones jurídicas más técnicas; ¿o acaso es preceptiva la intervención de abogado en la elaboración de capitulaciones matrimoniales? Para ello bastará con la intervención notarial, ¿por qué no así también en el caso de un convenio regulador consensuado (incluso por el sólo e imparcial notario)?".

Ahora bien, las objeciones varían cuando nos referimos a la sede administrativa. Inclusive, el citado autor reconoce que la intervención letrada sí sería necesaria frente al oficial público del Registro Civil, no así frente al escribano.

Huelga señalar que la preceptividad o no de la asistencia letrada y de la postulación técnica, constituyen sendas opciones de política legislativa perfectamente defendibles, pudiendo darse razones tanto para abogar por una mayor informalidad en el trámite del divorcio, como para defender la importancia de que la intervención en estos expedientes deba llevar el sello de calidad técnica de un profesional. Por ello, a la hora de valorar la solución que proponemos, debe tenerse en cuenta la dificultad de conjugar todos los intereses en juego; entre los cuales, naturalmente, también se encuentran los de los propios colectivos profesionales concernidos.

El CGPJ español[79] consideró que debería mantenerse la preceptividad, incluso recomendó la intervención del letrado en los procedimientos a desarrollar ante Notario, en particular los expedientes notariales de separación y divorcio, en los que incluso sería conveniente que cada parte actuara asistida de su propio letrado.

A nuestro juicio, su intervención resulta imprescindible a fin de brindar el asesoramiento y defensa de los intereses y derechos de todos los integrantes del grupo familiar involucrado. En otras palabras, su participación pervive al cambio de sede; lo que cambia es el rol del abogado, al pasar de un papel confrontativo a otro conciliador. Su intervención cobrará otro matiz y precisará de un lógico acomodamiento en el modo de entender su función. En el divorcio inculpatorio en sede judicial, se requería que el abogado coadyuve a demostrar inconductas de los cónyuges y controvertir las causas del conflicto, en un proceso que servía para la denigración mutua y para que

---

devolverán los documentos de los interesados, bajo recibo". (El resaltado nos pertenece).

78 Cerdeira Bravo de Mansilla, Guillermo, "Matrimonio no formalizado...", *cit.*, ps. 15, nota 32

79 CGPJ de España, Informe al Anteproyecto de LJV 2014, pto. 120.

los esposos quedaran cada vez más ubicados en posiciones antagónicas.

El abogado en el ámbito de familia debe tener una capacitación especial[80] tanto en cuestiones jurídicas como en el ámbito interdisciplinario. El máximo esfuerzo debe estar orientado a intentar solucionar el problema de las partes, recordando que al interés del cliente se superpone un interés superior cual es el del grupo familiar. En las causas de familia no se gana ni se pierde, se trata de solucionar las diferencias entre las partes involucradas. Por eso, el profesional especializado deberá utilizar el diálogo, la paciencia y el sentido común que posibilite llevar a buen término las desavenencias que surgen. No debe olvidarse que el abogado está contribuyendo a crear un nuevo sistema de vida, ni mejor ni peor, simplemente diferente.

Su participación en el convenio regulador es fundamental para elaborarlo con responsabilidad, pues se apela a que éste sea redactado con madurez. Cada vez es más vital que los abogados que defienden estas problemáticas se encuentren especializados. El éxito de un buen acuerdo dependerá en gran parte de que la labor sea encarada conociendo las secuelas irremediables que generará el litigio constante sobre los efectos. Incluso, más esfuerzo por parte del profesional cabrá cuando no se cuente con el consentimiento del otro. El convenio no debe realizarse en forma superficial sólo para cumplir la manda legal. Está en las manos de los operadores hacer de él una herramienta útil o un instrumento inservible.[81]

Somos de la opinión que los cónyuges deben concurrir personalmente para manifestar su voluntad frente al oficial público del Registro Civil -independientemente que puedan ser asesorados y acompañados por sus abogados- siendo fundamental la participación de estos últimos en la elaboración del convenio regulador.

4.3.1. Doble asesoramiento profesional

Ahora bien, si consideramos que la intervención letrada se impone, ello nos direcciona el análisis a otro de los tópicos que ha generado las impugnaciones más recurrentes frente a la desjudicialización parcial del divorcio; el que se agudiza cuando la sede notarial es la elegida. Desde la abogacía se observa con recelo la atribución a los notarios de estos procedimientos. Así, el colectivo profesional potencialmente afectado (abogados) teme que la hipotética regulación lo excluya del trámite extrajudicial. Cuando la vía elegida es la notarial, el colectivo beneficiado (escribanos) considera que el asesoramiento legal bien podría ser brindado a los cónyuges por un notario.[82]

80 Véase por todos Pérez, Aurora T., "Preparación del abogado en el tema de familia" y Cárdenas, Eduardo J., "Reflexiones sobre lo interdisciplinario y lo intersistémico, con aplicación a los juzgados de familia y otras instituciones", en Grosman, Cecilia, Lloveras, Nora y Herrera, Marisa (dirs.), *Summa de Familia,* Abeledo Perrot, Buenos Aires, 2012, t. I, p. 171 y 121, respectivamente.

81 Chechile, Ana María, "El divorcio en el proyecto de Código Civil y Comercial de la Nación", RDF, 2012-57, p. 167.

82 Ocurre que los notarios tienen la función de asesorar a quienes solicitan sus servicios y proporcionar información acerca del medio jurídico más adecuado para el logro de sus objetivos.

La controversia podemos sintetizarla en una potencial duplicidad o superposición de funciones entre el escribano y el abogado; un doble asesoramiento profesional con el consecuente incremento de costos para los interesados[83]. Si bien no es un diferendo que pueda plantearse frente a la sede administrativa, sí es una cuestión sumamente debatida cuando se opta por la sede notarial. Por ello, merece igualmente un análisis.

Cerdeira Bravo de Mansilla[84] sostuvo: "hacemos tal aclaración, o concesión más bien, con el deseo de que nuestra propuesta, de admitirse por convincente, no sea rechazada, finalmente, por razones más políticas que jurídicas, como sería la oposición de la abogacía española de verse privada de su intervención en este tipo de divorcio, cuando en sentido estricto sus servicios para estos casos bien pudieran ser sólo voluntarios (para el asesoramiento, más que para la defensa de los cónyuges, que, por supuesto, tiene mayor importancia en el caso de divorcio ante el encargado del registro, que ante notario, ante la función asesora que también éste asume).

Ha sido, no en vano, esa razón más política, de presión política a veces (dada la fuerza de los Colegios de Abogados), la que ha motivado prácticamente en todos los sistemas divorcistas extrajudiciales la imposición, como preceptiva, de la intervención de abogado (e incluso de procurador) en los divorcios consensuales (con la salvedad de Cuba). Y ha sido aquella misma la razón, entre otras, que ha provocado entre nosotros el aborto de los diversos intentos de legislar con alcance general la jurisdicción voluntaria, por prescindirse en todos esos proyectos de la intervención de letrado como obligatoria".

En suma, no se nos escapa la pugna de intereses entre ambos colectivos profesionales, como tampoco debemos olvidar que nuestro propósito no es tomar partido por uno u otro, sino que se pretende que la desjudicialización constituya un beneficio para la ciudadanía y un paso más en la efectividad y simplicidad en el ejercicio de sus derechos.

A fin de evitar eufemismos, cuadra advertir que el notario afirmará lógicamente, que él posee las cualidades necesarias para cumplir un rol de asesoramiento y coetánea imparcialidad; mientras que el abogado advertirá -con igual lógica- la mentada superposición de funciones, atento a que la esencia de su función es la del asesoramiento y defensa de los intereses y derechos de sus clientes. Lo único que sí queda claro es que la actuación de ambos profesionales representaría un incremento de los costos que deberían asumir los cónyuges.

Y si bien -reiteramos- la sede administrativa no se vería afectada por esta impugnación, no podemos dejar de advertir que, a poco que se observe

---

83 Algunos autores recuerdan numerosos supuestos en los que los ciudadanos acuden al notario asistidos por un abogado. De allí, que el temor a que un incremento de los costes pueda reducir la intervención de los abogados y, con ello, sus honorarios, no parece -según su opinión- ajustarse a la realidad. En ese sentido, Gomá Lanzón sostuvo que es muy probable que, a los efectos de la remuneración notarial, se consideren tales actos como documentos sin cuantía. Gomá Lanzón, Ignacio, "Notarios, matrimonios y jurisdicción voluntaria", en *El Notario del siglo XXI*, nº 42, marzo/abril de 2012, Colegio Notarial de Madrid, p. 4.

84 Cerdeira Bravo de Mansilla, Guillermo, "Matrimonio no formalizado...", *cit.*, *loc. cit.*

nítidamente, la alegada superposición de funciones es un argumento más efectista que real.

El profesor Messía de la Cerda Ballesteros nos ayuda con su claridad a dilucidar el conflicto, al plantear que las funciones de ambos profesionales, si bien poseen cierta similitud, no se pueden equiparar. El abogado posee una función de defensa, no solo asesora. En cambio, el notario no participa desde la posición de uno o ambos cónyuges, sino que ostenta una ubicación equidistante en el procedimiento.

El autor apunta que "el notario posee una naturaleza híbrida, que conjuga aspectos propios de un funcionario público, que lo es, con los de un profesional del Derecho. En este sentido, es lógico que el mismo deba prestar servicios de resolución del divorcio y, a la vez, de asesoramiento técnico. Así, la participación del notario no debe afectar, ni mucho menos, a la posición de los abogados. La neutralidad del notario exige la intervención de otro profesional que defienda los intereses de parte".[85]

El factor decisivo sería la distinta naturaleza de los asesoramientos del abogado y del notario. El primero presta un asesoramiento de parte, defiende los intereses de su cliente, por lo que su información está encaminada siempre a favorecer las pretensiones de aquel. En cambio, el notario debe adoptar una posición de neutralidad, que permita obtener los fines comunes y objetivos de ambas partes, pero sin que pueda bascular a favor de una u otra. Por ello, considera -en opinión que compartimos- que ambos asesoramientos son compatibles. El escribano cumple un rol de asesoramiento e imparcialidad mientras que el abogado tiene una función defensiva

A tal punto ello es así, que las ulteriores vicisitudes que afecten a la situación derivada del divorcio, como ejecuciones posteriores o modificaciones de las medidas acordadas inicialmente, reclaman la intervención de un abogado.[86]

4.4. COMPARECENCIA PERSONAL O POR APODERADO

La acción de divorcio es una acción personal, por lo que su ejercicio permanece sólo en cabeza de los cónyuges. El carácter personalísimo de la acción trae como consecuencia necesaria que sólo pueda ser invocada por los cónyuges[87]. Ahora bien, una cosa es la titularidad del requerimiento y otra distinta que el cónyuge que ha tomado la decisión de divorciarse comparezca mediante apoderado.

En este último supuesto, la acción promovida encuentra apoyo en las reglas del mandato y el mandatario cuenta con las expresas instrucciones del mandante.

Así, las cosas, la amplia mayoría de los ordenamientos jurídicos que regulan la sede extrajudicial admiten la comparecencia por apoderado (v.gr. Cuba, Colombia, Brasil, Ecuador y Perú).

85 MESSÍA DE LA CERDA BALLESTEROS, Jesús A., "La implantación del divorcio...", *cit.*, ps. 3389 y 3390.

86 BAUTISTA LÓPEZ, Julia, "El divorcio ante notario", *Actualidad Jurídica Aranzadi*, 837/2012, Pamplona, 2012, p. 6.

87 CNCiv., sala M, 4/07/2003, "P., S. M. v. V. P., J. L.", LL, 11/11/2004, p. 4.

En lo inherente a la personería para peticionar el divorcio, el CCyC requiere contar con un poder especial. Así surge claramente del art. 375, inc. a) en tanto exige un poder especial o poder general con facultad expresa para promover el divorcio, y a diferencia del art. 1881 del código derogado que no exigía un poder especial.

El CCyC dispone -en lo que aquí interesa- que son necesarias facultades expresas para peticionar el divorcio, la nulidad de matrimonio, la modificación, disolución o liquidación del régimen patrimonial del matrimonio.

Así, con relación a la extensión del mandato necesario para deducir la petición de divorcio[88], cabe señalar que, a diferencia de lo que acontecía al amparo del código derogado -al menos para la opinión de un sector de la doctrina y la jurisprudencia-, el art. 375, ap. a) del CCyC exige poder especial o general con facultad expresa en lugar de poder general para solicitarlo.

4.5. El divorcio y las cuestiones derivadas de la ruptura marital

Uno de los pilares en los que se apoya la cabal comprensión del divorcio sin expresión de causa en sede extrajudicial es la posibilidad de escindir el divorcio de las cuestiones derivadas de la ruptura del matrimonio.

Una cosa es el divorcio en sí mismo y otra distinta y separable, son las consecuencias y las cuestiones atinentes al vínculo que el CCyC denomina bajo el epígrafe "Efectos del divorcio". Creemos que una cosa son los efectos del divorcio -v.gr. readquisición de la aptitud nupcial, disolución del régimen de comunidad, pérdida de la vocación hereditaria, etc.- y otra diferente son las cuestiones inherentes al matrimonio que, como consecuencia de su disolución, deben acordarse hacia el futuro -v.gr. distribución de los bienes, la atribución del uso de la vivienda, etc.-.

Como adelantamos, algunas voces objetan que el CCyC debió estructurar un procedimiento de divorcio que no necesariamente involucre otras cuestiones referentes al matrimonio; al menos, no en forma obligatoria[89]. Por el contrario, el CCyC optó por exigir como condición de proponibilidad la presentación de una propuesta reguladora.

No se nos escapa que la insistencia del legislador al disponer de manera expresa la necesidad de que los cónyuges presenten una propuesta implica una real voluntad de aquél con relación a que quienes pretenden divorciarse organicen ellos mismos los efectos que se derivan de la disolución del connubio.

Reconocemos el acierto regulatorio, pues resulta deseable que los propios protagonistas acuerden los distintos aspectos en los que están involucrados, y es loable que la ley busque la resolución pacífica de los conflictos, pero ¿el juicio de divorcio constituye el momento propicio para ello? ¿la forma conminatoria en que se exige la presentación de la propuesta reguladora es acertada?

88 Kielmanovich, Jorge L., "Apostillas sobre el proceso de divorcio en el Proyecto de Código", LA LEY, 2014-E, 1362.

89 Solari, Néstor E., "El convenio regulador en el juicio de divorcio proyectado", *DFyP*, 2013 (junio), p. 3.

Las preguntas nos llevan a realizar algunos comentarios adicionales. Resulta lógico que la norma pretenda concluir todos los conflictos y acordar todas las cuestiones conexas en oportunidad de presentarse los cónyuges al tribunal.

A nadie podría parecerle incorrecta una solución que propicie la celeridad procesal, pero a poco que reflexionemos, advertimos que si el desacuerdo de los cónyuges no suspende el dictado de la sentencia (y es lógico que así sea), las diferencias que subsistan serán consideradas en el marco de un incidente posterior, e inclusive, las compensaciones económicas pueden solicitarse dentro de los seis meses posteriores a la sentencia de divorcio ¿Qué sentido tiene y cuál es el motivo que nos lleva a obligar a los esposos a incluir estas cuestiones en el juicio de divorcio?

El CCyC bien podría haber incorporado la exigencia de la presentación de una propuesta en forma facultativa y no obligatoria como se estableció, al extremo de establecer en el art. 438 que "la omisión de la propuesta impide dar trámite a la petición". Esta exigencia legal permite que la petición de divorcio quede "atada" a las cuestiones conexas y ello, no hace más que confundir dos aspectos perfectamente separables: a) el derecho de los esposos a divorciarse (hemos analizado anteriormente que el derecho a contraer matrimonio posee su contracara en el derecho a disolverlo cuando el vínculo ya no resulte satisfactorio por haber desaparecido el afecto) y; b) los conflictos personales y patrimoniales derivados de la ruptura conyugal que no necesariamente deben resolverse de forma coetánea.

En rigor, podría haberse previsto que la presentación de la propuesta sea facultativa para el peticionante; pues de ese modo, se agilizaría la definición del estado civil de las personas, y la jurisdicción se ocuparía de los acuerdos y las diferencias en lo atinente a los derechos, deberes e intereses de todo el grupo familiar hacia el futuro.

En fin, consideraciones que no son óbices a la excelencia del CCyC, pero que no excluyen tampoco la posibilidad de continuar pensando ciertas modificaciones en favor del ejercicio de los derechos y garantías de los ciudadanos involucrados.

4.5.1. Los verdaderos protagonistas del convenio regulador

Como enseñara Diéz Picazo[90], al analizar la norma española que reglamentaba el convenio regulador, "el poder que se reconoce a la voluntad de las partes no es consecuencia de un desinterés o un abandono de las situaciones reguladas por parte del legislador. Lejos de ello, nos parece que se trata simplemente de reconocer que los que están más cerca de los problemas pueden regularlos mejor que aquellos otros que, distanciados, sólo podrán formular un juicio demasiado abstracto. Lo que no debe olvidarse en el concreto punto en que nos movemos, es que la opción aquí no es entre la ley y el negocio, entre la *lex pública y la lex privata* (...) sino una opción distinta. Es la elección entre la reglamentación imperativa del juez y la consentida por las partes".

90 DIÉZ PICAZO, Luis, *Familia y derecho*, Civitas, Madrid, 1984, p. 93.

En esa línea argumental, ello no implica en modo alguno resignar la función judicial como órgano encargado de imponer la ley en aquellos casos en que la solución autónoma no es posible. De lo que se trata, en definitiva, es que las partes recuperen su rol protagónico en las decisiones que afectan su propia vida y/o las de sus hijos.[91]

Ahora bien, puntualmente en lo inherente a las cuestiones relativas al cuidado personal, comunicación y alimentos en favor de los hijos menores de edad, existe una tesitura que corresponde mencionar por el prestigio de quien la sustenta. Mizrahi[92] sostuvo, hace más de una década, que "la representación parental como medio por el cual el ordenamiento positivo permite suplir la situación de inferioridad de los niños, es una institución creada con el objeto exclusivo de atender a su beneficio. Por ello, no existe en verdad margen para el juego del principio de la autonomía de la voluntad en las decisiones que los padres adoptan respecto de sus hijos que, en todo caso, serán consideradas ´meras propuestas que, sin poder soberano ni trascendencia vinculante alguna, se formulan ante la judicatura´".

En este punto, disentimos con el prestigioso profesor. No se nos escapa que la vida no cabe en la ley y, que ésta no cambia la personalidad más o menos conflictiva de los cónyuges; pero considerar *a priori* que no existe margen allí para la autonomía de la voluntad y que lo que ellos acuerden son meras propuestas no vinculantes nos merece algún reparo, en el entendimiento de que estaríamos subestimando -en abstracto- a todas las parejas. Desde la óptica opuesta, creemos que dos personas capaces pueden advertir en qué momento su relación afectiva ha dejado de ser satisfactoria y debe concluir; como así también podrán solucionar sus diferencias de modo autocompositivo.

La mediación[93] podría presentarse como una herramienta para lograr un convenio eficaz, pues allí no habrá autoridad que resuelva las diferencias.[94]

En otras latitudes, la ley exige que los cónyuges que tengan hijos menores de 16 años, asistan a un procedimiento de mediación con carácter previo a la presentación administrativa. El propósito es lograr un acuerdo sobre las cuestiones conexas, con especial énfasis en el interés superior de los hijos[95]. Así, se presenta como una opción recurrir a la mediación a fin de lograr un

---

91 Mattera, Marta del Rosario, "El juez frente al divorcio: respeto por la autonomía y privacidad de los cónyuges", *RDF*, 2000-16, p. 83.

92 Mizrahi, Mauricio L., "Autonomía de la voluntad y decisiones de los padres respecto de sus hijos menores", *LL*, 2003-F, 1146.

93 Los abogados deben entender que la mediación no es sólo una forma de descongestionar los tribunales sino una fórmula de reducir los conflictos en una sociedad en la que ellos también están inmersos. Wagmaister, Adriana, "La mediación y los abogados de familia", en Grosman, Cecilia, Lloveras, Nora y Herrera, Marisa (dir.), *Summa de Familia*, t. I, Abeledo Perrot, Buenos Aires, 2012, p. 190.

94 El acuerdo prescribe conductas que las partes deben observar. Para ello es necesario que el acuerdo sea eficaz, esto es, que produzca efectos y evite nuevos problemas. Ballarín, Silvana, *Puntos de encuentro familiar*, Universidad Nacional de Mar del Plata, Mar del Plata, 2012, p. 42.

95 Ley de matrimonio noruega, en particular Section 26, amended by the Act of 20 June 2003

convenio ajustado a derecho y equidad, pasible de ser cumplido y que pueda ser presentado para su homologación.[96]

En la Argentina, muchas leyes provinciales han regulado una etapa previa que necesariamente debe transitarse antes de interponer la demanda.[97]

Ahora bien, es importante recordar que el art. 5° de la ley 26.589 excluye de la mediación las "acciones de separación personal y divorcio, nulidad del matrimonio, filiación, patria potestad y adopción, con excepción de las cuestiones patrimoniales derivadas de éstas. El juez deberá dividir los procesos, derivando la parte patrimonial al mediador". No obstante, el decreto reglamentario 1467/11 dispuso en su artículo 26 que, sin perjuicio de esa exclusión, las partes pueden "intentar un avenimiento, o convertir el trámite judicial a seguir y toda otra cuestión relevante para preservar hacia el futuro los vínculos familiares".[98]

Las cuestiones patrimoniales[99] son mediables y la mediación[100] también se aplica para las prestaciones compensatorias y los alimentos entre cónyuges. En cuanto a los hijos, la ley incluye entre las cuestiones mediables: *i)* la obligación alimentaria; *ii)* el cuidado personal de los menores de edad[101] y; *iii)* el régimen de comunicación.

En fin, la vía extrajudicial puede abrirse no sólo para aquellos cónyuges que están de acuerdo en el divorcio y las cuestiones conexas; sino también

---

No. 40 (in force from 1° April 2004 pursuant to the Decree of 20 June 2003 No. 728).

96 Véase GARCÍA PRESAS, Inmaculada, *La mediación familiar. Una alternativa en el proceso judicial de separación y divorcio*, La Ley, Madrid, 2009.

97 A modo ilustrativo, se remite a ALMIRÓN, Daniela, "Mediación y justicia en contextos de familia. Marco normativo nacional. Mediación en la provincia de Chubut. Legislación y operatividad", *RDF*, 49, p. 23 y; ARES DE GIORDANO, Consuelo, "Mediación y conflictos de familia. Una experiencia positiva en Mendoza", *LL* Gran Cuyo 2001-205.

98 La tendencia seguida mayoritariamente por la judicatura a la luz de la ley 24.573 era que "la regla general es que todas las controversias son mediables, excepto que principios de orden superior lo impidan, sea porque el Estado se reserva en exclusividad su conocimiento, sea, en razón del objeto, por impedirlo leyes imperativas". En ese sentido, una resolución de la Presidencia de la Cámara Nacional de Apelaciones en lo Civil del 25/06/1996 extendió la mediación a asuntos de familia no contemplados en el texto de la ley. Posteriormente, esta apertura fue plasmada en la ley 26.589. Véase BEKERMAN, Jorge y WAGMAISTER, Adriana, "El proceso de mediación familiar: resultados preliminares de una investigación", *RDF*, 2004-28, p. 231.

99 Le otorgamos a esta afirmación un sentido amplio, pues incluye la disolución y liquidación del régimen comunitario; pero también en el régimen de separación puede haber bienes en condominio o incluso, si se cambió de régimen durante el trascurso del matrimonio, en caso de que queden discrepancias o conflictos sobre los bienes.

100 Algunas normas establecen la gratuidad de la mediación sin distinciones (v.gr. ley de Mendoza). Otras, sólo a favor de quienes son beneficiados por el sistema judicial de asistencia gratuita (ej. Leyes de Galicia, Valencia, Canarias, Cataluña y, Chile). KEMELMAJER DE CARLUCCI, Aída, "La mediación familiar…", *cit.*, p. 31.

101 Véase CASTILLEJO MANZANARES, Raquel, *Guardia y custodia de hijos menores. Las crisis matrimoniales y de parejas de hecho*, La Ley, Madrid, 2007, p. 370.

para quienes coinciden en el divorcio y sólo han alcanzado algún acuerdo puntual o incluso ninguno; toda vez que el divorcio no puede aplazarse a la espera de lograr los acuerdos necesarios.

En principio, creemos que un juez no está en mejores condiciones que los padres para decidir qué es lo mejor para sus propios hijos.

Por supuesto, siempre habrá parejas que escapen al mentado ideal. Hemos expresado en otra oportunidad[102] que no siempre lo que deciden los progenitores es lo mejor para sus hijos. Ahora bien, ello no puede justificar que la ley presuma que los padres no son capaces de cuidar a sus hijos -con o sin matrimonio-. Justamente, esta línea argumental no se basa en el desconocimiento de la existencia de estos supuestos, sino en la consideración de que, en todos los casos, la asistencia letrada coadyuva a la elaboración de un convenio ajustado a derecho. Y en particular, que la intervención del Defensor de Menores garantizaría la protección de los derechos y el interés superior de los hijos, realizando todas las observaciones que crea pertinentes.

Si ello no bastase, cabe recordar que frente al cambio de las circunstancias que se tuvieron en cuenta al momento de confeccionarlo, o si se advierte un perjuicio a los derechos o intereses de alguno de los integrantes del grupo familiar, el convenio puede ser ulteriormente modificado o revisado.

4.5.2. La presentación del convenio ¿obligatoria o facultativa?

A nuestro juicio, el divorcio sin expresión de causa es plenamente escindible de las cuestiones conexas que, pueden resolverse simultáneamente o, bien podrían diferirse para otra oportunidad.

Como adelantamos, regulaciones de otras latitudes prevén el diferimiento del tratamiento de las cuestiones conexas. Por caso, Noruega habilita que los cónyuges lleguen a un acuerdo estrictamente sobre la disolución del vínculo, pudiendo diferir a un momento posterior la resolución de los diversos efectos, patrimoniales o no, generados por el divorcio. En Dinamarca, también puede postergarse la solución de cuestiones como el régimen de visitas, el reparto de los bienes o la manutención de los hijos. Estos países que han adoptado regímenes jurídicos mixtos o duales para el divorcio consensual permiten un diferimiento y, no obstante la disímil idiosincrasia escandinava, no advertimos el error o el equívoco de esas regulaciones.

A nuestro juicio, la presentación de un convenio en ocasión de incoar el divorcio debería ser facultativa pues, en total consonancia con lo dispuesto en el CCyC que sólo requiere la presentación de propuestas y la falta de acuerdos no impide ni suspende el decreto de divorcio ¿por qué debería exigirse en sede administrativa lo que no se exige en sede judicial? Al pretender un completo acuerdo sobre todas las cuestiones conexas[103] se establece un obstáculo adicional para acceder al divorcio que no existe frente al tribunal. Ello sin

102 Culaciati, Martín Miguel, "El derecho de los niños y adolescentes a ser oídos en los procesos de familia", *DFyP*, nº 5, 2010, p. 35.

103 Sobre el contenido del convenio, remitimos a Pinto Andrade, Cristóbal, *El convenio regulador, La regulación convencional de los efectos de la ruptura matrimonial*, Colección Práctica Jurídica, Bosch, Madrid, 2012; entre otros.

perjuicio de advertir que dicha línea de pensamiento confronta con la lógica interna del régimen que escinde el divorcio de sus efectos.

A ello debe adunarse que, como es sabido, la división de todos o ciertos bienes puede ocurrir tiempo después del divorcio y ni siquiera es necesaria la intervención judicial[104]. En igual sentido, los ex cónyuges poseen un término de seis meses desde el dictado del divorcio para reclamar una eventual prestación compensatoria. Si todo ello no fuese suficiente, el ex cónyuge que entienda -a pesar de la asistencia letrada- que sus derechos fueron vulnerados siempre puede reclamar judicialmente.

No se nos escapa que la manda legal que exige la presentación simultánea del convenio intenta lograr la ilusión de que concluye una etapa y con ella todos sus problemas. Pero de qué sirve dicha ficción que "apura" a los cónyuges con un convenio -quizás inviable o difícil de cumplir- si luego termina aflorando una litigiosidad sobreviniente en torno a cada incumplimiento.

No desconocemos que en otros países que han implementado la sede extrajudicial existen objeciones sobre el particular.[105]

Reiteramos, una ley no cambia la personalidad más o menos conflictiva de los cónyuges, pero debe tender a cerrarle caminos al litigio. Además, siempre pueden existir distintas hipótesis de fraude entre cónyuges, la sede judicial no lo previene sino que intenta neutralizar sus efectos.

Por otra parte, otorgarle mayor celeridad al divorcio no es -verdaderamente- un objetivo de la desjudicialización. Es importante que los propios protagonistas sean quienes gestionen y acuerden sus diferencias y no el juez quien las "resuelva".

Justamente, la mentada impugnación carece de un sustento válido, toda vez que incluso en sede judicial, es sabido que la resolución inicial no garantiza la eliminación de ulteriores conflictos, modificaciones o incumplimientos.[106]

104 De hecho, es posible que la división de todos o ciertos bienes se produzca tiempo después y, con la correspondiente intervención notarial, ni siquiera es necesaria la intervención judicial. Los ex cónyuges pueden solicitar la partición de los bienes en cualquier momento (art. 496) y la partición puede ser total o parcial. El art. 498 reguló la cuestión de la división de los bienes receptando un régimen legal supletorio como lo es la división por mitades, que opera siempre que no exista un convenio libremente acordado.

105 Concretamente, se sostuvo que "si bien es cierto que la disolución del vínculo llega a ocurrir en un promedio de 40 días, los incidentes de patria potestad y pensión alimenticia, así como los demás que se promuevan, van sumándose al tiempo total en que se resuelve satisfactoriamente la separación, de modo que llegan a alargarse tanto como un divorcio necesario. Además, el hecho de que la pensión se tramite con posterioridad a la declaración de divorcio, favorece que el cónyuge que debe pagar los alimentos pueda ocultar sus bienes o simular ingresos menores a los que realmente tiene". BARTOLINI, M., VALLEJOS, C., PÉREZ, C. GONZÁLEZ, E., "El divorcio exprés en México: Una Reforma que no atiende a las necesidades sociales", *Revista Académica*, Facultad de Derecho de la Universidad La Salle, IX, 17, México, 2011.

106 Kielmanovich sostuvo que: "en lo que atañe al convenio regulador consideramos que los ex cónyuges podrán celebrar ulteriormente acuerdos modificatorios del primigenio convenio regulador, y que éstos, tratándose de personas capaces y no mediando oposición de terceros, no requerirán de posterior homologación para adquirir validez y eficacia".

En síntesis, juzgamos conveniente que los cónyuges resuelvan las cuestiones conexas en el mismo trámite de divorcio[107], pero no creemos que ello deba imponerse en forma coercitiva, sino facultativa. Aun en un divorcio bilateral, los cónyuges pueden estar de acuerdo en divorciarse pero no en los efectos. El convenio no es un presupuesto de proponibilidad en sede judicial (cfr. art. 438) y no debería serlo en sede extrajudicial. No hay, ni podría haber, una obligación de pactar, acordar o celebrar un convenio.

Es importante detenernos sobre el particular. Una obligación de pactar sería incompatible con el mentado principio de autonomía. La ley no obliga a ponerse de acuerdo, sino que impone la carga de presentar una propuesta[108] porque en sede judicial, hay un tercero superior que resuelva las diferencias. En sede administrativa no existe una figura investida de tal poder y, atento a que los desacuerdos no suspenden el divorcio, creemos que la libertad de la que gozan los cónyuges permitiría que puedan acompañar un convenio o aplazar su presentación hasta tanto ellos mismos logren llegar a los acuerdos necesarios.

La lógica de escindir el divorcio de las cuestiones conexas nos lleva a colegir que en el supuesto de que exista una voluntad conjunta en torno a la ruptura, pero ambos cónyuges posean sus propias propuestas porque no han logrado convenir las consecuencias del divorcio, pueden legalizar el quiebre en el Registro Civil y diferir la presentación del convenio hasta que logren los acuerdos necesarios o; en su defecto, presentar aquellas propuestas en sede judicial. Inclusive, si sólo uno de los ex cónyuges estuviese interesado en "concluir" las cuestiones conexas, podrá presentar la propuesta reguladora en el tribunal.

En cuanto a la réplica de quienes consideran que el carácter facultativo conllevaría el riesgo de que los cónyuges obtengan el divorcio y dejen de lado la consecución de los acuerdos; cuadra advertir que el interesado puede, en cualquier momento, incoar una acción autónoma en sede judicial.

4.6. La atribución de competencias al Registro Civil

La sede extrajudicial contribuye, a nuestro juicio, a que los cónyuges logren transitar el camino del divorcio, cuando la relación ha dejado de ser satisfactoria y el afecto ha desaparecido. En razón de ello, creemos que la atribución del divorcio consensual al oficial público del Registro Civil, con la intervención del Defensor de Menores, en el supuesto de que existan hijos

---

Kielmanovich, Jorge, "Apostillas sobre el proceso de divorcio en el Proyecto de Código", *LL*, 2014-E, 1362.

107 Tanto el artículo 439, CCyC (como su fuente, el artículo 90 del CCiv. español) tienen por finalidad incentivar los acuerdos de los cónyuges y, consecuentemente, resolver los efectos o consecuencias jurídicas que se derivan de la ruptura de la unión matrimonial de la manera más pacífica posible. Las dos revalorizan el convenio regulador instando a su celebración y establecen los rubros sobre los que pueden versar, de manera meramente enunciativa.

108 Kemelmajer de Carlucci, Aída y Herrera, Marisa, "Convenio regulador en el divorcio. Respuestas a preguntas equivocadas", LL, 2015-B, 1134.

menores de edad o incapaces, constituye un excelente cauce para el siguiente paso en la evolución del divorcio.

Ahora bien, podría objetarse que este organismo quizás no esté preparado para asumir con eficacia esta nueva competencia pero ¿acaso el Registro no se encarga de fiscalizar el estado civil de las personas? ¿el matrimonio civil no se celebra y se inscribe allí? ¿las sentencias de divorcio no se inscriben allí? Las respuestas positivas son obvias. Sin embargo, en el procedimiento previsto en el CCyC, el juez es un mero espectador que, en caso de petición bilateral, se limita a decretar el divorcio.

Los Registros Civiles, regidos por la ley 26.413, hace tiempo que vienen incorporando nuevas tareas como consecuencia de la ley 26.618 que extendió el matrimonio civil a las parejas del mismo sexo; del decreto 1006/12 que reguló un procedimiento administrativo para completar el acta de nacimiento de las personas nacidas antes del vínculo conyugal que luego contrajeran las madres al amparo de la citada ley y; de la ley 26.743 de identidad de género.

Es importante destacar el rol de los registros en otros ámbitos del derecho de familia. Inclusive, el CCyC le ha otorgado un importante cúmulo de nuevas actividades[109] (v.gr. en cuanto al matrimonio, las uniones convivenciales, las técnicas de reproducción humana asistida, la filiación biológica, la adopción y el apellido de los hijos), pero no le confió a este organismo el trámite del divorcio consensual.

Así, la nueva regulación le atribuyó actividades que hacen al estado civil de las personas, pero omitió voluntariamente la posibilidad de que se encargue del divorcio. En fin, la confianza depositada en este organismo pone de relieve la incongruencia de no atribuirle ésta última competencia, y deja a las claras que no existen motivos jurídicos hábiles para considerarlo inadecuado, sino sólo razones políticas de oportunidad, mérito o conveniencia. De hecho, la idea subyacente es que si la ley permite que dos personas se casen por vía administrativa, no habría razones para sostener que si ambos están de acuerdo, no puedan poner fin al matrimonio por la misma vía.

Si aceptáramos su participación en el divorcio, deberíamos continuar el análisis con su intervención en la inscripción del convenio regulador. De este modo, en caso de acuerdo sobre las cuestiones conexas -y la debida actuación del funcionario judicial, ante la existencia de hijos menores de edad o incapaces- nada debería resolver el oficial público, sino ceñirse a tomar nota de la autorregulación que los ex cónyuges se impongan en virtud del principio de autonomía de la voluntad.

El acto administrativo que emita el oficial público se limitaría a tomar nota de la voluntad de los cónyuges[110]; y si lo convenido incluye cuestiones patrimoniales, los interesados deberán encargarse, a su costo, de la ulterior inscripción en los registros que deban tomar nota de la liquidación, partición y distribución de los bienes. Alguna voz podría reclamar que esta tarea excede las funciones de este organismo. Sin embargo, advertimos que el CCyC le ha

109 Remitimos en honor a la brevedad a HERRERA, Marisa y PELLEGRINI, María Victoria, "Rol de los registros civiles en las relaciones de familia. Impacto del nuevo Código", *LL*, 06/05/2015, p. 1, cita *online*: AR/DOC/1248/2015.

encomendado la anotación marginal de la opción por la separación de bienes, y también la de los sucesivos cambios de régimen.

5. COLOFÓN

Mucho se ha dicho y escrito en torno al divorcio. Si bien coincidimos en el objeto común, a nuestro juicio, el presente aporte se distingue por su mirada constitucional-convencional sobre el divorcio y la amplitud de su abordaje. En fin, este trabajo representa un aporte en la discusión en torno a la desjudicialización parcial del divorcio, sobre la cual, no se había profundizado aún en la Argentina.

No se nos escapa que la sede notarial ha tenido un gran éxito en el derecho comparado -de cuyos ejemplos ya hemos dado cuenta- pero también tenemos presente que importar simplemente lo mejor de aquellos modelos ajenos a nuestra sociedad no es sinónimo de éxito. Por el contrario, aquellas normas foráneas bien pueden no adaptarse a la idiosincrasia de nuestra sociedad. Y ello, es precisamente lo que aquí ocurre.

La resistencia a la sede notarial que se esconde detrás de sendos argumentos jurídicos (respecto de los cuales nadie podría estar en contra) y a la postre aflora radicalmente entre los profesionales del derecho; impide de momento su viabilidad.

No desconocemos que el argumento del doble asesoramiento o, dicho de otro modo, la supuesta colisión entre la labor del escribano y el abogado no es tal, e incluso ha sido rebatida por distintos autores extranjeros.

Sin embargo, este aporte se inserta en nuestra sociedad, nuestras leyes y la necesaria adecuación de las segundas a la primera. Ello nos conmina a prestar atención a factores extrajurídicos y, en definitiva, a la potencial resistencia que tendría -en nuestro medio- la desjudicialización parcial del divorcio.

En ambas sedes extrajudiciales podemos encontrar ventajas y desventajas y, por los argumentos expuestos, consideramos que ambas resultan superadoras -en las hipótesis planteadas- de la sede judicial. Así las cosas, y poniendo de relieve nuevamente la independencia entre el divorcio y las cuestiones conexas, creemos que la sede administrativa sería la que mejor adaptación tendría en nuestra sociedad.

Habiendo rebatido -esperamos, con cierto éxito- los fundamentos jurídicos que impedirían la implementación de un sistema mixto jurídico-administrativo, dejamos en último lugar, un argumento que poco tiene de jurídico, pero al que se suele recurrir con frecuencia: "nuestro país no está preparado para el cambio".

Sin perjuicio de advertir la subestimación que fácilmente puede observarse en aquella objeción en torno a nuestra sociedad y la de aquellos países que ya han implementado otras sedes; a nuestro juicio, la sociedad argentina está preparada para dar un paso más en el camino hacia un derecho matrimonial laico que sea útil a sus destinatarios ¿acaso no estaba preparada para la sanción de la ley 23.515, o la ley 26.618 o incluso, más recientemente, el CCyC?

En razón de ello, intentamos promover desde aquí su discusión.

Bibliografía y Fuentes

Abboud Castillo, Neylia L., "El divorcio en el derecho nicaragüense", en Acedo Penco, Ángel y Pérez Gallardo, Leonardo B. (coords.), *El divorcio en el Derecho Iberoamericano*, Temis, Ubijus, Reus, Zavalía, Bogotá, México D. F., Madrid, Buenos Aires, 2008.

Abrantes de Pina, Ruskaia, "Reconocimiento de la unión entre personas del mismo sexo en Brasil: un camino por recorrer", *RDF*, 2012-56, 275.

Acarnossi, Carlos G. y Hernández, Héctor H., "´Homomonio´, Constitución y amparo", *ED*, diario constitucional, 10/11/2010.

Acedo Penco, Ángel, "Matrimonio y divorcio en las constituciones de Iberoamérica", en Prado Maillard, José Luis (comp.), *Derecho, reforma del estado y gobernabilidad frente a los procesos de integración latinoamericana,* Memorias de la VIII Convención Latinoamericana de Derecho, Centro de Investigación de Tecnología Jurídica y Criminológica de la Universidad Autónoma de Nuevo León, México, 2009.

Aguiar, Henoch D., *Hechos y actos jurídicos en la doctrina y en la ley,* t. II, Tea, Buenos Aires, 1950.

Aguilar Cuenca, José Manuel, "El uso de los niños en los procesos de separación: el síndrome de alienación parental", *Revista de Derecho de Familia,* Lex Nova, Valladolid, España, nº 28, 2005.

Aguilera Cornejo, Pablo, "El debate sobre el matrimonio igualitario en Chile. Comentarios a propósito de la sentencia del tribunal constitucional", rol 1881-2010, cita: AP/DOC/2263/2012.

Alaniz, Rogelio, *Hombres y mujeres en tiempos de orden: de Justo José de Urquiza a Nicolás Avellaneda,* 1ª ed., Universidad Nacional del Litoral, Santa Fe, 2006.

Alascio, Laura, Carrasco, Ignacio y García, María, "Contigo o sin ti: regulación del divorcio e incentivos a pedirlo. Aproximación al análisis económico del divorcio en la Ley 15/2005, de 8 de julio", *InDret* 1/2007, Revista para el Análisis del derecho, nº 395, Barcelona, 2007.

Albanese, Susana, *Opiniones Consultivas y Observaciones Generales. Control de Convencionalidad,* Ediar, Buenos Aires, 2011.

—, "El valor de las recomendaciones de la Comisión Interamericana", en Abeledo Perrot nº: AR/JUR/38982/2013.

Albarracín, Dolores y Albarracín, Marta, "Divorcio destructivo (contribución del contexto al mantenimiento del conflicto)", *LL*, 1992-E, 804.

Alberdi, Juan Bautista, "El Proyecto del Código Civil para la República Argentina", Obras selectas, La Facultad, Buenos Aires, 1920.

—, *Obras Completas*, Ed. Sociabilidad, 1887.

Alcarria, Valdicéia, "Lei 11.441/07, separação consensual e divorcio consensual, inventário, partilha por escritura pública", *Revista Discurso Jurídico Campo Mourão*, v. 3, nº 2, jul./dez, Campo Mourão, Paraná, Brasil, 2007.

Aldao, Martín y Clérico, Laura (coords.), *Matrimonio igualitario. Perspectivas sociales, políticas y jurídicas*, Eudeba, Buenos Aires, 2010.

Alexy, Robert, *Teoría de los derechos fundamentales*, trad. por Ernesto Garzón Valdés, 3ª reimp., Ed. Centro de Estudios Políticos y constitucionales, Madrid, 2002.

Almirón, Daniela, "Mediación y justicia en contextos de familia. Marco normativo nacional. Mediación en la provincia de Chubut. Legislación y operatividad", *RDF*, 2011-49, 23.

Alterini, Atilio A., Ameal, Oscar J. y López Cabana, Roberto M., Derecho de obligaciones civiles y comerciales, Abeledo Perrot, Buenos Aires, 1995.

Álvarez, Osvaldo O., "Acerca de la exigibilidad del deber de fidelidad en la separación personal", *ED*, 186-526.

—, "Ante una permisiva tendencia de legalización del concubinato", *ED*, 166-209.

—, "Nuevas objeciones al divorcio vincular", *ED*, 143-240.

—, "Reflexiones sobre las sanciones jurisprudenciales en el ámbito del derecho de familia", *ED*, 176-156.

Andolfi, Maurizio y Angelo, Claudio, *Tiempo y mito en la psicoterapia familiar*, Paidós, Barcelona, 1997.

Andrés Ciurana, Baldomero, "La mediación civil y mercantil: una asignatura pendiente en España. (A propósito de la propuesta de Directiva sobre ciertos aspectos de la mediación en asuntos civiles y mercantiles), en *Actualidad Jurídica Uría Menéndez*, 12-2005.

Aón, Lucas y Méndez, Romina, "Aspectos procesales del divorcio", en Ortiz, Diego (dir.), *Revista de actualidad en el Derecho de Familia* nº 4, Ediciones Jurídicas, Buenos Aires, 2016.

Arana De La Fuente, Isabel, "Concepto y función social del matrimonio. Los sistemas matrimoniales", en Diez Picazo Giménez, Gema (coord.), *Derecho de Familia*, Thomson Reuters-Civitas, Pamplona, 2012.

Arangio Ruiz, Vicenzo, *Instituciones del Derecho Romano*, Depalma, Buenos Aires, 1952.

Arechederra, Luis, "El principio formal en el derecho matrimonial inglés", en homenaje al profesor Lluís Puig i Ferriol, I., Tirant lo Blanch, Valencia, 2006.

—, *El matrimonio informal en los Estados Unidos de América (El common law marriage)*, Civitas, Thomson Aranzadi, Pamplona, 2009.

Ares de Giordano, Consuelo, "Mediación y conflictos de familia. Una experiencia positiva en Mendoza", *LL* Gran Cuyo, 2001-205.

Argüello, Luis Rodolfo, *Manual de Derecho Romano*, Astrea, Buenos Aires, 1985.

Arianna, Carlos A., "Un matrimonio quebrado y un vínculo mantenido.

El desquicio matrimonial y de nuevo sobre el plazo de separación de hecho", *RDF*, 2004-II, 13.

—, "Separación de hecho. Divorcio sin atribución de culpas y ganancialidad", *LL*, 1996-C, 1283.

ARIZA, Marina y DE OLIVEIRA, Orlandina, "Acerca de las familias y los hogares: estructura y dinámica", en WAINERMAN, Catalina (comp.), *Familia, trabajo y género. Un mundo de nuevas relaciones*, UNICEF- FCE, Buenos Aires, 2003.

ARRIAGA GONZÁLEZ, Mónica G., *El divorcio incausado en México*, Flores, México, 2015.

ARSON de GLINBERG, Gloria, "La incorporación de la admisibilidad de la prueba de confesión por la ley 23.515. Otras consideraciones", *LL*, 1992-B, 414.

ASOREY, Rubén y GOZAÍNI, Osvaldo, "La tasa de justicia como obstáculo para el acceso a la justicia", *LL*, 2003-D, 1278, *LLP* 2003-8, 951.

AUBRY y RAU, *Cours de Droit Civil Français*, t. VII, 5° ed., Paris, 1913.

AZPIRI, Jorge A., *Incidencias del Código Civil y Comercial. Derecho de Familia*, Hammurabi, Buenos Aires, 2015.

—, "Caracteres de la unión marital de hecho", *RDF*, 2003-23, 35.

—, *Uniones de hecho*, 1ª ed., Hammurabi, Buenos Aires, 2003.

—, *Uniones de hecho*, 2ª ed., Hammurabi, Buenos Aires, 2010.

—, "El divorcio en Chile. La reforma del año 2004", *RDF*, 2004-30, 189.

—, *Juicio de divorcio vincular y separación personal*, Hammurabi, Buenos Aires, 2005.

BACIGALUPO DE GIRARD, María, "El divorcio sin expresión de causa. La necesidad de su inclusión en nuestra legislación", en KEMELMAJER DE CARLUCCI, Aída (dir.) y HERRERA, Marisa (coord.), *La familia en el nuevo Derecho*, t. I, Rubinzal Culzoni, Santa Fe, 2009.

—, "La reforma del Código Civil español. Igualdad conyugal, divorcio incausado y custodia compartida", *JA*, 2006-III, 813.

BAKER, Amy J. L. y BEN-AMI, Naomi, "El recuerdo adulto del maltrato en la infancia en los adultos hijos del divorcio: prevalencia y asociación en mediciones de bienestar", *Journal of Divorce & Remarriage*, vol. 52, n° 4, 2011.

BAKER, Katharine K., "Las historias del matrimonio", en *Journal of Law and Family Studies*, vol. 12, n° 1, 2010.

BALLARÍN, Silvana, *Puntos de encuentro familiar*, Universidad Nacional de Mar del Plata, Mar del Plata, 2012.

BALSELLS MORERA, Pablo, *Código de Familia Soviética. Matrimonio, divorcio, familia, tutela y adopción*, Librería Bosch, Barcelona, 1933.

BANCOFF, Pedro, "La responsabilidad civil médica y la carga de la prueba de la culpa en el Código Civil y Comercial de la Nación", RCyS 2016-VIII, 16.

BARBERO, Omar U., "¿Son inconstitucionales los compromisos irrevocables y los vínculos indisolubles?, *LL*, 1987-B, 902.

Barrancos, Dora, *Mujeres en la sociedad argentina. Una historia de cinco siglos*, 2ª ed., Sudamericana, Buenos Aires, 2010.

Barrantes Molina, Luis, *Para mi hogar, síntesis de economía y sociabilidad domésticas"*, Colección Manuales de formación, Buenos Aires, 1923.

Bartolini, M., Vallejos, C., Pérez, C. González, E., "El divorcio exprés en México: Una Reforma que no atiende a las necesidades sociales", en *Revista Académica*, Facultad de Derecho de la Universidad La Salle, IX, 17, México, 2011.

Bas, Arturo M., *El cáncer de la sociedad,* 1ª ed., Amorrortu, Buenos Aires, 1932.

Basset, Úrsula C., "Disolución del matrimonio", en Alterini, Jorge H. (dir.) y Alterini, Ignacio E. (coord.), *Código Civil y Comercial comentado. Tratado exegético*, La Ley, Buenos Aires, 2015.

—, "Familia, uniones de hecho y reconocimiento de efectos jurídicos", *LL*, 2009-C, 1244.

—, "Supremo bienestar del niño y el derecho al divorcio. Es necesario sincerarse", *ED*, diario 9/05/2008.

—, "El matrimonio en el Proyecto de Código", *LL*, 2012-E, 912.

Basterra, Marcela I., "¿Puede un Estado pluralista, no confesional erigirse en `guardián´ de la elección sexual de las parejas? El caso de los `*Swingers*´, *LL*, 2003-E, 506.

Bateson, Gregory, *Pasos hacia una ecología de la mente,* Lolhe, Buenos Aires, 1976.

Bautista López, Julia, "El divorcio ante notario", *Actualidad Jurídica Aranzadi*, 837/2012, Pamplona, 2012.

Beck Gernsheim, Elisabeth, *La reinvención de la familia. En busca de nuevas formas de convivencia*, Paidós, Barcelona, 2003.

Bekerman, Jorge y Wagmaister, Adriana, "El proceso de mediación familiar: resultados preliminares de una investigación", *RDF*, 2004-28, 231.

Belluscio, Augusto C., "La nueva ley española de separación y divorcio", *LL*, 2007-B, 1330.

—, "La nueva ley de divorcio francesa", *LL*, 2004-E, 1102.

—, *Manual de Derecho de Familia*, 6ª ed., t. 1, Depalma, Buenos Aires, 1998.

Belluscio, Claudio A., *Prestación Alimentaria, Régimen Jurídico*, Universidad, Buenos Aires, 2006.

Bendersky, Mario J., "Separación de hecho y divorcio", *LL*, 1989-B, 178.

Berizonce, Roberto O., Bermejo, Patricia S. y Amendolara, Zulma A., *Tribunales y proceso de familia,* Ed. Platense, La Plata, 2001.

Berizonce, Roberto O., *Derecho Procesal Civil Actual*, Ed. Platense, Buenos Aires, 1999.

Berkner, Lutz K. y Mendels, Franklin F., "Inheritance System, Family Structure, and Demographic Patterns in Western Europe, 1700-1900", Tilly, Charles (dir.), *Historical Studies of Changing Fertility,* Princeton University Press, Princeton, New Jersey, 1978.

BERNAL PULIDO, Carlos, *El principio de proporcionalidad y los derechos fundamentales. El principio de proporcionalidad como criterio para determinar el contenido de los derechos fundamentales vinculante para el legislador*, Centro de Estudios Políticos y Constitucionales, Madrid, 2003.

BERNAL SAMPER, Trinidad, "Mediación extrajudicial", en AA.VV., *Mediación y protección de menores en derecho de familia*, Ed. Consejo General del Poder Judicial, Madrid, 2005.

BERTHOLD KOHLER, Daniel André, "¿O divórcio ficou mais rápido?", *Espaço Vital*, 16/07/2010.

BERTOLDI DE FOURCADE, María V. y FERREYRA de DE LA RÚA, Angelina, *Régimen Procesal del Fuero de Familia*, Abeledo Perrot, Buenos Aires, 1999.

BETHELL, Leslie (ed.), *Historia de América Latina*, t. I, Crítica, Barcelona, 1990.

BETRÓ, María C., "Matrimonio e società nell'antico Egitto: lo scambio de doni", en *Geo-archeologia* nº 2, Japandre, Roma, 1984.

BIALET MASSÉ, Juan, *Informe sobre el estado de las clases obreras a comienzos del siglo*, Centro Editor de América Latina, Buenos Aires, 1985.

BIBILONI, Juan Antonio, *Anteproyecto de reformas al Código Civil argentino. Derecho de familia*, 1ª ed., Abeledo Perrot, Buenos Aires, 1931.

BIDART CAMPOS, Germán J., "La 'ley' no es el techo del ordenamiento jurídico (Una muy buena sentencia de adopción)", *LL*, 1997-F, 145.

—, *El derecho constitucional humanitario*, Ediar, Buenos Aires, 1999.

—, *Manual de la Constitución reformada*, 5ª ed., t. I, Ediar, Buenos Aires, 2006.

—, "¿Hay que pagarle al Estado para que administre justicia? (Repensando la ´tasa´ de justicia)", *LL*, 2003-B, 1467.

—, "Intimidad y autonomía de la voluntad en el Derecho de Familia: ¿Para qué, hasta dónde, con qué alcance?", *RDF*, 1999-15, 9.

—, "La realidad, las normas y las formas jurídicas", *LL*, 1990 E, 680.

—, "La tasa de justicia y el derecho a la tutela judicial - (Una solitaria disidencia en la Corte Suprema)", *LL*, 1997-A, 41.

—, *Tratado elemental de derecho constitucional argentino*, t. I-A, Ediar, Buenos Aires, 2000.

BIELSA, Rafael, *Derecho Administrativo*, t. III, 6ª ed., La Ley, Buenos Aires, 1964.

BIGLIARDI, Karina A. y DE OLIVEIRA, Juan José, "¿Existe necesidad de dar a luz las conductas de los cónyuges en los procesos de divorcio? El divorcio incausado en el Proyecto de Código Unificado", *DFyP*, nº 9, 2012.

BIGLIARDI, Karina y CASCO, Natalia, "La prueba en la causal de adulterio", *LL*, 2012-B, 462.

BIMBI, Bruno, *Matrimonio igualitario. Intrigas, tensiones y secretos en el camino hacia la ley*, 1ª ed., Planeta, Buenos Aires, 2010.

BÍSCARO, Beatriz, "Deberes y derechos matrimoniales durante la separación de hecho", *LL*, 1993-E, 16.

BÍSCARO, Beatriz, SANTÁNGELO, María Victoria, "El respeto a la autonomía de la voluntad en la sentencia de divorcio", SJA 29/12/2010, Lexis nº 0003/015270.

BLANCO, María, "La ecología del matrimonio", en GARCÍA CANTERO, Gabriel *et al, El matrimonio: ¿contrato basura o bien social?*, 1ª ed., Thomson Aranzadi, Pamplona, 2008.

BONAVIA, Duccio, *Perú, hombre e historia. De los orígenes al siglo XV*, Edubanco, Lima, 1991

BONET ALCON, José, *El divorcio vincular y la ética profesional. Los católicos (cónyuges, abogados y jueces) ante la ley de divorcio civil*, Corporación de Abogados Católicos, Buenos Aires, 1987.

BONFANTE, Pietro, *Instituciones del Derecho Romano*, Depalma, Buenos Aires, 1952.

BONNECASE, Julien, *La filosofía del Código de Napoleón aplicada al Derecho de Familia*, trad. de José María Cajica, Ed. José María Cajica, Puebla, México D.F., 1945.

BOOKER, Paul, FARLEY, Roy C. y BAILEY, William, "La relación entre la tenencia y el bienestar de padres recientemente divorciados", *Journal of Divorce & Remarriage*, vol. 44, nº 3 y 4, 2005.

BORDA, Guillermo A., *Tratado de Derecho Civil argentino. Parte general*, t. II, 6ª ed., Perrot, Buenos Aires, 1976.

—, "Reflexiones sobre la indemnización de los daños y perjuicios en la separación personal y en el divorcio", *ED*, 147-813.

BORDA, Alejandro, "Matrimonio y familia", *LL*, 2012-E, 1345.

BORDA, Guillermo (h), "Las relaciones de familia en el proyecto de Código Civil y Comercial", *DFyP*, nº 6, 2012.

—, "Se mantiene el deber de fidelidad en la separación personal", *LL*, 1988-B, 984.

—, "Separación de hecho y deber de fidelidad (A propósito de un fallo de la Sala F de la Cámara Civil de la Capital", *LL*, 1996-B, 893.

—, *Manual de Derecho de Familia*, 8ª ed., Ed. Perrot, Buenos Aires, 1979.

BORDA, Guillermo J., "Un nuevo intento de desvirtuar lo que es el matrimonio en nuestro derecho y sociedad", LL 2010-C (diario del 6/05/2010).

—, "Un proyecto a medio camino. La supuesta agilización del trámite de divorcio", Supl. Act. 17/04/2007, 1.

BORGIANI, Norma y LÓPEZ FAURA, Norma, "Objetivos y funcionamiento del artículo 255 del Código Civil", *JA*, 1993-IV, 972.

BOSSERT, Gustavo A., *Régimen jurídico del concubinato*, 4ª ed., Astrea, Buenos Aires, 2006.

BOSSERT, Gustavo y ZANNONI, Eduardo, *Manual de Derecho de Familia*, 5° ed., 2° reimpresión, Astrea, Buenos Aires, 2000.

BRASIL SANTOS, Luiz Felipe, "Emenda do divórcio: cedo para comemorar", *Espaço Vital*, 21/07/2010.

BUDANO ROIG, Antonio R., "La tensión entre la ley natural y la ley positiva en el año del Bicentenario", *ED*, diario 12.538, 6/07/2010.

BUERES, Alberto J., "La responsabilidad por daños en el proyecto de Código", *LL*, 2013-A, 835.

—, *Responsabilidad civil del escribano*, Hammurabi, Buenos Aires, 1984.

BUIS, Emiliano J., "Matrimonios en crisis y respuestas legales: el divorcio unilateral o de común acuerdo en el derecho ateniense", en *Faventia: Revista de filologia clàssica*, nº 25, Fasc. 1, Servei de Publicacions, Universitat Autónoma de Barcelona, 2003.

BUSTAMANTE ALSINA, Jorge, *Teoría general de la responsabilidad civil*, 9ª ed., Abeledo Perrot, Buenos Aires, 1993.

BUTLER, Judith, *Deshacer el género*, Paidós, Barcelona, 2006.

CABELLO MATAMALA, Carmen Julia, "El divorcio en el derecho peruano", en ACEDO PENCO, Ángel y PÉREZ GALLARDO, Leonardo B. (coords.), *El divorcio en el derecho iberoamericano*, Temis, Ubijus, Reus, Zavalía, Bogotá, México D.F., Madrid, Buenos Aires, 2008.

CABRERA DE DRI, Elsa A., "Características del proceso de familia. Principios y sistemas procesales", en *Derechos de daños*, Cuarta parte (B), *"Daños en el derecho de familia"*, La Rocca, Buenos Aires, 2003.

CADORET, Anne, *Padres como los demás. Homosexualidad y parentesco*, Gedisa, Barcelona, 2003.

CAHALI, Francisco José y otros, *Escrituras Públicas. La separación, el divorcio, el inventario y la distribución consensual*, 2ª ed., Revista Dos Tribunais, São Paulo, 2008.

CAHALI, Yussef Said, *Separações conjugais e divorcio*, 12ª ed., Revista Dos Tribunais, 2011.

CALVO CARAVACA, Alfonso L. y CARRASCOSA GONZÁLEZ, Javier, *Derecho de Familia Internacional*, 2ª ed., Colex, Madrid, 2004.

CALVO COSTA, Carlos, *Derecho de las obligaciones*, Hammurabi, Buenos Aires, 2016.

CAM CARRANZA, Guillermo, "Separación convencional y divorcio ulterior en vía notarial y municipal", en CAM CARRANZA, Guillermo, ZÁRATE DEL PINO, Juan Belfor, y PÉREZ GALLARDO, Leonardo B., *El divorcio notarial*, Arco Legal Editores, Gaceta Notarial, Perú, 2008.

CARAM, M. E., ELIBAUM, D. T. y RISOLÍA, M., *Mediación, diseño de una práctica*, 4ª ed., Astrea, Buenos Aires, 2013.

CÁRDENAS, Eduardo J., "Reflexiones sobre lo interdisciplinario y lo intersistémico, con aplicación a los juzgados de familia y otras instituciones", en GROSMAN, Cecilia, LLOVERAS, Nora y HERRERA, Marisa (dirs.), *Summa de Familia*, Abeledo Perrot, Buenos Aires, 2012.

CARMINIO CASTAGNO, José Carlos, "Correcta caracterización de la función notarial" *LL*, 1981-A, 55.

CARNAVAL, Alicia A., "Ley de matrimonio entre personas del mismo sexo en Francia", cita: AP/DOC/1106/2013.

CARNELUTTI, Francesco, *La prueba civil*, Depalma, Buenos Aires, 1982.

CARRIÓN GARCÍA DE PARADA, Pedro, "Aspectos jurídicos y fiscales del divorcio amistoso", en *Revista Jurídica del Notariado*, nº 34, abril-junio, Consejo General del Notariado, Madrid, 2000.

—, "Aspectos jurídicos y fiscales del divorcio amistoso", en *Notarius International*, vol. 5, 2000.

—, "El divorcio ante notario", en *El Notario del siglo XXI*, nº 42, marzo-abril, Colegio Notarial de Madrid, 2012.

Carver, Raymond, *¿De qué hablamos cuando hablamos de amor?*, Anagrama, Barcelona, 1993.

Cassettari, Christiano, *Separação, Divórcio e Inventário por Escritura Pública*, Método. 2007.

Castán Tobeñas, José, *Derecho Civil español, Común y Foral*, t. V, Derecho de Familia, vol. 1°, relaciones conyugales, 10ª ed. revisada y puesta al día por Gabriel García Cantero y José María Castán Vázquez, Reus, Madrid, 1983.

Castillejo Manzanares, Raquel, *Guardia y custodia de hijos menores. Las crisis matrimoniales y de parejas de hecho*, La Ley, Madrid, 2007.

Castro, Verónica, "Uniones convivenciales", *DFyP*, nº 1, 2013.

Cataldi, Myriam y Califano, Lucila, "El sistema del divorcio actual y un mensaje alentador: existe un futuro constitucional", *RDF*, 2013-IV, 104.

Cavallero, Pablo A., "Actualidad humana de la `Medea´ de Eurípides: el tema del divorcio", en *Faventia: Revista de filologia clàssica*, nº 26, Fasc. 2, Servei de Publicacions, Universitat Autónoma de Barcelona, 2004.

Cayuso, Susana, "El principio de igualdad en el sistema constitucional argentino", *LL*, 2003-F, 1380.

Celton, Dora, "Selección matrimonial y mestizaje en Córdoba", en III Jornadas de Historia de Córdoba, Junta Provincial de Historia de Córdoba, Córdoba, 1997.

Cepal-Unifem-República de Italia, "Entender la pobreza desde la perspectiva de género", Unidad Mujer y Desarrollo, Santiago de Chile, 2004, disponible en: http://www.eclac.org/publicaciones/xml/5/14795/lcl2063e.pdf

Cerdeira Bravo de Mansilla, Guillermo, *Matrimonio y Constitución (presente y posible futuro)*, Reus, Madrid, 2013.

—, "¿Es constitucional, hoy, el matrimonio ´homosexual´ (entre personas de idéntico sexo)?", *Revista de Derecho Privado*, vol. 89, nº 3-4, 2005.

—, "El Divorcio Notarial que viene... a España (o de la inevitable desjudicialización del divorcio amistoso)".

—, "Matrimonio (no) formalizado y divorcio notarial en Cuba: una propuesta de futuro para España", en *Revista de Derecho Privado*, noviembre-diciembre, 2011.

Ceretti, Adolfo, "Progetto per un ufficio di mediazone penale presso il tribunale per i minorenni di Milano", en Pisapia, Gian Vittorio y Antonucci, Daniela (a cura di), *La sfida della mediazione*, Ed. Cedam, Padova, 1997.

Cerutti, María del Carmen, "Antijuridicidad. Eximentes", en Márquez, José Fernando (dir.) *Responsabilidad civil en el Código Civil y Comercial*, Zavalía, Buenos Aires, 2015.

CHÁNETON, Abel, *Historia de Vélez Sarsfield*, 2ª ed., Bernabé, Buenos Aires, 1938.

CHECHILE, Ana María, *La separación de hecho entre cónyuges en el derecho civil argentino*, Lexis Nexis, Buenos Aires, 2006.

—, "La Ley de Matrimonio Igualitario y su incidencia en las relaciones paterno-filiales. Algunas oportunidades perdidas", *RDF*, 2011-48, 107.

—, "Ininvocabilidad del adulterio cometido luego de la separación de hecho como causal para solicitar el divorcio", *JA*, 2000-II, 449.

—, "Deber de fidelidad y separación de hecho", *JA*, 1997-IV, 881.

—, "Derecho alimentario entre hijos y padres afines", *JA*, 1997-I, 860.

—, "El divorcio en el Proyecto de Código Civil y Comercial de la Nación, *RDF*, 2012-57, 167.

CHECHILE, Ana María y PIETRA, Luciana, "El divorcio por causales subjetivas y sus consecuencias. El largo camino hacia una saludable objetivación de las causales de divorcio", *DJ*, 2006-1, 365.

CHELODI, Juan, *El derecho matrimonial*, Bosch, Barcelona, 1959.

CIANCIARDO, Juan, "Una aplicación cuestionable del principio de razonabilidad", *LL*, 14/03/2002, 1.

CICERCHIA, Ricardo, "Familia: La historia de una idea. Los desórdenes domésticos de la plebe urbana porteña. Buenos Aires, 1776-1850", WAINERMAN, Catalina (comp.), *Vivir en Familia*, Unicef/Losada, Buenos Aires, 1994.

CIFUENTES, Santos -bajo el seudónimo de XANTHOS-, "Modo de contar el plazo en el divorcio por separación de hecho. Inconstitucionalidad y objeción de conciencia", *LL*, 2000-F, 82.

CLAVERÍA GONSÁLBEZ, Luis Humberto, "Hacia una nueva concepción del matrimonio", *Revista jurídica española de doctrina, jurisprudencia y bibliografía*, nº 2, La Ley, 1983.

CLÉRICO, Laura, "El Matrimonio igualitario: Igualdad y/o autonomía", en SOLARI, Néstor y VON OPIELA, Carolina (dirs.), *Matrimonio entre personas del mismo sexo. Ley 26.618. Antecedentes. Implicancias. Efectos*, La Ley, Buenos Aires, 2011.

COLERIO, Juan, "El tiempo como requisito extrínseco de admisibilidad de la pretensión", *LL*, 1992-E, 70.

COLOMBO, Carlos J. y KIPER, Claudio M. (dir.), *Código Procesal Civil y Comercial de la Nación comentado y anotado*, t. VII, La Ley, Buenos Aires, 2008.

COLOMBO, Leonardo A., "En torno a la responsabilidad civil de los escribanos públicos", *LL*, 83-683.

Comisión de Reformas, *Reforma del Código Civil, I. Antecedentes, II. Informe. III. Proyecto*, Kraft Ltda., Buenos Aires, 1936.

CONTANTE, Liliana B., "Derechos humanos y matrimonio", *LL*, Supl. Act., 28/10/2010.

CORBO, Carlos María, "Análisis del Proyecto en materia de divorcio", *DFyP*, nº 6, 2012, 66.

CORRAL TALCIANI, Hernán, "Regulación jurídica de las rupturas matrimoniales. Ley civil, familia y divorcio", Revista *Humanitas*, nº 7.

Corvo López, Felisa M., "La mediación como forma de solución del conflicto familiar", en Llamas Pombo, Eugenio, *Nuevos conflictos del derecho familiar*, La Ley, Madrid, 2009.

Costa, Patricia, "Cuando nuestra casa es nuestra, pero ya no somos nosotros", *RDF*, 1996-10, 157

Courbe, Patrick, *Droit de la Famille*, 4ª ed., Dalloz, Paris, 2005.

Couture, Eduardo J., *El arte del derecho y otras meditaciones*, Fundación de Cultura Universitaria, Buenos Aires, 1991.

Culaciati, Martín Miguel, "Reinterpretación del divorcio", *LL*, 2013-D, 995.

—, "El divorcio", en Quadri, Gabriel H. (dir.), *Derecho Procesal en el Código Civil y Comercial*, t. 2, La Ley, Buenos Aires, 2017.

—, "La distancia entre las relaciones afectivas y la ficción jurídica. Una mirada desde el derecho comparado", *RDF*, 2009-44, 219.

—, "Causales de divorcio y perspectivas jurisprudenciales", *JA*, 2012-I, fasc. nº 13, 28/03/2012.

—, "El divorcio y la hermenéutica judicial. Sobre el derecho y la justicia: el juez comprometido con el resultado", *RDF*, 2014-VI, 142.

—, "El derecho de los niños y adolescentes a ser oídos en los procesos de familia", *DFyP*, nº 5 (junio), 2010.

—, "El divorcio contemporáneo y la mirada del máximo tribunal", en Herrera, Marisa, Kemelmajer de Carlucci, Aída y Lloveras, Nora (dirs.), De la Torre, Natalia (coord.), *Máximos precedentes en Derecho de Familia*, t. III, La Ley, Buenos Aires, 2014.

—, "El matrimonio", en Chechile, Ana María (dir.) y Lopes, Cecilia B. (coord.), *Manual de derecho de familia conforme al nuevo Código Civil y Comercial de la Nación*, Abeledo Perrot, Buenos Aires, 2015.

—, "Tendencias del divorcio en el derecho comparado", *RDF*, 2012-54, 257.

—, Comentario a los artículos 441/2, Lorenzetti, Ricardo L. (dir.), *Código Civil y Comercial de la Nación comentado*, t. II, Rubinzal Culzoni, Santa Fe, 2015.

Da Cunha Pereira, Rodrigo, "Da uniao estável", Dias, Maria Berenice y Da Cunha Pereira, Rodrigo (coords.), *Direito de Familia e o Novo Código Civil*, 4ª ed., Del Rey- IBDFAM, Belo Horizonte, 2006.

—, "Princípios fundamentais norteadores do Direito de Familia", Del Rey, Belo Horizonte, 2006.

Daray, Hernán, "La realidad económica y la hermenéutica jurídica", *ED*, 1999-1025.

Davison, Dora, *Cuaderno de Apuntes: Transformación evolutiva de la familia. El origen del Patriarcado, la androcracia y la gilania - La noción de género*, Fundación Familias siglo XXI, Buenos Aires, 1998.

De Amunátegui Rodríguez, Cristina, "Divorcio notarial y convenio regulador: examen de los conflictos que pueden surgir de su cumplimiento y propuestas de posible solución a los mismos", diario La Ley, 13/04/2012, nº 7837, p. 9, cita: La Ley 4138/2012.

Declaración universal de los Derechos humanos de las familias, *RDF*, 2013-59, 7.

DE DOMINGO, Tomás, "El problema de la *drittwirkung* de los derechos fundamentales: Una aproximación desde la filosofía del Derecho", *Derechos y Libertades*, año VII, enero-diciembre, Madrid, 2002.

DE GASPERI, Luis y MORELLO, Augusto M., *Tratado de Derecho Civil,* t. IV, Tea, Buenos Aires, 1964.

DE FILIPPIS, Bruno, *L'obbligo di fedeltà coniugale in costanza di matrimonio, nella separazione en el divorzio*, Cedam, Padova, 2003.

DE LA MATA PIZAÑA, Felipe y GARZÓN JIMÉNEZ, Roberto, *Derecho familiar*, 2ª ed., Porrúa, México, 2005.

DE LA TORRE, Natalia, "La recepción del principio de autonomía en el proyecto de reforma y unificación del Código Civil: democratización de las relaciones familiares", *RDF*, 2013-59, 131.

DE LORENZI, Mariana, "Un dolor que no tiene precio. Prejuicios y derechos a la igualdad, a la identidad y a la vida privada y familiar", cita *online*: AP/ DOC/2248/2012.

DE RUGGIERO, Roberto, *Instituciones de derecho civil,* traducción de R. Serrano Sufler y J. Santa Cruz Teijeiro, t. I, vol. 29, Reus, Madrid, 1945.

DE SALTER CID, Nuno, "Sobre o direito de nao contrair casamento", en *Familia, consciencia, secularismo e religiao*, 1ª ed., Coímbra Ed., Coímbra, 2010.

DEDIEU, Jean-Pierre, "El modelo sexual: la defensa del matrimonio cristiano", BENNASSAR, Bartolomé, (ed.), *Inquisición española: poder político y control social,* Crítica, Barcelona, 1984.

DEL BLANCO, Sonia N., "El fin del divorcio controvertido. La transición", *RDF*, 2016-I, 67.

DEMANTE, A. M., *Cours Analytique de Code Civil,* t. I, Paris, 1849.

DEMOLOMBE, C., *Traité du Mariage et de la Séparation de Corps*, 4ª ed., t. I, Paris, 1869.

DERRIDA, Jacques, *Dar (el) tiempo,* trad. de Cristina de Peretti, Paidós Ibérica, Madrid, 1995.

DI LELLA, Pedro, "El matrimonio desquiciado y la culpa", *LL*, 1994-B, 8.

DI PIETRO, Alfredo, *Derecho Privado Romano,* 2ª ed. reimp., Depalma, Buenos Aires, 2001.

DÍAS, María Berenice y otros, *Afetos e estruturas familiares*, IBDFAM, Belo Horizonte, 2010.

—, "Da separação e do Divorcio" en DIAS, María Berenice y DA CUNHA PEREIRA, Rodrigo (coords.), *Direito de Família e o Novo Código Civil,* 4ª ed., Del Rey-Ibdfam, Belo Horizonte, 2006.

—, *Divorcio Já! Comentarios sobre la Enmienda Constitucional de 66, 13 de julio de 2010*, 2ª ed., Revista Dos Tribunais, 2012.

—, *Manual de Direito das familias,* 9ª ed., Revista dos Tribunais, Porto Alegre, 2013.

—, *Manual de Direito das Familias*, Livraria do Adrogado, Porto Alegre, 2005.

Díaz de Guijarro, Enrique, "El interés familiar como fórmula propia del orden público en materia de Derecho de Familia", *JA*, 1952-II, 455.

Diegues, Jorge A., "Cuando el activismo judicial desactiva la Constitución", *LL*, 2008-B, 11.

Diez Picazo, Luis, "Daños civiles en el matrimonio", Revista *Otrosí*, enero-marzo 2011, Madrid.

—, *Familia y derecho*, Civitas, Madrid, 1984.

—, "En torno al matrimonio entre personas del mismo sexo", en http://www.indret.com/pdf/ 420_es.pdf.

Diez, Carlos, *Tasas judiciales*, Hammurabi, Buenos Aires, 2005.

Divorcio. Debates en la Cámara de Diputados -Publicación oficial-, Est. Tip. El Comercio, Buenos Aires, 1902.

Dolto, Françoise, *Cuando los padres se separan*, Paidós, 1989.

Domínguez Folgueras, Marta, "1995-2006. Diez años de cambios en las parejas españolas", en colección *Opiniones y Actitudes*, nº 69, Centro de Investigaciones Sociológicas, Madrid, 2011.

Domínguez Luelmo, Andrés, "La supresión de las causas de separación y divorcio en la ley 15/2005 y sus repercusiones en el Derecho Civil", *Revista Jurídica de Castilla y León*, n° 13, 2007.

Dumont, L., *Homo Hierarchicus, il sistema delle caste e le sue implicazioni*, Ed. Adelphi, Milán, 1991.

Duprat, Carolina, "Convenio regulador en el divorcio: una herramienta que mejora y respeta las prácticas valiosas del código derogado", *RDF*, 2015-70, 121.

—, "El respeto de la autonomía de la voluntad en la disolución del vínculo conyugal. La necesidad de una reforma en materia de divorcio", en *El derecho de familia en Latinoamérica*, t. II, Nuevo Enfoque Jurídico, Córdoba, 2010.

—, "El divorcio en el proyecto de reforma del Código Civil", Microjuris, 17/08/2012, cita: MJ-DOC-5924-AR | MJD5924.

Durán Rivacoba, Ramón, "Matrimonio homosexual y filiación: consecuencias del error español", *ED*, diario 11.777, 12/06/2007.

Durán, Diego, *Historia de las Indias de Nueva España e Islas de la Tierra Firme*, Porrúa, 1967.

Durham, Eunice R., "Familia y reproducción humana", en Jelin, Elizabeth (coord.), *Family, Household and gender relations in Latin America*, Kegan Paul International, Londres, 1991.

Dworkin, Ronald, *Los derechos en serio*, 1ª reimp., Ariel, Barcelona, 2002.

—, "El liberalismo", en *Liberalismo, Constitución y Democracia*, La Isla de la Luna, Buenos Aires, 2003.

—, "Igualdad, Democracia y Constitución: nosotros, el pueblo, en los estrados", en *Liberalismo, Constitución y Democracia*, La Isla de la Luna, Buenos Aires, 2003.

FAMÁ, María Victoria, *La filiación,* Abeledo Perrot, Buenos Aires, 2011.

—, "¿La familia en desorden? Identidad y género en las relaciones de familia tras la crisis", *DJ*, 2004-2-1028.

—, "Convivencias de pareja y adopción", Supl. Act. 08/11/2007, 1.

—, "Jurisprudencia española. La reparación por daños y perjuicios frente al divorcio incausado", cita *online* AP/DOC/1092/2013.

—, "La libertad de intimidad y los procesos de familia", *LL*, 2006-E, 461.

—, "Nuevas tendencias jurisprudenciales en materia de divorcio", *RDF*, 2009-44, 7.

—, "Padres como los demás... Filiación y homoparentalidad en la ley 26.618 de matrimonio igualitario", *RDF*, 2011-48, 96.

FAMÁ, María Victoria y GIL DOMÍNGUEZ, Andrés, "Divorcio y daño moral: Una mirada constitucional" (columna de opinión), *LL*, diario 11/05/2005.

FAMÁ, María Victoria y HERRERA, Marisa, "Una mirada crítica sobre el deber de fidelidad durante la separación de hecho", en Supl. Ext. sobre "La subsistencia del deber de fidelidad durante la separación de hecho", Revista Jurídica electrónica *El Dial*, 26/12/2005.

FAMÁ, María Victoria, HERRERA, Marisa y REVSIN, Moira, "Un fallo que actualiza el debate sobre las causales de separación personal y divorcio vincular", *RDF*, 2004-II, 105.

FANZOLATO, Eduardo I., "La mediación familiar", en AA,VV., *Homenaje a Dalmacio Vélez Sarsfield,* t. III, Ed. Academia Nacional de Derecho, Córdoba, 2000.

—, en BUERES (dir.), HIGHTON (coord.), *Código Civil y normas complementarias. Análisis doctrinal y jurisprudencial,* t. 1B, 1ª ed., 2ª reimp., Hammurabi, 2005.

FARIAS, Cristiano Chaves de, *O Novo Procedimento da Separação e do Divórcio (de acordo com a Lei nº 11.441/07)*, Lúmen Júris, 2007.

FERNÁNDEZ DE BUJÁN, Antonio, *La jurisdicción voluntaria,* Cívitas, Madrid, 2001.

FERNÁNDEZ VALLE, Mariano, "Matrimonio y diversidad sexual: La lección sudafricana", en GARGARELLA, Roberto (coord.), *Teoría y Crítica del Derecho Constitucional,* t. II, Abeledo Perrot, Buenos Aires, 2008.

FERRER ORTIZ, Javier, "Del matrimonio canónico como modelo al matrimonio civil deconstruido: La evolución de la legislación española", Revista *Ius et Praxis,* año 17, nº 2, Universidad de Talca, 2011.

FERRER, Francisco A. M., "Derecho matrimonial", en MÉNDEZ COSTA, María Josefa, LORENZO DE FERRANDO, María Rosa, CADOCHE DE AZVALINSKY, Sara, D'ANTONIO, Daniel H., FERRER, Francisco A. M. y, ROLANDO, Carlos H., *Derecho de familia,* t. I, Rubinzal Culzoni, Santa Fe, 2001.

—, "El consentimiento matrimonial, los principios del Derecho Canónico y los vicios de simulación y dolo", *JA*, 1981-II, 7.

—, "El problema de la potestad legislativa y jurisdiccional sobre el matrimonio. Evolución histórica", *ED*, 49-907.

FORNÉS, Juan, *Derecho matrimonial canónico,* 5ª ed., Tecnos, Madrid, 2008.

FORTUNA, Mariana J., "Acerca del cumplimiento del plazo de tres años previsto en la causal objetiva del art. 214, inc. 2°, del Código Civil", *RDF*, 2003-II-23.

—, "Un avance en la interpretación de la causal de abandono voluntario y malicioso del hogar. Resignificación", *RDF*, 2007-II, 23.

FOSAR BENLLOCH Enrique, *Estudios de derecho de familia,* t. II, vol. 1°, Bosch, cit. por MIZRAHI, Mauricio L., *Familia, matrimonio y divorcio,* 2ª ed., Astrea, Buenos Aires, 2006.

FRACCON, Adalgisa, *Relationi familiari e responsabilità civile,* Ed. Giuffrè, Milano, 2003.

FRANCK, Inés, "El pretenso matrimonio homosexual y su influencia en la educación", *ED,* diario 13/07/2010.

FREIRE FALCAO DE OLIVEIRA, "El régimen de divorcio en Portugal. A propósito del nuevo Proyecto español: ¿un caso de ´paralelismo espontáneo´?, en *Familia, matrimonio y divorcio en los albores del siglo XXI,* Madrid, 2006.

FRIEDERICI, Georg, *El carácter del descubrimiento y la conquista de América,* FCE, México, 1986.

FUENMAYOR, Amadeo de, "El derecho a contraer un matrimonio civilmente indisoluble", en *Estudios de Derecho civil en homenaje al profesor Lacruz Berdejo,* vol. 2°, Barcelona, 1993.

—, *Divorcio: legalidad, moralidad y cambio social,* Pamplona, 1981.

FUSTEL DE CUOLANGES, Numa Denys, *La ciudad antigua,* Iberia, Madrid, 1979.

GAGLIANO, Pablo Stolze y PAMPLONA SON, Rodolfo, *O novo divórcio,* Sao Paulo, Saraiva, 2010.

GALDÓS, Jorge M., "La responsabilidad civil (parte general) en el Anteproyecto", *LL,* 2012-C-1264.

GANGI, Calogero, *Derecho Matrimonial,* traducción de Miguel Moreno Hernández; Aguilar; Madrid; 1960.

GARCÍA BELSUNCE, César A., "La familia", en Academia Nacional de la Historia, *Nueva historia de la Nación Argentina,* t. II, -período español (1600-1810), Planeta, Buenos Aires, 1999.

GARCÍA CANTERO, Gabriel y otros, *El Matrimonio: ¿contrato basura o bien social?,* Thomson Aranzadi, Navarra, 2008.

GARCÍA CANTERO, Gabriel, "Artículos 42 a 107", en ALBALADEJO, Manuel (dir.), *Comentarios al Código Civil y Compilaciones Forales,* 2ª ed., t. II, Revista de Derecho Privado, Edersa, Madrid, 1982.

GARCÍA PRESAS, Inmaculada, *La mediación familiar. Una alternativa en el proceso judicial de separación y divorcio,* La Ley, Madrid, 2009.

GARCÍA, Juan Agustín, *Sombras que pasan,* Ed. Andree Ha y Rey, 1925.

GARCIMARTÍN MONTERO, María del Carmen, *El sistema matrimonial en Estados Unidos,* Thomson - Aranzadi, Navarra, 2006.

GARGARELLA, Roberto, "Justicia y derechos sociales: lo que no dice el argumento democrático", en GARGARELLA, Roberto (coord.), *Teoría y crítica del derecho constitucional*, t. II -Derechos-, Abeledo Perrot, Buenos Aires, 2008.

Gaudemet, Jean, *El matrimonio en Occidente,* Humanidades, Taurus, Madrid, 1993.

Geny, François, « Risques et responsabilité», Rev. Trim. de *Droit Civil,* 1902-1-812.

Germani, Gino, *Estructura social de la Argentina. Análisis estadístico,* 2ª ed., Solar, Buenos Aires, 1987.

Gerosa Lewis, Ricardo, "Tutela judicial efectiva, acceso a la jurisdicción y tasa de justicia", *LL* Patagonia, 2006-637.

Ghirardi, Mónica e Irigoyen López, Antonio, "El matrimonio, el Concilio de Trento e Hispanoamérica", en *Revista de Indias,* vol. LXIX, nº 246, 2009.

Giberti, Eva, *La familia, a pesar de todo,* 2ª ed., Noveduc, Buenos Aires, 2007.

—, "La diversidad en las organizaciones familiares. ¿Cómo se conjuga con la bioética?", *RDF,* 2012-55, 159.

Gil Domínguez, Andrés, "El control de constitucionalidad y de convencionalidad de oficio: ¿una tensión difícil de superar?", *LL,* 2010-B, 1302.

—, "Matrimonio igualitario y objeción de conciencia", *LL,* 2010-D, 1330.

—, *La regla de reconocimiento constitucional argentina,* Ediar, Buenos Aires, 2007.

—, "Cuando de swingers se trata la Constitución es la que manda", *LL,* 2003-E, 501.

—, "Laicismo y libertad religiosa en un fallo del Tribunal Europeo de Derechos Humanos", *LL,* 2005-A, 56.

—, "La discriminación: una cuestión constitucional", *LL,* 2001-B, 897.

Gil Domínguez, Andrés, Famá, María Victoria y Herrera, Marisa, *Derecho Constitucional de Familia,* Ediar, Buenos Aires, 2006.

Gil Domínguez, Andrés, Famá, María Victoria y Herrera, Marisa, *Matrimonio igualitario y derecho constitucional de familia -ley 26.618-,* Ediar, Buenos Aires, 2010.

Giovannetti, Patricia S. y Roveda, Eduardo G., "Las Uniones Convivenciales en el Anteproyecto de Reforma del Código Civil", en *elDial.com* - DC188A, 04/06/2012.

Giraudo Esquivo, Nicolás y Simian, María J., "El convenio regulador en el divorcio incausado: un abordaje diferente. Su necesariedad", *RDF,* 2014-67, 41.

Giuliani Fonrouge, Carlos M. y Navarrine, Susana C., *Tasas judiciales. Ley 21.859, comentada y anotada con doctrina y jurisprudencia,* Depalma, Buenos Aires, 1982.

Glinka, Fernando y otros, "El nuevo Código Civil y Comercial y su aplicación temporal. Un breve paneo jurisprudencial", MJ-DOC-7423-AR, MJD7423.

Goitia, Ezequiel, "Algo más sobre la separación de hecho sin voluntad de unirse (arts.204 y 214, inc. 2° del Cód. Civ.)", *LL,* 1993-A, 80.

—, "Demanda conjunta de divorcio por separación de hecho", *JA*, 1990-1, 777.

—, "Divorcio. Separación de hecho", *RDF*, 2000-17, 245.

Goldberg, Beatriz, *Tuyos, míos, nuestros. Cómo rearmar y disfrutar la familia después del divorcio*, Grijalbo, Buenos Aires, 2000.

Gomá Lanzón, Ignacio, "Notarios, matrimonios y jurisdicción voluntaria", en *El Notario del siglo XXI*, nº 42, marzo/abril, Colegio Notarial de Madrid, 2012.

Gómez, Claudio D. y Salomón, Marcelo J., "Inconstitucionalidad del art. 214, inc. 2º, CCiv.: un aporte más al debate sobre la autonomía personal en el derecho de familia", *RDF*, 2007-II, 151.

Gómez, Viviana, "Abordaje de conflictos familiares. Reflexiones sobre una práctica", *RDF*, 2014-66, 48.

—, "Garantías del niño en el proceso de mediación", *RDF*, 2013-62, 220.

—, "La ley 26.589 y la mediación familiar", *JA*, 2000-IV, 953.

—, "El proceso de divorcio y la mediación", *RDF*, 2004-28, 55.

—, "La mediación en el divorcio y el lugar del niño, la niña y el adolescente", *RDF*, 2009-44, 65.

González, Kirsten A., Scales Rotosky, Sharon, Odom, Robert D., Riggle, Ellen D.B. "The Positive Aspects of Being the Parent of an LGBTQ Child", en *Family process*, vol. 52, nº 2, 2013.

González de Vicel, Mariela, "El rol del juez de familia en el derecho proyectado", Revista de *Derecho Privado*, Infojus, nº 6, Buenos Aires, 2014

González Ferrer, Yamila, "Algunas reflexiones sobre los métodos alternos de solución de conflictos, en particular la mediación familiar", en Kemelmajer de Carlucci, Aída y Pérez Gallardo, Leonardo B. (coords.), *Nuevos perfiles del derecho de familia*, 1ª ed., Rubinzal Culzoni, Santa Fe, 2006.

González Poveda, Bienvenido, *La jurisdicción voluntaria. Doctrina y formularios*, 4ª ed., Thomson Aranzadi, Navarra, 2008.

Gordillo, Agustín, *Introducción al Derecho*, Fund. de Derecho Administrativo, Buenos Aires, 2000.

Gowland, Alberto J., "Matrimonio imposible", *ED*, diario 11.872, 30/10/2007.

Goyena, Juan (comp.), *Digesto Eclesiástico Argentino*, Especial de Obras, Buenos Aires, 1880.

Goytía, Alejandro, "Consideraciones en torno al cómputo del plazo", *ED*, 197-548.

Grau Rebollo, Jorge, *Procreación, género e identidad. Debates actuales sobre el parentesco y la familia en clave transcultural*, Bellaterra, Barcelona, 2005.

Grimal, Pierre, *El amor en la antigua Roma*, Paidós Ibérica, Barcelona, 2000.

Grosman, Cecilia P. y Arianna, Carlos, "Hacia una mayor efectividad del artículo 255 del Código Civil", *JA*, 1992-II, 692.

Grosman, Cecilia P. y Herrera, Marisa, "Tensiones y desafíos del derecho a contraer matrimonio de las parejas del mismo sexo. La experiencia en el derecho argentino", en Gómez De La Torre, Maricruz (dir.) y Lepin, Cristian (coord.), *Parejas homosexuales ¿Unión civil o matrimonial?,* Abeledo Perrot-Thomson Reuters, Facultad de Derecho de la Universidad Nacional de Chile, Santiago, 2013.

Grosman, Cecilia P. y Martínez Alcorta, Irene, "Alimentos entre cónyuges. La ley 23.515", *LL*, 1989-A, 906.

Grosman, Cecilia P., *El proceso de divorcio. Derecho y realidad*, Ábaco, Buenos Aires, 1985.

—, "¿Deben regularse las convivencias de parejas?", *JA*, 1998-80ª, 240.

—, "La separación y el divorcio en el Proyecto de Código Civil Unificado con el Código de Comercio. Algunas propuestas para el debate", *RDF*, 2001-18, 123.

—, "Tendencias actuales en el derecho alimentario de los cónyuges divorciados", *LL*, 1982-A, 750.

—, en Bueres, Alberto J. (dir.) y Highton, Elena I. (coord.), *Código Civil y normas complementarias*, t. 1B, 2ª reimpresión, Hammurabi, Buenos Aires, 2005.

—, "El interés superior del niño", en Grosman, Cecilia (dir.), *Los derechos del niño en la familia. Discurso y realidad*, Universidad, Buenos Aires, 1998.

Guahnon, Silvia V., Medidas Cautelares en el Derecho de Familia, La Rocca, Buenos Aires, 2011.

—, "El nuevo juicio de divorcio. Panorama general", cita: elDial.com - DC2092, publicado el 29/02/2016.

Guahnon, Silvia y Somer, Marcela, "La mediación como vía de superación de los conflictos familiares", Revista de Derecho Procesal, 2012-1.

Guerreira, Víctor Hugo, *Divorcio y sociedad contemporánea*, Tea, Buenos Aires, 1988.

Guilarte Gutiérrez, Vicente, "Comentarios del nuevo artículo 81 del Código Civil", en Guilarte Gutiérrez, Vicente (dir.), *Comentarios a la reforma de la separación y el divorcio. Ley 15/2005, de 8 de julio*, 1ª ed., Lex Nova, Valladolid, 2005.

Guitrón Fuentevilla, Julián, "La mediación y el Consejo de Familia" en Kemelmajer de Carlucci, Aída y Pérez Gallardo, Leonardo B. (coords.), *Nuevos perfiles del derecho de familia*, 1ª ed., Rubinzal Culzoni, Santa Fe, 2006.

Gutiérrez, Delia M., "Cuestiones suscitadas en torno a la separación de hecho entre cónyuges", *LL*, 1992-E, 1087.

Guzmán Ávalos, Aníbal, "El divorcio en el derecho mexicano", en Acedo Penco, Ángel y Pérez Gallardo, Leonardo B. (coords.), *El divorcio en el Derecho Iberoamericano*, Temis, Ubijus, Reus, Zavalía, Bogotá, México D. F., Madrid, Buenos Aires, 2008.

Habermas, Jurgen, *El futuro de la naturaleza humana: ¿Hacia una eugenesia liberal?,* Biblioteca del Presente, nº 20, Paidós, Barcelona, 2002.

Hamudis, Alejandro, S., "Acerca del deber de fidelidad y la posibilidad de promover una demanda de divorcio por las causales del artículo 202 de la ley

23.515 después de la separación personal", *JA*, 1988-IV, 893.

Haskey, John, "Living arrangements in contemporary Britain: Having a partner who usually lives elsewhere and living apart together (LAT)", *Population Trends*, nº 122, 2005.

Haynes, J. M. y Haynes, G. L., *La mediación en el divorcio*, Granica, Barcelona, 1997.

Hernández, Lidia B., "El vaciamiento de la culpa en materia matrimonial en la reforma del Código Civil y Comercial de la Nación", *DFyP*, 2014 (noviembre), 37.

Herrera, Marisa, "La familia en la Constitución 2020, ¿Qué famili@?", en Gargarella, Roberto (coord.), *La Constitución en 2020. 48 propuestas para una sociedad igualitaria*, Siglo XXI, Buenos Aires, 2011.

—, "El Código Civil y Comercial de la Nación desde la perspectiva de género", *LL*, 2015-A, 927

—, *"El régimen de* divorcio *incausado en el Código Civil y Comercial de la Nación", Supl. Especial Familia en el CCyC (primera parte), diciembre, La Ley, Buenos Aires, 2014.*

—, "Adopción y ¿homo-parentalidad u homofobia? Cuando el principio de igualdad manda", JA 2010-III, Fasc. 12, 22/09/2010, Abeledo Perrot Online nº: 0003/015130.

—, "El divorcio en el derecho argentino", en Acedo Penco, Ángel y Pérez Gallardo, Leonardo B. (coords.), *El divorcio en el derecho iberoamericano*, Temis, Ubijus, Reus, Zavalía, Bogotá, México D.F., Madrid, Buenos Aires, 2008.

—, "El lugar de la justicia en la ruptura matrimonial según la legislación que se avecina: Bases para leer el régimen de divorcio incausado", en Herrera, Marisa y Graham, Marisa (dirs.), *Derecho de las Familias, Infancia y Adolescencia. Una mirada crítica y contemporánea,* Infojus, Buenos Aires, 2014.

—, "La lógica de la legislación proyectada en materia de familia. Reformar para transformar", en Revista *Derecho Privado*, Infojus, nº 6, Buenos Aires, 2013.

—, "Matrimonio entre personas del mismo sexo en Francia. Se hace camino al andar", *LL*, 2013-A, 795.

—, "Nuevas tendencias en el derecho de Familia de hoy. Principios, bases y fundamentos", Microjuris MJ-DOC-5595-AR, MJD5595.

—, "Perspectivas contemporáneas sobre el divorcio en el derecho comparado. Una mirada desde afuera para una revisión crítica hacia adentro", *RDF*, 2009-44, 75.

—, "Una mirada crítica y actual sobre el divorcio vincular en el Mercosur y países asociados a la luz de los derechos humanos", *Revista de Derecho Privado*, edición especial 2012.

Herrera, Marisa, Caramelo, Gustavo y Picasso, Sebastián (dirs.), *Código Civil y Comercial de la Nación comentado*, t. II, Infojus, Buenos Aires, 2015.

Herrera, Marisa y Lamm, Eleonora, "Cobertura médica de las técnicas de reproducción asistida. Reglamentación que amplía el derecho humano a formar una familia", *LL*, 2013-D, 1037.

—, "¿Esconder o enfrentar? Otro argumento a favor de la regulación de la gestación por sustitución", Revista Microjuris, cita online: MJ-DOC-5971-AR | MJD5971.

HERRERA, Marisa y PELLEGRINI, María Victoria, "Rol de los registros civiles en las relaciones de familia. Impacto del nuevo Código", La Ley 06/05/2015, p. 1, cita *online*: AR/DOC/1248/2015.

HERRERA, Marisa, DE LA TORRE, Natalia y BLADILLO, Agustina, "Cubrir y descubrir la lógica de la doctrina jurisprudencial en materia de técnicas de reproducción asistida", Supl. *JA* 01/05/2013, 13; *JA* 2013-II; cita *online* AP/DOC/521/2013.

HERRERO BRASAS, Juan Antonio, "Obispos, matrimonio homosexual y objeción de conciencia", en *Claves de la Razón Práctica*, nº 153, 2005.

HERVADA XIBERTA, Francisco J., *Diálogos sobre el amor y el matrimonio*, 2ª ed., Eunsa, Universidad de Navarra, Navarra, 1975.

—, Francisco Javier, *El ordenamiento canónico*, Universidad de Navarra, Pamplona, 2008.

—, *Los fines del matrimonio. Su relevancia en la estructura jurídica matrimonial*, Est. Gª Navarra Pamplona, 1960.

—, *Carta sobre el divorcio: el matrimonio y la fe de la Iglesia*, Navarra Gráfica, Pamplona, 1998.

HIGHTON, Elena, "Pautas para mediadores: tenencia, guarda, visitas y la amplitud de posibilidades de la mediación", *RDF*, 1998-12.

HOLLWECK, Mariana, "Divorcio vincular. Interpretación de los arts. 437 y 438 del Proyecto", *DFyP*, 2012 (julio), 73.

HOLZMAN, Daiana M., "Filiación y voluntad procreacional: Cuando el deseo de ser padres y el interés superior del niño se imponen", *RDF*, 2013-VI, 69.

HUSNI, Alicia, "La interdisciplina como herramienta de decisión judicial", *RDF*, 2014-66-62.

HUSNI, Alicia y RIVAS, María Fernanda, "Divorcio y Violencia, de la contienda a la despedida", *RDF*, 2009-44, 109.

—, "Separaciones dañinas: daño psicológico en los hijos", *RDF*, 2005-29, 251.

HUSSON, Geneviéve y VALBELLE, Dominique, *Instituciones de Egipto. De los primeros faraones a los emperadores romanos*, Cátedra, Madrid, 1998.

IBARLUCÍA, Emilio A., "Unión convivencial y autonomía personal en el Proyecto de Código", *LL*, 08/02/2013, p. 1.

—, "El reclamo de reparación del daño moral por las causales subjetivas de divorcio. La correcta interpretación de la ley y la cuestión constitucional, *RDF*, 2010-45, 85.

IBARRA, Vilma, "Matrimonie igualitario. Aspectos constitucionales", *LL*, Supl. Especial "Matrimonio civil entre personas del mismo sexo", Buenos Aires, 2010.

Jalil, Julián Emil, "El daño moral derivado de la disolución del matrimonio o de las uniones convivenciales en el nuevo Código Civil y Comercial", RCyS, 2016-III, 15.

Jáuregui, Rodolfo G., "Sobre la reinterpretación de la causal de abandono voluntario y malicioso y la aplicación de una causal objetiva *extra petita*"; *LL*, 2006-F, 205.

—, "Un plenario con impecable aplicación de los principios procesales", *LL*, 15/02/2011, 7.

—, "Adopción por parejas del mismo sexo", *LL*, Supl. Esp. Matrimonio Civil 2010.

Jelin, Elizabeth, "*Familia: crisis y después*", en Wainerman, Catalina (comp.), *Vivir en Familia,* Unicef-Losada, Buenos Aires, 1994.

Jelin, Elizabeth, "La familia en Argentina: Trayectorias históricas y realidades contemporáneas" en Kemelmajer de Carlucci, Aída (dir.) y Herrera, Marisa (coord.), *La familia en el Nuevo Derecho,* Rubinzal Culzoni, Santa Fe, 2009.

—, "Las familias latinoamericanas en el marco de las transformaciones globales: Hacia una nueva agenda de políticas públicas", trabajo preparado para el seminario sobre *Políticas hacia las familias, protección e inclusión sociales,* Santiago (Chile), CEPAL, junio de 2005.

—, *Pan y afectos. La transformación de la familia,* 2ª ed., FCE, Buenos Aires, 2010.

—, *Pan y afectos. La transformación de las familias,* 1ª ed., FCE, Buenos Aires, 1998.

Jörs, Paul, *Derecho Privado Romano,* Labor, Barcelona, 1937.

Justiniano, *Digesto,* versión castellana de Álvaro d´Ors *et al.,* Aranzadi, Pamplona, 1986.

Kangulumba Mbambi, Vincent, "Cuestiones seleccionadas del Código de la Familia de la República Democrática del Congo como resultado del examen del derecho comparado africano de familia. Caso del derecho al matrimonio", *Revista de Derecho Comparado,* nº 10, Rubinzal Culzoni, Santa Fe, 2005.

Kant, Immanuel, *La metafísica de las costumbres,* Tecnos, Madrid, 1989.

Kaser, Max, *Derecho Romano Privado,* trad. de Santa Cruz Teijeiro, 5ª ed., Reus, Madrid, 1968.

Kemelmajer de Carlucci, Aída, *La aplicación del Código Civil y Comercial a las relaciones y situaciones jurídicas existentes,* Rubinzal Culzoni, Santa Fe, 2015.

—, "El artículo 7 del Código Civil y Comercial y los expedientes en trámite en los que no existe sentencia firme", *LL,* 2015-B, 1146.

—, "La autonomía de la voluntad en el derecho de familia argentino", en Herrera, Marisa y Graham, Marisa (dirs.), *Derecho de las Familias, infancia y adolescencia. Una mirada crítica y contemporánea,* Infojus, Buenos Aires, 2014.

—, "Alberdi, precursor de la constitucionalización del derecho de familia", en *Homenaje a Juan Bautista Alberdi,* t. II, vol. XXXII, Ediciones de la Academia

Nacional de Derecho y Ciencias Sociales de Córdoba, Córdoba, 2002.

—, "El derecho de familia en la República Argentina en los inicios del siglo XXI. Su inexorable proceso de constitucionalización y adecuación a los tratados internacionales de derechos humanos", *Revista de Derecho Comparado,* nº 10, Rubinzal Culzoni, Santa Fe, 2005.

—, "La mediación familiar. Un instrumento pacificador que avanza", *RDF,* 2014-66-12.

—, "Las nuevas realidades familiares en el Código Civil y Comercial argentino de 2014", *LL* diario 8/10/2014.

—, "Lineamientos generales del derecho de familia en el proyecto de Código Civil y Comercial unificado (por qué no al maquillaje)", *RDPyC,* 2012-2 -Proyecto de Código Civil y Comercial I-, Rubinzal Culzoni, Santa Fe, 2012.

—, "Daños y perjuicios causados al progenitor por la obstaculización del derecho a tener una adecuada comunicación con un hijo. Una interesante sentencia Italiana", Revista de Derecho de Daños, 2001-2, Rubinzal Culzoni, Santa Fe, 2001.

—, "Derechos Humanos y Familia", en ARNAUD, André-Jean y otros, *Aspectos Constitucionales y Derechos Fundamentales de la Familia,* Univ. Externado de Colombia, Bogotá, 2001.

—, *Separación de hecho entre cónyuges,* Astrea, Buenos Aires, 1978.

KEMELMAJER DE CARLUCCI, Aída y HERRERA, Marisa, "Convenio regulador en el divorcio. Respuestas a preguntas equivocadas", *LL,* 2015-B, 1134.

—, "El divorcio sin expresión de causa y los deberes y derechos matrimoniales en el nuevo Código", *LL,* 2015-C, 1280.

—, "Una voz autorizada del ámbito regional manda no discriminar en razón de la orientación sexual", *LL,* 2012-B, 1254.

—, "Matrimonio, orientación sexual y familias. Un aporte colaborativo desde la dogmática jurídica", *LL,* 2010-C, 1382.

—, "El principio de no discriminación en una reciente sentencia del Tribunal Europeo de Derechos Humanos. Una cuestión en movimiento desde el ámbito regional y una responsabilidad desde el ámbito estatal", *LL,* 2010-D, 282.

KEMELMAJER DE CARLUCCI, Aída, HERRERA, Marisa y CULACIATI, Martín Miguel, "La culpa que el proceso de divorcio expulsó por la puerta no debe entrar por la ventana del derecho de daños", *LL,* 2017-B, 468.

KEMELMAJER DE CARLUCCI, Aída, HERRERA, Marisa y LAMM, Eleonora, "Filiación y homoparentalidad. Luces y sombras de un debate incómodo y actual", *LL,* 2010-E, 977.

—, "Gestación por sustitución en Argentina Inscripción judicial del niño conforme a la regla de la voluntad procreacional", *LL,* 2013-D, 195.

KEMELMAJER DE CARLUCCI, Aída, HERRERA, Marisa y LLOVERAS, Nora (dirs.), *Tratado de derecho de familia, según el Código Civil y Comercial de 2014,* t. I, Rubinzal Culzoni, Santa Fe, 2014.

KIELMANOVICH, Jorge L., *Código Procesal Civil y Comercial de la Nación, comentado y anotado y conformado con la ley 26.994*, 7ª ed., Abeledo Perrot, Buenos Aires, 2015.

—, *Derecho Procesal de Familia*, 1ª ed., Abeledo Perrot, Buenos Aires, 2007.

—, "El proceso de divorcio en el Código Civil y Comercial", *LL*, 2015-B, 1102.

—, "Algo más sobre la petición unilateral de divorcio y la propuesta reguladora", RCCyC, 2015 (noviembre), 25.

—, "Algo más acerca de la petición unilateral de divorcio", *LL*, diario 25/09/2015, p. 1.

—, "Apostillas sobre el proceso de divorcio en el Proyecto de Código", *LL*, 2014-E, 1362.

—, "Los principios del proceso de familia", *JA*, 2005-III, 1028.

—, *Juicio de divorcio y separación personal*, Rubinzal Culzoni, Santa Fe, 2002.

—, "Divorcio por causales objetivas: un plenario acertado", *DJ*, 17/11/2010, 7.

—, "La nueva ley de mediación prejudicial obligatoria (ley 26.589)", *JA*, 2010-II, 868.

Klein Vieira, Luciane, "El cambio de paradigma en Brasil: La aceptación jurisprudencial del casamiento entre personas del mismo sexo", cita online: AP/DOC/2071/2012.

Kluger, Viviana, "Casarse, mandar y obedecer en el Virreinato del Río de la Plata: Un estudio del deber-derecho de obediencia a través de los pleitos entre cónyuges", Revista *Fronteras de la Historia*, nº 8, ICANH -Instituto Colombiano de Antropología e Historia-, 2003.

—, "Recopilación, codificación, descodificación y recodificación. Permanencias y cambios en el derecho de familia argentino", en Cruz Barney, Oscar (coord.), *La Codificación*, Porrúa, México, 2006.

Kunz, Ana y Cardinaux, Nancy, *Investigar en derecho*, Departamento de Publicaciones, Facultad de Derecho, Universidad de Buenos Aires, 2005.

Krasnow, Adriana N., "La filiación en el hoy y en el mañana", *RDF*, 2012-56, 155.

—, "Divorcio, adulterio y prueba. Un nuevo caso para pensar", *LL Litoral*, 2011 (octubre), 965.

Labadie Jackson, Glenda, "Deshojando margaritas: Un recuento histórico del reconocimiento jurídico del matrimonio homosexual en los Estados Unidos de América", *InDret* 2-2006, Barcelona, 2006.

Lacruz Berdejo, José Luis y otros, *Elementos de Derecho Civil*, t. IV, 4ª ed., Bosch, Barcelona, 1997.

Lafferriere, Jorge Nicolás y Basset, Úrsula C., "Europa redefine familia, pero conserva el matrimonio de varón y mujer. Últimas novedades del Tribunal Europeo de Derechos Humanos", *LL*, 2010-D, 296.

Lagomarsino, Carlos A. y Uriarte, Jorge A., *Separación personal y divorcio*, Universidad, Buenos Aires, 1997.

LAMAS, Martha, "Editorial", en *Debate Feminista*, vol. 32, México, 2005.

LAMM, Eleonora, "La autonomía en las nuevas formas de reproducción. La maternidad subrogada. La importancia de la voluntad como criterio decisivo de la filiación y la necesidad de su regulación legal", *RDF*, 2011-50, 107.

LARA, Federico, *Código de Hammurabi*, Ed. Nacional, Madrid, 1982.

LARTIGAU LESPADA, H., *El divorcio como institución religiosa*, Talleres Gráficos Araujo Hnos., Buenos Aires, 1923.

LASARTE ÁLVAREZ, Pedro Carlos, "Merecido adiós al sistema causalista en las crisis matrimoniales", *Actualidad Jurídica Aranzadi*, nº 655, 2005.

LATZINA, Francisco, *Demografía*, Compañía Sudamericana de Billetes de Banco, Buenos Aires, 1903.

LAURENT, F., *Principies de Droit Civil Francais*, t. Deuxiéme, Bruxelles-Paris, 1870.

LEDESMA URIBE, José de Jesús, "Universalismo y cristianismo en la concepción justiniana del Imperio", en *Jurídica*. Anuario del Departamento de Derecho de la Universidad Iberoamericana, nº 18, 1986.

LEVAGGI, Abelardo, *Manual de historia del derecho castellano (castellano-indiano/nacional)*, t. I, 2ª ed., Depalma, Buenos Aires, 1998.

LEVIN, Irene, "Living Apart Together: A New Family Form", *Current Sociology*, nº 52, vol. 2, 2004.

LIMA QUINTANA, Susana y otros, "Recreando vínculos: nuevas prácticas en mediación familiar", *RDF*, 2012-54, 35.

LLAMAS POMBO, Eugenio, "Los efectos de las crisis matrimoniales", en LLAMAS POMBO, Eugenio (coord.), *Nuevos conflictos del Derecho de Familia*, La Ley, Madrid, 2009.

LLOVERAS DE RESK, María E., "La separación de hecho prolongada como causal de divorcio", *JA*, 1988-III, 763.

LLOVERAS, Nora, "El divorcio en el Anteproyecto de Código Civil", *JA*, 2012-II, 16.

—, "Convivencias de parejas heterosexuales y los efectos patrimoniales", *RDF*, 2010-46, 159.

LLOVERAS, Nora y MIGNON, María Belén, "La ley 26.618 de Matrimonio Igualitario Argentino: La filiación y el Registro Civil", SJA 17/8/2011, Abeledo Perrot online nº: 0003/015537.

LLOVERAS, Nora y RÍOS, Juan Pablo, "El divorcio incausado en el proyecto de Código Civil y Comercial de la Nación del año 2012", Microjuris, 20/08/2013, cita: MJ-DOC-6394-AR | MJD6394.

LLOVERAS, Nora y SALOMÓN, Marcelo J., *El derecho de familia desde la Constitución Nacional*, Universidad, Buenos Aires, 2009.

LLOVERAS, Nora, ORLANDI, Olga y FARAONI, Fabián, *Régimen jurídico del matrimonio civil. Ley 26.618*, Enfoque Jurídico, Córdoba, 2010.

LLOVERAS, Nora, ORLANDI, Olga, FARAONI, Fabián, VERPLAETSE, Susana y MONJO, Sebastián, "Las uniones convivenciales en la Argentina y los aspectos patrimoniales: una visión legal y jurisprudencial", Abeledo Perrot *online* nº

0003/70055758-1.

LÔBO, Paulo, *Direito Civil. Famílias,* Saraiva, 2008.

LÓPEZ DE LA CRUZ, Laura, "El resarcimiento del daño moral ocasionado por el incumplimiento de los deberes conyugales", *InDret* nº 4/2010, Barcelona, 2010, www.indret.com/pdf/783_es.pdf

—, "La libertad individual como elemento integrante del concepto de matrimonio. Su especial manifestación en la disolución del vínculo conyugal", en *Anuario de Derecho Civil,* t. LXII, II, abril-junio, 2009.

LÓPEZ DEL CARRIL, Julio J., "Problemática que plantea la norma del art. 67 bis de la ley 2393 ante la muerte, renuncia, jubilación, remoción o cesantía de magistrados", *JA,* 1976-IV, 645.

LÓPEZ DEL CARRIL, Luis María, "El divorcio en el Proyecto de Código", *LL,* 2012-E, 1360.

—, "Un aporte al análisis del plenario civil sobre divorcio", *LL,* 2010-F, 349.

LÓPEZ, Gregorio, *Las Siete Partidas del Sabio Rey D. Alfonso el IX,* con las variantes de más interés y con la glosa del Lic. Gregorio López, Imprenta de Antonio Bergnes y Cia., Barcelona, 1843.

LORENZETTI, Ricardo L. (dir.), *Código Civil y Comercial de la Nación comentado,* t. III, Rubinzal Culzoni, Santa Fe, 2014.

—, "Aspectos valorativos y principios preliminares del Anteproyecto de Código Civil y Comercial de la Nación", *LL,* 2012-C, 581.

LORENZO DE FERRANDO, M. R., "Tipificación de la separación de hecho como causal de separación personal o de divorcio", *DJ,* 1988-2-223.

LOYARTE, Dolores, *Declaración de Mar del Plata: Declaración Universal de los Derechos Humanos de las familias,* cita: AP/DOC/367/2013.

LOYARTE, Dolores y ROTONDA, Adriana, *Procreación humana artificial: un desafío bioético,* Depalma, Buenos Aires, 1995.

LUQUIN BERGARECHE, Raquel, *Teoría y práctica de la mediación familiar intrajudicial y extrajudicial en España,* Thomson-Civitas, Madrid, 2007.

MACCOULL, Leslie S. B., *Coptic marriage-contract,* Fondation Égyptologique Reine Elisabeth, Bruxelles, 1979.

MACHUCA DIEZ, Anastasio, *Los Sacrosantos concilios de Trento y Vaticano, en latín y castellano,* Madrid, 1903.

MAKIANICH DE BASSET, Lidia N., "La reforma sueca en materia de divorcio", en *Revista Jurídica de San Isidro,* nº 25, enero-diciembre, San Isidro, 1989.

MANILI, Pablo L., *El bloque de constitucionalidad. La recepción del Derecho Internacional de los Derechos Humanos en el Derecho Constitucional Argentino,* La Ley, Buenos Aires, 2003.

MANZANOS BILBAO, César (dir.), *La separación matrimonial. Investigación sociojurídica aplicada en el País Vasco,* Colección Ciencia, Fundamentos, Madrid, 2000.

MARLOW, Lenard, *Mediación familiar. Una práctica en busca de una teoría. Una nueva visión del derecho,* Granica, Barcelona, 1999.

MARRAMA, Silvia, "Una sugerencia acerca de la Reforma del Código Civil", *ED*, 247-631.

MARTÍN, Jorgelina A., "Reglas de competencia en los procesos de familia establecidas por el nuevo Código Civil y Comercial de la Nación", *RDF*, 2016-III, 83.

MARTÍN CASALS, Miguel, El derecho a la "convivencia anómica en pareja": ¿Un nuevo derecho fundamental?, Comentario general a la STC de 23/04/2013 (RTC 2013\93), *InDret -Revista para el Análisis del Derecho-*, vol. 3/2013, Barcelona, 2013.

MARTÍN SÁNCHEZ, María, *Matrimonio homosexual y Constitución*, Tirant lo Blanch, Valencia, 2008.

MARTÍNEZ DE AGUIRRE, Carlos, "El matrimonio deconstruido", GARCÍA CANTERO, Gabriel *et al*, *El matrimonio: ¿Contrato basura o bien social?*, Thomson Aranzadi, Pamplona, 2008.

MARTÍNEZ ZENTENO, Toribio, "El divorcio en el derecho boliviano", en ACEDO PENCO, Ángel y PÉREZ GALLARDO, Leonardo B. (coords.), *El divorcio en el Derecho Iberoamericano*, Temis, Ubijus, Reus, Zavalía, Bogotá, México D. F., Madrid, Buenos Aires, 2008.

MARTINIC, Maria Dora, VV.AA. (coord.), RAMÍREZ NECOCHEA, Mario, *Nuevas Tendencias del derecho*, Lexis Nexis, 2004.

MARTINS GOULART CAROSSI, Eliane, "Las relaciones familiares y derecho de familia en el siglo XXI, Escuela de Derecho, Caxias do Sul, vol. 12, 2003.

MARTY y RAYNAUD, *Droit Civil*, 2ª ed., t. I, vol. "*Les Personnes*", Paris, 1967.

MATABOSCH, Antoni - TORRAS I RODERGAS, Josep, *Divorcio e Iglesia*, Marova, Madrid, 1979.

MATRAYA y RICCI, Juan Joseph, *Catálogo cronológico de pragmáticas, cédulas, decretos, órdenes y resoluciones reales*, Instituto de Investigaciones de Historia del Derecho, Buenos Aires, 1977.

MATTERA, Marta del Rosario, "El juez frente al divorcio: respeto por la autonomía y privacidad de los cónyuges", *RDF*, 2000-16, 83.

MATURANA, Humberto y VARELA, Francisco, Conferencia: "Biología, cibernética y comunicación", Buenos Aires, mayo de 1988.

MAZZINGHI, Jorge A., *Derecho de Familia*, t. 3, Ábaco, 1996.

—, "Superposición de causales, alienación mental y separación por más de tres años", *ED*, 141-502.

MAZZINGHI, Jorge A. (h), "Ley de matrimonio entre personas del mismo sexo. A la sombra de Lucrecio", *LL*, Supl. Act. 1° de agosto de 2010.

MCGINN, Thomas A. J., "Concubinage and the *lex Iulia* on adultery", en *Transactions of the American Philological Association*, Scholars Press, 1991.

MEDINA ALCOZ, Ana María, "La función de la responsabilidad civil extracontractual", en *Anuario de la Academia Aragonesa de Jurisprudencia y Legislación*, 2002/2004.

MEDINA PABÓN, Juan Enrique, *Derecho Civil. Derecho de Familia*, 2ª ed., Universidad del Rosario, Bogotá D.C., 2010.

MEDINA, Graciela, "Límites a la autonomía en el Derecho de Familia. La poligamia", *DFyP*, nº 11-diciembre-, 2013.

MEDINA, Graciela y HOLLWECK, Mariana, "El divorcio por presentación conjunta y los convenios de disolución de la sociedad conyugal", *LLBA*, 2001-1333.

MELTZAR, Scott, "Nuestra cultura del divorcio: una perspectiva desde Durkheim", *Journal of Divorce & Remarriage*, vol. 52, nº 3, 2011.

MÉNDEZ COSTA, María Josefa, "Dos importantes cuestiones sobre la sociedad conyugal, separación de hecho y divorcio por presentación conjunta", *LL*, 1980-D, 234.

MÉNDEZ COSTA, María Josefa y D´ANTONIO, Daniel H., *Derecho de Familia*, t. II, Rubinzal Culzoni, Santa Fe, 2001.

MENDIGUREN, Alfredo E. y otros, *Régimen de mediación y conciliación, ley 24.573*, Astrea, Buenos Aires, 1996.

MENEZES DA COSTA, María Aracy, "Brasil y la Enmienda Constitucional nº 66 del 13/07/2010 que ha cambiado el divorcio", *RDF*, 2010-47, 201.

MERLO, Leandro M., "Un necesario y esperado plenario que afianza la seguridad jurídica en materia de derecho de familia", *DFyP*, nº 11, 2010.

MESA CASTILLO, Olga, "El divorcio: Otro ángulo de análisis", en *Revista Cubana de Derecho*, año XVIII, nº 38, julio-septiembre, 1989.

MESSÍA DE LA CERDA BALLESTEROS, Jesús A., "La regulación del divorcio no judicial: Una perspectiva comparada", KEMELMAJER DE CARLUCCI, Aída, BORILLO, Daniel A. y FLORES RODRÍGUEZ, Jesús (dirs.), *Nuevos desafíos del Derecho de Familia*, Rubinzal Culzoni, Santa Fe, 2014.

—, "La implantación del divorcio por mutuo acuerdo ante notario en España", en *Revista Crítica de Derecho Inmobiliario*, nº 734, Madrid, 2012.

MEULDERS-KLEIN, Marie-Thérése, *La personne, la famille et le droit*, Ed. LGDJ/ Bruylant, Paris, 1999.

—, "La problématique du divorce dans la législation d'Europe occidentale", *RIDC*, 1989.

MIGHETTI, Carlos M., "El rol del Consejero de familia en la `Etapa Previa´ del proceso de familia de la ley 11.453 de la provincia de Buenos Aires", *JA*, Supl. 7/08/2004.

MILL, Stuart, *Sobre la libertad*, Alianza, Madrid, 1999.

MILLÁN, Liliana Luján y STARÓPOLI, María del Carmen, "El ocaso del matrimonio y la impronta del concubinato", *DFyP*, 2013 (junio), 6.

MINUCHIN, Salvador, *Familias y terapia familiar*, Gedisa, Barcelona, 1999.

MIZRAHI, Mauricio L., Familia, matrimonio y divorcio, 2' ed., Astrea, Buenos Aires, 2006.

—, *Familia, matrimonio y divorcio*, 1ª ed., Astrea, Buenos Aires, 1998.

—, "Alcance de la causal objetiva de divorcio: Una inquietante sentencia "*contra legem*"", *LL*, 1998-B, 129.

—, "Improcedencia de las indemnizaciones por daños en los divorcios decretados por causales subjetivas", *JA*, 1991-IV-680.

—, "Los daños y perjuicios emergentes del divorcio y el plenario de la Cámara Civil", *LL*, 1996-D, 1702.

—, "Mediación familiar obligatoria previa al proceso judicial", *LL*, 2012-B, 619.

—, "El cese de los deberes matrimoniales tras la separación de hecho: un `*leading case*´", *LL*, 2000-B, 360.

—, "El régimen de alimentos para cónyuges divorciados y los acuerdos en el divorcio consensual", *LL*, 1997-D, 1163.

—, "Hacia una reforma de la ley de divorcio", *RDF*, 2011-52, 23.

—, "Regulación del matrimonio y el divorcio en el Proyecto", *LL*, 2012-D, 888.

—, "Autonomía de la voluntad y decisiones de los padres respecto de sus hijos menores", *LL*, 2003-F, 1146.

MOLINA DE JUAN, Mariel, "Compensaciones económicas en el divorcio. Una herramienta jurídica con perspectiva de género", *RDF*, 2012-57.

—, "El Código Civil y Comercial y los procesos de familia en trámite", LL, diario 16/09/2015, 1.

MOLINA, Raúl A., *La familia porteña en los siglos XVII y XVIII: historia de los divorcios en el período hispánico*, Fuentes Históricas y Genealógicas Argentinas, 1991.

MOLINARIO, Alberto D, "De nuevo sobre la ley santafesina de matrimonio civil", *JA*, 1967 Secc. Doctrina, p. 844

—, "En el centenario del primer proyecto de ley de matrimonio civil", JA, 1967-IV, 354.

MONTOYA PÉREZ, Guillermo, "El divorcio en el derecho colombiano", en ACEDO PENCO, Ángel y PÉREZ GALLARDO, Leonardo B. (coords.), *El divorcio en el Derecho Iberoamericano*, Temis, Ubijus, Reus, Zavalía, Bogotá, México D. F., Madrid, Buenos Aires, 2008.

MORELLO, Augusto M., "La influencia de los procesos de familia sobre la litigación civil", *Revista de Derecho Procesal* 2002-1, Rubinzal Culzoni, Santa Fe, 2002.

—, "La jurisdicción notarial en la ley 6797", *Revista Notarial*, Colegio de Escribanos de la provincia de Buenos Aires, 1960.

—, "La jurisdicción protectora. Hacia un nuevo rostro de la justicia", *JA*, 1986-II, 305.

—, "Lectura moderna de la separación de hecho entre cónyuges" *LL*, 2008-F, 380.

—, *Separación de hecho entre cónyuges*, Ed. Platense, La Plata, 1961.

MORELLO, Augusto M., SOSA, Gualberto L., BERIZONCE, Roberto O. y TESSONE, Alberto J., *Códigos Procesales en lo Civil y Comercial de la Provincia de Buenos Aires y de la Nación Comentados y Anotados*. 4ª ed., LEP - Abeledo Perrot, Buenos Aires, 2015.

MORENO DUBOIS, Eduardo, "Valor probatorio de la correspondencia epistolar en los juicios de divorcio", *LL*, 122-132.

MOSSET ITURRASPE, Jorge, *Responsabilidad por daños,* Rubinzal Culzoni, Santa Fe, 2016.

MURGA, María Eleonora, "Anteproyecto de creación de los Juzgados de Familia para la provincia de Entre Ríos. Lineamientos y propuestas a la luz del análisis comparativo de otras legislaciones sobre la materia", *Revista de doctrina y jurisprudencia de Delta,* t. 95.

MUSTAPICH, José M., *Tratado teórico y práctico de Derecho Notarial,* t. II, Ediar, Buenos Aires, 1955.

NAMUR, Cássio S., "É Possível Praticar o Ato Mediante Procuração?", COLTRO, Antônio C. M. y DELGADO, Mario L. (coords.), *Separação, Divórcio, Partilhas e Inventários Extrajudiciais. Questionamentos sobre a lei 11.441/2007,* Método, São Paulo, 2007.

NAVARRO FLORÍA, Juan G., "La objeción de conciencia de los jueces y funcionarios al llamado ´matrimonio homosexual´", *ED,* 28/09/2009.

NAVARRO MICHEL, Mónica, "Parejas del mismo sexo y técnicas de reproducción asistida. Situación en España", *RDF,* 2012-57, 91.

NAVARRO VIÑUALES, José María, "La tendencia desjudicializadora en el nuevo Derecho de Familia", en NAVARRO VIÑUALES, José M. (dir.), *El nuevo Derecho de Familia: Modificaciones legislativas y tendencias doctrinales,* Civitas, Cizur Menor, 2006.

NAVARRO-VALLS, Rafael, *Entre la Casa Blanca y el Vaticano,* Ediciones Internacionales Universitarias, Madrid, 2009.

NESSI, Carlos, *Los buenos y los malos amores,* Aguilar, Buenos Aires, 2010.

NINO, Carlos, *Ética y derechos humanos,* Astrea, Buenos Aires, 1989.

NÚÑEZ PAZ, María Isabel, "Algunas consideraciones en torno al *repudium* y al *divortium*", en *Bullettino dell' Istituto di Diritto Romano "Vittorio Scialoja",* nº 30, 1988.

—, *Consentimiento matrimonial y divorcio en Roma,* 1ª ed., Universidad de Salamanca, 1988.

ORTIZ Diego, "Las nuevas parejas LAT *('living apart together')* en el proyecto de Código Civil y Comercial de la Nación", Microjuris, 29/11/2012, MJ-DOC-6088-AR | MJD6088.

PADILLA, Norberto, "Objeción de conciencia, ¿retroceso o revolución?", en *elDial,* Supl. de Derecho Constitucional, 2 de agosto de 2010.

PAGANO, Luz M. y ANTONINI, Reinaldo, "Separación de hecho prolongada entre cónyuges (art. 204 del Cód. Civ.)", *JA,* 1990-III, 789.

PANERO ORIA, Patricia, *"Ius occidendi et ius accusandi" en la "Lex Iulia de adulteriis coercendis",* Tirant lo Blanch, 2001.

PASTORE, Analía G., "homomonio y homoparentalidad. Posibles causas de una discusión quimérica", *ED,* diario 12.035, 26/05/2008.

—, "Incidencia de la dualidad y complementariedad sexual parental en la consecución del mayor bienestar de los niños", *ED*, diario 12.542, 13/07/2010.

PELLEGRINI, María Victoria, "Primeros pasos de la aplicación del proceso de divorcio del Código Civil y Comercial", *RDF*, 2016-73, 48.

—, "El convenio regulador del divorcio en el Código Civil y Comercial", Supl. Especial CCyC -Familia-, *LL*, diciembre 2014.

—, "Algunas reflexiones sobre las uniones convivenciales reguladas en el Anteproyecto de Reforma del Código Civil y de Comercio de la Nación", Microjuris *online*, MJ-DOC-5792-AR | MJD5792, 17/05/2012.

—, "La separación de hecho y la imputación de culpa: el costo de las elecciones personales", SJA, 17/11/2010, Lexis nº 0003/015201.

—, "Las uniones convivenciales en el Anteproyecto de Código Civil", *JA*, Número Especial, 2012-II.

PETRILLO, Paola María, "Los procesos de divorcio en trámite ante la vigencia del nuevo Código Civil y Comercial", *LL* Gran Cuyo 2015 (agosto), 698.

PERALTA Y CARRASCO, Manuel, "El divorcio en el derecho portugués", en ACEDO PENCO, Ángel y PÉREZ GALLARDO, Leonardo B. (coords.), *El divorcio en el Derecho Iberoamericano*, Temis, Ubijus, Reus, Zavalía, Bogotá, México D. F., Madrid, Buenos Aires, 2008.

PEREIRA COELHO, *Curso de Direito de família*, t. I, 2º, 2ª ed., Coimbra, 1965.

PÉREZ CÁNOVAS, Nicolás, "El matrimonio homosexual", *Actualidad Civil*, nº 20, 2005.

—, "La crisis del estado heterosexual: del derecho a la vida privada al derecho a la vida familiar de las parejas homosexuales", *Revista de la Facultad de Derecho de la Universidad de Granada*, sección "El derecho y la familia", nº 4, 2001.

PÉREZ GALLARDO, Leonardo B., "Divorcio por mutuo consentimiento ante notario en el nuevo Código de Familia de Nicaragua: la fábula de la zorra y el cangrejo de mar", *DFyP*, 2015 (febrero), 65; *DFyP*, 2015 (mayo), 42.

—, "Un fantasma recorre Latinoamérica en los albores de este siglo: el divorcio por mutuo acuerdo en sede notarial", *Anuario de la Facultad de Derecho*, nº 27, 2009.

—, "El divorcio en el derecho cubano", en ACEDO PENCO, Ángel y PÉREZ GALLARDO, Leonardo B. (coords.), *El divorcio en el Derecho Iberoamericano*, Temis, Ubijus, Reus, Zavalía, Bogotá, México D. F., Madrid, Buenos Aires, 2008.

—, "El divorcio por mutuo acuerdo en el derecho cubano: Mitos y tabúes", *Revista de derecho privado*, Edersa, 2007.

—, "Un fantasma recorre Latinoamérica en los albores de este siglo: el divorcio por mutuo acuerdo en sede notarial", *RDF*, 2009-42, 243.

PÉREZ MANRIQUE, Ricardo C. "Rasgos definidores y extinción de la convivencia", *RDF*, 2009-43, 253.

PÉREZ MARTÍN, A. J., "El divorcio que se viene", *Revista de Derecho de Familia*, nº 26, enero-marzo, Lex Nova, España, 2005.

PÉREZ, Aurora T., "Preparación del abogado en el tema de familia", GROSMAN, Cecilia, LLOVERAS, Nora y HERRERA, Marisa (dirs.), *Summa de Familia*, t. I, Abeledo Perrot, Buenos Aires, 2012.

Perrot, Celina A., "La separación de hecho como causal automática en la nueva Ley de Matrimonio Civil", *LL*, 1987-D, 1100.

Pestman, Pieter Willem, *Marriage and Matrimonial property in Ancient Egypt*, E. J. Brill, Leiden, 1961.

Pezzini, Barbara (a cura di), "Tra famiglie, matrimoni, e unioni di fatto. Un itinerario di ricerca plurale", Ed. Jovene, Nápoles, 2008.

Pigna, Felipe, *Mujeres tenían que ser*, 1ª ed., Planeta, Buenos Aires, 2012.

Pinto Andrade, Cristóbal, *El convenio regulador, La regulación convencional de los efectos de la ruptura matrimonial*, Colección Práctica Jurídica, Bosch, Madrid, 2012.

Pizarro, Ramón D., *Responsabilidad del Estado y del funcionario público*, 2ª ed., Astrea, Buenos Aires, 2016.

Poliak, Mario, "El deber de fidelidad hasta el dictado de la sentencia", *DJ*, 1999-1-763.

Porro Girardi, Nelly R., "La vida urbana en su faz privada", en Academia Nacional de la Historia, *Nueva Historia de la Nación Argentina*, t. 3, Período español (1600-1810), Planeta, Buenos Aires, 1999.

Portela, Jorge G., "Algunas consideraciones acerca del divorcio y la objeción de conciencia", *ED*, 189-300.

Pous de la Flor, María, "La institución familiar en las parejas del mismo sexo", La Ley nº 6276, 2005.

Puig Brutau, José, *Fundamentos de Derecho Civil*, t. IV, *Familia, Matrimonio, Divorcio, filiación, patria potestad, tutela*, Bosch, Barcelona, 1985.

Quaini, Fabiana M., "*Leading case* sobre maternidad subrogada: primer fallo en la Argentina", en Revista Microjuris, cita online: MJ-DOC-6332-AR | MJD6332.

Quesada, Ernesto, "La integridad de la familia en el derecho argentino", *Revista Argentina de Ciencias Políticas*, año II, t. 41, nº 18.

Quiñonez Escámez, Ana, *Uniones conyugales o de pareja: formación. Reconocimiento y eficacia internacional*, Atelier, Barcelona, 2007.

Radbruch, Gustav, *Filosofía del derecho*, traducción de Roces, Wenceslao, FCE, México, 1951.

Raffo, Pablo E., "El rol del juez de familia a la luz de los cambios legislativos", en Herrera, Marisa y Graham, Marisa (dirs.), *Derecho de las Familias, Infancia y Adolescencia. Una mirada crítica y contemporánea*, 1ª ed., Infojus, Buenos Aires, 2014.

Ramos, Rodolfo, *Fecundación asistida y derecho*, Juris, Rosario, 1992.

Ramos Martínez, María F., "La antijuridicidad en el derecho de daños: Reflexiones sobre el régimen del nuevo Código Civil y Comercial: Consolidación del principio constitucional *alterum non laedere*", en Revista RCyS, año XVIII, nº 6, Junio 2016.

Rauek de Yanzón, Inés B., "La capacitación de los jueces de familia y minoridad. Relato de una experiencia concreta", *Revista de Derecho Procesal*, 2002-2, Rubinzal Culzoni, Santa Fe, 2002.

Rauer, Amy y Volling, Brenda, "More than One Way to be Happy: A Typology of Marital Happiness", en *Family Process*, vol. 52, nº 3, 2013.

Recalde, Héctor, *Matrimonio civil y divorcio*, Centro Editor de América Latina, Buenos Aires, 1986.

Ricoy Casas, Rosa María, *¿Qué igualdad?, El principio de igualdad forma y no discriminación por razón de sexo en el ordenamiento jurídico español*, Dykinson, Madrid, 2010.

Rípodas Ardanaz, Daisy, *El matrimonio en Indias: Realidad social y regulación jurídica*, Fundación para la Educación, la Ciencia y la Cultura, 1977.

Rivera, Julio César, "La proyectada recodificación del derecho de familia", *DFyP*, nº 6, 2012.

Rizzelli, G., *Lex Iulia de adulteriis. Studi sulla disciplina di adulterium, lenocinium, stuprum*, Lecce, 1997.

Roberson, Patricia N. E., Sabo, Melissa y Wickel, Katherine, "Modelos de apego y relaciones coparentales en el posdivorcio", *Journal of Divorce & Remarriage*, vol. 52, nº 3, 2011.

Roca Trías, Encama, Lección 3ª "Familia y matrimonio", en AA.VV., *Derecho de Familia*, Tirant Lo Blanch, Valencia, 1991.

—, *Familia y cambio social (de la "casa" a la persona)*, Civitas, Madrid, 1999.

Rodrigues, Sílvio, *O Divórcio e a Lei que o Regulamenta*, Saraiva, São Paulo, 1978.

Rodríguez Cuzzani, Daniel A., "Proceso de divorcio, efectos y el lugar del consejero de familia", *RDF*, 2016-73, 59.

—, "El rol del consejero de familia en los juzgados de la Provincia de Buenos Aires", Herrera, Marisa y Graham, Marisa (dirs.), *Derecho de las Familias, Infancia y Adolescencia. Una mirada crítica y contemporánea*, 1ª ed., Infojus, Buenos Aires, 2014.

Rodríguez Molas, Ricardo, *Divorcio y familia tradicional*, Biblioteca Política Argentina, nº 46, Centro Editor de América Latina, Buenos Aires, 1984.

Rodríguez Sánchez, Ángel, "El poder familiar: La Patria Potestad en el Antiguo Régimen", en *Chronica Nova*, nº 18, Granada, España, 1990.

Rojina Villegas, Rafael, *Derecho Civil Mexicano*, t. II, 10ª ed., Porrúa, México, 2003.

Rosenblum de Horowitz, Sara, *Mediación y revinculación. Un proceso de cura para la familia*, Lexis Nexis, Buenos Aires, 2006.

Roudinesco, Elisabeth, *La familia en desorden*, 3ª reimpr., FCE, Buenos Aires, 2007.

Roussel, Louis, "Fecundidad y familia", Conferencia Europea sobre Población, Estrasburgo, 18 y 19 de junio 1992, en *El futuro de la familia*, Servicio de documentación, Fundación Encuentro, Madrid, 1993.

Roveda, Eduardo, Sasso, Marcela L. y Robba, Mercedes, "El divorcio en el proyecto de Código Civil", *DFyP*, nº 6, 2012.

ROWLAND, Robert, "Sistemas matrimoniales en la Península Ibérica (siglos XVI-XIX). Una perspectiva regional", PÉREZ MOREDA, Vicente y REHER, David, *Demografía Histórica en España*, Madrid, 1988.

ROY, Alain, "Las parejas de igual sexo en el derecho quebequense", Revista de Derecho Comparado, nº 9, Rubinzal Culzoni, Santa Fe, 2004.

RUIZ DE LA FUENTE, María C., "El derecho constitucional a la ejecución de sentencias firmes", CACHÓN CADENAS, Manuel y PICÓ JUNOY, Joan (coords.), *La ejecución civil*, Atelier, Barcelona, 2008.

SABA, Roberto, "La Constitución como límite (positivo y negativo): el caso de la igualdad ante la ley", en GARGARELLA, Roberto (comp.), *La Constitución 2020*, Siglo XXI, Buenos Aires, 2011.

SABSAY, Daniel A., "El bloque de constitucionalidad federal y el control de convencionalidad", *LL*, 2013-B, 944.

SALAZAR PUENTE DE LA VEGA, Mercedes, "El divorcio en sede notarial y la legislación comparada", FERNÁNDEZ DEL CASTILLO, Nelly, *Comentarios a la Ley del divorcio municipal/notarial y su Reglamento*, compilación, [s.l.], Arco Legal Ed., 2008.

—, "Divorcio en sede notarial", en *Revista de la Asociación de Escribanos del Uruguay*, nº 1, 2008.

SALK, Lee, *El divorcio. Lo que los hijos querrían que los padres supieran*, Emecé, Buenos Aires, 1979.

SAMBRIZZI, Eduardo A., "Cuestionamiento moral sobre distintos aspectos del divorcio en el Código Civil y Comercial", *LL*, 2015-B, 746.

—, "La eliminación del doble régimen (separación personal y divorcio) y de las causales de divorcio, y el llamado divorcio exprés", *DFyP*, 2012 (julio), 90.

—, "Si se rechazan la demanda y la reconvención por causales subjetivas, el divorcio no puede ser decretado de oficio por la causal de separación de hecho sin voluntad de unirse", *LL*, 2010-F, 243.

—, "El consentimiento matrimonial. Sobre la necesidad de que sea prestado por un hombre y una mujer", *ED*, diario 11.779, 14/06/2007.

—, "El deber de fidelidad de los cónyuges durante la separación de hecho" *LL*, 2008-B, 248.

—, "El matrimonio. Concepto, caracteres y fines", *ED*, Cuaderno Jurídico de Familia, nº 11, octubre, 2010.

—, "Sobre la presunción de malicia en el abandono del hogar y la aplicación en la sentencia de una causal objetiva no invocada por las partes", *LL*, 2007-B, 704.

—, "El divorcio en el Código Civil de Japón", *ED*, 192-926.

—, "Los inexistentes matrimonios de Massachusetts", *ED*, 208-621.

SÁNCHEZ, Alberto M., "La objeción de conciencia frente a la unión entre personas del mismo sexo", *LL*, 2010-D, 1333.

SÁNCHEZ, Lorena A., "El deber moral de fidelidad en el Código Civil y

Comercial", DFyP 2015 (agosto), p. 62.

Santos Belandro, Rubén, "Familia o familias: Una disyuntiva a resolver en derecho internacional privado comparado", *Revista Uruguaya de Derecho de Familia*, nº 21, 2009.

Sanz, Carlos R., "Algunas reflexiones sobre el ´gaymonio´", *ED*, diario 12.529, 23/06/2010.

Scala, Jorge, "La justicia de Francia rechaza el homomonio", *ED*, diario 11.764, 23/05/2007.

—, "Costa Rica: la Corte declara inconstitucional el ´homomonio´", *ED*, diario 11.829, 29/08/2007.

Scherman, Ida A., "Control de constitucionalidad del derecho fundamental a contraer matrimonio", *RDF*, 2004-28, 191.

—, "El derecho a contraer matrimonio. Una mirada comparativa de Estados Unidos y la Argentina a la luz de la sanción de la reciente Ley de Matrimonio Igualitario", *RDF*, 2010-48, 242.

Sember, Brette Mc Whorter, *The complete divorce handbook: A practical guide*, Sterling, New York, 2009.

Sengupta P., *Everyday Life in Ancient India*, Oxford University Press, Londres, 1957.

Seoane, María Isabel, *Historia de la dote en el derecho argentino*, IIHD, Buenos Aires, 1982.

Shorter, Edward, *The making of the modern family*, Basic Books, New York, 1975.

Sirkin, Eduardo, "Segunda audiencia en divorcio vincular y/o separación personal, diferente magistrado", *RDF*, 2007-III, 77.

Socolow, Susan, "Parejas bien constituidas: La elección matrimonial en la Argentina colonial, 1778-1810", en *Anuario del Instituto de Estudios Históricos y Sociales de Tandil*, t. V, Tandil, 1990.

Sojo, Lorenzo A., "Prueba del adulterio, ADN y respeto de los derechos del niño", *DJ*, 15/12/2010, 11.

Solari, Néstor E., "Acuerdo tácito de los cónyuges en el cese de la convivencia", *LL* Gran Cuyo, 2006 (octubre), 1168.

—, "Criterios de fijación de la prestación compensatoria", DFyP, 2014 (junio), 27.

—, "Adopción al adoptado del apellido del concubino", *JA*, 2004-II, fasc. 7, 19/05/2004, 80.

—, "Desistimiento voluntario de los cónyuges a la segunda audiencia. El ámbito de la autonomía de la voluntad", *RDF*, 2007-I, 114

—, "El convenio regulador en el juicio de divorcio proyectado", *DFyP*, 2013 (junio).

—, "El deber de fidelidad y el factor tiempo", *LL*, 2008-F, 279.

—, "Hechos que constituyen injurias graves entre cónyuges", *LL*, 2008-B, 177.

—, "La conducta de los cónyuges durante la separación de hecho" *LL*, 2008-B, 2.

—, "La exigencia del plazo en la separación de hecho", *LL Litoral*, 2007 (mayo)-339.

—, "La presunción jurisprudencial del abandono voluntario y malicioso del hogar", *LL*, diario 8/05/2008.

—, "La prueba en el juicio de divorcio en un fallo de la Corte", *LL*, 2010-E, 426.

—, "Los mensajes de texto como valor probatorio en los juicios de divorcio. Un fallo a mitad de camino", *LL*, 2009-C, 375.

—, "Responsabilidad civil y divorcio", *LL*, 2001-D, 1182.

—, "El daño moral en el divorcio" *LL* NOA 2006-901.

—, "Naturaleza jurídica del convenio de alimentos en el divorcio consensual", *LL*, 1996-B, 993.

—, "Protección constitucional de la familia", *LL*, 2002-E, 1112.

—, "Supresión de la segunda audiencia en el divorcio por presentación conjunta", *LL*, Supl. Act. 17/04/2007

SOTOMAYOR UNDA, Jorge, "El divorcio en el derecho ecuatoriano", en ACEDO PENCO, Ángel y PÉREZ GALLARDO, Leonardo B. (coords.), *El divorcio en el Derecho Iberoamericano*, Temis, Ubijus, Reus, Zavalía, Bogotá, México D. F., Madrid, Buenos Aires, 2008.

SPAVENTA, Verónica, "La familia como proceso: el cruce de lo jurídico con lo social, político y cultural", *Revista Jurídica de la Universidad Interamericana de Puerto Rico*, vol. 38, nº 1, Puerto Rico, 2004.

SPOTA, Alberto G., *Tratado de Derecho Civil*, t. I, vol. 3, Depalma, Buenos Aires, 1958.

STANKIEWICZ, A., "La prole come finalitá del matrimonio. Dal can. 1013 §1 del CIC 1917 al can. 1055 §1 del CIC 1983", en *Prole e matrimonio canonico*, Cittá del Vaticano, 2003.

STILERMAN, Marta, "Maternidad subrogada. Comentario al caso `N.N. o DGMB s/ inscripción de nacimiento´", *Revista Microjuris* cita online: MJ-DOC-6401-AR | MJD6401.

—, "Las uniones convivenciales en el Anteproyecto de Código Civil", en Microjuris *online* MJ-DOC-5867-AR | MJD5867, 12/07/2012.

STILERMAN, Marta y DE LEÓN, María Teresa, *Divorcio. Causales objetivas*, Universidad, Buenos Aires, 1994.

SUARES, Marinés, *Conceptos de mediación*, capítulo X, "Teoría del observador", cuadernillo de publicación interna, Buenos Aires, 1990.

TALIADOROS, *Código Civil griego*, Atenas / Komotini, 2000.

TAPIA FERNÁNDEZ, Isabel, "El nuevo proceso de divorcio tras la promulgación de la Ley 15/2005, de 8 de julio: ¿necesidad de un proceso especial?, ¿necesidad de un proceso?", *Aranzadi Civil*, 1, 2006.

TAU ANZOÁTEGUI, Víctor, *Esquema histórico del derecho sucesorio,* La Ley, Buenos Aires, 1971.

TAVIP, Gabriel E., "El impacto de la autonomía de la voluntad en el surgimiento de diversos tipos de familia, en los derechos y deberes conyugales", en *El derecho de familia en Latinoamérica,* t. II, Nuevo Enfoque Jurídico, Córdoba, 2010.

TESTA, Graciela M., "Adopción y parentalidad homosexual ¿impedimento natural o prejuicio social?", *DJ,* 26/12/2012, 1.

TÓFALO, Ariel, "El divorcio en Argentina desde un enfoque sociojurídico. Prácticas sociales y judiciales. Segunda parte", cita: AP/DOC/2176/2012.

—, "El divorcio en la Argentina desde un enfoque socio-jurídico. Prácticas sociales y judiciales", *RDF,* 2012-53, 247.

TORRADO, Susana, "Antes que la muerte los separe. La nupcialidad en la Argentina durante 1960-2000", en *Revista Sociedad,* nº 16, Facultad de Ciencias Sociales (UBA), Buenos Aires, 2000.

—, *Historia de la Familia en la Argentina moderna (1870-2000),* Ediciones La Flor, Buenos Aires, 2003.

TOULLIER, *Le Droit Civil Francais suivant l´ordre du Code,* t. I, Bruxelles, 1845.

TREGGIARI, Susan, *Roman Marriage,* Clarendon Paperbacks, Oxford University Press, Nueva York, 1991

TRIGO REPRESAS, Félix A., "Los presupuestos de la responsabilidad en el nuevo proyecto de Código Civil y Comercial unificado", *Derecho de Daños* 2012-3, 136.

—, "La antijuridicidad en el código civil velezano y en el código civil y comercial de la Nación", Revista CCyC, edición especial, II Congreso Internacional de Derecho de Daños, noviembre 2015.

TRUCCO, Julio, *Los hijos del divorcio, Guía de tenencia compartida,* Ediciones B, Buenos Aires, 2000.

URBINA, Paola, "comentario al art. 439", en CALVO COSTA, Carlos A. (dir.), *Código Civil y Comercial de la Nación. Concordado, comentado y Comparado con los Códigos Civil de Vélez Sarsfield y de Comercio,* La Ley, Buenos Aires, 2015.

VAINSENCHER, Tânia, "El divorcio en el Derecho brasileño", en ACEDO PENCO, Ángel y PÉREZ GALLARDO, Leonardo B. (coords.), *El divorcio en el Derecho Iberoamericano,* Temis, Ubijus, Reus, Zavalía, Bogotá, México D. F., Madrid, Buenos Aires, 2008.

VALPUESTA FERNÁNDEZ, Rosario, "La encrucijada de la familia: entre la realidad social y el derecho", *Revista de Derecho Comparado,* nº 9, Rubinzal Culzoni, Santa Fe, 2004.

VARSI ROSPIGLIOSI, Enrique, "El divorcio administrativo en el Perú", *LL,* Supl. Act. 03/07/2008, 1, cita *online*: AR/DOC/1817/2008.

—, *Divorcio, filiación y patria potestad,* Editorial Jurídica Grijley, Lima, 2004.

Vázquez Ferreyra, Roberto, "La antijuridicidad en el Código Civil y Comercial", en Revista RCyS, año XVII, n° 4, abril 2015.

Velazco, Jorge, "El artículo 255 del Código Civil (Ley 23.264. Bases para una correcta operatividad)", *JA*, 1987-I, 827.

Velazco, José Raúl, "Evaluación de la separación de hecho como causal de divorcio y separación personal", *LL*, 1992-E, 1115.

Veloso, Sandra, "La sentencia de divorcio y el art. 480 del Código Civil y Comercial", *LL*, 2016-A, 423.

—, "Reflexiones sobre el proceso de divorcio", RCCyC 2016 (abril), 99.

—, "El proceso de divorcio según el Proyecto de Código Civil y Comercial", *DFyP*, n° 6, 2012.

—, "Las audiencias del Proceso de Familia de la Provincia de Buenos Aires", DFyP, 2012 (mayo), 16, cita *online*: AR/DOC/877/2012.

Verda y Beamonde, José Ramón y Talavera Fernández, Pedro A., *Comentarios a las reformas de Derecho de familia de 2005,* Aranzadi, Navarra, 2006.

Veyné, Paul, "La familia y el amor en el alto Imperio", en *La sociedad romana,* Biblioteca Mondadori, Madrid, 1991.

Vidal Taquini, Carlos H., "El divorcio *versus* la Constitución Nacional", *LL*, 2007-B, 649.

—, *Matrimonio Civil*, Astrea, Buenos Aires, 2000.

Viladrich, Pedro J., *El Pacto conyugal.* Documentos del Instituto de Ciencias para la Familia, Ed. Rialp, 1990.

Villagrasa Alcaide, Carlos, "La mediación familiar: una nueva vía para gestionar los conflictos familiares", *LL* España 2000-3-D-109.

—, "El matrimonio entre personas del mismo sexo en el derecho civil español", *RDF*, 2011-48, 184.

Villar Borbones, Gonzalo, "El matrimonio de personas del mismo sexo en el ordenamiento jurídico de Chile", en *Revista Gaceta Jurídica de Chile*, n° 293, 2004.

Villaverde, José M. L., "Las uniones de hecho (del mismo y distinto sexo) y su consideración como familia en Portugal: una visión a la luz del art. 36 de la Constitución de la República Portuguesa", *RDF*, 2010-48.

Villaverde, María Silvia, "Los equipos técnicos de los Tribunales de Familia de la provincia de Buenos Aires", *Revista de Derecho Procesal*, 2002-1, Rubinzal Culzoni, Santa Fe, 2002.

Villey, Michele, "Liminaire: Données historique", en *Archives de Philosophie du Droit*, t. XI, Ed. Sirey, Paris, 1966.

Villoria, Elisa de los Ángeles, "Un desafío generacional: Reformular la convivencia social desde una perspectiva de género . El caso de argentina en la primera mitad del 1900", Lemus, Encarnación (dir.), Universidad Internacional de Andalucía, 2010.

Vinyamata Camps, Eduard, *Aprender mediación*, Paidós, Barcelona, 2003.

Vitali, Enrico, Berlingó, Salvatore, *Il matrimonio canonico,* Giuffrè Editore, Milán, 2007.

WAGMAISTER, Adriana, "El procedimiento judicial como causa de la litigiosidad en los casos de familia. Una alternativa para la humanización de los divorcios de parejas con hijos", *Revista de Derecho Procesal,* 2002-2, Rubinzal Culzoni, Santa Fe, 2002.

—, "El proceso de mediación familiar: resultados preliminares de una investigación", *RDF,* 2004-28.

—, "La mediación y los abogados de familia", GROSMAN, Cecilia, LLOVERAS, Nora y HERRERA, Marisa (dir.), *Summa de Familia,* t. I, Abeledo Perrot, Buenos Aires, 2012.

—, "La mediación y los abogados de familia", *RDF,* 1998-12.

—, "La transformación del derecho de familia en la legislación, la capacitación y las publicaciones en los años 80", *RDF,* 2014-66, 6.

—, "Mediación y familia ensamblada", *RDF,* 2003-25.

—, "Relaciones sexuales de los cónyuges separados de hecho y cómputo del plazo para la separación personal y el divorcio vincular (arts. 204 y 214, inc. 2°, CCiv.), *LL,* 2010-B, 114.

—, "Un novedoso abordaje de los conflictos familiares en los Estados Unidos de Norteamérica: *Collaborative law*", *RDF,* 2005-30, 301.

WAGMAISTER, Adriana, DAVISON, Dora, TORNQUIST, Teresa y JUNG, Silvia, "Un divorcio difícil: experiencia de su atención por un equipo interdisciplinario", *LL,* 1990-E, 1177.

WAGMAISTER, Adriana y BEKERMAN, Jorge M., "Adopción por parejas del mismo sexo", *RDF,* 2004-27, 159.

WATZLAWICK, Paul, BEAVIN BAVELAS, Janet y JACKSON, Don, *Teoría de la comunicación,* 9ª ed., Herder, Barcelona, 1997.

WETZLER MALBRÁN, Ricardo A., "Un proyecto constitucional antinatural: ante la ley es lo mismo la pareja homosexual que la heterosexual", *ED,* diario 10.509, 23/05/2002.

WILDE, Eduardo, *Curso de higiene pública,* Buenos Aires, 1878.

WILLIAMS, Robin, "The reduction of intergroup tensions", *Social Science Research Council,* 1947, cit. por KIPER, Claudio M., "La discriminación", *LL,* 1995-B, 1025.

XVII Congreso Internacional de Derecho Familiar, "Las familias y los desafíos sociales", celebrado en la ciudad de Mar del Plata del 22 al 26/102012, cita: AP/DOC/365/2013.

ZANNONI, Eduardo A., *Derecho Civil. Derecho de Familia,* t. 2, Astrea, 1989.

—, *Derecho Civil. Derecho de familia,* t. II, 3ª ed. Astrea, Buenos Aires, 1998.

—, "El juicio de divorcio por causa de la separación de hecho anterior de los cónyuges", *LL,* 1988-C, 169.

ZANNONI, Eduardo A. y BÍSCARO, Beatriz R., "Valoración de la conducta de los cónyuges posterior a la separación de hecho", *JA,* 1995-III, 350.

ZÁRATE DEL PINO, J. B., "La separación convencional y el divorcio ulterior en Municipalidades y notarías: una alternativa", en CAM CARRANZA, Guillermo,

ZÁRATE DEL PINO, Juan Belfor, y PÉREZ GALLARDO, Leonardo B., *El divorcio notarial,* Arco Legal Editores, Gaceta Notarial, Perú, 2008.

ZAVALA DE GONZÁLEZ, Matilde M., "Daños entre familiares", *LL,* 2015-A, 562.

—, "Casamiento y adopción por homosexuales", *LL,* Supl. Act., 8/07/2010.

El divorcio contemporáneo. Pasado, presente y perspectivas de futuro. Enfoque constitucional, civil y procesal. Aportes para la desjudicialización del divorcio consensual de Martín Miguel Culaciati se imprimió en la República Argentina en febrero de 2018.

www.ingramcontent.com/pod-product-compliance
Lightning Source LLC
LaVergne TN
LVHW082236051026
849532LV00012B/4004